U0922477

CHINA DEVELOPMENT ZONES YEARBOOK

中国开发区年鉴

2013

中国开发区协会 编

中国财政经济出版社

图书在版编目（CIP）数据

中国开发区年鉴 2013 / 中国开发区协会编．—北京：中国财政经济出版社，2013.12
ISBN 978－7－5095－4991－9

Ⅰ.①2…　Ⅱ.①中…　Ⅲ.①经济开发区－中国－2013－年鉴　Ⅳ.①F127.9－54

中国版本图书馆 CIP 数据核字（2013）第 302092 号

责任编辑：雷　婷　　　　责任校对：王　英
封面设计：张德林　　　　版式设计：兰　波

中国财政经济出版社 出版

URL：http：//www.cfeph.cn
E－mail：cfeph@cfeph.cn

社址：北京市海淀区阜成路甲 28 号　邮政编码：100142
营销中心电话：88190406　北京财经书店电话：64033436　84041336
北京聚源德印刷有限公司印刷　各地新华书店经销
787×1092 毫米　16 开　32.25 印张　792 000 字
2013 年 12 月第 1 版　2013 年 12 月北京第 1 次印刷
定价：400.00 元
ISBN 978－7－5095－4991－9/F·4051
（图书出现印装问题，本社负责调换）
本社质量投诉电话：010－88190744
反盗版举报热线：88190492、88190446

中国开发区年鉴

编委会

目　录

文献法规篇

专题研究篇

综合篇

国家级经济技术开发区篇

其他开发区篇

统计资料篇

文献法规篇

工业和信息化部　财政部　国土资源部
关于进一步做好国家新型工业化产业示范基地
创建工作的指导意见

工信部联规［2012］47 号　2012 年 1 月 29 日

各省、自治区、直辖市及计划单列市、新疆生产建设兵团工业和信息化主管部门、财政厅（局）、国土资源厅（局）：

为全面贯彻落实科学发展观，加快推进中国特色新型工业化进程，自 2009 年起，工业和信息化部在全国组织开展了国家新型工业化产业示范基地（以下简称示范基地）创建工作。实践证明，开展示范基地创建工作，是提高工业园区发展水平、促进产业集群转型升级的重要途径，也是加快产业结构调整、推动工业发展方式转变的重要举措。为进一步做好示范基地创建工作，加强对示范基地的支持、引导和服务，特制定以下意见：

一、总体要求

（一）总体思路

示范基地创建要坚持走中国特色新型工业化道路，以科学发展为主题，以加快转变发展方式为主线，按照“布局合理、特色鲜明、集约高效、生态环保”的要求，改造提升传统产业，培育壮大战略性新兴产业，加快发展生产性服务业，完善产业配套和服务环境，提高现有工业园区发展质量和水平，增强产业核心竞争力，使示范基地加快成为带动工业转型升级、推动工业由大变强的重要载体和骨干力量。

创建工作的基本要求是：

一是坚持创新引领、内涵发展。发挥集群创新优势，促进产学研结合，增强企业技术创新和升级改造能力，着力突破制约产业发展的共性关键技术，促进主导产业向价值链高端跃升。

二是坚持集约高效、清洁安全。发挥规模优势和集聚优势，促进生产要素的集约、节约、高效利用。推进污染集中治理、资源综合利用和循环经济发展，促进清洁生产、安全生产，努力构建可持续发展的长效机制。

三是坚持突出特色、提升品牌。立足示范基地自身优势，促进产业特色发展与错位发展。将打造产业特色、知名企业和知名产品结合起来，不断提升示范基地的区域品牌和行业品牌形象，优化产业空间布局。

四是坚持完善配套、优化环境。充分发挥市场配置资源的基础性作用，提高产业配套能力，延伸和完善产业链条。健全公共设施、服务平台和服务体系，不断完善政策措施，营造更加良好的发展和服务环境。

（二）总体目标

力争经过 5 年发展，到“十二五”期末形成 300 个左右产业特色鲜明、创新能力强、品牌形象优、配套条件好、节能环保水平高、产业规模和影响居全国前列的国家新型工业化产业示范基地，使之成为带动我国工业转型升级的重要载体，推动区域经济发展的重要引擎，参与国际产业竞争的重要力量，培育形成30家左右具有较强国际竞争优势和影响力的产业基地。

二、主要任务

（一）加强自主创新和技术改造，提升产业层次。整合区域创新资源，加强企业联合技术攻关，推动形成产学研密切结合的创新战略联盟和知识产权联盟，集中突破一批制约产业发展的核心技术。每年推进一批重大科技成果项目在示范基地的工程化和产业化，加大现有企业技术改造力度。推动国家技术创新示范企业建设，加强技术创新服务平台和企业技术中心建设。积极探索示范基地知识产权集群管理模式，加强知识产权保护。引导示范基地加大研发投入，力争“十二五”期间示范基地研发投入占销售收入比重提高1个百分点，到2015年企业发明专利申请量增加一倍。加强新兴科技与现有产业的融合，使示范基地成为战略性新兴产业培育发展的重要策源地和主要承载地，战略性新兴产业实现增加值占比提高到20%以上。

（二）促进绿色低碳发展，增强可持续发展能力。引导示范基地内企业加快实施节能、节水、清洁生产和污染防治技术改造。加强电力需求侧管理和重点用能企业能源管理中心建设，推进能效对标达标，开展共性、关键清洁生产技术应用示范，提高工业“三废”集中处理和循环利用能力，开展资源节约型和环境友好型企业创建试点。力争到2015年，示范基地单位工业增加值能耗及用水量处于全国领先水平。推动开展产品再制造试点，建设循环经济园区。促进企业提高本质安全生产水平，提升园区安全生产管理水平和事故应急救援能力。

（三）壮大龙头企业，提升中小企业专业化协作配套水平。鼓励龙头企业牵头重组，创新管理机制和发展模式，提高规模化经营能力和水平，培育一批竞争优势突出、带动性强的大企业、大集团，发挥其在品牌辐射、技术示范、信息传播和销售网络中的带动作用。鼓励大企业与中小企业通过专业分工、服务外包、订单生产等多种方式，提高企业间专业化协作配套水平。支持符合园区主导产业发展方向、配套服务能力强的中小企业向“专精特新”方向发展，支持一批小企业创业基地建设。对达到国家中小企业公共服务示范平台条件的，同等条件下优先支持服务于示范基地发展的平台建设。

（四）促进产业融合，大力发展生产性服务业。大力发展第三方工业设计及研发服务，培育发展一批专业化研发服务平台和机构。扶持一批由制造企业中剥离形成的专业化信息服务企业、工业软件企业和外包服务企业。鼓励发展合同能源管理、清洁生产审核、绿色产品认证评估、环境投资及风险评估、安全生产技术咨询和工程建设、管理咨询等专业服务。加强工业物流和供应链管理，加快电子商务服务体系建设。引导有条件的制造企业从提供设备向提供总集成总承包服务转变，推动制造企业发展社会化专业服务，促进由“生产型”制造向“服务型”制造转变。

（五）积极培育自主品牌和区域品牌。引导示范基地重点依托特色产业、龙头企业和主导产品，积极实施品牌战略，形成一批国内著名的自主品牌和具有世界影响力的国际品牌。支持以品牌共享为基础，大力培育集体商标、原产地注册、证明标志等区域产业品牌。以食品、医药基地为重点，引导示范基地内企业加强质量诚信体系建设，健全和完善以产业链为基础的产品质量跟踪和安全检验检测体系。鼓励有条件的示范基地发展工业旅游，提高区域品牌的知名度和美誉度。支持中西部地区承接产业转移，推动产业合作园区建设。

（六）提高“两化”融合和军民融合式发展水平。深化信息技术在研发设计、生产制造、经营管理、市场营销、节能减排、安全生产等关键环节的集成应用和渗透。发展一批面向工业行业的信息化服务平台，建设一批“两化”融合的集成、咨询和服务中心，健全信息网络基础设施，加快发展和完善园区信息化服务体系。力争到2015年，示范基地内大中型企业数字化设计工具普及率超过90%，关键工艺流程基本实现数控化。支持军民结合项目建设，推动军工与民用技术相互转化，加强军民结合产业基地建设，促进军民结合产业发展壮大。

（七）加强公共服务平台建设，完善配套服务环境。以满足示范基地内企业共性需求为导向，以提升公共服务能力为目标，以关键共性技术研发应用及公共设施共享为重点，着力发展一批运作规范、支撑力强、业绩突出、信誉良好的公共服务平台。整合各方资源，加大对示范基地重点公共服务平台建设发展的支持力度，重点增强公共服务平台在研究开发、工业设计、检验检测、试验验证、科技成果转化、设施共享、知识产权服务、信息服务等方面的服务支撑能力，逐步形成社会化、市场化、专业化的示范基地公共服务支撑体系。

（八）加强土地管理，提升土地节约集约利用水平。示范基地的发展要纳入土地利用总体规划和城市总体规划并实行统一管理。坚持十分珍惜和合理利用土地、切实保护耕地的基本国策，严格依据土地利用总体规划和城市总体规划进行开发建设，严格执行土地利用规划和年度计划，依法审批和供应土地。示范基地建设用地必须以产业用地为主，从严控制商业房地产开发。合理设置企业准入条件，严格执行各类工业用地标准，积极引进科技含量高、投资规模大、经济效益好、土地集约度高、污染程度低的项目，大力引导现有企业增容改造、深度挖潜；建立低效用地退出机制，逐步淘汰占地多、效益差的企业；探索建立土地集约利用经济调节机制，加强标准化厂房建设，进一步提升土地使用效率。力争到2015年，示范基地单位土地平均投资强度4000万元/公顷以上，平均产值5000万元/公顷以上。

三、主要举措

（一）加强规划和政策引导。国家工业和信息化各类规划要加强对示范基地创建工作的指导和支持，规划内重点项目布局优先向示范基地集中。根据实际需要，指导各示范基地做好创建工作方案及产业发展规划的调整和完善。加强部省合作，支持将示范基地创建工作纳入所在地经济社会发展总体规划及工业和信息化发展规划中，成为各地发展和支持重点。指导、推动各地制定和完善推进示范基地创建发展的政策措施，在人才引进、土地规划、环境保护、配套服务建设等方面加大支持力度。支持工业用地、用水指标等要素配置优先向示范基地倾斜。支持国家重点行业、领域的改革创新和试验示范在示范基地内先行先试。大力支持热电联产配套项目建设和直购电试点。

（二）加大资金支持力度。国家在技术改造基建专项、工业转型升级等资金安排上，对符合条件的示范基地重点企业予以支持。发挥各级政府资金引导作用，整合利用现有资源，加强示范基地公共服务平台建设，加快提升研发设计、检验检测、试验验证、质量标准认证、信息服务、污染治理等公共服务平台的服务能力，逐步形成支撑示范基地良性发展的长效机制。鼓励地方安排资金支持示范基地“三废”集中处理、公共动力、产业链接管网、信息基础设施、标准化厂房等公共设施的建设和升级改造，以及示范基地公共服务平台建设。鼓励国家安排的资金和地方资金，优先支持示范基地内符合条件的项目建设。

（三）引导社会资源支持创建发展。支持和推动示范基地加强与金融机构的合作，逐步扩大对示范基地创建发展的金融支持。引导金融机构支持示范基地公共基础设施、重大项目和融资担保体系建设，提高中小企业贷款规模和比重。支持和推动行业协会、科研机构、部属高校、直属事业单位在科研、咨询、市场开发等方面加强与示范基地的合作，依托示范基地建设分支机构。

（四）加强高层次人才队伍建设。鼓励和支持示范基地与高校、专业性服务机构等开展合作，建立人才公共服务平台，加强示范基地重点行业科技、管理、技能等方面的高层次人才队伍建设。加大对人才工作资金支持力度，保障人才工作的健康发展。完善人才引进、培养和使用的配套政策，形成鼓励、支持人才干好事业、干成事业的良好环境。

四、保障机制

（一）健全和理顺管理机制。各级工业和信息化主管部门要将示范基地创建工作作为重要职责和重点工作，明确主管领导和责任部门，健全和理顺工作机制，加强与财政、国土等部门的协商合作，共同推动国家级和省级示范基地创建的各项工作。各地工业和信息化主管部门根据实际情况，制定本地区推进示范基地创建工作的目标和任务，落实分工和责任，形成部省两级创建、联动推进的工作机制。各示范基地要切实按照创建工作方案和产业发展规划，提高创建工作水平。

（二）完善评价、考核机制。建立和完善示范基地创建发展情况动态报送机制，加强对示范基地创建发展情况的跟踪研究，定期编制、发布示范基地创建发展报告。研究制定示范基地创建质量评价体系，逐步开展对示范基地创建的评估评价工作。省市工业和信息化主管部门结合实际，定期对本地区示范基地创建发展情况进行评估。工业和信息化部每三年组织开展一次复核工作，对于不符合条件的示范基地予以摘牌。

（三）加强宣传和交流。工业和信息化部通过部门户网站、新闻媒体等加强对示范基地创建工作的宣传，定期组织开展示范基地创建工作交流，通过政策通报、报告和信息发布、定期交流和培训等方式，推广先进经验，扩大示范基地创建工作的社会影响。探索建立区域性或全国性的交流机制。协助示范基地开展产业链招商和投资推介活动。各地工业和信息化主管部门要创新方式方法，扩大示范基地创建工作的社会宣传和影响，并将创建工作情况及时报告工业和信息化部与所在地人民政府。

财政部关于印发《国家级经济技术开发区　国家级边境经济合作区基础设施项目贷款中央财政贴息资金管理办法》的通知

财建［2012］94号　2012年3月19日

有关省、自治区、直辖市、计划单列市财政厅（局）：

为更好地发挥财政贴息政策的扶持引导作用，我们制定了《国家级经济技术开发区、国家级边境经济合作区基础设施项目贷款中央财政贴息资金管理办法》。现印发给你们，请遵照执行，并请转发到当地国家级经济技术开发区和国家级边境经济合作区。

附件：国家级经济技术开发区、国家级边境经济合作区基础设施项目贷款中央财政贴息资金管理办法

附件

国家级经济技术开发区、国家级边境经济合作区基础设施项目贷款中央财政贴息资金管理办法

第一章　总　　则

第一条　为加强国家级经济技术开发区、国家级边境经济合作区（以下简称开发区）基础设施项目贷款中央财政贴息资金管理，提高财政资金使用效益，更好的发挥财政贴息政策的扶持、引导作用，根据《中华人民共和国预算法》及有关规定，制定本办法。

第二条　本办法所称中央财政贴息资金（以下简称贴息资金）是指中央财政预算安排的，专项用于开发区内公共基础设施项目贷款贴息的资金。

第三条　本办法所称开发区包括经国务院批准设立的中西部地区和东北老工业基地的国家级边境经济合作区、国家级经济技术开发区，苏州工业园区，以及国务院要求予以支持的其他开发区。

基础设施项目贷款是指上述开发区内公共基础设施项目建设使用的各类银行提供的基本建设项目贷款以及中长期债券资金（包括地方政府债券、企业债、公司债、中期票据等）用于基础设施建设的部分。

第四条　本办法所称基础设施项目包括：

（一）开发区内道路、桥涵、隧道等项目。

（二）开发区内污水、生活垃圾处理等生态环境保护项目。

（三）开发区内供电、供热、供气、供水

及通信网络等基础设施项目。

（四）开发区内为中小企业创业、自主创新提供场所服务和技术服务的孵化器、公共技术支撑平台建设，以及为服务外包、物联网企业提供场所服务和技术服务的公共基础设施项目。包括物理场所建设、为实现设施功能所必需的软硬件设备系统购置以及专用软件开发等，不包括中小企业拥有和开发的部分。

（五）开发区内为集约利用土地，节约资源，服务中小企业，统一修建的标准厂房项目。

（六）开发区内为节约能源，集中实施的能量系统优化工程、余热余压利用工程、绿色照明工程等重点节能工程项目。

（七）开发区内教育、文化、卫生等社会事业发展项目。

第二章 贴息政策

第五条 贴息资金实行先付后贴，即项目单位必须凭贷款银行或其他金融机构开具的利息支付凭证向财政部门申请贴息。

对未按合同规定归还的逾期贷款利息、加息和罚息，不予贴息。

第六条 中央财政对西部地区开发区、战略性新兴产业集聚和自主创新能力强的开发区，给予重点贴息支持。

第七条 开发区管辖区域范围内已落实贷款并已按期支付利息的基础设施在建项目，均可按规定申报贴息资金。

第八条 财政部根据年度贴息资金预算控制指标和当年贴息资金申报情况等因素确定贴息率，最高不超过当年中国人民银行同期贷款基准利率。

第九条 项目建设期少于3年（含3年）的，按项目建设期进行贴息；项目建设期大于3年的，按不超过5年进行贴息；属于购置的，按2年进行贴息。

第十条 2012年贴息周期为2011年6月21日至2012年3月20日，2013年贴息周期为2012年3月21日至2012年12月20日。2014年起，贴息周期均为前年12月21日至上年12月20日。各省（自治区、直辖市、计划单列市）财政厅（局）应当于当年贴息周期结束后1个月内向财政部提出贴息申请。

第三章 贴息资金的申报、审核和下达

第十一条 符合本办法规定的基础设施项目，由项目单位申报贴息资金。凡已申请中央其他贴息资金的项目，不得重复申报。

第十二条 项目单位申报贴息资金，应按要求填制基本建设贷款项目贴息申请表（附表1），并附项目批准文件、贷款合同或相关材料、资金到位凭证、利息支付凭证等材料，经贷款经办机构签署意见或出具证明后，报送到开发区财政部门。

上述申报材料应按本办法第四条所列分类别填报具体项目和提交相关材料，不得打捆上报。项目贷款为打包贷款的，应分类详细列清具体项目所使用的贷款金额。

第十三条 开发区财政部门根据本办法的规定，对本区项目单位提交的贴息材料进行审核后，填写基本建设贷款财政贴息汇总表（附表2），并附项目单位报送的有关材料，上报所在地省（自治区、直辖市、计划单列市）财政厅（局）。

第十四条 各有关省（自治区、直辖市、计划单列市）财政厅（局）对各开发区申报的贴息材料进行汇总审核后，转送财政部驻当地财政监察专员办事处（以下简称专员办）进行终审，并由各有关省（自治区、直辖市、计划单列市）财政厅（局）依据终审结果填写基本建设贷款财政贴息汇总表（附表2）后，上报财政部（电子版同时通过内网传输），同时抄送当地专员办。各地贴息申报材料不再上报至财政部，专员办的审核结果作为最终核定贴息的依据。

第十五条 专员办根据本办法规定的贴息范围、贴息期限等条件审核贴息材料，原则上

应当在15个工作日内完成项目审核工作。

第十六条 财政部根据年度预算安排的贴息资金规模，按具体项目逐个核定贴息资金数，并按规定下达预算。贴息资金拨付按照财政国库管理制度的有关规定执行。

第四章 贴息资金财务处理及监督管理

第十七条 各项目单位要严格按照本办法规定的贴息范围、贴息期限、贴息比率等事项填报贴息申请表。项目单位收到贴息资金后，在建项目冲减工程成本，竣工项目冲减财务费用。

第十八条 有关省（自治区、直辖市、计划单列市）财政厅（局）及开发区财政部门对开发区的基础设施项目建设及资金落实情况要定期进行检查，会同有关单位督促项目按合理工期进行建设，已建成的项目，要及时办理竣工决算。

财政部将组织专员办或委托评审机构对贴息资金申报和使用情况进行抽查。

第十九条 贴息资金是专项资金，必须保证贴息资金的专款专用。任何单位不得以任何理由、任何形式截留、挪用财政贴息资金。违反规定，骗取、截留、挪用贴息资金的，依照《财政违法行为处罚处分条例》（国务院令第427号）的规定进行处理。对于弄虚作假、骗取贴息资金的，暂停该开发区申报贴息资格三年。

第五章 附 则

第二十条 本办法由财政部负责解释。

第二十一条 本办法自发布之日起施行。《财政部关于印发〈中西部等地区国家级经济技术开发区基础设施项目贷款财政贴息资金管理办法〉的通知》（财建［2010］48号）和《财政部关于印发〈国家级边境经济合作区基础设施项目贷款财政贴息资金管理办法〉的通知〉（财建［2009］36号）同时废止。

国家发展和改革委员会、财政部关于推进园区循环化改造的意见

发改环资［2012］765号 2012年3月21日

各省、自治区、直辖市及计划单列市、新疆生产建设兵团发展改革委（经信委、经贸委）、财政厅（局）：

园区是我国经济发展的重要支撑，也是我国发展循环经济的重点领域。为贯彻落实《循环经济促进法》、国家“十二五”规划纲要和中央经济工作会议精神，加快转变经济发展方式，推进园区绿色低碳循环发展，提升产业园区综合竞争力和可持续发展能力，现就推进园区循环化改造提出如下意见：

一、充分认识园区循环化改造的重要意义

《循环经济促进法》提出，“各类产业园区应当组织区内企业进行资源综合利用，促进循环经济发展”；国家“十二五”规划纲要将园区循环化改造列为循环经济重点工程；中央经济工作会议提出，加快重点企业和各类园区的循环经济改造。推进园区循环化改造，就是

推进现有的各类园区（包括经济技术开发区、高新技术产业开发区、保税区、出口加工区以及各类专业园区等）按照循环经济减量化、再利用、资源化，减量化优先原则，优化空间布局，调整产业结构，突破循环经济关键链接技术，合理延伸产业链并循环链接，搭建基础设施和公共服务平台，创新组织形式和管理机制，实现园区资源高效、循环利用和废物“零排放”，不断增强园区可持续发展能力。

（一）推进园区循环化改造是转变经济发展方式，实现园区可持续发展的内在要求

园区是我国产业发展的集聚区，也是国民经济和地区经济发展的重要载体。但目前很多园区受到土地、资源、环境等因素的制约，可持续发展面临挑战，迫切需要加快转变发展方式，为经济持续快速发展提供有效支撑。推进园区循环化改造，用循环经济理念改造存量、构建增量，有效引导园区调整产业结构，推进产业集聚发展，培育战略性新兴产业和新的经济增长点，促进园区迈入创新驱动、自主增长的发展轨道，可实现经济快速发展、资源高效利用、生态环境改善的有机统一。

（二）推进园区循环化改造是提高资源产出率，提升园区综合竞争力的有效途径

园区是能源资源消耗的集中区域，也是节约潜力较大的区域。推进园区循环化改造，通过推进节能、节水、节地、节材，构建企业内部、企业之间的循环经济产业链，实现生产过程耦合和多联产，物尽其用，变废为宝，可以最大限度地降低园区的物耗、水耗和能耗，改变粗放的能源资源利用方式，切实提高园区的资源产出率，降低企业运行成本，对于提高园区资源产出率，提升综合竞争力具有重要意义。

（三）推进园区循环化改造是加强环境保护，改善区域生态环境的重要措施

产业园区是生产的集中区域，也是各类污染物集中产生或排放的区域。由于多方面的原因，目前一些地方的产业园区成为污染物集中排放场所，对所在区域的生态环境造成很大压力，有的甚至已对当地生态环境乃至群众的健康产生不利影响。推进园区循环化改造，变末端治理为源头减量、全过程控制，实现园区废物“零排放”，可以最大限度地减少企业入园后集中生产的环境负荷，改善生态环境质量，降低区域环境风险，减少园区与周边居民的环境纠纷，促进当地社会和谐稳定。

二、总体要求、原则和工作目标

（一）总体要求

全面贯彻落实科学发展观，把循环化改造作为各类园区加快转变经济发展方式、调整经济结构的有效实现形式，以提高资源产出率为目标，按照“布局优化、产业成链、企业集群、物质循环、创新管理、集约发展”的要求，统筹规划园区空间布局，调整产业结构，优化资源配置，推进园区土地集约利用，大力推行清洁生产，推进企业间废物交换利用、能量梯级利用、废水循环利用，共享资源，共同使用基础设施，形成低消耗、低排放、高效率、能循环的现代产业体系，把园区改造成为“经济快速发展、资源高效利用、环境优美清洁、生态良性循环”的循环经济示范园区。

（二）原则

1. 坚持发展循环经济与提高园区竞争力相结合。依据园区现有产业结构和资源环境禀赋，发挥产业集聚带来的各种优势，把循环经济减量化、再利用、资源化贯穿于循环化改造的全过程，提高资源利用效率，降低成本，构建具有特色的循环经济产业链，培育新的增长点，提高园区的核心竞争力。

2. 坚持总体规划与重点突破相结合。整体规划园区循环化改造，统筹考虑循环化改造的各项任务；同时要针对园区发展中面临的突出问题和薄弱环节，明确阶段性的改造方向、重点和目标，对提高园区资源产出率，关键补链和公共服务平台建设项目进行重点设计，力争短期内取得明显成效。

3. 坚持技术进步与强化管理相结合。依靠科技进步，把高新技术和先进实用技术作为园区循环化改造的重要支撑，推进产业循环链接的关键技术突破，实现资源由低值利用向高值利用转变，由难循环向易循环转变，同时要创新机制，强化管理，提高园区循环经济发展的公共管理和公共服务水平，实现资源优化配置和关键技术、信息的共享。

4. 坚持产业发展与环境保护相结合。基于区域环境容量调整对现有产业结构进行优化，大力发展节能环保等战略性新兴产业，严格节能、环保、安全、质量等标准，严把新上项目准入关，强化污染物总量控制，使园区内的产业发展与资源环境相协调，发展速度与环境容量相适应，实现经济效益、社会效益和环境效益的有机统一。

5. 坚持市场引导与政府推动相结合。充分发挥市场配置资源的基础性作用，以企业为园区循环化改造的实施主体。政府通过编制规划，完善政策，健全法规标准，加强监督检查，形成有效的激励和约束机制，引导企业自觉参与循环化改造。

（三）工作目标

到 2015 年，50% 以上的国家级园区和 30% 以上的省级园区实施循环化改造。通过循环化改造，实现园区的主要资源产出率、土地产出率大幅度上升，固体废物资源化利用率、水循环利用率、生活垃圾资源化利用率显著提高，主要污染物排放量大幅度降低，基本实现“零排放”。同时培育百个国家循环化改造示范园区，示范、推广一批适合我国国情的园区循环化改造范式、管理模式，为各类产业园区通过发展循环经济，实现转型发展提供示范。

三、主要任务

要从空间布局优化、产业结构调整、企业清洁生产、公共基础设施建设、环境保护、组织管理创新等方面，推进现有各类园区进行循环化改造。

（一）空间布局合理化

根据物质流和产业关联性，开展园区布局总体设计或进行布局优化，改造园区内的企业、产业和基础设施的空间布局，体现产业集聚和循环链接效应，实现土地的节约集约高效利用。

（二）产业结构最优化

结合本区域的产业和资源的比较优势，考虑园区环境承载力和地方发展需求，围绕提高资源产出率和提高园区综合竞争力，加大传统产业改造升级力度，培育和发展战略性新兴产业，不断调整和优化园区的产业结构。

（三）产业链接循环化

按照“横向耦合、纵向延伸、循环链接”原则，实行产业链招商、补链招商，建设和引进产业链接或延伸的关键项目，合理延伸产业链，实现项目间、企业间、产业间首尾相连、环环相扣、物料闭路循环，物尽其用，促进原料投入和废物排放的减量化、再利用和资源化，以及危险废物的资源化和无害化处理。

（四）资源利用高效化

按照循环经济减量化优先的原则，推行清洁生产，促进源头减量；开发能源资源的清洁高效利用技术，开展清洁能源替代改造，提高可再生能源利用比例；推动余热余压利用、企业间废物交换利用和水的循环利用；推进水资源替代，沿海地区的园区适当开展海水淡化，减少淡水的使用。

（五）污染治理集中化

加强污染集中治理设施建设及升级改造。培育专业化废弃物处理服务公司，实行园区污染集中治理。强化园区的环境综合管理，开展企业环境管理体系认证，构建园区、企业和产品等不同层次的环境治理和管理体系，最大限度地降低污染物排放水平。

（六）基础设施绿色化

对园区内运输、供水、供电、照明、通讯、建筑和环保等基础设施进行绿色化、循环化改造，促进各类基础设施的共建共享、集成优化，降低基础设施建设和运行成本，提高运行效率，使园区生态环境优美。

（七）运行管理规范化

建立园区循环化改造指导协调机制；建设园区废物交换平台，以及循环经济技术研发及孵化中心等公共服务设施；制定并实施循环经济相关技术研发和应用的激励政策；制定入园企业、项目的准入标准和招商引资指导目录，实行产业链招商、补链招商；强化对园区内企业资源节约、环境保护的执法监管；开展宣传教育，促进公众参与，形成优美、清洁、和谐的环境和氛围。

四、组织实施

（一）加强统筹规划

各地要高度重视，把园区循环化改造作为转变发展方式、实现园区绿色低碳循环发展的重要抓手，统筹规划，全面推进。各地方循环经济发展综合管理部门、财政部门要加强统筹协调，会同有关部门制定本地区园区循环化改造的推进工作方案，确定改造的目标、重点任务和推进措施，并推动、指导各类园区制定循环化改造实施方案。国家发展和改革委员会、财政部将会同有关部门编制印发园区循环化改造指导指南。

（二）完善支持政策

中央财政资金将加大对园区循环化改造重点项目的支持力度。各地要按照国家发改委、人民银行、银监会、证监会《关于支持循环经济发展的投融资政策措施意见的通知》（发改环资［2010］801号）要求，制订实施方案，用足用好有关政策，加大对循环经济发展的投融资支持力度。各地要研究完善促进园区循环化改造的综合配套政策措施。

（三）创新改造模式

鼓励园区引进或培育专业化公司为园区废物管理提供“嵌入式”服务。鼓励园区采取合同能源管理方式推进园区及企业节能改造。鼓励园区创新环境服务模式，积极推进污水、垃圾处理等基础设施建设和运行的专业化、社会化。推动技术创新、管理模式和商业模式创新，促进企业内部“小循环”、园区（企业间）“中循环”与社会“大循环”的有机衔接，发挥循环经济整体效益。国家发改委将会同有关部门组织成立园区循环化改造专家组，对各园区开展循环化改造提供技术服务指导。

（四）实施示范工程

国家发改委、财政部将组织开展园区循环化改造示范工程，选择一些基础条件好、改造潜力大的园区进行循环化改造示范试点，并给予必要的资金支持。各地方循环经济发展综合管理部门、财政部门要结合本地区实际，支持推动一批重点园区进行循环化改造示范。

（五）强化监督检查

各地循环经济发展综合管理部门要依据《循环经济促进法》，督促各类园区组织区内企业进行资源化利用，促进循环经济发展。国家发改委、财政部将会同有关部门对各地推进园区循环化改造工作进行督导，对园区循环化改造成效开展评估。对工作开展较好的地区在园区循环化改造示范工程、重点项目安排等方面优先考虑，对循环化改造成效明显的园区，国家发改委、财政部将其优先确定为“国家循环经济示范园区”，并加强宣传推广。

加快园区循环化改造，是发展循环经济的重要阵地，要抓紧抓好，切实抓出成效。各地循环经济发展综合管理部门、财政部门要加强调研，认真总结园区循环化改造的经验，推广好的做法，对出现的新情况、新问题要认真研究解决，并及时向国家发改委（环资司）、财政部（经建司）提出意见和建议。

环境保护部关于加强化工园区环境保护工作的意见

环发［2012］54号 2012年5月17日

各省、自治区、直辖市、计划单列市及新疆生产建设兵团环境保护厅（局），辽河保护区管理局，各环境保护督查中心，中国石油和化学工业联合会，中国石油天然气集团公司，中国石油化工集团公司，中国海洋石油总公司，中国中化集团公司，中国化工集团公司等有关行业协会及企业：

化工园区（以下简称园区）包括石化化工产业集中的各类工业园区、产业园区（基地）、高新技术产业开发区、经济技术开发区及专业化工园区和由各级政府依法设置的化工生产单位集中区。推进园区的规范化可持续发展，是推动石油和化工行业调整产业结构、加快转变经济发展方式的重要措施。近年来，我国化工园区以其科学的发展理念、先进的技术装备、现代化的管理模式，为促进经济和社会发展做出了重要贡献。但有些园区在发展过程中也暴露出布局不合理、项目准入门槛低、环保基础设施建设滞后、化学品环境管理体系不完善、环境风险隐患突出、园区管理不规范等问题。为贯彻落实国务院《关于加强环境保护重点工作的意见》（国发［2011］35号）和《国家环境保护“十二五”规划》（国发［2011］42号），加强园区的环境保护工作，特制定本《意见》。

一、科学规划园区，严格环评制度

（一）科学制订园区发展规划。园区开发建设规划应结合当地城市总体规划、土地利用总体规划、生态功能区划和环境保护规划要求，以循环经济理念为指导，按照一体化建设、分层次布局的原则科学制订。园区的设立应符合区域产业定位，禁止在人口集中居住区、重要生态功能区、自然保护区、饮用水水源保护区、基本农田保护区以及其他环境敏感区域内设立园区。

（二）强化园区开发建设规划环境影响评价工作。新建园区在编制开发建设规划时，应编制规划环境影响报告书。已经批准的园区规划在实施范围、适用期限、建设规模、结构与布局等方面进行重大调整或修订的，应当及时重新开展规划环境影响评价工作。现有园区未开展环境影响评价的，应自本通知发布之日起一年内完成规划环境影响评价工作。逾期未开展或未完成规划环境影响评价的，各级环境保护主管部门暂停受理入园项目的环评审批。

（三）推行园区规划环境影响跟踪评价。规划实施五年以上的园区，应组织开展环境影响跟踪评价，编制规划环境影响跟踪评价报告书，由相应的环境保护主管部门组织审核，并督促园区管理机构对跟踪评价中发现的环境问题进行限期整改。

二、严格环境准入，深化项目管理

（四）规范入园项目技术要求。园区入园项目必须符合国家产业结构调整的要求，采用清洁生产技术及先进的技术装备，同时，对特征化学污染物采取有效的治理措施，确保稳定达标排放。

（五）实行园区污染物排放总量控制。园区所在辖区人民政府应进一步明确园区污染物排放总量，将园区总量指标和项目总量指标作为入园项目环评审批的前置条件，确保建成后该项目和园区各类污染物排放总量符合总量控制目标要求。鼓励通过结构调整、产业升级、循环经济、技术创新和技术改造等措施减少园区污染物排放总量。

（六）深化入园项目环境影响评价工作。入园项目必须开展环境影响评价工作。园内企业应按要求编制建设项目环境影响评价文件，将环境风险评价作为危险化学品入园项目环境影响评价的重要内容，并提出有针对性的环境风险防控措施。

（七）加强入园项目环境管理。园区管理机构应加强对入园项目的环境管理，对园区项目主体工程和污染治理配套设施“三同时”执行情况、环境风险防控措施落实情况、污染物排放和处置等进行定期检查，完善园区环保基础设施建设和运行管理，确保各类污染治理设施长期稳定运行。

三、加快设施建设，加强日常监管

（八）实施园区污水集中处理。新建园区应建设集中式污水处理厂及配套管网，确保园内企业排水接管率达100%。废水排入城市污水处理设施的现有园区，必须对废水进行预处理达到城市污水处理设施接管要求。无集中式污水处理厂或不能稳定达标排放的现有园区，应在本通知发布之日起两年内完成整改。园内企业应做到“清污分流、雨污分流”，实现废水分类收集、分质处理，并对废水进行预处理，达到园区污水处理厂接管要求后，方可接入园区污水处理厂集中处理。园内企业排放的废水原则上应经专用明管输送至集中式污水处理厂，并设置在线监控装置、视频监控系统及自控阀门。鼓励有条件的园区实施区域中水回用。

（九）加强园区废气和固体废物处理处置。园内企业应加强对废气尤其是有毒及恶臭气体的收集和处理，严格控制挥发性有机物（VOC）、有毒及恶臭气体的排放，配备相应的应急处置设施。园区内固体废物和危险废物必须严格按照国家相关管理规定及规范进行安全处置。鼓励有条件的园区建设相配套的固体废物特别是危险废物处置场所，避免大量危险废物跨地区转移带来的环境风险。

（十）鼓励建立第三方运营管理机制。鼓励园区委托有资质的单位对环境污染治理设施进行运营管理。采取环境污染治理设施第三方运营管理的园区，园区管理机构必须对环境污染治理设施的运行状况进行监督检查，发现污染防治设施不正常运行、或未经批准擅自停运防治设施的，必须及时纠正、限期整改。

四、健全管理制度，强化环境管理

（十一）加强园区污染物排放监测。园区管理机构应制定园区内主要污染物和化学特征污染物的监测方案，严格控制污染物排放，并加强对空气环境质量的监测。各级环境保护主管部门要不断提高化学特征污染物的监测能力，认真做好对园内企业污染物排放的监督性监测和检查。

（十二）严格园区运行监管。园内企业应严格执行国家或地方污染物排放标准，园区管理机构应严格按照国家或地方相关环境保护标准的规定对企业特征污染物实施监督管理，杜绝有毒有害污染物超标排放。凡园区风险防控设施不完善、园内企业污染物超标排放且未按要求完成限期整改、治理的，各级环境保护主管部门应暂停新入园区建设项目的审批，污染防治、环境安全隐患整改、生态恢复建设和循环经济类建设项目除外。

（十三）开展危险化学品环境管理登记和风险管理。园区管理机构应督促园内企业按照要求进行危险化学品环境管理登记，加强化学品环境风险管理。县级以上环境保护主管部门应组织开展危险化学品环境管理登记工作，并进行监督检查与监测；对不按照规定履行登记义务的企业，应依法给予处罚。严格执行新化学物质登记和有毒化学品进出口环境管理登记制度，加强登记审批后管理。

（十四）加强信息公开。园区管理机构应定期发布园区环境状况公告，督促园内企业履行化学品环境风险防控的主体责任，要求企业按相关规定进行排污申报登记，并足额缴纳排污费。园内企业应建立化学品环境管理台账和信息档案，依法向社会公开相关信息。鼓励园区和企业实施“责任关怀”。

五、完善防控体系，确保环境安全

（十五）加快园区环境风险预警体系建设。园区管理机构应建立环境风险防范管理工作长效机制，建立覆盖面广的可视化监控系统，加快自动监测预警网络建设，健全环境风险单位信息库。加强重大环境风险单位的监管能力建设，逐步建立和完善集污染源监控、环境质量监控和图像监控于一体的数字化在线监控中心。鼓励构建适用性强的污染物扩散和迁移状况模拟模型，建设信号传输系统和可共享的应急监测设施。

（十六）健全园区环境风险防控工程。建立企业、园区和周边水系环境风险防控体系。建立完善有效的环境风险防控设施和有效的拦截、降污、导流等措施。隶属于园区的周边水系应建立可关闭的闸门，有效防止泄漏物和消防水等进入园区外环境。

（十七）加强园区环境应急保障体系建设。园内企业应制定环境应急预案，明确环境风险防范措施。园区管理机构应根据园区自身特点，制定园区级综合环境应急预案，结合园区新、改、扩建项目的建设，不断完善各类突发环境事件应急预案。加强应急救援队伍、装备和设施建设，储备必要的应急物资，建立重大风险单位集中监控和应急指挥平台，逐步建设高效的环境风险管理和应急救援体系。开展有针对性的环境安全隐患排查，有计划地组织应急培训和演练，全面提升园区风险防控和事故应急处置能力。从事危险化学品生产、储存、经营、运输、使用和废弃处置的企业应当购买环境污染责任保险。

六、加强组织领导，严格责任追究

（十八）落实各方责任。园区环境保护工作由园区管理机构负总责，形成园区管理机构一把手亲自抓，主管部门和负责人员明确的管理体制。园区管理机构应督促园内企业执行环境保护法律、法规及其他有关规定，配合环境保护主管部门加强对企业环境保护工作的监督管理。

（十九）建立园区考核制度。环境保护部组织制定化工园区环境保护工作考核管理要求，各级环境保护主管部门应加强对园区环境管理等相关工作的检查和考核，定期通报考核结果。鼓励园区积极创建国家生态工业示范园区。

（二十）完善责任追究制。建立完善园区化学品环境污染责任追究制。对不符合环保要求、污染治理设施不正常运行、环境安全隐患突出的，依法限期整治、责令整改；对存在偷排直排等恶意环境违法行为的园区，依法实行挂牌督办；对屡次发生突发环境事件及列入省级挂牌督办范围的园区、企业及相关责任人，按照相关法律和法规处理。

（二十一）执行年度报告制度。园区管理机构每年应将本园区环境管理情况报告报送当地环境保护主管部门。各省级环境保护主管部门应于次年1月底前将辖区内园区环境管理和运行情况年度报告上报环境保护部。

各省级环境保护主管部门应自本意见发布之日起3个月内制定本辖区加强园区环境保护工作的实施方案，并上报环境保护部备案。

安徽省人民政府办公厅关于印发《皖江城市带承接产业转移示范区环境保护规划》的通知

皖政办［2012］10号 2012年2月17日

各市、县人民政府，省政府各部门、各直属机构：

《皖江城市带承接产业转移示范区环境保护规划（2011~2015年）》已经省人民政府同意，现印发给你们，请认真组织实施。

附件：皖江城市带承接产业转移示范区环境保护规划（2011~2015年）

附件

皖江城市带承接产业转移示范区环境保护规划（2011~2015年）

为加强皖江城市带承接产业转移示范区生态建设和环境保护，促进产业发展与生态文明建设相协调，根据《中共安徽省委、安徽省人民政府关于皖江城市带承接产业转移示范区规划的实施方案》（皖发［2010］3号）要求，特编制本规划。

一、环境形势分析

（一）生态环境质量现状

安徽省生态功能区划中，皖江城市带承接产业转移示范区（以下简称示范区）包括江淮丘陵岗地生态区、皖西大别山北麓中低山森林生态区、沿长江平原生态区和皖南山地丘陵4大生态区（见附图）。

1. 江淮丘陵岗地生态区。位于示范区北部，江淮分水岭横贯，地貌类型复杂多样，包括低山、丘陵、岗地、湖滨与沿河平原等。生态环境较为脆弱。

2. 皖西大别山生态区。位于示范区西部，大别山南麓，分布有鹞落坪、枯井园、板仓、万佛山自然保护区。生态系统完整性保存相对较好，具有区域生态安全保障重要作用。

3. 沿长江平原生态区。位于示范区中部沿江区域，湿地区位极其重要，众多大型湖泊集中成片，构成全国著名的华阳河湖群，对长江中游洪水调蓄具有重要作用；分布有升金湖、淡水豚、安庆沿江、十八索等众多自然保护区，是生物多样性保护集中区域。生态环境相对较好。

4. 皖南山地丘陵生态区。位于示范区南部和东部，自然植被保存较好，自然与人文景观丰富，分布有牯牛降自然保护区和九华山等风景名胜区。生态环境较好。

（二）空气环境质量现状

1. 主要大气污染物。根据2010年污染源普查动态更新数据，示范区2010年二氧化硫排放量301400.96吨，占全省排放总量的56%。其中，工业二氧化硫排放量276883.26吨，占全省工业二氧化硫排放量的55.4%；生活二氧化硫排放量24434.8吨，占全省生活二氧化硫排放量的63.9%。示范区2010年烟尘排放量261103吨，占全省排放总量的69.2%。其中，工业烟尘排放量245094.28吨，占全省工业烟尘排放量的72.6%；生活及其他烟尘排放量16008.91吨，占全省生活及其他烟尘排放量的40.3%。示范区工业粉尘排放量190978.54吨，占全省排放总量的83.74%。

2. 城市空气。"十一五"期间，示范区城市环境空气质量总体良好，并有进一步转好趋势。2010年，合肥市空气环境质量为三级标准，其余7个设区市的空气环境质量均能满足二级标准要求。影响示范区各城市空气质量的主要污染物，在铜陵、安庆市为二氧化硫，在其余城市均为可吸入颗粒物。合肥市可吸入颗粒物指标较高与城市建设密切相关。

3. 酸雨。示范区大部分地区位于酸雨控制区，"十一五"期间，除六安（金安区和舒城县）和原地级巢湖市外，其余城市均不同程度出现酸雨，其中铜陵、池州市酸雨污染较重。总体来看，示范区酸雨污染状况属轻酸雨区，近年来铜陵市酸雨污染状况有所加重，其余城市污染状况无明显变化。

（三）地表水环境质量现状

1. 主要水污染物。"十一五"期间，示范区工业废水达标排放率略低于全省平均水平，城市污水处理率逐年上升，2010年设市城市生活污水集中处理率达到71.58%。根据2010年污染源普查动态更新数据，示范区2010年工业废水排放量37757.91万吨，占全省排放总量的52.16%；城镇生活污水排放量85298.57万吨，占全省排放总量的53.84%。示范区2010年排放废水中化学需氧量排放量为470320.36吨，占全省排放总量的48.3%。其中，工业化学需氧量排放55377吨；生活化学需氧量排放241913.41吨。示范区化学需氧量排放以城镇生活源和畜禽养殖业为主。

2. 长江流域。2010年，长江干流安徽段整体水质状况保持为优。20个监测断面中，有19个断面水质为Ⅰ—Ⅱ类，占95.0%；1个为Ⅲ类，占5.0%。流域15条支流的38个断面中，水质达到Ⅰ—Ⅲ类断面26个，占68.4%；劣Ⅴ类断面1个，占2.6%，支流主要污染指标为五日生化需氧量和氨氮，其中来河为重度污染。

3. 巢湖流域。2010年，巢湖湖区总体水质状况为中度污染，营养状态为轻度富营养。其中，东半湖轻度污染，轻度富营养；西半湖重度污染，中度富营养。湖区主要污染物为总磷、总氮和石油类。巢湖主要环湖河流总体水质状况为中度污染，28个断面中，有13个断面水质状况优良，为Ⅰ—Ⅲ类水质。主要污染物为石油类、氨氮和五日生化需氧量。南淝河、十五里河、派河、双桥河和店埠河为重度污染。

4. 饮用水水源地。2010年，示范区内省辖城市共计18个集中式饮用水水源地，其中河流型水源地13个，湖库型水源地5个。各水源地均已完成水源保护区划分。2010年示范区城市饮用水水源地水质达标率为97.3%。

（四）噪声环境质量现状

1. 区域环境噪声。2010年，示范区各市城区环境噪声等效声级为51.8—56.2dB（A）。按区域环境噪声质量等级划分规定，合肥、马鞍山、滁州、安庆城区环境噪声略有超标，环境噪声质量等级为轻度污染；其余各市城区环境噪声质量等级为较好。

2. 城市道路交通噪声。2010年，示范区各市城市道路交通噪声分布在65.5—70.6dB（A）之间。按道路交通噪声质量等级划分规定，除安庆的城市道路交通噪声质量等级为轻度污染外，其余城市噪声质量等级均为较好以上。

（五）固体废弃物处理现状

1. 工业固体废弃物。2010 年，示范区工业固体废弃物产生量为 4446.314 万吨，占全省产生总量的 48.55%。产生的工业固体废弃物种类主要包括粉煤灰、锅炉炉渣、煤矸石、冶炼矿渣、尾矿、污水处理污泥、脱硫石膏、放射性废物以及其他废物等 9 大类。固体废物综合利用率为 79.66%。工业固体废物种类与示范区资源、能源结构特点密切相关。

2. 生活垃圾。2010 年，示范区城镇生活垃圾产生总量为 186.09 万吨，生活垃圾无害化处理率 86.87%。随着示范区城镇化进程的加快，建成区面积不断扩张，城区人口持续增加，生活垃圾的产生总量将逐年递增。

3. 危险废物。2010 年，示范区产生危险废物 80155.3 吨，危险废物综合利用率为 85%，处置率为 49.91%。示范区内有 16 家单位持有危险废物经营许可证，主要进行危险废物回收加工及综合利用，核准经营能力为 13.6 万吨。示范区内有 2 家单位具备危险废物焚烧处置资质，年处理能力 1.8 万吨。

（六）主要环境问题

1. 水环境保护任务艰巨。经过多年努力，巢湖流域水环境质量呈逐步改善趋势，但是，巢湖西半湖湖区仍呈中度富营养状态，蓝藻暴发隐患长期存在；11 条环湖河流中，有 5 条为重度污染。目前，长江干流安徽段总体水质状况保持优，但支流中仍有重度污染河流存在。

2. 改善环境空气质量仍需努力。示范区城市能源结构以煤炭为主，空气污染表现为煤烟污染为主的复合型污染。同时，示范区酸雨污染仍需高度重视。随着工业经济规模的扩大，区域能源需求还将继续增加，今后一段时期能源消费结构仍将以燃煤为主。因此，示范区在规划期内控制二氧化硫排放量、改善大气环境质量，任重道远。

3. 固体废物污染控制不容忽视。示范区固体废物产生量不断增加，但综合利用率较低，相应的资源化利用机制尚待健全，危险废物、废旧家电、电子废物、废电池等对环境存在潜在危害和威胁，实现“减量化、资源化、无害化”的要求任务艰巨。

4. 生态环境保护任重道远。近年来，示范区生态环境保护和生态建设成绩显著，但在森林、湿地、水土资源保护等方面以及农业、矿产和旅游开发等领域，经济发展与环境保护的矛盾依然存在，局部地区生态环境恶化的趋势仍没有得到有效遏制。主要表现在：一些生态用地被挤占，天然林、天然次生林遭破坏，湿地消失、萎缩、破碎化和生态功能退化现象仍然存在，生物多样性保护形势仍较严峻，一些关键性的生态过渡带、节点和廊道没有得到有效保护，缺乏区域控制性生态防护系统。

5. 环境执法监管能力有待加强。示范区环境执法监管能力与所面临的形势、承担的任务相比，仍有较大的差距。不少市、县（含市、区，下同）环保部门机构不全、编制有限、经费不足，环境执法监管能力建设滞后，环保统一监督管理职能难以有效发挥。

（七）环境发展预测

1. 大气环境。到 2015 年，示范区二氧化硫、氮氧化物预测排放量将有一定幅度的增长。因此，控制二氧化硫和氮氧化物排放是示范区的一项重要工作。

2. 水环境。到 2015 年，示范区工业化、城镇化水平将不断提升，经济总量大幅增长，化学需氧量、氨氮等主要污染物产生量将持续增长，对于示范区水环境质量的保持与改善将形成较大压力。

3. 噪声环境。随着经济社会加快发展，示范区工业生产和机动车拥有量将持续增长，保持目前基本良好的噪声环境水平任务繁重。

4. 固体废弃物。根据测算，示范区 2015 年工业固体废弃物产生量预计达到 7500 万吨，固体废弃物综合利用率达到 90%，但仍将有 750 万吨固体废弃物需要贮存或处置。示范区 3 个危险废物处置中心（位于合肥、铜陵和马鞍山市）年设计处理能力为7.07万吨，当前已不能满足危险废物的安全处置要求（2010年示范区需处置的危险废物达8万吨），更不能保证规划期末危险废物的安全处置。同时，随着示范区城区人口增长和生活垃圾产生量的不断增加，现有填埋场扩容速度将难以适应处理要求，新的卫生填埋场选址难度加大，需进一步采取生活垃圾其他处理处置方式。

二、总体思路

（一）指导思想

深入贯彻落实科学发展观，努力提高生态文明水平，深化主要污染物总量减排，努力改善环境质量，防范环境风险，创新资源集约节约利用和环境保护体制机制，加快推进示范区资源节约型和环境友好型社会建设。

（二）基本原则

——科学发展，环境优先。坚持科学发展，加快转变经济发展方式，以资源环境承载力为基础，科学承接产业转移，在保护中发展，在发展中保护，促进经济社会与资源环境协调发展。

——以人为本，促进和谐。坚持以人为本，切实解决关系民生的突出环境问题。逐步实现环境保护基本公共服务均等化，维护人民群众环境权益，促进社会和谐稳定。

——预防为主，防治结合。坚持从源头预防，把环境保护贯穿于规划、建设、生产、流通、消费各环节，提高可持续发展能力。加强治污设施建设，提高运行管理水平，加强生态保护与修复。

——创新机制，共同推进。发挥各级政府在环境保护方面的主导作用，明确企业主体责任，加强部门协调配合。健全环境监管体制，完善环境保护法规政策，加强环境信息公开和舆论监督，动员全社会参与环境保护。

（三）规划范围与规划时限

1. 规划范围。皖江城市带承接产业转移示范区，包括合肥、芜湖、马鞍山、铜陵、安庆、池州、滁州、宣城8个市全境和六安市的金安区和舒城县，共59个县，面积7.57万平方公里，人口3072万人。

2. 规划时限。以2010年为基准年，规划期为2011年至2015年，并展望到2020年。

（四）规划目标

1. 综合目标。到2015年，示范区主要污染物排放得到有效控制，总量显著减少；城乡饮用水水源地环境安全得到有效保障；大气环境质量达到环境功能要求；城镇环境基础设施建设和运行水平得到提升；生态环境安全格局基本形成，城乡环境质量得到改善；环境监管体系得到健全。到2020年，示范区环境质量明显改善，生态环境优美，社会文明和谐，人民生活富裕。

2. 主要规划指标。到2015年，示范区化学需氧量排放总量控制在431734吨以内，比2010年的470320吨减少8.2%；氨氮排放总量控制在47847吨以内，比2010年的53802吨减少11.1%；二氧化硫排放总量控制在264419吨以内，比2010年的301401吨减少12.3%；氮氧化物排放总量控制在463143吨以内，比2010年的512861吨减少9.7%（暂不包括“十二五”期间新投运燃煤发电机组二氧化硫、氮氧化物新增量，待投运后将相应调整指标，实行动态管理）。地表水环境质量稳中有升，国控、省控断面（点位）水环境功能达标率在95%以上；巢湖湖区富营养化程度有所减轻；城市污水处理率不低于85%；县级以上城镇集中式饮用水水源地水质大幅提高。省辖城市每年空气质量总体保持稳定，酸雨强度和频率有所降低。工业固体废弃物综合利用率达到90%。工业园区的规划环境影响评价执行率达到100%，建设项目环境影响评价和“三同时”执行率均达到100%。

三、主要任务

（一）促进经济社会与环境协调发展

1. 严格执行产业准入和结构调整政策。

严格资源节约和环保准入门槛，转入项目必须符合《产业结构调整指导目录》（2007年）和《皖江城市带承接产业转移示范区规划》产业定位要求，避免产业转移中的资源浪费和污染扩散，严禁国家明令淘汰的高能耗、高污染的落后生产能力转入。加快淘汰落后产能，强化冶金、化工等重点行业建设项目环境影响评价，单位产品能耗、物耗和污染物的产生量、排放量达到国内先进水平。

2. 促进资源节约集约利用。鼓励冶金、有色、化工、建材（筑）、机械等重点行业改造生产流程，优化生产工艺，延长产业链，提高能源资源综合利用水平，开展循环经济示范企业建设。科学规划园区企业结构和布局，鼓励企业通过资源共享、废弃物利用等途径发展循环经济。优先支持示范区企业、园区开展循环经济试点，积极开展低碳经济园区试点。及时总结循环经济试点经验，制定促进循环经济发展的政策措施。加大对有色金属矿山（含伴生矿）采选业和冶炼业、铅酸蓄电池业、皮革及其制品业、化学原料及化学制品制造业、火力发电等行业的清洁生产审核力度。到2012年，示范区20%以上的重点企业要开展清洁生产审核；到2015年，50%以上的重点企业要开展清洁生产审核。建立清洁生产减排核定机制，对实施清洁生产的企业，环保部门要认真核定其污染物削减量，并纳入企业及示范区污染减排考核体系。在废旧金属、家电回收利用和再制造等领域，依托重点行业开展废弃资源综合利用试点。建立和完善再生资源回收网络，明确回收处理技术路线，提出再生资源循环利用模式。鼓励采取特许权出让等形式，实现城市生活垃圾处理和中水回用的市场化运作。引导矿山企业向矿产资源规划确定的重点勘查与开采区集中，严格执行矿山开采准入条件，有效配置各类矿产资源。推广先进适用技术、工艺和设备，提高矿山采选率和冶炼回收率，提高大宗工业固体废物的综合利用率。

（二）推进主要污染物总量减排

积极推进雨污分流的配套管网建设，提高污水处理厂运行负荷和减排效率。推进污水处理厂提标改造，建设和完善脱氮设施，加快中水回用设施建设，采用有效措施对污泥进行无害化处理处置，严格企业污水处理设施运行管理。集中整治小、散、杂的缫丝、粮油加工和淀粉加工企业。加大规模化畜禽养殖企业污染治理，完成所有规模化畜禽养殖场污染治理，实现畜禽粪便无害化处理和资源化利用。加快燃煤电厂和水泥熟料生产线脱硝设施建设，推进钢铁烧结等行业脱硫设施建设，取消燃煤电厂烟气旁路，加快石油石化、有色、建材等行业的工业窑炉脱硫改造步伐。现役新型干法水泥窑要进行低氮燃烧技术改造，日产4000吨及以上的要配套建设脱硝设施；新建水泥生产线要安装效率不低于60%的脱硝设施。严格执行国家产业政策，落实产能淘汰计划，依法关停小火电机组，淘汰落后煤炭、钢铁和水泥产能等。加强在用车环保检验和环保标志管理，自2012年起，全面推行机动车环保标志管理，新注册和转入车辆一律须取得环保合格标志，2013年基本实现机动车环保标志管理全覆盖。积极实施“黄标车”淘汰工作，达到使用年限的机动车全部及时依法报废和注销，规范机动车回收拆解管理，到2015年，全面淘汰2005年以前注册的大型载客、重型载货营运“黄标车”，基本淘汰2005年以前注册的其他营运“黄标车”。逐步开展“黄标车”区域限行和尾号限行，2012年合肥、马鞍山、芜湖市率先实行“黄标车”限行制度。

（三）强化水污染防治

1. 优先保护饮用水水源地水质。根据沿江各产业集聚区布局，对饮用水源取水口进行统一规划和调整。推进水源地环境整治、恢复和规范化建设。加强对水源保护区外汇水区有毒有害物质的监管。按照“一源一策”原则，建立饮用水水源地安全预警制度和应急机制，并列入政府应急预案体系。各市集中式饮用水水源地要定期开展水质全分析。制定备用水源方案，加快建设城市备用水源地，建立饮用水源、水质安全和水厂处理“三位一体”的安全预警体系。推进地下水污染防控。

2. 加大工业水污染防治。确定示范区重点排污企业，强化对有毒有害污染物排放和应急处置设施情况的监测和检查。加强排污口整治，严格论证审批新增入河排污口。在重点排污企业和开发园区配套的污水处理厂全部安装自动监控装置，并与环保部门联网。

3. 加强面源污染防治。加强对面源污染的管理，调整种植结构，控制化肥、农药使用量，改进施肥施药方法，实行测土配方施肥。提高农田灌溉效率，减少农田退水。

4. 强化巢湖流域水污染防治。充分利用巢湖污染防治的基础性、应用性科技成果，为控源、截污、除藻和生态修复等综合治理提供技术支撑。进一步加大科技投入，支持相关技术和设备研发，建设示范性工程试点，加大应用性技术推广，进一步加快巢湖污染治理步伐。推进引江济巢工程，实施生态恢复工程，优化江湖动态联系，遏制湖体富营养化趋势，到2015年主要入湖支流基本消除劣V类水质。

（四）加强大气污染防治

1. 加强工业烟粉尘控制。推进燃煤电厂、水泥厂除尘设施改造，钢铁行业现役烧结（球团）设备全部采用高效除尘器，加强工艺过程除尘设施建设。20蒸吨（含）以上的燃煤锅炉要安装高效除尘器，鼓励其他中小型燃煤工业锅炉使用低灰分煤或清洁能源。充分利用生产余热，加快统一集中供热步伐。严格控制分散的小型锅炉供热。积极利用清洁能源，优化能源消费结构。增加天然气供给，降低煤炭在一次能源消费中的比重。

2. 合理布局区域建设发展。合理规划开发园区选址和高污染企业布局，严格限制大气污染项目接近人口密集区或布置在城区上风向。开发园区应与城市其他功能区实现有效分隔。

3. 加强酸雨控制。在酸雨强度和频率较高的区域，调整工业布局，加强污染严重企业技术改造工作，淘汰落后工艺与陈旧设备。限制高硫煤的生产和使用，鼓励使用低硫煤和节约用煤，提高煤的燃烧效率。逐步实现民用燃料气体化。积极开发、应用清洁能源。

（五）做好噪声污染防治

1. 防治区域噪声。严格文化娱乐场所营业时间和音量的管理，防止噪声扰民。加强对商业经营活动空调器、冷却塔等可能产生环境噪声污染的设备、设施监管，确保边界噪声符合环境噪声排放标准。加大城区噪声达标区和安静小区建设力度。

2. 防治交通噪声。依据国家声环境质量标准和民用建筑隔声设计规范，合理划定建筑物与交通干线的防噪声距离。新、改、扩建的高速路、快速路、城市主干道、城市高架路、铁路和城市轨道交通，应当采取适当的噪声污染防治措施。优先发展城市公共交通，科学调控机动车的存量和流量，保持道路建设和机动车增长的协调发展。

3. 防治工业噪声。逐步实现示范区现有工业企业“退城入园”。强化工业噪声污染防治，工业企业噪声排放必须符合国家规定的厂界环境噪声排放标准。对噪声污染严重的工业噪声源采取相应的控制措施，降低噪声对外界的干扰。

4. 防治建筑施工噪声。严格建筑施工作业噪声管理，确保噪声排放符合国家规定的施工场界环境噪声排放标准。中考、高考期间及各地政府规定的其他特殊时段内，除抢修、抢险外，禁止在噪声敏感建筑物集中区域从事产生噪声的施工作业。

（六）强化固体废弃物处理处置

1. 促进生活垃圾无害化处置。倡导生活垃圾减量化，鼓励绿色消费和绿色生活方式，从源头上减少生活垃圾产生量。完善示范区县级以上城镇生活垃圾无害化处置系统，分阶段提高无害化处置率。在设区市、县城和重要建制镇，加快压缩密闭式的生活垃圾收运设施建设步伐。加强乡镇及农村有机垃圾的回收利用。

2. 加强工业固体废弃物综合利用。推广使用先进技术、工艺和设备，提高矿产采选率和冶炼回收率，积极发展无渣、少渣工艺，从源头上减少工业固体废弃物的产生量。大力开发工业固体废弃物综合利用技术，提高大宗工业固体废弃物的综合利用率，进一步提高再生金属、废塑料等综合利用水平。建设示范区工业固体废弃物处置中心网络，实现工业固体废弃物收集、贮存、运输、处置的全过程监控、管理。重点加强尾矿、冶炼渣、粉煤灰的综合利用。

3. 推进危险废物安全处置。加强对危险废物尤其是含重金属危险废物的全过程监测、监控和管理，实行专业收集、专线清运和集中安全处置。加快建设危险废物处置场所，尽快形成处置能力，实现危险废物安全处置。对跨界转移的，严格执行危险废物转移联单制度。

（七）加强重金属污染防治

1. 严格防控重金属污染。以有色金属矿（含伴生矿）采选业、有色金属冶炼业、铅蓄电池制造业、皮革及其制品业、化学原料及化学制品制造业等行业为重点，加大防控力度，加快重金属相关企业落后产能淘汰步伐。合理调整重金属相关企业布局，逐步提高行业准入门槛，严格落实卫生防护距离。坚持新增产能与淘汰产能等量置换或减量置换，禁止在重点区域新改扩建增加重金属污染物排放量的项目。

2. 推进重金属污染源综合防治。严格重金属相关企业管理，建立重金属污染物产生、排放台账，强化监督性监测和检查制度。对重点企业每两年进行一次强制清洁生产审核。推动重金属相关产业技术进步，鼓励企业开展深度处理。鼓励铅蓄电池制造业、有色金属冶炼业、皮革及其制品业、电镀等行业实施同类整合、园区化管理，强化园区的环境保护要求。

（八）切实加强开发园区环境管理

1. 科学规划建设开发园区。按照产业集聚、区域集中、开发集约的原则，突出“大项目、大产业、大循环”，加强开发园区产业规划，优先引进成长性强、科技含量高、污染物排放少的项目，限制污染重、耗能高、技术落后的项目入园。按照集中治理的思路，优先安排环境保护基础设施建设，加强开发园区雨污分流管网和集中污水处理设施建设，建立重点项目污染源在线监控系统。

2. 提升现有开发园区环境保护水平。以循环经济理念为指导，认真落实规划环境影响评价要求，切实完善园区环境基础设施建设，对技术落后、布局不合理的部分项目进行局部调整和生态化改造。构建互补的生态工业网链，促进产业升级和资源配置合理化，达到节能降耗、减污增效的良性发展目标。积极开展创建生态工业园区活动。

3. 创新开发园区环境管理方式。按照“早期介入、科学规划、合理布局、总量控制、集中治理、跟踪评价、统一监管”的原则，加强开发园区环境监管。结合主体功能区划，做好示范区环境功能区划工作。建立示范区区域污染联防联控体制，完善重点污染源透明化管理和环保应急管理机制，加强环境监督管理。开展园区环保科技示范工程建设，促进国内外环境科技合作。

（九）加强生态保护与建设

1. 构建生态安全格局。从示范区自然基础条件出发，加快建设皖南山地丘陵生态源区、皖西山地丘陵生态源区和皖中湖泊丘陵生态源区等 3 个生态源，长江廊道、水阳江廊道、青弋江廊道、秋浦河廊道、皖河廊道、裕溪河廊道和合铜黄高速公路廊道等 7 个生态廊道，以及较小山丘林地、河湖湿地、部分农田或果园等众多的生态楔，构建“三源七廊”生态安全空间格局。

2. 强化自然保护区与生物多样性保护。加强自然保护区管护能力建设，推动从数量规模型向质量改善型转变，重点保护好淡水豚、升金湖、扬子鳄、沿江湿地等自然保护区，不断提高管护水平，完善区域自然保护区网络体系建设。开展自然保护区资源开发利用试点，加强对周边资源开发活动的监控和引导。开展沿江生物多样性现状调查工作，核查资源分布情况，为科学合理开发皖江打下基础。

3. 注重资源开发中的生态保护。沿江岸线实行河床湿地化、河坎生态化、两岸景观化，营造水生动植物多样性生存空间，增强河道自净能力。充分利用沿江自然、人文景观资源，结合水源保护区、过江通道和其他不宜建港的岸线资源，加强沿江绿化和滨江景观建设。重视港口工程建设中的水生生态保护。综合整治矿山开采挖损区、塌陷区和地下采空区，减少山体崩塌和水土流失，充分利用土地资源。实施节水、污水处理回用、削减超采量等工程措施，提高矿山疏排水利用率。严格控制交通、能源、水利等重大基础设施占用林地、湿地。加强田、水、路、林、村综合整治，增加耕地及其他农用地，积极复垦整理工矿废弃地和自然灾害损毁地，合理开发未利用土地。强化土壤环境监管，加强土壤重金属污染防治。坚持旅游资源开发与生态环境保护并重，旅游开发与生态建设同步规划、同步实施。充分尊重自然，突出地方特色，高标准规划和建设生态旅游区，合理建设旅游设施与景点。推动马鞍山市创建国家生态市，鼓励其他市（县）积极开展国家环保模范城市和国家生态市、县创建工作，继续开展生态乡镇、生态村创建工作。争取到 2015 年，合肥、芜湖、铜陵和宣城市成功创建国家环保模范城市，马鞍山、宣城市成功创建国家生态市，绩溪县和宁国市等成功创建国家生态县（市）。

（十）完善环保基本公共服务体系

1. 推进环境保护基本公共服务均等化。根据示范区不同地区主要环境功能差异，以维护环境健康、保育自然生态安全、保障食品产地环境安全等为目标，结合国家和省主体功能区规划，编制示范区环境功能区划。加大对优化开发和重点开发地区的环境治理力度，结合环境容量实施严格的污染物排放标准，大幅度削减污染物排放总量，加强环境风险防范。加强对农产品主产区的环境监管，加强土壤侵蚀和养殖污染防治。对自然文化资源保护区依法实施强制性保护，维护自然生态和文化遗产的原真性、完整性，依法关闭或迁出污染企业，实现污染物“零排放”。保护大别山区、皖南山区以及其他水源涵养区、生物多样性保护区等重要生态功能保护区的生态功能，开展示范区内流域和区域生态补偿工作试点，研究制定生态补偿经济政策，逐步建立示范区生态补偿机制。合理确定环境保护基本公共服务的范围和标准，加强城乡和区域统筹，健全环境保护基本公共服务体系。加大对禁止开发区域和限制开发区域、特殊困难地区的支持力度，提高环境保护基本公共服务供给水平。各地要保障环境保护基本公共服务支出，加强基层环境监管能力建设。

2. 提高农村环境保护水平，保障农村饮用水安全。开展农村饮用水水源地调查评估，推进农村饮用水水源保护区或保护范围的划定工作。强化饮用水水源环境综合整治。建立和完善农村饮用水水源地环境监管体系，加大执法检查力度。开展环境保护宣传教育，提高农村居民水源保护意识。在有条件的地区推行城乡供水一体化。加强农村环境综合整治，大力推进清洁家园、清洁田园、清洁水源工程建设。推行“户集、村收、镇运、区域处理”的生活垃圾城乡一体化运作模式。探索中小城镇低成本、高效、二次污染少的生活污水处理新技术和管理运行机制。优化农村地区工业发展布局，严格工业项目环境准入，防止城市和工业污染向农村转移。

3. 加强环境监管体系建设。以基础、保障、人才等工程为重点，推进环境监管基本公共服务均等化建设。完善污染减排统计、监测、考核体系，加强污染源自动监控系统建设、监督管理和运行维护，优化手工监测方法，形成环境质量、重点污染源、区域污染物传输“三位一体”的环境监控系统。按照国家规定，做好部分设区市细颗粒物（PM2.5）污染物监测及发布工作。建立污染源、环境质量和生态状况等各类数据库系统，完善部门数据共享管理体系。加强农村和机动车减排监管能力建设。全面推进监测、监察、宣教、统计、信息等环境保护能力标准化建设，大幅提升市县环境基础监管能力。加强环境质量监测与评估考核体系建设，开展生态环境质量监测与评估，提升环境监测站点的自动监测水平，逐步提高农村地区环境监测覆盖率。加强环境预警与应急体系建设，开展环境应急能力标准化建设。加强环境监测队伍建设，提高环境监测技术水平和管理水平。到2015年，基本形成污染源与总量减排监管体系、环境质量监测与评估考核体系、环境预警与应急体系，初步建成示范区环境监管基本公共服务体系。

四、保障措施

（一）严格落实责任

完善政府环境目标考核责任制，制定生态文明建设指标体系，纳入示范区各级人民政府政绩考核。实行评选评优环保“一票否决”。继续推进主要污染物总量减排考核。落实环境目标责任制，定期发布主要污染物总量减排、环境质量、重点流域污染防治规划实施情况等考核结果，对未完成环保目标任务或对发生重特大突发环境事件负有责任的所在地政府进行约谈，实施区域限批，并追究有关领导责任。建立完善政府负责、环保部门统一监督管理、有关部门协调配合、全社会共同参与的环境管理体系。

（二）严把环境准入关

把主要污染物总量控制要求、环境容量、环境功能区划和环境风险评估等作为区域和产业发展的决策依据。依法对重点流域、区域开发和行业发展规划以及建设项目开展环境影响评价。完善规划环境影响评价和建设项目环境影响评价联动机制。严格执行建设项目环境保护验收制度。实行污染物排放总量控制制度，把主要污染物排放总量控制指标分解到各市、县和重点排污单位，定期公布排放状况。对于总量超过环境容量或控制目标的区域和行业，严格限制增加污染物的新建项目。

（三）提升科技支撑能力

发挥示范区科教资源优势，建立环境保护科技专家库与科研机构信息库，加强企业与高校、科研院所的合作与交流，组织开展重点环境问题的研究和技术攻关，研发污染控制、生态保护和环境风险防范的高新技术、关键技术、共性技术，积极推进环境科研成果的推广及转化。支持污水处理、垃圾处理、脱硫脱硝、土壤修复和环境监测为重点的装备制造业发展，研发和示范一批新型环保材料、药剂和环境友好型产品，促进环保产业加快发展。

（四）认真组织实施环境保护工程

围绕国家“十二五”期间组织实施的主要污染物减排工程、改善民生环境保障工程、农村环保惠民工程、生态环境保护工程、重点领域环境风险防范工程、核与辐射安全保障工程、环境基础设施公共服务工程、环境监管能力基础保障及人才队伍建设工程等重大环保工程，组织各地根据实际，建立项目储备库，积极争取国家支持，落实地方配套资金，充分发挥工程效益。

（五）完善环境经济政策

落实燃煤电厂烟气脱硫电价政策，按国家规定对污水处理、污泥无害化处理设施、非电力行业脱硫脱硝和垃圾处理设施等企业实行政策优惠。对非居民用水逐步实行超额累进加价制度，对高耗水行业实行差别水价政策。开展主要污染物排污权有偿使用与交易试点，制定《皖江城市带承接产业转移示范区主要污染物排放总量控制管理试行办法》和《皖江城市带承接产业转移示范区排污权有偿使用与交易管理试行办法》，规范排污量的认定程序，设立排污权交易平台，保证交易公平、公正。全面落实污染者付费原则，完善污水处理收费制度，收费标准要逐步满足污水处理设施稳定运行和污泥无害化处置需求。改革垃圾处理费征收方式，加大征收力度，适度提高垃圾处理收费标准和财政补贴水平。建立企业环境行为信用评价制度，加大对符合环保要求和信贷原则企业、项目的信贷支持。建立银行绿色评级制度，将绿色信贷成效与银行工作人员履职评价、机构准入、业务发展相挂钩。推行政府绿色采购，逐步提高环保产品比重。选择涉铅等重金属污染以及生产、经营、储存、运输、使用危险化学品企业和易发生污染事故的化工企业，开展环境污染责任保险试点。

（六）建立多元化投资体系

以政策推进和机制创新为突破口，建立完善政府、企业、社会多元化环保投融资机制。把环境保护列入各级财政年度预算并逐步增加投入。适时增加同级环境保护能力建设经费安排。深化“以奖促防”、“以奖促治”、“以奖代补”等政策，强化各级财政资金的引导作用。完善市场化融资机制，推动建立财政投入与银行贷款、社会资金的组合使用模式。鼓励符合条件的地方融资平台公司以直接、间接的融资方式拓宽环境保护投融资渠道。支持符合条件的环保企业发行债券或改制上市，鼓励符合条件的环保上市公司实施再融资。

（七）严格执法监管

强化承接产业转移环境监管，完善环境监察体制机制，明确执法责任和程序，提高执法效率。建立示范区环境执法合作机制和部门联动执法机制。深入开展整治违法排污企业保障群众健康环保专项行动，加大对环境违法行为的执法力度。深入开展环境安全监察，消除环境安全隐患。开展环境法律法规执行和环境问题整改情况后督察，健全重大环境事件和污染事故责任追究制度。

（八）完善公众参与机制

落实全民环境教育行动计划，动员全社会参与环境保护。充分发挥新闻媒体、网站作用，倡导绿色生产、生活方式，及时准确发布各类环境信息。推进城镇环境质量、重点污染源、重点城市饮用水水质、企业环境信息公开，建立涉及有毒有害物质排放企业的环境信息强制披露制度。引导企业进一步增强社会责任感，鼓励工业企业自觉开展 ISO14000 环境管理体系认证、清洁生产和环境污染深度治理，促进企业污染防治设施的安全、稳定运转，确保达到设计要求和达标排放。对可能造成重大环境影响并直接涉及公众环境权益的发展规划和建设项目，采取听证会、论证会或社会公示等形式，听取公众意见，接受群众监督。

（九）严格规划实施

示范区各级人民政府是规划实施的责任主体，要把规划目标、任务、措施纳入当地国民经济和社会发展总体规划，把规划执行情况作为政府领导干部综合考核评价的重要内容。各有关部门要立足部门职能，密切配合，完善体制机制，加大资金投入，推进规划实施。建立规划目标、措施和效果的定期检查、评估和协调机制，保障示范区环保目标顺利实现。

青海省人民政府办公厅转发青海省人力资源社会保障厅青海省经济委员会《关于进一步加强人力资源服务工作促进全省园区经济发展意见》的通知

青政办［2012］59号 2012年3月5日

西宁市、各自治州人民政府，海东行署，省政府各委、办、厅、局：

省人力资源社会保障厅、省经济委员会《关于进一步加强人力资源服务工作促进全省园区经济发展的意见》已经省政府同意，现转发给你们，请认真贯彻执行。

附件：关于进一步加强人力资源服务工作促进全省园区经济发展的意见

附件

关于进一步加强人力资源服务工作促进全省园区经济发展的意见

为促进全省园区经济又好又快发展，积极引导省内外劳动力到我省经济园区企业就业，逐步形成长期稳定、科学高效的用工保障机制，营造有利于全省经济园区发展的良好用工环境，不断满足经济园区发展的用工需求，现就进一步加强人力资源服务工作，促进全省园区经济发展提出如下意见：

一、充分认识加强人力资源服务促进园区经济发展的重要意义

（一）加强人力资源服务工作促进全省园区经济发展，是实施我省经济和社会发展“十二五”规划纲要的迫切需要。工业园区是我省加快推进新型工业化的重要载体，是加快经济发展的重要增长点。进一步加强人力资源服务工作是有效解决西宁经济技术开发区、海东工业园区、柴达木循环经济试验区等园区企业“招工难”、“留人难”的现实需要，是我省以重点产业突破、特色产业集群发展和产业布局优化为抓手，加快特色产业园区、示范区建设，形成“四区两带一线”区域发展格局的迫切要求。

（二）加强人力资源服务工作促进全省园区经济发展，是扩大招商引资、促进经济园区又好又快发展的迫切需要。经济园区和企业的发展、招商引资的竞争，不仅表现在优惠政策、环境的竞争，更重要表现在劳动力资源和技能人才的竞争，必须运用市场规律、采用政策引导、改善园区环境、形成整体合力，组织引导农村富余劳动力、城镇新增劳动力和下岗失业人员到经济园区企业就业，促进经济园区和企业持续健康发展。

（三）加强人力资源服务工作促进全省园区经济发展，是扩大就业、促进社会和谐的重要举措。进一步加强人力资源服务工作是贯彻落实《劳动法》、《劳动合同法》和《就业促进法》的内在要求，是新形势下加快农村富余劳动力、城镇新增劳动力和下岗失业人员向省内经济园区就近就地转移就业的必然选择，是推进城乡就业一体化、拓宽城乡就业渠道、统筹城乡发展、促进社会和谐的重要内容。

二、搭建人力资源服务平台

（四）设立人力资源服务机构。在西宁经济技术开发区、海东工业园区、柴达木循环经济试验区等3个经济园区和11个工业园区设立人力资源服务机构，明确具体工作人员，负责园区人力资源和社会保障工作，为园区企业提供人力资源支持，组织园区用人单位开展现场招聘、网络招聘、人才交流、技能人才培训开发、创业扶持服务、职业技能鉴定等就业和人才服务工作，依法维护劳动者的合法权益，确保园区的用工需求。人力资源服务机构隶属经济园区，由人力资源社会保障部门负责业务指导。

（五）实行企业用工申报制度。园区要实行企业空岗报告制度，企业根据生产经营需要，及时向园区报送岗位空缺情况和用工招聘计划。对一次性用工人数在50人以上的企业，由园区帮助企业做好用工招聘申报和就业登记工作，并经当地人力资源社会保障部门综合协调，开展招工用工专项服务；对企业零星用工需求，由企业通过人力资源市场发布招聘信息、择优录用人员。

（六）建立企业用工需求登记制度。园区人力资源服务中心要采取“一企一表”的形式，定期或不定期地对企业用工需求情况，按照不同行业、不同企业，就用工岗位、数量、年龄、性别、学历、技能、福利待遇等基本信息进行全面普查登记，建立企业用工需求台账，实行动态管理，科学预测企业用工结构和数量，提前做好企业用工需求与人力资源社会保障部门的对接。

三、完善人力资源服务机制

（七）鼓励高校毕业生到园区企业就业。园区企业每吸纳一名高校毕业生；签订1年以上劳动合同并按规定参加社会保险的，根据《青海省人民政府关于进一步推进高校毕业生就业工作的意见》（青政［2010］13号）规定，给予企业岗位补贴、社保补贴和一次性奖励，民营企业和非公有制单位补贴和奖励的期限不超过3年，国有企业不超过2年。国有企业吸纳纯农牧户和城镇家庭困难的高校毕业生就业并参加社会保险的，社会保险补贴期限可延长到3年。

（八）实施园区企业创业优惠政策。研究制定创业孵化基地认定办法，依托园区建立创业孵化基地，不断增强创业企业的经营管理和市场竞争能力，对符合要求的中小企业入驻孵化基地创业的，根据单位面积消纳就业人数，视情况给予减半收取办公和生产用房租金，对吸纳就业达到规定比例的劳动密集型中小企业给予最高不超过300万元的小额担保贷款并给予财政贴息。

（九）积极实现公共就业服务对接。完善公共就业服务平台建设，构建以市场为导向的用工机制，围绕园区产业及行业特点，及时整合企业用工信息，通过人力资源市场、基层人力资源社会保障事务所、中介机构、电视媒体、政府网站等渠道向社会发布，通过专场招聘、送岗下乡、劳务协议等多种方式，为劳动者求职就业和企业招聘用人提供及时有效的常态化、精细化、专业化服务，提高对接成功率。

（十）主动服务园区企业批量用工。园区企业立项筹建时应将用工计划、职业工种、薪酬待遇、社会保障、职业技能培训等情况提前向园区人力资源服务机构报告，并同时报当地人力资源社会保障部门。人力资源社会保障部门要提前介入，掌握企业用工需求，及时协调园区企业按项目建设进程适时招工，确保企业投产时有充足的人力资源。

四、加大职业技能培训力度

（十一）创新用工培训方式。积极采取先培训后招工的方式，由园区将企业招工条件、需求人数、上岗时间以及工资待遇等具体用工要求，及时提供给人力资源社会保障部门。人力资源社会保障部门与园区根据企业用工需求，组织有关乡镇、公共就业和人才服务机构与企业签订委托培训协议，开展定向培训，落实企业培训对象。企业根据招收人员情况，进行定人定岗。

（十二）加强用工培训对接。园区企业根据新招聘人员的定岗情况和用工特点，与技工学校、职业院校和培训机构签订定向、订单培训合同，纳入全省“3+1”技能培训项目统一管理。技工学校、职业院校和培训机构根据培训合同和企业用工需求，合理设置培训专业（工种）和期限，严格制订教学计划，对企业招聘人员开展集中培训，切实提高培训的针对性和实用性。经济园区组织培训合格的人员，与企业依法签订劳动合同，实现培训与就业的有效对接。

（十三）调整高等院校、技工学校和职业院校专业设置。积极引导园区企业与省内高等院校、技工学校和职业院校建立长期合作关系，根据园区企业和项目特点，合理调整专业设置，对本省紧缺、企业急需、技能要求高的专业要优先发展，扩大技工学校、职业院校招生规模，鼓励省内高等院校、技工学校和职业院校毕业生在本省就业，实行“企业冠名班”，为企业开辟稳定的用工渠道，提供更多、更好的高素质技能人才。

五、建立人力资源激励机制

（十四）确保工资待遇。园区企业要综合参考当地人力资源社会保障部门发布的劳动力市场工资指导价位、周边地区经济园区职工收入水平以及当地居民实际生活消费水平，合理确定职工工资标准，建立职工工资正常增长机制，切实提高职工工资收入水平。要按规定为企业职工办理基本养老保险、基本医疗保险、失业保险、工伤保险和生育保险，确保按时足额缴纳社会保险费。要树立培训就是待遇的观念，定期对职工开展技能提升培训，切实提高职工技能水平，激励职工建功立业、奉献岗位。

（十五）加强人文关怀。园区企业要树立以人为本的理念，从事业上关心职工，生活上帮助职工，切实为广大职工特别是困难职工排忧解难，培养职工对企业的认同感和归属感，充分发挥工会、共青团、妇联等群团组织的作用，建立和完善职工俱乐部、文化活动室、图书报刊阅览室、文化信息资源共享工程服务网点等职工活动场所，组织开展健康有益的群众性文体活动，努力营造丰富多彩、积极向上、奋勇争先的企业文化氛围。

（十六）维护合法权益。严格执行国家职业安全和劳动保护规程及标准，营造安全用工生产环境。强化企业用工的监督管理，建立为企业职工服务的劳动监察、劳动仲裁、工伤认定等绿色通道，有效防止和减少企业超时加班、拖欠克扣工资、不按规定为职工交纳社会保险费等违法行为的发生。按照“政府主导、园区实施、企业参与、市场运作”的要求，广泛吸引社会资金，积极参与企业职工生活综合服务配套设施建设，增强园区公共服务功能。鼓励有条件的园区规划一定区域集中建设标准化职工宿舍，帮助企业职工解决住宿问题。

六、相关要求

（十七）加强组织领导。各级政府和各有关部门要将加强人力资源服务工作促进全省园区经济发展摆上重要议事日程，明确工作任务，切实加强和改善对经济园区用工工作的组织领导。人力资源社会保障部门负责研究完善加强园区人力资源服务工作的政策措施，提供人力资源和社会保障服务。教育部门负责研究制定加强省内高等教育和职业教育的实施意见，做好高等院校和职业院校优先为园区企业培养、输送人才工作。文化部门负责组织开展“送文化进园区”活动。省内各技工学校、职业技术院校和培训机构负责组织学生到经济园区企业参加生产实习和就业，开展职业培训。西宁经济技术开发区、海东工业园区、柴达木循环经济试验区负责园区配套设施建设、企业用工综合管理、企业用工信息收集发布等。

（十八）重视宣传引导。切实加大舆论宣传力度，大力宣传国家和省委、省政府促进就业的各项政策措施，营造有利于推进劳动力到园区就业的浓厚氛围。充分利用电视、广播、网站等媒体，广泛宣传经济园区用工政策、企业发展和员工工资待遇等情况，积极引导城镇新增劳动力、农村富余劳动力和外出务工人员转变择业观念，牢固树立“热爱青海、奉献家乡”的理念，实现园区经济发展和就业工作相互促进。

河南省人民政府关于促进全省产业聚集区持续健康快速发展的若干意见

豫政［2012］34 号　2012 年 3 月 8 日

各市、县人民政府，省人民政府各部门：

产业集聚区是我省推动科学发展、转变经济发展方式的重要抓手和有效载体。经过两年多的规划建设，全省产业集聚区发展成效日益显现，发展水平不断提升，已经进入新的发展阶段。为加强政策引导，促进产业集聚区持续健康快速发展，有力支撑“三化”（新型城镇化、新型工业化、新型农业现代化）协调科学发展和中原经济区建设，现提出以下意见：

一、加强规划指导，优化空间布局

（一）严格规划实施。突出产业集聚区经济功能，按照发展规划、控制性详细规划和规划环评确定的功能布局、产业定位开发建设，防止随意变更位置、改变功能和盲目扩区，除合理配套的职工公寓、职工培训和必要的生产生活服务设施外，严禁在产业集聚区内进行房地产开发和新建大广场及其他属城市功能的大型公共服务设施，确保产业发展空间。

（二）完善调整机制。加强分类指导，建立产业集聚区“增、调、降、退”动态调整机制，发展快、水平高的产业集聚区可适当增加空间规模，存在规划制约因素的要调整空间布局，考核期内达不到标准的要降级为专业园区，缺乏发展前景的要取消产业集聚区资格。对确需增加空间规模、调整空间布局的产业集聚区，要依法依规，按照“三规”（产业集聚区规划与土地利用总体规划、城市总体规划）合一、集约节约的原则，通过土地利用总体规划修改适当扩大发展区，在避开基本农田的前提下合理确定控制区。由省产业集聚区发展联席会议办公室牵头、有关部门集中会商，对规划进行审核，符合条件的，经省政府同意后实施调整。

二、突出主导产业，壮大产业集群

（三）强化引导主导产业发展。各产业集聚区要按照竞争力最强、成长性最好、关联度最高的要求，细分行业领域，突出发展一个百亿元以上的特色主导产业。省政府将把投资5亿元以上产业集聚区主导产业项目纳入省重点项目管理范围，优先保障土地等要素资源。建立省辖市产业集聚区项目部门会商、联审联批机制，综合运用项目准入、要素配置、税收分成、统一考核等手段，统筹推动同类和关联项目按照主导产业集中布局建设，严格限制符合条件的新建项目在产业集聚区外分散布局。对应进但未进产业集聚区的工业项目，原则上不予配备土地计划指标。积极争取国家资金，统筹运用省产业发展专项资金，集中支持产业集聚区主导产业项目。

（四）大力培育特色产业集群。突出龙头带动、市场带动、配套带动、技术带动、品牌带动，推动产业链纵向链接、侧向配套，加快产业集群发展。引导产业基础薄弱的产业集聚区通过承接产业链式转移，促进产业集群发展，实现产业“无中生有”；推动产业集群初具规模的产业集聚区针对薄弱环节引进项目，弥补“短板”，加快拓展提升；推动有产业资源优势的产业集聚区发挥骨干企业带动作用，引进下游加工和关联配套企业，延伸链条，扩大优势。实施优势产业集群培育计划，重点支持龙头项目和公共服务平台建设，着力打造一批产业集群品牌。

（五）提高招商引资实效。围绕特色主导产业，加强与央企、外企和行业知名企业的对接，强化跟踪服务，提高招商引资的针对性和质量。加强项目谋划，根据产业链制定招商目录，为项目对接提供依据。省、市组织的大型招商活动要以产业集聚区为主体，围绕重点领域、重点区域和重点企业开展专题招商。将产业集聚区投资10亿元以上和行业龙头企业招商项目纳入省重大招商项目管理范围，明确责任单位和责任人，切实提高成功率。大力推进“以商招商”，对产业集聚区内现有企业当年引进境外、省外资金实际到位在3000万美元以上（含3000万美元）或等值人民币的主导产业项目，省、市招商引资专项资金分别对入驻企业和引资企业给予奖励。完善激励机制，加强产业集聚区招商引资考核评价，把招商引资成效作为干部任用的参考依据。

三、完善土地整理平台，落实土地利用管理三项机制

（六）健全农村土地整治机制。优化整合资金，拓宽投入渠道，加大土地整治力度，各地新增建设用地土地有偿使用费、用于农业土地开发的土地出让收入、耕地开垦费、土地复垦费等资金要集中用于土地整理复垦开发。加快建立市场化土地整治机制，形成稳定的投资收益率，吸引金融机构、企业、个人等社会资金参与农村土地整治。完善省、市两级土地整治项目库，条件成熟的项目均可纳入项目库，对产业集聚区的入库项目优先安排资金支持。产业集聚区外土地整治形成的占补平衡指标重点用于产业集聚区项目建设。充分运用城乡建设用地增减挂钩政策，将土地整治节约出来的建设用地指标优先保障县域产业集聚区建设，以缓解产业集聚区用地供需矛盾。

（七）建立节约集约用地机制。积极盘活存量土地，引导各地探索通过无偿收回、限期开发、协议收购等方式，加快推动产业集聚区内低效企业退出。继续鼓励各产业集聚区建设多层和高层标准厂房，对行业无特殊要求的新建工业项目不得建造单层厂房，适合入驻多层标准厂房的项目不得单独供地。加大闲置建设用地清理处置力度，推动各地依法依规将产业集聚区外“批而未征”的土地调整用于产业集聚区建设；对土地使用者依法取得土地使用权后，未经原批准用地机关同意，超过国有建设用地使用权有偿使用合同或划拨决定书等约定的动工建设日期1年以上、2年以下，未动

工建设的闲置土地，按出让或划拨土地价款的20%征收土地闲置费；满2年的，依法收回土地使用权。全面开展集聚区土地节约集约利用评价，排名后1/3的产业集聚区不得实施扩区；各市、县（市、区）财政每年从土地出让金中提取一定比例的资金，与土地闲置费一并使用，安排节约集约用地专项奖励资金，用于奖励节约集约用地先进企业和单位。

（八）强化监督管理机制。严格项目用地预审和评估制度，未经土地预审和评估的项目不得报批用地，建立土地阶梯供应机制，对以区中园、分期实施等形式建设的项目实行一次规划、分期分批供地。加大对建设用地使用情况的督查，对达不到投资强度、建筑密度、建筑容积率等标准的，取消享受的各种优惠政策。严格限制产业集聚区内工业用地变更为商业用地。强化土地利用计划指标管控，对供地率低、违法违规用地严重的产业集聚区，将暂停建设用地审批和计划指标配备。

四、做大资金融通平台，强化资金保障

（九）增强平台实力。通过整合注入优质资产、持续加大各级财政资金投入、完善补偿机制等多种方式，有效扩大产业集聚区资金融通平台资本规模。支持各县（市、区）整合现有政府性投融资平台，推动各地通过划拨、股权收购等方式，向投融资平台注入土地、公用设施等经营性优质资产，积极引入民间资本进行增资扩股。鼓励投融资平台进入土地一级开发市场，适当提高开发收益比例。

（十）提高运作水平。积极采用市场化选聘、加强专业培训等方式，提高产业集聚区投融资平台人员业务素质，建设熟悉资本运作的专业人才队伍。支持产业集聚区投融资平台与金融机构、政策性担保机构合作，引进专业顾问机构，提升运作能力和水平。强化产业集聚区投融资平台、省级平台和金融机构三方合作的运作模式，加快实施产业集聚区和城镇化建设百亿筹资计划，积极为产业集聚区基础设施融资提供担保服务。开展投融资平台培育示范工程，选择一批县域集聚区投融资平台，进行针对性培训和业务指导，提高市场化融资能力。支持产业集聚区规范开展小额贷款公司试点，为产业集聚区中小企业提供便捷的融资支持。

（十一）扩大融资规模。建立省财政专项资金与产业集聚区投融资平台实际融资规模相挂钩的奖补机制，推动投融资平台积极争取间接融资，努力扩大直接融资。2012～2015年，省将适情安排专项资金，对产业集聚区内用于基础设施的各类银行提供的基本建设项目贷款给予一定的贴息支持；对投融资平台在银行间债券市场发行企业债券、短期融资券、中期票据、集合短期融资券、集合中期票据等债务融资工具的发行费用，由同级财政给予补贴；对与大型金融机构合作发起设立股权投资基金，共同筹集政府投资项目资金的，由同级财政按照募集资金规模给予补助。

五、加强人力资源平台建设，满足人才需求

（十二）提高人力资源素质。结合全民技能振兴工程，创新职业技能培训模式，提高产业集聚区职业技能人才培训规模和质量。引导和支持各县（市、区）将各类培训资源进行统一整合，集中雨露计划、阳光工程、农村劳动力转移就业等各类培训补贴资金，针对产业集聚区产业发展用工需求，开展专业技能培训。支持各地发挥职教平台作用，采取政府购买服务、学校与产业集聚区合作方式，为产业集聚区企业提供定向培训。制定优惠政策，发布产业集聚区高层次人才需求目录，加大高端人才培养引进力度。

（十三）健全就业服务体系。建立全省统一高效的用工信息服务平台，定期进行产业集聚区人才需求预测，调整完善职业教育、学科发展规划和年度计划。推动各县（市、区）建立健全县、乡、村三级联动就业服务工作机

制，搭建公共就业服务平台。加强职业技能培训能力建设，面向产业集聚区建设技能人才培养示范基地，对培训人员达到一定规模、解决用工问题成效突出的，省、市分别给予一定资金补助。对在县域产业集聚区工作1年以上，愿意转为城镇户口的农民工及其家属，按照有关规定优先办理有关手续，在养老、医疗、保障性住房、子女入学等方面享受与城镇居民同等待遇。

六、理顺管理体制，提高发展活力

（十四）健全管理机构。各省辖市要加快制定产业集聚区机构编制管理的实施意见，规范管委会机构级别、管理职能和编制。县（市、区）举办或市办县管的产业集聚区，建立县级党政主要领导负总责，有关职能部门和乡镇政府（街道办事处）参加的产业集聚区联席办公会议制度。管委会作为政府派出机构，对产业集聚区实行统一领导、统一规划、统一管理。加强管委会领导班子，鼓励县级党政主要领导担任管委会主要负责人。完善考核晋级、动态调整机制，进一步细化管理机构升降级标准。

（十五）理顺管理体制。根据各地发展实际，因地制宜，加强分类指导，理顺产业集聚区与所在乡镇的管理体制。对省辖市政府派驻管委会的产业集聚区，支持将规划范围内的村庄全部委托管委会统一管理相关事务。对县（市、区）政府派驻管委会的产业集聚区，积极推进区划调整，将产业集聚区内涉及多个乡镇的村庄调整到一个乡镇，实现产业集聚区与行政区域在空间范围上的套合；支持采取统一领导、分线负责的管理模式，管委会与所在乡镇实行一套班子两套人马，管委会集中力量进行开发建设，行政管理系统履行社会管理职能，实现产业集聚区管理机构对区域内资源配置的有效控制和统一管理。

（十六）提高管理效能。鼓励采取“人员派驻制、流程内部化”的模式，推动规划、国土资源、住房城乡建设、环保、统计、质监等职能部门向产业集聚区派驻人员，受派出单位和产业集聚区管委会双重领导，相关行政审批和工作事项由派出人员按内部流程办理或授权直接办理，实现产业集聚区与市级职能部门的“直通车”制度。强化省辖市对产业集聚区建设的统筹推动能力，设立专门的协调机构，齐抓共管，配合联动，加大指导力度，督促政策落实。

七、加强环境保护，发展循环经济

（十七）加快环保设施建设。优先支持产业集聚区建设污水集中处理设施和集中供热设施。集中使用生态补偿资金、节能减排专项资金、城市建设专项基金及部分土地出让收益，积极争取国家相关资金，优先安排、重点支持产业集聚区污水处理厂及配套管网建设项目。采取增加发电计划等措施，积极争取国家燃煤电厂综合技术改造等专项资金，推动距产业集聚区较近的电厂进行供热改造；对热负荷达到130吨/小时、年利用超过4000小时的集聚区，支持加快淘汰现有燃煤小锅炉，新建背压式供热机组；对热负荷不足或不稳定的产业集聚区，可先行建设大型集中供热锅炉。

（十八）严格项目环保准入。落实产业集聚区规划环评，严格限制不符合要求的项目入驻。建立环评审批与环保设施建设挂钩机制，开展区域环境容量研究和主要污染物排放总量预算管理，对环保设施建设滞后、环境容量不足的产业集聚区，暂缓审批新上污染排放量较大的项目。积极推进排污权交易，统筹使用环境总量指标，优先支持产业集聚区建设。提高环评审批效率，对规划环评执行较好的产业集聚区，简化规划环评中包含项目的环评内容。

（十九）大力发展循环经济。推动每个产业集聚区根据主导产业特点，设计循环经济发展模式，促进资源最佳利用，提高集约节约水平。优先将产业集聚区骨干企业发展循环经济共性和关键技术列入省、市技术创新和科技攻关计划，积极争取国家资源综合利用专项资金，充分利用省节能减排资金，加大对以冶金、化工、食品、建材为主导产业的产业集聚区的支持力度，加快建设一批循环经济示范企业和示范园区。在涉及高危行业的产业集聚区开展区域安全评价和容量分析，准确确定和严格执行产业集聚区安全布局和容量控制。

八、完善服务功能，提升配套能力

（二十）加强技术创新平台建设。优先支持产业集聚区内骨干企业创办省级及以上重点实验室和工程技术研发中心。对骨干企业建立的技术研发中心及与高等院校、科研机构合作建设的重大项目，省工业结构调整、自主创新等专项资金要给予补助支持。

（二十一）提升产业配套服务能力。强化检验检测平台建设，重点围绕特色产业集群发展，省、市、县（市、区）联合建设一批省级以上产品检验检测中心。完善物流配送设施，结合主导产业发展，加快建设一批大型交易市场、物流园区、专业物流中心和配送中心，省服务业发展引导资金要给予重点支持。

（二十二）强化公共服务设施建设。加快推进产业集聚区综合服务中心建设，为区内企业统筹提供金融、会计、法律、咨询、设计等中介服务和餐饮住宿、休闲娱乐、医疗保健等后勤服务。引导和支持在产业集聚区周边城市规划区规划建设学校、医院、商业服务、公租房等城市功能设施，推动公交、邮政等市政服务覆盖产业集聚区。

（二十三）完善基础设施配套能力。进一步完善路网，实现与主城区、高速公路或国道、省道的互联互通。国家和省干线公路升级改造补助资金要优先支持直接服务产业集聚区发展的国、省道项目。加快集聚区电网和信息网建设，将电网走廊、变电站、通信基站等纳入产业集聚区控制性详规范围，优先增加产业集聚区变电容量，集中使用国家和省级农网改造资金，统筹解决高压电网迁建等问题。

九、加快村庄迁并，促进产城互动

（二十四）加快新型社区建设。加强规划引导，严格按照产业集聚区规划布局，在产业集聚区之外的城市规划区选址建设安置社区，力争2013年年底前全部完成产业集聚区内村庄迁并工作。按照集中安置、功能配套的原则，安置社区人口规模应在5000人以上，配套建设相应的公共服务设施。支持各地整合各项涉农资金，积极利用社会资金，加快推进村庄迁并。在土地、税收等方面加大对安置小区建设的支持力度，免收城市基础设施配套费等经省政府批准的地方行政性收费，适当减免电力、市政公用事业入网、增容等经营性收费；优先将配套建设的教育、卫生、文化、体育、安全饮水等社会事业项目列入各级财政专项资金支持范围，省城乡社区建设相关资金要给予优先支持。

（二十五）切实保障搬迁村民权益。统筹考虑失地农民就业和产业集聚区企业用工，优先安置搬迁村民在产业集聚区就业，凡符合条件的失地农民自主创业，可按照国家规定享受税费优惠政策。对自愿转户进城的，实行就业、养老、医疗、住房、教育等保障一步到位，确保转户居民与市民享有同等待遇。鼓励采取留地安置、集体建设用地使用权入股、土地股份合作等多种征地安置模式，保障搬迁农民长期获得收益。

十、强化扶持政策，完善激励机制

（二十六）加大财政扶持力度。省对产业集聚区的财政激励政策再延续3年，并适当调整奖励办法。2013～2015年，省级分成各产业集聚区增值税、营业税、企业所得税比上年增加部分，全额奖励县（市、区）。调整产业集聚区财政补助资金分配办法，采取“以奖代补”或“贴息补助”的形式，对骨干企业、基础设施和公共服务设施项目建设给予支持。

按照“能免即免”原则，制定产业集聚区行政事业性收费减免目录，加大检查力度，确保落实到位。

（二十七）完善考核评价体系。调整完善年度发展考核指标体系，增加反映集群发展程度的相关指标；对产业集聚区发展水平按年度统计指标排序，统筹确定产业集聚区年度考核结果。将产业集聚区建设情况纳入各级政府目标考核体系，强化激励机制。

广东省环境保护厅关于绿色升级示范工业园区创建的管理办法（试行）

粤环［2012］38号 2012年5月23日

第一章 总 则

第一条 为贯彻落实《国务院关于加强环境保护重点工作的意见》（国发［2011］35号）和《中共广东省委广东省人民政府关于进一步加强环境保护推进生态文明建设的决定》（粤发［2011］26号），促进产业转型升级，推动污染减排工作全面深入开展，规范我省工业园区的管理，特制定本办法。

第二条 本办法所指的绿色升级示范工业园区（以下简称园区），是指依据工业生态学原理、污染减排和清洁生产要求而改造升级的工业园区。通过对现有园区的创建，促进排污企业实施绿色升级改造，降低环境风险、缓解污染压力。

第三条 本办法适用于我省各类工业园区（包括产业转移工业园、行业基地及经济技术开发区等）创建省级绿色升级示范工业园区的申报、认定和管理。

第二章 申报和认定

第四条 拟创建省级绿色升级示范工业园区的单位向省环境保护厅提出创建申请。

第五条 申报省绿色升级示范工业园区应具备以下条件：

（一）园区应依法设立。

（二）园区已完成规划环境影响评价，并通过环保主管部门审查。园区开发建设应达到相当规模，集中治污等环保基础设施按环评批复意见要求进行建设。

（三）园区内所有企业排放的各类污染物稳定达到国家或地方规定的排放标准，主要污染物排放总量不超过总量控制目标，近三年内未发生重大污染事故和重大生态破坏事件，环保信用评价中未出现红牌记录。

（四）园区已全面启动清洁生产工作，制订工业园区清洁生产推进计划，园区内已建成投产的80%以上的重点企业实施清洁生产。

（五）园区具备一定的环保科技创新能力，初步建立先进适用的污染防治技术应用体系。

（六）园区应符合附件二中相关考核指标要求。

第六条 申请材料（书面材料一式三份及电子版）要求如下：

（一）园区建设单位提交的申请报告。内

容包括：对照申报条件阐明创建的目的意义、主要思路、基础条件、措施及成效。

（二）由地级以上市环境保护行政主管部门出具的近三年内环境绩效证明。内容包括园区有效贯彻执行国家和地方有关环境保护的法律、法规、制度及各项政策情况；园区内企业污染物达标排放，主要污染物排放总量不超过总量控制目标，未发生重大污染事故、重大环境违法事件以及企业在环保信用评价中未出现红牌记录的情况；园区环境影响评价、环境管理体系认证及清洁生产审核工作的执行情况。环境绩效证明还应包括对园区环境绩效进行进一步说明的材料，如园区规划环境影响报告书（含批复文件）及其他能够说明园区环境绩效的有关材料。

（三）园区建设单位提交的《广东省绿色升级示范工业园区申请报告书》（以下简称申报书）。申报书参照《编制指南》（见附件一）编写。

第七条 省环境保护厅收到申报材料后进行形式审查，审查初步达到要求的，组织专家对园区进行现场考察，并对申报书进行技术评审，对是否达到绿色升级示范工业园区考核指标进行审定。

第八条 为体现公开、公平、公正的原则，通过评审审定的园区，将在省环境保护公众网等媒体进行公示，接受社会公众监督。公示时间为7个工作日。

第九条 经公示无异议的园区，由省环境保护厅正式命名为广东省绿色升级示范工业园区，并授予牌匾。

第三章 后续管理

第十条 新入园企业需采用先进清洁生产工艺、设备，达到国内清洁生产行业先进水平，并在正式投产后启动清洁生产审核工作。

第十一条 省绿色升级示范工业园区须于每年1月底前向省环境保护厅提交上一年度的年度工作报告。

第十二条 省环境保护厅对省绿色升级示范工业园区每三年复查一次，对复查不合格的，限期整改；整改后仍不符合要求的，撤销其称号。

第四章 激励措施

第十三条 对绿色升级改造效果显著并获得省绿色升级示范工业园区称号的重污染行业园区，省级资金给予一定奖励。

第十四条 对获得省绿色升级示范工业园区称号的，优先予以推荐申报国家生态示范工业园区；对园区内企业，优先支持环评审批、上市环保核查、环保科技成果鉴定及示范推广。

第五章 附 则

第十五条 本办法由省环境保护厅负责解释。

第十六条 本办法自发布之日起实行。

附件一：广东省绿色升级示范工业园区申请报告书编制指南

附件二：广东省绿色升级示范工业园区考核标准

附件一

广东省绿色升级示范工业园区申请报告书编制指南

申请报告书应对园区的绿色升级情况进行综合分析评价，主要内容包括：园区基本情况、环保投入、污染防治措施及减排情况、资源综合利用情况、潜在的环境风险和应急方案、环境法律法规的贯彻执行、环境管理等。

一、基本情况

（一）园区概况

（二）建设基础

（三）环保法律法规执行情况

二、园区环评审查批复落实情况

（一）规划建设落实情况

（二）总量目标落实情况

（三）环保“三同时”落实情况

三、物质减量与循环

（一）资源消耗及利用水平

（二）中水回用情况

（三）资源综合利用情况

四、污染防治开展情况

（一）大气污染防治（含集中供气、供热情况及污染减排目标完成情况等）

（二）水污染防治（含集中治污情况及污染减排目标完成情况等）

（三）固体废物防治

（四）噪声污染防治

（五）其他污染的防治情况

五、清洁生产开展情况

（一）清洁生产工作方案

（二）清洁生产审核情况

（三）中/高费方案实施情况及效果

六、保障体系

（一）组织机构建设和管理保障体系

（二）环境风险控制及应急管理体系

（三）环境文化体系（如建立环境安全文化、开展环境宣教活动、开展环保社团组织建设、参与环保公益活动情况）

（四）环保科技支撑与绿色招商体系

附件二

广东省绿色升级示范工业园区考核标准

广东省绿色升级示范工业园区考核标准中规定了广东省绿色升级示范工业园区认定的具体量化指标和指标解释。

一、考核指标

广东省绿色升级示范工业园区考核指标见表1（略）。

二、考核指标解释与计算方法

（一）工业增加值增长率

指标解释：指当年园区工业增加值相对上一年的工业增加值的增值与上一年工业增加值的百分比。工业增加值是工业企业在报告期内以货币形式表现的工业生产活动的最终成果，是企业生产过程中新增加的价值。

（二）单位工业增加值新鲜水耗

指标解释：园区万元工业增加值消耗新鲜水量。

工业用新鲜水量：指报告期内企业厂区内用于生产和生活的新鲜水量（生活用水单独计量且生活污水不与工业废水混排的除外），它等于企业从城市自来水取用的水量和企业自备水用量之和。对于行业类园区，该指标应达到同行业国内先进水平。

（三）中水回用率

指标解释：中水指各种排水经处理后，达到规定的水质标准，可在一定范围内重复使用的非饮用水。在此指以经过污水处理厂处理后的二级达标水做水源，再深度处理，达到中水标准的中水。

环评批复中对中水回用率有要求的按批复意见执行。

（四）工业固体废物综合利用率

指标解释：指工业固体废物综合利用量占工业固体废物产生量（包括综合利用往年贮存量）的百分率。

工业固体废物综合利用量：指企业通过回收、加工、循环、交换等方式，从固体废物中提取或者使其转化为可以利用的资源、能源和其他原材料的固体废物量（包括当年利用往年的工业固体废物贮存量），如用作农业肥料、生产建筑材料、筑路等。综合利用量由原产生固体废物的单位统计。

（五）工业废水排放弹性系数

指标解释：指园区工业废水排放量增长率与工业增加值增长率的比例。工业废水排放量增长率指园区工业废水排放量相对上一年的工业废水排放量的增值与上一年工业废水排放量的百分比。

（六）园区污水排放达标率

指标解释：园区（或入园企业）污水排放检测达标次数占园区（或入园企业）污水排放总检测次数的比例。

（七）COD、NH3—N 排放弹性系数

指标解释：指园区 COD、NH3—N 排放量增长率与工业增加值增长率的比例。COD、NH3—N 排放量增长率指园区 COD、NH3—N 排放量相对上一年的 COD、NH3—N 排放量的差值与上一年废水中 COD、NH3—N 排放量的百分比。

（八）SO^2、NOX 排放弹性系数

指标解释：指园区 SO^2、NOX 排放量增长率与工业增加值增长率的比例。SO^2、NOX 排放量增长率指园区 SO^2、NOX 排放量相对上一年的 SO^2、NOX 排放量的差值与上一年废气中 SO^2、NOX 排放量的百分比。

（九）生活垃圾无害化处理率

指标解释：指生活垃圾无害化处理量与生活垃圾产生量之比率。因统计上生活垃圾产生量不易取得，在此用清运量代替。有关标准目前采用《生活垃圾焚烧污染控制标准》（GB18485—2001）和《生活垃圾填埋污染控制标准》（GB16889—2008）。

（十）危险废物规范化管理抽查合格率

指标解释：危险废物指列入国家危险废物名录或者根据国家规定的危险废物鉴别标准和鉴别方法认定的具有危险特性的废物。危险废物规范化管理指危险废物产生和经营单位落实国家危险废物相关的法律、法规、标准的情况，主要包括危险废物识别标志设置情况、危险废物管理计划制定情况、危险废物申报登记、转移联单、应急预案备案、危险废物经营许可证等管理制度执行情况；贮存、利用、处置危险废物是否符合相关标准规范等情况。

（十一）环境管理机构与能力

指标解释：指园区是否设立专门的环境管理机构，是否建立环境应急机制，是否具有环境专职管理人员，重点污染源是否安装自动在线监控设施。

（十二）重点企业清洁生产审核开展率

指标解释：指园区内重点企业开展清洁生产审核的重点企业数占园区内重点企业总数的比例。重点企业是指按照《关于进一步加强重点企业清洁生产审核工作的通知》（环发［2008］60号）、《关于深入推进重点企业清洁生产的通知》（环发［2010］54号）的规定应当实施清洁生产审核的企业。

（十三）工业企业ISO14001环境管理体系认证开展率

指标解释：指园区内开展ISO14001认证的工业企业占园区工业企业总数的比例。

（十四）环评及“三同时”执行率

指标解释：包括园区环评批复执行情况，如园区规划方案、主导产业及环保措施等落实情况以及入园企业开展环境影响评价以及已建成项目中污染防治设施与主体工程同时设计、同时施工、同时投产使用的执行情况。

贵州省开发区条例

2012年5月25日

（2012年5月25日贵州省第十一届人民代表大会常务委员会第二十八次会议通过）

第一章 总 则

第一条 为实施工业强省和城镇化带动战略，加快开发区建设与发展，规范开发区管理和服务，促进全省经济社会发展，根据有关法律、法规的规定，结合本省实际，制定本条例。

第二条 本条例所称开发区是指经国务院、省人民政府批准成立的本省行政区域内的国家级、省级经济开发区和高新技术产业开发区。

第三条 开发区是产业发展的集中区、吸引外来投资的聚集区、体制创新和科技引领的先导区，有明确的产业发展规划，采取特殊政策措施，集中人力、物力、财力进行开发建设的经济发展区域。

第四条 开发区的建设和发展应当遵循统一规划、产业集聚、资源节约、环境友好、管理高效的原则。

第五条 省人民政府对全省开发区实行统一领导。

省人民政府主管开发区的行政部门负责综合协调、指导、服务和管理开发区工作。

省人民政府相关部门按照职责对开发区进行服务和管理。

县级以上人民政府负责其所设立开发区的管理工作。

第六条 省人民政府应当每年向社会公布本省开发区主导产业、科技进步、综合经济实力等考核评价结果。

第二章　省级开发区的设立

第七条　省级开发区应当具备下列条件：

（一）符合省国民经济和社会发展规划，符合所在地城市（镇）总体规划、土地利用总体规划及规划环境影响评价要求；

（二）具备相应的产业基础和区位、交通等优势；

（三）符合国家和省对自然和生态保护的有关规定；

（四）有明确的面积范围；

（五）产业结构和单位面积投入产出符合省的有关规定；

（六）具备供水、排水、供电、供气、通路、通信、平整土地等基础设施和生活服务设施以及污染物处置设施；

（七）国家和省规定的其他条件。

第八条　设立省级开发区应当提交下列材料：

（一）设立省级开发区的申请；

（二）可行性报告；

（三）土地利用方案；

（四）选址意见书；

（五）规划环境影响评价审查意见；

（六）国家和省规定的其他材料。

第九条　设立省级开发区由市、州人民政府审核，报省人民政府审批。

第三章　管理体制和职责

第十条　开发区设立管理委员会。开发区管理委员会是设立开发区的人民政府的派出机构，根据授权代表本级政府在开发区行使管理职权。

开发区管理委员会除主要负责人和少数工作人员外，其他人员可以实行聘用制。

第十一条　县级以上人民政府有关部门按照精简、效能的原则，根据需要在开发区设立派出机构或者办事机构。

第十二条　开发区管理委员会履行下列职责：

（一）贯彻执行国家法律、法规和各项方针政策，制定和实施开发区各项管理制度和规定；

（二）编制开发区经济和社会发展中长期规划和有关专项规划，经批准后组织实施；

（三）按照规定权限审批开发区的投资项目；

（四）开发区基础设施和公共设施的建设管理；

（五）对开发区的企业、事业单位进行协调和服务；

（六）按照规定权限管理统计、生态环境保护、安全生产等工作；

（七）设立投融资机构，拓展融资渠道；

（八）县级以上人民政府依法授予的其他职责。

第十三条　开发区规划范围内的乡、镇，由开发区管理委员会统一管理。

第十四条　开发区管理委员会应当根据产业规划和发展定位建立招商引资项目库，完善重大招商项目跟踪服务机制，保障招商项目落到实处。

第十五条　开发区管理委员会应当建立投诉协调机制，受理企业和投资者反映的诉求及对各类违法、违规行为的举报、控告。

第四章　建设与发展

第十六条　开发区建设应当符合省国民经济和社会发展规划要求，与所在市州、县（区、市）经济社会发展规划相衔接。

第十七条　开发区的土地开发、基础设施及投资项目建设，按照开发区总体规划和控制性详细规划进行。

第十八条　工业和商业、旅游、娱乐、商品住宅等各类经营性用地以及同一宗地有两个以上意向用地者的，应当以招标、拍卖或者挂牌方式出让。

第十九条　开发区可以设立具备独立法人

资格的经济开发实体进行招商开发和从事其他经济活动。

第二十条 鼓励和支持在有条件的开发区建设综合保税区、出口加工区、保税仓库、无水港等海关特殊监管区，改善物流通关环境，提高对外开放水平，增强承载产业发展能力。

第二十一条 鼓励国内外企业、其他经济组织或者个人、对口帮扶城市以及国内其他地区，通过委托管理、投资合作等多种形式，合作共建开发区。

第二十二条 鼓励和支持省内的县（区、市）利用资本和资源，联合兴办开发区或者到开发区创办产业集聚区，协议分配产值、劳动指标等。

第二十三条 开发区建设项目应当执行国家和省规定的投资强度、容积率、产出效益和资源消耗控制等标准，同步建设环保设施，发展循环经济，推进清洁生产，实现达标排放。

第二十四条 鼓励在开发区投资兴办下列项目：

（一）与省和国内重点发展的新兴产业或者新产品有关的；

（二）对省和国内现有企业技术改造或者产品更新换代效果显著的；

（三）生产工艺和制造技术是行业内领先的；

（四）对省和国内某行业、某种产品赶上世界先进水平起重要作用的。

第二十五条 鼓励在开发区内设立金融、担保、保险、法律、会计、评估、咨询、劳动力培训等服务机构和科研机构，为单位和个人的生产、经营、科技创新和创业活动提供全面的服务。

第二十六条 禁止在开发区兴办下列项目：

（一）采用国家和省明令淘汰的落后工艺技术、装备的；

（二）生产国家和省明令淘汰产品的；

（三）国家和省禁止的其他项目。

第二十七条 开发区内的企业应当遵守劳动保护法律、法规，为职工营造文明、安全、卫生的工作环境。

第五章 投资促进

第二十八条 县级以上人民政府应当安排资金用于开发区的建设与发展。

第二十九条 开发区管理委员会行使本级人民政府财政计划单列管理职权，收支预算并入本级人民政府财政。

开发区实现的财政收入，经本级人民政府同意，重点用于开发区的基础设施建设、对企业的扶持等。

第三十条 开发区土地收益中的省、市州、县级留成部分，除有专项规定用途外，重点用于开发区基础设施建设和土地开发整治。

第三十一条 鼓励和引导开发区建设向未利用低丘缓坡发展，对荒坡、荒地实施成块连片开发的，按照规定免缴行政事业性收费。

第三十二条 在开发区兴办的工业企业项目和科技项目，按照规定免缴行政事业性收费。

第三十三条 鼓励和支持在开发区发展加工贸易企业。

第三十四条 支持和引导开发区企业开拓国际市场，对开发区企业申请国家及省鼓励出口的各项资金及配额、许可等，予以优先安排。

第三十五条 开发区内高新技术企业、项目、人才等享受以下优惠待遇：

（一）优先安排生产经营所需土地，对其建设项目的用地价格，根据项目投入产出情况享受相应的政策优惠；

（二）对高新技术企业与高等院校、科研机构在开发区兴建实验室或者工作站的，提供优惠用房；

（三）在开发区工作的高新技术产业人才，可以将户口迁入开发区或者开发区所在城市，其配偶、未成年子女的户口可以随同迁入。

第三十六条 高新技术企业及国家鼓励类投资项目，除享受国家有关优惠政策外，给予一定试产期的优惠待遇。

第三十七条 鼓励支持企业、高等院校、科研机构以及其他组织在开发区兴办各类孵化器，按照规定享受有关优惠政策。

第六章 法律责任

第三十八条 国家机关及其工作人员违反本条例第三十一条、第三十二条规定，对按照规定应当予以免缴的行政事业性收费不予免缴的，责令退还所收费用，对直接负责的主管人员和其他直接责任人员依法给予行政处分。

第三十九条 国家机关工作人员在开发区工作中玩忽职守、滥用职权、徇私舞弊，尚不构成犯罪的，依法给予行政处分。

第七章 附 则

第四十条 本条例自2012年7月1日起施行。1995年11月28日贵州省第八届人民代表大会常务委员会第十八次会议通过的《贵州省遵义经济技术开发区管理条例》和1996年9月26日贵州省第八届人民代表大会常务委员会第二十四次会议通过的《贵州省安顺经济技术开发区管理条例》同时废止。

浙江省人民政府办公厅关于加快高新技术产业园区转型升级的指导意见

浙政办发〔2012〕66号 2012年6月5日

各市、县（市、区）人民政府，省政府直属各单位：

高新技术产业园区（以下简称高新园区）是发展高新技术产业、培育战略性新兴产业的主要阵地，是引领科技、经济、人才、城市统筹发展的示范区。为打好“高新牌”、种好“高产田”，建设“新城区”、发展“新产业”，加快推进高新园区转型升级，经省政府同意，现提出如下意见：

一、充分认识加快高新园区转型升级的重要意义

经过20年来的建设发展，全省已拥有3个国家级高新园区和16个省级高新园区，在经济社会发展中发挥了重要作用，成为了科技创新的重要引擎、科技成果产业化的重要阵地、集聚高新技术企业的重要载体和科技与经济相结合的体制机制创新的试验基地。但也存在科技与经济结合体制机制创新导向不够明确，产业政策体系不够完善，高新企业与产业规模偏小，优势产业不够突出，高新技术产业基地“空心化”，创新能力不强等问题。当前，国际国内经济环境发生深刻变化、创造创新方兴未艾、资源环境要素制约加剧、经济转型升级不断加快、新的产业革命孕育启动，对高新园区发展提出了更为迫切的现实要求。各地、各部门要从全局和战略的高度，把加快高新园区转型升级作为建设创新型省份的重大载体，摆上更加突出位置，加强组织领导，创新工作思路，强化政策举措，加大工作力度，完善体制机制，切实抓出成效。

二、进一步明确指导思想和发展目标

（一）指导思想

以科学发展观为指导，深入实施“八八战略”和“创业富民、创新强省”总战略，按照大产业大平台大企业大项目建设的部署和要求，瞄准高端化、特色化、规模化、集聚化、国际化的发展方向，突出转型升级主线，推进创新链与产业链的对接和协同，推进科技与经济紧密结合，推进园区管理体制创新与科技资源布局的统筹，推进先行先试，进一步发挥高新园区在经济转型升级中的集聚、辐射和带动作用。

（二）发展目标

加快高新园区转型升级，创新体制机制，建设科技创新特色基地、科技创业特色基地、新兴产业和高新技术产业特色基地、科技服务业特色基地、高端人才集聚特色基地和现代服务业特色基地，实现向研发创新与新兴产业一体发展、先进制造业与现代服务业融合发展、知识服务业高度发展和高层次高技能人才集聚发展，努力打造成为现代化的“智造”强区、创新与人才特区、科技新城区。

到2015年，全省高新园区技工贸总收入达到20000亿元，年均增长23.5%以上；工业总产值达到16000亿元，年均增长23%以上；高新技术产业产值达到10000亿元，年均增长25%以上；战略性新兴产业增加值占生产总值的比重每年提高3个百分点以上。各高新园区前3个主导产业产值占工业总产值的比重达到70%以上。

到2015年，高新园区研发经费占生产总值的比重达到8%，年均提高0.4个百分点；研究开发人员占从业人员的比重达到12%，年均提高1.4个百分点；每万从业人员发明专利拥有量达到8件，年均提高0.5件；创新型企业数、高新技术企业数、总部企业数、企业研发机构数、科技型中小企业数增速高于全省平均水平。

到2015年，高新园区高技术服务业营业收入达到3000亿元，年均增长15%以上；国家级、省级高新园区单位土地产出强度分别达100亿元/平方公里和50亿元/平方公里以上；主要环境质量指标处于全省领先水平。

三、大力培育发展现代产业

根据高新园区现有的产业基础，找准主攻方向，集中抓好一两个主导产业或支柱产业，打通产业链条，形成在全省乃至全国具有比较优势的现代特色产业。着力培育发展战略性新兴产业和高新技术产业，积极引进世界500强企业、全球服务外包100强企业、中央企业、军工企业、知名民企、省外浙商的高技术项目和战略性新兴产业项目。培育和引进跨省、跨境、跨国的集团总部，打造集研发设计、运营管理、集成制造、营销服务于一体的总部基地。对新引进的跨国公司地区总部、国内大企业（集团）总部（不包括房地产企业）项目，当地政府可根据其对地方财政和促进转型升级的贡献，对人才、研发等创新创业关键要素和重要环节给予定向奖励。加快新兴科技与传统产业的有机融合，运用先进适用技术和高新技术改造提升传统产业，提高先进产能比重。加快发展科技研发、工业设计、知识产权、检验检测、科技成果转化、信息技术、数字内容、电子商务、生物技术等领域高技术服务业。抓住开展智慧城市建设示范试点的机遇，创新发展网络服务业，提升发展网络传输业，带动相关研发与先进制造产业在高新园区集聚发展，建设智慧新园区。

四、加快提升创新能力

以高新园区为平台，围绕产业的主攻方向，加快引进和集聚国内外一流的以企业为主体的科研机构，鼓励企业与高校、科研院所等联建合办大院大所，引导高新技术企业和龙头骨干企业加快建设企业研发机构。到2015年高新园区省级企业研发机构占全省总量的比重力争达到30%以上，研发人员300人以上的企业研发机构占全省总量的70%以上。高新园区企业相关项目优先列入省级各类科技计划项目、技术改造项目、高技术产业化项目，省财政相关专项给予重点扶持。支持企业申报国家各类科技计划项目。逐年提高新一代网络信息技术、新材料技术、新能源技术、节能技术等重大科技专项的项目由高新园区企业和研发机构承担的比例，3年内达到30%以上。鼓励以龙头骨干企业为主体，市场为导向，联合高校和科研院所，建立利益共享、风险共担的产业技术创新战略联盟。符合条件的，省级重点产业技术创新联盟资助计划3年内给予不低于500万元的经费资助。对企业开发创新的具有自主知识产权的重大技术装备和产品实行政府首购与订购政策。

五、推动高端人才集聚发展

根据重点团队与产业突破规划，完善引人、用人和育人机制，落实人才配套的各项政策，人才政策创新在高新园区先行先试，人才专项资金和人才项目安排等方面重点向高新园区倾斜。鼓励和引导各类人才把高新园区作为创新创业的主阵地，大力引进和培养国内外高端科技研发人才、高层次管理人才、高水平网络营销人才和高技能人才。对引进的高层次科技人才、创新团队，要在科研项目、重点实验室、工程技术研究中心、创新平台建设和人才培养等方面予以支持。在同等条件下，优先支持高新园区各类高端人才入选省特级专家、“千人计划”、“151”人才工程和技术创新团队等人才计划，并争取列入国家有关人才计划，进行重点培养和扶持。

六、推进科技创业基地建设

重视探索科技人员带成果创业、成果转让创业、成果投资合资创业等成果产业化有效实现形式。实施初创期的创业服务支持与创业资金政策支持相结合，加快发展科技型、高技术服务型、提升生活品质服务型企业。扩大科技型中小企业创新专项资金规模，大力推进创新型企业试点示范，加大对科技型中小企业发展的支持。全面清理整顿、提升各类高新园区的孵化器和创业中心，对入驻科技型、高技术服务业创业企业占比低于60%的予以清理，实行黄牌警告、限期整改和摘牌等措施，努力为创新创业提供优质服务。对各类科技企业孵化器培育科技型小微企业实行绩效目标管理，每孵化一家科技型小微企业，当地政府可给予一定的奖励；对年孵化毕业率达到30%以上的，可视企业在孵化期间和毕业后3年内的税收贡献，由当地政府给予相应奖励，专门用于科技型小微企业的孵化培育。引导民间资本开展与战略性新兴产业、高技术服务业的对接投资，发挥创业投资和资本市场等资源配置作用。总结推广“民间资本+科技成果项目+高层次人才”相结合的成功创业模式，引导工业资本与创业“知本”、人力资本有效结合的投资。鼓励以专利、非专利技术等知识产权出资创办公司。

七、健全公共技术创新服务体系

鼓励社会力量创办各类科技创新服务平台，当地政府可从相关科技专项资金中给予与实绩挂钩的补助。创新现有各类科技创新服务平台运行机制，建立健全市场化运作、企业化运营、服务绩效激励为导向的平台运行模式，定期实施绩效考核，根据考核结果安排财政支持经费。探索科技资源开放共享制度，对政府投资建设的科研设施，要以非营利的方式向社会开放；高等院校、科研院所、企业自有科研设施，也要以合理收费等方式向社会开放，为社会分享。进一步完善对浙江网上技术市场的培育、资助政策体系、信用体系、违反诚信制度的惩罚机制和政府监管体系建设，充分利用市场的创新创业服务功能，促进课题合同制委托研发，促进创新成果与量大面广的中小企业的科技需求对接。大力发展图书资料、技术标准、基础数据、科学仪器等公共科技服务机构。

八、探索科技与金融结合的有效方式

把高新园区作为科技与金融结合的试点区实行先行先试。鼓励和支持杭州、宁波、绍兴国家级高新园区争取进入国家代办股份转让系统试点，为高新技术企业股权公开转让提供通道。支持和鼓励具备条件的科技型企业利用境内外资本市场多渠道融资，当地政府要按规定落实拟上市科技型企业改制重组过程中涉及的各项税费减免政策。鼓励有条件的高新园区设立创业投资引导基金，带动风险投资、股权投资基金投向科技型中小企业。鼓励银行业金融机构探索符合企业特色的多样化担保方式，积极开展产品和服务创新，按照商业可持续原则不断加大对企业的金融支持力度。引导担保机构进一步加强与银行业金融机构的合作，为新兴产业企业与创业企业提供优惠、优质的融资担保服务。积极探索组建服务自主创新的新型金融组织，发展科技型社区银行、小额贷款公司，简化不良贷款核销手续，引导民间资本投向。推动“区域集优”计划，支持符合条件的高新技术企业在银行间债券市场发行短期融资券、中期票据、中小企业集合票据等债务融资工具，丰富高新技术企业的融资手段，拓宽融资渠道。

九、完善规划布局

高新园区所在地政府要科学编制高新园区转型升级规划和特色产业发展规划，做好相关规划与土地利用总体规划的衔接。对不符合规划要求的企业，通过能耗控制、安全执法、环保监管、价格机制等措施，建立主动“倒逼”机制，实施关、停、并、转、迁、治，推动企业改造提升，加快形成优胜劣汰、“腾笼换鸟”的转型发展机制。依据城乡规划和土地利用总体规划，加快高新园区土地集约利用评估工作，高新园区所在地政府要落实高新园区新增建设用地指标和耕地占补平衡，高新园区新增工业用地全部用于发展战略性新兴产业。依据国家有关规定，规范省级高新园区审批条件和程序，加强省级高新园区的规划布局，推动现有工业园区转型升级成为省级高新园区。

十、创新管理体制

建立健全独立的或为主的高新园区管委会及其办事机构，按照高新技术产业发展及高新园区转型升级要求，充实力量，优化人员知识结构，完善服务管理职能，提高办事效率。高新园区所在地政府要按照省委、省政府改善发展环境、加快发展高质量发展的要求，真放权放实权，切实把该赋予高新园区管委会的经信、科技、规划、建设、国土资源、财政、环保、工商等方面的权限下放到位。要把高新园区形成的地方财政收入主要用于高新园区的建设与发展，形成内生发展、良性循环的机制。

十一、健全考核评价机制

把高新园区转型升级情况作为市县党政领导科技进步目标责任制考核和创新型城市（县、区）评价考核的重要内容，加大考核力度。建立符合高新园区发展实际的统计监测体系，健全信息交流、定期报告和产业统计监测调查制度。建立第三方评价和排序制度，对评价排序前5位和末3位的省级高新园区，分别予以通报表扬和黄牌警告；对获得省级先进高新园区称号的，优先支持其申报国家级高新园区；对连续3年排序末3位的，进行摘牌警示，直至取消省级高新园区资格，逐步形成“摘牌警示、黄牌警告、动态替补、梯次接力、先进激励、示范推广”的激励约束机制，形成“比、学、赶、追、超”的格局。

十二、加强组织领导和政策统筹

各级科教领导小组、促进战略性新兴产业发展工作领导小组、高新技术产业发展工作领导小组、工业转型升级领导小组都要把加快推进高新园区转型升级作为一项重点任务，合力聚焦，统筹协调。省级有关部门要根据职能分工，密切配合，集成配置各类有效服务手段和服务资源，集中力量，强化对高新园区转型升级工作的指导和服务。高新园区所在地政府要把加快高新园区转型升级作为创新驱动、内生增长、促进工业由大变强的一项重要举措，主要负责人亲自抓，分管负责人具体抓，明确目标任务和政策措施，及时协调解决有关重大问题。各有关政府及部门要对现有高新园区扶持政策进行梳理，坚决调整和清理扶持粗放式增长的政策，全面建立有利于转型升级的政策体系，加强对产业、科技、人才、能源、土地、环保、金融、财政等政策的统筹，提高政策支持的综合协同效应。

北京经济技术开发区促进科技企业孵化器发展办法（试行）

2012 年 1 月 1 日

第一章　总　　则

第一条　为贯彻落实《北京市关于进一步加强科技孵化体系建设的若干意见》，促进北京经济技术开发区（以下简称开发区）科技企业孵化器的建设与发展，完善科技创新孵化体系，促进高新技术企业的聚集与成长，加快实现开发区高端产业聚集的目标，参照《科技企业孵化器认定和管理办法》、《北京市高新技术产业专业孵化基地认定和管理办法》，制定本办法。

第二条　本办法所指科技企业孵化器（以下简称孵化器），是指以促进科技成果转化、培养高新技术企业和企业家为宗旨的科技创业服务机构，是中小型科技企业创新、创业的主要载体，是开发区科技创新孵化体系的重要组成部分。

第三条　开发区科技部门是本办法的日常管理机构，负责本办法的具体实施。

第四条　本办法支持资金由开发区科技创新专项资金列支。

第二章　认定条件

第五条　孵化器应具备的条件：

（一）具有独立法人资格，在区内（含一区六园）注册、经营、纳税且运营 1 年以上。

（二）可自主支配的孵化场地使用面积达 3000 平方米以上。其中，在孵企业使用的场地（含公共服务场地）原则上占 70% 以上。

可自主支配场地是指具有自主产权或租赁期在 2 年以上的房产。公共服务场地是指孵化器提供给在孵企业共享的活动场所。

（三）可自主支配场地内的在孵企业达 10 家以上。

（四）以孵化和培育科技型中小企业和转化高新技术成果为宗旨，具有明确的主要方向，且符合区域的重点发展领域。孵化器主要专业领域中，在孵企业所占比例应为 60% 以上。年度毕业企业数与在孵企业总数之比在 5% 以上。

（五）具备专业服务的能力，能提供多功能、全方位的专业技术服务、金融服务及综合商务服务。与高等院校、科研院所、科技型企业等机构在科研仪器、设备、人才、数据等科技资源方面有密切的合作关系，能利用合作机构的资源为在孵企业提供服务。

（六）有孵化资金，并对在孵企业进行直接投资或提供融资担保。

（七）按现代企业制度经营管理，组织机构健全，管理团队有较丰富的专业领域经验，具有较强的人才、技术、管理、市场等服务能力。有专职的创业服务人员。90%以上管理人员具有大专以上学历。

第六条 国家、北京市科技部门已经认定的孵化器可直接享受本办法的政策支持，无需重新认定。

第七条 在孵企业的标准：

（一）具有独立企业法人资格，在本孵化器场所内注册、经营、纳税。

（二）符合区域重点产业发展方向，具有自主知识产权，主要从事高新技术产品的研究开发、生产和销售自有产品的科技型中小企业。

（三）企业有稳定的技术经营队伍，80%以上人员有大学以上学历。

第八条 孵化器毕业企业是指符合以下条件之一的企业：

（一）按照《高新技术企业认定管理办法》（国科发火［2008］172号）认定的高新技术企业。

（二）在孵化器内有两年以上的运营期，经营状况良好，主导产品有一定的生产规模，年度总收入达500万元以上。

第三章 支持措施

第九条 鼓励各孵化器之间，孵化器与大型企业、高等院校、科研院所、风险投资等机构之间开展合作，为企业提供服务。项目合作成功的，以年度按照为企业提供服务投入的30%给予补贴，最高不超过30万元。

第十条 鼓励孵化器开展创业咨询、市场策划、市场信息、市场开拓、专业管理咨询、政策资金申请、中介代理和知识产权保护等增值服务。孵化器对95%以上的在孵企业提供上述服务的，给予其年度增值服务投入经费30%的补贴，最高不超过30万元。

第十一条 鼓励孵化器组织在孵企业参加国际、国内行业展览会议、学术交流等活动。对组织的上述交流活动，每年给予相关支出费用50%的补助，最高不超过10万元。

第十二条 鼓励孵化器积极申报国家级、北京市级孵化器的认定。对获得国家级、市级科技企业孵化器资格认定的，分别给予100万元、50万元的资金支持。累计最高支持100万元。

第十三条 鼓励孵化器对在孵企业进行投资。对孵化器投资的项目申请开发区科技创新专项资金项目的，给予优先支持；申报科技部、北京市等科技项目的，给予优先推荐。

第十四条 鼓励孵化器吸引国家和北京市重大科技成果转化项目在园区转化落地并给予特殊支持。该项支持将根据具体情况实行“一企一策”。

第十五条 鼓励孵化器做强做大。孵化器经过复核仍符合本办法规定的认定条件，并为在孵企业提供多功能、全过程、专业化服务表现突出的，在购置土地用于扩大孵化器建设方面予以优先考虑。

第四章 申报受理

第十六条 开发区科技部门负责受理孵化器认定及相关支持措施的落实。依照定期受理，集中审批，统一拨付的原则办理。一般程序为：

（一）企业按要求提供相关申报材料。

（二）科技部门受理申报材料并进行初审，需要评审的，由科技部门组织专家统一评审。

（三）科技部门根据初审或评审意见提出审核意见。

（四）审核意见经主管领导核定后，报管

委会主任办公会审议批准。

第十七条 孵化器认定、复核及孵化器发展资金申报等事项的时间安排为：

（一）每年7月1日至31日为孵化器认定、复核及孵化器发展资金申报时间。

（二）每年8月1日至31日为孵化器认定、复核申报资料审查、评审和审批时间。其中8月最后一周为孵化器认定和复审通过的孵化器公示时间。

（三）每年8月1日至11月31日为孵化器发展资金申报资料审查、审批时间，12月1日至31日为最后核准时间，次年第一季度为资金拨付时间。

第五章　监督管理

第十八条 科技部门负责对孵化器及支持资金的日常管理和验收工作。财政部门安排资金拨付，财政、审计、监察部门负责支持资金的监督管理。

第十九条 孵化器应按照专业领域开展工作。每年年初向开发区科技部门报送上一年度孵化经营情况。每两年开发区科技部门对已认定的孵化器进行复核。

第二十条 孵化器应严格按照本办法规定的资金用途，将支持的资金用于孵化器建设和在孵企业的项目支持。

第二十一条 对于提供虚假材料、骗取专项资金、未按规定使用支持资金或资金用途与本办法规定的支持方向不符的，收回专项资金，且5年内不得申报项目资助。

第六章　附　　则

第二十二条 开发区科技部门依据本办法制定相应实施细则。

第二十三条 本办法由开发区管委会负责解释。

第二十四条 本办法自公布之日起30日后开始施行。

泉州经济技术开发区推进民营企业“二次创业”的实施意见（试行）

2012年2月21日

为贯彻落实全市推进民营企业“二次创业”大会精神，推进民营企业做大做强，实现民营经济提速提质发展，再造民营经济发展新优势，我区将认真执行省政府《关于进一步促进泉州市民营经济发展十条措施》（闽政文［2012］20号）、市委、市政府《关于推进民营企业“二次创业”的若干意见》（泉委发［2012］2号）、市政府《关于印发泉州市民营企业转型升级专项扶持行动计划的通知》（泉政文［2012］11号）、《关于推进产业转移的若干意见》（泉政文［2012］14号）、《关于服务民营企业“二次创业”的意见》（泉政文［2012］16号）等文件精神，并就推进区内民营企业“二次创业”提出如下实施意见：

一、推动民营企业转型升级

1. 组织实施“民营企业转型升级专项扶持行动计划”。根据“转型升级、提速增效”的发展思路，服务推动民营企业转型升级。重点支持制造业转型升级，推动传统产业高端化、成长型产业集群化和战略性新兴产业规模化。充分调动区内企业申请民营企业转型升级专项扶持资金的积极性和主动性，指导企业做好扶持项目的策划、生成和管理工作。对获得市级扶持的项目，由开发区财政每年安排1500万元按1:1.5的比例给予配套扶持。（牵头单位：科技经济发展局；配合单位：财政局）

2. 引导企业加强自主创新。鼓励民营企业建设研发机构，强化知识产权保护，促进产学研进一步结合。大力培育一批国家、省、市创新型企业和高新技术企业，鼓励和支持企业、行业协会参与国际标准、国家标准、行业标准和地方标准的制修订工作，全面提高企业自主创新能力。对创办科技型企业、创建研发机构、研发新产品、新技术、承担科技项目、实施专利战略和技术标准战略等企业自主创新行为，由开发区财政按《关于进一步推动实施自主创新战略建设创新型开发区的决定》（泉开委［2010］53号）进行资金奖励。

积极培育和建立以企业创新创业服务中心等产业创新服务机构为主体、以区内民营企业为主要服务对象的研发创新服务平台，为企业提供有力的创新公共支撑。切实抓好国家级高新技术企业孵化基地建设，推动孵化基地向电子信息专业孵化器发展，发挥电子信息特色产业基地作用，推动电子信息特色产业发展壮大。对企业新建的国家级、省级实验室及技术平台，经认定后给予一次性奖励50万元、20万元。（牵头单位：科技经济发展局；配合单位：财政局）

3. 支持企业技术改造。加大技术改造投入力度，积极支持和引导企业进行产品结构和生产工艺调整。对我区企业购置机械设备，且符合国家《产业结构调整指导目录（2011年本）》的，按如下标准给予奖励：区内首家引进国外单条生产线或单台先进设备达人民币500万元以上的，按当年实际购置款1%比例给予一次性补助，单家企业累计补助不超过20万元。对列入市级技术改造，且项目年度固定资产投资额5000万元以上的企业，优先协助争取省级产业调整振兴重点项目专项资金。（牵头单位：科技经济发展局；配合单位：国土规划建设局、财政局）

4. 推进企业节能减排。鼓励企业加强节能减排管理，推广采用先进的节能技术、工艺和设备，推广合同能源管理、清洁生产和使用LNG等清洁能源，不断提高企业能源利用效率，推动循环经济发展。在招商引资过程中，优先引入节能循环经济示范项目。对开展节能技术改造和节能环保示范项目的企业，积极协助向上争取扶持资金。开发区财政设立节能减排与循环经济专项资金，对获得市级及以上节能减排与循环经济项目资金扶持的企业按1:0.5的比例给予配套奖励，单家企业最高不超过50万元。对自愿实施清洁生产审核通过验收的企业，或强制性实施清洁生产审核验收优秀的企业，根据省、市表彰的标准给予配套奖励；对按年度计划完成燃煤（重油）改用清洁能源生产的企业给予一次性奖励6万元；对完成工业废水深度治理的企业给予一次性奖励6万元。（牵头单位：科技经济发展局；配合单位：财政局、官桥开发公司）

二、引导民营资本优化投资结构

1. 拓宽民间投资领域和范围。支持民间资本通过BT（建设—转让）、BOT（建设—经营—转让）、BOO（建设—拥有—经营）、EMC（合同能源管理模式）、特许经营等方式参与本区和官桥园区各类社会事业、公共服务和基础设施建设。（牵头单位：科技经济发展局；配合单位：国土规划建设局、各区属国有企业）

2. 引导民营资本投向高新项目。鼓励区内民营企业依托泉州海内外资源优势，面向台湾、东南亚和欧美日等区域，重点引进电子信息、生物制药、精密制造、光机电一体化、汽车配件、新型材料等以技术密集为主要特征的创新型产业，带动传统产业创新发展。（牵头单位：科技经济发展局；配合单位：各职能部门）

3. 大力发展现代服务业。及时兑现《关于加快引进轻资产企业的若干意见》（泉开管［2011］18号），积极引进现代物流、金融保险、商务服务、文化创意、信息咨询、法律、会计、教育培训、工业设计、软件开发、广告会展等高附加值生产性服务业。引导和发展商务集中区，鼓励在高速路口等交通枢纽地带发展以酒店、物流、专业市场等为主的道口经济，争取5年内新增2家四星级及以上高级酒店，对区内新建的四星级、五星级酒店，分别给予一次性奖励300万元、500万元。鼓励民营企业在开发区设立总部，将生产制造环节外移，推动开发区产业向总部经济和设计研发、市场营销、财务控制等价值链高端延伸和升级。

进一步探索建立有利于服务业发展的体制机制，加大对服务业的政策扶持。对新设立的商场面积达5000平方米以上，新建投资额达1500万元以上，改建投资额达700万元以上，给予一次性奖励50万元；小型专业市场面积达3000平方米以上，新建投资额达600万元以上，改建投资额达300万元以上，给予一次性奖励20万元。支持民营企业投资建设文化设施，带动区内文化产业发展。（牵头单位：科技经济发展局；配合单位：国土规划建设局、财政局、工商局）

4. 培育发展战略性新兴产业。培育壮大新材料、高端装备制造、新一代信息技术等战略性新兴产业。对新设立的战略性新兴产业企业，优先推荐列入市级“战略性新兴产业专项金融支持计划”。（牵头单位：科技经济发展局；配合单位：各职能部门）

5. 支持企业开拓国内外市场。支持民营企业扩大国内销售网络，对区内小微企业1年内在泉州市外新设立专营店达10家及以上的，经确认后，给予一次性奖励20万元。支持民营企业实施“走出去”战略，加强对国际市场的研究和开拓，建立海外营销网络。认真应对国际市场新形势，及时调整和兑现开发区扶持外贸出口的政策措施，降低企业出口成本。（牵头单位：科技经济发展局；配合单位：财政局）

6. 推进产业有序转移。认真贯彻市政府《关于推进产业转移的若干意见》（泉政文［2012］14号），建立相关工作机制，积极推动相关产业向山区有序转移，以优化产业发展布局，加快产业转型升级，促进山海科学发展、跨越发展、协调发展。结合全市产业转移新高潮，加快官桥园区开发建设，吸引集群延伸型、生产服务型等产业到园区专业化发展，尽快形成产业集聚，促进形成具有鲜明特色的相关配套产业和产业链。（牵头单位：科技经济发展局、官桥开发公司；配合单位：国土规划建设局）

三、扶持民营企业做大做强

1. 表彰功勋企业。对年产值首次超30亿元，或在我区缴纳税收首次达1亿元以上的民营企业，提供“一企一策”便捷优质服务，由党工委、管委会授予“开发区功勋企业”称号并给予一次性奖励30万元。（牵头单位：科技经济发展局；配合单位：财政局、国税局、地税分局）

2. 扶持中小企业。实施中小企业成长计划，协助企业向上争取中小企业成长专项资金，推动中小企业实施管理创新、技术创新，进行商标建设、市场开拓及公共服务平台建设等。加强与金融、税务部门沟通，及时兑现扶持小型微型企业政策，促进小型微型企业发展。

鼓励企业兼并重组，更多运用间接方式扶持中小企业发展。支持区内树脂、电子信息或加工型、配件型等产业企业实行兼并重组，通过整合资源壮大企业规模，形成产业、企业联盟，增强企业发展实力。每年从全区中小企业内筛选5家以上市场前景好、具有行业代表性和发展潜力的成长型企业，实施重点培育，促其提升成为规模企业。对中小企业通过兼并重组发展为规模企业或新成立产业、企业联盟的，给予奖励5万元。（牵头单位：科技经济发展局、财政局；配合单位：国税局、地税分局）

3. 推动改制上市。深入实施企业改制上市“121”工程，打造开发区资本小板块。采取“一企一策”的方式研究解决企业改制上市中遇到的困难和问题。修订原有改制上市政策，进一步加大扶持力度，并及时兑现相关政策，研究出台《股权投资产业发展的若干意见》和《推进企业到场外资本市场挂牌融资工作的若干意见》等政策措施，积极引导境内外战略投资者参与开发区企业改制重组。（牵头单位：科技经济发展局、上市办、创业服务中心；配合单位：各职能部门）

4. 推进管理创新。以企业改制上市为抓手，推动企业管理创新；鼓励企业开展质量、环境、职业健康安全等方面的管理认证，提升企业精益管理水平。推广ISO9000质量管理体系、ISO14000环境管理体系、SA8000社会责任管理体系、测量管理体系、OHSAS18000职业健康安全管理体系认证和节能、节水等资源节约型产品认证，推动企业导入卓越绩效管理模式。（牵头单位：科技经济发展局、上市办；配合单位：各职能部门）

5. 提升信息化水平。大力实施制造业信息化示范工程，鼓励建立行业电子商务平台，推动B2B（企业对企业）、B2C（企业对消费者）、ERP系统等电子商务应用。对经认定为省级、市级制造业信息化与电子商务示范企业的，开发区财政给予奖励5万元和3万元，对同时获得省级和市级的以最高级别给予一次性奖励。（牵头单位：科技经济发展局；配合单位：财政局）

6. 鼓励争创品牌。鼓励企业实施知识产权战略，通过品牌授权、企业并购等手段创建新品牌，引导企业加强品牌创新、品牌管理和品牌经营，支持企业创建国际品牌；强化区域品牌的整体策划、推广，促进区域品牌与企业品牌互动共荣。加大对企业实施品牌战略工程的投入，对民营企业中技术含量高、市场容量大、附加值高的产品品牌给予重点培育、重点扶持。对区内企业并购国外高端品牌的，配套省、市奖励政策给予奖励100万元；对企业单个商标通过马德里商标国际注册的，按每件商标注册官费的20%给予奖励，最高不超过4万元；对新增国内注册商标的，按每件商标注册费奖励500元。（牵头单位：科技经济发展局、工商局；配合单位：财政局）

四、壮大民营企业人才队伍

1. 培育企业经营管理人才。认真组织企业参加骨干企业法定代表人和高层管理人员EMBA班、总裁研修班，提升企业管理人员的战略思维和现代管理水平，每年对开发区企业高级管理人才进行轮训，每家企业1人次以上。（牵头单位：党务工作部（人事劳动局）；配合单位：科技经济发展局、财政局）

2. 集聚高层次创新创业人才。认真落实省市引进高层次人才等政策规定，研究出台鼓励开发区民营企业引进各类人才的优惠政策。落实年纳税额500万元以上民营企业引进经营管理人才、专门技术人才、高技能人才的奖励政策，对经认定的引进人才，开发区财政按其实缴个人所得税开发区留成部分的50%给予奖励。（牵头单位：党务工作部（人事劳动局）；配合单位：科技经济发展局、国税局、地税分局）

3. 强化校地校企人才合作。提升博士后科研工作站品牌效应，积极与国内相关高校建立良好的合作关系，努力扩大博士后招收规模。探索校地人才合作机制。继续加大高校毕业生实践基地建设，强化校地校企合作平台建设。建立人才办与泉州地面大中专院校学生就业指导处沟通机制，架设毕业生就业期望与企业员工需求的桥梁，推动校企双赢。支持区内企业与省内外大中专院校联合办班，开展职工技能培训工作，对区内 1000 人以上的企业设立劳动培训基金。（牵头单位：党务工作部（人事劳动局）、工委会；配合单位：科技经济发展局、财政局）

五、强化民营企业要素保障

1. 优化用工环境。搭建劳动力供求对接平台，探索在劳动力输出大省建立远程招工系统，引导民营职业中介服务机构加大“引工”力度，对小微企业招工实行工作经费补助。提升开发区规划建设和营运管理水平，在产业园区和工业集中区周边规划建设保障性住房、教育卫生、娱乐休闲等生活配套区，强化园区服务功能，创造良好的用工环境。支持民营企业申请建设员工公寓，纳入公共租赁住房建设计划，除享受中央、省、市的补助资金外，由开发区财政安排配套资金给予补助。支持具备条件的企业把工业用地中的生活配套用地通过“招、拍、挂”转为商住用地，用于建设员工公寓。设立开发区务工子女奖学助学基金 500 万元，对综合表现突出的务工子女给予奖学金奖励，对家庭条件困难的务工子女给予助学金奖励。（牵头单位：党务工作部（人事劳动局）、国土规划建设局、社会事业局；配合单位：科技经济发展局、财政局、实验学校）

2. 完善区域金融体系。落实《泉州市鼓励金融业发展的若干意见（试行）》（泉政文［2010］51 号）等扶持政策，支持金融机构增设网点、布设自助服务终端。鼓励银行机构向民营企业扩大信贷规模，对年度贷款余额增幅 2 亿元以上的区内银行网点，给予工作经费奖励 5 万元。推动创业服务中心开展各项业务，推动福建省创新创业企业投融资与交易（泉州）市场投入正式运营，争取国家高新区非上市股份有限公司代办股份转让系统试点（新三板）。加快与天交所合作建设泉州区域市场，服务中小企业直接融资。确实发挥中小企业担保公司、小额贷款公司作用，帮助企业解决融资问题。在区内新设立一家小额贷款公司。（牵头单位：科技经济发展局、财政局、创业服务中心；配合单位：各职能部门）

3. 强化建设用地保障。研究制定工业园区项目建设用地控制标准，探索对工业园区进行最低容积率控制，提高单位土地面积的投入强度和产出率。调整修编清濛园区建设规划，引导清濛园区部分土地利用率较低（建筑容积率低、厂房使用效率低、投入产出率低）和不符合安全生产、环保要求的工业企业进行“优二进三”，在规划编制和提升中生成一批适合生产性服务业发展需要的城市建设项目，促进开发区存量建设用地的“二次开发”。引导清濛园区的企业缺地的生产性项目就近到官桥园区投资发展，优先予以安排供地。（牵头单位：国土规划建设局；配合单位：官桥开发公司）

六、拓展民营企业发展空间

1. 推动扩区发展。抓住中央和省、市明确支持泉州开发区扩区和联片开发的良好机遇，在现有国家级泉州开发区规划范围 12.5 平方公里的基础上，抓紧组织调研论证，科学提出扩区发展的具体方案，按照有关程序申请报批，打响国家级金字招牌，扩大国家级开发区优惠政策的覆盖范围，大胆探索改革体制机制，构建更大的产业发展平台，推动中心城市框架扩张，发挥国家级开发区的辐射、带动和示范作用。（牵头单位：国土规划建设局；配合单位：办公室、科技经济发展局）

2. 争取扩大审批权限。着力突破审批权限弱化的瓶颈制约，争取扩大开发区部分市级经济社会管理权限，提高开发区在国土资源、建设规划、环保、外商投资、经贸等方面的行政审批效率，打造与国家级开发区相称的优质服务。（牵头单位：办公室、行政服务中心；配合单位：各职能部门）

3. 加快园区开发建设。充分发挥国家级开发区的载体优势和品牌效应，全力推进园区拓展和项目建设，做优功能载体，服务推动民营企业“二次创业”。集中力量加快推进官桥园区建设，吸引和支持区内上市和上市后备企业、品牌企业以及周边优质企业在园区投资发展，尽快形成产业集聚，产生规模效益。突破汽车产业基地建设，充分挖掘发挥整车资质的内涵，加大二次招商力度，做大做长汽车产业链。（牵头单位：官桥开发公司、汽车基地开发公司；配合单位：各职能部门）

七、提高政府服务水平

1. 增强政府服务意识。进一步转变工作作风，在深入实际中求落实。责任在一线落实，调度在一线进行、服务在一线到位、问题在一线解决、创新在一线体现。对党工委、管委会研究确定的事项和上级交办事项，马上就办、事不过夜；对基层、企业、群众亟待解决的问题，一抓到底、抓出成效。坚决整治“中梗阻”，坚决反对推诿扯皮、办事拖拉、庸懒散的不良作风。加强第一道门槛建设，增强机关服务群众、服务企业、服务基层的意识，提倡微笑服务、热情服务、优质服务。落实岗位责任制、服务承诺制、首问负责制、一次性告知制、限时办结制、否定报备制和责任追究制等机关效能工作制度。（牵头单位：办公室、监察局、行政服务中心；配合单位：各职能部门）

2. 畅通服务企业渠道。大力推行行政指导，建立“直通直达服务制度”，对有明确投资意向的国内外知名企业、高端产业和产业高端项目，在第一时间启动“一个项目、一位分管领导、一个跟踪服务小组”的“三个一”全过程跟踪服务机制。推行“主办部门负责制”，实行统一受理、统一审核、统一回复，避免交叉审批和重复审批。积极推行“预约服务制”、“上门服务制”。努力营造便捷、简单、规范的办事环境。（牵头单位：行政服务中心；配合单位：各职能部门）

3. 优化项目审批服务。依托开发区行政服务中心，开通审批绿色通道，在依法依规的前提下，简化项目审批环节，压缩审批时限，提高审批效率。审批时限压缩到法定时限的50%以内，窗口即办件比率提高到50%以上。（牵头单位：行政服务中心；配合单位：各职能部门）

4. 规范和控制涉企检查。各行政机关对企业实施行政执法要严格依法依规、文明执法。做好涉企检查的协调工作，各类涉企检查可以一并完成的，应当合成或组织联合检查。除涉及环境保护、公共安全等事项以及举报、督办件外，同一部门对同一企业的例行检查，原则上一年不得超过一次。区直部门检查上市企业、上市后备企业原则上须经区主要领导同意，检查规模以上企业原则上须经区分管领导同意，检查其他企业须经本部门主要领导同意。（牵头单位：办公室；配合单位：各职能部门）

5. 加强监督严格奖惩。将支持民营企业“二次创业”政策措施的落实情况纳入绩效评估考核体系，作为考核部门工作实绩和干部任用的重要依据。对在服务民营企业发展中作出突出贡献的单位和个人给予表彰奖励，对不作为、慢作为、乱作为等庸懒散及违规违纪行为，予以严肃处理。（牵头单位：监察局；配合单位：各职能部门）

八、附则

1. 本意见所指民营企业为住所（经营场所）在开发区的非国有（国有控股）企业和非集体所有（集体控股）企业。

2. 开发区企业除享受本意见所列优惠政策外，可同时享受省、市相关优惠政策。

3. 在意见实施过程中，对同一企业符合多次享受本意见新增税收奖励条件的，只奖励一次（由申请企业选择一项）；既享受本意见又享受其他政策文件新增税收奖励的，当年奖励总额不超过其新增税收地方留成部分（非税奖励不受此限）。

4. 开发区此前出台的优惠政策与本意见不一致的，按本意见执行。

5. 本意见由开发区管委会负责解释。

6. 本意见自颁发之日起实施，至2017年2月28日止。

吉林经济技术开发区科技创新型企业认定管理办法（试行）

2012年2月21日

第一条 为了进一步培育、扶持我区科技企业的成长与发展，壮大国家级高新技术企业、省级科技型企业和国家知识产权试点企业等后备队伍，提升全区高新技术产业化水平，转变经济发展方式，根据《国家高新技术企业认定管理办法》、《吉林省促进科技企业发展条例》、《吉林市科学技术进步条例》等有关法规、文件精神，制定本办法。

第二条 本办法所指科技创新型企业是指从事科学技术研究与开发、科技成果转化与推广、高新技术产业化培育与发展活动，在技术创新、品牌创新、机制创新、管理创新、理念和文化创新等方面成效突出的企业。

第三条 吉林经济技术开发区设立科技创新型企业专项资金，所需资金在吉林经济技术开发区科技发展资金中列支。

第四条 吉林经济技术开发区科技局负责科技创新型企业的组织申报、评审认定、日常监督管理和年终考核。

第五条 申请认定的企业，应具备以下基本条件：

（一）在经开区注册，有与其业务规模相适应的生产经营场所和设备，有健全的管理制度和激励机制，经营状况良好。

（二）企业有明确的创建为国家级高新技术企业、省级科技型企业，国家知识产权试点企业的发展计划，并力争在3年内获得相关认定。

（三）产品（服务）属于《国家重点支持的高新技术领域》规定的高新技术领域范围。

（四）近三年内企业通过自主研发、受让、受赠、并购、独占许可等方式，对其主要产品（服务）的核心技术拥有专利、软件著作权等自主知识产权。

（五）具有大专以上学历的科技人员占企业当年职工总数的20%以上，其中研发人员占企业当年职工总数的5%以上。

（六）企业为获得科学技术（不包括人文、社会科学）新知识，创造性运用科学技术新知识，或实质性改进技术、产品（服务）而持续进行了研究开发活动，且近三个会计年度的研究开发费用总额占销售收入总额的比例符合以下要求：

1. 上年销售收入在5000万元以下（含）的企业，比例不低于2%。

2. 上年销售收入在5000万元以上的企业，比例不低于1.5%。

企业注册成立时间不足三年的，按实际经营年限计算。

（七）上年度拥有自主知识产权的主导产

品、研究开发与引进成果转化的新产品销售收入，和技术性收入的总和占企业当年总收入的50%以上。

第六条 区级科技创新型企业每年进行一次认定。申请企业于每年12月31日前向区科技局提出申请，并提交以下纸质材料一式一份：

（一）《吉林经济技术开发区科技创新型企业认定申请书》。

（二）企业营业执照、税务登记证复印件。

（三）企业有关研究开发和生产经营的场地证明。

（四）企业最近三年的年度审计报告（含资产负债表、利润及利润分配表、现金流量表、会计报表附注），企业研发费用投入说明。

（五）企业研发人员及学历结构清单，大专以上学历科技人员占职工人数的比例说明。

（六）自主知识产权的证明材料（如专利、软件著作权、动植物新品种、集成电路布图设计专有权证书、专利技术独占许可协议等）。

（七）技术创新活动证明材料，包括区级以上科技计划立项或企业内部立项的有关材料，已完成的主要科研、技术攻关项目的成果证明材料。

（八）企业科技创新相关规章制度、管理办法或发展规划。

（九）其他材料（如：企业获区级以上奖励及认定材料，产品认定证书、鉴定证书，检测报告等）。

（十）特殊行业产品须提供生产许可证、入网许可证、环保合格证明等。

第七条 区科技局在每年1月31日前组织专家进行评审及现场考察，对评审及现场考察合格的科技创新型企业，在经开区网站上进行七天公示。

第八条 对评审合格、公示通过的新认定的科技创新型企业：

（一）授予“吉林经济技术开发区科技创新型企业”标牌。

（二）给予一定的科技项目资金支持。

（三）作为今后承担省市级科技项目、创建省市级技术创新机构的前置条件。

（四）优先推荐申报国家级高新技术企业、省级科技型企业或国家知识产权试点企业等。

第九条 对当年获得国家级高新技术企业、省级科技型企业、国家知识产权试点的企业，可向区科技局申报，同时获得当年的区级科技项目资金支持；对投产的战略性新兴产业企业及获得市级以上科技发展计划项目或市级以上科技进步奖励的企业，将优先考虑评选为区级科技创新型企业。

第十条 区科技局每年对区级科技创新型企业进行考核，结果分为优秀、合格与不合格三个等次。结果为优秀者，予以科技项目重点支持；结果为合格者，继续保留区级科技创新型企业称号；结果为不合格者，取消其区级科技创新型企业资格，并不予推荐其申报市级以上科技项目和科技型企业认定。

第十一条 本办法自印发之日起施行。

第十二条 本办法的解释权属吉林经济技术开发区科技局。

西安经济技术开发区党工委 西安经济技术开发区管委会 印发《关于深化统筹科技资源改革促进科技成果转化的意见》的通知

2012 年 3 月 2 日

为贯彻落实省、市统筹科技资源改革的意见，充分发挥开发区的先行先试优势，有效破解科技成果转化的关键环节和突出难题，进一步深化统筹科技资源改革，加快科技成果转化，促进产业结构调整和经济发展方式转变，不断增强自主创新能力和核心竞争力，现提出以下意见。

一、总体思路、原则及目标

（一）总体思路

以科研院所为引擎，企业为主体，市场为导向，产业化为目标，科技园区承载，高端人才驱动，创新平台支撑，实施科技成果转化促进计划，提升自主创新能力，形成具有西安经开区特色的统筹科技资源模式和科技成果转化机制。充分调动和激发科研院所、高校、企业和科技成果持有人的积极性和创新活力，为科技成果产业化和产学研结合搭建平台，促进科技成果在区内转化，支撑和引领全区经济社会跨越发展。

——把科研院所作为推进科技成果转化的引擎。依托现有的产业基础、技术资源和合作优势，统筹省内外科研院所的科技资源，积极推进与中国科学院和西北有色金属研究院的合作，建设“两大”科研院所科技成果转化基地。

——让企业成为研发投入、技术创新和成果应用的主体。充分发挥企业的市场、研发和产业化主体作用，统筹入区中央企业的科技资源和产业资源，深化与中国兵器、中国北车、中国电子、中航工业集团的合作，建设“四大”央企科技成果转化基地。

——把专业科技园区作为促进和承接科技成果转化的推进器、孵化器、试验区、承载区。充分利用现有资源，大力推动和集中抓好台湾科技园、留学生创业园、大学科技园，建设“三大”科技园区。

——把突破中间关键环节作为促进科技成果转化转移的突破口。支持符合产业发展方向的科研院所、高校和企业在经开区建立科技成果转化中试基地或转移转化中心，多渠道突破资金难题，化解中试风险，提高中试成功率、转化率。

——把引进高端科技人才作为促进科技成果转化的驱动力。大力引进以两院院士、学科带头人等为核心的高端科技人才，促进科技创新和科技创业，着力打造人才高地。

（二）基本原则

——市场导向原则。充分发挥市场配置资源的基础性作用，建立健全面向市场的科技成果转化机制，坚持以市场需求为前端，加大研发资金的投入力度，释放科技资源活力，引导科技资源优化配置，实现技术创新与市场的紧密结合。

——产业导向原则。把科技成果转化与特色优势产业培育结合，促进产学研用政“五结合”，把战略性新兴产业作为统筹科技资源的重点领域，推动科技资源和创新要素向主导产业和战略性新兴产业集聚、转化。

——开放吸收原则。紧抓国际产业资本和技术溢出机遇，面向国内和全球统筹科技资源，重点引进世界500强、中央企业和龙头企业的科研院所、研发中心、技术中心等研发机构，推动先进适用技术引进消化吸收和再创新。

——协同延伸原则。围绕主导产业和重点发展的战略性新兴产业，推进科技成果转化链、转化成果产业链的纵向延伸和横向拓展，延伸产业链条，建立产业技术创新联盟，推动产业上下游企业技术联合攻关和技术协作配套。

（三）主要目标

通过实施科技成果转化促进计划，力争用3至5年的时间，使科技投入与产出水平显著提高，自主创新能力显著增强，资源聚集、主体联动、活力迸发、环境优良的成果转化与科技创新体制机制初步形成。成为我省、我市创新要素的聚集区、统筹科技资源改革的先导区和科技成果产业化的示范区。

——科技创新主体作用进一步显现。初步形成“四个百分之九十”的企业科技成果转化格局。即：90%以上的研发机构设立在企业，90%以上的研发人员集中在企业，90%以上的研发资金来源于企业，90%以上的发明专利出自企业。

——科技资源聚集能力显著增强。力争到“十二五”末，区内各类研发机构达到100家，累计专利申请量和发明专利分别达到10000件和3000件，公共实验测试服务平台统筹科学仪器设备1000余台套、总价值10亿元以上，引进高端人才500名，吸引20名两院院士参与创新创业或技术协作。

——科技成果转化贡献率显著提升。产业研发资金投入占GDP的比重达到5%，实施科技成果转化及产学研结合项目300项，技术交易额达到20亿元，培育科技上市企业3家，高新技术产值达到2000亿元，高新技术产业产值占全区工业总产值的75%。科技进步对经济增长的贡献率达到70%。

——科技体制机制创新取得明显成效。围绕科技成果转化，加大体制机制创新，在产学研结合、高校与科研院所资源整合利用、科技与金融结合、科技成果转化转移、创新创业激励、研发机构招商等方面，实现突破，取得积极成效。

二、实施科技成果转化促进计划

选择有条件、有基础、已入区的科研院所、中央企业和有关高校，签订战略合作协议，分别建立科技成果转化基地和科技园区，对其科研、中试和成果转化进行专项扶持，对产业化转化项目优先给予土地、财税等优惠政策。充分发挥科技成果转化基地的示范、引领效应，带动各类科技资源向区内有序聚集，促进科技成果在区内转化。

（一）加强与科研院所合作，建立“两大”科研院所科技成果转化基地。充分发挥科研院所在科技创新中的突出作用，用科技创新的国家力量引领国家级开发区的科技成果转化，推进与中国科学院和西北有色院的合作，围绕关键技术开展技术攻关、技术合作，最大限度地发挥科技研发对产业发展的支撑、引领作用。

——建立中国科学院西安科技成果转化基地。瞄准中国科学技术研发水平与成果的顶端领域，与中国科学院建立合作机制，在经开区共建中科院西安创新科技产业园，形成以科研中试、产业化为核心的科技成果转化格局。构建中科院与经开区的科技合作平台，吸引中科院所属研究单位和研究团队入驻，建立产业技术集成与工程化研发和中试平台、产业技术转移转化与规模产业化示范平台、科技人才培养与交流平台、技术转移转化知识产权运营服务体系，推动中科院所属研究单位的重大科技成果和创新型企业在经开区转化、孵化和育成，鼓励、引导区内企业承接中科院重大科技成果和开展联合攻关、技术协作等科技合作，提升经开区、西安乃至陕西的科技创新能力。到2015年，力争吸引中科院研究单位的15个项目入驻，与中科院开展科技合作50项，其中产业应用类项目形成销售收入50亿元。

——建立西北有色金属研究院科技成果转化基地。深入研究总结经开区与西北有色院的合作模式，进一步深化合作，以西北有色院稀有金属新材料产业园为载体，以超导材料制备国家工程实验室、陕西省航空材料工程实验室、陕西省功能材料工程实验室等19个国家、省级科研中心为平台，以超导磁体及装置制造、航空用特种合金、核用银铟镉材料、新型锆合金材料、大规格钨钼加工材料、钛合金材料等产业化为重点，建设稀有金属新材料产业科技成果转化基地。推动西北有色院的科技成果向新材料产业园转移、转化，形成以稀有金属为特色、技术研发为引领、产业化项目为支撑的格局，促进国内外稀有金属行业的科技资源向基地聚集。到2015年，力争吸引10名两院院士参与新材料产业研发或技术协作；引进100名国际化人才到园区工作和技术交流与合作；吸引100名博士来园区创业，力争产值达到200亿元。

（二）深化与中央企业合作，建立“四大”中央企业科技成果转化基地。充分发挥中央企业在经开区的聚集优势，依托中国兵器、中航工业、中国电子、中国北车，建设“四大”央企科技成果转化基地，形成央企科研、中试、产业化的纵向产业发展链条和中试基地，提高成果转化率。

——建立中国兵器工业集团科技成果转化基地。以西安兵器产业基地为载体，统筹中国兵器集团旗下科研院所及企业的科技资源，以兵器213、204、205所等为研发平台，以化学电源、特种能源、光电材料、精细化工等为发展方向，以新一代电池材料、彩色液晶显示材料、有机发光材料、有机光伏电池、万吨级乙二胺、新型环保制冷剂等项目的产业化为重点，建设“军民融合”科技成果转化基地，构建以民为主、以军促民、军民融合的兵器科技产业发展格局。到2015年，力争实现成果转化项目50项，园区产值达到500亿元。

——建立中航工业集团科技成果转化基地。以中航重机西安基础产业园、中航工业加工区国际航空转包基地为载体，统筹中航工业集团旗下中航重机、西飞集团、西航集团等企业的科技资源，以中航重机锻铸研发中心、系列飞机整机及部件研发中心为研发平台，围绕我国大飞机研制，以高端航空制造为发展方向，以特种材料采购加工、等温锻生产、深加工生产、快速成型等为重点，建设高端航空装备制造产业科技成果转化基地。到2015年，力争实现产值100亿元。

——建立中国电子信息产业集团科技成果转化基地。以中国电子西安产业园为载体，统筹中国电子旗下科研院所和企业的科技资源，以国家云计算西安应用平台、华北计算机系统工程研究所（中电六所）等为研发平台，以电子通讯、集成电路、软件开发等为发展方向，以计算机系统工程、物联网、云计算、智慧城市等为重点，建设新一代信息技术产业科技成果转化基地。到2015年，力争实现产值50亿元。

——建立中国北车集团科技成果转化基地。以中国北车集团西安产业基地为载体，推动中国北车永济新时速公司旗下企业及研发中心向经开区集聚、转移，以风电机组生产、高铁及城市轨道交通装备制造、大功率集成电路模块封装等为重点，建设高端装备制造产业科技成果转化基地。到2015年，力争实现产值100亿元。

同时，依托大型龙头企业和特色优势企业，建设一批具有产业集群特征的科技产业基地。如，依托陕汽集团，建立新能源汽车科技产业基地；依托金风科技，建立陕西省风电装备产业基地；依托西电集团骨干企业，打造智能电网产业集群与科技成果转化基地。

（三）广泛吸纳整合科技资源，建设“三大”科技创新园区。围绕产业发展，坚持科技引领、园区承载，有针对性地建立一批科技园区和大学科技园，吸引科技企业聚集，汇聚创新要素，实现技术创新与产业发展融合。

——建立台湾科技产业园。将草滩园区正在规划建设的中小企业园定位为台湾科技产业园。通过与台湾有关工商组织合作，重点引进一批科技型台资企业和项目入园，形成全省最大规模、最具特色的台资企业聚集区。

——建立留学归国人员创业园。以西安工业设计园为载体，争取国家和省、市政策支持，加快建设留学归国人员创业园，面向海内外吸纳项目、资本、技术和人才，促进国内外资源对接配置。建设国家级和省级科技企业孵化器，开展中小型科技企业孵化与培育、留学归国人员创新创业与指导等服务工作，打造海外人才引进和创新创业的重要基地。

——建立国家级大学科技园。与西工大等知名高校合作，在经开区建设国家级大学科技园，构建科研、中试、产业化和技术合作平台。引导高校以大学科技园为载体，将国家重点实验室、国家工程技术中心及科学仪器设备等科技资源向区内聚集、共享，推动高校与区内企业科技合作和服务。

在重点建设三大科技创新园区的基础上，支持西安工业设计园、大普科技园、经发创新园等 3 家省级孵化器晋升为国家级孵化器。通过鼓励相关企业建立西安电子信息技术孵化器、西安智能电网孵化器、西安兵器科技孵化器、西安大学生创业基地等，在经开区建立国家级孵化器集群。到 2015 年，全区各类大学科技园、创业中心和科技企业孵化器达到 10 家，其中国家级孵化器 3 家，孵化面积 30 万平方米，在孵企业 500 家，成为科技成果转化最活跃的区域之一。

三、突破关键环节，破解瓶颈问题，建立创新性、突破性的科技成果转化激励机制

（一）进一步激发科技人员及成果持有人创新的动力和活力

——建立科技人员及科技成果持有人股权激励机制。鼓励科技成果持有人及科技人员以技术转让、技术入股、技术服务、项目承包等形式，转化科技成果，参与创办科技企业。科技人员携带科技成果创办科技企业，管委会可以政策性风险投资基金，投入不高于企业注册资本的 30% 的股权资金作为创业资金支持；退出时，将投资的增殖部分作为对成果持有人或创新团队的奖励。科技人员或科技成果持有人创办的 20 人以内的小微企业，经认定，可对其自取得第一笔收入之日起三年内缴纳的增值税、企业所得税开发区留成部分予以全额奖励。对科研机构、高校在区内转化职务科技成果以股份或出资比例等股权形式给予技术人员的奖励，技术人员在取得股份、出资比例时，暂不缴纳个人所得税；对新办或已入区企业在区内转化科技成果，以股份或出资比例等股权激励形式给技术人员的奖励，经税务机关审核，技术人员可在一定期限内分期缴纳个人所得税。

——建立发明权属和收益分配机制。支持区内企事业单位与发明人或设计人通过合同约定发明创造成果权属和收益分配。由管委会自主立项，并由管委会财政资助的科研项目所形成的科技成果，由承担单位所有，发明人或设计人依法享有署名权和取得荣誉权，专利权所有单位在专利转让或许可他人实施后，在税后收益中提取不低于 30% 作为发明人或设计人的报酬。专利权所有单位自行实施专利的，在专利权有效期内，对发明专利或实用新型专利的实施，每年从税后收益中提取不低于 5% 作为发明人或设计人的报酬。

——建立高端科技人才引进激励机制。统筹智力资源，设立1000万元高端人才创业扶持资金，对高端人才产业投资、科技研发和成果转化给予资金扶持。与人才猎头公司、咨询公司等智力机构合作，建立经开区科技专家库、高端人才库和高层次留学人才库，促进科技企业和科技人才的横向交流，鼓励、支持高端科技人才、国家“千人计划”和省“百人计划”和市“5211人才计划”人才入区创新、创业和工作，管委会给予一定补贴。加快企业技术中心、工程中心和博士后科研工作站等载体建设，促进高端人才聚集。

（二）破解中试瓶颈，建立科技成果转化中试基地或专业转移转化中心

——由管委会融资建立中科院产业技术集成与工程化研发中试平台。依托中科院科技资源优势，以项目合作为支撑，开展创新技术集成与工程化研发、中试及技术服务，吸引中科院所属研究单位的科技成果在经开区进行中间试验。搭建面向企业的科技协作平台，支持、引导中科院所属研究单位与区内企业开展技术合作、技术转移和技术服务。

——鼓励科研院所、高校和大中型企业，在区内自主或联合建立中试基地、工业性试验基地和实验站。推动科研院所、高校和企业协同创新，鼓励、支持科研院所、高校和企业建立中试基地、工业性试验基地和实验站，促进中试科技资源的开放、共享、利用；待中试成功后，在区内进行产业化。对自行或联合建立中试基地、试验基地和实验站的，管委会以划拨或限价方式提供土地，减免相关建设规费。对基地的工程施工、技术改造、设备更新等基本建设投资，纳入管委会基本建设计划，由财政给予资金补助。

——鼓励科研院所和龙头企业建立科技成果转化转移中心。围绕开发区主导产业发展的技术需求，以企业为主体，依托科研院所、龙头企业的研发中心开展共性、关键技术研发，建设专业科技成果转移转化中心。在创建前期，由管委会财政给予中试运行费用补贴。实行重大科研项目后补助政策。对未纳入管委会立项计划，经过中试环节成功进入产业化的科研项目，经管委会组织评审，管委会财政给予中试运行费用资金补助，降低科研院所和企业建立中试基地和中试环节的资金投入。扩大中试支持范围，将管委会的政策、资金支持前移到中试环节，鼓励、支持科研院所、高校中试形成的科技成果在经开区转化及产业化。

——充分发挥开发区风险投资公司的作用。利用风险投资，促进科研成果的中试与风险投资结合，多渠道分担和化解中试风险。

四、发挥先行先试优势，营造有利于科技成果转化和产业化的创新环境

（一）建立多层次多渠道的资金投入机制

——创新财政资金投入方式，发挥管委会财政资金的引导作用。一是加大财政投入力度。管委会设立4000万元统筹科技资源专项资金，并在此基础上不断提高科技投入占财政支出的比例。到2015年，管委会财政科技专项投入总量占当年财政支出的比例不低于5%。二是转变财政投入方向，将财政资金从重点支持产业项目向支持科技研发和产业化并重。在管委会已设立的风险投资引导基金中确定2000万元，作为政策性风险投资基金（“天使基金”），采取股权投资的方式，为科研院所、高校、企业及技术持有人开展科技成果转化提供不以盈利为目的的融资支持。三是建立科技保险补贴机制。鼓励高新技术企业投保科技保险，管委会给予50%—80%的保费补贴。鼓励、支持担保机构为区内中小企业提供融资性担保，对其在区内提供的担保业务给予2%的补贴。四是大力支持科技型企业上市。发挥资本市场的作用，加大企业上市培育，完善上市奖励政策，促使更多的科技创新型企业纳入省、市上市企业储备计划，帮助企业上市融资。

——深化科技金融创新，发挥社会资金的主渠道作用。一是推动金融机构的科技信贷投入。与银行合作，成立经开区中小企业（科技）支行，鼓励、引导和支持科技支行为区内企业提供信贷资金。联合省级有关部门，设立5000万元的科技企业贷款风险准备金，对科技企业贷款给予80%的风险补偿，对科技支行发放的科技企业贷款提供全额贴息。二是加快发展创业风险投资。以经开区风险投资引导基金为杠杆，引导社会创业投资基金在区内发展，利用社会资金服务科技成果转化。三是创新科技担保体系。成立开发区政策性担保公司，探索和建立专利、商标等知识产权质押贷款、科技企业信用贷款等贷款担保方式。

——引导企业加大科技投入，发挥企业资金的主体作用。一是支持企业加大研发投入。引导企业用好、用足国家有关研发费用税前加计扣除的政策，管委会通过指定用途拨款等多种方式，加大财政资金补助力度，鼓励企业加大研发投入。对企业与高校联合或自主研发的科研项目，通过财政贴息、贷款担保、风险补贴等方式，引导和撬动企业加大研发投入。对企业承担国家重大科技项目的国家补贴资金，以所有税收开发区留成为限，给予10%—30%的配套资金支持。对企业购买知识产权并通过省、市和管委会登记认定的，给予购买费用5%—30%的限额补贴。二是支持企业加强自主创新能力建设。鼓励和支持企业建立各类工程实验室、企业技术中心、工程技术中心、博士后科研工作站等研发机构，给予10—50万元的补助，对认定为国家和省、市级的，分别奖励50万元、20万元、10万元。鼓励、支持高校和科研院所向区内企业进行技术转让、技术开发、技术合作，按照企业上缴税收开发区留成较上年增加部分的适当比例奖励企业。三是支持高新技术企业和科技型中小企业发展。对科技研发投入占销售收入5%及以上的高新技术企业，以所有税收开发区留成为限，按其上年新增研发经费30%比例进行限额补贴。鼓励企业进行高新技术企业、技术先进型服务企业和“双软”企业认定，对通过认定的企业或企业通过科技成果鉴定、新产品鉴定，分别给予3万元以内的一次性奖励。

（二）建立政府采购促进成果转化的推广应用机制

——建立管委会首购和定购制度。区内企业和科研机构生产或开发的试制品和首次投向市场的新产品，具有较大市场潜力并符合政府采购需求条件的，管委会进行首购和订购；同时，鼓励区内企业采购新产品，管委会予以资金补贴。通过支持区内企业首购、订购首台（套）重大技术装备试验和示范项目等方式，促进成果转化新产品在开发区广泛应用。

——建立管委会采购自主创新产品制度。在财政预算中加大政府采购成果转化新产品支持力度。建立开发区自主创新产品目录，对纳入目录的自主创新产品，在管委会财政支出和政府投资的重点工程建设中同等条件下予以优先采购。同时，鼓励、引导和支持区内企业采购纳入开发区自主创新目录的产品，管委会给予一定的资金补贴。

（三）建立以产业化为导向的科技计划立项机制

——制定开发区科技项目立项评审办法。面向区内企业及区内外各高校、科研院所、专利持有人多方面征集科技项目，面向国家科技重大专项、863计划、973计划和省、市科技计划等渠道发现科技项目。对符合计划支持方向、技术成熟度高、易于转化的科技项目，由管委会组织进行独立的立项和评审，对项目科研、中试、转化等环节给予连续3～5年的持续资金扶持。

——支持高新技术成果转化项目实施。对符合规定条件的高新技术成果转化项目，通过专项资金补贴给予研发支持；实现生产或试生产的，返还相关土地使用税开发区留成部分，免收生产经营用房的交易手续费和产权登记费。

——加大对高新技术成果转化项目投入力

度。对企业以税后利润投资高新技术成果转化项目，形成或增加企业资本金；科技人员以高新技术成果转化获得的收益，投资高新技术成果转化项目或高新技术企业，并符合规定条件的，由科技专项资金给予支持。

（四）建立以效益为导向的评价机制

——建立领军人才高级职称评审和高技能人才技术等级评定机制。争取省、市有关部门的支持，争取在经开区率先试点，突破传统的职称评审程序，破除参评传统条件，建立以业绩和能力评价为导向的领军人才高级职称评审机制。建立高技能人才技术等级评定机制，形成高级技师、技师等技术工人技术等级评定体系，吸引、聚集高技能人才。

——建立快速创业辅导及便捷服务机制。建立经开区科技创业导师团队，对持有专利技术并在区内自主创业的个人，提供共性技术、研发平台、人才支持、政策咨询、项目申报、企业孵化、技术评估、投融资的支持与服务，形成专利持有人科技成果转化的便捷通道，帮助其创业发展。

（五）建立以科研院所和研发机构为导向的招商机制

坚持产业招商和研发招商并重，推动招商引资向招商引“智”转变。把引进科研院所和国内外知名企业研发机构纳入招商工作考核体系。进一步加大对入区科研院所和研发机构的奖励力度，在土地、配套、人才、公共服务等方面制定专项政策，吸引更多的研发机构落户、聚集。

五、建设一批科技创新服务平台，发挥对科技成果转化的关键支撑作用

——建设科技成果信息数据平台，为科技成果转化提供信息共享服务。建立经开区科技网、科技专家库、项目库和成果数据库。统筹、共享和利用省、市科技资源，建设西安市科技大市场经开分中心，构建集科技政策推介、成果展示、项目发布、项目鉴定、技术成果交易、科技服务等功能为一体的科技成果信息数据平台。

——建设成果转化服务平台，为科技成果供需双方提供对接服务。建设开发区科技服务大厅，引进知识产权服务、评价等中介机构，构建有形技术要素市场，提供科技成果发布、项目对接、政策落实等专项服务，实现科技要素的对接和转移。深入开展省级知识产权托管试点，利用专利申报、专利交易、技术评估、合同认定、资金补助等服务手段，激发和撬动企业与专利发明持有人的积极性，促进资本要素与科技成果融合。发挥经开区生产力促进中心等国家级公共服务平台的作用，加大对企业的服务力度，促进科技成果转化。

——建设科技条件平台，促进科技资源的开放共享。建设好经开区实验测试公共服务平台，扩大平台内科学仪器、设备的共享机构和数量，促进科研机构和企业共享科技资源，降低科研成本，面向企业开展市场化运营服务，提高科技资源利用率，促进产学研深度合作和研发服务业发展。

六、保障措施

（一）加强组织领导。成立经开区促进科技成果转化工作领导小组，负责组织领导和统筹协调。由党工委、管委会主要领导任组长，有关委领导为副组长，有关部门为成员。领导小组办公室设在经发局，负责统筹科技资源改革和科技成果转化等工作。

（二）制定和落实各项政策。深入研究落实国家和省、市统筹科技资源改革和促进科技成果转化的各项政策，结合开发区实际，研究和出台专项政策。找准政策的切入点和突破口，形成支持统筹科技资源改革、科技创新和科技成果转化的科技、人才、金融“三位一体”政策体系。加大政策宣传推广，提高区内外科研院所、高校和企业对经开区政策的知晓率，确保各项政策落到实处。

（三）营造良好的创新发展环境。积极实

施促进科技成果转化计划，完善产业配套和基础设施配套，延伸产业链条，壮大产业规模。加强金融、担保、信息、物流等服务体系建设，吸引各类生产要素加速聚集和优化配置。提高行政效能，优化管理服务，营造适宜科技创新的良好环境。

苏州工业园区关于印发《苏州工业园区关于进一步推进科技领军人才创业工程的实施意见》的通知

苏园管［2012］12号 2012年3月6日

各局办、各大公司、各派驻机构、各直属单位、各镇、各有关单位：

《苏州工业园区关于进一步推进科技领军人才创业工程的实施意见》已经2012年2月25日工委会讨论通过，现印发给你们，请予以认真贯彻执行。特此通知。

附件：苏州工业园区关于进一步推进科技领军人才创业工程的实施意见

附件

苏州工业园区关于进一步推进科技领军人才创业工程的实施意见

为进一步推动苏州工业园区科技创新与高端人才集聚，优化自主创新和科技创业环境，打造国际领先的科技创新高地、人才高地和产业化高地，结合苏州工业园区的实际情况，特制定本意见。

第一章 总 则

第一条 进一步加大力度推进苏州工业园区科技领军人才创业工程，按照园区三大主导产业和以纳米技术引领的五大新兴产业发展要求，每年评选和引进科技领军人才。

第二条 苏州工业园区科技领军人才创业工程按照各类项目的特点分别给予资金补助、投融资等多项资金资助并提供办公用房、优租房、购买住房补贴等配套优惠。

第三条 苏州工业园区科技领军人才创业工程根据科技创新创业项目所处的不同发展阶段，对入围的领军人才项目分为领军项目、领军成长项目和领军孵化项目三类。

第二章 申请条件

第四条 申请科技领军人才创业工程须符合以下条件：

（一）创业项目团队带头人是某一学科或技术领域内的学术或技术带头人，拥有位于国际前沿、市场开发前景广阔、高技术含量的科研成果；

（二）创业项目在国内外拥有独立有效的知识产权或专有技术，技术水平达到国际先进，产品能够填补国内空白、具有市场潜力并可进行产业化生产；

（三）创业项目能引领园区纳米技术、信息技术、生物医药、新材料、节能环保、新能源、技术先进型服务外包等产业的发展；

第五条 科技领军人才创业工程创业项目还需符合以下条件：

（一）领军项目及领军孵化项目自有注册资金及实物资产（含自筹、风投）首期投入不低于100万元，其中领军人物自有资金出资额不低于注册资本的30%或30万元。

（二）领军成长项目需满足：

1. 自有注册资金及实物资产（含自筹、风投）首期投入不低于500万元；

2. 项目有较好的产业化基础（项目公司已实际运行两年以上）；

3. 产业化成熟度高、成长性好，获得称号一年内主营业务销售收入能够达到1000万元以上，以后每年销售增长率达30%以上或1000万元以上。

（三）对40岁以下的青年创业人才，以上申报条件可适当放宽。

第三章 扶持政策

第六条 领军项目扶持政策：

（一）创业启动资金：一次性资助100万元人民币的领军人才项目创业启动资金；

（二）创业股权投资：根据项目需要，园区国有股权投资基金可对项目给予500万元人民币的风险投资；

（三）创业跟进投资：对已获得经园区认定的股权投资机构或民营资本投资的领军人才项目，根据项目需要，园区创业投资引导基金可以给予不超过投资额30%的创业跟进投资；

（四）项目融资贷款：项目将优先推荐参与园区金融创新产品，获得金融机构的贷款支持；

（五）统贷平台支持：园区科技型中小企业统贷平台为项目提供200万元人民币两年期贷款支持；如不需要园区政府股权投资基金的投资，贷款期限可放宽至三年；

（六）项目贷款贴息：不受资产总额和销售收入的限制，为项目提供三年期按照银行基准利率计算的贷款利息50%的补贴，补贴总额不超过150万元；

（七）项目资助配套：园区科技部门协助企业争取部、省、市各条线项目资助，并给予获得各级资助的项目相应资金配套；

（八）研发用房补贴：根据项目实际需求，提供不超过200平方米的办公启动场所，三年内免收租金；

（九）免租住房补贴：提供项目团队100平方米左右公寓住房一套，三年内免收租金；优先为项目团队内具有本科以上学历的员工提供两年期优惠租房；

（十）购买住房补贴：在园区购买自用住宅的，提供领军人才100万元人民币购房补贴；

（十一）人才薪酬补贴：优先推荐项目团队内符合要求的员工申报薪酬补贴；

（十二）家属子女安置：项目关键岗位人才，其配偶、子女户口可随迁至园区，子女入学可享受园区居民待遇；

（十三）项目土地安置：对有土地需求的项目，优先在园区提供土地。

第七条 领军成长项目扶持政策：

（一）创业股权投资：根据项目的需要，园区国有股权投资基金可对项目分期给予500万元人民币的投资；

（二）创业跟进投资：对已获得经园区认定的股权投资机构或民营资本投资的项目，根据项目需要，园区创业投资引导基金可以给予不超过30%的跟进投资；

（三）项目融资贷款：项目将优先推荐参与园区金融创新产品，获得金融机构的贷款支持；

（四）统贷平台支持：园区科技型中小企业统贷平台为项目提供200万元人民币两年期贷款支持；如不需要园区政府股权投资基金的投资，经批准贷款额度可提高至300万元，贷款期限可放宽至三年；

（五）项目贷款贴息：不受资产总额和销售收入的限制，为项目提供三年期按照银行基准利率计算的贷款利息50%的补贴，补贴总额不超过300万元人民币；

（六）销售收入奖励：项目企业自获得称号起一年内主营业务销售达到1000万元人民币及以上，一次性给予企业100万元人民币资金奖励，获得称号一年内主营业务销售达到3000万元人民币及以上，额外追加100万元人民币资金奖励；企业所得税和产品增值税的地方留成部分，自获得项目称号起三年内给予全额奖励返还；自获得项目称号起三年内按销售收入的2%给予项目团队资金奖励；

（七）总部搬迁奖励：对在园区以外成立两年以上且上一年度销售收入超过3000万元的企业，如将企业搬迁至园区，经认定为总部的，给予一定搬迁奖励；

（八）项目资助配套：园区科技部门协助企业争取部、省、市各条线项目资助，并给予获得各级资助的项目相应资金配套；

（九）研发用房补贴：根据项目实际需要，提供不超过500平方米的办公启动场所，三年内免收租金；

（十）免租住房补贴：提供项目团队100平方米左右公寓住房两套，三年内免收租金；优先为项目团队内具有本科以上学历的员工提供两年期优惠租房；

（十一）购买住房补贴：在园区购买自用住宅的，提供领军人才50万元人民币的购房补贴；

（十二）人才薪酬补贴：优先推荐项目团队内符合要求的员工申报薪酬补贴；

（十三）家属子女安置：项目关键岗位人才，其配偶、子女户口可随迁至园区，子女入学可享受园区居民待遇；

（十四）项目土地安置：对有土地需求的项目，优先在园区提供土地；

第八条 领军孵化项目扶持政策：

（一）创业启动资金：根据项目进展情况分三年给予100万元人民币的项目创业启动资金，第一年50万元，第二年30万元，第三年20万元；

（二）创业股权投资：根据项目的需要，园区国有股权投资基金将结合项目进展分2期给予200万元人民币的风险投资；

（三）创业跟进投资：根据项目的需要，由园区创业投资引导基金按《苏州工业园区创业投资引导基金管理暂行办法》规定的比例并根据创业股权投资进度进行跟进投资，金额最高不超过200万元；

（四）项目融资贷款：项目将优先推荐参与园区金融创新产品，获得金融机构的贷款支持；

（五）统贷平台支持：经统贷平台评审委员会审核，园区科技型中小企业统贷平台优先为符合条件的项目提供100～200万元人民币两年期贷款支持；如不需要园区政府股权投资基金的投资，经批准贷款期限可放宽至三年；

（六）项目贷款贴息：不受资产总额和销售收入的限制，为项目提供三年期按照银行基准利率计算的贷款利息50%的补贴，补贴总额不超过150万元人民币；

（七）项目资助配套：园区科技部门协助企业争取部、省、市各条线项目资助，并给予获得各级资助的项目相应资金配套；

（八）研发用房补贴：根据项目实际需求，提供不超过200平方米的办公启动场所，三年内免收租金；

（九）免租住房补贴：提供项目团队100平方米左右公寓住房一套，两年内免收租金；优先为项目团队内具有本科以上学历的员工提供两年期优惠租房；

（十）购买住房补贴：在园区购买自用住宅的，提供领军人才50万元人民币的购房补贴；

（十一）平台使用补贴：根据项目实际需求，提供两年期总额不超过50万元的平台使用补贴；

（十二）人才薪酬补贴：优先推荐项目团队内符合要求的员工申报薪酬补贴；

（十三）家属子女安置：项目关键岗位人才，其配偶、子女户口可随迁至园区，子女入学可享受园区居民待遇。

第四章　附　　则

第九条　获评的各类领军企业可同时享受园区已出台的其他相关政策，按从高且不重复的原则执行。

第十条　本意见自第六届《科技领军人才创业工程》起执行，试行期限暂定三年。之前已评出的项目按原《苏州工业园区鼓励科技领军人才创业工程实施意见》（苏园管［2007］15号）及《〈苏州工业园区鼓励科技领军人才创业工程实施意见〉的补充意见》（苏园管［2009］57号）执行。本意见由苏州工业园区科技发展局、苏州工业园区组织人事局负责解释。

泉州经济技术开发区管理委员会关于进一步推进企业到场外资本市场挂牌融资工作的若干意见

泉开管［2012］20号　2012年3月22日

区直各部门、单位，各企业：

为抢抓场外资本市场发展新机遇，推进企业挂牌融资，做大做强优势企业，推动开发区经济跨越式发展，根据泉州经济技术开发区管理委员会《关于进一步推进企业改制上市工作的意见》（泉开管［2010］58号）和省、市推进民营企业“二次创业”有关政策精神，结合开发区实际，现就进一步推进企业到场外资本市场挂牌融资工作提出如下意见：

一、强化培育，储备挂牌企业资源

（一）根据开发区产业导向，综合考察企业规模实力、挂牌意愿和发展潜力，筛选建立挂牌后备企业资源库，并以此为基础分年度选择条件相对成熟的重点对象倾斜扶持、强化指导、推进股改、促成挂牌。

（二）挂牌后备企业实行动态管理，定期更新，凡具备以下条件的企业，由企业自愿申报，经开发区创业服务中心审核并报管委会审定后，分别认定为新三板、天津股权交易所（以下简称天交所）、福建省创新创业企业股权融资与交易市场（以下简称福建市场）及其他经认可的区域性柜台交易市场（以下简称柜台市场）挂牌后备企业：

1. 企业生产经营主业符合国家产业政策，成长性好。

2. 企业按《中华人民共和国公司法》登记、设立、运作，现代企业制度框架基本建立，法人治理结构健全。

3. 符合新三板、天交所或福建市场、柜台市场挂牌融资基本要求。

二、加大扶持，推进企业挂牌融资

（一）实施财政资金奖励

1. 对开发区挂牌后备企业经具有资质的中介机构辅导新设股份有限公司并继承原有资产业务或由有限责任公司整体变更改制为股份有限公司的，在办理工商登记的当年给予20万元资金奖励。

2. 对在新三板或天交所挂牌的企业，在挂牌的当年给予50万元一次性奖励。对在福建市场、柜台市场挂牌的企业，在挂牌的当年给予10万元奖励；实现第一笔融资并将80%以上（含）融资额在开发区投资的，按实际到位资金（以办理工商登记为准）的3%给予一次性奖励，最高限额50万元。

（二）实施股改规费优惠。挂牌后备企业改制涉及产权变更过户且实际控制人无发生变化的，可直接变更企业名称，免交除工本费外的其他一切费用。因历史原因未办理产权证并无争议的，依法补齐权证并列入企业资产。改制设立股份有限公司时，针对该企业因土地、房产评估增值而补缴企业所得税所带来的负担，参照其补缴税额本级留成部分50%的额度给予资金奖励，兑现时间为取得挂牌后。企业因盈余公积金和未分配利润转增股本所缴纳的个人所得税或企业所得税，在其税款全部缴纳的当年，开发区财政分成部分全额奖励给纳税人。

（三）实施纳税贡献补助。挂牌后备企业通过券商内核（拟到新三板挂牌的企业）或已在天交所、福建市场、柜台市场挂牌的当年起，以上年度所缴“三税”（主要指增值税、营业税、企业所得税）为基数，每年新增的“三税”（入库数）开发区本级留成部分全额、逐年度给予奖励，最长3年。

（四）挂牌后备企业改制挂牌涉及的本级权限内收费项目一律按最低标准收取。

三、优化环境，提高资本运营效益

（一）实施信贷倾斜支持。支持银行机构创新金融服务，对挂牌及后备企业积极开展股权质押贷款等业务。

（二）实施项目落地支持。挂牌企业募集的资金投资开发区的项目，优先立项，有土地存量的情况下优先供地，优先支持争取各级专项补助扶持资金。

四、提升效能，形成行政服务合力

（一）建立“一企一议”制度。管委会指定由创业服务中心负责为企业挂牌融资提供专业化、个性化、全方位服务。企业启动挂牌融资工作应向创业服务中心备案，遇到困难问题可提出书面申请，开发区主要领导或委托分管领导不定期召开专题会议，采取“一企一议”办法为企业解决挂牌过程中遇到的具体困难。

（二）建立行政服务工作机制。对挂牌企业办理有关手续由创业服务中心出具“挂牌后备企业证明文件”，行政服务中心建立“绿色通道”特事特办并做好跟踪协调。需上报上级相关部门办理的，行政服务中心和各有关部门应协助企业到相关部门办理。开发区监察部门对各部门协助挂牌后备企业办理手续的绩效进行考核。

（三）建立中介服务备案制度。实行中介服务机构备案制度，企业与有关中介机构确定服务关系后必须到创业服务中心备案并按要求报送相关资料。鼓励实力强、信誉好的中介机构落户开发区，服务企业挂牌。严肃查处挂牌相关中介行业的作假、欺诈行为，净化中介服务市场。

五、其他事项

（一）本《意见》相关扶持政策的兑现，

需由企业提出书面申请，经创业服务中心初审，经科经局、财政局审核确认后，报管委会审批后兑现。

（二）本《意见》规定的财政补助项目若与之前开发区出台的扶持政策性质相似的，则扶持标准就高不就低，但同一企业在挂牌当年享受的财政奖励总额以企业在挂牌前一年及当年纳税总额本级分成部分（合计）为限。

（三）本《意见》有效期内，如果上级新增出台企业挂牌鼓励扶持政策，且政策扶持条款多于或奖励标准高于本政策的，则直接贯彻执行。

（四）本《意见》由管委会负责解释，自颁布之日起实施，试行三年。

天津经济技术开发区关于印发《天津经济技术开发区引进科技创新创业领军人才管理暂行办法》的通知

津开发［2012］25号　2012年4月10日

管委会（党组）各部门、各单位、各直属企业、泰达控股公司办公室，各驻区单位：

为加快实施“人才强区”战略，打造泰达人才发展高地，加快推进我区科技创业领军人才引进，促进开发区自主创新和产业升级，根据《天津经济技术开发区关于全面构建人才高地的实施意见》文件精神，特制定《天津经济技术开发区引进科技创新创业领军人才管理暂行办法》。现予印发，请遵照执行。

特此通知。

附件：天津经济技术开发区引进科技创新创业领军人才管理暂行办法

附件

天津经济技术开发区引进科技创新创业领军人才管理暂行办法

第一章　总　　则

第一条　为贯彻落实《天津经济技术开发区关于全面构建人才高地的实施意见》，加快推进天津经济技术区（以下简称开发区）科技创业领军人才（以下简称领军人才）引进计划，促进开发区自主创新和产业升级，建设创新型开发区，特制定本办法。

第二条　领军人才引进工作，应坚持突出重点、项目带动、科学评价、注重实效的原则，以新引进的产业化项目为载体，搭建吸引优秀人才创新创业的平台。

第三条　开发区人才工作领导小组负责引进领军人才的组织协调工作。开发区人才工作领导小组办公室负责引进领军人才申报材料的受理及组织评审论证工作。开发区人才工作领导小组办公室设在开发区人力资源和社会保障局（以下简称开发区人社局）。

第四条 设立“天津经济技术开发区科技创新创业领军人才专家评审委员会”（以下简称“专家评审委员会”），专家评审委员会组成人员由开发区人社局、科技局、科技集团及相关职能部门负责提名后报开发区管委会批准。专家评审委员会按不同专业领域负责确定引进领军人才标准，对引进项目和人选进行评审。开展评审工作所需专家评委不少于5人，并遵守利害关系回避原则。

第二章 引进对象和条件

第五条 领军人才应当是拥有自主研发的核心技术或专利，并具有自主研发和实现产业化的能力，能够引领和带动某一专业技术领域科技发展，具有学科优势和行业领先地位，带项目、带技术、带资金到开发区创办、领办企业，实施科技成果产业化的科技团队带头人。

（一）基本条件：

1. 遵纪守法，具有良好的职业道德、突出的专业贡献、较大的发展潜力和显著的引领作用；

2. 所带项目知识产权属于领办、创办的在开发区注册的经营企业所有；

3. 曾在国内外著名高校、企业、研发机构担任高级职务5年以上，具有主持研发成果成功实施转化的经历，且直接从事本专业领域科技研发及产业化工作；

4. 在业内具有良好信誉，无知识产权争议或经济纠纷。

（二）领军人才携带的项目应具备以下条件：

1. 知识产权清晰，市场潜力巨大，技术前景广阔，项目达到国内领先、国际先进水平，能够引领和带动开发区重点产业和战略性新兴产业的启动和发展；

2. 拥有项目研发、成果转化所需的部分资金（不少于100万元），并拥有一支技术研发、生产管理、市场开发等方面人才组成的创新创业人才团队。

第三章 申报、评审与认定

第六条 领军人才申报工作采取人才自荐与企业、专家、社会团体推荐相结合的方式。申报材料受理部门为开发区人社局。

第七条 申报单位应当对引进项目进行评估和论证，对人选情况进行审查与核实，确保申报材料真实可靠。

第八条 申报领军人才，应提交以下材料：

（一）开发区科技创业领军人才申报表，说明项目内容、人选及专业技术能力情况、同行权威专家或社会团体对其以往专业业绩的评价等；

（二）引进领军人才项目可行性分析报告；

（三）权威机构或部门对申报项目的评价资料；

（四）其他需要申报的文件。

第九条 评审工作采取随时受理、集中评审的方式，区人才工作领导小组办公室根据受理情况，及时组织开展评审工作。

第十条 评审工作分两个阶段进行：

（一）预审。由开发区人才工作领导小组办公室按相关标准对申报材料进行预审。预审未达到有关标准的，不进入下一评审阶段。

（二）评审。预审通过的，在听取参评人选答辩的基础上，专家评审组对申报材料进行综合评价后提名领军人才人选，并报开发区人才工作领导小组审定。

第十一条 经开发区人才工作领导小组审定通过的领军人才人选通过开发区政务网公示，公示期10天。

第十二条 经公示无异议后，由开发区管委会统一对领军人才进行认定，并颁发“天津经济技术开发区科技创新创业领军人才证书”。

第四章　资助及扶持政策

第十三条　开发区对领军人才按照项目分类给予资金扶持。

（一）Ⅰ类扶持

经专家评审委员会评审确定为Ⅰ类的领军人才项目，给予最高不超过500万元的项目启动资金资助。企业注册后，首次给予100万元资助，后续资金视项目计划进度的完成情况以及合同的履行情况，自首笔资助款项拨付之日起4年内分期等额拨付。向领军人才提供开发区高级人才公寓，2年内免交房租或给予每人每月4000元的租房补贴，补贴限期不超过5年。

（二）Ⅱ类扶持

经专家评审委员会评审确定为Ⅱ类的领军人才项目，给予最高不超过100万元的项目启动资金资助。企业注册后，首次给予40万元资助，后续资金视项目计划进度的完成情况以及合同的履行情况，自首笔资助款项拨付之日起4年内分期等额拨付。公寓及租房补贴与上述Ⅰ类标准相同。

第十四条　经认定的开发区领军人才，由开发区管委会主管部门、引进领军人才企业及领军人才本人三方签订开发区引进科技创业领军人才专项资金执行合同。

第十五条　开发区领军人才各项扶持政策资金从泰达人才发展专项资金中列支。

第五章　管理与考核

第十六条　根据合同约定的考核指标，对领军人才在5年内定期考核。考核结果作为拨付资助经费的依据。

第十七条　接受专项资助的领军人才严重违反合同约定的，可依据合同条款撤销或终止合同。

第十八条　领军人才所在企业应自签订合同后，每年向区人才工作领导小组办公室提交经营及资金使用情况报告。

第六章　政策衔接

第十九条　开发区领军人才优先申报享受《天津市引进创新创业领军人才暂行办法》、《京津冀生物医药产业化示范区优惠政策》及滨海新区的相关扶持和鼓励政策。其总额与本政策相比不足部分按本政策补充执行。本政策与上述政策不可兼得。

第七章　附　　则

第二十条　本办法由开发区管委会负责解释。

第二十一条　本办法自发布之日起施行，原有《天津经济技术开发区引进领军人才暂行办法》（津开发［2009］61号）同时废止。

苏州工业园区新兴产业融资风险补偿专项资金管理暂行办法

苏园管［2012］25号 2012年6月4日

园区各局办、各有关单位、各镇：

《苏州工业园新兴产业融资风险补偿专项资金管理暂行办法》已经工委会议审议通过，现予以印发，请遵照执行。特此通知。

附件：苏州工业园区新兴产业融资风险补偿专项资金管理暂行办法

附件

苏州工业园区新兴产业融资风险补偿专项资金管理暂行办法

第一章 总 则

第一条 为进一步贯彻《关于进一步完善苏州工业园区科技金融体系的若干意见》（苏园管［2010］47号）等文件精神，充分发挥财政资金的引导作用和杠杆效应，促进苏州工业园区（以下简称园区）经济的转型升级，鼓励金融机构加大对园区新兴产业发展的支持力度，园区设立新兴产业融资风险补偿专项资金（以下简称风险补偿资金）。为确保风险补偿资金的高效、规范运作，特制定本办法。

第二条 风险补偿资金由园区金融产业发展专项资金和科技发展资金预算列支，总额为1亿元，首期4000万元。

第三条 本办法所称的中小企业是指注册在园区，具有独立法人资格，上年度净资产总额不超过5000万元且销售收入不超过2亿元，符合园区新兴产业发展规划，具有自主研发能力的创新型企业和现代服务业企业。

第二章 适用范围

第四条 风险补偿资金主要是对科技支行等合作金融机构为中小企业开展信贷等相关金融服务提供风险补偿的专项资金，主要用于：

1. 科技支行、科技小贷等科技金融专营机构发放科技贷款产生的损失补偿；

2. 园区科技型中小企业统贷平台计提的坏账准备金；

3. 保险公司开展贷款保证保险业务的损失补偿；

4. 其他创新型金融产品的风险补偿。

第三章 资金管理

第五条 园区财政局（金融办）为风险补偿资金的主管部门。风险补偿资金委托园区中小企业服务中心进行管理和运作，设立资金专户，实行专款专用。相关利息收入纳入风险补偿资金统一管理。

第六条 设置风险补偿资金运作叫停机制。风险补偿总额以风险补偿资金年度余额为限，当创新型金融产品实际发生的风险补偿额超过风险补偿资金年度余额的20%时，相关金融机构应中止该项业务，采取风险控制措施后，报园区财政局（金融办）、园区科技发展局等同意，再行恢复。

第七条 每年初，园区财政局（金融办）、园区科技发展局根据上年风险补偿资金的使用情况，按规定通过原渠道补足或增加风险补偿资金。

第四章 运作方式

第八条 园区中小企业服务中心建立中小企业库，定期补充更新，报园区科技发展局等备案。

第九条 经合作金融机构审核通过的中小企业，需参加园区中小企业征信评级，并向合作金融机构提供征信报告。合作金融机构应建立贷款绿色通道，给予优惠的贷款利率（另有协议约定除外）。

第十条 风险补偿资金贷款损失由风险补偿资金、合作金融机构共同承担。合作金融机构发放的风险补偿资金贷款原则上每户不超过1000万元，贷款期限累计不超过2年。

第十一条 每年末，合作金融机构报送科技贷款、贷款保证保险、其他创新型金融产品等贷款实际损失材料，由园区中小企业服务中心集中受理并审核，报园区财政局（金融办）、园区科技发展局同意后，按《关于进一步完善苏州工业园区科技金融体系的若干意见》（苏园管［2010］47号）的相关规定，从风险补偿资金中列支。

贷款实际损失＝经批准的贷款本金＋合同期贷款利息－担保变现资产（包括但不限于抵押、质押物）－归还贷款本息－已追偿的贷款本息

第五章 监督管理

第十二条 合作金融机构应加强对风险补偿资金贷款的监管，承担不良贷款的追偿责任，减少风险补偿资金损失，对事后收回的不良贷款，将补充下一年度的风险补偿资金。

第十三条 园区财政局（金融办）对合作金融机构进行年度评价，以进一步提高风险补偿资金的使用效率。评价结果作为选择合作金融机构的重要依据。

第十四条 园区中小企业服务中心应按照财政资金管理的相关规定，向园区财政局（金融办）、园区科技发展局报送风险补偿资金的运作情况，并提交风险补偿资金年度审计报告。园区财政局（金融办）应对风险补偿资金进行绩效评价。

第十五条 对发生代偿的企业3年内不能申报各级、各类政府财政经费资助项目，恶意到期不还款或违纪的企业，取消申报各级、各类政府财政经费资助项目的资格。园区及合作金融机构应根据有关规定，记录企业、企业法定代表人和主要管理者的不良信用。

第十六条 合作金融机构若有违反财经纪律、弄虚作假等情况，依据有关规定处理。

第六章 附　　则

第十七条 本办法自发布之日起执行。其中涉及园区科技型中小企业统贷平台、贷款保证保险等方面的具体操作，参照相关政策执行。如有本意见之外的其他同类优惠政策的，按从高不重复享受的原则适用。

第十八条 本办法由园区财政局（金融办）、园区科技发展局负责解释。

烟台经济技术开发区关于促进小型微型企业健康发展的意见

烟开［2012］36号 2012年7月16日

各街道办事处，直属各部门、企事业单位，中央、省、市属驻区各单位：

小型微型企业是国民经济的重要组成部分，在推动经济增长、开展科技创新、扩大城乡就业、促进社会和谐稳定等方面发挥着不可替代的作用，支持小型微型企业又好又快发展不仅是经济问题，而且是政治问题和民生问题，具有全局性和战略性的重要意义。当前，受国际国内经济大环境的影响，特别是在劳动用工成本提高、原材料价格上涨、人民币持续升值、税费负担偏重、融资成本加大等多种因素的共同作用下，部分小型微型企业经营发展比较困难。为促进小型微型企业做专、做精、做强，推动全区转方式、调结构战略的实施，根据国家、省市统一部署要求，结合我区实际，提出以下意见。

一、落实好对小型微型企业财税扶持政策

1. “十二五”期间，区财政设立“中小企业发展专项资金”，每年支出不低于上一年度地方财政收入的0.3%，重点支持成长型小企业规模化发展，促进转型升级，改善企业发展环境等。

2. 落实我区现有科技创新、科技发展、技术改造、服务业发展、外经贸发展等专项资金，对符合条件的小型微型企业给予大力支持。

3. 继续执行降低企业职工基本养老保险单位缴费比例政策，单位缴费比例统一降至18%。产品质量及设备检验检测等收费有上下限的，全部按下限执行，对新办、困难企业实行相应的减、免、缓帮扶政策。

4. 将小型微利企业所得税减免税政策延长至2015年底，并扩大实施范围。对符合查账征收条件的小型微利企业纳税人，在企业所得税征收方式鉴定时准予其按照查账征收方式计算缴纳企业所得税；对确实不具备查账征收条件的小型微利企业纳税人，对其实行核定征收。建立个体工商户定期调整定额制度，确保营业税起征点优惠政策落实到位。

5. 按照最高上限调整增值税起征点，销售货物和提供应税劳务的，为月销售额20000元；按次纳税的，为每次（日）销售额500元。

6. 确保小型微型外贸企业出口退税指标，督促小型微型出口企业及时收集单证，加快出口退税进度。

二、努力缓解小型微型企业融资困难

7. 强化小企业金融服务。各银行机构要对小型微型企业实行差别化信贷政策，单列信贷规模，设立科学、合理的贷款不良率控制比率。加大对符合国家产业和环保政策且能吸纳就业的科技、服务及加工业等小型微型企业的信贷投放，加大对单户授信额度500万元（含）以下小型微型企业的信贷支持，并允许对该贷款视同零售贷款计算风险权重。要创新抵押产品，完善动产抵押、知识产权抵押等操

作办法，扩大抵押贷款渠道。

8. 清理纠正金融服务不合理收费。除银团贷款外，禁止商业银行对小型微型企业贷款收取承诺费、资金管理费，严格限制商业银行向小型微型企业收取财务顾问费、咨询费等费用，切实降低企业融资成本。2011 年 11 月 1 日至 2014 年 10 月 31 日，对金融机构与小型微型企业签订的借款合同免征印花税。

9. 建立中小企业增信贷款保证金制度。区财政每年安排一定额度的专项资金，按照银行业金融机构向中小企业投放贷款的 10% 给予铺底资金，具体按照烟开财［2012］28 号规定执行。

10. 建立中小企业贷款损失补偿机制。对银行业金融机构、小额贷款公司，按照规定范围投放贷款实际损失的 20% 予以补偿，单户不超过 150 万元，具体按照烟开财［2012］28 号规定执行。

11. 建立中小企业贷款担保代偿损失补偿机制，对担保机构按照规定范围提供贷款担保发生代偿的实际损失的 25% 予以补偿，单户不超过 50 万元，具体按照烟开财［2012］28 号规定执行。

12. 建立担保业务补助机制，对担保机构向小型微型企业提供贷款担保的，对担保费率低于 50% 的部分，按照单户企业本年担保额分段给予补助：500 万元（含）以下给予全额补助，500 万元以上给予 50% 补助，单户担保机构每年补助不超过 50 万元，具体按照烟开财［2012］28 号规定执行。

13. 充分发挥企业信贷周转资金作用，设立信贷周转金 1000 万元以上，为中小企业按时还贷续贷提供接力资金支持。

14. 加快中小企业信用体系建设，推进企业信用信息征集和信用等级评价工作，提高小型微型企业信用水平。

15. 支持优势小型微型企业通过资本市场开展直接融资，鼓励企业积极利用区内创业投资相关政策引入战略投资，助推企业上市进程；设立“扶持企业上市专项资金”，对境内、境外上市分别给予 300 万元和 500 万元的奖励资金。

三、支持小型微型企业创业创新

16. 实施小微企业培育计划，鼓励民间资本投资发展创新型、创业型、劳动密集型小微企业。每年在全区筛选一定数量的新创办小微企业，且未享受市级财政一次性创业补助的企业，区级按实收资本的一定比例给予不超过 2 万元的一次性创业补助，所需资金从区中小企业发展专项资金中安排。

17. 实施小企业成长计划，每年在全区筛选一定数量成长性好的小企业，且未享受市级财政一次性奖励的企业，区级按规定给予一次性奖励。

18. 支持小型微型企业提高自主创新能力，对市级中小企业“一企一技术”研发中心给予 1 万元一次性奖励，对省级及以上的中小企业“一企一技术”研发中心给予 2 万元一次性奖励，所需资金从区中小企业发展专项资金中安排。

19. 支持小型微型企业技术创新，优先支持一批科技型小型微型企业种子项目列入区科技发展计划，组织符合条件的小型微型企业申报各级科技型中小企业创新基金、科技发展计划。

四、支持小型微型企业开拓国外市场

20. 支持小企业利用展会、电子商务开拓市场。对小型微型出口企业参加中国国际电子商务网、在线广交会及烟台市网上交易会发生的费用给予 50% 补贴；企业参加省、市及管委统一组织的境外经贸活动摊位费给予 50% 补贴，若上级政策标准高于区级按上级标准执行。企业参加管委统一组织的国内经贸活动的摊位费，超过 2000 元以上的给予 1000 元的补贴。

21. 小型微型出口企业当年获得质量管理

体系、环境管理体系国际认证的认证费和各类产品国际认证的检验监测费给予30%补贴，单个项目最高补贴金额不超过5万元。

22. 加大出口信用保险推广力度，降低企业投保费率。企业参加短期出口信用保险实际支付的保险费，给予40%的补贴，单户企业一年最高补贴金额，市、区合计不超过15万元。

23. 鼓励小型微型出口企业实施品牌建设。鼓励企业申报“中国出口名牌”和“省出口名牌”，对新获得“中国出口名牌”和“省出口名牌”的企业，区级财政按照规定给予40%的配套奖励资金。

五、加强小型微型企业服务和管理

24. 大力培育中小企业服务机构、服务队伍，推动小企业创业辅导基地、中小企业公共技术服务平台建设。对取得上级服务业务补助的中小企业公共服务机构，按照市级规定的标准再给予50%的补助。

25. 进一步畅通高校毕业生到中小企业就业渠道。对吸纳登记失业高校毕业生的企业，在3年内根据实际招用人数，按照每人每年4800元的标准依次扣减营业税、城市维护建设税、教育费附加和企业所得税。对招收符合条件的高校毕业生并与其签订劳动合同、缴纳社会保险费的小型微型企业，按规定给予职业培训补贴和社会保险补贴。

26. 对劳动密集型小型微型企业当年新招收登记失业高校毕业生达到企业在职职工总数30%以上并与其签订1年以上劳动合同的，经办金融机构可根据实际吸纳人数，确定合理贷款额度，期限不超过2年，最高不超过200万元；对符合小额担保贷款规定条件的，同级财政按规定给予相应贷款贴息。

27. 进一步清理企业收费项目，认真落实《财政部　国家发展改革委关于免征小型微型企业部分行政事业性收费的通知》（财综［2011］104号）和《山东省财政厅山东省物价局转发〈财政部　国家发展改革委关于公布取消253项涉企行政事业性收费的通知〉的通知》（鲁财综［2012］8号）精神，加强涉企收费的审核、公示、登记、收缴、使用管理及检查等工作，依法查处乱收费行为和各种强制性中介收费、垄断经营性收费等违规行为。

28. 如小型微型企业已享受区内相关政策，以上政策不重复享受。遇国家政策调整，按国家政策规定办理。

29. 本意见自2012年7月1日起施行，有效期至2015年12月31日。

专题研究篇

支持企业转型升级 再造产业竞争优势

国务院发展研究中心技术经济研究部部长 吕薇

“十二五”期间是我国转变发展方式的关键时期，工业企业的转型升级是我国转变发展方式的关键环节。目前，我国已成为世界制造大国，但大而不强。大部分产业的规模和产量居世界前列，而工业产值增加值率长期徘徊不前，世界名牌产品和知名企业的数量屈指可数。一些行业产能过剩，粗放的增长方式导致环境、资源压力不断加大。随着国内生产要素成本不断上升，传统产业特别是一些劳动密集型的低端制造企业迫切需要转型升级，提高要素利用效率，增强竞争力。

一、企业转型升级进入新阶段

企业转型升级通常有三种基本模式。一是技术创新促进产品和服务档次升级，从中低档产品转向中高档产品，提高企业和行业的增加值率。二是提升产业价值链，从加工制造为主向研究开发、设计、商业模式创新、培育品牌、物流、产品安全和质量检测与售后服务等上下游延伸，发展生产型服务业促进价值链升级。三是发展新兴产业，优化产业结构。一方面，要靠培育创新创业的小企业，另一方面，要靠传统产业改造升级。但战略性新兴产业不能孤立发展，需要传统产业提供配套，因此，许多新兴产业是在传统产业的基础上利用新技术发展起来的。

（一）技术改造是企业转型升级的重要途径之一

新形势下，技术改造在传统产业创新、转型升级和结构调整中，发挥着日益重要的作用。目前，我国企业技术改造迈上新台阶，呈现出功能多样化的趋势。技术改造已不再是简单的设备更新，而是要与技术创新、节能减排降耗和转型升级更紧密地结合。一是与创新和发展新兴技术产业相结合。如企业利用技术改造建立研发中心，开展产业化示范项目实现科研成果产业化，发展新兴产业。二是与节能减排降耗相结合。如高耗能行业投资节能、节水、环保、清洁生产和安全生产项目，淘汰落后产能。三是用高新技术改造传统产业，实现产业升级。如企业通过技术改造提升产品档次、发展战略性新兴产业和多元化经营等。四是与优化产业组织相结合。如一些有实力的企业以资产、技术和品牌为纽带，跨地区跨行业兼并重组，或实行加工外包，整合产业链。五是与优化区域产业布局相结合，支持产业集群发展。如一些地方鼓励企业“退城进园”集聚发展，异地迁移改造。六是从支持单个企业的改造项目发展到支持共性技术平台建设，为广大中小企业提供技术服务。

近年来，一些典型行业的技术改造案例表明，尽管各行业的技术改造动力和模式不同，但都对传统产业转型升级，提高劳动生产率、资源利用效率和市场竞争力发挥了重要作用。如服装鞋帽行业企业为应对要素成本全面上升导致的行业利润下降，通过设备更新和价值链升级，提高要素利用效率；建材行业应用节能减排技术，实现节能减排的标准；显示器行业通过引进技术消化吸收和自主研发产业化，适应技术快速变化等。

（二）各级政府支持企业转型升级，取得明显效果

在全球金融危机中，中央财政设立专项资金支持企业技术改造，实行细化目录指导，减少项目审批，充分发挥地方政府的积极性，增强其责任感。一些地方政府还将国家产业政策与地方实际情况相结合，编制技术改造和结构调整规划，建立配套专项资金，积极支持和引导企业改造升级。主要的经验和做法是，根据国家产业政策确定优先顺序，优先支持国家鼓励类的技术改造项目投资；支持有限制类项目的企业进行梯度转移和改造升级；对淘汰，关闭和转产的企业给予资产损失、人员安置方面的补偿；简化审批程序，对技改项目实行备案制，重点支持设备投资，实行事后补助；加强服务，提供要素保障，帮助企业解决技改中遇到的困难；土地、电力等生产要素优先保障重点技术改造项目等。

（三）企业转型升级面临诸多瓶颈问题

一是企业动力不足，投资渠道不畅。由于大部分行业的利润率较低，企业没有改造投入能力。同时，国内资本市场不发达，企业投融资渠道单一，技术改造主要依靠银行贷款，民营企业特别是中小企业贷款困难。

二是政策力度不够，缺少激励技术改造的长效机制。目前，与技术改造相关的主要政策中：贷款贴息补助比例偏低，进口符合条件的技术改造设备可以减免进口关税，但制造高新技术装备需要的零部件进口不免税，导致国产设备与进口设备不平等竞争。

三是要素瓶颈制约技术改造，人才短缺。技术工人供应严重不足，加之职工流动性大，企业用人培训成本持续提高。国内技术供应不足，大部分技改依靠进口设备。土地限额使一些好的技改项目难以落地。特别是在沿海地区，土地供应制约较大。

四是技术改造管理和资助方式有待改进。一方面技术改造的支持力度不大，另一方面由于资金分散使用，难以形成合力。与技术改造有关的资金分散在各个部门管理，相互协调不够，既有重复支持，又有空缺。在管理上，重项目申报和审批，轻后期管理和评估的现象也普遍存在。

二、政策和制度环境建设两手抓，促进企业转型升级

（一）突破计划经济体制下技术改造的概念和模式，转变技术改造方式

从以设备更新投资为主转向推动产业转型升级和结构调整；从支持单个技术改造项目为主转向产业链的配套改造升级，从资助个别企业技术改造为主转向支持公共创新服务平台建设；从投资政策为主转向体制机制创新与产业政策结合。即，要从培育国家整体竞争优势的角度出发，统筹规划技术改造工作，推进技术改造与技术创新、企业转型升级、产业结构调整和区域产业布局优化相结合。

传统产业技术改造要坚持以企业为主体、市场为导向、政府引导和支持相结合，有效发挥市场机制配置资源的作用，增强企业技术进步和创新的内在动力。技术改造政策不仅是企业固定资产投资政策，也是探索推动技术改造的长效机制，因此，要建立既符合国际惯例又有利于持续推进企业技术改造的配套政策体系。

（二）实行普遍性政策与重点支持相结合，完善企业改造升级的政策体系

1. 充分利用已有的普遍性政策，增强企业技术改造投入能力

重点落实 R&D 支出计扣除税收政策，鼓励企业增加 R&D 支出；切实落实消费型增值税，在对技术改造设备投资的增值税实行进项税抵扣的同时，对技术改造采购软件也实行增值税进项税抵扣；实施加速折旧政策，缩短固定资产最低折旧年限，提高综合折旧水平，特别是对强制性替代的安全、环保设备，以及需要加快技术改造的行业，进一步缩短折旧年限。对国内不能制造的先进设备、国内重大技术装备制造需要的关键零部件和新材料进口，

减免进口环节税。

2. 加强鼓励技术改造的需求政策

进一步细化政府采购政策，借鉴国际经验，提高采购本国和中小企业产品与服务的比例；对重大示范工程、采购列入首台套（批次）目录的设备和新能源及节能减排设备等，应给予直接补助。通过法律、技术标准、安全标准、市场准入等措施促进新技术，特别是节能减排技术的利用和推广。

3. 政府重点支持社会效益较大的技术改造

技术改造是以市场为导向的企业行为，政府重点对社会效益较大和外部性较强的领域给予适当资助。一是重点支持企业的技术研发和重大示范项目，特别是支持产学研相结合的共性技术研发。二是健全重大技术应用推广机制，特别是支持应用节能减排技术，资助强制性淘汰设备和改造项目。三是重点支持战略领域和公共品领域的技术改造，提高整体竞争力，如新能源、医药行业，以及技术被外国封锁和垄断的领域等。四是支持先进装备制造。随着企业改造升级步伐加快，我国将迎来新一轮设备更新的高潮，应围绕企业改造升级的需要，抓紧研制先进技术装备。五是加强行业和区域性公共服务平台建设，提高政府财政资金的共享效益。

4. 支持中小企业技术改造，扩大就业，促进公平竞争

中小企业是增加就业的主力军和创新的生力军，但中小企业发展面临融资难、技术力量薄弱等问题。因此，要进一步发展多层次的中小企业金融，包括风险投资、融资担保、设备融资租赁等；建立中小企业技术创新服务体系，减轻中小企业税费负担等。对中小企业集中的行业，支持优势和品牌企业通过兼并、加工外包，提高产业群的整体竞争力，对兼并重组和发展国内加工外包的改造项目，在过渡期内给予所得税减免。

5. 促进生产要素向企业技术改造倾斜

土地供应优先向资源和能源效率高、就业带动大的技改项目倾斜；鼓励产业区域转移和淘汰落后产能。对由于环境原因进行异地改造的项目，以及东部向中西部转移的企业，要给予一定支持。实行结构性减税，减轻企业负担，提高企业自身发展能力和技术改造投入的积累能力。

（三）发挥市场配置资源的作用，为企业转型升级营造良好的制度环境，提高企业技术改造的内在动力

1. 建立公平竞争的市场环境。打破行政性垄断，规制自然垄断，促进各种所有制企业公平获得资源。改造升级政策应只对投资方向实行差别政策，对各种所有制企业要一视同仁。

2. 加快资源价格体系改革，形成市场倒逼机制。在要素价格上升的变化中，政府不应干预和扭曲价格信号，应保持价格信号反映市场供需关系和资源稀缺性。

3. 加强知识产权保护，维护创新企业的权益。根据企业创新和产业竞争的需要，进一步完善知识产权制度，加大保护力度，提升知识产权价值，降低维权成本，提高侵权成本。

4. 完善标准体系，严格执行节能减排、环境、质量和安全标准。打破地方保护，加强各类标准的实施监管，建立问责制，缩小地区间执行标准的差距。落实节能减排的鼓励和惩罚措施，利用经济手段，提高节能减排企业的经济效益。

5. 发挥各类金融工具的作用，扩大企业技术改造的融资渠道。引导商业金融机构加大对新技术改造项目的支持，鼓励银行为企业提供购买技术装备的买方信贷和卖方信贷，引导投资基金和风险投资参与改造升级项目；支持为企业技术改造发行债券，鼓励发展融资租赁业务等。

6. 加强技能型人才的培养。随着企业转型升级步伐的加快，其对技能型人才和高素质劳动者的需求大幅增加。因此，要根据产业转型升级的需要，调整教育结构，大力发展职业教

育和应用型大学，为社会提供高素质技能人才。

（四）改进政府对技术改造的管理

发挥政府资金四两拨千斤的作用，提高公共资源的社会效益。一是围绕国家战略重点，明确目标，实行定向招标。如美国能源部提出要降低太阳能光伏发电的价格，并以此为目标组织产学研合作，资助研发和产业化示范项目。二是从前置审批转为事后奖励。为防止企业盲目争项目，提高投资效率，对符合国家产业政策的技术改造实行事后奖励，凡是符合环境和安全生产等强制性标准的企业固定资产投资、凡是符合国家技术改造标准的投资，可以给予所得税抵免和贷款贴息等奖励。三是将项目审批变为标准和目录引导。为便于操作，国家应制定明确的鼓励方向和设备目录，如工信部编制的振兴重点行业的设备目录。四是发挥中央和地方政府两个积极性。中央财政专项资金重点支持具有战略性、全局性的技术改造项目；地方政府重点支持对地区具有带动作用的技术改造项目和中小企业技术改造。中央政府对地方政府支持企业改造实行补助。五是定期开展绩效考核和政策评估，提高政府资金的利用效率。

同时，充分发挥行业协会在企业技术改造信息收集、调查研究、编制行业规划、项目咨询论证等方面的作用，围绕传统产业转型升级的目标，加强对企业技术改造的统筹规划和引导。

制造业转型升级的对策建议

国务院国资委研究中心研究员　胡迟

一、制造业转型升级取得成效

“十二五”时期以来，我国制造业转型升级取得新成效。一方面，传统产业涌现出大量迈向高价值制造活动的投资；另一方面，先进科技产业也获得了更多支持。从全国看，转型升级的最新进展体现在三个方面：

（一）信息化改造提升了传统产业

依托信息化的支撑作用，我国制造业的发展水平已经明显提高。近年来，国内组织实施了技术改造专项和试点示范工程，建设了一批两化融合区域公共服务平台，逐步完善中小企业信息化服务体系。据工信部有关资料，主要行业大中型企业的数字化设计工具普及率已超过60%，重点行业关键工序数（自）控化率超过50%。钢铁、石化等行业涌现出一批综合集成应用水平世界领先的大企业。超过300家中小企业信息化辅导站已覆盖全国所有地级市，“一站式”信息化服务新模式初步形成，中小企业技术创新能力和企业管理水平显著提升。

（二）高新技术产业、战略性新兴产业发展迅速

最新统计数据显示，2011年以来，我国高新技术产业、战略性新兴产业的发展势头良好。2011年，六大高耗能行业的工业增加值同比增长12.3%，低于全部规模以上工业1.6个百分点。与此相反，高新技术产业增加值同比增长16.5%，高于规模以上工业增加值总额2.6个百分点。这反映出工业经济正在朝着有利于结构调整的方向积极转型。进入2012年之后，强劲势头延续，上半年，在GDP同

比增长7.8%的背景下，全国新兴产业增速达14%，领跑整个工业，对经济增长的拉动作用日趋明显。

（三）现代生产性服务业实现大发展

当今制造业的发展趋势是向服务业延伸，依靠信息化的支撑，聚焦电子商务、现代物流、工业设计、信息服务等领域，推动现代生产性服务业实现快速发展。目前，一批交易额超过2000亿元的行业电子商务交易平台已建成；主要沿海港口城市基本实现电子口岸无纸化大通关。同时，工业设计、信息服务等生产性服务业为产业结构调整注入新的活力。2011年，信息技术咨询服务、数据处理和运营服务分别实现收入1864亿元、2028亿元，同比分别增长42.7%、42.2%。

二、制造业转型升级对策

中国已是全球最大的商品生产国，但总体而言，我国制造业增长仍未完全摆脱传统的粗放型发展模式，转型升级的步伐仍显缓慢。因此，在推动制造业持续转型升级、培育“第三次工业革命”的环境下，源自科技创新和人力资本的新竞争优势，是中国从“制造大国”转变为“制造强国”的必由之路。

（一）提升整合全球资源的能力

伴随着经济全球化和现代技术革命的发展，制造业的全球化趋势不断加强。当前，制造业整合全球资源的能力与自主创新能力同样重要。因此，我国制造业必须以全球化为发展方向，不断提升整合全球资源和运作的能力。

1. 供应链全球化

国际分工的进一步深化和国际贸易使供应链全球化发展成为必然。中国企业只有实现供应链的全球化才能在国际竞争中立于不败之地。目前，华为、海尔等企业已经在这方面取得相当成果。此外，中国企业也应加大对供应链全球化的风险管理。

2. 生产全球化

生产全球化即把生产建在生产成本及劳动力成本最低的地方，以世界为工厂、以各国为车间进行生产，形成世界范围内的生产网络化体系，向全世界提供商品。例如，改革开放以来，美国、日本、欧洲的跨国公司相继在中国建厂，向全世界市场出口提供商品。

3. 研发全球化

近年来，跨国公司海外研发活动呈现上升趋势。主要表现为：一是海外研发的比重逐渐上升；二是海外研发在东道国研发体系中的作用日益提高。我国企业的研发活动也应趋于全球化，特别是有实力的企业应把更多的研发工作转移到国外。为抢占技术与市场的制高点，要把一部分核心创新工作首先放到发达国家和地区。

4. 公司治理全球化

跨国公司的经营管理活动已逐渐扩展为全球化，主要表现在公司战略、组织架构、商业模式、风险管控和人力资源等治理方面的全球化。致力于实现全球化的中国企业应以此作为借鉴方向。

（二）把握技术进步与创新的方向

纵观我国制造业的发展历程，大力提升自主创新能力是制造业未来持续转型升级的正确选择。因此，必须认清当今科技发展的趋势与特征，正确把握技术进步与创新的方向。

1. 技术的融合趋势与协同创新

新一轮工业革命是信息技术、生物技术、新能源结合传统行业本身自我的技术创新通过相互映射、融合的结果。未来制造业成长中，新技术、新产品与新产业的出现，将不再是某项技术“单打独斗”的结果，而是若干项技术共同作用的结果。因此，未来制造业的自主创新必须注意当前多项技术融合的趋势，要建立协同创新的新机制。在协同创新中，要明确各种技术与各个创新主体的功能定位，合理布局技术创新链和产业链。

2. 完善新工业革命环境下的自主创新体系与流程

一要强化企业技术创新的主体地位，支持

企业建设高水平的研发中心，使其具备足够能力把握创新机会，选择创新方向和技术路线，组织技术研发、产品创新、利用和转化科技成果。二要以企业为主导深化产学研结合。要坚持“产”为主导，即企业为主导。国家重大科技项目中，凡是产业目标明确的，要由有条件的企业牵头组织实施。三要建立科技资源开放共享机制。国家投资建设的科研设施要向企业开放，作为技术研发的公共平台；要最大限度地向社会公开国家支持的科研活动所获得的信息资料。

（三）充分发挥信息化的支撑作用

当前，信息化与工业化融合正成为一种全面、动态、优化的资源配置方式。信息化已成为新时期我国制造业转型升级、重塑全球化时代国家产业竞争新优势的“利器”。

1. 信息化加速重构我国制造业生产组织体系

当前，全球产业竞争，已不仅是技术、产品、人才、管理的竞争，更是生产方式的竞争。进入新世纪，集成了生产方式、成熟工艺、科学方法和先进理念的智能装备，工具软件和管理系统快速普及，柔性制造、网络制造、智能制造以及服务型制造日益成为生产方式变革的重要方向，信息化进入制造业领域可以加速重构全球制造业的生产组织体系，基于信息技术的新生产方式将日益成为制造企业增强市场控制力、提高产品附加值、获取竞争优势的重要手段。

2. 信息化成为发展现代产业体系的重要途径

促进信息化与工业化的融合，加快构建结构优化、技术先进、清洁安全、附加值高、吸纳就业能力强的现代产业体系，是我国优化经济结构、转变发展方式的根本要求，也是推动信息化和工业化深度融合的主攻方向。信息技术向传统产业的广泛渗透，不断突破企业规模和组织界限，为产业结构优化调整、转型升级提供了新机遇。信息技术与能源、材料、生物和空间技术交叉融合，不断形成经济发展的新增长点。电子商务、现代物流、工业设计、软件和信息服务等现代生产性服务业发展步伐不断加快，成为制造业的“心脏”和“大脑”，为高端制造发展提供了重要的基础和支撑。

3. 信息化为企业创新发展带来了新机遇

信息技术的普及应用，使信息和知识的扩散以及人力资本的提升成为引领经济社会发展的重要动力。信息技术融入企业研发设计、生产经营的各个环节，创新了研发手段，优化了研发流程，提升了研发效率和研发能力。信息技术与企业生产工艺流程、组织管理体系的有机融合，构建起了集成先进管理思想、方法和手段的管控平台，为一些管理理念落后、管理水平不高的企业提供了赶超机会。信息技术的集成应用促进了商业模式创新，推动市场需求从产品导向向产品与服务组合转变，高价值环节从制造环节向服务环节转变，推动了服务型制造快速发展。

（四）以节能减排实现绿色化制造

对制造业而言，通过推进节能减排可以抑制高耗能、高排放行业过快增长，加快淘汰落后产能，推动传统产业改造升级，提高服务业和战略性新兴产业在国民经济中的比重。“十二五”期间，我国制造业必须拓展眼界，通过三大创新推进节能减排，实现制造业的绿色发展。

1. 通过技术自主创新，拓展新领域

要开发一批对节能减排发展有重大影响的关键技术和具有示范带动作用的成套装备，为完成“十二五”规划提出的节能减排目标打下坚实基础，从而形成环保产业新的节能减排增长点。

2. 开发国内外市场，拓展产业空间

目前，我国与节能减排相关的产业（如环保产业）已具备一定的技术水平、制造能力和投融资能力，并且拥有多年积累的国际技术引进消化吸收经验，部分节能减排技术装备已走向世界。“十二五”期间，应把握政策扶持机遇，大力开发国内外市场，一方面，要鼓励已形成比较优势的节能减排技术装备进入市场，重视开发针对国际市场需求的节能减排技术装备；另一方面，应积极探索和开展产业链上下游的并购整合。

（五）引导战略性新兴产业健康成长

战略性新兴产业是制造业转型升级的重要引擎。从前期的发展经验看，“十二五”时期促进战略性新兴产业发展应注意两个方面：

1. 应谨慎选择技术路线

战略性新兴产业的起步阶段技术创新往往非常活跃，甚至出现一些“颠覆性创新”或突破性创新，但大多数技术仍存在不成熟因素，技术风险与技术机遇并存。因此，在实施技术创新时，应在大胆探索的同时，尽量避免选择的盲目性。对大规模的投资行为尤其要谨慎，要立足于企业、行业的比较优势，注意与传统行业技术的衔接及带动作用。

2. 应将消费导向作为政策路线

新兴产业作为国家重点扶持产业，从国家到地方政府都制定了相应的财政支持政策，如国家的“金太阳”示范工程财政补贴、地方政府的战略性新兴产业培育专项计划、新能源产业促进政策等。目前，这些政策的主导方向都是促进投资，应将政策的作用点从投资转向消费，增加政策的多样性、互补性。在项目选择上，要突破单一性、支持多样性，特别应支持统筹兼顾的综合利用项目。

（六）以管理创新作为降低成本的抓手

当前，为给企业转型升级争取宝贵时间，管理就必然成为企业控制成本、增强盈利能力的重要手段。新时期加强管理更需要与时俱进、大胆创新。

1. 扎实做好基础管理

企业要实现跨越式发展必须大胆实行建立在基础管理之上的管理创新，必须把基础管理与管理创新纳入企业发展的总体要求，并在总体设计目标下同步运行，按高度协调的要求解决基础管理与管理创新中的矛盾和问题。

2. 把实业管理与虚拟经营相结合

企业实行虚拟经济的有效形式就是突破组织上的有形界限进行虚拟经营。作为一种高弹性的经营模式，虚拟经营对于提高企业的应变能力和促进产品快速扩张具有重要作用。但虚拟经营必须以实体经营为基础，做好以下三方面工作：

一是掌握关键性资源。企业不能全部借助外部力量，必须根据自身情况，控制产品设计、销售网络等关键性资源，以免受制于人。

二是确立核心竞争优势。任何一种虚拟经营策略的实施，都要建立在自身竞争优势的基础上，才能有资源的整合力量，实施虚拟经营策略也才有可靠的基础。

三是实施品牌战略。企业无论实施何种虚拟经营方式，都要大力实施品牌战略。波音、耐克的成功之道足以证明这一点。

实施积极的进口战略　推动发展方式转变

国家发展和改革委员会对外经济研究所国际经济综合研究室主任　王海峰

实施积极的进口战略有利于推动外贸发展从规模扩张向质量效益转变、从成本优势向综合竞争优势转变，是“十二五”时期和未来20年促进发展方式转变、产业结构调整和实现宏观经济平衡的重要内容。

一、实施积极的进口战略是全面转变发展方式的需要

（一）国际环境变化需要新的进口战略

过去20年，国际经济环境发生了深刻变化，经济全球化和区域经济一体化加速发展，贸易自由化、投资便利化和金融国际化前所未有。我国也加速融入到全球化进程中，目前，出口总量已经跃居世界第一，进口总量世界排名第二。在成为世界制造工厂的同时，也成为能源、资源和很多中间产品的主要进口国。长期以来形成的“重出口、轻进口”和“重生产、轻消费”及“重引进、轻创新”的发展方式，一方面，使我国在过去10年持续累积了贸易顺差，形成了大量外汇储备；另一方面，也造成社会福利流失并不断引发外部摩擦。

在成为世界贸易大国的同时，由于缺乏有效的贸易战略和相应的政策体系，我国的比较优势难以充分体现。作为出口大国，一方面，由于大多数内资企业缺乏自主技术、自主品牌和自主营销网络，出口产品没有定价能力。另一方面，跨国公司在全球范围内整合要素和资源，牢牢控制技术、品牌和市场，通过内部定价机制来维护其超额利润和竞争优势。作为进口大国，一方面，进口限制带来了市场扭曲和企业不当竞争，人为推高了进口产品价格，限制了进口数量。另一方面，由于国内企业间过度竞争、恶性竞争，因此失去了议价能力。

（二）我国发展阶段的变化需要新的进口战略

过去10年，我国已经完成了由人均GDP从1000美元到3000美元的跨越，未来5～10年是我国迈过人均10000美元，跨越中等收入陷阱的关键时期。

全面转变发展方式要求既要重视发展数量，更要注重发展质量，要使发展成果能够有效地转化为社会福利。因此，必须放弃过去那种为了GDP而片面追求以出口为目的的进口策略，转而通过实施积极的进口战略政策，提升国内产业的技术水平和综合创新能力，保证国内的资源和能源供给，提升国内产业与产品的质量和安全标准，以及提升国内企业的核心竞争能力。从某种意义上讲，扩大进口实际上是一种主动的市场开放，是一个经济体竞争能力不断增强的体现。

（三）贸易发展方式转变需要新的进口战略支撑

我国贸易发展已走过单纯依靠量的扩展阶段，未来需要通过技术、质量和品牌来提高对外贸易水平，进而实现贸易发展方式的根本转变。从出口方面看，要不断提高出口产品的技术含量和附加值，通过技术竞争、质量竞争和市场竞争建立自己的品牌、营销渠道、影响和竞争力，逐步放弃过去那种简单依靠价格竞争来占领市场的策略。要鼓励和支持企业“走出去”直接面向市场，更好地利用国外市场和资源，建立自己的海外生产基地和国际化营销网络，将部分出口能力转化为海外投资制造能力。

从进口方面看，要在实现贸易总量基本平衡的基础上，提高进口产品的质量、档次和附加值。一方面，既要加大对国外专利和先进技术的进口，也要重视对国内不能生产的关键零部件和成套设备的进口。另一方面，要用出口的转型升级带动进口的转型升级。抓住全球产业重新分工的契机，鼓励有条件和能力的资源开采和加工企业“走出去”投资，从目前的大量进口资源类初级产品转向大量进口资源密集型中间产品。

（四）培养竞争新优势需要新的进口战略

在国际市场，我国出口商品主要进入发达国家市场，一般能保证较好的质量和标准，市场竞争力得到比较充分的体现。但在内部市场，产品质量、技术、安全和标准难以保证，问题频发，造成公众对国内产品缺乏信心。因此，在战略层面上调整进口政策，有针对性地

消除部分进口限制，扩大一般产品进口，引入竞争机制，可迫使更多的国内企业从价格竞争转向质量竞争，注重研发和知识产权保护。

（五）国家经济利益和产业安全需要新的进口战略

我国经济对外依存度不断提高，国家经济利益和产业安全日益受到关注。一方面，先进技术、核心零部件和成套设备的进口，有效提升了一个国家制造业的整体水平；另一方面，不加限制的进口先进技术、核心零部件和成套设备，会导致技术的重复进口，形成对技术和核心零部件的进口依赖，抑制企业消化、吸收和再创新的市场空间和积极性。

近年来，大量进口石油和铁矿石等大宗产品在很大程度上弥补了我国国内资源供给不足，却也造成我国经济对外部资源的过度依赖，外部环境的变化对国内经济影响日益扩大。由于油田、矿山等能矿资源集中在少数国家和有限地区，很多受到欧美等传统势力所属跨国公司的控制，因此我国经济发展存在资源供给的安全隐患。同时，由于石油、铁矿石等大宗产品由美元定价，美元波动会带来大宗商品的供需波动。

二、进口战略调整必须把握好工作重心

（一）将进口关税作为重心，着力扩大消费品进口

加入 WTO 后，我国关税总水平有了明显下降。其中，用于生产的中间产品进口关税水平下降幅度较大，但用于最终消费的消费品进口关税水平下降幅度较小，与我国目前的国际竞争结构和开放程度不相适应。

建议以年度暂定税率的方式，将消费品进口关税调整作为关税调整的重点。这是各国单方面下调进口关税的通用方式。作为发展中国家，实施年度暂定税率，使消费品进口保持合理比重，不仅可以引导国内消费，也可以从外部引入市场竞争，提高消费品产品质量，维护市场信誉。同时，实施年度暂定税率，可以在单方面下调进口关税的同时，有效地维护我国作为发展中国家在国际贸易体系下的合法权益。

（二）将人民币汇率改革作为重心，减少市场扭曲

加快人民币汇率的国际化进程，尽快实现人民币自由浮动，可以有效降低进口成本，释放进口需求，对冲国际大宗商品价格上涨带来的通胀压力。20 世纪 80 年代，日元国际化导致日元大幅升值并未带来日本出口量的收缩，也未使日本贸易平衡状况恶化，却在很大程度上帮助日本提高了出口产品技术的竞争力。同时，也充分释放了日本的进口需求。很多分析认为，20 世纪 90 年代以来，日本的持续通缩主要是日本国内相关政策失误所致，并非日元升值造成。

建议加快人民币汇率市场化改革，推动人民币国际化进程，使人民币汇率能够准确反应市场的供需。目前，各界对人民币国际化的方式、步骤，特别是进度存在较大分歧。实际上，关于人民币国际化的问题国内已讨论多年，市场也有较强的预期和较好的准备，而且过去几年人民币国际化并未对国内金融部门和相关企业产生明显的不利影响。同时，实现人民币自由浮动符合市场规律，可以减少市场扭曲。加入 WTO 后的实践不断证明，贸易自由化、投资便利化和金融国际化给我国带来的机遇大于挑战，发展中的很多问题是可以在以市场为基础的改革开放进程中妥善解决的。

（三）以市场开放度为重心，建立“引进、消化、吸收和再创新”的长效机制

长期以来，我国通过技术和产品进口目录及各种优惠政策，不加保护地大量引进技术、核心设备和关键零部件，严重削弱了国内企业创新动力。20 世纪 90 年代，日本在制定先进技术和关键零部件进口政策时，非常重视市场份额的保护，虽然也制定了各种优惠政策，但并未将市场完全放开。本世纪以

来，我国在高铁技术和设备的引进中也对国内产业进行了适度保护，明显提升了我国的自主创新能力。

建议针对《鼓励进口技术和产品目录》，设计一套有利于“引进、消化、吸收和再创新”政策体系。首先，要提高准入门槛，在保护市场竞争的前提下，有针对性地重点鼓励那些有技术条件，有市场能力的企业引进先进技术和核心设备。其次，要不断完善《鼓励进口技术和产品目录》，根据国内技术水平和创新能力的变化，动态调整相关目录，避免大量持续的分散引进和重复进口。再次，适当进行市场保护，当技术和产品进口超过一定市场份额，要及时降低和取消各种政策优惠，为国内企业研发和创新留出发展空间。最后，要将进口政策跟国内相关创新政策结合起来，加大知识产权保护力度，鼓励企业增加研发支出，推动官产学研平台建设，真正建立“引进、消化、吸收和再创新”长效机制，推动技术进步和产业升级，切实转变发展方式。

完善战略性新兴产业投融资机制的建议

国家发展和改革委员会投资研究所所长　汪文祥

针对当前我国战略性新兴产业投融资活动中存在的投资机制不健全、融资机制不完善、政府调控机制建设滞后、投融资机制运行的外部环境不佳等问题，迫切需要采取措施予以解决。

一、建立健全战略性新兴产业的投资运行机制

（一）建立健全战略性新兴产业投资主体构成及分工协作机制

1. 按照战略性新兴产业发展对投资主体构成机制的新需求，应大力培育风险投资、创业投资、私募股权投资、产业投资基金等金融类企业投资主体。为此，今后应继续鼓励包括风险投资、创业投资和私募股权投资、产业投资基金等金融类投资企业的发展，尤其是应加快推动为新兴企业成长和扩张阶段并购投资提供投融资支持的产业投资基金，以及当前没有明确制度和政策规范的私募股权投资企业的发展，努力完善战略性新兴产业的投资主体构成机制。

2. 按照战略性新兴产业投资特性，理顺各类投资主体的投资分工。首先，理顺政府与企业的投资分工。政府和企业在战略性新兴产业领域的投资分工可按照各产业公益性程度大小来划分，也可按照对产业发展的效用和功能来划分。

从产业公益性程度范围看，今后政府投资应集中相对在公益性和公共产品性质较强的节能环保设施、移动通信、新一代互联网、数字广播电视网以及促进“三网融合”、物联网应用的相关网络基础设施、由导航、遥感、通信等卫星构成的空间基础设施建设、新能源电网建设、保存和维护医药、重要动植物和工业微生物菌种等生物基因资源信息设施建设等。其他如节能环保设备制造、集成电路及平板显示、软件制造及信息服务等竞争性较强的产业领域，主要依赖企业投资建设和经营。

从产业发展的效用和功能看，政府投资应相对集中在公益性较强的战略性新兴产业各行

业技术研发阶段，包括重点实验室、企业技术中心在内的公共技术开发平台、重大技术专项及产业化示范工程、产业基地的基础设施建设等环节和领域。除此以外的各类投融资经营活动也应主要依靠企业投资主体进行。

其次，理顺中央和地方的投资分工。在战略性新兴产业的政府投资范围中，属于全国受益的跨地区、跨领域、跨行业的节能环保设施、移动通信、互联网和广播电视网络、空间基础设施、新能源电网建设等，主要由中央政府或授权投资经营的中央企业进行。属于区域性受益的上述领域的投资建设和运营活动，则主要由地方政府及授权企业来组织实施。

3. 积极探索建立各类投资主体之间投资合作协作机制。首先，积极探讨政企投资合作机制。政府要综合采取直接投资、资本金注入、投资补助、贷款贴息、BOT、BT、PPP、政府采购、技术研发投入等多种投融资方式，对战略性新兴产业各领域、各环节的投资经营活动进行投资支持和引导，构建政府和企业对战略性新兴产业共同进行投资和投入的新机制。

其次，政府要逐步取消航空航天、核电建设、电网等领域对国内民间资本和外商直接投资的限制，不断加大战略性新兴产业引进和利用国内民间投资与外商直接投资参与的力度、深度和广度，鼓励国有、民营和外资企业开展多种形式的投资合作，鼓励符合条件的国内企业在境外发行股票、债券融资，鼓励企业境外投资，尽快形成国有、民营和外资共同投资的新格局和新机制。

（二）健全完善战略性新兴产业投资决策和实施运作机制

1. 健全完善从宏观到微观的投资决策机制。在战略性新兴产业范围和领域选择上，要改变目前由少数专家和政府部门自行确定的决策体制机制，逐步实施吸收更多科研机构、高校、企业乃至社会公众参与的、更加科学化民主化的决策新机制，尽可能避免在战略性新兴产业选择方向上出现失误。在战略性新兴产业，尤其是涉及公众现实和未来利益较多的重大政府投资项目，要积极探讨实施由政府决策向由各级人大机构决策的新机制转换，切实提高宏观和微观投资决策水平。

2. 完善投资活动实施机制。首先，应按照战略性新兴产业各领域的公益性水平高低和是否需要国有资本进行战略性控制的需求划分政府投资运作方式。对公益性水平较高、近期依然需要国有控制的航空航天基础设施、通信、互联网和核电、新能源电网、节能环保设施等，政府投资主要以资本金注入方式进行。对其他战略性新兴产业领域，政府投资则主要采取补助、补贴、贷款贴息等方式进入。其次，战略性新兴产业投资活动实施要按照投资领域现有的资本金制度来组织投资建设和运营，要按照国家相关发展规划、产业政策和市场准入、技术标准等投资准入制度来规范投资经营行为，努力将投资行为纳入规范化管理轨道。

（三）完善战略性新兴产业投资效益回收和风险防控机制

1. 健全完善多元化的投资效益回收机制。首先，继续完善企业回购、资产转让、企业上市等投资效益回收机制，为参与战略性新兴产业技术研发和新企业创建与成长初期投资活动的风险投资、创业投资、私募股权投资等金融类企业投资主体的投资退出和效益回收提供有效渠道。其次，健全完善企业经营效益分红、折旧补偿、财政补贴、税收优惠等投资效益来源和回收机制，为参与成长期、成熟期的属于产业资本性质的生产经营企业及个人的投资效益回收提供途径。

2. 完善战略性新兴产业投资的风险防控机制。从实践看，战略性新兴产业投融资活动的宏观风险主要依靠规范政府科学化、民主化的决策机制来实现。从微观看，重点是要加强风险识别和风险监测，不断完善投融资各个阶段、各个环节的风险防控途径和措施，要积极引导各类企业更多地采取投资主体多元化和融资渠道多样化经营策略，努力分散投资风险和融资风险。

二、不断完善战略性新兴产业融资体系和融资机制

（一）健全股权融资机制

首先，继续探讨改进目前对金融机构的“分业管理”制度，逐步放开直至取消金融机构进行股权直接投资的限制，在严格控制投融资风险的前提下，鼓励社保基金、保险基金、商业银行和非银行金融机构以参与风险投资、创业投资、私募股权、产业投资基金等新型投融资方式，为战略性新兴产业各行业处于技术研发、创建和初期成长阶段的企业提供融资支持。其次，加快国内资本市场的发展。国内资本市场尤其是为新兴产业和中小科技企业提供融资的创业板和中小板市场，要对战略性新兴产业各行业的企业上市融资探讨实施“绿色通道”制度，降低企业上市门槛，加快上市进度。再次，继续加快国内产权交易市场等多层次资本市场建设，为战略性新兴产业各行业的企业采取技术交易、股权转让、企业并购等融资活动提供场所和渠道。

（二）完善债权融资机制

首先，大力发展企业债券融资。现有的企业债、公司债、中小企业组合债、短期融资债等债券融资渠道应对战略性新兴产业各行业现有企业实施倾斜政策，努力扩大发债规模，为处于成长期的新兴企业提供低成本债权融资渠道。其次，要逐步完善支持战略性新兴产业投资发展的银行信贷融资机制，积极探讨适应战略性新兴产业特点的信贷管理制度和贷款评审制度。最后，要积极探讨开展租赁融资、信托融资、资产证券化（ABS 融资）等项目融资方式。战略性新兴产业中的绝大多数行业市场发展前景比较明确、未来收益相对比较稳定，特别适合采取资产证券化、信托、融资租赁等项目融资方式融资；对设备投资需求比较旺盛的高端装备制造、新能源汽车、新能源、节能环保设施建设和运营、新信息技术产业中的网络设施建设和运营等，租赁融资方式的发展前景广阔。

（三）探讨构建股权融资和债权融资分工协作机制

积极探讨按照战略性新兴产业发展不同阶段构建不同的股权融资和债权融资分工合作方式。即在技术研发、新企业创建和成长初期，企业规模和资产总量很小、投资资金需求规模也不高，因而重点应鼓励发展包括风险投资、创业投资、私募股权基金在内的股权融资机制，债权融资应重点发展低成本的企业债券融资和信用贷款、知识产权质押或技术股权质押贷款等银行信贷融资方式。在企业快速成长和扩张阶段，投资资金需求规模较大，并且企业已经拥有相对稳定并不断扩大的现金流，大规模债权融资和股权融资的条件均已经成熟，因而这一阶段应采取债权融资和股权融资并重的融资机制。在债权融资方面，鼓励企业间采取商业银行贷款、企业债券以及信托、资产证券化、融资租赁等项目债权方式融资；在股权融资方面，鼓励通过建立追求稳定收益的产业投资基金、企业上市、资产转让、并购等股权让渡方式融资。

（四）完善包括各类财政性资金在内的政策性融资机制

第一，积极探讨建立确保国家对战略性新兴产业资金投入稳定持续增长的长效机制。国家对战略性新兴产业的研发资金投入和预算内资金（投资）投入要与国家财政收入增长挂钩，实现财政性资金投入与国家财政收入同步增长、同步提高。

第二，继续贯彻落实国家已经明确的、鼓励设立政府战略性新兴产业投资引导基金的政策。财政部门和地方政府要将战略性新兴产业引导基金支出明确纳入年度预算范围，确保该项基金总投入规模的相对稳定和分年度投入计划的相对稳定。

第三，积极探讨建立支持战略性新兴产业投资发展的财政性的专项建设基金制度。战略性新兴产业专项建设基金可考虑采取两种方式筹集：一是考虑到战略性新兴产业对国民经济整体发展的先导性、战略性和重要性，可考虑向全国所有开展生产经营活动的企事业单位征收。二是考虑到战略性新兴产业发展对所在行业发展的重要性和贡献，可向战略性新兴产业所在行业的企业征收。从实践看，采取第二种方式运作，操作性更强。战略性新兴产业专项建设基金可采取固定数额征收也可采取按企事业单位经营收入的一定比例征收。为避免该项基金征收对企事业单位形成过重负担，征收资金数额不宜过大、比例不宜过高，并且要明确征收年限、封闭运作，切实提高融资效率并充分发挥作用。

第四，不断健全完善对战略性新兴产业企业产品的政府采购制度。积极推进开展政府工程采购试点，探讨采取包含新技术研发、生产和运营设施投资建设、产品生产和运营在内的一揽子、全过程的政府采购方式，为战略性新兴产业尤其是战略性新兴产业公益性较强的项目提供政府采购融资支持。

第五，继续完善政策性金融体系，国家进出口银行、农业发展银行以及正在积极推进商业化的国家开发银行要切实加大对战略性新兴产业信贷支持力度，提高战略性新兴产业贷款占贷款总额的比重；积极探讨实施对战略性新兴产业各行业企业实行“软贷款”制度和其他利率优惠政策，降低企业信贷融资成本。

三、切实改进战略性新兴产业政府调控监管机制

（一）完善政府投融资调控机制

首先，应积极探讨建立对战略性新兴产业投融资调控的“部际联席会议制度”。这是克服各部门分散调控弊端、形成调控政策合力的有效手段。其次，要积极探讨建立对战略性新兴产业投融资活动进行调控的规划和产业政策调控机制。当前国家除了要抓紧制定出台战略性新兴产业各行业具体的中长期产业发展专项规划之外，还要督促投融资管理部门和行业管理部门按照国务院确定的战略性新兴产业2015年和2020年的发展目标，抓紧编制战略性新兴产业投融资总体规划和分行业的投融资规划，对战略性新兴产业发展的相关投融资需求进行测算，将发展政策落到实处。再次，要尽快制定出台规范战略性新兴产业投资发展的相关产业政策，进一步明确战略性新兴产业各行业、各领域发展的优先次序和分阶段的发展重点，为各类投资主体参与投资提供政策引导。最后，要积极探讨建立战略性新兴产业的投融资准入机制，努力减少地方政府和企业盲目投资和重复建设现象，切实提高投资发展效率和效益。

（二）健全对战略性新兴产业投融资活动的激励机制

首先，要对国家已经明确提出的对战略性新兴产业相关财税金融支持政策制定更加具体的实施细则，增强政策的可操作性。其次，积极探讨建立企业当年新增固定资产投资额直接抵扣企业所得税制度、固定资产加速折旧制度；积极推进目前属于第三产业范畴的节能环保服务、通信、互联网和广播电视服务企业的营业税改增值税的改革，切实降低企业负担，提高企业投资能力。最后，建立健全拓展融资渠道和途径的政策激励机制，考虑到战略性新兴产业对推进经济发展方式转变、产业结构转型升级和节能减排的特殊作用和贡献，要将目前北京等地鼓励金融机构对高新技术企业采取的“绿色信贷”政策，逐步拓展到企业股权融资、债券融资的各个领域和各个环节；实施“绿色信贷”、“绿色上市”、“绿色债券”、“绿色担保”等多种融资手段，对战略性新兴产业内源和外源融资活动进行激励和支持。

（三）加强对战略性新兴产业投融资监管机制建设

首先，要继续完善政府对投融资活动的相

关管理制度，积极探讨建立为战略性新兴产业投融资活动提供特殊便利条件的投资项目审批、核准、备案和银行贷款、企业债券发行、企业上市融资相关管理制度，对企业投融资行为进行规范和管理。其次，积极推进在战略性新兴产业投融资领域推进政府监管模式和监管体制的改革试点，改变目前各部门分散、分段监管带来的弊端，大力推行投资项目稽查、财税、审计、银行、证券、环保、土地、建设、规划、行业主管部门等多部门联合监管模式，对战略性新兴产业投融资活动进行全过程、宽领域、全方位的日常监督检查，努力提高政府投融资监管效率和水平。

四、努力改善战略性新兴产业投融资机制运行的外部环境

（一）积极推进和深化战略性产业领域的相关配套改革

首先，积极推进与战略性新兴产业发展直接相关的重点领域改革。继续推动核电、航空航天、节能环保、互联网和广播电视等垄断行业改革，降低准入门槛，鼓励开展国内外合资合作，为国内民间资本和外商直接投资进入创造基础条件。积极推进资源性产品价格形成机制改革，建立健全有利于新能源、创新药物以及新材料等资源型产品的价格形成机制和税费调节机制。加快建立生产者责任延伸制度与主要污染物和碳排放交易制度；尽快建立健全新能源利用配额制度和新能源发电全额保障性收购制度等。其次，积极推进与战略性新兴产业发展密切相关的科技体制改革，不断加大政府对战略性新兴产业前沿技术、关键核心技术及其产业化的投入；建立健全鼓励科技人才向企业流动的机制，加快科技人才队伍建设和培养，完善科技人才以技术入股、收益分红等多种方式参与企业技术创新活动，为产业发展提供强有力的科技支撑和人才支撑。

（二）建立健全投资产权保护制度

要努力健全完善知识产权保护制度，逐步实现国内知识产权保护制度与国际接轨，不断加大对侵犯知识产权、技术专利权的查处和处罚力度，切实保护全社会个人、企业和科研机构开展技术创新、知识创新和发明创造的积极性和权益。项目评审、规划审查、建筑许可、稽察审计、环保评估、土地评估等政府自行收取或由中介机构收取的各类收费项目，均要明码标价，切实保护投资者利益。切实加快政府完善相关法律法规建设，尽快将目前国家已经出台的、实践证明行之有效的有关投融资政策、投资者权益保护政策制度化、法律化、法规化，为战略性新兴产业投融资活动提供强有力保障。

促进中小企业健康发展更应注重政策落实

国家发展和改革委员会经济研究所主任、研究员　刘泉红

一、中小企业面临较大经营困难

中小企业的健康发展对于保持我国经济稳定增长至关重要。国际金融危机以来，随着一系列扶持政策的出台，中小企业的经营状况有所好转。2012 年上半年，经济下行压力加大，中小企业生产经营面临较大困难，企业利润呈现快速下滑的态势。

（一）融资难题尚未根本破解

2011 年底以来，央行连续两次降低存款准备金率，2012 年 6 月、7 月连续两次降息，但企业融资环境仍不宽松，融资难问题没有得到根本缓解，小微企业尤其明显。

一是贷款难度加大。由于向中小企业贷款的成本高、风险大，银行出于追求利润和规避风险的考虑，往往出现惜贷现象。其信贷资源一般优先满足大型项目和国有企业，客观上对中小企业产生了“挤出效应”，小微企业贷款处于停滞甚至下滑状态。同时，小微企业由于其自身特性，一般仅有短期贷款可用，且绝大部分小微企业的贷款采取还后再贷，而金融机构大多刻意收多贷少，导致相当多的小微企业无法获取后续的资金支持。

二是放贷周期延长。目前银行业金融机构放款周期普遍延长，一笔贷款从审核批准到放款的时间，一般已从原先的 15 个工作日延长到两个月，甚至更长。

（二）劳动力和土地制约仍然偏紧

首先是企业用工难。中小企业用工短缺现象尤为突出，由过去缺少专业技术人才，逐步转变为包括从事体力劳动的熟练操作工和普通员工的全面紧缺。据调查显示，中部地区的安徽省有三成企业用工遇到困难，其中一半缺少技术工人，有招工需求且能招到全部或大部分工人的占 46.3%，半数以上几乎招不到工。其次，用地趋于紧张。随着工业化城镇化的加快推进以及中西部地区大规模承接产业转移，一大批招商引资项目亟待落地，工业用地增量不足问题日益突出。由于用地指标少，造成新企业难设立、新项目难以落地开工。

（三）生产成本上升压力较大

成本上升主要受原材料价格、企业用工、能源资源价格以及企业融资成本等因素影响。一是劳动力成本刚性上涨。由于招工难，很多企业不得不采取提高薪酬待遇的办法来吸引和留住员工，刚性上涨的人工成本直接带来了企业生产经营成本的上升。二是企业财务成本大幅提高。商业银行普遍以利率上浮和“商务费用”、增加担保成本及理财费用等形式，抬高小微企业贷款成本，一些银行甚至变相抬高利息。此外，由于受信贷规模控制，银行信贷相当部分以承兑汇票形式支付，增加了企业的贴现成本。部分急于用钱的中小微企业为保证资金链的延续，转向民间借贷，进一步加重了企业的财务负担。三是能源、运输、原材料成本虽然涨势下调，但上涨的压力依然存在，工业企业电价成本也有较大上升。当前企业成本上升的后续压力仍然较大，无疑给处于微利经营的中小企业带来较大挑战。

（四）企业经济效益较快下滑

进入 2012 年以来，工业企业利润大幅下滑，虽然 3 月以后略有好转，但工业企业经济效益累计同比仍处于负区间。受国家宏观调控政策影响较大行业的中小企业经营更加困难。2012 年以来，欧洲、美国等海外市场波动较大，国内市场也受到多重因素影响，这对企业生产经营造成一些冲击，中小企业受到的影响更大。

二、已出台政策措施实施效果有待强化

为缓解中小企业经营困境，2008 年下半年至今，国务院及各部门和地方先后出台了多个针对性较强的政策措施，如《关于小型微型企业划型标准规定》、《关于促进中小企业公共服务平台建设的指导意见》、《关于免征小型微型企业部分行政事业性收费的通知》、《关于进一步支持小型微型企业健康发展的意见》等，内容覆盖中小企业融资、信用担保体系建设、专项资金补助、政府采购支持、中小微企业划型标准等方面，政策措施可谓十分全面，具有很强的针对性，受到广大中小企业普遍欢迎。但在实际执行中效果仍然不尽理想。究其原因，政策的制定不能等同为执行，一些扶持政策和措施缺乏细化成为可操作性的办法，往往落实不到位。要从根本上促进中小企业健康发展，就需要在制度建设上迈出新步

伐，既要实行包括减税、融资等方面相关的政策扶持，还要进一步降低行业准入和自主创业的门槛，进一步完善促进政策落实的体制机制，形成培育和促进小微企业成长的良好环境。

首先，要避免政策不实或难以执行，完善政策的制定机制，把握好政策出台的节奏，各级政府部门要发挥好各自优势，为政策落实形成合力。其次，要加强政策执行中的反馈机制建设，提高政策的及时纠偏和自我完善能力。强化政策执行，使已出台的政策落到实处，切实为企业减负，增强发展后劲。要切实解决好中小企业发展中存在的体制性障碍和政策环境障碍，加强对政策执行情况监督评估，从而为中小企业健康成长创造公平竞争的市场环境。

三、着眼长远促进中小企业发展的建议

（一）加大财政扶持力度

一是以加速折旧和研发补贴为重点调动中小微企业投资积极性。通过加速折旧、研发费补贴等手段，推动企业加快设备更新改造和新技术研发，促进企业产品结构升级换代和工艺技术水平提升，使企业真正形成“人无我有”的核心竞争力。设立扶持小微型企业创业创新专项资金，支持小微企业技术改造和创新。

二是进一步减轻中小微企业税费负担。在税收政策允许范围内，将增值税起征点适当提高，对纳税确有困难的小微型企业，可在一定宽限期内酌情延期缴纳税款。通过适度减低税费或延缓交税等方式，加大对节能企业、高新技术企业和科技出口型企业的全方位支持。进一步实施结构性减税政策，继续扩大对小微企业的免税、减税范围，加大对小微企业的财税扶持。继续清理和整顿涉企的不合理收费，把“减、免、缓、停”收费项目落到实处，坚决清理取消各种不合规收费。

（二）进行全方位金融支持

第一，完善中小企业信用担保体系建设。加快构建多层次中小企业担保体系，有效推进中小企业信用制度建设。建立中小企业尤其是小微企业信用信息数据库，推进企业信用等级评价工作，解决小微企业与金融机构信息不对称问题。引导支持金融机构利用信用评级系统，扩大对小型微型企业授信放贷，支持小型微型企业发展。加大财政扶持力度，支持建立多元化融资担保机构，增强公司担保能力和扩大业务范围。全面完善担保体系，成立再担保机构，形成省、市、县三级中小企业担保网络，扩大担保机构覆盖面。鼓励中小企业组团联合担保和贷款，以更好地获得资金支持。

第二，积极创新信贷服务方式。国家要继续鼓励和倡导商业银行增加对中小企业的贷款，并在中小企业的资金支持方面实现更多金融创新。一是创新融资方式。通过合理发展中间业务，积极寻找信贷替代品，缓解资金规模紧张矛盾。二是充分挖掘内部潜力，扩大资金来源，集聚小额和闲散资金，有效增加资金供给。三是对小企业贷款实行差异化的监管思路。可试点对商业银行发行金融债所对应的单户限额以下的小企业贷款，不纳入存贷比考核范围。四是简化贷款手续，减少审批环节，为企业提供更为便捷、高效的信贷服务。五是推动知识产权质押融资以及区域性中小企业产权交易市场试点工作，鼓励金融机构深入研究，开发适合中小企业尤其是小微型企业融资需求的金融产品。

第三，加快“阳光化”民间金融步伐。加快金融体制改革步伐，促进地方金融业创新发展，尤其要强化对小额贷款、民间借贷等方面的规范、监管和服务，更好为企业健康发展提供有力保障。放宽对金融机构主体的限制，鼓励民营资本发起或者参与设立中小金融机构，加快其规范化运作步伐，打造众多面向中小企业的小额贷款公司，融资租赁、担保公司等。引导各类金融机构设立中小企业服务专营机构和增发贷款，缓解企业资金困局。

（三）完善社会化服务体系建设

加快公共服务平台建设，强化政府服务，

放宽市场准入，重点建设中小企业融资担保、技术创新、人才培训、信息咨询、市场开拓等方面公共服务平台。有针对性地加大职业培训结构和比例调整，有效缓解中小企业用工难局面。进一步加强对中小企业和民营经济的基础统计工作和数据库建设，建立中小企业统计运行监测制度，为相关政策研究制定和实施提供基础支撑。

（四）促进企业加快转型升级

当前很多中小企业经营规模偏小，处于产业链低端，管理基础薄弱，缺乏完善的公司治理机制，市场信用度不高，财务制度尚未健全。一旦政策面收紧，此类企业生产经营的难度将大为增加。从长远看，破解中小企业经营困难，必须大力促进中小企业转型升级。要积极支持有条件的企业抓住当前有利时机，利用境内外资本市场实施并购重组和产业链整合，提高资源优化配置能力和市场竞争力。支持中小企业与大企业协作配套，向产业链上下游延伸，推动中小企业向“专、精、特、新”方向发展。要树立品牌意识和知识产权保护意识，全面提升企业管理水平，提高企业家队伍素质，努力培育核心竞争力。

充分发挥“航母型”科技企业带动作用
——新时期我国高技术产业“走出去”发展战略研究

国家发展和改革委员会对外经济研究所副研究员　马强

一、我国高技术企业尚不具备“跨国公司”特点

当前，全球高技术产业国际化发展呈现三个突出特点：一是战略性和国策性。各国普遍投入巨大战略资源，将高技术产业作为21世纪的战略产业进行发展。二是基础性和前沿性。各国高技术产业的快速发展都离不开基础性成果，但更多的是建立在前沿性科研成果的基础上。三是竞争的残酷性。空前激烈的国际竞争导致研发费用迅猛增长，甚至超越一般商业竞争，演变为一场全面的战略竞争。

从格局上看，全球高技术产业呈现出发达国家主导和控制、跨国公司垄断的总体局面。同时，跨国公司通过对高技术产业价值链的拆分和空间分割，把各环节依据要素禀赋分别布局至不同国家和地区进行专业化、规模化生产，实行统一管控，在全球范围整合产业，形成了一批具有专业化特色、产业集群业态的加工制造基地。因此，在高技术产业竞争格局中，发展中国家处于相对劣势的地位，需在充分利用比较优势的同时，坚持自主创新，全力培育本国的核心竞争力，以期打破被动格局。

近年来，我国高技术产业中的优秀企业以整合资源、调整结构进行跨国投资，在更大程度上参与国际分工和合作。但从世界总体看，我国除了在中药药方、航空航天方面具有一定优势，个别企业在相关领域技术领先外，在相当多领域的科技水平仍旧处于中下游位置。高技术企业“走出去”也处于初级阶段。绝大多数高技术企业虽然是国内领先者，但在组织结构上没有具备“多国公司”或“跨国公司”的特点，在经营上没有真正实现全球性的资源配置和战略规划，在经营行为和经营机制上也

尚未真正达到世界顶级水平。具体存在以下问题：

一是国际化人才短缺。企业缺乏适应国际市场竞争需求的人力资源管理机制，以及寻找和识别高质量国际化人才的能力。

二是缺乏用于开拓海外市场的资金。国际市场尤其是高端市场的开拓，往往前期投入巨大但收效甚缓，如果不解决好长期资金供给和控制投入的问题，可能会造成前期资金投入的巨额浪费和市场行为的断裂。

三是技术创新和产品研发能力不足。核心技术的缺乏是我国高技术企业处于产业链低价值端的重要原因。

四是国际化管理能力欠缺。外派的管理人员是国际运作中的中坚力量，但由于许多管理人员语言不通、缺乏国际市场经验，使国际化管理能力欠缺，难以有效开展国际化运作，影响公司国际化的正常进展。

五是国际化整合能力尚待提高。我国高技术企业可以凭借在国内市场多年的盈利积累，通过资本运作收购、兼并国外企业等方式快速进入国际市场，但整合能力的欠缺可能导致并购后的公司运作低效，不仅难以带来应有收益，还可能成为公司的负担。

二、政府管理机制应更加完善有效

（一）以财政与金融政策为核心，构建三维政策支持体系

影响高技术产业国际化的关键因素是技术、人才和资金。我国高技术产业国际化应从上述三方面着手，制定操作性强的政策支撑体系。

一是技术支持方面，国家应重点完善“官产学研介”合作机制，关注企业研发中心的设立和专利的申请，尤其是对企业海外研发中心的设立和专利申请给予相应支持，帮助企业提高海外投资的核心竞争力；二是资金支持方面，政府应通过直接和间接两种手段，为高技术产业国际化提供金融支持；三是人才支持方面，我国各级政府应通过对高层次科技人才和跨国经营人才实施各种财税政策，帮助企业吸引和留住人才。

（二）积极进行制度创新，为高技术产业“走出去”提供有效的制度保障

一是制定和完善相应的法律法规制度。如针对我国高技术企业国际化经营过程中的知识产权纠纷问题，建立灵活有效的多元化知识纠纷解决机制，在不违反法律强制规定下，采用调解、协商、仲裁、行政裁决、诉讼等多样化、多途径互补的纠纷解决途径。再如，进一步完善《境外资产监管办法》和《境外产权管理办法》等相关规定，加强对高技术企业境外资产和产权的监督与管理。二是建立高技术产业国际化发展部门联系与协调制度，尽可能避免多头管理带来的制度障碍。三是进一步完善高技术产业国际化统计和出口退税等制度。四是进一步完善审批制度，简化审批程序，提高审批效率。高科技领域的国际合作涉及众多问题，特别是人才、技术、知识产权等，操作风险大，对效率要求极高，我国多家高技术企业在跨国并购过程中都因审批时间过长等问题错失商机。因此，建议国家有关部门缩短相关事项的审批时间，提高效率，促进国际合作项目成功。

（三）完善中介性服务体系，为我国高技术企业“走出去”提供便利条件

我国高技术企业的国际化发展离不开中介机构的支持和帮助，尤其是国际管理咨询公司和投资银行在其中具有重要地位。针对目前我国专业中介组织薄弱的情况，政府应积极引导，尽快提升相关机构的专业服务能力，同时要有选择地引进国外专业服务机构，为高技术产业国际化提供有效的金融、法律、会计、咨询、信息等专业服务。

建议由相关部门和各类产业商会、协会联合成立我国高技术企业海外投资信息咨询服务中心，组织专家队伍，协同各投资目标国大使馆和海外商会共同搜集信息，对主要投资区域

的政治、经济、文化和技术等方面的环境进行客观分析，积极为海外投资的高技术企业进行信息和咨询服务，以减少我国高技术企业海外投资的盲目性，降低投资风险。

（四）完善和创建国际化服务平台与载体，为我国高技术产业“走出去”提供契机

建议借鉴发达国家和我国火炬计划中心的成功经验，依托国家高新区、创新基地、技术转移示范机构等国际化服务平台，根据产业国际化发展的需要，积极争取资源，开拓渠道，配合国家整体外交战略和国际科技合作实施纲要，通过组织开展多种重大国际交流活动，搭建有效的国际合作平台，推动高新区、创新服务机构和科技型企业等各个层面的实质性合作。例如，中国海外科技园建设是我国高技术产业走内外结合、异地开发道路的有效尝试，具有突出的创新性。其中中澳科技园、火炬新加坡创业中心、中美马里兰科技园等载体，对于加快科技国际化步伐和推动科技工作的改革和发展，具有重要参考价值和示范意义。

（五）协调内部关系，避免我国高技术企业“走出去”的无序竞争

我国高技术产业国际化过程中不可避免会出现自相竞争。政府有责任协调好高技术企业和各创新服务机构之间的关系，引导相关企业和机构理性决策，在国际化方面避免无序竞争。

一是做好产业发展规划与预测，为各高技术企业国际化提供咨询服务，帮助其选择国际合作伙伴和投资地理方向，避免同类企业扎堆，实行错位发展。

二是牵头建立高技术产业国际化联盟，为各成员提供交流合作平台，让各主体既竞争又合作，取长补短，共同发展，以增强我国高技术产业的综合竞争力。如2010年12月在“火炬计划国际化工作座谈会”上，由火炬中心、深圳高新区、成都高新区、乌鲁木齐高新区、中关村海淀园、长春市科技局、镇江市科技局、上海市科技创业中心、北方技术交易市场、长春中俄科技园、成都欧盟项目创新中心等多家单位发起成立了“火炬国际化战略联盟”，在加强信息沟通和经验交流、推动建立内外联动、资源共享、优势互补、辐射全国的高技术产业国际化合作网络、提升国际化专业服务水平方面发挥了重要作用。

（六）协调外部关系，改善我国高技术产业“走出去”的外部环境

后金融危机时期，各国政府在提高本土实业竞争力、发展战略新兴产业方面展开了激烈竞争，一些关税、非关税壁垒和抵制外来投资的措施层出不穷。面对各国对我国高技术企业国际化的遏制，建议商务部、外交部等部门积极协调政经关系，通过签订高技术产业相关国际协定和MOU（Memorandum of Understanding，谅解备忘录）等方式积极改善对外投资环境。

三、企业的管理创新重在提高国际竞争力

（一）加强技术创新管理，提高企业核心竞争力

一方面，要管理好研发活动；另一方面，要为技术产业化做好资金、生产和市场等方面的管理工作，要求在技术做到行业领先的同时，必须能够及时把技术产业化，以切实提高企业竞争能力。

（二）加强质量与品牌管理，提高企业的国际知名度

国际化对高技术企业提出了更高要求，使高技术企业必须关注国际标准，加强产品质量管理，让自身产品能够通过国际市场检验。同时，必须注重品牌建设，必要时可以借助国际咨询公司帮助，发挥专业中介机构的作用，进行国际化品牌建设。

（三）加强人力资源管理，培训和吸引国际化人才

高技术产业国际化尤其要重视技术研发和国际化管理方面的人才。一要制定成熟的雇聘制度，在员工雇佣方面力求人员多样化。二要

建立完备的培训体系。由于高技术更新换代快，要求即时对员工进行培训，以保证员工的研发、生产能力和工作绩效，从而使其在同业竞争中始终保持领先地位。三要建立公正的评估体系，使员工有机会通过不断提高业绩水平及对公司的贡献度获得加薪。

（四）加强国际融资与风险管理，拓展融资渠道

对于国际化的高技术企业而言，必须积极拓展国际融资渠道，利用发达国家成熟的金融市场进行融资，纳斯达克、香港创业板等海外创业板市场是我国高技术企业海外上市的主要平台。海外上市或其他融资活动，不仅能够获得一定的资金支持，更是企业提高国际知名度和企业国际化的重要路径。此外，高技术企业在融资过程中，可以发挥自身的财务管理能力，通过自身财务公司开展境外资金的集中管理，搭建集团全球资金库，以降低海外资金运营的风险。

（五）发挥“航母型”企业作用，通过产业链国际化带动中小高技术企业“走出去”

发挥“航母型”大企业的带动作用，通过产业链国际化带动相关中小高技术企业国际化。通过到大型企业投资的海外市场上继续为其配套，形成集团式产业链国际化。这样既有利于我国高技术产业“走出去”发展形成合力，又有利于我国高技术产业国际化发展规模的迅速增长，以抢占国际市场。

优化环境　科学布局
努力开创产业转移承接新局面

——安徽省外贸发展及承接产业转移情况调研报告

国家发展和改革委员会宏观研究院对外经济研究所

吴润生　曲凤杰　季剑军　李大伟

一、安徽省涉外经济发展主要特点及存在问题

（一）全省外贸发展的主要特点

2011年，全省进出口规模从2006年的122.5亿美元上升至313.4亿美元，居全国第16位，居中部地区第4位，年均增速达20.7%（见表1）。

表1　2006—2011年安徽省外贸进出口总额　单位：亿美元

年　份	出口总额	增长比例	进口总额	增长比例	贸易顺差
2006年	68.4	31.8%	54.2	37.9%	14.2
2007年	88.21	29.0%	71.09	31.16%	17.12
2008年	113.6	28.8%	90.8	27.7%	22.8
2009年	88.9	-21.8%	67.5	-23.5%	21.4
2010年	124.2	39.7%	118.6	74.6%	5.6
2011年	170.8	37.6%	142.5	20.2%	28.3

一是外贸主体不断发展和壮大。2011 年，全省生产型、贸易型企业出口分别增长 46.1% 和 11.1%，其中，私营企业对外贸出口的推动作用明显，已由 2006 年的 2053 家增加至 2011 年的 4088 家，以奇瑞、江淮为代表的一批民营企业作用显著，直接推动了出口商品结构的优化和升级。

二是进出口商品结构不断优化。随着产业结构的调整和优化，传统初级农副产品的出口比重由 2004 年前的 10% 以上下降至 2010 年的 6.3%；工业制成品的出口比重不断攀升，2010 年已达 93.7%；全省高新技术产品 2011 年出口 29.3 亿美元，增长 41.6%，占全国总出口额的 17.2%。同时，进口商品结构也进一步优化。初级产品进口增加，改变了以工业制成品为主的进口商品结构。机械设备等资本品的进口，推动了传统产业升级和设备更新换代，加快了高新技术产业发展的步伐，为全省经济增长提供了动力。

三是出口市场多元化格局基本形成。2011 年，安徽省贸易伙伴已增加至 210 个，其中，对新兴市场出口占比达到 58.5%，比 2006 年提升了 10.6 个百分点；对新兴市场进出口总额达到 196.9 亿美元，比上年增长 35.2%，占全省进出口总额的 62.8%。可以看到，发达国家市场需求大幅萎缩，对亚洲、非洲、南美洲和大洋洲等新兴市场的出口却在不断增长，市场多元化格局已经形成。同时，新兴市场国家成为企业“走出去”的重要目的地，安徽企业的产品结构与新兴市场需求结构较为吻合，具有明显竞争优势。

（二）全省外贸发展存在制约

一是外贸增长动力不足。承接国外大型跨国公司产业转移的配套条件相对滞后，港口、码头建设条件明显落后于东部沿海省份。作为吸引国际大型跨国公司产业转移的重要载体，海关特殊监管区建设也相对落后于其他中部省份。

二是出口贸易增长较大程度上依赖本土企业。与国外大型跨国公司相比，本土企业在自主创新和产品研发方面仍存在差距。产品品质有待提升、产品结构尚需优化仍是未来外贸可持续发展面临的最大挑战。

三是外贸企业经营成本压力日益加大。首先，原材料价格较去年上升 15% ~30%；其次，企业用工成本上升与 2011 年相比增长约 20% ~30%；再次，融资成本中，对中小企业贷款利率通常在基准利率上浮 20% ~30%；最后，人民币汇率自 2005 年改革以来，已累计升值 28.5%，大幅增加了企业经营成本。

四是国际贸易摩擦不断增多。目前，安徽省许多中小企业，特别是化工、轻工、机电和农产品等领域企业面临越来越多的贸易摩擦，如欧盟各国针对服装、电子产品、食品等设立众多环保安全检测门槛；美国、加拿大、日本、南美等国家和地区通常以反倾销为借口，不断提高贸易壁垒等。

五是对新兴市场的出口风险明显上升。目前，新兴市场国家存在市场规则不完善、法律环境不健全等问题，导致企业面临不确定的经营风险。如，安徽叉车集团面临南美市场的外汇管制和进口限制；巴西等国抬高进口关税，造成订单发货困难等。

二、皖江城市带承接产业转移情况及存在问题

自 2010 年 1 月国务院批复实施《皖江城市带承接产业转移示范区规划》以来，示范区内产业转移的集聚效应初步显现。截至 2011 年底，示范区到位资金 2874 亿元，增长 51.4%，占全省到位资金总量的 68.8%；吸引外商直接投资项目 173 个，投资总额 56.2 亿美元，其中外商投资 32 亿美元，三项均占全省总量的七成以上。通过建设皖江城市带承接产业转移示范区促进产业转移已初见成效。

（一）示范区承接沿海地区产业转移取得显著成效

一是各市优势产业明确，总体产业布局合

理。示范区内各市均确定了未来的产业发展重点，并结合比较优势，将汽车、机械设备、家用电器、建材等重点产业做大做强，快速提升优势产业竞争力。2011 年，合肥的电子信息产业、马鞍山的铁基材料产业、滁州的能源产业增幅分别达到 148.5%、135.6% 和 154.4%，高出各市工业平均增幅的数倍乃至 10 倍以上。

二是示范区对全省经济增长的贡献不断提升。2011 年，皖江城市带以占全省一半的土地面积和人口，贡献了占全省比重高达 67.6% 的 GDP，对全省经济增长的贡献率达 66.8%。

三是产业结构调整更趋明显。2010 年，安徽省三次产业结构比例由 2000 年的 26∶36∶38 调整为 13∶54∶33，工业比重大幅提升，第三产业比重略有下降。区内仅有合肥和宣城两市第三产业比重超过全省平均水平。可见，皖江城市带产业结构调整明显，但仍有较大提升空间。

四是示范区招商引资业绩斐然。近年来，示范区内各市实际利用外资额一直保持高速增长，产业转移已形成一定的产业集聚优势，吸引了较多的外来资金和项目。2011 年，示范区吸引外商投资项目 173 个，占全省外商直接投资项目总数的 74.9%；吸引外商投资 32 亿美元，占全省外商直接投资比重 75.2%（见表 2）。

表 2　皖江城市带承接产业转移主要指标

指　　标	全省		皖江城市带		占全省比重（%）	
	2010 年	2011 年	2010 年	2011 年	2010 年	2011 年
地区生产总值（亿元）	12359.3	15300.7	8406.8	10348.5	68.0	67.6
其中：第一产业（亿元）	1729.0	2015.3	816.1	953.6	47.2	47.3
第二产业（亿元）	6436.6	8309.4	4717.3	6051.6	73.3	72.8
第三产业（亿元）	4193.7	4976.0	2873.4	3343.3	68.5	67.2
地区固定资产投资（亿元）	11849.4	12147.8	8580.5	8385.0	72.4	69.0
开发区固定资产投资额（亿元）	3626.9	4030.1	2877.1	3205.3	79.3	79.5
地区实际利用外商直接投资（亿美元）	50.1	66.3	37.9	48.4	75.6	73.1
开发区实际利用外商直接投资（亿美元）	34.1	46.0	27.4	36.6	80.3	79.6
地区开发区实际利用省外资金（亿元）	2113.8	2755.8	1680.6	2037.0	79.5	77.6
开发区实际利用省内资金（亿元）	732.1	—	560.3	—	76.5	—

五是可持续发展能力逐步形成。示范区坚持生态环保和资源节约理念，更加注重“挑商选资”和优化项目结构。2011 年，示范区冶金、化工、建材等高耗能产业占工业增加值比重由上年的 41.6% 下降至 39.6%；汽车、装备、家电、纺织等传统优势产业实现工业增加值增长 22.47%。2012 年以来，高新技术产业增加值增长 39.9%，产业优化转型效应不断凸显。

（二）示范区产业转移和招商引资中存在的问题

一是产业转移的区域竞争日趋激烈。当前，长三角、珠三角等地区产业转移步伐不断加大，中西部地区也加快了产业承接的步伐。自 2010 年国务院批复皖江示范区承接产业转移规划以来，国家发改委已批复成立了广西桂东、湖南湘南、重庆沿江、湖北荆州等四个国家承接示范区，中西部省份在产业承接领域竞争激烈，竞相出台吸引大资金和大项目的优惠政策。其中，安徽省发展相对滞后。一方面，全省主要经济指标相对落后于东部沿海省份，高效融资、物流等服务体系尚未形成，面临经济赶超的艰巨任务；另一方面，要素成本优势正在逐渐丧失，土地紧缺、劳动力成本上升等问题使示范区承接产业转移的内生性优势不足，正面临着来自西部省份的巨大挑战。

二是产业发展出现同质化倾向。目前，省内各市虽已确定了重点发展产业并进行科学规划，仍存在产业同质化布局问题。如，太阳能光伏产业几乎被列入所有皖江城市重点产业目录，而该行业国内市场已呈饱和状态，未来可能出现低价恶性竞争现象。同时，资源开发、加工、装备制造等产业也在目录中多次出现。

三是产业配套服务水平有待提升。一方面，部分地区土地集约利用面临较大压力，用地指标紧张，以致引进项目难以落地；另一方面，部分城市产业配套条件尚不完备，生产性服务水平有待提升，致使关联产业和配套中小企业发展不充分。

三、未来发展的政策建议

（一）支持企业开拓新兴市场

随着新兴市场在安徽省外贸增长中的重要性不断提升，对新兴市场的开拓将成为未来安徽企业发展的战略重点，因此，建议对于出口到新兴市场和其他发展中国家的产品给予更优惠的出口退税政策。针对企业反映的有关发展中国家市场规则不健全、风险较大等问题，建议加大出口信保政策支持力度，进一步降低企业开拓新兴市场的风险，保护其海外权益。

（二）加强对外贸企业特别是中小企业的融资支持

一般而言，外贸企业特别是中小型贸易企业在贷款中存在资金需求急、结算周期短、资产抵押不足等特点，易受成本上升等不利因素影响。建议加强对该类企业的信贷支持，创新如允许合同质押、汇单质押等信贷方式，加强财政等担保支持力度。

（三）帮助企业积极应对贸易壁垒

对不利于安徽企业利用的贸易壁垒和政策，当地政府要及时给予抵制和反击，降低损失，同时避免和遏制他国效仿。对于已经出台的不合理贸易壁垒，要帮助企业积极应对和协调，必要时成立专门机构研究并应对此类贸易壁垒和纠纷。

（四）科学布局示范区各市主导产业，体现差异化竞争优势

为避免各市之间出现产业同质化竞争，建议对皖江城市带产业总体布局进行省级统筹协调，加强对各市的产业指导，并紧扣当地优势，进一步细化优势产业和主导产业，实施产业差异化战略，形成合理的产业布局，真正凸显皖江城市带产业不同于东部沿海和其他中西部省份的独特区域优势。

（五）完善承接产业转移基础配套设施

一是解决土地指标问题。相关国土规划要具备前瞻性和长远性，为未来大规模承接产业转移预留足够空间。

二是强化产业配套能力。部分优势产业，如汽车及零部件等存在配套企业规模较小、数量较多、竞争力较弱等问题，应对其产业集群进行整合，培育和发展龙头企业，形成规模经济，着力提升产业链的整体竞争力。

三是加快相关载体建设。在合肥、芜湖、马鞍山等外向型经济发展较快的城市进行试点，扩大和完善现有出口加工区、保税港区的功能，不断缩小安徽与沿海地区在软硬件设施方面存在的差距，着力构建高效的贸易投资便利化服务平台。同时，着力完善省内和省际物流运输体系，逐步增加沿江主要港口城市到东部沿海城市、国外主要港口的多式联运路线。

加快推进我国城镇化改革的路径分析

国家发展和改革委员会经济体制与管理研究所 赵雪峰 孙长学

“十二五”时期是我国由中等收入国家向中上收入国家跃升的关键时期，也是我国城镇化发展的战略节点期。当前，我国迎来城乡人口构成转型的拐点。统计数据显示，至2011年底，全国城镇人口为69079万人，乡村人口为65656万人，城镇人口比重首次超过一半，达到51.27%，意味着我国从形式上将由农村社会步入城市社会。与此同时，按照目前的发展速度，原定到“十二五”期末城镇化率提高到51.5%的目标将提前实现，而且有可能进一步提速，意味着每年至少要增加1000万城镇人口，这对促进我国内需增长和服务业比重的提升等都具有十分关键的作用。

由此，统筹城乡发展，围绕大力推进城镇化深化改革，进而逐步破除城乡二元结构，实现城乡一体化，是我国面临的最重要的战略任务之一，也是跨越“中等收入陷阱”，进入高收入国家不可逾越的历史阶段。基于这一认识，宜将围绕加快城镇化深化改革，作为转型时期新的改革战略重点之一加以系统考虑和顶层设计。

一、破解城乡二元体制，加快城镇化发展是解决重大结构性失衡问题的内在驱动

改革开放以来，我国的城镇化发展取得了显著成绩，人口城镇化率平均每年提高1个百分点。特别是1996～2011年，城镇化率从29%提高到51%，年均提高1.4个百分点。然而，我国城镇化发展水平仍低于世界平均水平，也低于世界同等发展水平国家的城镇化水平，更是远远落后于我国工业化、现代化的发展水平。还应注意的是，现行城镇化率统计口径中包括了进城就业、居住半年以上的流动人口（主要是农民工），这部分人口在统计上已被计入城镇人口，但在住房、教育、医疗、社会保障等公共服务领域却无法享有与城镇居民相同的待遇，并没有完全“市民化”。

城镇化的严重滞后，无论对转变经济发展方式，还是完善社会主义市场经济体制，都产生了基础性的牵制作用。内需同外需的失衡、投资与消费的失衡、部分工业产能过剩和服务业总体滞后的失衡、城乡差距扩大的失衡等，都与我国城镇化滞后有着基础性的必然联系。甚至可以说，结构失衡是“表”，城镇化滞后才是“里”。因此，需要从启动国内需求和促进经济结构调整的战略高度，确立围绕加快城镇化的改革战略重点，有序破解城乡二元结构和城市二元结构，协同推进中国特色的新型城镇化、新型工业化和社会主义新农村建设。

二、统筹城乡改革需要全局设计、全国统筹和地方创新的统一

全国与地方的统一表现在：统一的市场体系下，建立农村和城市资源双向有序流动的机制。因此，加强城乡一体化的全局设计和全国统筹，就要在全国范围内统筹推进户籍制度、住房、教育、医疗、社会保障等一系列制度改革和创新，让广大农村居民享有与市民完全一致的权益，实现真正意义上的城乡一体化。

目前，全国各地形成了一批各具特色的统

筹城乡改革试验区，各级统筹城乡综合配套改革试验区应进一步突出体制的针对性，探索破解城乡二元劳动力结构、城乡二元土地结构、城乡二元产权制度的有序途径，把加快城镇化进程作为改革试验区的核心目标。建议中央适时安排以适应城镇化趋势为主题的农村工作会议，在“农村综合改革”、“新农村建设”等重大农村改革中，加入适应城镇化趋势的体制机制创新内容，重点对农村土地制度、农村产权制度进行创新。相关农村工作部门、农村管理部门在制订农村发展政策与规划中，宜突出城镇化趋势中的管理创新内容，实现在工业化、城镇化进程中以工促农、以城带乡，并且推进工业化、城镇化和农业现代化“三化”的协调发展。

三、从五个方面积极探索加快城镇化深化改革

（一）加快户籍制度改革，稳步推进农业转移人口转为城镇居民

以因地制宜、分步推进为原则，有序放开进城落户的门槛，逐步取消对于农民工进城定居的种种或明或暗的制度性限制和障碍，实行以固定居住、稳定就业和收入来源为户口准入条件。探索构建居住自由、迁移登记、城乡统一的一元户籍制度，通过统一标准的社会服务体系，加快建立城乡一体化的社会管理体制。

（二）加快土地制度改革，稳步推进征地制度与城镇化相适应

改革土地制度要坚持土地配置的市场取向不动摇，跳出政府垄断土地批租和土地财政的权力配置框架，着力解决征地模式和土地一级市场的运行机制问题。完善征地补偿机制，建立按照价值规律和供求关系决定征地价格的机制，充分体现农民对土地的权益。

（三）加快推进城乡基本公共服务均等化，逐步缩小外来人口和当地户籍人口的公共服务差距

实现基本公共服务制度城乡对接，重点实现基本养老保险、医疗保险的城乡制度整合、衔接和关系转续。将以农民工为主体的外来流动就业人口纳入人均 GDP、人均财政收入、人均建设用地、人均住宅、人均教育支出、人均卫生支出、人均社会保障费用等指标统计范畴。相应地，将农民工公共服务问题列入各级城镇政府年度财政预算，将农民工及其家属对教育、医疗、安全、住房等公共服务需求纳入城镇总体规划。确保各地 90% 以上的农民工子女能够进入公办学校或政府委托的承担义务教育任务的民办学校就读，接受免费义务教育。健全农民工的城镇住房保障体系，多渠道多形式改善农民工居住条件。建立市场提供、企业用工提供和政府政策性提供的多元住房体系，采取多种方式将符合条件的农民工纳入城镇住房保障体系。

（四）加快消除制约城乡协调发展的体制性障碍，促进公共资源在城乡之间均衡配置、生产要素在城乡之间自由流动

形成城乡统一的生产要素市场。加快建立城乡统一的人力资源市场，形成城乡劳动者平等的就业制度，在准入上赋予农民工在城市平等就业和享受基本公共服务的权利。实行同工同酬，农民工获得同等劳动报酬权，建立市场化的工资形成机制。建立健全劳动关系集体协商和谈判机制，形成农民工工资的正常合理增长机制。

（五）增强中小城市和重点城镇的要素积聚和配套能力，鼓励农民工就近市民化

加强区域规划的协调作用，通过产业政策的引导，形成以大城市为中心、中小城市和小城镇为支撑的城市群和都市圈。把加强中小城市和小城镇发展作为提高城镇发展质量的重点，加大国家对小城镇基础设施和公共服务体系建设的投资，把中心镇、重点镇建设成为生产要素集聚和承载农村人口转移的重要区域。加快城镇内部劳动密集型产业的发展，制定有利于扩大非农就业的产业政策和企业支持政策，加快城镇内部的产业发展与就业岗位的创造，

增强城镇的自主发展能力与人口吸纳能力。

完善加快小城镇发展的财税、投融资等配套政策，安排年度土地利用计划要支持中小城市和小城镇发展。农村宅基地和村庄整理所节约的土地首先要补充耕地；调剂为建设用地的，在县域内按照土地利用总体规划使用，纳入年度土地利用计划，主要用于产业集聚发展，方便农民就近转移就业。继续推进扩权强县改革试点，推动经济发展快、人口吸纳能力强的镇行政管理体制改革，根据经济社会发展的需要，下放管理权限，合理设置机构和配备人员编制。

绿色发展的国际经验及启示

国家发展和改革委员会国土开发与地区经济研究所　卢伟

进入新世纪，特别是近几年来，各国普遍认识到，发展绿色经济是化解经济发展与资源环境矛盾的必然选择。在应对2008年金融危机中，不少国家开始实施“绿色新政”，并以此来谋划后危机时代的发展。

一、世界各国的绿色经济发展措施

（一）日本：绿色发展“四大战略”与环境政策草案

为实现绿色经济发展，日本制定了“四大战略”：一是加强节能法的执行力度，即“限制战略”；二是在政府和经济团联间达成协议，督促企业加强自我限制，即“协定战略”；三是建设几乎不排放温室气体核电站，即“原子战略”；四是呼吁人们控制使用石油等高污染能源，即“呼吁战略”。在四大战略指导下，2009年4月，日本环境省公布《绿色革命与社会变革》的政策草案，该草案提出：一是在学校等公共设施内设置太阳能发电设备；二是整顿并建设利用自行车的环境基础设施；三是为防止地球温室效应要保护和培植森林；四是利用生态点数积分普及节能家电；五是通过隔热翻修工程普及节能住宅；六是通过促进太阳能发电及电动汽车等长期的技术开发，并提出至2015年将环境产业打造成日本重要的支柱产业和经济增长核心驱动力量，环境产业的总规模达到100万亿日元，就业人口达220万人。

（二）韩国：《绿色增长国家战略》与《低碳绿色增长基本法》

2009年，韩国提出了《绿色增长国家战略》，确定了韩国2009年至2050年绿色增长总体目标和具体政策。核心内容包括：大力发展绿色技术产业，强化应对气候变化能力，提高能源自给率和能源福利，全面提升绿色竞争力；至2020年跻身全球“绿色七强”；至2050年进入全球“绿色五强”行列。随后，2010年，韩国公布了《低碳绿色增长基本法》施行令，规定了在2020年前将温室气体排放量减少至“排放预计量”的30%的目标，主要内容包括制定绿色增长国家战略，安排绿色经济产业、气候变化、能源等项目以及制定各机构和各单位的具体实行计划，还包括实行气候变化和能源目标管理、管理设定温室气体中长期的减排目标、构筑温室气体综合信息管理体制以及建立低碳交通体系等有关内容。

（三）美国：“绿色新政计划”与“新能源计划”

自奥巴马上任以来，美国一直实施“绿色新政计划”（即“绿色经济复兴计划”），具体包括节能增效、开发新能源、应对气候变化等多个方面的单项计划。其中，新能源的开发是绿色新政的核心。美国政府将建立 1500 亿美元的“清洁能源研发基金”，在未来 10 年进行可再生能源技术开发。同时，美国实施了“新能源发展计划”，包括发展高效电池、智能电网、碳储存和碳捕获、可再生能源如风能和太阳能等多项内容，并计划在未来两年斥资 1000 亿美元用于清洁能源免税、升级电网促进清洁能源利用以及降低公共建筑能耗等方面。

（四）欧盟：“战略能源技术计划”与“绿色经济发展计划”

2007 年底，欧盟公布了其战略能源技术计划（SET－Plan）的技术路线图及低碳技术开发的投资数额及方向，并对风能、太阳能、电网、生物能、碳捕获与封存（CCS）、可持续核能等优先领域的技术开发、部署、研究、实施、投资、取得的主要成果等进行了详细的规划。2009 年，欧盟正式启动了“绿色经济发展计划”。根据计划安排，2013 年以前，欧盟将投资 1050 亿欧元用于“绿色经济”的培育、支持与建设。这一计划既包括新能源、新材料和新产品等技术的研发、应用和推广，也包括现有产业经济的技术革新和改造，还包括以“减排”为目标的能源替代和工艺创新。

二、世界各国发展绿色经济的成功经验

（一）绿色领域投资具有明显的经济社会效益

绿色投资主要集中在能源效率（包括建筑、低碳汽车和公共交通）和可再生能源领域。根据世界资源研究所对美国经济刺激方案的评价结果，每向绿色领域投入 10 亿美元，可以创造 3 万个就业岗位，取得 4.5 亿美元的节能效果。实践证明，尽管可再生能源只占到全球主要能源的 2%，但可再生能源行业已为全球约 230 万人提供了工作岗位。

（二）绿色科技创新是绿色经济发展的源动力

投资绿色科技创新是发达国家发展绿色经济的核心路径，技术的突破是可再生能源能否高效利用的关键。德国政府实施了“高科技战略”规划，持续投入 40 亿欧元用于支持和奖励企业可再生能源创新，保持其在能源利用技术研发经费投入上实现了高速持续增长。日本依靠政策引导开发出了一系列世界前沿低碳绿色技术，包括混合动力车技术、关键的零部件与材料技术、太阳能发电技术、普及节能家电技术等。近年来，日本不断研发的低碳绿色技术使能源利用效率大幅提高，新能源开发利用展现出扭亏为盈的倍增趋势。

（三）完善的绿色制度体系是绿色经济发展的保障

经验表明，建立一套国家绿色低碳化发展的机制是绿色经济取得成效的重要保障，主要包括建立完善的促进绿色经济发展的法律标准体系，管理、服务机构以及工作制度，推行绿色税收制度，通过发展小额信贷推广可再生能源技术，构建生产者联盟和健全的监测体系，实行个人消费碳排放可视化制度等内容。完善的法律法规对日本十年循环型社会建设和环保产业发展贡献显著。通过设立绿色税制、以及在商品上标明制造和运输过程中的污染排放量，大大增强了日本消费者的环保意识。同时，严格的标准体系（如燃料经济性标准）在控制美国和欧盟的机动车污染等问题上也卓有成效。此外，发达国家十分重视国民作用，积极鼓励国民了解“绿色新政”的意义、重要性和做法，从而参与到绿色经济的建设中。

（四）经济激励政策组合是绿色经济发展的主要推动力

许多发达国家将经济激励作为最基本的推进绿色经济的手段之一。一般来说，其政策激励方式主要有财政补贴、税收减免、信贷优惠三类；其推动资金主要有政府的财政拨款和公

益基金两类。在可再生能源领域，发达国家利用财税政策推动高效能汽车的生产和销售，美国日本等国的燃油税和其他车辆税费政策、日本居民屋顶并网光伏发电系统的投资补贴政策、美国联邦政府的光伏投资税减免政策、德国的固定电价政策都切实提高了能源的利用效率和促进了新能源的推广应用。财政激励对于能效产品和技术的应用有较大的帮助，但如果没有设计好，会导致大量资金投入却没有对市场产生较大影响的结果。为避免这种情形发生，发达国家一般将财政激励用于那些初始成本较高、但会随着需求增加不断降低的新技术。这种产业初创期的政策扶持与普适性政策相比，不仅体现出对加强基础设施建设的支持，而且具有明确时效性和限量指标，从而通过有限的政策扶持弥补了市场机制的短期失灵。

三、国际组织开展绿色经济相关研究的观点

联合国环境署、经合组织等国际组织近年来开展了大量绿色经济的相关研究，其研究重点在发展绿色经济的重点领域及政策建议。

在政策框架领域，经合组织认为，一部分经济政策对各国走绿色增长之路造成了制约，包括对环境有害的补贴、环境产品和服务贸易的关税及非关税壁垒、效率低下的监管干预和相互冲突的政策工具等。如税收信贷及增加社会福利来实施绿色税收改革，再如交易碳税或碳排放权交易计划中已拍卖的许可证，在这一方面，联合国环境署则建议通过建立健全的监管框架、将政府投资和支出优先投入能刺激行业绿化的领域、限制耗竭自然资本的领域的支出、运用税务和市场工具改变消费者偏好、促进绿色投资和创新、投资于能力构建和培训以及加强国际治理等方面促成绿色经济的发展。

在能源领域，经合组织认为，投资能源效率具有能源安全感提高、能源成本降低，环境得以改善等三项重要优势。而更好地利用可再生能源有助于实现多重政策目标，包括减少二氧化碳排放和地方污染，以及提高能源安全等。实现向可持续能源市场大规模一体化的平稳过渡需要对现有市场进行深入变革，经过变革的市场应当对碳和其他外部效应进行适当定价，帮助发展适应大规模可再生能源技术融合的基础设施。一旦实现这一目标，就应当逐渐减少对可再生能源技术的特殊支持，转而由消费需求和总体市场力量推动这些技术的应用。

中国低碳生态城市发展现状、问题及建议

国家发展和改革委员会城市和小城镇改革发展中心　文　辉　倪碧野　白　玮

“生态城市”的规划建设作为一种协调可持续的城市发展新模式，逐渐成为世界各国降低资源能源消耗、转变传统发展模式、谋求城市新兴竞争力的重要途径。同时，以实现低碳为目的的各种规划建设方面的技术手段也日益成为生态城市规划建设的抓手，为更好地实现生态环境保护与可持续发展增强了可操作性。因此，近年来无论在国内还是国外，对于低碳

生态城市的理论探索和规划建设都在持续升温。

一、我国生态城市发展现状

（一）生态城市发展理念逐步深入贯彻到各城市发展战略中

1994年，继世界环境与发展大会后，中国政府率先发布了《中国21世纪议程——中国21世纪人口、环境与发展白皮书》，并出台《全国生态示范区建设规划纲要》（1996－2050）等一系列指导政策，将生态城市发展理念逐渐融入国家级规划的编制和实践中，指导各地国民经济和社会发展计划的制定。许多城市相继制定实施了“可持续发展的指标体系”，开展了生态示范区的建设与试点。生态城市、园林城市、卫生城市等越来越多地成为中国许多城市规划与建设的目标。

（二）中央各部委出台政策积极推进中国特色低碳生态城市试点

2010年8月，国家发改委启动五省八市低碳试点工作，承担低碳试点工作的广东、辽宁、湖北、陕西、云南五省和天津、重庆、深圳、厦门、杭州、南昌、贵阳、保定八市将应对气候变化工作全面纳入地区“十二五”规划，并明确提出本地区控制温室气体排放的行动目标、重点任务和具体措施，建立温室气体排放数据统计和管理体系，积极倡导低碳绿色生活方式和消费模式，以降低碳排放强度。

2011年6月，住房和城乡建设部发布了《住房和城乡建设部低碳生态城（镇）申报管理暂行办法》，规定申报试点应具备5个基本条件。同年9月，住建部、财政部和国家发改委联合发布了《绿色低碳重点小城镇建设评价指标（试行）》，进一步明确了试点示范的遴选、评价和指导工作要求。同时，在城乡统筹发展目标的指导和要求下，正式启动了7个绿色小城镇和绿色村庄试点项目。“十二五”期间，该项目试点范围将增加至100个，标志着低碳生态规划项目正不断向小城镇和乡村延伸。

（三）各地开展多种形式的低碳生态城市建设实践

截至2011年2月，中国287个地级以上城市中，提出“低碳生态城市”有关建设目标的城市已达259个，占比90.2%。可见，低碳生态城市已经广泛渗透到政府倡导的建设实践层面，中国正成为世界上探索低碳生态城市建设最为积极和主动的国家之一。

根据用地性质和开发区建设模式的不同，我国的低碳生态城市可分为两类。

一是新建地区的生态城市实践。以中新天津生态城和曹妃甸生态城为代表，在开发建设过程中需要保证以盐碱地、滩涂地等未利用地的生态化恢复和改造为前提，尽量不占用耕地或实现占补平衡。目前，国内所进行的生态城市实践多数属于这种类型。这一类型的生态城市实践受现状约束性因素相对较少，因此，规划设计和建设发展的余地较大，可通过制定相对完整的指标体系来实现生态城市有关的规划设计理念和技术，全方位开展建设活动。但也存在明显缺点，主要表现在大量依靠政府投资、建设成本相对较高、人口集聚和产业集聚需要依托周边城市辐射力等。

二是既有改造的生态城市。主要是指对原有城镇进行生态化改造，即根据当地的现状发展水平和特色，兼顾低成本高效益的原则，利用适宜的低碳生态技术，逐渐改变原有不合理的生活方式和发展方式，实现经济、社会、环境协调可持续发展。相对于新建地区的生态城市实践，这一类型的生态城市实践相对推进速度慢、见效慢，实践过程中需要政府加强扶持和保证长期一贯的积极引导，但也是未来低碳生态城市发展过程中前景最为广阔的一种类型。

二、生态城市存在瓶颈制约

（一）理论体系尚不完整

低碳生态城市概念较为混乱，理论基础相

对薄弱，尚未形成完整的理论体系。不同领域专家对低碳生态城市的认知和侧重不同，导致国内生态学界没有能够与规划界和其他学科联合起来，国内生态城市已有的研究和实践没有对城市规划和城市的可持续发展产生更加积极的意义。

此外，在研究领域也存在忽略与中国实际相结合、照搬国内外理论的现象。中国的国情是人多地少，而开展生态城市实践活动的前提之一就是要保证耕地不减少，并尽可能提高现有土地利用效率，如果违反了这个前提，在破坏自然环境基础上建造出来的所谓“低碳生态城市”反而是对低碳生态发展理念的违背。上海东滩生态城和廊坊万庄生态城就是因为生态城开发占用了农用地等土地性质问题，导致生态建设陷入困境。

（二）发展路径不均衡

一是重微观指标设计轻宏观指标建立。目前，国内低碳生态城市试点建设尚处于探索阶段，未出台全国性的生态城市综合评价指标体系，缺乏对实践过程中成功案例经验和失败案例教训的总结，导致地方实践工作缺乏规范引导。在制定各项指标体系的过程中，存在目的不清、导向不明的问题。在建设过程中，存在着动机不够清晰、盲目跟风、以偏概全、一味强调政绩工程的现象。

二是重大城市轻中小城市。从时间和地理分布上来看，东部沿海地区提出建设生态城市发展目标呈现提出时间早、分布密度高的特点，当前开展生态城市实践活动最为积极的多数也是经济较为发达的城市（城区），如北京、上海、天津、无锡、武汉、深圳等。相对而言，很多中小城镇虽然也在不同程度上进行一些探索实践活动，但对于生态城市的相关宣传和报道中少有涉及，以至于造成了一种“生态城市等于经济发展水平高”的错误认识。实际上，中小城镇特别是经济落后地区更需要探索低碳生态发展新模式，避免走传统上以牺牲生态环境换取经济发展的老路。这些地区的试点经验对于指导未来中小城镇健康协调可持续发展将起到更为积极的作用。

三是重“新区”轻“旧城”。当前生态城市建设也存在盲目关注新城开发，忽视建成区生态改造的现象。一般而言，新建地区的生态城市建设见效较快，虽然一次性投入成本相对较高，但在多种因素的影响下，很多城市在进行生态城市实践时都首先选择“新城运动”，而推动慢、见效慢的建成区生态化改造往往被冷落。我国正在开展的一些生态城市实践，将地点选在自然基底良好的生态敏感区内进行开发建设，不但极大干扰了自然环境，同时也会破坏生物多样性，可能引发连锁性自然灾害的产生，对生态城市的建设造成安全隐患。

（三）盲目追求尖端技术

在技术层面，很多地方盲目追求高新尖的环保低碳技术，忽视了成本和风险控制。如上海世博会上展示的垃圾气力运输系统，由于技术新颖很快就得到了国内多个正在建设中的生态城市的青睐，争相引入。尽管此套设备具有全封闭、无需与垃圾接触、投入人力少等优点，但其本身却是一套高耗能的系统，在没有得到充分科学论证的前提下，大范围推广这种动辄投入上百亿的项目、盲目认为高投入就有高回报，实际与生态城市建设的初衷背道而驰。另一个典型例子是曾经红极一时的代表低碳新能源的光伏产业，各地均将其作为转变经济发展方式、调整能源结构、促进节能减排的重要手段，但其生产过程属于典型的高投入、高能耗、高污染产业，不考虑地方实际而一味迷信高新技术产业的做法，实际上违背了生态建设的内涵。

三、对策建议

（一）加快形成具有中国特色的低碳生态城市建设理论

在现有的发展基础上，将科学发展观、两型社会建设、城乡统筹示范区的理论和实践基础进行整合，同时融合中国传统文化和城市建设理念，形成具有中国特色的低碳生态城市建设理论体系。

（二）注重与中国发展阶段相适应的低碳生态城市规划建设

在研究借鉴国外低碳生态城市在规划、实践、建设、管理等经验的同时，更加重视与国内实践工作相结合，做到符合中国国情，不能盲目照搬国际经验而超越中国的发展阶段。

（三）注重政府引导与市场配置资源相结合

既要有从中央到地方的发展规划做引导，也要给市场留出发展空间。鼓励符合市场规律并能够真正促进地方经济、社会、环境可持续发展的资源要素在低碳生态城市规划建设过程中充分发挥作用。

（四）重视战略性新兴产业在低碳生态城市中的作用

重视对高新技术的开发应用及战略性新兴产业的发展，要因地制宜做好充分的科学论证，精确计算投入产出，避免盲目崇拜高新精尖技术造成人力物力的极大浪费，违背低碳生态理念中集约高效利用资源的初衷。

（五）加强公众参与，使低碳生态城市真正为民所用，为民所享

城市是人们居住生活的区域，构筑低碳生态城市的最终目标应是为当地居民提供更加健康舒适的生产生活环境。因此，在加强城市规划建设过程中，要充分体现公众参与生态建设的以人为本的理念。

广东省发展工业设计促进制造业转型升级的经验及启示

国家发展和改革委员会宏观经济研究院《宏观经济研究》编辑部主任　王晓红

工业设计是一种科技含量较高的生产性服务业，是综合运用科技、艺术、经济等知识，对工业产品的外观、功能、结构、包装、品牌进行提升优化的集成创新活动。加快发展工业设计，对于提高企业创新能力，创建自主品牌，推动制造业转型升级，提升产业国际竞争力具有重要意义。英国、德国、日本、韩国以及我国台湾、香港等地区，都曾有过利用工业设计带动商品出口、塑造自主品牌，实现产业升级的成功经验。目前，我国正处于加快转变经济发展方式、促进产业优化升级的历史时期，大力倡导工业设计、建立和完善设计创新体系、加快设计成果产业化、提高工业设计的整体发展质量显得尤为重要。

一、广东发展工业设计的状况和经验

广东省是我国工业设计活动起步最早的地区之一。近年来，其工业设计产业以深圳、广州、顺德、东莞等城市为主要聚集地快速发展，产业规模和影响力全国领先。广东在全国率先开展了工业设计师职业资格和工业设计示范基地及企业的评定工作，引导工业企业加大设计投入；率先设立了“省长杯”工业设计大奖，建立工业设计成果奖励制度；率先探索了工业设计教育改革，以粤港合作方式建设广东工业设计培训学院。

目前，全省已经形成了以政府为指导，以制造企业、设计公司为主体，以产业园区、基

地为依托，以各类公共服务平台为支撑，以协会组织为协调，以院校、研究培训机构为人才培养载体的综合服务体系。省内制造企业重视设计，设计公司效益增长，设计市场交易活跃，设计园区聚集度高，已初步形成了“设计产业化，产业设计化，设计人才职业化，设计成果市场化”的发展模式。深圳作为我国第一个被联合国教科文组织命名的“设计之都”，充分利用区位优势，建成了“粤港工业设计走廊”，基本形成了设计服务业空间布局。

（一）形成以创新设计引领传统产业转型升级的良好态势

目前，全省共有专业工业设计公司700多家，制造企业的工业设计部门4000多家，成为推动设计创新的主导力量。2010年，在全省大型企业中，从事工业设计的技术人员占员工总数比例为4.8%；工业设计相关专利申请量79个，授权量59个。在全省中小型家电和电子通讯企业中，通过组建设计部门或外包设计项目等途径，开发具有自主知识产权新产品的企业占企业总量的23%。华为、中兴、TCL、美的、广汽等设计创新型企业已成为引领全省产业升级的龙头；浪尖、嘉兰图、毅昌、中世纵横、大业等一批专业化工业设计公司创新能力显著增强，成为全国工业设计的领军企业。据调查，目前工业设计对全省经济增长的贡献率达28%。在实施工业设计战略的企业中，有80%的企业开拓了新产品市场，70%的企业降低了产品成本，而40%的利润和25%的销售增长均来自工业设计。近年来，制造企业对工业设计投入达到50亿元/年；美的、TCL、康佳、创维等年销售额过百亿的大型企业，平均设计研发投入占销售额的2.5%。

（二）设计创意园区成为设计企业发展的重要载体

2010年，全省共有设计创意园区46家，广东工业设计城、深圳田面设计之都、深圳设计产业园、深圳F518创意园、广州设计港等工业设计园区均加速了设计资源的集聚。广东工业设计城和深圳田面设计之都两个园区中的设计企业集聚程度高、规模效益好、设计成果产业化率高。其中，广东工业设计城已成为工信部授牌的示范基地。目前，广东工业设计城已经聚集和培养了70多家国内外优秀设计企业和700多名设计师，每年专利申请和授权量均超过500件，为制造业提供设计服务3000多项，营业收入年均增长30%以上。园区通过举办“广东工业设计走进产业集群”活动，组织设计企业走进江门、阳江、开平、东莞、中山等产业集群，了解制造企业的需求，加深对工业设计的认识，扩大了设计市场。

（三）公共服务平台成为设计创新的重要支撑

目前，全省建成设计创新平台32个。其中，围绕工业设计产业化，着力打造了交易、金融、专利、人才引进和培训、共性技术研发、品牌推介等六大服务平台。同时，广东省经信委还扶持建设了一系列技术服务平台，如创意产品孵化和交易平台、工业设计材料平台、工业设计快速成型技术开发平台、工业设计信息知识库系统平台、工业设计虚拟现实数据信息化平台、工业设计价值评价体系研究与应用平台、工业设计色彩标准应用技术及推广平台、老年人交通工具创新平台、人机工学应用推广平台等，为设计服务提供了良好的技术支撑。

（四）多层次教育培训体系解决工业设计的人才短缺问题

广东省已基本建立起工业设计人才培养体系和职业能力评价体系。2009年，国内第一家工业设计培训学院在广东成立；2010年，全省115所高校中已有45所开设工业设计类的专业、系科，招生人数达3973人；2011年，广东工业设计研究生联合培养基地也在顺德启动。目前，全省共有6万多名工业设计从业人员，人才引进与实训平台正在逐步完善，广东工业设计城与国内12所高校签订了人才引进及实训基地协议，并组团带领园区内设计公司到武汉、长沙等地高校开展人才招聘活动，有效解决了设计公司的人才困境。

（五）产业政策为工业设计发展提供了良好环境

牢牢树立设计创新、技术创新和品牌创建“三位一体”的创新理念，为工业设计发展创造良好环境。为此，广东省政府颁布了《促进广东省工业设计发展的意见》，广州、深圳、东莞、佛山、珠海等城市也纷纷出台了工业设计扶持政策。通过制定各种鼓励政策，广东省引导制造企业运用工业设计提升产品创新能力，促进了设计与产业的对接。全省设立了工业设计专项资金，主要用于支持服务平台建设、人才培训、出国交流、研发项目、园区建设、开拓市场等方面。如广东工业设计城在研发、环境改造、配套设施建设等方面已得到各级政府资金支持超过1亿元。

二、广东发展工业设计的启示及政策建议

国家“十二五”规划纲要明确指出，要“加快发展研发设计业，促进工业设计从外观设计向高端综合设计服务转变”。为此，建议把工业设计作为推动产业转型升级和自主创新的重要手段纳入国家创新战略；把发展设计服务业作为解决大学生就业、提高生活品质、改善民生、建设资源节约型社会、实现绿色发展、科学发展的重要产业加以扶持。

（一）加强行业规划和引导

建议国家主管部门制定国家中长期工业设计发展规划并指导实施，有效贯彻落实工业设计产业政策，设立政府优秀工业设计奖，开展国家工业设计中心、工业设计示范基地认定等工作，加强行业宏观指导。

（二）加强财税政策和金融支持

建议实行设计企业按高新技术企业享受15%的所得税优惠政策，积极探索营业税减免、设备费增值税抵扣等政策；设立工业设计发展专项资金，用于支持承接国际重大设计项目、开拓国际设计市场、为中小制造商提供设计服务，以及设计师培训、国际交流、国际论坛、重大设计创新奖励等；支持条件成熟的设计公司上市，鼓励社会资本进入工业设计领域。

（三）建立设计人才评价和培养体系

建议建立工业设计师职称资格评定体系，稳定和扩大设计专业人才队伍。加强产学研合作，鼓励设计院校聘请企业设计师、设计经营管理者任教，鼓励设计企业建立院校实习基地。

（四）积极培育国内设计市场

建议通过多种方式宣传，引导企业重视设计和使用设计；加强工业设计与产业融合，鼓励制造企业向设计公司外包设计服务；加强制造企业设计费用投入和设计创新中心建设，鼓励有条件的大企业设立海外设计中心或收购海外设计机构。

（五）提升设计企业的国际竞争力

建议积极发展国际设计服务外包，支持具有承接国际设计业务能力的公司提高国际化运营能力，提高品牌国际影响力，成为具有较强竞争实力的国际化设计企业。加强国际合作，积极引进国外设计机构，支持建立国际设计战略联盟。支持有条件的设计公司到海外设立分支机构或跨国并购，扩大全球经营规模。

（六）规范发展设计创意园区

设计产业园区对于聚集企业、增强规模效应、辐射带动周边地区具有重要作用，但要充分考虑到当地的产业基础、人才基础、市场基础等环境条件，防止一哄而起和重复建设。应加强园区服务平台建设，严格入园企业标准，切实提高园区的运营质量、经济效益和专业化水平。

创新驱动制造业：天时地利人和

中国社会科学院工业经济研究所 周民良

2011年12月召开的中央经济工作会议提出，要牢牢把握发展实体经济这一坚实基础，努力营造鼓励脚踏实地、勤劳创业、实业致富的社会氛围。进一步做大做强制造业，建设现代强大制造国家，对于夯实实体经济基础，推动全面建设小康社会战略目标的实现具有重大意义。

一、只有过时的产品，没有过时的产业

（一）制造业的发展与国家竞争力的提升息息相关

改革开放以来，中国经济不断增强的过程也是制造业不断扩张的过程，制造业在创造就业、提供税收、促进出口创汇和带动城镇化方面发挥了巨大的作用。因此，增强制造业的竞争力是提升国家整体竞争力的关键。值得强调的是，制造业凝结了大量的技术创新产品，是各国技术创新的主战场。以美国为例，尽管美国制造业早就在经济中所占比重低于20%，但是制造业领域的技术创新却一直是美国技术创新的重点领域。1963～2003年40年的统计数据显示，制造业获得的专利占全美专利总量的90%。可见在包含了技术创新的市场竞争中，没有过时、夕阳的制造业，只有过时、落后的制造产品。

（二）制造业仍存在着巨大的市场需求

供给方面，随着技术创新的深化，将会有越来越多的制造业产品被创造出来。技术创新的推动，还会带来数量众多的新材料、新能源、新生物产品，推动人类生产生活的革命性改变。需求方面，随着全球人口的增多、收入的增加，购买力将进一步扩大，将创造更大规模和更高水平制造业产品的市场需求。从现实走向未来，制造业永远具有生命力。

二、大量中小制造业企业既面临严酷的市场竞争，又得不到金融政策的有效支持

数据显示，中国制造业在全球所占比重与中国人口所占比重相当，制造业在提升国家竞争力中发挥了重要的作用。在制造业发展的历程中，沿海地区制造业在全国制造业的整体增长中占据绝对优势，中国制造的生产优势逐渐由劳动密集型产业向资本密集型产业延伸，一批有影响力的制造企业脱颖而出，在国内外的市场竞争力不断增强。

（一）制造业发展中的隐忧和问题依然存在

中国制造业输往国际市场大多是低附加价值、低价格、高资源与劳动力投入型产品，进口的却多是高附加价值、高价格和高技术含量的产品，中国制造的产出效率和技术密集度不够高；受资源产品价格、土地价格、租住价格、劳动力成本等要素价格上升等影响，制造业的利润受到明显挤压；在跨国公司的产业转移和国内企业的代工生产中，中国的生产车间只停留在产业链条中微笑曲线的下端；本土民营企业面临着来自各方面利润增值的诱惑，出现去实业化、去制造化和个别地区的制造业空心化；不同企业面临的资源配置环境不同，大量中小制造业企业既面临严酷的市场竞争，同

时又得不到金融政策的有效支持；制造业总体还处在资本驱动、平面扩张阶段，创新仍没有成为制造业的主要推动力。所有这些，都将约束到制造业的质量提高和转型升级。

（二）做大做强制造业的有利条件依然众多

城镇化水平的持续提高和国家对低收入区域的扶持，将在引导居民致富过程中创造巨大的增量需求；西方国家对制造业产品需求下降的同时，新兴国家对制造业产品的需求增加；全国整体经济下行的过程，将进一步强化制造业企业的竞争态势，有助于企业挖掘内部潜力，转变企业的发展方式；由于经济发展和人才培养，资本和技术短缺的状况已经有较大程度的改变，有利于制造业增长的重心沿着劳动力密集型产业——资本密集型产业——技术密集型产业的通道阶梯式爬升，提升制造业的总体质量；日益增多的制造业企业会面向国内外两个市场进行资源配置，实现更有效率的资源组合；中央实行的重视实体经济和加强宏观调控的政策，将会为制造业发展创造更有利的环境。

三、实现制造业从平面式数量扩张到立体式质量提升的变化

（一）全球经济竞争还将主要集中在制造业领域

随着发达国家的再工业化和发展中国家的工业化，未来全球在制造业方面的竞争将进一步激化。中国改革开放后实现了从小到大的增长巨变，未来在实现全面小康的过程中，就必须实现制造业从平面式数量扩张到立体式质量提升的变化。

一是把中央有关发展实体经济的意志通过一系列发展制造业的政策贯彻下来。要通过政策调控和政策管理，解决制造业发展中不合理成本较快上涨的问题，创造有利于制造业发展的社会环境与社会氛围。同时，从国家层面上重视质量、标准、专利、环保等制度建设，引导制造业企业加强管理。此外，积极推动各级政府树立新的政绩观。通过一系列考核指标的调整，改变地方政府片面依赖投资扩大带动规模扩大的政绩观，使地方政府真正关注技术创新和结构优化的问题，使转变制造业发展方式通过考核指标的变化带来新的政绩指向反映出来。

二是推动制造业由投资推动向创新驱动的方向转变。应以纵向的政府政策支持为基础，鼓励企业横向整合区域内外的产学研资源。加快各地区制造业的技术改造、技术升级和新技术的产生，促进创新型省份、创新型城市、创新型园区、创新型企业的不断涌现，在经济增长中提高技术创新的贡献率，使创新成为沿海区域核心竞争力成长的推动力，建设包括学习型社会、知识型社会、要素集成和转化于一体的创新型社会，促进形成传统产业高端化、先进制造信息化、战略性新兴产业规模化、高新技术产业化的新格局。

三是围绕制造业的重大需求积极推进产学研合作。在合作中发掘制造业的技术需求和满足制造业的技术需求，高等院校和科研机构应主动为企业提供技术服务。鼓励企业成为区域技术创新投入、技术成果应用和专利申请的主要责任者，成为研究开发人员聚集的载体。建立以企业为依托的重大技术项目中试基地。支持有技术优势和特色的企业、科研院所、高等学校合作共建中试基地，鼓励大学和科研机构在各类园区设立开发机构，构建激励约束机制，促进科研机构更多地产出面向制造业需求的技术专利与诀窍。支持科技资源密集的重点城市推进科技创新综合配套改革、建设创新型城市。尤其是，加强国家对知识产权的保护，保护具有技术开发能力的创新型企业，激励创新型企业做大做强。通过深化体制改革，建立起政府、企业、研发人员与社会各界共同支持创新的新机制，提高资源的组织动员能力和协同集成能力，构筑创新成果产出、应用、评价的科学体系。

四是编制制造业各领域的技术前瞻和技术

进展报告。由各个行业协会经常与全球各领域制造业的前沿技术进行“对标”，定期预测全球各行业的技术走向，定期发布中国资本与技术密集型行业的市场竞争态势的监测报告。

（二）定期公布大型跨国公司的研发动向和相关行业的技术变化

加强重点企业与行业协会之间的技术合作，及时披露各类技术信息和技术需求。

一是积极解决众多企业面临的共性技术或者关键技术的问题。如，发动机技术广泛应用于汽车、飞机、船舶、运载火箭等领域，目前我国在上述领域的发动机大多依赖于国外的技术支撑，可围绕汽车、飞机、船舶等产业制造的密集区域，高标准地建设集成国内一流技术人才与技术成果的发动机学院和发动机研究院，解决关系国民经济诸多产业发展的共性技术和关键技术需求。同时，围绕专业镇、产业集群和产业密集带，建设服务于传统产业的共性技术突破平台。

二是大力支持重点行业和重点地区的创新行为。由于资源配置基础、行业和区域发展水平、依附于成长阶段的要素禀赋、未来发展需求等方面的差异，不能强求所有的行业和区域在一个水平上实现创新起步。要鼓励优势行业、潜力型行业、重点企业和重点区域在技术创新上率先推动，带动全行业、整个地区、所有企业都重视技术创新。

三是鼓励民营制造业企业做大做强。民营企业是天生的市场经济主体，要创造条件鼓励民营企业注重技术创新，加大力度保护民营企业的知识产权，支持民营企业的创新行为，维护民营企业的创新收益。为各类制造业企业创造公平竞争的环境，尤其是解决民营中小企业发展面临的融资难题。国际经验表明，中小企业对市场的反应更直接和迅速，也更加追求产品创新、工艺创新与市场开拓，小而精、小而强的企业是保持稳定就业和经济增长的内在动力。因而，解决各地中小制造企业面临的融资等问题，做强中小企业，不仅可以减少风险，而且可以增强微观经济的活力。

四是支持有条件的制造业企业跨国并购。在国际经济不景气情况短期难以改善的情况下，一些发达国家的制造业企业可能遭遇融资等方面的难题，其中不乏一些资产优良和拥有独门绝技的创新型企业。通过中国制造业企业的跨国并购，既可以解决这些企业的资本短缺问题，也可以解决我国制造业企业的技术不足问题，实现互利双赢。有关方面应进一步创造条件，支持企业在加强研究与论证基础上的并购行为。

五是鼓励两岸的制造业企业加强合作。随着海峡两岸和平发展氛围的形成，进一步加强两岸的分工合作，推动两岸企业进一步做大做强的条件日益具备。要在加强大陆制造业大平台建设中进一步吸纳台湾地区各类企业的投资，加强大陆大专院校、科研机构与台湾地区相关机构的专业联系，鼓励台湾地区有意愿的大专院校和科研机构在大陆设立分支机构并转化产品，为其创造更好的政策环境。

促进我国战略性新兴产业发展要培育国际顶级品牌

刘卓　李金华

2010年10月，《国务院关于加快培育和发展战略性新兴产业的决定》提出，要用20年时间加快培育和发展节能环保、新一代信息技术、生物、高端装备制造、新能源、新材料、新能源汽车等七大战略性新兴产业，到2015年实现增加值占国内生产总值8%左右，形成中国战略性新兴产业健康发展、协调推进的基本格局。怎样实施这一决定？如何振兴战略性新兴产业？中国社科院A类重大课题"战略性新兴产业背景下中国现代制造业体系的构建"课题组认为：要培植和发展战略性新兴产业就要培育国际顶级品牌。

一、培育国际顶级品牌的必要性

培育和发展战略性新兴行业，必须抢占先机，掌握行业生产的核心技术，把控行业关键产品的定价权，并保证行业在国际市场处于领先水平。而一个行业在国际市场上处于领军地位的重要标志，就是拥有国际著名的企业和国际著名品牌。

在现代市场经济背景下，品牌包括企业和产品的属性、价值、个性、利益、特质等，由品牌名称、品牌标志和商标构成，是生产者对消费者产品特征、质量、信誉等的保证和承诺。在高度发达的市场经济环境下，品牌已被赋予如思想情感、文化理念、道德诚信等更丰富、更广泛的内涵。

著名品牌对消费者购买商品有着显著的导向作用。因此，在这个层面上看，品牌有利于产品参与市场竞争，提高其市场占有率。同时，还应看到，无论是国内市场还是国际市场，产品的竞争就是品牌的竞争。品牌的竞争是一种包括产品技术、服务、文化在内的全方位竞争。可见，一个企业要在行业内立于不败之地，就必须打造出行业的国际顶级品牌。因此，我国要重点发展战略性新兴产业，就需要着眼于未来，实施品牌战略，培植新兴产业的国际顶级品牌。

现阶段，中国的传统优势产业是机电产品、家电、纺织服装、轻工及部分服务业，拥有较好的产业技术和市场基础，易于实施"品牌战略"，培育出国际品牌。而在信息技术、生命技术等高科技领域，中国产品的市场份额小，核心技术缺乏，缺少有影响力的国际知名品牌。因此，在战略性新兴产业发展的起步阶段，要立足将来，从节能环保产品、新一代信息技术、新材料、新能源、高端装备制造等行业入手，选准有潜力的企业，全力培植出此类行业的国际著名品牌。

二、培育国际顶级品牌的路径

培植和发展战略性新兴产业，加快促进我国产业加入国际分工体系，参于全球范围的国际竞争，最重要的路径就是要实施品牌战略。未来5~10年，建议实施三方面措施。

（一）在战略性新兴产业中遴选具有国际

竞争力潜质的企业，培植国际顶级品牌的依托企业

据2011年7月《财富》杂志发布的世界500强企业的最新排名，中国大陆共有61家公司进入世界500强排行榜，中国电子科技集团公司（排名第407位）、联想集团（第449位）、中国船舶重工集团公司（第462位）首次上榜，而电子及电子设备、信息技术服务、半导体、计算机软件、建筑和农业机械、互联网服务、制药等行业仍然没有公司上榜。由此可见，我国不仅战略性新兴行业的企业数量不多，而且在国际顶级品牌中也鲜见有中国的企业和品牌。因此，在培育和发展战略性新兴行业的过程中，最为关键的是遴选和培育实力雄厚、具有国际竞争力潜质的企业。

通过对目前国内企业实力进行比对分析，梳理出中国战略性新兴产业中具备国际竞争潜质的企业（见下表）。

产业类别	企业名称
新能源汽车	东风汽车集团、上海汽车集团、广州汽车集团、比亚迪汽车股份公司等
先进计算机	联想集团、方正集团等
生物制药	上海医药集团、中国医药集团、广州医药集团、哈药集团、南京医药、华北制药集团、江苏扬子江药业、太极集团等
高端装备制造	中国一拖集团（洛阳，大马力农机）、时风集团（潍坊，大马力农机）、西安飞机工业集团（航空）、上海飞机工业集团（航空）、沈阳机床集团（精密数控机床）、大连机床集团（精密数控机床）、沈阳机车车辆厂（高速铁路）、株洲电力机车厂（高速铁路）、唐山机车辆厂（高速铁路）、武昌车辆厂（高速铁路）等
新能源 新材料	无锡尚德电力控股公司（太阳能电池）、华锐风电科技集团（酒泉，风电整机）、新疆金风科技股份有限公司（风电整机）、英利绿色能源控股有限公司（保定，光伏）、江西赛维LDK太阳能高科技有限公司（新余，太阳能电池硅片）、保利协鑫能源公司（上海，多晶硅）、胜利动力机械集团有限公司（可再生能源燃气发电机组）、中通客车控股股份有限公司（山东聊城，新能源客车）、中国广东核电集团有限公司（风电、并网光伏电站）、新奥集团（生物质能，光伏）、江苏苏华达新材料有限公司（宿迁，浮法玻璃及在线镀膜玻璃）等。

（二）扶持依托企业掌握行业内核心技术，抢占行业内国际核心竞争力的优势

品牌的竞争，本质上是技术的竞争。掌握了一个行业关键产品的核心技术，就意味着掌控了一个行业的发展先机和一个行业在国际市场的定价权。对战略性新兴产业采取扩张性技术研发引进政策，可促成依托企业迅速掌握行业内重要产品的核心技术或关键技术。建议政府设立“战略性新兴行业核心技术研发专项基金”，并针对需要急于攻克的关键技术成立专门研发机构，汇集国际国内一流科研力量，进行技术攻关。要通过政策宽松、资金充裕、合作形式灵活的技术攻关政策，引进技术造诣高深、在某一专业或领域担当开拓人、奠基人的国际著名科学家；对某项技术发展有过重大贡献、在业内得到普遍认可、其成果处于本行业或本领域前沿的国际著名专家；主持过国际大型制造科研或工程项目、拥有重大制造技术发明、专利等自主知识或专有技术的知名专家，加盟战略性行业关键技术的研发。

要建设战略性新兴行业研发基地，引导依托企业自主开发、联合开发或与国外具有先进技术水平的企业合作开发行业内重要产品的最新技术，重点攻关重大技术装备和重要基础装备的尖端技术，在立足自主研发的基础上实现再创新和自主创造，通过广泛开发、联合设计、联合制造，实现由“中国制造”到“中国创造”的转变；要通过技术研发基地的建

设和培育，尽快形成战略性新兴行业研发机构群。

同时，要开展多种形式的专利技术贸易，如购买技术资料和图纸、购买专利技术使用权，有组织、有步骤地指导依托企业做好引进技术的准备工作，帮助企业在集中现有技术、资金、设施和力量的基础上，不断提高对引进技术的消化吸收能力，增强自身的创新能力。

（三）启动实施“国家战略性新兴产业品牌战略工程”，立体打造中国战略性新兴产业的国际顶级品牌

品牌战略就是选择、培育、宣传和保护某一品牌，使之逐步享有盛誉，并充分发挥品牌效应来促进品牌和企业本身发展壮大的过程。我国的品牌战略不仅是一个企业行为，而且要上升为一种由若干企业具体实施、政府宏观领导和把控的政府行为。在国家大力发展战略性新兴产业的背景下，监控和整合各类资源，推动实施“品牌战略”，培育战略性新兴产业的国际顶级品牌，应该成为政府的重要职能之一。

政府要依据战略性新兴产业发展需要，依托企业建立国际人才交流平台，引进和培养国际市场营销人才，在世界500强企业、国际著名跨国公司中担任营销策划或经营管理高层职务的人才，进行战略性新兴行业关键产品的品牌策划、品牌包装、品牌宣传和品牌保护。

对于已有较高知名度的品牌，要立足扩大原有品牌的国际影响力，着力提高品牌在国际市场的占有份额，扩大品牌的经济效应，将其培养成行业内国际顶级品牌；对尚无国际影响的企业，要致力于新品牌的创立，通过掌握关键技术、提升产品质量、提高售后服务水平以及建设营销网络，逐步形成品牌在国际市场上极高的知名度、信誉度、较大的市场份额和巨大的经济效益，进而成为行业内的国际顶级品牌。

（作者：李金华，中国社科院数量经济与技术经济研究所研究员、博士生导师；刘卓，北京工业大学经管学院）

老工业基地从改革突围到振兴跨越的发展奇迹

——关于铁西区十年巨变的调研报告

2012年是中央实施振兴东北老工业基地战略的第10个年头，也是铁西区与沈阳经济技术开发区合署办公10周年。10年来，铁西区紧紧围绕推动老工业基地调整改造和全面振兴，勇于探索，奋力拼搏，取得了令人瞩目的成就。先后获得“老工业基地调整改造暨装备制造业发展示范区”、“改革开放30年全国18个重大典型地区”等荣誉，创造了老工业基地从改革突围到振兴跨越的发展奇迹。

一、发展成绩

随着经济体制改革的不断深入，铁西区作为国有企业集中的老工业基地，传统体制弊端日益突显，成为“东北现象”的典型代表：90%以上的企业停产半停产，95%以上的企业亏损；国有企业职工长期不能正常发工资，13万产业工人下岗失业，社会保障体系缺失；大气污染严重，棚户区拥挤成片，人们生活环境

及居住条件十分艰苦，干部群众人心浮动，职工上访等群体性事件不断。

10年后的今天，铁西区已成为中国老工业基地振兴的典范。一是综合实力跃升东北第一经济强区。2011年，铁西地区生产总值突破1000亿元，是2002年的13倍，年均增长33%；财政一般预算收入突破100亿元，居全省100个区县之首，是2002年的14倍，年均增长34.5%。铁西区成为全省乃至东北三省率先突破“千百亿”大关的县区。二是先进装备制造业基地初具规模。铁西区规模以上工业企业506户，其中装备制造业企业297户，2011年实现规模以上工业总产值2670亿元，是2002年的20倍，其中装备制造业增加值占全市的近40%，有6户企业销售收入超百亿元，一大批企业正在向世界级企业集团迈进。三是重要技术装备和关键技术攻关取得重大突破，技术配套能力显著增强。在涉及国计民生和国家安全的重大装备和产品中，有44个产品市场占有率居国内同行业首位，拥有世界级产品51个，45家世界500强企业在铁西区落户。四是生态宜居环境令人向往。过去人们常常用“重度污染、环境脏乱”来形容铁西，今天的铁西绿化覆盖率达40.32%，大气优良天数达到331天，棚户区变成了花园小区，昔日的臭水沟变成了全市的景观河。人民群众的幸福指数不断提升，基本实现了就业有岗位、失业有保障、困难有救助，普遍过上了小康生活。

二、措施路径

盘活老区要素资源，释放新区发展潜力，老工业基地走出困境重获新生。“钱从哪里来、人往哪里去”的问题，是长期困扰老工业基地振兴的难题。铁西区紧紧抓住两区合署办公的重大机遇和优惠政策，组织实施了“东搬西建”等一系列重大举措，使新区与老区之间成功实现了生产资源的优势互补。“东搬西建”，就是将东部老城区的工业企业搬迁到西部新区，帮助企业充分利用土地级差收益，推进设备更新和产品换代，不断壮大企业规模和实力。同时，利用老城区“东搬”腾出的新空间，大力发展以生产性服务业为代表的现代服务业，推动老工业区向现代都市商贸区快速转型。10年来，铁西区共搬迁企业320户，腾迁土地9平方公里，盘活闲置资产500亿元，偿还了职工内债35亿元，完成了对重点国有企业40亿元债权、股权的回购，彻底解决了阻碍国有企业发展的冗员、债务等问题，为建立现代企业制度创造了条件。今天，铁西区第三产业已经成为拉动经济增长、促进结构调整、推动全面振兴的新引擎。2011年，全区三产增加值279.6亿元，是2002年的9.3倍；社会消费品零售总额383.4亿元，是2002年的44.9倍。

推进企业改革重组，提升自主创新能力，挺起先进装备制造业的脊梁。深化改革、推动创新，是振兴老工业基地的根本动力。铁西区以企业改革为重点，在体制创新和机制转换上狠下功夫，鼓励和支持企业跨行业、跨国界、跨所有制的兼并重组和股份制改造。近年来，先后完成了沈鼓与沈气压、沈水泵，沈重与沈矿等61户国有企业的重组改制，推动沈阳机床、东北制药等7家企业成功上市，促成沈阳机床收购德国希斯公司、北方重工集团并购法国NFM公司。今天，这些企业不仅成为国内各行业的领军企业，而且在技术、品牌和市场上迅速占据了国际竞争的制高点。提高企业自主创新能力，是建设具有国际竞争力的先进装备制造业基地的关键。铁西区先后投入30多亿元专项资金支持企业对重大技术装备和关键技术进行攻关，目前已拥有国家、省级工程技术中心36个，企业技术中心30个，重点实验室26个，院士工作站11个，科技研发机构116个。沈阳机床高速立式、卧式加工中心等高档数控机床成为世界品牌，沈鼓集团百万吨乙烯压缩机、百万千瓦核电站主泵生产技术实现国际领先，特变电工智能变压器、百万伏高压交流输变电等设备达到世界先进水平，企业的核心竞争力全面提升。

明确区域功能定位，推动项目加速集聚，促进空间优势转化为产业优势和竞争优势。空间是经济发展和地区竞争的关键要素。10年来，铁西区的空间面积从最初的40平方公里扩展到今天的484平方公里。面对不断拓展的地域空间，铁西区始终坚持规划先行，用科学规划引领空间布局、指导土地开发，编制了总体规划和先进装备制造业、现代建筑业、特色服务业等产业发展规划，并在此基础上形成了多个现代化工业园区。铁西区把产业和项目作为优化空间布局的核心要素，通过项目带动实现产业集群化发展。目前，在装备制造业聚集区占地70万平方米以上的核心企业已有8家，占地50万平方米的重点企业有15家以上，基础产业集群的企业达381家。这种大企业高度聚集、产业集群高度集中的区域，在国内外都属少见。10年来，全区共引进国内外企业400多户，累计利用外资62.68亿美元，吸引了宝马、米其林等世界500强企业投资建厂，聚集了远大、北方交通重工等国内知名民营企业210多家，为铁西跨越发展提供了强有力的支撑。

加大环境治理力度，致力于改善民生，使广大人民群众共享振兴发展成果。环境出生产力，环境出竞争力。铁西区围绕建设宜居宜业的生产生活环境，实施重大基础设施建设和绿化、水系、环保等生态工程，人居环境质量得到大幅提升。10年累计投入210多亿元，城乡基础设施和公共服务水平不断完善，极大地增强了区域的吸引力、承载力和影响力。振兴大业，民生为本。铁西区始终坚持在改革中维护、在发展中回报、在振兴中造福广大人民群众，把解决关系人民群众基本生活和切身利益的事作为头等大事，将每年75%至80%的财政收入投入到民生事业，10年累计投入达千亿元。在全省率先建立起全覆盖、多层次的社会保险、社会救助与社会福利相衔接的较为完善的社会保障体系。

三、经验总结

10年来，铁西区以改天换地的气魄、飞必冲天的勇气，在老工业基地调整改造的实践进程中，创造出一个个鲜活的成功经验。总结这些经验，对于推动东北乃至全国老工业基地的转型发展有着重大意义。

政府引导与市场运作相结合是老工业基地10年巨变的关键。没有政府强有力的组织和引导，没有市场基础作用的发挥，就没有老工业基地的振兴。10年来，铁西区通过组织实施合署办公、东搬西建、改革创新、改善民生等一系列有力措施，逐步消除了体制机制障碍，破解了长期困扰老工业基地的钱从哪里来、企业怎么活、包袱怎么卸、结构怎么调、人往哪里去、环境怎么改等诸多难题，在把舵经济转型、加快调整改造中发挥了不可替代的积极作用。同时，铁西区充分发挥市场在资源配置中的基础性作用，把能够由市场决定的都放给市场，比如在结构调整、技术改造、企业重组等方面，都通过市场手段来决定和实施，为企业营造了良好的外部环境，为老工业基地的振兴发展不断注入新的动力。

走新型工业化道路是实现老工业基地调整改造的根本途径。在推动老工业基地振兴之初，铁西人就清楚地意识到：调整改造不是就企业抓企业、就改造抓改造、就工业抓工业，而是资源的整合、产品结构的优化、产业布局的调整和城市功能的再造。基于此，铁西区从一开始就把由单纯追求经济总量扩张向更加注重优化经济结构、提高经济效益和经济增长质量的转变作为调整改造的任务目标，以加快转变经济发展方式、走新型工业化道路为铁西振兴的根本途径，经过10年拼搏铸就了装备制造业今天的辉煌。随着“十二五”国家振兴战略规划的深入实施，长期积蓄的政策效应和发展能量将进一步释放，沈阳经济区改革发展上升为国家战略，各种发展要素资源将加速集聚，这就需要铁西区更加坚定地走新型工业化道路，加快从传统工业向现代工业的转型升级。

全面协调可持续发展是老工业基地实现全面振兴的重要内涵。铁西老工业基地的调整改造绝不仅仅是推动工业振兴，更是要做到经济建设与社会事业并举，发展经济与改善民生并重，壮大产业与保护环境双赢，坚定不移地走全面协调可持续发展道路。惟有此，才能全面协调可持续地推进振兴的各项事业，才能实现老工业基地真正意义上的全面振兴。10年来，铁西区综合运用规划先行、投入支撑、项目带动和政策支持等有效措施，有力地推动了产业之间、城乡之间、区域之间、经济与社会之间的统筹协调发展，形成了经济发展、社会进步、环境优美、人民生活富裕的和谐发展局面，促进了经济社会的协调发展和全面进步。

（转载自《求是》杂志2012年第12期《老工业基地从改革突围到振兴跨越的发展奇迹》一文）

美国“再工业化”战略对我国的影响及应对措施建议

《中国开发区》杂志编辑部

国际金融危机后，美国提出“再工业化”战略，不仅作为短期内应对经济危机、拉动国内就业、刺激经济复苏、吸引全球资本回流美国的重要手段，更希望通过新能源、新材料、新技术带动新一轮产业周期，为掌握新一轮技术革命主导权、重塑美国竞争优势进行长远谋划。可以说，美国的“再工业化”战略不是简单地回归传统制造业，而是致力于高端制造业和高附加值产品，其重点是发展新型产业、鼓励科技创新和支持中小企业发展。从当前情况看，美国“再工业化”战略对促进美国经济增长、增加就业和出口等方面发挥了积极作用。

一、美国“再工业化”战略的实施效果

（一）制造业发展支撑美国经济增长

美国制造业对经济增长贡献显著。2011年美国经济增长1.7%，其中0.5%来自制造业，位居所有产业贡献第二，仅次于商业服务业的0.52%。同时，制造业增加值占国内生产总值（GDP）比重一改过去持续下降趋势，从2008年的11.4%上升到2011年的12.2%。根据美国经济统计局调查显示，虽然仍面临较大的风险和不确定性，大部分研究机构和专家对2012年美国经济增长趋势持乐观态度并预计增速保持在2%左右。2012年1季度，美国经济增长1.9%，初步验证了这一结论。

以制造业为代表的实体经济支撑了美国2010年和2011年的经济增长，也为2012年美国经济增长提供重要支撑。美国供应管理协会（ISM）最新发布的《2012年4月制造业ISM商业报告》显示，美国制造业的经济活动连续第33个月保持增长，总体经济活动连续35个月保持增长。

（二）制造业发展促进就业

以制造业为代表的实体经济的复苏和发展为美国增加就业提供了重要支持。美国新增就业中，制造业作用显著。从 2010 年 2 月到 2012 年 5 月，美国就业人口增加 419.8 万人，前四个行业依次是商业服务、教育健康服务、休闲医疗和制造业。制造业新增就业人口达到 49.5 万，占总新增就业人口比重为 11.8%。

制造业对美国新增就业的贡献持续提高。2012 年前 5 个月，美国新增就业 127.6 万人，其中制造业新增就业人口 22.6 万人，占全部新增就业人口的比重上升到 17.71%。5 月份，美国制造业新增就业人口的比重继续上升到 18.01%。同时，ISM 公布 2012 年 5 月就业指数为 57.3%，比 4 月 56.1% 提高 1.2 个百分点，制造业就业连续 31 个月保持增长。

（三）制造业发展支撑出口倍增

自 2010 年 1 月奥巴马政府确立“出口倍增计划”以来，美国的出口已增长 25%，贸易逆差不断收窄，2011 年逆差为 5580.2 亿美元。在出口快速增长的过程中，制造业表现突出。美国政府实施的一系列出口刺激政策和弱势美元政策，加之以中国为代表的新兴市场国家劳动力价格的不断提高，使美国制造商在成本竞争中处于更加有力的地位。从 2002 年至 2010 年，美国制造业单位劳动力成本下降 10.8%，使美国制造业产品国际竞争力不断提高。2011 年制造业产品出口占商品出口和总出口的比重分别提高到 86.8% 和 61.8%。2012 年 4 月 ISM 新出口订单指数为 59%，比上月的 54% 上升了 5 个百分点。这是新出口订单指数连续 34 个月高于 50%，表明美国制造业国际竞争力得到进一步提升，美国制造业出口将实现继续增长。

二、美国“再工业化”可能存在的制约条件

（一）金融的高投资回报影响资本流向

美国作为世界第一强国，即使金融危机对其地位有所影响，但仍然维持着寄生性的货币霸权。这决定了金融能够获得比实体经济更高的薪酬和投资回报，在竞争人才和资本投入中占据相对优势。虽然金融危机对金融市场的发展产生重大影响，而且未来美国对金融业的监管将日益严格，但金融地产业仍然是美国经济的首要支柱。2010 年，金融地产增加值占 GDP 的比重为 20.7%，接近制造业增加值的 2 倍。随着危机的不断解除，借助实体经济促进美国复苏后，在代议制民主政体和市场经济体制结合的环境中，金融资本依靠对其他产业的渗透，能够获得政府更多的政策倾斜。

（二）缺乏成熟的而庞大的工程师队伍

《美国总统 2012 经济报告》指出，包括福特、卡特彼勒、通用电气以及奥的斯电梯等在内的一些跨国企业宣布扩大在美国的投资，不仅服务美国市场，同时还建立出口平台，提振人们对美国制造业的信心。福特宣布扩大美国国内投资，计划将一条卡车生产线从墨西哥搬到俄亥俄州，将汽车配件厂从中国搬到密歇根州。但美国制造业的进一步提速将受制于成熟的工程师队伍。

2011 年 6 月，美国总统科技顾问委员会（PCAST）发布《确保美国先进制造领先》报告，强调美国制造业占 GDP 比重比 1957 年的 27% 下降到 2009 年的 11%，雇佣劳动力从 1998 年的 1760 万下降到 2010 年的 1160 万，其根本原因不是国外相对低廉的劳动力成本，而是成熟工人队伍。2012 年 1 月，美国商务部发布《美国竞争力和创新能力》报告，强调美国不仅在低附加值制造领域散失工作岗位，在高端制造领域包括精密仪器和先进制造领域也在散失就业机会，其原因包括缺乏大量工程师、高质量产品和良好服务等。目前，美国已充分意识到这一点，并通过 K—12 教育（指从幼儿园到 12 年级的教育）计划培养 10 万名 STEM（科学、技术、工程师和数学）教师；通过国家教育与培训系统来培养下一代产业工人。

（三）受欧洲主权债务危机和世界经济基本面影响

欧元区仍然是美国 2012 年制造业进一步复苏要面对的最大风险之一。美国在欧洲设厂众多，企业利润约 20% ~30% 都来自欧洲，而企业利润也一直是美国资本支出和创造就业的重要支柱，是这一波制造业复苏的重要推手。目前，欧元区多数国家经济增长明显放缓，2012 年约有 1.1 万亿欧元的债务到期。巨额欧债危机有可能引发经济二次探底、主权信用评级下调、欧元区“缩编”或解体、银行业深陷危局等四大风险。

虽然亚洲经济基本面持续强劲，美国近期经济数据也表现良好。但中东危机和欧债危机使得世界经济复苏存在很大的不确定性。同时，2011 年美国制造业出口比重超过 61.5%，占商品出口比重超过 86.2%。其中，欧盟是美国最大出口地区，占 2011 年美国全部出口的 22.2%，其次是加拿大、墨西哥和中国，分别占 2011 年美国全部出口的 18.97%、13.34% 和 7.02%。一旦欧元区经济陷入二次探底、世界经济放缓，美国出口将受到重大负面影响。

三、美国“再工业化”对中国的主要影响

（一）加剧中美两国在先进制造领域的竞争

在德勤“2010 全球制造业竞争力指数”中，中国排名第一，韩国、印度、美国、巴西和日本分列 2 ~6 位。2010 年，美国占世界制造业产出的 19.4%，略低于中国的 19.8%。但中国制造业位处中低端，由于成本上升，制造业外迁明显，加之中国努力推动产业结构升级和转型，制造业正不断向中高端发展。因此，中美两国制造业有可能在中高端环节发生竞争。但在高端竞争中，美国拥有世界最高技能的劳动力和先进装备，使中国处于不利地位。即便是中端竞争，中国也不具备绝对优势，中国制造业劳动生产率、增加值率约为美国的 4.38%，出口产品大多数是技术含量较低、单价较低、附加值较低的“三低”产品。正如美国环球通视有限公司研究报告指出的“美国的生产率优势十分巨大”，2010 年，其制造业产出仅略低于中国，但其制造业工人为 1150 万人，而中国相同部门雇用了 1 亿人。

还应看到，中国制造业产出的很大一部分是美国公司的中国子公司制造，技术源自美国，尤其是电子产业等领域。现有研究表明，美国制造业生产效率是中国的 4 ~7 倍，预计 2015 年我国工人的成本是美国的 17%，再加上人民币升值、运费、税金、油气等成本因素，5 年内“中国制造”的优势将不复存在。届时将可能出现制造业企业明显外流的情况，一方面流向成本更低的地区，一方面流向更加贴近市场的地区。

（二）加剧中美高技术产业国际贸易纠纷

2006 年至今，美国对我国发起 30 多项反补贴调查，并逐步从初级产品向高附加值产品延伸。2011 年，中国企业遭受 16 起“337 调查”，已连续 10 年成为遭遇美国“337 调查”案件数量最多的国家。其中九成以上调查涉及专利，“双反”、“301 条款”“337 条款”调查等已成为美国打压中国企业出口的重要手段。当前，中美高技术产业国际贸易纠纷呈现出两大新特点：

一是瞄准高技术产业。如 2010 年 10 月，美国商务部宣布对中国输美太阳能电池立案，展开针对中国清洁能源产品首个“双反”调查。12 月，美国政府向世界贸易组织就中国对风能制造商补贴提出起诉。2012 年 1 月，美商务部决定对原产于中国及越南应用级风电塔产品发起反倾销和反补贴立案调查。2012 年 1 月 24 日，奥巴马提出建立新的贸易执法机构，负责调查中国等国的不公平贸易作法。

二是瞄准创新政策。自 2009 年以来，从政府采购到新能源政策，知识产权政策、技术标准政策、技术转让政策等，美国一直紧盯中

国自主创新政策。如“自主创新产品认定”政策，在中国承诺提供政府采购优惠与自主创新政策不挂钩后，美国还强调对地方政府贯彻执行程度的置疑。可以看到，美国政府不断通过挑战中国的创新政策为美国产业部门提供更为便利的发展空间。

四、应对美国“再工业化”战略的几点建议

（一）实施“先进制造伙伴计划”应对中美制造业激烈竞争

中美在未来 5 年内，将在制造业领域产生激烈的竞争。中国虽然没有先进制造计划，但已经制订一系列国家产业振兴计划和高技术产业发展规划，并设有相关职能部门专门负责高技术产业的发展和培育。在现有基础上，建议实施“中国先进制造伙伴计划”，其目的是促使中国制造转向中国创造，构筑官、产、学、研各方紧密合作的工作机制，集聚人才，引导投资，制定先进制造技术发展路线，尽快使新技术、新创意从实验室走向工厂，培育新的增长点。主要包括三方面内容：

一是强化关系国家安全的关键产业本土制造能力。由科技管理部门主导，与产业界合作投资关系到国家安全和关键产业长期发展的创新技术，包括小型大功率电池、先进合成材料、金属加工、生物制造和替代能源等。

二是建立联合推动产业化机制。由科技管理部门和产业化部门联合主导，企业和高等学校参与，共同推动先进材料从开发到应用的周期，为关键技术编制合作研究路线图，启动关键材料产业化计划，共享先进制造和创新项目方面的资源。

三是加强先进制造平台建设。由政府投入，主要是推动面向复杂系统的设计工具和模块化制造设备开发以及提供开放式参与平台等先进制造基础设施共性设备和平台建设。

（二）实施更为积极的高技术产业发展战略应对中美高技术产业贸易竞争

首先，加快推动高技术产业发展从主要面向出口向出口和拉动内需相结合转变。如面向节能降耗、调整能源结构的需要，进一步扩展和放大新能源汽车试点范围，实现全国汽车企业与试点城市对接；扩大半导体照明应用工程试点城市，加快半导体照明标准、检测和认证体系的建设，培育和加速新型照明市场的发展；加大太阳能示范工程的支持力度，引导光伏企业积极拓展国内市场和推进产品在国内的应用，缓解美国竞争的压力。

其次，立足国内市场，拓展新的国际市场，尤其是东南亚地区、东欧和其他发展中国家和地区，寻找新的机会。

再次，调整对发达国家的市场渗透方式，加强与发达国家高新技术企业的合作，具体方式包括但不限于在当地新建生产工厂和研发机构、专利互换、股权互换和组团游说等，以就业换取市场准入和争取市场份额。

（三）扩大中美创新对话，努力寻找中美高技术产业发展的共同利益

目前，中美贸易摩擦已不仅是贸易问题，而是将产业竞争、市场竞争、抢占前沿技术制高点等国家利益交织在一起，局面日益复杂。一方面，我国应与美国加强协调，努力寻找中美高技术产业发展的共同利益点。中美经济与战略对话已经成为中美两国协调利益和立场的重要平台。建议在此平台基础上，成立由国务院牵头，商务部、发改委、工信部、科技部、外交部等部门组成专门的中美协调小组并成立专家小组，与美方进行协商。另一方面，对美国扩大高技术产业贸易摩擦和加剧矛盾的行为予以策略反击。总结美国对我国开展“双反”、“301 条款”、“337 条款”等调查的教训和我国企业胜诉的经验，由国家层面组织企业对美国开展的“双反”调查予以反击。同时，结合教训进一步调整并制定有针对性的支持企业创新的政策。

持续放大开发区示范辐射效应 努力发挥比较优势和先导作用

江苏省开发区协会副秘书长 林俊伯

当前，江苏省已经迈入以创新发展为特征的新的历史时期，省委书记罗志军在江苏第十二次党代会上的报告中，要求“充分发挥各类开发园区的示范、辐射作用，增强在全球范围内吸纳优质生产要素的能力”，这是江苏省委、省政府对新时期开发区发展的总体要求。最近，胡锦涛总书记在参加十一届全国人大五次会议江苏代表团审议时，更加期望江苏省充分发挥比较优势和先导作用，在坚持科学发展、转变经济发展方式、统筹城乡区域发展、保障和改善民生、深化改革开放、推进社会主义文化大发展大繁荣等六个方面迈出新步伐，率先全面建成小康社会，开启基本实现现代化新征程。贯彻落实胡锦涛总书记的重要讲话和省党代会精神，努力发挥江苏在全国的比较优势和先导作用，开发区责无旁贷，理应一马当先。

一、不辱使命，凸显科学发展

二十多年来，各级各类开发区不辱使命，以“先行先试”的奋力拼搏，不仅成为带动区域经济发展的“领头羊”，而且成为创新社会管理的“样板田”，凸显了科学发展的“示范效应”。江苏苏南开发区持续放大先发优势，积极策应省委省政府的战略部署，陆续跨江联动，创建南北共建园区 37 家，大大加快了全省“两个率先”的进程。“十一五”期间，全省 125 家省级以上开发区以不到全省 2% 的土地，创造了全省 1/2 的地区生产总值，2/3 的工业增加值，2/5 的地方一般预算收入，3/4 的对外贸易，吸纳了 3/4 的实际到账外资，成为江苏经济发展的增长极、新兴产业的集聚区、外商投资的密集区、改革创新的先行区和迅速崛起的新城区，为各地经济社会科学发展提供了成功经验。在江苏，经济实力要向苏州工业园区看齐，自主创新要向无锡高新区看齐，环境保护要向浒墅关开发区看齐，集约水平要向昆山高新区看齐，管理方法要向江宁开发区看齐。

因此，放大开发区示范辐射作用已成为各级政府振兴经济的重要抓手。2011 年 12 月 30 日，国务院印发《关于工业转型升级规划（2011—2015 年）的通知》（国发［2011］47 号）。这是改革开放以来第一个由国务院发布实施的、把整个工业作为规划对象的中长期规划。规划特别强调了“坚持把提高工业园区和产业基地发展水平作为转型升级的重要抓手。提出要按照新型工业化要求，在国家审核公告的开发区和国家重点规划的产业集聚区内，创建一批产业特色鲜明、创新能力强、品牌形象优、配套条件好、节能环保水平高、产业规模和影响居全国前列的国家新型工业化产业示范基地，发展若干具有较强国际竞争力的产业基地。通过“十二五”的发展，使示范基地加快成为带动工业转型升级的、推动工业由大变强的重要载体和骨干力量，为工业布局的优化发挥引领和示范作用。《江苏省开发区2011—2015年发展规划纲要》确定总体目标为：到2015年，江苏开发区经济和社会发展继续高于全省发展水平，科技创新、功能创新和体制创新继续走在全国前列。要建成具有示范效应的体制创新试验区，成为行政高效、服务完备、管理规范的典范；要建成科技创新的先导区，成为吸引各类创新要素的高地，引领和带动创新发展的典范；要建成新兴产业的聚集区，成为加快培育战略性新兴产业集群的典范；要建成集约发展的示范区，成为产业集中度高，综合效益不断提升的典范；要建成现代化的新城区，成为推进城乡经济社会发展一体化，促进经济社会与环境质量同步发展，人与自然和谐共处的典范。

二、彰显新优势，迈出新步伐

放大开发区示范辐射作用，归根结底还在于开发区自身的持续健康发展。为此，江苏省各级各类开发园区都要勇于承担历史使命，继续弘扬“三创三先”的江苏精神，抓住新的政策机遇期率先加快转型升级，着重在优化产业结构、实现内生增长、促进产城融合、创新体制机制等四个方面彰显新优势，努力在坚持科学发展等六方面迈出新步伐。

（一）彰显新优势，基础是优化产业结构

在省政府近期召开的咨询会上，有学者建议，从江苏的实践出发，经济现代化的发展路径主要是发展“五个经济”：一是高价值经济，通过把产业做专做特做高，大幅度提高价值创新能力；二是大服务经济，把服务经济与农业、工业、服务业的各项业务融合在一起，从产前、产中、产后提供全方位的服务，提升产业的附加价值，同时培育新的服务业态；三是新智慧经济，通过实施集中信息化，进而提供智慧化的解决方案，实现智慧化发展；四是低碳型经济，通过开发应用低碳新技术，形成一个低碳化发展的新体系；五是全球化经济，不仅要在外贸出口和引进外资等方面继续领先，更为重要的是提高国际化经营水平，积极向全球化经济迈进。作为全省经济发展引擎的江苏开发区，要为“五个经济”在全省的崛起“敢为天下先”。

（二）彰显新优势，核心是实现内生增长

开发区的核心竞争力在于持续性的创新驱动，必须摒弃一味依赖扩大外延增长的陈旧模式。事实上，集中、集聚、集约发展正是开发区的的优势所在。近来，许多开发区争相扩区，上海却削减了一些开发区的土地面积，降低了增长幅度等考核指标，转而倡导“品牌园区”的塑造与输出，不仅促成了“飞地开发”的双赢局面，更重要的是促进了开发区的内生增长，真正走上了良性循环的健康轨道。而在多年以前，广东省就取消了对开发区吸引外资数额的考核，仅以税收作为考核指标的杠杆。这些都是值得学习借鉴的宝贵经验。新时期，江苏省各级各类开发区以“创新驱动、内生增长”为目标，在特色产业集群基础之上建立能将国家战略和区域发展相结合、使远景目标与产学研内在发展动力和优势相匹配、并将规划落实到实施机制与措施的创新组织安排上的，具有国际竞争力的新型高科技园区。如，无锡高新区探索新的发展路径，致力于从工厂林立向公司林立、从科技创新向科技创业、从创新企业向创新集群、从制造人群向“智造人群”的“四个转变”。

（三）彰显新优势，成效在于促进产城融合

开发区不能满足于单一业态，成功建设一个开发园区，必须在满足基础设施的前提下，使之成为集生产、生活、生态协调共生的完美形态。因此，开发区由建区到“造城”，由单一的“工业孤岛”向新兴城区迈进，是大势所趋、是历史必然。要按照和谐社会宜业、宜居的要求，建设环境友好型和资源节约型开发区。现阶段的开发区，通过“溢出效应”反哺当地，带动周边协调发展，惠及民生共同富裕，正是示范辐射作用的成果。当前，江苏开

发区要围绕“两个率先”目标，加大新城区建设力度，全面推进江苏省物质文明、精神文明、政治文明、社会文明和生态文明建设。

（四）彰显新优势，关键在于创新体制机制

从根本上说，精简、高效、廉洁的管理体制和机动、灵活的运行机制，是开发区成功的秘诀，也是其永续发展的根本保障。随着新城区建设加快，开发区承担的社会事务与责任与日俱增。在开发区的法律地位依然缺失的大背景下，旧体制复归的压力明显增大，外部环境有待优化，新的管理体制亟待通过顶层设计得以完善。作为开发区的一面旗帜，苏州工业园区率先构建现代化指标体系，率先构筑现代化新城，率先构筑现代化产业结构，率先构筑现代化创新体系，率先构筑现代化社会形态，率先构筑现代化人文环境，率先争创产业升级、自主创新、人才强区、新城建设、改革创新，成为社会建设的引领示范区，为开发区树立了新的榜样。

优化培育开发区孵化环境 促进科技型中小企业快速发展

天津经济经济技术开发区管委会党组书记、管委会主任　何树山

一、科技型中小企业发展的现状特点

近年来，天津经济技术开发区坚持搭平台、建载体、优环境、抓服务，全区科技型中小企业势头良好、特点鲜明。

（一）发展速度较快

目前，全区科技型中小企业累计已达2806家，科技小巨人企业达196家，完成比例超过“十二五”计划目标的60%和80%以上。2012年1～10月，开发区新认定科技型中小企业864家，其中，符合条件的小巨人企业109家。

（二）项目质量较好

科技项目成长性进一步增强。全区科技型中小企业平均规模超过5000万元，平均产值达0.53亿元，三环乐喜、通邮科技、立中合金等10余家企业产值突破5亿元，近两年，开发区科技型中小企业营业收入年均增长68%以上。

高端领域聚集效应进一步显现。区内科技型中小企业集中在集成电路设计、高端装备制造、移动互联网、云计算、节能环保、生物医药等十余个高端领域，形成多足鼎力、竞相发展的良好态势。

引领作用进一步增强。国家超算中心、惠普数据中心、腾讯数据中心相继建成，多个物联网研究中心和物联网企业孵化器开始运作，开发区已成为拥有50万台服务器的中国北方重要的云计算基地和重要的物联网中心。

（三）发展潜力较大

2012年以来，搜狐视频、58同城、华胜天成、CSDN、亿利汽车等行业龙头企业相继落户，药明康德、键凯科技等近30家企业增资扩产，10余家企业获得风险投资启动上市进程，区内已经形成“落户一个项目，带动一批项目、催生一个产业链条”的良性发展趋势。

（四）研发水平较高

2012年，开发区新增技术创新战略联盟2个；新建各类研发机构14家，其中国家级企业技术中心和研究中心2家、市级技术中心和企业重点实验室12家。300余个研发项目获得国家、天津市和滨海新区各类科技立项支持，获得扶植资金近2亿元，其中48个项目确定为国家级科技项目，140余家企业获得市级创新奖励，98家企业获得滨海新区自主创新重大项目支持，15项科研成果获2012年滨海新区科学技术奖，创历年最好水平。

二、持续提升开发区内科技型中小企业发展环境

（一）完善体制，出台政策

全面实施“投资、科技”双轮驱动战略，全力抢占自主创新制高点，组建开发区科技发展委员会，形成领导带头、专业部门负责、各部门齐抓共管的科技发展领导和协调机制，形成思想统一、制度完善、目标明确、措施有力的科技创新体系。

制定出台《开发区加快科技型中小企业发展的落实意见》、《开发区促进高新技术产业发展的规定》、科技型中小企业成长路线图计划等，构建包括技术创新、产学研合作、人才激励、上市融资、市场开拓、知识产权等多方面科技政策体系。

积极推进科技体制改革，成立泰达科技集团，优化科技资源配置，实现“人才、资本、信息、技术”等创新要素有效汇聚，形成协同创新的强大合力，使科技创新成为产业转型升级和转变经济发展方式的中心环节。

（二）创新模式，加大投入

积极拓展企业融资渠道，建立政府、银行、担保机构、企业“四位一体”的融资模式，打通科技企业与资本对接的通道。2012年，开发区全社会科技总投入超过100亿元以上，落实各类科技政策资金超过13亿元，科技产业及人才政策资金达4.1亿元，对企业进行贷款贴息、房租补贴、专利资助、科技项目匹配等全方位扶持，惠及千余家科技型中小企业。

（三）建设载体，打造平台

强化科技创新载体建设，全面构建由内外资研发中心、高技术孵化器、产业化基地共同组成的科技研发载体，研发孵化面积达90万平方米。其中，国际生物医药联合研究院入选天津市首批孵化转化载体，先后吸引180多家科研团队入驻；国家超算中心已建成石油勘探、生物医药、动漫设计、高端装备制造等四个信息平台；国家服务外包基地示范区一期招商完成，二期建设步伐加快；“京津互联创业平台”成功搭建，成为开发区与中关村高科技产业和天使投资行业的有效沟通渠道；泰达慧谷规划建设全面启动，将成为吸引科技企业落户和提升开发区产业层级的重要载体平台。

（四）完善环境，引资引智

坚持“人才强区”战略，不断完善高科技人才引进政策，实行创新人才优先投入机制，建立“政府引导、企业为主、社会参与”相结合的人才投入体系，全年兑现人才补贴资金达到1.1亿元。实施人才建设“五大工程”，大力引进顶尖专家、学者及海外高层次人才智力资源，营造鼓励创新创业的人才发展环境。

2012年1～10月，开发区新增人才总量达到1.95万人，累计人才总量达到18.75万人。包括各类高级人才982人，院士22名，“国务院特贴”、“政府特聘”、“突出贡献专家”73名，70人入选“千人计划”，12人入选“京津冀领军人才”，人才聚集高地初步形成。

（五）加强招商，提升服务

实施“蛛网式”、“双锁定”科技招商战略，即锁定重点区域，与中关村40余家行会、协会、学会合作；锁定重点行业，两年来，在12个高端领域引进科技项目300余个，尚有成熟项目储备400个，形成“每周一场推介会”、“每两周一个考察团”的良好态势。建

立“一、四、六”科技服务机制，即实现科技型中小企业“一站式”认定；建立系统化、专业化、定制化、长期化“四个服务标准”，提供商务、政策兑现、融资、培训、人力资源、研发“六个板块”的服务内容，形成从孵化转化到运营上市全过程、保姆式的服务体系。

三、落实十八大精神，快速推动开发区科技型中小企业发展

党的十八大指出，科技创新是提高社会生产力和综合国力的战略支撑，必须摆在国家发展全局的核心位置。要充分认识到，开发区转型升级的目标是要加快建设科技创新高地；开发区发展战略性新兴产业的主要抓手是加快自主创新和产业化进程；开发区转变发展方式，发展民营经济的主要立足点是加快科技型中小企业的发展。必须坚持一手抓大项目好项目、一手抓科技型中小企业发展，形成“两手抓、两手硬”的良好局面，切实增强区域内生动力，切实抢占科技创新制高点。

（一）进一步推动科技和经济紧密结合

加快落实《天津经济技术开发区关于加快科技型中小企业发展的落实意见》，着力推动经济发展从要素驱动向创新驱动转变，着力构建现代产业体系，把开发区建设成为高端要素资源集聚、高端功能配套齐全、高端产业结构合理、战略性新兴产业聚集的科技创新高地。

未来3年内，开发区产值超过5亿元的科技领军企业将达到100家左右，科技型企业产值规模超过1000亿元。未来5年内，5亿元以上的科技领军企业达到200家，产值达到2000亿元，成为开发区经济发展的重要驱动力。

（二）进一步完善开发区创新创业体系

继续加快科技创新载体建设，完善东区产业规划布局，切实发挥超算中心、国际生物医药联合研究院等国家级平台支撑作用，全力推进科技发展中心二期、服务外包园二期、融科大厦等载体建设、改造进度，使各类孵化器、加速器，孵化场地面积达到100万平方米；加快“慧谷”规划建设，建成国内领先，世界一流的高科技创新创业园区。

（三）进一步形成高端人才集聚地

大力引进国内外人才资源特别是领军人才、学术技术带头人和高技能人才，形成开放、竞争、合作的人才发展新格局。到2015年，要引进100个领军人才和创新团队，全区专业技术人才达到10万人。要完善激励机制，发挥人才活力，形成尊重知识、尊重人才、尊重创造的浓厚氛围，引导和激发全区创新创业热情。

（四）进一步落实支持科技型中小企业发展的配套措施

全面落实新的《开发区促进高新技术产业发展的规定》，制订各类配套政策，打造科技型中小企业发展的政策高地，引导和支持资金、人才、技术等创新要素向企业聚集。要积极引进和培育一批技术创新能力强、市场份额大、带动作用明显的“小巨人”企业加快发展，鼓励企业实现重点领域技术突破，全面增强科技引领、应用转化、品牌创造、标准制订能力，推出一批核心产品，重点培育100家优势产业领域的科技企业，实行“一企一策”，使开发区成长出大批具有国际竞争力的科技巨人。

（本文系何树山书记在天津开发区加快科技型中小企业发展推动会议上的发言，刊登时略有删节）

加速孵化科技新兴企业 助推战略性新兴产业发展

上海漕河泾新兴技术开发区发展总公司

上海漕河泾开发区以创建国际一流水准的多功能综合性科技产业园区为目标，着力培养战略性新兴企业和产业。在这一过程中，开发区以创业中心（科技部）为工作载体，围绕科技企业孵化和培育做工作，通过夯实打造科技苗圃、科技孵化器、企业加速器等载体，涌现了一大批电子信息、新材料、生物医药、航天航空、环保新能源、汽车研发配套等战略性新兴企业，带动了上海乃至全国战略性新兴产业的发展。

一、建立科技苗圃，精细培育优质新兴"种苗"

在科技苗圃建设方面，开发区通过科技成果和科技项目商品化，将其转化为新兴企业，并依托开发区创业苗圃和大学生创业创新园两个平台提供包含项目选择、项目申报、政策咨询、市场营销、培训发展、公共平台、法律支撑及资金支持等方面的个性化服务。

（一）成立创业苗圃，促进科技项目转化

创业中心通过成立创业就业指导中心作为科技创业苗圃，建立了有效的激励机制和帮扶机制；通过培养创业者创新精神及创业技能，形成了一种以创业带动就业的新模式。

首先，积极拓展项目源，加大科技之苗的引进力度。与周边高校、科研院所及政府机构积极联络，吸收有质量的创业项目。同时，对项目的品质进行"选种"，注重创业项目的技术含量、商业模式及与开发区产业导向的匹配度。

其次，完善创业环境，全方位呵护"苗"的成长。创业中心精心设计苗圃的创业硬环境，提供了全面、便利的办公设施。同时，配备了联络员、辅导员和创业导师，加强对创业项目的跟踪服务。

最后，完善创业项目评估体系，形成优胜劣汰的良性循环机制。通过系统的科学评审方法筛选出有发展前景的创业项目，并对这些创业者实行到期迁出创业创新园的流动管理方式，形成优胜劣汰的良性循环。

2011 年，全区共引入 48 个苗圃项目，其中 20 个项目已成立公司。2012 年上半年，科技苗圃继续引进创业苗圃项目 21 个，其中有 10 个项目已经注册成立公司，苗圃质量进一步提高。

（二）建立大学生创业创新园，培育小型新兴企业

为推动创业带动就业，漕河泾科技创业中心建设了 8000 平方米的大学生创业创新园。其目标是建成为大学生创业基地、就业基地、见习基地，结合孵化器和留学生创业园建设，打造产、学、研合作交流平台。

2009 年成立以来，作为提供科技项目和小型科技新兴企业培育服务依托载体的大学生创业创新园，积极为高新转化项目、已有企业的科技项目、高校科研院所项目及小型科技企

业等提供培训指导、政策咨询、投融资渠道、市场拓展等服务。截至目前，已有80余家大学生企业的产学研项目及配套服务机构入驻大学生创业创新园，实现入驻率超过91%，提供就业岗位200余个。

2011全年举办包括政策解读、新进企业交流会，生态拓展等活动在内的主题沙龙与讲座20余场；为17家具有一定科技含量和较好市场前景的亮点企业配备了辅导员和联络员，进行"一对一"企业辅导；举办"高校学子走进漕河泾开发区"活动，集聚上海交大、上师大、华理、商学院等高校学子齐聚开发区，详细了解开发区创新创业情况，并与创业中心签订了高校创业项目培育协议。

二、夯实科技孵化器，大力孵化科技新兴企业

在科技企业孵化器建设方面，漕河泾科技创业中心对处于种子期、创业期的中小型科技企业进行孵化，使其迅速壮大形成规模。同时，深入聚焦原创型企业，不断完善"科技创新创业"服务，依托创业服务中心、留学生创业园、国际企业孵化器和软件园等载体，提供开业指导、项目申报、企业辅导、市场营销、培训发展、企业融资等个性化服务。

（一）加大孵化基地投入，建成漕河泾国际孵化中心

自1989年开发区开展孵化服务以来，经历了从企业孵化到楼宇孵化的转变，如今，开发区以培育战略性新兴产业为己任，向产业孵化的目标前行。国际孵化中心的启用正是实现向"产业孵化"转变的一个重要举措。

国际孵化中心是漕河泾开发区培育战略性新兴产业源头的核心载体，通过引领和组织其他孵化载体，大力培育原创企业和创业家，源源不断地为开发区乃至上海地区输送战略性新兴产业的"种子"和"新苗"，努力做强做大一批具有全球影响力的科技新兴企业，培育一批国际知名品牌，全面提高漕河泾开发区培育战略性新兴产业的能力。国际孵化中心现有面积5.2万平方米，累计吸引了130余家新兴企业及配套服务机构入驻，实现入驻率100%。

（二）坚持"标准化"战略，全面推进双创服务标准化建设

漕河泾创业中心编制了《高新区·孵化器科技创新创业服务标准》，将科技创新创业服务上升为企业标准。标准体系共包含服务通用基础标准子体系、服务保障标准子体系、服务提供标准子体系3个子体系，引用34项国家标准和48项创业中心ISO体系文件，制订了114项服务标准，较为全面地覆盖了创业中心提供的创新创业服务。完成《漕河泾开发区"双创"指标体系（2010年度）》的编制，以国家高新区评价指标体系为方向，共包含9个大类和128个指标项。

（三）完善开发区科技金融服务体系

完善信用和信贷服务体系，加大与金融服务机构的沟通力度，积极拓展信贷服务的企业覆盖面，为区内更多企业争取信贷资金。2009年3月，由漕河泾开发区与徐汇区政府作为委托人共同出资5000万元搭建的"漕河泾新兴技术开发区科技型中小企业融资平台"，是中小科技企业"无抵押、无担保"方式下取得短期、超短期信用贷款的尝试和探索，具有贷款手续简便、贷款额度期限灵活、审批时间短、准入门槛低等特点。

目前，融资平台总贷款规模已增至1.8亿元，两轮融资运行累积批准123家（次）企业贷款申请，发放贷款近3亿元。2012年上半年，已举办7次银企对接活动和1次综合性项目路演，引入风险投资合计9000万元人民币。

（四）深入推进孵化专项工作，建立企业沙龙品牌

目前，创业中心孵化基地共有223个在孵企业和项目，2012年上半年，新引进企业83家。同时，建立了"创新漕河泾"企业沙龙品牌，共联络和辅导企业133家，领导走访重

点企业126家（次）。扎实推进了项目申报、企业沙龙等各项服务，上半年共实施11个科技项目及专项资金的申报工作，企业参与度明显提高，受益面进一步增大。

（五）创新孵化服务手段，探索服务入股新模式

探索持股孵化、增值服务入股工作，形成了服务入股投资方案、投资和管理暂行办法以及相配套的协议文件。与衡怡智能、埃士工业两家公司达成持股孵化意向，以提供技术、市场、顾问、管理、项目申报及科技金融等数十项服务换取企业股份，既有利于在孵企业做大做强，也促使孵化器提供更优质的服务。与逻迅信息和中觅通信签署增值服务协议，为企业提供更加深入的创业服务。

三、打造企业加速器，快速推进战略性新兴产业集聚

自2010年9月入选首批上海科技企业加速器试点单位以来，漕河泾科技创业中心整合各方资源，拓展孵化服务内涵，规范、健全加速器工作体系，依托企业加速器、科技园区、工业园区、产业园区和国际产业合作园区等载体，为孵化器孵化的毕业企业和成长型科技企业着力开展有针对性的人事人才、展示展览、信息交流、投资促进、公共平台、公共关系、企业战略、管理咨询、企业融资、国际合作等服务。目前，漕河泾开发区加速器物理空间已达4.3万平方米。

（一）制定加速器目标

创业中心结合实际，制定了加速器发展的总体目标，即：成为培育战略性新兴产业的重要基地；培育一批行业领军人才；凝聚各方资源，打造一个高新科技、高端人才和金融资本三结合的，集聚各种创新要素的，具备健康、开放、高效运转的加速服务系统的加速器服务标杆。2015年目标为：成功培育10家上市企业；培育30家加速企业；储备50家企业；引入风险投资金额100亿元。

（二）完善加速器服务体系

一是针对服务工作所对应的服务功能，开展了服务规范标准化文件的编写，制定了《企业上市服务规范》、《风险投资项目服务规范》、《科技型中小企业贷款项目服务规范》和《加速服务提供规范》。

二是结合实际情况，制定了“联络员+辅导员+专家团”的服务模式。依托联合开发的信息化管理系统对园区企业进行信息化管理；所有员工均作为企业联络员，每人对口联系企业并对企业电子档案进行动态更新；由各有专长的辅导员组成资源集聚的专家团队，对企业和企业家提供决策建议、咨询和业务指导。

三是针对加速器企业的特点，在政策、管理、市场、人才、培训等服务的基础上，不断探索和完善科技金融服务功能，加强政府、金融服务机构和开发区的三方联动，通过建设信用服务体系、信贷服务体系、投资服务体系和上市服务体系强化漕河泾加速器服务能力。

（三）加速器企业快速发展

开发区内加速器企业已由2010年的14家增加到24家，其中，60%的加速器企业发展速度明显较快，业绩显著增长。2011年，加速器企业中有3家企业成功在国内外上市。

（四）强化加速器企业金融服务，促进形成战略性新兴产业

为做好企业上市服务工作，开发区对全国70余家具有保荐资格的券商自2010年以来所做的IPO项目进行了梳理，初步掌握了各券商的相对服务优势，形成资料数据库，并根据上市服务机构的服务专业特长为企业提供有效、合适的对口服务。针对国内将推出“新三板”的情况，组织企业参加有关“新三板”的咨询、辅导活动、帮助企业解决与提供进入“新三板”方案等。同时，组织信贷服务机构对科技新兴企业开展“一对一”、“多对一”的对接活动，金融机构上门为企业提供解决资金的方案，涵盖银行票据贴现、外汇应收账款

保险、知识产权质押、订单融资、履约保证保险等信贷服务。

企业加速器试点的建设为孵化器毕业企业加速发展提供了优质环境，使中小型科技企业迅速成长壮大，促进其产业化的通道更加通畅。随着日益增多的科技新兴企业发展壮大，以及更多的加速器企业上市，漕河泾开发区的战略性新兴产业集群正在逐步形成。

经过多年的科技苗圃、企业孵化器、加速器建设及产业培育的实践，开发区深刻认识到培养战略性新兴产业和开发区创新合作的重要性。在新的阶段，漕河泾开发区将坚定不移地成为创新创业服务的提供者、创新创业文化的建设者和战略性新兴产业的培育者；将继续加强创新创业服务体系和载体建设，完善园区自主创新环境；将聚焦品牌内涵建设、服务标准建设和品牌联动效应，进一步提升开发区品牌功能；将继续做大做强一批具有全球影响力的新兴企业，着力培育战略性新兴产业；将全力打造全方位服务体系，提高开发区服务水平，通过优质服务促进产业集聚、提升和融合；将积极探索开发区产业升级、创新融资和产业培育模式，为国家战略性新兴产业的发展开辟路径。

推进新型城市化建设　打造广州城市副中心

——广州开发区产业转型升级的思考

广州开发区企业建设局　杨茂生　吴渊

根据广东省委、省政府的要求，新时期，广州市将坚定不移地走新型城市化道路，并将其作为促进工业化、信息化、市场化和国际化的重要抓手，以及率先转型升级、建设幸福广东的重要途径。在这一要求下，广州开发区作为广州市的制造业基地，要实现产业转型升级，必须做好四方面重点工作。

一、开发区产业转型升级必须解决四大问题

近年来，广州开发区主要经济效益指标一直位居全国国家级开发区前列，成为广州市乃至珠三角地区先进制造业、高新技术产业和现代服务业的核心集聚区与引领示范区。“十一五”期间，开发区地区生产总值、工业总产值、财政总收入、外贸出口总额、固定资产投资年均增长约20%。但同时，随着经济的高速发展，一些困惑和难题也逐渐显现。

（一）低效用地项目较多

开发区规模以上生产经营性企业共2200余家。据统计，2011年，开发区前200强企业产值约4264亿元，占全区工业总产值的86.35%，而其余约2000家企业产值仅占13.65%。

2012年4月，开发区企业建设局对全区2011年产值在5000万元以下，占地面积10000平方米以上的94家工业用地企业开展了情况摸查。这94家企业占地面积219万/平方米，产值约12.9亿元，单位土地面积产值约589元/平方米，远低于全区土地单位面积产值（4462元/平方米），而前200强企业单位土地面积产值则已达到32000元/平方米。这表明，94家企业单位土地面积产值仅为全区平均单位土地面积产值的13.2%和200强

企业平均单位土地面积产值的1.8%，成为导致土地利用效率低下的主要因素。

（二）加工贸易行业面临挑战

2012年，受外需市场不振，终端产品价格下跌，生产成本上涨等因素影响，开发区部分传统加工贸易企业产值呈负增长。对全区产值200强企业上半年运行情况调研分析发现，建兴、光宝科技等11家传统加工贸易型企业利润空间进一步压缩，2012年第一、二季度产值呈现较大幅度下降，预计2012年产值较2011年将下降22%，给全区工业总产值增长带来巨大影响。

（三）完整产业链尚未形成

经过20余年发展，开发区已经形成了化学原料及化学制品制造业、电子及通信设备制造业、食品饮料制造业等六大支柱行业，但企业之间没有形成以产品为对象、以投入产出为纽带、以价值增值为导向、以满足用户需求为目标的产业链，更没有形成以完整产业链为基础的产业集群，甚至还存在同质化竞争等内耗现象。

（四）自主创新支柱产业和拳头产品仍未形成

全区把自主创新作为区域发展的优先战略，加大了对科技领域的投入力度，拥有自主品牌的高科技企业数量不断增加。但全区创新资源集聚与整合程度仍显不足，高水平研发机构数量较少，高素质人才尤其是领军式的创新人才数量较少；企业、研发机构、科技中介服务机构之间尚未形成联合紧密的创新网络，科技创新的国际合作也未能有效开展；自主创新产业集群还处于起步阶段，各产业内部企业之间的关联性有待加强。上述制约因素导致开发区未能形成自主创新的支柱行业和拳头产品，与国内先进高新区和世界一流高科技园区相比仍有较大差距。

二、开发区产业转型升级必须处理好四个关系

（一）必须处理好第二产业与第三产业的关系

首先，要继续坚持“工业立区”的发展道路。第二产业是广州开发区的优势产业和支柱产业，2011年，开发区实现地区生产总值1872亿元，其中，工业占全区GDP比重约为74%；全区实现工业总产值4938亿元，占广州市工业总产值的29.54%。因此，开发区产业结构转型升级的重点是通过技术改造、技术创新和培育龙头产业企业，提升开发区制造能力，促使制造业向高端化发展，全面提升第二产业。

同时，必须加大第三产业发展力度。由于历史原因，广州开发区第三产业比较薄弱。萝岗区成立后，广州开发区、萝岗区被广州市定位为东部城市副中心，成为广州新型城市化建设的重要组成部分。为此，开发区必须加快发展第三产业，优先发展为居民生活提供配套的生活性服务业和为企业生产配套的生产性服务业。

（二）必须处理好战略性新兴产业和传统产业的关系

在处理战略性产业和传统产业的关系上，开发区要继续坚持“工业立区”的发展思路，走“大项目——产业链——产业集群——制造业基地”的发展路径，坚持工业化与信息化“两化融合”，先进制造业与现代服务业“双轮驱动”，新兴产业增量扩张与传统产业存量提升“两手并举”的发展理念，鼓励和坚持发展精细化工、电子信息等具有传统优势、经济效益好的传统行业。同时，以“两城一岛”为平台，大力发展生物产业、新材料等战略性新兴产业，全面构建具有开发区特色的现代产业体系，最终实现开发区产业转型升级。

（三）必须处理好产业升级与产业转移的关系

2008年以来，广东省开展的“双转移”工作中出现的两种现象尤其值得引起开发区的关注和思考：一是项目转出后，新项目很难马

上进驻，造成土地闲置；二是转出项目并未按照设想转移到广东经济落后的地方，而是受省外城市优惠政策吸引，直接转移到省外。针对这两大问题，广州开发区在开展产业升级和产业转移过程中采取了以下措施：一是在区内集中安置低效用地项目。如原企业有意在开发区继续生产经营，可推荐租用厂房继续经营，把产值税收留在区内；也可与区内村社合作，利用村留地集中建设标准厂房，提高村集体收入的同时解决此类企业发展问题；二是与周边地区如从化市、增城市等共建产业园区，延伸开发区服务。由广州开发区引进企业入驻，税收采用按协议比例分成方式，基础设施建设按税收分成比例共同投资。

（四）必须处理好“两城一岛”产业布局的关系

2002 年，广州开发区成功推动开发区、高新区、保税区、出口加工区“四区合一”；2005 年，开发区主动把握和顺应世界科技创新和产业转移规律，拓展了中新广州知识城、广州科学城、广州国际生物岛“两城一岛”三大战略性发展平台，为产业转型升级构建发展载体。为更好发挥“两城一岛”产业转型升级平台的战略作用，必须找准“两城一岛”战略定位，理顺三者发展关系，有所侧重地发展产业，优势互补，科学规划，全面谋划全区产业布局。

一是“两城一岛”产业发展必须各有侧重，各具特点。从目前的定位看，生物岛和知识城以研发基地、总部经济、制造业的高端环节和高科技孵化为主，科学城、西区、东区和永和片区将作为制造业的主要区域。

二是“两城一岛”必须在产业上形成相互支撑的格局。具体而言，科学城将成为生物岛生物医药研发的产业承接地，成为知识城知识产业的配套区，即生物岛生物医药研发形成市场化成果后要在科学城生产制造，知识城内的知识产业制造环节部门要在科学城配套。

三、开发区产业转型升级必须明确四个工作重点

（一）进一步提升项目引进质量

2008 年至今，全区共出让工业用地项目 138 个，其中，13 个项目因企业自身原因延期竣工没有投产，有 12 家企业因违反土地合同被回收用地，有 27 家企业空置厂房或烂尾。如果该部分企业能够如期投产，2012 年将增加 200 亿元产值。由此可见，要使工业转型升级取得成效，必须高度重视项目引进质量。要特别重视提高产业进入门槛，把好引进项目质量关，从投达产时间、达产年产值、税收、单位土地产出率等要素对引进项目加以评估，并签订具有法律效力的《投资协议书》，对引进项目的质量加以约束，确保全区产业结构调整取得实效。

（二）进一步完善高科技发展环境

一是规划先行，优化自然环境。以 60 平方公里萝岗中心城区建设为抓手，大力实施“三旧”改造，加快轨道交通和骨干路网建设，推进建设智慧城市系统，完善综合服务功能。建设“林中有城，城中有林”的东部山水新城和生态新城，以优美自然环境吸引积聚优秀人才生活居住。

二是重视人才，优化人文环境。制定适应高新技术产业发展的人才战略和规划；把高科技人才资源的开发纳入发展规划，通过科技人才资源的开发，带动相关产业的发展；坚持以高科技企业为载体，推动高科技人才资源的整体开发；制定为高科技人才服务的政策，建设高层次人才服务区，解决人才创业和生活相关的项目资助、风险投资、孵化场地、子女就学等需求，用良好人文环境留住人才。

三是提升服务，优化营商环境。减少行政审核审批事项，简化行政程序，进一步提升政务服务；出台财政、税收、土地和金融等优惠政策，完善高新技术产业发展的政策支持环境；建设公共实验室、检测室，建立企业资源

共享平台，减轻高科技企业经营成本，优化营商环境。

（三）进一步促进加工贸易转型升级

近年来，受欧债危机、美日等发达经济体不景气、国内土地资源短缺、企业经营成本上升以及人民币升值等诸多因素的制约，开发区的传统优势行业——加工贸易企业发展受到严峻考验。目前，全区共有加工贸易企业 220 家，年出口超 1 亿美元的企业 23 个。因此，实现产业转型升级，首先要促使加工贸易行业转型升级。

一是在企业层面，要鼓励优势传统产业企业加大技术改造力度，抓好核心技术产业化、先进装备更新、信息技术应用、品质提升、工业设计等主要环节的升级突破；支持和鼓励优势传统产业加工贸易型企业创立自主品牌，实施自主知识产权和品牌战略，推动品牌从区域性品牌向全国性和国际性品牌跃升。

二是在政府层面，要考虑从硬件条件、体制机制和政务公开等方面为加工贸易企业提供扶持。从开发区情况看，应重点做好三方面工作。一是要完善为区内加工贸易企业服务的码头和进出口货物堆放场所，提高物资通关的硬件水平和检验效率。二是要充分利用保税物流园区的政策，为全区加工贸易企业提供良好的保税物流服务，关键是要突破如保税货物和非保税货物的混合配送等操作层面的瓶颈。三是要加强高级技能人才的培训。高级技能型人才配套是加工贸易行业转型升级的基础，因此，要加大力度建设国际高级技能人才培训中心，提高产业工人素质，为加工贸易行业转型升级提供技能人才支撑。

（四）进一步提高土地节约集约利用水平

2008 年以来，广州开发区共清理闲置土地企业 127 家，涉及土地面积约 309.4 万平方米。现已清退 44 家企业的闲置用地，收回闲置土地面积约 153 万平方米，为开发区发展总部经济和高端制造业腾出空间。2012 年，又开展了清退回收低效用地项目工作试点，已初步完成共 3 个地块约 11 万平方米土地的回收工作，并将回收的土地用于安排区内两个重点企业的扩产用地，预计将为全区新增工业产值 350 亿元。为提高土地节约集约利用水平，除要继续加大对闲置土地的处置力度和加快清理低效用地外，可积极学习深圳高新区经验，对于生物制药、电子信息科技、技术研发等无需大型生产设备的项目，鼓励其往“高”处发展，将企业土地平均容积率提高至 6，进而提高土地产出率。同时，可在同一地块上集聚工业、商业、研发等功能，鼓励企业按照不同性质的比例缴纳地价，将土地利用方式由“平面”转向“立体”，提高土地利用效率。

（作者杨茂生系广州开发区企业建设局局长；吴渊系广州开发区企业建设局办公室科员）

承担历史使命　实施国家战略
引领基本实现现代化的新征程

苏州工业园区工委、管委会研究室

每一代开发区都肩负着实施国家战略、实现区域发展目标的历史使命。当前，坚定地把率先基本实现现代化作为凸显自身价值、承担历史使命的自觉行动，既是党中央、国务院和省委、省政府对开发区的殷切希望，也是苏州工业园区突出特色、加快发展、继续保持领先优势的必然选择。

2011年12月19日，时任中共中央政治局常委、国务院总理温家宝来苏州工业园区调研。温总理充分肯定了园区开发建设以来取得的成就，表示“苏州工业园区发展所取得的成绩是巨大的，积累的经验是丰富的”，强调“苏州工业园区在合作中有特色，在学习中有发展，在借鉴中有创新”，并要求“园区要坚定不移地对外开放”、“在苏南地区将来的发展中要起到先行先试的骨干作用”。

作为中新两国合作和国家级开发区的旗舰项目，苏州工业园区积极落实党中央、国务院和省市领导要求，大力弘扬“踏遍千山万水、吃尽千辛万苦、说尽千言万语、排除千难万险”的“四千四万”精神，积极发挥在基本实现现代化进程中的引领作用，确保2012年在全国开发区中率先基本实现现代化，努力为省市乃至全国现代化建设大局做出新贡献、争当新示范。

一、突出超前规划，在凸显开发区价值链方面发挥好引领作用

开发区的价值，不仅在于担当区域发展的强大引擎，更在于探索发展路径、创新发展模式。一直以来，苏州工业园区坚持超前谋划、趁势而上，近年来先后提出了制造业升级、服务业倍增、科技跨越、生态优化、金融翻番增长、金鸡湖双百人才、纳米产业双倍增、文化繁荣、幸福社区等转型升级“九大行动计划”和“3+5”产业规划，制定实施了园区开发建设“十二五”规划，实现了早谋划早发展、早转型早得益。当前，园区围绕“率先基本实现现代化”，提出了“三化三型”新定位：即全力打造具有全球竞争力的国际化、现代化、信息化高科技园区和可持续发展的创新型、生态型、幸福型综合商务城区，以此带动全局开发建设。园区将按照已经制定的基本现代化指标体系，加快推进四大类30项指标的完成进度。重点突出四个方面：在以人为本方面，聚焦国际上普遍衡量和评价发展水平的“人类发展指数”，力争2012年达到0.866，相当于新加坡2011年水平；常住人口人均GDP达3.8万美元，人均预期寿命达82岁，主要劳动年龄人口平均受教育年限达12.5年。在创新发展方面，聚焦体现开发区个性特征的科技研发、人才集聚、产业发展、对外开放类等方面，力争2012年R&D经费占GDP比重达到4.8%，大专以上人才占就业人口比重达35%。在结构优化方面，聚焦转变经济发展方式成效，力争2012年服务业增加值占GDP比重达到45%，高新技术产业产值占规模以上工业总产值比重达60%，新兴产业产值占规模以上工业总产值比重达55%。在可持续发展方面，聚焦低碳、绿色、节能发展方向，力争2012年单位GDP能耗达到0.297吨标煤/万元，空气质量优良天数比例达95%，城市居民公交出行分担率达30%，新建建筑中绿色建筑比重达25%。

二、致力于人才共享，在完善人才资源链方面发挥好引领作用

人的现代化是社会现代化的前提和动力。园区积极实施“人才强区”战略，已累计吸引22所院校入驻独墅湖科教创新区，48人入选国家“千人计划”，近3000名海外归国人才在园区工作，大专以上人才总量列国家级开发区第一位，被评为国家级“海外高层次人才创新创业基地”。下一阶段，园区将着重做好“共享”文章，加快人才资源社会化进程。在引进方面抓共享，坚持“不求所有、但求所用”，深入实施“金鸡湖双百人才”计划，加强对各类领军人才引进政策之间的衔接共享，力争每年引进和培养各级创新创业领军人才200名、高技能领军人才200名，5年内硕士和高级职称以上高层次人才总量增长两倍。在培育方面抓共管，加快建设桑田岛世界名校

区，积极鼓励国内外高校在园区设立研究生院，鼓励高校根据园区产业发展的需要设立专业，搭建国内与国外高校跨国合作的平台桥梁，努力培养更多的高端人才以及创新创业人才。在培训方面抓共建，依托各载体的科技公共技术平台，采用科技资源与人才培训功能叠加的办法，建立共享实训基地，拓宽国际化的培训和认证渠道，建立复合型人才的培训模式。在扶持方面抓共有，积极打造以“孵化器+技术平台+产业基地”为模式的一条龙产业孵化体系，为创业创新人才搭建一批公共技术平台和高校公共实验室，全方位向企业和社会开放，通过资源共享扶持创新人才的快速成长和创新成果的快速涌现。

三、壮大高技术产业，在延伸产业创新链方面发挥好引领作用

高技术产业是现代化建设的动力源。目前，园区已经在集成电路、液晶显示、精密机械等领域形成了具有一定竞争力的高新技术产业集群，高新技术企业产值占工业总产值比重达59.8%，特别是以纳米技术为引领的新兴产业产值达2006亿元，R&D投入占GDP比重达4.6%，成为了全国唯一“国家纳米高新技术产业化基地”和首批“国家新型工业化产业示范基地”。下一阶段，园区将加快由主要依靠资源资本要素投入向主要依靠科技进步驱动的发展阶段升级，由主要依靠产业链增值的“产业主导”阶段向主要依靠创新链增值的创新突破阶段提升。在主导产业方面，以三星高世代液晶面板项目为龙头，推进跨国公司本土化深耕发展，做大做强液晶平板显示、集成电路、机械制造等千亿级产业集群。在新兴产业方面，以中科院苏州纳米所为龙头，计划投入100亿元，带动社会投资500亿元，打造国际知名、中国第一的纳米技术创新和产业化基地，力争到2015年末光电新能源、融合通信、生物医药、软件及创意、生态环保五大新兴产业产值达“千亿级”。在技术创新方面，以独墅湖科教创新区为龙头，建设以企业为主体、市场为导向、政产学研紧密结合的科技创新体系，力争“十二五”期间新增研发机构200家、累计400家，率先建成“创新型园区”。

四、建设综合商务城，在接轨世界城市链方面发挥好引领作用

综合商务城是城市经济高度发达的必然产物，也是衡量城市现代化建设水平的重要标志。当前，园区围绕苏州城市“一核四城”的发展定位（以古城区为核，东部为综合商务城，西部为生态科技城，南部为滨湖新城，北部为高铁新城），积极推进园区作为东部综合商务城和苏州城市CBD建设，已建、在建超高层商务楼宇143幢，集聚各类金融和准金融机构384家，成为了首个“国家商务旅游示范区”和“数字城市建设示范区”。下一阶段，园区将瞄准世界先进城市的发展模式，不断提升城市发展能级。在城市布局方面，按照中央商务区、金融创新区和商务旅游区“三位一体”的建设目标，加快构建由金鸡湖金融商务区、独墅湖科教创新区、阳澄湖生态旅游度假区“三湖板块”、轨道交通1号线“一轴”、物流商流人流“三节点”、娄葑、唯亭、胜浦“三个副中心”组成的新城发展格局。在城市经济方面，加快建设长三角地区重要的金融、商务、贸易、信息次中心以及高端服务业集聚地，全力打造中小企业特色金融产品和服务集聚区、新型金融和后台金融服务集聚区以及总部经济集聚区，推进“国创母基金”和“千人计划创投中心”发展，营造良好的金融风险投融资环境。在城市功能方面，借鉴国外先进城市的管理经验，加快构筑人流、物流、信息流、资金流、技术流快速集聚、辐射周边的平台、载体、项目等支撑体系，2012年底，力争城市化水平达到98%。

今后，苏州工业园区将进一步增强紧迫感

和使命感，以更高标准、更大力度、更实举措，推进率先基本实现现代化工作，努力为全省、全市“两个率先”大局做出更大贡献、创造更多经验。

论开发区发展的内在动力与未来方向

长春经济技术开发区管委会主任 张焕秋

随着后工业时代的来临，开发区正从“一代园区”向“二代园区”迈进，面临着亟待探索发展新模式的重大使命。对长春开发区而言，创新转型的路径是通过树立“成本经营”的理念，实现高速度、内涵式、精细化、高效益的发展模式，从而走上全面、协调、可持续发展的道路。

——高速度即作为区域经济的重要增长极，开发区的未来发展不能低于母城经济发展水平，仍然需要保持适当的发展速度，主要经济指标增幅要高于国家和地方 5～10 个百分点。

——内涵式即要加快产业升级和结构优化，提升改造传统工业，不失时机发展战略性新兴产业，实现产业规模、层次、竞争力的全方位提升。

——精细化即要改变过去那种单纯扩张土地面积求出路的开发模式，把服务、收益、集约开发作为开发建设追求的目标，把成本管理贯穿于土地开发、基础设施、招商引资、项目建设的各个环节，实现管理的精细化、服务的精细化和经营的精细化。

——高效益即单位面积产出强度、税收强度超过全国平均水平；负债规模与自身财力相匹配，国有资产经营收益占财政结构的比例向好，实现开发建设、城市建设、社会建设的全面协调发展，经济效益、社会效益的统一。

一、创新模式，寻求突破

（一）发展职能变化是创新发展模式的必然选择

经过 20 多年发展，开发区的发展理念、定位、模式、形态都发生了深刻变化，已经进入“大开发区时代”（从当初设立核准的几平方、十几平方公里范围的单纯工业园区，扩展到几百平方公里区域的复合开发区或综合经济区，构成区域经济发展的大平台和促进转型升级的新高地）、“后开发区时代”（在功能定位上，由单一加工制造业向先进制造业与现代服务业并举转型；在经济结构上，由单纯工业经济向城市综合经济转型；在管理职能上，由只注重经济发展向统筹经济社会协调发展转型，呈现出“工业区——新城区——行政区”的发展走向）和“泛开发区时代”（开发区走出“围墙经济”，放大溢出效应，实现经济园区与周边地区的良性互动，促进区域均衡发展、城乡协调发展、社会和谐发展）。由此可见，以往的高速度、外延式、粗放型、低效益的发展模式已经不能适应当今发展需要，只有统筹经济社会协调发展，统筹与周边地区的良性互动，才能形成持续发展的内生动力。

（二）外部环境变化是创新发展模式的客观需要

经过 20 余年的建设与发展，国家对外资、产业、土地、税收、环境等政策做了重大调整，开发区的政策优势正在逐渐弱化。在这种情况下，开发区究竟应该走一条怎样的发展道路，选择何种发展模式，成为必须认真思索且需要迫切解决的问题。

（三）自身发展压力是创新发展模式的内在动力

长春开发区已经进入成熟发展期，但尚未真正进入良性循环的轨道，仍面临着债务负担沉重、发展空间不足、征地拆迁压力大等制约发展的诸多矛盾和问题。特别是随着资金、土地等要素制约的加剧，也对开发区向更高层次、更强实力发展提出了新要求。

二、转型升级，科学发展

长春开发区结合自身发展实际，对创新开发区发展模式进行了大胆探索。在工作中，始终突出“科学发展、加快发展、率先发展”这一主题，着力实施“四个转变”（由单纯抓工业向第二第三产业协调发展转变、由工业区向现代化新城区转变、资源利用由粗放向集约转变、由经济强区向强区富民转变），扩大优势，提升功能，全力打造区域经济增长的第一极。

（一）由单纯抓工业向第二第三产业协调发展转变，产业结构优化步伐加快

在坚持工业强区、产业兴区的同时，把加快发展服务业作为推动经济增长方式转变、调整优化产业结构的战略重点和重要突破口。重点瞄准世界500强、跨国公司、央企和行业龙头企业等战略投资者开展大招商，既壮大了经济实力，又促进了产业结构优化升级。

实施园区带动战略。以组团式开发方式，在北区重点打造生物产业园、专用车产业园、综合保税园、装备制造业园、新兴产业园五大产业园区。

实施集群化发展战略。结合自身产业基础和发展定位，采取上下游产业协作配套等方式，大力培育一批配套能力强、竞争力强的主导产业，目前已基本形成了汽车及零部件、生物化工、装备制造、快速消费品、光电信息、生物制药以及新兴产业等八大产业集群。

实施服务业提升战略。促进服务业发展提速、比重提高、结构提升。制定出台了总部经济促进政策，鼓励引进大型企业集团；推进城市商业综合体建设，加快经济技术开发区新兴服务业和生产性服务业集聚。

（二）由工业区向现代化新城区转变，兴隆新城建设稳步推进

开发北区和经营南区同步推进。实施“北部建城、南部提升”两区联动战略，特别是对兴隆新城建设赋予了新的意义，按照“一城三区五园”（“一城”即长东北兴隆新城，“三区”即中、东、西三个生活功能区，“五园”即五大产业园区。）格局，全面建设长、吉两市一体化的第一座新城。为此，聘请英国著名的阿特金斯公司，正在对南区提升进行整体规划设计，努力建设高品质的长春东南城市副中心。

加速推进开放新平台建设。长春兴隆综合保税区于2011年12月顺利获批，成为全国第19个、吉林省唯一一家综合保税区。目前，正在举全区之力建设综保区，确保完成“一年封关验收、三年具规模”的工作目标。

（三）资源利用由粗放向集约转变，内部潜力充分挖掘

牢固树立经营开发区的理念，资金与土地等资源利用由过去的简单粗放形式向综合高效集约利用转化，最大限度地提高资源的使用效率。

在资金利用上，通过开展综合治税、盘活存量资产、加强资本运作、加快土地收储等措施，积极组织好收入，在保证大规模开发建设投入的同时，有效控制债务总量。特别是强化了国有资产经营管理，通过组建经开国资控股集团公司平台，彻底解决了经开股份公司改制、资产重组等一系列重大问题；对会展中心和供热公司进行了重组，全面提升了国资集团下属公司经营管理水平。

在土地利用上，对南区效益不高、土地利用率低的工业企业逐步实行退城进区；盘活长铃、中兴汽车、一汽通用等闲置土地，提高土地使用效率；有效发挥国家级开发区的溢出效应，积极推进与周边县市的合作建设，打造产业集聚、区县功能对接与合作的新平台，辐射带动周边区域发展。

（四）由经济强区向强区富民转变，更加关注社会建设

开发区作为以经济功能为主的区域，在抓好城市建设的同时，着重强化管委会的社会责任，统筹谋划民生事业，使开发建设的成果更多地惠及区内百姓。在拆迁安置工作中，确立了“先建楼、后征地”、“先回迁、后拆迁”的原则，在兴隆山镇中心地段，大投入、高质量打造了回迁楼群，集中回迁户数为建区以来规模最大的一年，实现从“农民”到“市民”的根本转变。此外，还在回迁楼旁建设公园，把最好、最优美的休闲娱乐环境摆放在农民家门口，配备了学校、医院、社区服务中心等完善的公共服务设施，实行了管委会出资、镇（社区）代管物业的新型管理模式，辖区居民的满意度和幸福感不断提升。

三、科学统筹，凸显优势

未来一个时期，国家级开发区的发展要立足一个“转”字。即，牢固树立经营理念，从单纯依靠“以地养区、政策养区”的要素驱动模式向“经营为主、效率优先”的资源集约模式转变；坚持工业化与城市化“双轮驱动”、先进制造业与现代服务业“两业并举”，加快推进从“建区”到“造城”的战略转型；强化管委会作为政府的社会责任，在经济繁荣的同时，同步关注社会和谐，由经济强区向强区富民转变，在区域发展中切实担负起支撑、辐射、带动的责任和使命。

（一）构筑产业升级的重要平台

开发区始终是新型工业化的最佳载体，这是开发区的立身之本。今后，要重点打造生物化工和汽车及零部件两个千亿级产业基地。其中，生物化工产业将依托大成集团形成规模效益和科技优势，利用5～10年时间，形成1000万吨的年加工能力，成为全球最大生物化工产业基地。汽车整车及零部件产业重点围绕通用汽车的配套需求引进项目，同时在高端专用车及汽车核心零部件配套上要有新突破，利用5～10年时间，形成年产40万辆整车（包括改装车）、各类专用车及汽车零部件的规模，创建国内一流、国际知名的专用车产业基地。同时，加快培育壮大现代装备制造业和战略性新兴产业，使其成为全区工业经济全新增长极。

（二）争创开发开放的龙头

开发区作为我国对外开放的前沿阵地，必须实施全方位开放战略，积极参与国际经济技术合作和竞争，进一步增强吸纳全球生产要素和利用全球市场加快发展的能力，形成内资与外资相互融合、联动发展的平台。要充分发挥国家级开发区的外向型经济优势，依托长春综保区，加快建设立足长东北、面向长吉图、辐射东北亚的区域保税加工的基地、进出口商品物流的大通道、商品贸易展示销售交易的大平台。

（三）引领区域融合的进程

开发区要适应发展的新阶段、新任务、新趋势，突出产业功能与城市功能的高度契合，统筹经济建设与社会发展，发挥开发区的产业扩散效应、开发扩散效应和人才扩散效应，推动周边地区加快工业化城市化进程，形成区区、区城相互促进、良性循环的互动机制。长春开发区地处东北振兴规划、长吉图国家战略等多重战略的关键节点，将充分发挥核心区和区域节点作用，在长吉两市之间形成先进制造产业带、生物化工基地和进出口加工贸易中心，建设一个产业布局合理、人气集聚、生活宜居、生态品质最优、功能层次最高的现代化、国际化滨湖生态新城。

（四）塑造集约经营的典范

开发区的发展要从过去注重规模扩张和发

展速度向注重提高质量和效益转变，更加珍惜和合理开发利用土地、能源、水等资源，努力促进各种资源的节约集约利用。要逐步改变依靠土地出让收益和税收收入为主的财力结构，不断提高国有资产经营水平，逐步由“负债开发、滚动发展”向“资本运营、良性循环”发展；坚持把土地作为资本来经营，工业用地以建设标准厂房、工业楼宇出租为主，商业用地逐年减少出让比例，把有限的要素资源转变为未来的财力资源。

立足“三化”战略　推进“三大”转型

——杭州开发区转型发展的实践与思考

杭州经济技术开发区管委会副主任　王永芳

近年来，杭州经济技术开发区紧紧围绕“国际先进制造业基地、新世纪大学科技城、花园式生态型下沙副城”三大目标，深入实施“城市国际化、产业高端化、环境品质化”战略，加快推进“产业发展、副城建设、社会管理”三大转型，经济保持平稳健康发展，城市面貌日新月异，社会创新管理成效明显，综合竞争力不断提升。

一、转型发展的基础与实践

杭州开发区自1993年建区以来，历经从“建区”到“造城”的战略转变，现已发展成为辖区面积104.7平方公里、居住人口约40万、产业集聚优势明显、城市功能基本配套的杭州东部新兴副城。

综合实力明显增强。2011年全区实现地区生产总值420.6亿元；完成工业销售产值1500.2亿元，同比增长15.3%，工业经济总量位列杭州市各区县市第2位；完成财政收入92.6亿元，同比增长15.5%。2008～2010年连续3年综合竞争力位居全国国家级开发区十强，综合经济实力位居全省开发区首位。

转型升级取得成效。大力实施“产业高端化”战略，确立了“四优四新”现代产业体系，高新技术产业自主创新能力显著提高，市级以上高新技术企业275家，市级以上研发（技术）中心突破100家，高新技术产业产值占比达66%。同时，现代服务业快速发展，服务业增加值比重达到20.7%，提升明显。

城市建设进程加快。开发区坚持规划主导，实现控规和详规全覆盖。新城中心区、北部工业区、沿江区块、大学城北区块开发建设稳步推进，基本完成区内农居整体拆迁，拆除房屋230万平方米，累计征地1.5万亩，城市开发面积达到47平方公里。以政府投资带动社会投资，累计完成固定资产投资1228亿元，有力推动了开发区城市建设。

“十一五”时期以来，开发区通过全力实施经济发展、城市建设和社会管理转型发展三年行动计划，以科学发展为己任，以转型发展为主线，以和谐发展为目标，积极实践“三化”战略，着力将开发区打造成为“宜业、宜居、宜学”之区，逐步走出一条具有开发区特色的可持续发展之路。

（一）加快产业转型，经济实力显著提升

坚持构筑“四优四新”现代产业体系，发展壮大优势主导产业，加快培育新兴产业和新经济，汽车及零部件、食品饮料、生物医药等重点产业发展实现突破。坚持把招大引强作为转型升级的关键抓手，集中精力、集聚资源抓好“三个五百强”和战略性新兴产业龙头项目的招商，引进了福特汽车等一批具有重大战略意义的项目。坚持把科技创新作为转型升级的核心动力，不断加大高新技术产业、研发（技术）中心的培育力度，提高自主创新能力。坚持把培育企业作为转型升级的重要基础，着力扶持大企业、大集团，加快工业项目建设，推进企业技术改造、增资扩产和上市培育，重点骨干企业支撑作用进一步凸显。坚持把平台建设作为转型升级的重要支撑，加快江东开发建设，完善基础配套设施，着力破解要素制约，打造工业经济、招商引资新的主平台；深入推进十大产业园区、平台载体建设，集聚带动作用进一步发挥。大力实施人才战略，“两园三中心”（即：留学生创业园、大学生创业园，人才中心、大学生创业指导服务中心、长三角紧缺人才培训中心下沙分中心），“两高”（即：高层次、高技能）人才队伍建设实现了新突破。

（二）加快城市转型，副城建设全面推进

紧紧抓住杭州加快东部开发建设的有利契机，坚持以政府投资带动全社会投资，有力推动了副城建设。全面推进一批关系未来发展的重大交通项目建设，实现主副城无缝连接。优化完善金沙湖周边相关规划设计方案，加快“一广场、一通道、一隧道”和源水厂建设，为湖区的全面开挖创造了条件。体现城市形象的重点区块开发有序推进，沿江区块基本成型，中心区块全面拉开，大学城北区块着手启动；加强生态建设，创建国家生态工业园区规划已通过国家三部委评审，截污纳管、大气整治、节能减排、景观绿化等环境综合整治工程全面推进，环境质量有了新的提升。

（三）加快社会转型，民生保障不断改善

以创建全国文明城市和“国卫复评”为主抓手，坚持重点整治和落实长效相结合，建立完善“重心下移”等一系列工作机制，有力推动了社会管理和城市管理各项工作，全面带动了基层基础建设，充分发挥了基层党组织作用。大力实施“十大民生工程”，完善各项社会公共事业，基础教育结出新的硕果，公共卫生网络不断健全，社会保障水平显著提高，文化体育事业不断繁荣。

二、开发区转型发展的挑战与机遇并存

在加快发展的同时，杭州开发区还存在着诸多问题。一是综合经济实力有待增强。工业经济增长速度仍不够快，主导产业缺乏大项目、大企业的带动和支撑，产业集群度还不够高，战略性新兴产业和现代服务业发展基础较薄弱。企业自主创新能力和高校产学研合作有待进一步加强。二是副城建设功能配套有待完善。开发区一些重大基础设施和公共服务设施建设还受到征地拆迁的制约，地铁一号线的开通在带动人气的同时，也对路网、公交、公共服务配套提出了更高要求。房地产市场调整，土地出让遭受影响，资金平衡的压力加大。三是社会公共事业的基础仍比较薄弱。从工业园区向城市转型的鲜明特点、移民新城特有的人群结构等，均对社会事业发展和社会公共服务体系建设提出了新的要求。

转型时期的新问题和宏观环境的新挑战，对今后经济工作提出了更新更高的要求。应该看到，当前开发区仍处于大有作为的重要战略机遇期。

从宏观政策角度看，国家实施扩大内需、发展实体经济等一系列重大战略举措蕴含着难得的发展机遇，将进一步释放国内市场需求潜力，有效拉动先进制造业和现代服务业的发展；国家积极引导人才、资金等要素投向实体经济，加大金融对实体经济的服务力度，加强财政政策、信贷政策与产业政策的协调配合，为开发区持续提升自主创新能力、发展战略性新兴产业、培育大企业大集团带来良好机遇。

从自身基础角度看，全省正深入推进大江东产业集聚区建设，有利于开发区加快把江东

打造成为新的经济增长极；全市把推进三大副城建设摆在更加突出的位置，全力推进“十大产业”发展，将有力助推开发区深入实施“三化”战略，做大做强“四优四新”现代产业体系，促进产业基础更为扎实，质量效益不断增强，发展水平持续提升。借助杭州市实施“城市东扩、决战东部”战略的重要契机，优化城市规划，加快基础设施建设，大力推进城市建设步伐；积极适应社会转型的发展要求，以实施重大民生工程为载体，全面加强社会建设、创新社会管理，民生保障水平不断提升。

同时，开发区积极营造良好的政策环境，修订出台经济发展奖励政策汇编，针对企业做大做强、技术改造、开拓市场、节能减排、科技创新、品质提升、服务业发展等诸多方面完善政策，不断加大针对性和支持力度；加快推进“东部人才港”建设，设立人才专项资金，大力实施“128”人才引进工程和“百千万”人才培养计划，这些基础条件与优势将为开发区的可持续发展提供保障。

三、全面实现开发区经济社会转型的对策思路

（一）全力促进产业转型，增强可持续发展的活力和动力

加快产业转型升级，全面提升产业发展层次和水平，坚持走规模化、集聚化、高新化、效益化的发展之路。

一是加快构筑“四优四新”现代产业体系。努力打造千亿级汽车产业集群，五百亿级电子信息、食品饮料产业集群。以高新技术、先进适用技术改造提升传统优势产业，继续发挥政策的导向和“杠杆”作用，加快价值链向“微笑曲线”两端延伸，坚持培育大产业和大企业并举，做长做细产业链。大力支持电子信息产业开发高、精、尖产品，承接先进技术转移；大力支持食品饮料产业新产品开发和新项目建设；大力支持装备制造产业开发关键零部件和国内首台套产品，扩大市场占有率；发挥国家生物产业高技术产业基地核心区的品牌优势，完善生物医药公共服务平台，引进培育一批行业领军企业。充分发挥战略性新兴产业对转型升级的引领作用，打造经济增长新引擎。

二是加快推进“两业并举”协同发展。在提升发展先进制造业的同时，推进现代服务业跨越发展。在发展方向上，编制现代服务业发展规划，明确发展目标和思路举措，大力实施“现代服务业三年行动计划”和推进“29219”重点项目（即力争在三年内建成投用29个、合计219万平方米的大型商业项目）建设，营造发展氛围。在发展重点上，既要大力发展工业设计、文化创意、服务外包、软件信息、电子商务、现代物流等生产性服务业，也要加快发展旗舰型商场、高档餐饮、大型超市和高星级酒店等生活性服务业。在发展主体上，充分发挥下属两街道的作用。下沙街道以10%留用地项目为重点，牢牢把握“产业准入”和“税源经济”两大关键，促进社区集体经济加快发展；充分利用特色街区、楼宇、高校、园区、闲置厂房等资源发展服务业，重点培育产业配套经济、特色街区经济、创意经济和高校经济。

三是加大“招大引强”工作力度。要继续瞄准“500强”、央企国企和各行业领军企业，突出“专业化、精细化、定向化”招商，创新引资方式，全力突破一批大好高新项目。以围绕产业、依托平台、强化功能为导向，着力引进战略性新兴产业的龙头项目。进一步完善驻外招商处的体制和机制，认真办好系列招商推介活动，不断拓展招商项目信息渠道。要坚持“引进项目”和“推进项目”两手抓，全力加快企业“开工、竣工、投产”工作进度。

四是加快“科技创新”步伐。深入实施“科教强区”战略，充分发挥科技创新的“倍增效应”。鼓励企业加大研发投入，申报高新技术企业、设立研发（技术）中心和承担国

家级科研项目，壮大一批拥有自主知识产权和自主品牌的龙头高新技术企业，支持一批中小企业积极开展联合研发，促进一批跨国企业的技术溢出，实现科技研发的本地化。深化“两园合作”战略，做强产学研合作联盟，积极引进大院名所，运作好院士专家工作站、博士后科研工作站、中科院理化所南方中心等大院名校，深入推进区校合作、校企合作，不断推进优势互补、合作共赢。

五是坚持“做大做强做优”企业。深化完善大企业大集团长效服务机制，帮助企业解决实际问题。坚持“政府、企业、市场”三力合一，完善各项扶持政策，支持企业通过拓展市场、品牌提升和人才引进不断做大做强，通过技术改造、科技研发和节能减排实现转型升级，培育一批具有知名品牌和核心竞争力的龙头企业。全面落实“高新计划”、“上市计划”、“总部计划”等三大培育计划。

（二）加快推进城市转型，有力提升副城品位和宜居度

优化城市规划，加大建设力度，完善功能配套，提升城市形象，使下沙真正成为宜业宜学宜居的杭州副城。

一是优化完善城市规划。坚持以人为本的理念，通过优化规划布局，实现产业发展与居住环境的协调平衡。完善新城中心区、大学城北、松合居住区、六桥旅游商业综合体等重点区块的功能定位，完成《下沙新城城市功能提升规划》等八个城市发展规划。

二是完善城市功能配套。大力建设公共服务和商贸配套设施，加快一批城市综合体的开发建设，按照“总体规划、分步实施、重点突破”原则，全力加快金沙湖等重点区块开发建设。着力完善一批农贸市场、连锁餐饮、超市、邮政、电信、银行等营业网点布局，打造便捷的生活服务圈。

三是提升城市环境品质。以国家工业示范园区创建为抓手，深入实施绿化景观、水环境、噪声污染治理、企业污染整治等生态环境工程，启动大气整治三年行动计划，着力打造国家级生态和低碳发展示范区。

（三）积极适应社会转型，全面提高社会管理科学化水平

着力构建“党委领导、政府负责、社会协同、公众参与”的社会管理新格局。强化基层组织建设。大力加强以社区为重点的基层组织建设，做好“统、联、合、共”四篇文章，积极构建条块结合、资源共享、优势互补、共驻共建的城市基层党建新机制；坚持以构建区域化党建为着力点，不断提高党建科学化水平。按照“注重基层、着重基础、重心下移、重点前移”的思路固本强基，稳步下放公共管理职权，不断增强基层管理和服务能力。加快社会事业发展。大力实施教育强基、医卫利民、百姓安居等“十大民生工程”，加快建立完善与下沙副城发展相适应的公共事业服务体系，努力满足人民群众对教育、医疗、社会保障等公共服务的需求，推进公共事业的覆盖面和质量水平上新台阶。

加快官桥园区开发建设 服务推进产业转型升级

泉州经济技术开发区党工委委员、纪工委书记 吴忠溪

在泉州全市上下掀起民营企业“二次创业”热潮，加快推进产业转型升级之时，泉州经济技术开发区充分发挥国家级开发区的品牌效应，大胆探索“飞地”发展模式，举全区之力开发建设官桥园区，打造开发区新一轮发展载体。

一、适应发展形势，打造产业转型升级“实验基地”

在开发区清濛园区现有的建设用地已开发完毕并逐步迈向城市化的趋势下，开发建设官桥园区是找准发展定位，突破发展空间，实现城市功能和产业升级互动发展的重要抓手。为此，应把官桥园区作为开发区主要的产业扩展区和开发区“二次创业”的载体平台，利用官桥园区转移产业制造环节，加快发展高附加值生产性服务业和轻资产企业，推动清濛园区主导产业加快转型升级，向总部经济和设计研发、市场营销、财务控制等价值链高端延伸和升级，以突破劳动力、土地、环境承载力等资源要素制约瓶颈，在更高起点上实现更高水平发展，重塑产业的核心竞争优势。要围绕“上市公司的创业园”、“品牌企业的承载体”、“现代服务业新高地”等既定功能定位，坚持内外并举、质量并重的“双引擎”产业发展模式，努力打造开发区产业转型升级的“实验基地”，进一步为全市产业发展做出新的贡献。

二、发挥“三大功能”，打造产业转型升级“载体平台”

（一）发挥产业调整功能，助推产业转型升级

一要作为扩张基地承接清濛园区传统产业。大力引进发展清濛园区及泉州地区具有一定比较优势的纺织服装、电子信息、机械等传统产业，吸引和支持清濛园区上市企业、上市后备企业和品牌企业在官桥园区建设生产制造基地和物流配送基地，引导已不符合清濛园区定位但依然有发展潜力的企业转移到官桥园区，为清濛园区产业向“微笑曲线”两端高附加值环节发展和“二次创业”提供扩张基地。

二要作为创新载体吸引高新技术产业。注重引进和发展新材料、新能源、节能与环保等高新技术产业，培育一批新的经济增长点，形成一批高新技术企业和产品，成为开发区乃至泉州市新兴产业发展的主要载体。

三要作为整合平台推动传统产业升级。要在承接清濛园区的传统产业过程中注重用高新技术和先进适用技术改造提升传统产业，推动传统产业通过引进新技术、采用新工艺、开发新产品、应用新设备、研发新材料等一系列举措，实现传统产业自身的技术升级，推动官桥园区工业经济向总量更大、质量更优、效益更佳方向发展。

（二）发挥服务管理功能，打造高效管理服务平台

官桥园区是跨区域联合开发的新产业园区，在发展之初，开发区由于南安市政府的直接参与而发展较快。但进入开发建设实质阶段后，开发区必须从依靠政府主导和政策优势向提升综合服务功能转型，完善公共服务体系，打造高效管理服务平台，用良好的制度创新环境，促进产业结构升级。一要建立完备的合作开发机制。充分发挥双方联席会议作用，理顺园区管理体制和运行机制。根据“属地管理、授权委托”原则，尽快设立园区管理中心，承担日常园区服务管理。二要逐步转变政府管理职能。要从注重微观事务向关注长远规划、调整政策法规、市场监管、社会保障等宏观方面转变。大力培育引进经营性的营销、物流、评估、会计、法律和市场中介服务机构进驻，对于社会、市场可承担的市政公共设施管理、入区企业经常性服务项目等，通过服务外包的方式委托中介机构运作，为企业建立全方位、综合性、专业化的支持服务平台。三要完善园区便民服务功能。可以借鉴新加坡工业园设置“邻里中心”的做法，充分考虑园区服务半径范围，适当将中低档的服务设施（如农贸市场、邮政所、卫生服务站等）合理集中、组合发展，使园区快速具备一定的便民服务功能。

（三）发展产业服务功能，构筑现代服务业新高地

生产性服务既有服务、贸易、结算等第三产业管理中心的职能，又兼备独特的研发中心、核心技术产品的生产中心和现代物流运行服务等第二产业运营的职能。发展生产性服务业，有利于构架园区生产和服务一体化，以市场发展需要为支持，把园区的整个产业价值链联系起来，从而有效带动园区原有制造业的升级。因此，要针对生产性服务业的项目特点制定土地、税收等方面的扶持、奖励政策，吸引此类优秀项目进驻。引导已落户生产性企业延长产业链、鼓励园区的生产性制造业企业分离发展相关的生产性服务业，形成具有自身特色的服务业发展高地。

三、谋求“五大突破”，打造产业转型升级“先导园区”

（一）在规划设计上求突破，以科学规划指导转型升级

要科学编制开发区规划，主动衔接好泉州市总体规划、南安市总体规划等上位规划，并与清濛园区的“退二进三”产业发展规划、园区各专项规划相互衔接。要充分借鉴新加坡工业园区、苏州工业园区等国内外先进园区的经验，坚持“先规划后建园，先地下后地上”的科学程序，在完成园区控制性详规的基础上，抓紧开展市政工程、水土保持、基础设施、公共服务设施等专项规划设计，充分发挥规划的主导和先导作用。要加强规划的实施管理，维护园区规划的权威性，进一步实现从重突击到重长效、从重单一到重综合、从重载体到重机制的转变。要充分考虑到规划弹性调整的可能性，借鉴新加坡概念性规划每 10 年修编一次，城市总体规划每 5 年修编一次的做法，适时修编规划，为企业经营主体的正常运作留有适度的弹性空间。

（二）在硬件建设上求突破，以基础设施保障转型升级

要适度超前进行基础设施建设，完善城市化功能配套。坚持以低碳、生态、节能、减排为原则，适度超前，加大投入，建设“即插即用”的市政设施，“一体式”规划建设道路、给水、污水雨水、电力、通信、燃气等市政配套设施。要从优化园区生活配套设施着手，以建设现代宜商宜居现代产业新城为目标，加快融入泉州市中心城区步伐，规划如新兴产业孵化园区、企业创业园区、企业总部园区、贸展中心区等一批集商务办公、配套服务、贸易展览功能于一体的产业综合体，并将逐步建设星级酒店、大型超市、教育科研培训

基地、商务活动中心等设施。

（三）在招商质效上求突破，以优质项目助推转型升级

要坚持把提高招商质效作为产业转型升级、增强发展后劲的有力手段，大力吸引实体经济类型的优质项目。要建立健全项目准入机制和项目评价机制，着力引入符合园区产业定位的高附加值、高技术含量、环保节约型优质项目。要坚持以商招商，依托现有企业、优势企业，抓龙头、铸链条，进行补链招商，推动园区产业链上下游衔接配套，延长拓宽产业链。支持优势企业联合重组，支持小型企业围绕大型、龙头企业协作配套，把产业的配套成本降到最低，切实发挥产业集群优势。要建立项目快投产保障机制，按照“超常运作、齐头并进、交叉作业、倒排工期、分类突破”的要求，全面高效地做好项目开工前的前期工作。

（四）在土地利用上求突破，以高效集约引领转型升级

要从注重规模扩张向注重质量效益提升转型，努力促进土地资源的节约集约利用，实现“有限资源，无限创造”，提高官桥园区发展质量、经济效益和社会效益。一要科学布局，形成合理用地结构。合理规划工业用地、商务用地、居住用地、绿化用地等的比例，综合布局工业、商业、人口、交通、景观等各项城市功能，较好地处理近期与长远、需要与可能、资源有效利用与生态环境保护等一系列关系。二要提高效率，盘活园区存量土地。合理选择入驻企业，制定不同企业入区用地控制指标。对项目投资强度、土地容积率设立最低指标。结合实际，鼓励建设多层厂房，提高土地集约化利用程度。针对一期引进的一些产能相对落后，土地利用率低下的企业，加大园区规划和相关政策的宣传力度，充分调动园区企业的积极性，鼓励引导企业运用“三旧改造政策”，利用企业现有的土地和厂房，改造和建设一批适合生产性服务业发展需要的商务大楼和基础设施。积极引导和支持企业通过技术、装备、管理等创新变革，提高劳动生产率，提高单位产值，从根本上盘活土地。三要制度保障，制定土地集约利用办法。建立土地集约利用的激励、约束和考核机制，对企业用地进行阶段性评估，进一步加大对投资量小、投资速度低、产出效益差项目的清理盘活力度，通过资产评估、有偿收回的办法，实施联片清理，为大项目、好项目用地开辟新空间。对投资在规定的土地投资强度基础之上的项目，以及产出在土地利用强度基础之上的项目，分别出台奖励办法，树立集约用地的良好导向。

（五）在环境保护上求突破，以生态和谐促进转型升级

坚持以发展循环经济和产业生态化改造为理念，开展绿色招商，大力建设生态园区，加强节能减排和环境保护，加快建设环境友好型、资源节约型开发区。推行环保前置审批，推动绿色招商，不断加大择商选资力度，提高引资质量和水平，鼓励引进资源能源消耗少、污染排放量低的高新技术产业和现代服务业。制定经济增长与产业集聚、环境保护、土地集约利用、资源综合利用协调发展的专项考核指标，贯彻高标准的环保“一票否决”制，有效杜绝高能耗、高污染、低产出的项目转移到园区。要积极开展生态工程规划建设。规划编制中坚持功能分区、项目分类、清洁能源、雨污分流、总量控制、生态绿化等六大原则，将生态环保理念纳入各项规划。大力倡导节能减排，发展循环经济。要以绿色、低碳、和谐、可持续为发展导向，建设环境综合监控系统，积极推进 ISO9001 质量管理和 ISO14001 环境管理标准化建设，编制主要污染物减排方案，确定重点减排工程。健全激励和约束机制，对引进项目跟踪评价，及时梳理，分类处理，引导不符合环保要求的企业及时整改或退出；积极鼓励引导企业开展清洁生产、中水回用、节能降耗和绿色建筑等循环经济试点，切实降低企业本身的资源消耗和废物产生，降低园区总的物耗、水耗和能耗。

认真做好“四篇文章” 为土地要素保驾护航
——嘉善经济技术开发区强化土地要素保障的主要做法

浙江省开发区协会

近年来，在嘉善经济技术开发区主要经济指标以年均30%以上的速度递增，招商引资屡创新高的同时，土地要素紧缺日益成为制约开发区经济社会可持续发展的瓶颈。为使企业项目平稳落户，平台建设和特色园区扎实推进，开发区以“要素保障创新行动”为统领，正确处理保障社会经济发展和土地要素保障的关系，认真做好土地整治、指标争取、存量盘活、集约利用“四篇文章”，为大投入、大建设、大发展提供坚强的土地要素保障。2012年1~4月，全区共盘活存量厂房24964万平方米，置换闲置土地348亩，引进项目11个、总投资8.1亿元。

一、科学规划、建好平台

一是树立“集约节约用地”理念。制定科学的开发区经济社会发展规划、土地利用总体规划、城市总体规划和详细规划，明确不同地段的土地用途、配套设施和发展目标，为开发区未来发展奠定坚实的空间基础。同时，坚持“以亩产论英雄”，大力引导实体经济发展，鼓励企业零土地技改，重点培育优质中小企业和亩均效益好的企业。

二是建立企业存量资源数据库。由招商服务中心和企业管理服务中心抽调骨干力量，成立平台管理团队，对区内企业存量资源进行摸底调查，汇总整合数据，对节约集约平台进行联合管理。截至2011年，共将50余家企业存量资源信息纳入信息库，涉及存量厂房10多万平方米。

三是建立节约集约平台。专门成立节约集约平台小组，共享企业存量资源数据库。对各拟入园区项目进行评审讨论，对符合园区产业定位和经营理念先进的招商项目进行平台对接，实行三方协商原则。截至2011年，节约集约平台共对接投资项目31个，总投资近10亿元。

二、组团出击、紧缩利用

一是大力推动土地整治。在农村大力开展土地整理、土地复垦以及土地开发等土地综合整治专项行动。安排专项资金，设置分管领导，结合各村实际情况，制定相应整治目标进行全面协调工作。2011年，复垦工作通过验收101亩土地，预计今年可完成土地开发项目20亩、土地整治项目544亩。同时，加快“两新工程”建设，实行“驻扎式组团服务、多部门现场办公”的工作模式，及时有效地解决了在推进过程中产生的各类问题。自开发区东扩以来，已实现农房集聚腾出土地面积612.9亩，为开发区下一步发展提供了充足的空间保障。

二是加大力度盘活存量。对于建设进度缓慢，产业层次较低的项目，开发区通过专家评估和班子领导讨论相结合的办法，坚持主动作为，制定合理的回购标准，积极引导企业“腾笼换鸟”，置换符合开发区产业定位的优质项目。如通过回收永鹏家具、环华家具、金大地等项目土地，有效解决了精迪敏科技产业园、长盛滑动募投项目、鼎阳科技产业园一期、创园科技产业园等9个项目的土地问题。

三、三个明确、加快推进

一是明确产业定位。开发区按照自身发展要求，确立电力电子、轨道交通、生物医药、新材料和现代服务业的“4+1”产业定位。以产业定位提高项目准入门槛，严格把关项目质量。对于符合产业定位的项目，实行在谈项目早签约、签约项目早审批、审批项目早落地；工业投资早谋划、工作计划早启动、投资项目早实施；新建项目早开工、结转项目早竣工、竣工项目早投产的“三早”政策。对于不符合产业定位、占地较大、亩均产值较低的项目一律不予以准入，保证土地最大效益的利用。

二是明确项目进度。按照“一个项目、一名领导、一套班子、一抓到底”的要求，成立一条龙服务小组，将责任落实到个人，细化推进措施，推出了“以项目推进展板督促项目推进”举措。同时，进一步加强与项目投资业主的沟通，及时制定项目推进计划，了解项目推进过程中的困难和问题，努力做到问题和困难早分析、早破解，集中精力抓好项目开工前的准备工作，确保各类项目顺利开工建设。

三是明确一批企业。以打造一流国家级开发区为目标，全力提升综合实力，加快产业转型升级，建立“企业分类”制度，对企业的亩均产出、研发创新能力和污染程度等多个指标进行总体评估，将企业划分为A、B、C、D四个等级，结合“五个一批”（即“强制淘汰一批、倒闭提升一批、适时关停一批、有序转移一批、兼并重组一批”）行动，制定企业综合指标目录，同时大力推动“退二进三”项目。2012年1～4月，在“五个一批”行动中：淘汰建筑企业1家，腾出用地面积10亩；关停7家企业，腾出用地面积395.6亩。在“退二进三”行动中，与3家企业完成签约，腾退土地面积合计115亩。

综　合　篇

2012 年北京市开发区和产业基地发展情况综述

2012 年，北京市开发区和产业基地深入贯彻落实科学发展观，积极转变发展方式，大力调整产业结构，加快培育发展战略性新兴产业，不断完善政策环境、健全机制体制，持续加强基础设施建设，深化推进招商选资工作，开发区和产业基地综合实力不断增强，各项事业迈上新台阶。据初步统计，2012 年，开发区工业总产值占全市工业总产值的比重为 44.7%，7 个国家级新型工业化产业示范基地实现工业总产值 8541 亿元，开发区和产业基地成为全市转方式、调结构的主力军。

一、主要经济指标持续增长

据初步统计，2012 年底，全市开发区实现总收入 28209.1 亿元，同比增长 21.7%。其中，国家级开发区实现总收入 25575.4 亿元，同比增长 23.9%，市级开发区实现总收入 2633.7 亿元，同比增长 4.4%。开发区全年投产（开工）企业 26014 家，同比增长 7.8%。开发区从业人员年末人数为 195.4 万人，同比增长 11.3%。实现工业总产值 7958.2 亿元，同比增长 9.4%。其中，国家级开发区实现工业总产值 6626.1 亿元，同比增长 9.6%，市级开发区实现工业总产值 1332.1 亿元，同比增长 8.4%。

二、整体经济效益稳步提高

开发区利润总额继续保持较快增长。2012 年，全市开发区实现利润总额 1955.3 亿元，同比增长 12.8%。其中，国家级开发区全年实现利润总额 1808.8 亿元，同比增长 13.8%，占全市开发区利润总额的 92.5%。市级开发区全年实现利润总额 146.5 亿元，同比增长 2.2%。开发区利润率进一步提高。2012 年，全市开发区利润率为 6.93%。其中，国家级开发区利润率为 7.07%，市级开发区利润率为 5.56%。

三、招商引资增速降缓

2012 年，全市开发区实现招商企业 3985 个，同比降低 12.3%。其中，国家级开发区实现招商企业 2384 个，同比增长 5%，市级开发区实现招商企业 1601 个，同比降低 29.6%。开发区累计招商项目总投资为 1075.6 亿元，同比降低 9.2%。其中，国家级开发区累计招商项目总投资为 877.86 亿元，同比降低 3.9%，市级开发区累计招商项目总投资为 197.75 亿元，同比降低 27.1%。

四、社会贡献进一步提高

2012 年，全市开发区企业应缴税收总额 1697.29 亿元，同比增长 55.2%。其中，国家级开发区企业应缴税收总额 1554.13 亿元，同比增长 63.4%，市级开发区企业应缴税收总额 143.16 亿元，基本与上年持平。2012 年，全市开发区从业人数为 195.37 万人，同比增长 11.3%。其中，国家级开发区从业人数为 163.16 万人，同比增长 11.7%，市级开发区从业人数为 32.2 万人，同比增长 8.9%。

五、中关村自主创新示范区引领全市开发区发展

根据初步统计结果，2012年中关村示范区实现总收入2.45万亿元，同比增长25%；企业实缴税费1500亿元，同比增长超过50%；企业从业人员达到156万人，比上年增加18万人；企业利润总额1731亿元，同比增长13%；实现出口231亿美元，约占全市出口总额近四成；企业科技活动经费支出超过900亿元，同比增长25%。

六、市级新型工业化产业示范基地创建工作成效显著

为推进北京市产业结构调整和发展方式转变，加强基地的统一规范管理，加快新型工业化发展，根据工业和信息化部《创建国家新型工业化产业示范基地管理办法（试行）》文件精神，北京市2012年出台了《北京市新型工业化产业示范基地管理办法（试行）》，并于10月开始组织实施首批市级新型工业化产业示范基地创建认定工作。经过实地考察和专家答疑，2012年共批复认定19家市级新型工业化产业示范基地。

（注：以上内容数据为北京市统计局初步统计数）

（北京市开发区协会）

2012年上海市开发区发展情况综述

“十一五”期间上海产业空间布局进一步优化。2006年经国家开发区清理整顿后，形成了41个公告开发区，其中38个为工业开发区；2009年上海市实施产业区块梳理和“两规合一”，（“两规”即城市总体规划和土地利用总体规划），形成了104个园区，总规划面积约为789.3平方公里。其中国家公告开发区494.5平方公里，产业基地179.4平方公里，城镇工业地块115.5平方公里。104个工业区构成了上海市“十二五”产业发展的重要空间载体。

一、经济能级持续提升

2012年上海市开发区实现第二、第三产业营业总收入50241.7亿元，增长10.8%，开发区经济规模从2010年3万亿元到2011年的4万亿元，2012年5万亿元，实现三连跳，是上海市经济发展的最重要区域。2012年全市第二、第三产业营业总收入超千亿元以上的开发区（产业基地）有11个，其中上海综合保税区超万亿元，金桥出口加工区超过4900亿元，国际汽车城超过4000亿元，成为上海市开发区的经济规模前三位。漕河泾新兴技术开发区、松江工业区2012年园区规模超3000亿元，张江高科技园区、嘉定工业区、康桥工业区、莘庄工业区、宝山钢铁基地和青浦工业园区等超1000亿元，成为上海市开发区经济能级持续提升的龙头和重要引擎。

二、工业生产保持平稳

2012年上海市开发区完成工业总产值25050.6亿元，占全市工业总产值75.5%，同

比下降2%，全年工业生产总体平稳。2012年国际汽车城（含安亭大众）实现工业产值2973.1亿元，松江工业区2761.9亿元，两者均超过2500亿元，排名前两位；金桥出口加工区1886.8亿元，排名第三；康桥工业区1669亿元，排名第四。漕河泾新兴技术开发区、嘉定工业区（试点园区）和宝山钢铁基地2012年产值超1000亿元，高桥石化基地等16个超500亿元园区。

工业向开发区的集中度进一步提高，全市开发区工业总产值占全市比重从2010年的72.9%提高到2012年的75.5%，比2011年提高近0.8个百分点。2012年上海市十二个区县中，有7个区县的工业向开发区的集中度达到80%以上。

三、产业结构更趋合理

2012年上海市开发区第二、第三产业营业收入之比为53：47，第三产业所占比重比2011年提高6个百分点，产业结构更趋合理。其中，市级以上开发区第二、第三产业营业收入之比为46.6：53.4，第三产业比重进一步超过第二产业，市级以上开发区的产业结构调整取得较好的成绩。

从行业分析，2012年上海市开发区行业结构进一步优化，前五大行业由2011年的通信设备、计算机及其他电子设备制造业、交通运输设备制造业、化学原料及化学制品制造业、黑色金属冶炼及压延加工业和石油加工、炼焦及核燃料加工业优化为通信设备、计算机及其他电子设备制造业、汽车制造业、化学原料及化学制品制造业、通用设备制造业和电气机械和器材制造业，污染较大的黑色金属冶炼及压延加工业和石油加工、炼焦及核燃料加工业等行业经济规模进一步控制，技术水平高的通用设备制造业和电气机械和器材制造业等行业得到不断发展，开发区产业进一步向以战略性新兴产业为代表的高技术制造业转型发展，促进了开发区产业水平提升。

四、招商引资呈现增长

2012年开发区累计引进外资项目1469个，同比增长5.1%，占全市外资项目数的36.3%，累计吸引合同外资金额106.5亿美元，同比增长19.6%，占全市合同外资金额的47.7%。

2012年全市开发区引进内资项目12017个，同比下降5.2%。2012年全市开发区落户内资企业注册资金为902.8亿元，同比增长4.4%。

2012年全市开发区完成固定资产投资金额为1782.9亿元，同比增长19.1%。2012年全市开发区累计完成工业固定资产投资1040.6元，同比增长8.4%，占全市工业投资的80.5%。

五、上缴税金增长平稳

2012年上海市开发区上缴税金3822.1亿元，同比增长10.4%，占全市税收的36.7%。从上海市开发区上缴税金组成分析，工业企业上缴税金2012年为1339.1亿元，同比增长0.3%，第三产业上缴税金为1773.12亿元，同比增长57.7%。第三产业对开发区效益提升有较大贡献。

六、土地集约利用水平不断提高

上海市开发区按照节约集约用地的方针，遵循“用好增量、盘活存量、提高质量”的原则，进一步提升开发区土地开发利用水平和效率，最大程度地发挥土地资源对产业发展的支撑作用。目前全市104产业区块单位土地产出水平达到65.5亿元/平方公里，第二、第三产业营业收入达到105.4亿元/平方公里。其中国家级公告开发区单位土地面积产出达到131.7亿元/平方公里。土地税收产出达到5.9亿元/平方公里，其中国家级开发区土地税收产出水平较高，达到19.1亿元/平方公里。2012年全市开发区工业固定资产投资强度

42.3 亿元/平方公里。

七、战略性新兴产业发展较快

近年来上海开发区战略性新兴产业发展较快，截至 2012 年开发区九大领域战略性新兴产业工业产值为 5573 亿元，占全市开发区比重为 23.7%。

战略性新兴产业已成为开发区今后发展方向，集成电路、新型显示、下一代网络物联网、云计算、卫星通讯和网络设备等电子信息产业工业产值为 1944 亿元；生物医药完成工业产值 375.8 亿元；一批新能源项目不断上马，新能源产业完成工业产值 423.4 亿元；上海信息服务业规模一直快速持续扩大，网络信息服务业蓬勃兴起，信息服务业营业收入 1114 亿元。

八、创建新型工业化产业示范基地成果显著

截至 2011 年，上海已有临港装备、长兴海洋装备、化工区、民用航空、张江高科技园区、上海国际汽车城、漕河泾新兴技术开发区、金桥出口加工区、闵行航天等 9 家开发区成功获批国家新型工业化产业示范基地。2012 年上海浦东软件园和上海莘庄工业区成功申报为第四批国家级新型工业化产业示范基地。2012 年，这 11 个产业示范基地实现工业总产值约达 8700 多亿元，占全市工业区近 35%，平均工业总产值近 800 亿元，上缴税金 650 亿元左右，占全市工业区 20% 左右。在推进示范基地公共服务平台建设方面，目前 9 家国家级示范基地已投入使用和在建的综合和专业性、研发和应用性、公益和工程性等公共服务平台达到 100 个，全面改善了基地投资环境。

同时，上海开发区落实工信部关于省市级示范基地创建工作的要求，积极推进市级新型工业化产业示范基地创建工作。按照“创建一批、培育一批”的原则，培育一批符合国家要求、体现上海特点的市级产业示范基地。

（上海市开发区协会）

2012 年江苏省开发区发展情况综述

一、概况

江苏作为沿海开放地区，是最早建设开发区的省份，江苏开发区经过 20 多年来的建设，已成为全省新兴产业的集聚区、科技创新的先导区和深化改革的先行区。当年国务院新批准设立了海安、靖江、吴中经济技术开发区和武进、徐州高新技术产业开发区。截至 2012 年底，全省共有各类国家级、省级开发区 131 家，其中国家级开发区 34 家，省级开发区 97 家。在江苏省委、省政府的领导下，全省开发区深入贯彻科学发展观，全面落实“六个注重”，全力实施“八项工程”，统筹做好转型升级、创新发展的各项工作，促进全省开发区科学发展、率先发展、和谐发展和可持续发展，各项主要经济指标保持较快增长，建设发展迈上了新的台阶。

开发区综合实力进一步增强。2012 年，全省开发区完成业务总收入 151790.32 亿元、地方公共预算收入 2854.28 亿元，同比分别增长 23.8%、30.6%。国家级开发区完成业务总收入 89969.78 亿元、地方公共预算收入

1643.09亿元，分别增长17.3%、24.0%。全省开发区呈现出苏南地区在高平台上稳定发展，苏中、苏北地区快速发展的态势。

二、工业经济

开发区产业规模进一步提升。江苏省开发区结合自身特点，着力加快重点产业发展，企业集聚效应明显，产业规模进一步扩大。全省开发区完成工业总产值110108.39亿元，其中规模以上工业总产值94917.60亿元，同比分别增长19.7%和18.6%。国家级开发区完成工业总产值63436.28亿元，其中规模以上工业总产值55601.85亿元，分别增长14.5%和13.4%。开发区完成规模以上工业增加值21076.84亿元，同比增长12.6%（现价，下同）。其中，国家级开发区完成规模以上工业增加值12369.73亿元，增长15.6%。

开发区产业结构进一步优化。围绕“转型升级”的目标，全省开发区内的产业不断调整、优化和集聚，结构进一步优化。全省开发区完成主导产业增加值19233.25亿元，同比增长25.5%。其中，国家级开发区完成主导产业增加值10108.95亿元，同比增长17.2%。

三、固定资产投入

开发区不断加大固定资产投资。江苏省开发区根据产业特点和发展要求，持续增加投资，推进项目建设，提升产业配套能力。全省开发区完成全社会固定资产投资22502.85亿元，其中工业项目固定资产投资14569.67亿元，同比分别增长31.2%和32.9%；完成基础设施投入3070.33亿元，同比增长45.5%。国家级开发区完成全社会固定资产投资10550.06亿元，其中工业项目固定资产投资6399.11亿元，分别增长24.6%和28.7%；完成基础设施投入1458.06亿元，同比增长45.8%。

四、招商引资

开发区实际到账外资持续增长。江苏省开发区积极营造良好的投资环境，不断创新招商方式，外资项目的规模和质量进一步提高。全省开发区实际到账注册外资280.36亿美元，同比增长15.2%，其中国家级开发区实际到账注册外资166.56亿美元，同比增长8.4%。全省开发区新批外商投资企业2855家，同比下降8.0%。分别占全省的78.3%和68.7%。其中，国家级开发区新批外商投资企业1531家，同比下降13.1%。

开发区吸引内资企业稳中有升。全省开发区新增内资企业注册资本4341.97亿元，同比增长3.3%，其中工业项目注册资本2049.80亿元，同比增长13.9%。国家级开发区新增内资企业注册资本2542.51亿元，同比下降0.6%，其中工业项目注册资本990.61亿元，同比增长25.3%。全省开发区新增内资企业39746家，同比下降2.0%，其中国家级开发区新增内资企业23804家，同比下降6.6%。

五、对外贸易

开发区进出口总额保持稳定增长。江苏省开发区奋力开拓国际市场，不断拓宽渠道，对外贸易成效显著。全省开发区完成进出口总额、出口额和进口额分别为4343.79亿美元、2545.05亿美元和1798.74亿美元，同比分别增长6.3%、9.6%和1.9%，分别占全省的79.2%、77.5%和81.9%。国家级开发区完成进出口总额和出口额分别为3738.40亿美元和2128.87亿美元，分别增长3.9%和7.0%。

六、科技创新

开发区科技创新能力进一步增强。江苏省开发区积极推进科技创新载体建设，努力营造良好的创新发展环境。全省开发区内设有高新技术创业服务中心（孵化器）326家，中心（孵化器）内共有19200家企业，同比增长

23.9%。全省开发区内有研发中心8345家，同比增长30.5%。全省开发区当年新增授权、申请专利为438399项。全省开发区内现有高新技术企业4488家，完成业务总收入32040.78亿元，同比增长26.8%。其中，国家级开发区内有高新技术企业2886家，完成业务总收入21464.51亿元，同比增长17.4%。

七、社会贡献

开发区和谐社会构建步伐进一步加快。江苏省开发区的发展有效地扩大了就业，推动了区域共同发展。全省开发区期末从业人员达1106.95万人，同比增长7.9%，其中工业从业人员801.85万人，同比增长7.5%。境外人士在开发区从职人员9.38万人，同比增长33.4%。国家级开发区期末从业人员612.99万人，同比增长6.4%，其中工业从业人员437.91万人，同比增长3.1%。境外人士在开发区从职人员6.73万人，同比增长18.8%。

八、生态环境

开发区生态化发展水平进一步提高。江苏省共有92家开发区开展生态工业园的创建，比上年新增18家。其中，通过国家三部委验收并正式命名的国家级生态工业示范园有7家，同意创建的国家级生态工业示范园区7家。通过省级验收并正式命名的省级生态工业园27家，批准创建的省级生态工业园区57家。

九、海关特殊监管区

综合保税区建设稳步发展。江苏省现有8家综合保税区（含张家港保税港区），其中苏州工业园区、苏州高新技术开发区和昆山经济技术开发区的综合保税区已封关运作。3家综合保税区完成境外进区货值33.45万美元，本区至境外货值594.66万美元；国内至本区货值731.09万美元，本区至国内货值621.21万美元。

出口加工区建设水平进一步提升。全省现有9家出口加工区，已全部封关运作。全省出口加工区完成进出口236.16亿美元，其中出口103.68亿美元，同比分别增长8.8%和1.3%。实际到账注册外资额3.62亿美元，累计基础设施投入75.29亿元，同比增长1.7%。

十、南北共建开发区

南北共建园区建设纵深发展。南北共建园区是江苏省委、省政府为加快苏北振兴促进区域共同发展，采取的一项重大举措。经过几年的努力，全省南北共建园区发展速度进一步加快，成效显著。全省南北共建园区数量已达38家。苏南开发区共派出250名各级各类干部及管理人员到共建园区工作。

南北共建园区主要经济指标增长较快。南北共建园区产出快速提升，全年完成工业产品销售收入1702.54亿元，规模以企业上工业增加值364.46亿元，地方公共预算收入36.52亿元。南北共建园区完成基础设施投入81.59亿元，同比增长35.4%；批准进区项目593个，内资项目注册资金186.02亿元，实际到账注册外资10.41亿美元。开工在建项目419个，建成投产项目905个。

十一、特色产业

江苏省开发区截至2012年底全省开发区内累计批准设立了133家特色产业园区。

十二、沿海开发区

沿海开发区利用沿海发展上升为国家战略机遇，紧紧围绕国家规划定位，按照江苏省委、省政府把沿海地区打造成“发展最快、活力最强的经济增长极”的要求，坚持建设特色产港不动摇，坚持“三港联动、以港兴产、转型发展”不动摇，坚持开发与保护并重不动摇，坚持改革开放不动摇，积极推进沿海发展，沿海大开发、大开放、大发展的格局正在形成。实现工业总产值 18247.77 亿元，同比增长 18.2%；地方公共预算收入 473.01 亿元，同比增长 35.1%；进出口总额 288.65 亿美元，同比增长 25.1%；全社会固定资产投入 4905.46 亿元，同比增长 28.0%。沿海开发区的已步入稳步发展的阶段，占全省开发区的比重逐年增加。

表 1　2012 年江苏开发区分区域业务总收入和地方一般预算收入完成情况　单位：亿元

地　区	业务总收入	同比增长（%）	地方一般预算收入	同比增长（%）
全省开发区	151790.32	23.8	2854.28	30.6
苏南开发区	87736.41	15.9	1655.42	24.4
苏中开发区	36116.15	35.3	543.60	36.8
苏北开发区	27937.76	38.3	655.26	43.0

表 2　2012 年江苏开发区工业增加值排位前 8 位的行业　单位：亿元

产业名称	完成增加值
通信设备、计算机及其他电子设备制造业	4075.55
通用设备制造业	2734.03
化学原料及化学制品制造业	2057.37
电气机械及器材制造业	2025.86
交通运输设备制造业	1844.88
黑色金属冶炼及压延加工业	930.66
纺织业	795.46
纺织服装、鞋、帽制造业	650.45

（江苏省开发区协会）

2012 年浙江省开发区发展情况综述

2012 年，浙江省开发区取得较大进展，对全省经济、社会发展贡献明显。截至 2012 年底，65 家国家级、省级经济开发区纳入统计的实际管理区域 6073 平方公里，累计已开发面积约 1600 平方公里，累计基础设施投入 4566 亿元。实有投产企业 11 万家，其中规模以上工业企业 1.6 万家，外商投资企业 0.94 万家。区内就业人口约 578 万。

一、主要经济指标及增长情况

2012 年，65 家开发区主要经济指标（见表 1）总体较上年有较大回落，但均达到正增长，外贸、工业总产值、财政总收入及固定资产投资增速均高于全省水平，实际利用外资增速虽低于全省水平，但在引进1000万元以上大项目方面份额稳占全省5成。

表1　　2012年65个开发区主要经济指标

项　　目	单位	绝对值	占全省比重	增幅	增幅与全省比较
实际利用外资	亿美元	64.8	49.6%	7.5%	-4.5
新增内资注册资本金	亿元	1741.5	—	10.8%	—
进出口总额	亿美元	1467.0	47.0%	2.0%	1.1
规模以上工业总产值	亿元	29198.1	50.0%	7.8%	1.2
服务业企业主营业务收入	亿元	1579.7	24.9%	—	—
财政总收入	亿元	1818.8	28.4%	10.6%	2.4
固定资产投资	亿元	5693.2	33.3%	24.6%	3.2

——招商引资。利用外资方面，2012年新批外资项目、合同外资和实际利用外资分别为541个、92亿美元和65亿美元，同比增幅分别为-15.5%、-7.4%和7.5%，分别占全省的33.9%、43.9%和49.6%。在招引外资大项目方面，2012年共引进投资总额1000万美元以上项目302个，占开发区新批项目的55.8%，占全省1000万美元以上新批项目的49.1%，其中世界500强和重大外资项目13个，占全省的40.6%。在利用内资方面，2012年新增内资注册资本金1467亿元，同比增12.5%。总投资超过1亿元人民币的内资项目918个。

——对外贸易。2012年，全省开发区实现进出口总额、进口总额和出口总额分别为1467亿美元、521亿美元和946亿美元，同比增幅分别为2.0%、3.5%和-0.6%，分别占全省的47.0%、59.4%和42.1%。

——工业。2012年，全省开发区实现规模以上工业总产值29198亿元，增加值5800亿元，同比分别增长7.8%和6.2%，占全省的50%和53.3%。实现工业利润1350亿元，占全省的53.7%。

——服务业。限额以上服务业企业，剔除批零住宿餐饮银行证券保险等行业，主营业务收入1580亿元，占全省的24.9%。

——财税收入。2012年，全省开发区实现税收收入1797亿元，同比增长10.7%；剔除宁波石化开发区内央企直接上缴中央税收收入145.8亿元部分，2012年实现财政总收入1818.8亿元，同比增长10.6%，占全省的28.4%。

——投资。2012年，全省开发区固定资产投资5693亿元，其中基础设施投入1225亿元，工业技术改造投入1979亿元，同比分别增长24.6%、22.9%和21.0%。分别占全省的33.3%、30.9%和54%。

二、发展质量和综合效益情况

全省开发区高度重视发展质量和效益的提升，努力追求依靠科技进步推动发展。截至2012年底，65家开发区拥有高新企业2074家，当年规模以上高新技术企业产值占比33.4%，比上年提高4.4个百分点；当年企业技术改造投入1979亿元，占固定资产投入的34.7%；三年内新设或通过复审的研发、技术中心数1000家，获知名品牌、商标数、出口名牌2987个；当年引进总投资1亿元以上内资项目918个，引进投资总额1000万美元以上外资项目302个，大项目引进较上年增加136个；2012年全省开发区企业专利创造能力加速提升，新增企业专利授权量52440件，占全省的51.3%，其中企业发明专利授权量3816件，同比增加1100件，增幅40%，占全省职务发明授权的55.6%。

在综合效益方面，全省开发区力求精耕细

作，让每笔投入、每块土地都发挥更大效益。开发区核心区块辐射带动委托管理区块，综合效益各项指标显示正逐步提高。截至2012年底，全省开发区累计出让出租土地面积131.3万亩，其中已建成投产工业土地面积86.2万亩。企业累计投资密度247万元/亩，比2011年提高22万元/亩；2012年工业土地产出率340.2万元/亩，比2011年提高19万元/亩；2012年土地税收产出率13.7万元/亩，比2011年提高1万元/亩。与此同时，开发区企业平均水耗、能耗比2011年下降10%和6.0%。有2586家企业通过ISO14001环境管理体系认证，比2011年增加359个。2012年，全省开发区吸纳就业约578万人，比2011年增加约39万人。开发区企业人均创税3.2万元，比2011年提高0.4万元。2012年65个开发区主要效益指标见表2。

表2　　2012年65个开发区主要效益指标

指　　标	2012年	2011年	2012年增幅
累计投资密度（万元/亩）	246.1	225.2	9.3%
工业土地产出率（万元/亩）	338.6	321.2	5.4%
土地税收产出率（万元/亩）	13.7	12.7	7.8%
已建成投产的工业土地面积（亩）	853708	798997	6.8%
通过ISO14001认证企业数（个）	2586	2227	16.1%
期末就业人数（万人）	578	539	7.2%

三、国家级开发区和沿海沿湾开发区发展情况

国家级开发区、沿海沿湾开发区是实现“四大国家战略举措”、推进“四大建设”的重要平台，是浙江省外向型经济、现代服务业的主要发展地区，科学、集约发展的重要示范区和辐射中心。2012年，浙江省新升级国家级开发区4家，截至报告日，全省国家级经济技术开发区总数增至18家，沿海沿湾开发区30家，其中既是国家级开发区又是沿海沿湾开发区的有9家。

截至2012年，18家国家级经济技术开发区及宁波保税区纳入统计的区域1765平方公里，约占全省开发区的三成。2012年实际利用外资、对外贸易、工业总产值、服务业主营业务收入及财政总收入达到全省开发区的五成以上。2012年国家级开发区主要经济指标见表3。

表3　　2012年国家级开发区主要经济指标

项　　目	单位	绝对值	增幅	占全部开发区比重	占全省比重
实际利用外资	亿美元	39.7	7.0%	61.3%	30.4%
进出口总额	亿美元	833.3	-0.4%	56.8%	26.7%
规模以上工业总产值	亿元	14655.9	5.7%	50.2%	25.1%
服务业企业主营业务收入	亿元	907.7	—	57.5%	13.8%
财政总收入	亿元	923.4	5.7%	50.4%	14.4%
固定资产投资	亿元	2248.8	22.2%	39.5%	13.2%

浙江省沿海沿湾开发区30家，占总数的46%。2012年，30家沿海沿湾开发区主要经济指标占全省开发区比重基本在50%以上，外资、外贸和服务业接近或超过60%。2012年30家沿海沿湾开发区主要经济指标见表4。

表 4　　2012 年 30 家沿海沿湾开发区主要经济指标

项　　目	单位	绝对值	占全部开发区比重
实际利用外资	亿美元	38.0	58.7%
进出口总额	亿美元	976.0	66.5%
规模以上工业总产值	亿元	15464.0	52.3%
服务业主营业务收入	亿元	957.4	60.6%
税收收入	亿元	1053.7	58.6%
固定资产投资	亿元	2764.3	48.6%

（浙江省开发区协会）

2012 年山东省开发区发展情况综述

2012 年，山东省经济开发区以科学发展为主题，以加快转变经济发展方式为主线，大力实施园区提升和产业集群壮大工程，主要经济指标保持平稳较快增长，转型升级步伐逐步加快。

一、综合经济实力

2012 年，山东省经济开发区实现地区生产总值 22792.9 亿元，占全省的 45.6%；实现公共财政预算收入 1463 亿元，增长 21.8%，占全省的 36%。截至 2012 年底，全省经济开发区内实有注册企业已达 119042 家，其中内资企业 105729 家，外商投资企业 9678 家，年末实有注册资本合计 12404.1 亿元。全省开发区年末单位从业人员 821.3 万人，其中，第二产业从业人员 537.4 万人，第三产业从业人员 211.5 万人。

二、规模以上工业

2012 年，山东省开发区规模以上工业实现总产值 68996.8 亿元，增长 11.8%；主营业务收入 68557.7 亿元，增长 18.7%，占全省的 59%；利税总额 6611.9 亿元，增长 17.2%，占全省的 54.7%。

三、外向型经济

2012 年，山东省开发区实现进出口总额 1318.2 亿美元，其中出口 665 亿美元，进口 653.3 亿美元，分别增长 6.3%、4.9%、7.7%，占全省的 53.7%、51.7%、55.9%。实际到账外资 69.7 亿美元，增长 12.4%，占全省的 56.4%。实际到账外资增幅高于全省平均水平 1.7 个百分点。

四、“蓝黄”两区内经济开发区

2012 年，“蓝黄”两区内经济开发区节点平台作用突出，两区内 69 家开发区共实现地区生产总值 12793.3 亿元，公共财政预算收入 798.3 亿元，工业总产值 40378.4 亿元，进出口总额 1100.9 亿美元，实际到账外资 48.7 亿美元，分别占全省经济开发区的 56.1%、54.6%、58.5%、83.5% 和 69.9%。

五、国家级经济技术开发区

2012 年，国务院批准德州、明水、胶州经济开发区升级为国家级经济技术开发区，至此，全省国家级经济技术开发区已达到12家。国家级经济技术开发区实现地区生产总值5229亿元，公共财政预算收入297.7亿元，工业总产值16359亿元，进出口总额618.4亿美元，其中出口288.7亿美元，实际到账外资25.2亿美元。公共财政预算收入、工业总产值、进出口、出口、实际到账外资分别占全省开发区的20.3%、23.7%、46.9%、43.4%、36.2%。

六、海关特殊监管区域

国务院批准济南出口加工区转型为综合保税区，目前山东省海关特殊监管区域（指保税港区、综合保税区、出口加工区）7家。其中，保税区2家，综合保税区2家、出口加工区3建。2012年，7家海关特殊监管区域合计进出口278.9亿美元，其中进口142.5亿美元，出口136.3亿美元，分别下降5.8%、11.8%和增长1.4%。实际到账外资2.6亿美元，工业总产值1142.9亿元，税收总额64.7亿元，区内从业人员14.7万人。橡胶、棉花、矿权交易、国际葡萄酒等进口商品交易中心较快发展，各地市场实现交易量2146万吨，交易额460亿元。

七、西部开发区

2012年，山东省西部开发区（包括枣庄、济宁、泰安、莱芜、临沂、德州、聊城、滨州、菏泽9市的经济开发区）共完成固定资产投资额6034.3亿元，增长18.8%，基础设施投入895.4亿元，下降24.7%。批准进区项目3727个，其中内资项目3501个，外资项目124个。年末实有注册资本4861亿元，其中内资项目3901.4亿元，外资项目88.7亿美元。

八、科技创新

2012年，山东省开发区科技活动经费支出总额1213.6亿元，增长33.7%，其中研发经费支出857.3亿元，增长60.9%。全年专利授权量24582件，增长43.2%，其中，发明专利4759件，增长19.1%。截至2012年底，开发区高新技术企业已达4391家，规模以上高新技术企业实现工业总产值24984.7亿元，增长12.2%。

九、固定资产投资

2012年，山东省完成固定资产投资额14304.9亿元，增长20.9%，占全省固定资产投资总额的47.2%。其中，基础设施建设投资2299亿元，下降5.6%；固定资产施工项目12925个，比上年增加248个。

（山东省开发区协会）

2012年福建省开发区发展情况综述

福建是全国对外开放最早、创办开发区最早的省份之一。近30年来，伴随着改革开放的步伐，福建开发区从无到有，从沿海到山区，规模不断壮大，功能逐渐完善，实力持续增强，发挥了窗口、示范、辐射和带动作用，有力地推动福建经济社会发展。

目前，福建共有省级以上开发区97个，核定土地规划面积897.48平方公里，形成了包括国家级经济技术开发区、高新技术产业开发区、台商投资区、保税区、保税港区、保税物流园区、出口加工区以及省级经济开发区、高新技术园区、工业园区在内的多元发展格局，走出了一条特色发展道路。

一、综合经济实力不断增强

2012 年，全省开发区实现规模以上工业总产值 1.51 万亿元，税收收入 634.34 亿元，实际利用外资 23.14 亿美元，外贸出口 439.14 亿美元，分别约占全省的 51.4%、19.6%、36.5%和 44.9%。

二、各类开发区有效拓展提升

2012 年，国务院先后批准设立泉州、漳州台商投资区和福州台商投资区扩区，批准龙岩经济开发区、东侨经济开发区升级为国家级经济技术开发区，莆田高新技术产业园区升级为国家级高新技术产业开发区。同时，福建省政府批准设立了龙岩高新技术产业园区、龙岩稀土工业园区、泉港石化工业园区、泉惠石化工业园区、大田、清流、政和经济开发区等 7 个省级开发区。台商投资区的设立扩区和省级开发区的设立升级，为拓展投资空间、促进项目集聚、增进闽台产业对接等方面都产生了重要作用。

三、陆地港建设取得新进展

自 2010 年 2 月开工建设至 2012 年 5 月仅用两年多时间，晋江、武夷山、龙岩、三明陆地港已相继建成并投入运营。2012 年陆地港实现进出口货物集装箱吞吐量 5 万多标箱，进出口货值约 8.5 亿美元，初步取得阶段性成效。晋江陆地港发挥陆地港物流集散作用，降低物流成本，吸引了大量的泉州本土外贸企业和第三产业从广东、江浙回流晋江，2012 年实现外贸集装箱吞吐量 4.5 万标箱，货运量 20.12 万吨，进出口货值 7.7 亿美元，居四个陆地港之首；三明陆地港自 2012 年 5 月 28 日试运营至 12 月底，短短半年时间，实现外贸集装箱吞吐量 3000 多标箱，进出口货值 6000 多万美元；武夷山陆地港实现外贸集装箱吞吐量 4897 标箱，进出口货值 1553 万美元；龙岩陆地港实现外贸集装箱吞吐量 28 个标箱。

四、招商工作稳步推进

建立开发区招商项目库，召开全省开发区项目管理工作培训班。组织对全省开发区产业发展、土地使用和要素成本情况的调查，基本摸清全省开发区产业分布、土地存量及重点招商项目需求，为有效开展招商工作打下基础。推动福州、漳州、泉州台商投资区和漳州招商局经济技术开发区等 9 个开发区参加第十六届中国国际投资贸易洽谈会布展招商，共对外签约项目 70 个，总投资 29.58 亿美元，拟利用外资 25.17 亿美元。截至 2012 年底，全省开发区累计引进外资项目 1 万多个，实际利用外资近 400 亿美元。

五、统计考核工作有新突破

初步建立开发区投资环境测评体系，从发展水平、招商引资、投资要素、管理绩效等 5 个方面 20 个指标对全省省级以上各类开发区年度建设发展情况进行综合考核评价。评价结果通报各设区市人民政府、各开发区管委会及所在地人民政府，以此促进开发区不断改善投资环境，提升发展水平。持续开展半年度、全年度开发区综合指标统计工作，向开发区通报主要经济指标排名情况；初步建立开发区进出口数据库，按月统计开发区招商引资和外贸情况。

六、生态环境明显改善

近年来，福建省组织开展了绿色开发区创建工作，加大对开发区环境整治力度，开发区及其周边生态环境得到明显改善。目前，全省开发区已全部开展规划环评工作，约 70% 开发区污水实现集中处理并将逐步实现全部集中处理。全省已创建绿色开发区 87 个，完成目标任务达 86%，新增绿地 6099 公顷，植树 657 万株，投入资金 6.6 亿元，绿化覆盖率达 33.7%。

（福建省开发区协会）

2012 年江西省工业园区发展情况综述

2012 年，江西在省委、省政府的正确领导下，全省工业园区坚持以科学发展观为指导，着力打好工业三年强攻收官之战，以转型升级为抓手，坚持引进和培育相结合，加快引导工业园区实现“四个转变”，进一步提高园区集约集群化、经济生态化、服务社会化水平，确保了全省工业园区经济平稳较快发展。

一、主要经济指标实现稳步增长

2012 年全省工业园区主要经济指标保持了两位数的增长，实现主营业务收入 16190.4 亿元，同比增长 16.5%；完成工业增加值 3465.6 亿元，同比增长 14.2%。全省主营业务收入过百亿元工业园区数新增 13 个，达到 59 个，占全省工业园区总数的近 2/3。鹰潭高新技术产业园区、南昌小蓝经济开发区经国务院批准，分别成功升级为国家级高新技术产业开发区、国家级经济技术开发区，使全省国家级开发区（高新区、出口加工区）总数达到 15 个。

二、园区发展质量稳步提升

2012 年，全省工业园区实现利润 1010.3 亿元，增长 21.1%；上缴税收 622.4 亿元，增长 24.2%，上缴税金占全省财政总收入的 30.4%；完成出口交货值 1449.8 亿元，增长 15.9%，占全省出口总额的 91.8%。工业园区承载能力得到不断提升。2012 年，94 个工业园区完成基础设施投入 444.4 亿元，增长 17.4%；实现固定资产投资 3072.4 亿元，增长 17.7%；招商实际到位资金 2852 亿元，增长 22.8%；园区实际开发面积达到 564.9 平方公里，增长 7.6%。

三、园区产业集群加速发展

坚持把壮大产业集群作为园区发展的主攻方向，利用工业园区产业集群发展专项资金，支持 18 个园区编制产业集群规划，建立并逐步完善产业集群发展考核评价指标体系；采取园区申报、设区市初审、省园区办审核的方式，启动 2012 年度省级产业集群试点工作，集中扶持 30 个园区特色产业，完善园区产业特色定位、集群发展和配套服务，引导全省园区加快形成分工合理、优势互补、特色鲜明的产业布局。建设产业集群配套基地。依托工业园区，采取整机加零部件垂直一体化模式，每年选择一批符合条件的小企业创业基地，升级成为小微企业创业园。发展专、精、特、新小微企业集群，提高零部件本地配套率，降低物流成本。

四、园区生态绿化建设有效推进

深入开展生态工业园区创建工作，努力实现由水平开发向立体开发转变，工业园区绿色生态水平明显提高。截至 2012 年底，全省有 90 个工业园区完成生态工业园区建设规划编制，82个工业园区列入省级生态工业园区创建试点单位，其中20个园区通过考核验收被批准为省级生态工业园区，2个园区纳入国家生态工业示范园区建设范畴。依托江西省林业科学研究院的技术力量，顺利完成第一批8个工业园区绿化提升试点，完成绿化面积7047.8亩，栽种各种苗木478万株，7个园区绿化覆盖率达到了35%以上，启动了第二批19个工业园区绿化提升试点，5个苗林一体化建设试点。成功组织召开了全省工业园区绿化提升试点工作会，有力推动了全省工业园区绿化建设。

五、园区管理体制不断完善

围绕理顺工业园区管理体制和促进工业园区加快发展，对全省设在县（市、区）的省级工业园区机构编制情况进行了专题调研，进一步摸清全省工业园区管理体制情况，努力研究解决江西省工业园区激励机制等问题。出台了《关于印发江西省重点省级工业园区综合考核认定办法的通知》（赣府厅发［2012］47号），开展重点省级工业园区的认定工作，优先支持部分重点省级工业园区进行体制机制创新、支持符合条件的地方筹建省级工业园区；制定了《关于规范和加强县（市、区）的省级工业园区机构编制管理的指导意见》（赣编办发［2012］19号），从7个方面理顺江西省工业园区的机构编制问题。截至2012年底，已认定南昌昌东工业园区等首批重点省级工业园区18个，其中10个园区的机构已经江西省编办定级为副处级。

六、园区服务水平不断提高

着力服务好工业园区成长型中小企业。与清华大学联合举办的第一期工业园区拟上市企业总裁高级研修班顺利结业，其中22家企业被江西省政府纳入全省重点拟上市企业后备资源库。在总结第一期经验的基础上，联合省证监局，优选清华大学、北京大学、上海交通大学、浙江大学等高校课程和师资，以拟上市企业为重点，以知名专家和优秀企业家为导师，及时启动第二期上市总裁班。进一步加强对工业园区企业的融资服务，举办第二届“百园千企”政银企对接活动，累计为83个工业园区、3468户企业提供了610.7亿元的贷款授信，有效缓解了部分工业园区企业的融资难题。积极缓解园区用工难题，出台了《关于进一步提升工业园区用工保障能力的实施意见》（赣府厅发［2012］64号），从子女入学、用工培训、福利待遇、社会保障等着手，探索研究一些具体措施，吸引并留住外出务工人员尤其是技术工人就地就业，从制度上解决招工难、用工难、留工难问题。成功举办全省工业园区主任培训班，不断提升园区管理者的综合素质和管理能力。

（江西省中小企业局）

国家级经济技术开发区篇

大连经济技术开发区（金州新区）

【经济发展】 2012 年，大连经济技术开发区（金州新区）以“一极两区三城四个基地”作为战略目标，加快发展现代产业聚集区、和谐发展先行区和科技创新城、国际旅游城、生态宜居城，高新技术产业基地、战略性新兴产业基地、先进制造业基地和高端服务业基地；结合大连市规划目标，全面推进以金州新区城市核心标志区的黄海、渤海沿海产业带建设，大连金石滩国家旅游度假区、大连双 D 港产业园区、大连小窑湾国际商务区、大连金州经济开发区、大连金渤海岸现代服务业发展区、大连登沙河临港工业区、大连金州国家农业科技园区、大连先进装备制造业园区、大连金石国际运动中心区、大连冷链物流及食品加工园区 10 个园区为基础的“一核两带十区”；实施“产城融合、集群发展、创新驱动”三大战略举措，以工业经济为主导，以现代产业为支撑，全力推动区域战略重点项目建设。金州区（金州新区）进一步壮大产业集群，电子信息产业跻身全省优秀产业集群行列，中国汽车摩托车零部件制造基地获批成立，形成石油化工产业集群、装备制造产业集群、电子信息产业集群、现代冶金产业集群、汽车及零部件产业集群、生物医药产业集群 6 个销售收入超百亿元产业集群，其中石油化工、装备制造、电子信息 3 个产业集群年产值分别达到 820 亿元、840 亿元、600 亿元，向千亿元级目标迈进；十大产业园区基础设施与重大项目建设同步推进。

加强农业经济发展。注重农民增收，提升农业产业化水平，农业和农村工作呈现良好的发展态势。全年农林牧渔及服务业总产值 115.1 亿元，比上年增长 15.1%；实现农民人均纯收入 22630 元，比上年增长 14%。强化农业基础设施建设。新发展设施农业面积 1266.7 公顷，新建设施小区 309 个，新发展大连金穗农业科技园有限公司蓝莓谷种植基地、华家街道牟家蔬菜标准园等设施农业大区 8 个。突出发展优势特色产业。新发展果树面积 400 公顷，总面积达到 9400 公顷；新发展畜牧标准化饲养小区 5 个，总数达到 160 个；新增花卉生产面积 66.7 公顷，总面积达到 800 公顷。农业产业化发展加快。新增规模以上农业龙头企业 4 家，总数达到 77 家；新增农业专业合作社 22 家，总数达到 140 家，带动全区农户 5 万余户，形成“龙头 + 合作社 + 基地 + 农户”的产业化模式。严格管理农产品生产质量。新增“三品”（无公害、绿色和有机农产品）认证产品 8 个；检测农产品样品 15820 个，合格 15808 个，合格率达 99.9% 以上。

工业经济平稳较快发展。年末，全区有规模以上工业企业 581 家，实现工业总产值 2478.19 亿元，分别比上年增长 7.59%、17.3%；实现工业销售产值 2314.41 亿元，比上年增长 16.68%；销售收入超过 10 亿元的企业 35 家，占全市销售收入超过 10 亿元企业总数的 35.3%；实现工业增加值 620.1 亿元，按可比口径计算比上年增长 14.1%；完成出口交货值 634.46 亿元，比上年增长 3%；应交税金及附加 207.12 亿元，比上年增长 34.9%；实现利润总额 121.01 亿元，比上年下降19.4%；实现利税总额327.3亿元，比上年增长6.7%；工业用电量53.6亿千瓦时，比上年增长9.3%。规模以上工业企业中，轻工业企业184家，实现产值444.54亿元，占规模以上工业企业产值的18.5%，重工业企业397家，实现产值1952.53亿元，占规模以上工业企业产值的81.5%；从资金来源看，内资企业257家，实现产值781.35亿元，港、澳、台商投资企业55家，实现产值143.55亿元，外商投资企业269家，实现产值1472.17亿元。工业企业产业集群实力增强。以大连西太平洋石油化工有限公司为龙头的石油化工产业集群，以大连机床（数控）股份有限公司为龙头的装备制造产业集群，以英特尔半导体（大连）有限公司为龙头的电子信息产业集群，以东北特钢集团大连基地为龙头的现代冶金产业集群，以大众一汽发动机（大连）有限公司为龙头的汽车及零部件产业集群，以辉瑞制药有限公司为龙头的生物医药产业集群6大产业集群被列入省、市政府考核范围，销售总收入2506亿元，其中石油化工、装备制造、电子信息产业销售收入在辽宁省90个重点考核产业集群中分别位居第七、第五和第九位。企业发展活力增强。大连明进金属制造有限公司、大连傅氏企业集团有限公司、大连经济技术开发区凯达建筑工程有限公司、大连旭日机械有限公司、大连锦泰金属制品有限公司5家企业完成境外并购，并购额9278万美元，全区并购额位居全市首位；新增省级企业技术中心2个、市级企业技术中心1个，56家企业项目（产品）获辽宁省专精特新产品（技术）认定，占获评企业总数的14.6%、占大连市获评企业数的40%；大连北方科技企业孵化基地被评为第二批国家中小企业公共服务示范平台。

【招商引资】 全年开展国内外招商50余次，重点引进装备制造、电子信息和其他新兴产业项目2039个。继续将产业项目作为吸引外资主体，新批准设立外资企业62家，实际利用外资37亿美元，主要集中在汽车零部件、电子信息、精密机床等先进制造业；新注册内资企业1870家，实际到位内资318.5亿元人民币，其中省内实际到位资金71.4亿元，省外实际到位资金247.1亿元，主要集中在先进制造业及其他新兴产业。外商投资企业增资势头强劲。88家企业增资11.4亿美元，主要增资项目有：大众一汽发动机（大连）有限公司增资1.2亿美元，北控（大连）环保发展有限公司增资1亿美元，大连汇程铝业有限公司增资6000万美元，格劳博机床（大连）有限公司增资5300万美元。多渠道利用外资。加大BT利用外资方式研究力度，在大连金渤海岸现代服务业发展区、大连先进装备制造业园区、大连冷链物流及食品加工园区等产业园区储备一批基础设施BT利用外资项目；全年投资性公司及BT利用外资4亿余美元。开拓国际市场。大耐泵业有限公司等5家企业完成海外并购，并购总额9300万美元。

【社会事业】 落实教育优先发展战略。投入5.2亿元，新建扩建学校、幼儿园18所，“班班通”系统和初高中数字化教室配备率达到100%，教育城乡一体化和均衡化发展水平提高。金州新区通过辽宁省基础教育强区评估验收，成为全国首批义务教育发展基本均衡区。医疗卫生服务水平提升。董家沟街道社区卫生服务中心建成使用，社区卫生服务实现全覆盖；新型农村合作医疗人均筹资标准由300元提高至400元，年人均最高补助限额由8万元提高至12万元，门诊报销比例由30%提高至40%，各项指标稳居辽宁省区市县首位。文化体育事业快速发展。金州副都统衙门旧址博物馆、金州市民健身中心维修改造工程完工，金州市民文化活动中心建成使用，大连阿尔滨足球训练基地暨足球公园开工，大连万达文化旅游度假区、大连世茂嘉年华、金州古城等重大文化产业项目签约入驻；投资1000万元，实施“文化惠民”工程，“文化大篷车”获评全市十大文化品牌工程；举办国际马拉松、文化艺术节等重大赛事和群众性文体活动。社会保障体系进一步健全。提前完成全年就业任务，实现实名制就业3.1万人，城镇登记失业率控制在2.75%以内。

实施由10大民生工程和10件惠民实事组成的“民生工作双十工程”，切实提高民生质量。“民生工作双十工程”共涉及105个项目，其中10大民生工程项目84项，10件惠民实事项目21项，总投资55.8亿元，当年计划投资40.6亿元，实际完成投资28.8亿元。

【投资环境】 推动城乡统筹发展、一体化发展，不断提高城市综合服务功能，投资环境进一步优化，全区城市化率达到69.1%。加快基础设施规划建设。完成规划编制228项，形成新区开发与旧城改造协调推进、多点联动发展的良性格局。投资1298万元，实施改造提升一条路街工程；投资8200万元，实施新建一处市民健身场所工程，完成向应公园一期改造（中心湖、入口部分建筑、木栈道、绿化等）工程；投资1000万元，实施建设一个集贸市场工程；投资497万元，实施新建一座停车场工程；投资369万元，实施改造一片弃管楼院工程。投资15.8亿元，完成十大造林绿化工程；投入使用东北地区首条城市绿道金州新区绿道一期工程；竣工植物公园和向应公园一期、二期改造工程；城区绿地总面积37.1平方公里，林木绿化率达到46.5%。

【机构设置与党工委、管委会领导】 大连经济技术开发区（金州新区）党工委、管委会下设党工委机构7个，设管委会机构23个，设群团机构5个，辖产业园区10个，辖街道办事处20个。

大连经济技术开发区（金州新区）党工委书记、管委会主任徐长元，管委会副主任杨广志、宋海清、滕人贵、李莉、赵敏、王怡、陈杰、解学慧、孙军、丛克、李光。

大连经济技术开发区（金州新区）主要经济综合指标一览表

项　　目	单位	2011年	2012年	增减（%）
开发区生产总值	亿元	1321.08	1472.07	10
第二产业	亿元	938.15	1032.35	9.6
第三产业	亿元	334.79	384.56	11.7
工业总产值（现价）	亿元	2042.71	2478.19	17.3
销售（营业）收入	亿元	1983.5	2314.41	16.68
利润总额	亿元	150.11	140.1	
进出口总额	亿美元	217.7	251.6	10.9
出口	亿美元	91.13	105.7	16
财政收入	亿元	90.63	105.22	16.1
税收收入	亿元	72.09	80.25	11.3
财政支出	亿元	94.88	106.56	12.3
新批企业个数	个	112	62	-44.6
合同外资金额	亿美元	26.2	12.7	-51.52
外商实际投资	亿美元	35	37	5.7
固定资产投资	亿元	1025.27	1273	24.2
年末从业人员数	万人	25.6	26.7	4.29
在岗职工数	万人	20.1	20.53	2.13
在岗职工平均工资	元	48733	51109	4.9
规模以上企业个数	个	540	581	7.59

［大连经济技术开发区（金州新区）管委会］

天津经济技术开发区（南港工业区）

【区情概况】 2012年，天津经济技术开发区（南港工业区）（以下简称“天津经开区”；“泰达”是天津经开区的英文缩写音译）在天津市委、市政府和滨海新区领导下，全面实施“构建中国新经济平台”和“二二二三四”发展战略，经济社会实现平稳较快发展，各项工作取得显著成效，继续保持了在滨海新区中的主力军作用和在国家级开发区中的“领头羊”地位“两个不动摇”。

2012年，天津经开区实现地区生产总值2201.38亿元，按可比价格计算，比上年增长20.4%。其中，第二产业增加值完成1722.56亿元，可比增长21.8%，第三产业增加值完成478.83亿元，可比增长14.7%，第二、三产业比例为78.2：21.8。全员劳动生产率42.97万元/人，可比增长13.9%。

财政收入继续保持快速增长。全年财政收入490.19亿元，比上年增长21.5%，税收收入393.09亿元，增长15.0%，其中，增值税134.84亿元，增长6.9%；消费税47.28亿元，增长9.3%；营业税42.09亿元，增长24.9%；企业所得税111.22亿元，增长24.9%。全年地方财政收入202.88亿元，比上年增长33.8%，其中，公共财政预算收入166.16亿元，增长28.9%。财政支出194.48亿元，比上年增长33.7%，其中，公共财政预算支出158.39亿元，增长28.5%。

【工业经济发展】 工业保持快速增长。2012年，实现工业增加值1704.06亿元，按可比价格计算，比上年增长22.6%，其中，规模以上工业增加值1699.82亿元，可比增长22.5%。全年工业总产值7117.05亿元，比上年增长18.0%，其中，规模以上工业总产值7102.18亿元，增长18.0%。在规模以上工业中，外商及港澳台投资工业总产值5598.74亿元，增长12.3%；内资工业总产值1503.43亿元，增长45.3%。

骨干企业拉动作用明显。14家企业工业总产值超过100亿元。

产业结构进一步优化升级。规模以上工业中，电子通讯、汽车、装备制造、石油化工、生物医药、食品饮料、航天、新能源新材料等八大产业完成工业总产值5373.00亿元，比上年增长16.6%，占全区规模以上工业总产值的75.7%。

【第三产业加快发展】 2012年，第三产业实现增加值478.83亿元，比上年增长14.7%。其中，批发和零售业增加值125.85亿元，可比增长7.3%；交通运输、仓储和邮政业增加值29.39亿元，可比增长3.7%；住宿和餐饮业增加值4.04亿元，可比下降9.5%；金融业增加值120.03亿元，可比增长22.6%；房地产业增加值-1.12亿元；其他服务业增加值200.62亿元，可比增长17.7%。

【科技创新】 科技创新驱动和转型升级能力不断增强。科技招商、科技资源整合、科技服务水平继续提升。全年组织、推荐500余个科技申报项目，300余个获立项支持，其中48个项目为国家级科技项目，共获得政府扶持资金近2亿元。科技招商再创佳绩，引进科技型中小企业150家，注册资本逾10亿元，活跃项目储备逾400个。新认定高新技术企业25家，累计达到209家；认定软件企业7家，累计达到80家；新认定科技型中小企业871家，累计认定2813家，其中科技小巨人企业106家，是为全年目标两倍以上。全年技术交易总额9亿元，累计实现43亿元；完成技术合同登记573份，累计完成2539份；科技成果鉴定登记26项，累计登记194项。至2012年末，全区拥有国家高新技术企业209家。申请专利1400件，获授权专利700件。

优化科技创新体系，促进科技发展。继续完善政府、投融资服务平台、企业、金融机构“四位一体”的融资模式，扩大科技融资规模。全年协助81家中小科技企业通过风险投资、银行、担保机构、设备租赁及资本市场融资6.52亿元。全年科技发展金和科技风险金投入1.56亿元，累计投入26.62亿元。

【招商引资与利用内外资】 全年新批外商及港澳台投资项目157家，办理增资项目185家，项目投资总额93.37亿美元；合同外资金额69.52亿美元，增长10.2%；实际使用外资金额50.03亿美元，增长15.0%。全年新设立登记内资企业478家，增加注册资本企业482家，新增内资企业注册资本377.82亿元，其中，新增民营企业399家，注册资本58.80亿元。

项目规模不断扩大。新批外商及港澳台项目合同外资平均规模3917万美元，比上年提高1614万美元。投资规模在1000万美元以上项目115家。新批《财富》全球500强项目4家。外商及港澳台项目合同外资增资金额21.81亿美元，平均增资规模1722万美元，增资额超过1000万美元项目有30家。全年新设立内资企业平均注册资本1788.9万元，注册资本在1000万元以上的104家。

先进制造业招商取得新成绩。制造业新批外资项目12项，增资项目128项。大众汽车变速器、爱达汽车变速器、森精机机床、壳牌润滑油、路路达石油制品、托普索工业催化剂、摩托罗拉系统、三星电子、爱信精机、大冢饮料、富纳源创、养乐多、PPG涂料、摩比斯汽车零部件、康师傅饮品、SEW等优势产业项目的引进和增资，为全区经济的持续增长注入新动力。

现代服务业招商取得新进展。第三产业新批外资项目128项，增资项目52项，合同外资金额48.87亿美元；新注册内资企业428家，新增注册资本140.86亿元。美联信融资租赁、台新融资租赁、云赛科技咨询、58同城、英伟达研发、伊势丹百货、奥德菲尔、泰奥石化物流等一批金融、服务外包、物流、贸易类大项目落户或增资，推进服务业发展水平提升。

批准外商及港澳台投资企业5156家，项目投资总额792.33亿美元，合同外资金额595.35亿美元，实际使用外资金额355.23亿美元，项目平均投资规模1536万美元。

【社会事业取得全面进步】 2012年，全年新增就业6.3万人，就业形势保持稳定。

教育事业蓬勃发展。2012年，泰达实验学校、国际学校改扩建一期、第七幼儿园等建成并投入使用。国际学校二期、保育院异地重建、第一中学改扩建等工程进展顺利。教育国际化水平显著提升，公办义务教育优质均衡化成果进一步巩固。当年义务教育入学率100%，巩固率100%，高中入学率99%，流动人口子女占义务教育阶段学生总数的25%，有效满足居民对教育资源的需求。至年末，全区共有各级各类学校27所。

卫生事业快速发展。至2012年年末，全区共有9家综合性医院、3家专科医院、19家社会力量办其他医疗机构、1家社区卫生服务院、10个社区卫生服务站、55家企业保健站，拥有各类卫生技术人员1301人。

完善区域网络服务配套环境，建立IP互动电视平台和天津市首个3D立体点播平台。泰达图书馆服务资源在多元化、数字化、网络化等方面再上新台阶。至年末，泰达档案馆馆藏档案资料49.20万卷（件），馆藏图书文献总量117万册，数据库总量达45个，镜像数据总量超1亿篇。

社会保障事业稳步发展。参加城镇基本养老保险人数达到25.92万人，参加城镇居民医疗保险人数达到27.84万人，投保单位达到4917家。全年养老、医疗、失业、工伤、生育及子女医疗等五项社会保险征缴额50.10亿元，比上年增长20.7%，其中，基本城镇居民养老保险32.64亿元，城镇居民基本医疗保险12.40亿元。全年共向9791名离退休人员发放城镇基本养老保险2.62亿元。

【南港工业区建设】 南港工业区全年工业总产值6649万元，完成固定资产投入43.2亿元，其中基础设施投资24.9亿元，工业区逐步由以基础建设为重点的第一阶段向以重大项目建设为重点的第二阶段转变。

全年新增签约项目8家，包括：中石化LNG、中石化国家原油储备基地、陶氏化学特种化学品生产、江森自控蓄电池、杰士汤浅蓄电池、托普索工业催化剂、路路达润滑油、长芦盐业-加拿大Recochem发动机冷却液等，总投资约262.23亿元。

全年新增开工项目7家，包括：壳牌润滑油、壳牌成品油库、博弘-宝莫聚丙烯酰胺、永创石化化工仓储、环捷国际危险品库、泰瑞化工精细化学品、英图卡斯连铸结晶器保护渣等。总投资约17.65亿元。

【泰达MSD核心区整体竣工】 泰达MSD核心区整体竣工庆典在其现场举行。天津开发区（南港工业区）管委会党组书记、管委会主任何树山，管委会高级顾问李勇等参加庆典活动。泰达MSD核心区整体竣工，是滨海新区“十大战役”的重要成果，是产业转型升级的重要标志，使开发区投资环境和城市品位得到提升，使滨海新区美好形象更加显现。整体竣工的泰达MSD核心区，包括4栋国际水准的顶级写字楼，2座共6万平方米的商业裙房，1万平方米的“泰食汇”休闲美食街，3万平方米的中央花园，15000平方米的屋顶花园。泰达MSD系现代服务产业区。该项目自2008年启动，计划用5年时间完成。首期C区写字楼2010年底投入使用，威立雅水务、国际SOS救援中心、伊势丹百货、三菱商事、德事商务中心、用友软件、中国石化、中国建筑、东亚银行、恒生银行等一批中外知名企业入驻并予认可。

【人才队伍建设】 形成“1+N”人才政策体系，实施“顶尖人才引领工程”和“高层次人才聚集工程”，全年引进“千人计划”、院士等领军人才21人，高层次人才134人。出台《紧缺人才目录》，鼓励人才向优势、重点产业聚集。全年培训各类技工1.95万人，其中，中级工以上3347人。举办各类人才招聘会85场，共吸引13.41万人次、1.28万家次单位参加。全年新增就业岗位6.90万个，新创建青年见习基地10家。至年末，全区引进高级人才1014人，拥有企业博士后工作站62个，在站博士后77人，青年见习基地82家，拥有人力资源中介服务机构17个，其中，民营机构5个。

【机构设置与管委会领导】 天津经开区（南港工业区）管委会及党组设置部门28个。

中共天津经济技术开发区（南港工业区）管理委员会党组书记何树山，天津经开区（南港工业区）管理委员会主任何树山。天津经开区（南港工业区）管理委员会副主任孙胜、王强、张军、艾亚民、张东昇、郎东、施扬、马玫、李泽民、张国盛。天津经济技术开发区管理委员会副巡视员王俊明、宋卫群、贾守月。天津经济技术开发区管理委员会主任助理王雪佳。

天津经济技术开发区（南港工业区）主要经济综合指标一览表

项　　目	单位	2011 年	2012 年	增长（%）
地区生产总值*	万元	18846252	22013830	20.4
第二产业*	万元	14750972	17225568	21.8
工业	万元	61021437	69691179	14.2
第三产业*	万元	4095279	4788263	14.7
工业总产值	万元	60313993	71170512	18.0
高新技术企业	亿元		2224.68	7.7
规模以上工业总产值	万元	60183446	71021797	18.0
销售（营业）收入				
“三上”企业主营业务收入	万元	88831511	101623249	14.4
外商及港澳台投资企业	万元	50956885	56144695	10.2
工业	万元	61021437	69691179	14.2
第三产业	万元	26089368	29976684	14.9
利润总额				
工业	万元	3972970	4589102	15.5
进出口总额	万美元	4167726	4644312	11.4
出口	万美元	1984589	2204796	11.1
进口	万美元	2183137	2439516	11.7
财政收入	万元	4035588	4901856	21.5
税收收入	亿元		393.09	15.0
财政支出	亿元		194.48	33.7
新批企业个数	个			
外商及港澳台企业	个	129	157	21.7
内资企业	个	969	478	-50.6
内资企业注册资金	万元	3312402	3242841	-2.1
合同外资金额	万美元	631018	695184	10.1
实际使用外资金额	万美元	435012	500315	15.0
固定资产投资	万元	5203692	5500302	5.7
从业人员数	人	484796	512338	5.7
在岗职工数	人	395887	430415	8.7
在岗职工年平均工资	元	58353	68998	18.2
全员劳动生产率*	万元/人	38.87	42.97	13.9
工业全员劳动生产率*	万元/人	43.44	48.52	16.6

注：带“*”号指标绝对额按现价计算，增长速度按可比价格计算。

［天津经济技术开发区（南港工业区）管委会］

青岛经济技术开发区（黄岛区）

【经济发展】 2012年，青岛经济技术开发区（黄岛区）（以下简称“青岛经开区”）完成地区生产总值1365.01亿元，增长14.5%。完成第二产业增加值857.88亿元，增长14.7%；占GDP的比重为62.8%。完成第三产业增加值502.57亿元，增长14.3%，占GDP的比重为36.8%。规模工业完成总产值4331亿元，增长20.4%。完成全口径财政收入424.1亿元，增长17.2%。固定资产投资624亿元，增长21.7%。服务业实现增加值502.57亿元，增长14.3%。消费品零售额140.7亿元，增长14.6%。金融系统本外币各项存款余额609亿元，各项贷款余额615.5亿元。城镇居民人均可支配收入35354元、农民人均纯收入15800元，分别增长12.5%、13.1%。

【招商引资】 新批外商投资项目44个，其中过千万美元项目31个，总投资28.3亿美元；合同外资金额26.6亿美元；实际利用外资19亿美元，增长17.9%。实际利用内资155亿元，增长35%。截至2012年底，已有57个国家和地区的客商来区投资，投资过亿美元项目31个，投资过千万美元项目520个，世界500强投资项目94个。

【对外贸易】 外贸进出口243.8亿美元，增长15.9%。其中，出口总额98.8亿美元，增长6.1%；进口总额145亿美元，增长23.6%。完成高新技术产品进出口92.5亿美元，增长13.4%。完成机电产品进出口127亿美元，占全区进出口总额比重为52.1%。

【产业发展】 产业结构持续优化升级。深入实施蓝岛计划，大力发展蓝色经济，海洋产业增加值增长20%。优势产业集群带动效应凸显，千亿级产业链企业完成产值2880亿元，占规模工业产值的89.7%。国内首艘深水铺管起重船“海洋石油201”竣工起航、300米饱和潜水母船“深潜号”交付使用，青岛炼化加工原油突破1000万吨，上汽通用五菱生产整车突破50万辆，五菱新能源汽车等项目竣工投产，成为省高端装备制造产业园区。

现代服务业发展势头强劲，增加值占生产总值比重提高到36.8%。服务外包实现离岸合同额1.1亿美元、执行额1亿美元。前湾港货物吞吐量达到4.1亿吨，集装箱吞吐量完成1450万标箱。11家高星级酒店建成开业或主体完工，新增客房2000余间。成功举办中国经济50人论坛研讨会等高端节会。全年接待游客突破1200万人次，旅游总收入72亿元，分别增长65%、30%。楼宇经济、总部经济实现新突破，现有和在建总部项目达到16家。城乡流通体系更加完善，麦德龙现购自运商场投入运营。海洋渔业加快转型升级，远洋渔船达到18艘。

板块和园区建设步伐加快。前湾新港城、凤凰国际旅游岛、国际生态智慧城、石化产业循环经济园区、北部产业新城“五大板块”成为产业转型和城市转型的新载体。高标准编制中德生态园系列规划，生态指标体系通过德国技术监督协会认证，成功举办双边工作组第三次会议。借鉴第三代科技园区模式，规划建设青岛信息谷，印度国家信息学院

(NIIT) 等项目投入运营，光谷软件园一期加快建设。中日韩地方经济合作示范区启动建设，《中日韩自贸区可行性联合研究成果报告》发布。

【科技创新】 通过国家部委关于国家可持续发展实验区的联席评审，高新技术产业产值占规模以上工业总产值的61%，高新技术企业达85家。孵化器建设完成投资29.5亿元，开工建设面积139.2万平方米，建成孵化面积49.5万平方米。创业中心在孵企业达81家，中介服务机构21家，研发机构73家。专利申请量达到3547件，其中发明专利申请量达1188件，同比增长214.3%。一批国内外知名研发机构和科技企业纷纷开工或落户。青岛光谷软件园、青岛依爱电子产业园和中科华联新材料研发产业园已开工建设；继中船重工712所船舶电力推进项目一期工程投产后，中船重工725所试验站和产业化基地、中船重工702所深海装备试验检测基地项目进展顺利；已落户中德生态园的福田青岛高端产业园、中国石油大学（华东）国家级大学科技园开始选址。

【城区建设】 坚持产城融合，将2600多亩房地产用地，调整为服务外包、教育研发等产业用地。积极推进中心城区工业老厂房再利用。加快载体平台建设，开工在建面积达到400多万平方米，完工200多万平方米。积极、主动对接西海岸经济新区规划，高标准推进城市规划建设，邀请日本设计、德国gmp等国际顶级设计公司参与城市规划设计。深入开展市容环境十大整治行动，创城工作得到全国测评组好评。实施31个绿岛计划重点项目，唐岛湾公园、银沙滩生态植物园一期投入使用，新增、改造林地约1.4万亩。成功创建全国园区循环化改造示范试点，顺利通过国家环保模范城市复检。178个区财力投资项目开工，完成投资32亿元。

【社会事业】 城乡低保标准、企业退休人员和农村社会基本养老保险人员待遇全面上调，城镇登记失业率控制在1.34%。制定“智岛计划”人才开发白皮书，驻区高校大学生本区就业率提高到15.9%，人才总量达到21.5万人。积极创建国家公共文化服务体系示范区，“十五分钟文化圈”基本形成。成功创建全国卫生应急、中医药、慢性病综合防治三个国家级示范区。开通全省首个县区级政务微博发布厅，启用首家国家级开发区社情民意中心。

【机构设置与管委会领导】 青岛经开区工委（区委）工作部门：青岛市纪委经济技术开发区工委、黄岛区纪律检查委员会机关、工委（区委）管委（区政府）办公室、组织部、宣传部、统战部、政法委、区直机关工作委员会。管委（区政府）工作部门：发展和改革局、教育体育局、科学技术局、财政局、劳动和社会保障局、民政局、城市建设局、市国土资源与房屋管理局黄岛国土资源分局、交通局、农村经济发展局、海洋与渔业局、安全生产监督管理局、对外贸易经济合作局、卫生局、审计局、统计局、旅游局、行政执法局、建筑工务局、招商一局、招商二局、出口加工区管理局。

中共青岛市委经济技术开发区工作委员会（中共青岛市黄岛区委员会）领导成员：书记张大勇，副书记孙恒勤、曹峰，常委于东明、张建刚、车贵正、庄贵相、刘鲁强、逯鹰、王艳。

青岛经济技术开发区管理委员会（青岛市黄岛区人民政府）领导成员：主任张大勇，副主任孙恒勤、张建刚、郭继山、王崇江、孙大贵、刘鹏照、明秀云、柴方利、韩冠智、孟庆胜、张磊娜，主任助理陈国良。

青岛经济技术开发区（黄岛区）主要经济综合指标一览表

项目	单位	2012年	2011年	增减（%）	备注
开发区生产总值	亿元	1365.01	1195.61	14.5	此四项指标增速为可比价
第二产业	亿元	857.88	771.12	14.7	
工业	亿元	797.79	721.13	14.3	
第三产业	亿元	502.57	420.28	14.3	
工业总产值（现价）	亿元	4401.06	3661.16	20.2	
高新技术企业	亿元	2655.11	2309.56	15.0	
销售（营业）收入	亿元	6183.75	5115.29	20.9	
第二产业	亿元	5305	4542	16.8	
工业	亿元	4434.01	3695.41	20.0	
第三产业	亿元	1749.74	1419.88	23.2	
利润总额	亿元	435.82	336.91	29.4	
第二产业	亿元	317	265	19.6	
工业	亿元	250.08	195.91	27.7	
第三产业	亿元	118.82	71.91	65.2	
进出口总额	亿美元	243.8	210.35	15.9	
出口	亿美元	98.81	93.09	6.1	
财政收入	亿元	424.06	361.7	17.2	
税收收入	亿元	302.04	246.32	22.6	
财政支出	亿元	116.08	112.85	2.9	
新批企业个数	个	2906	2482	17.1	
外商及港澳台企业	个	101	95	6.3	
内资企业	个	2805	2387	17.5	
新批企业投资额	亿美元	53.4	43.3	23.3	
外商及港澳台企业	亿美元	19.2	14.5	32.4	
内资企业	亿元	155.3	129.3	20.1	
增资企业	亿美元	9.1	8.9	2.2	
合同外资金额	亿美元	26.6	24.1	10.4	
外商实际投资	亿美元	19.5	16.1	21.1	
固定资产投资	亿元	623.7	512.7	21.7	
年末从业人员数	个	361989	328738	10.1	
在岗职工数	个	319823	289289	10.6	
在岗职工平均工资	元	50474	43801	15.2	
规模以上企业个数	个	844	801	5.4	
工业	个	383	372	3.0	
万元GDP能耗	吨标煤/万元	0.4371	0.4591	-4.8	

［青岛经济技术开发区（黄岛区）管委会］

南通经济技术开发区

【区情概况】 2012年，南通经济技术开发区（以下简称“南通经开区”）完成地区生产总值590.74亿元，增长22.6%；完成规模以上工业产值1240.8亿元，增长20.5%；完成工业应税销售收入648.6亿元，增长0.64%；完成财政总收入81.2亿元，增长8.9%，其中地方公共财政预算收入33.1亿元，增长17.7%；完成进出口总额43.63亿美元，增长4.9%，其中出口25.16亿美元，增长8.8%；完成固定资产投资373亿元，增长20%。

【招商引资】 围绕电子信息、精密机械、医药健康、现代装备制造、新材料、现代服务业等主导产业，以及日韩、中国台湾、欧美等重点区域，大力推进主题招商、驻点招商、代理招商、以商引商，招商引资成效突出。全年新增工商登记注册外资7.89亿美元，增长22.7%；新批外资项目39个，其中超千万美元以上项目21个；实际利用外资6.32亿美元；日本大王生活用品、日本丝路咖精机、韩国奥瑟亚、中国台湾万洲石化、中国台湾美利达自行车、新加坡胜伟新能源、新加坡赫比电子等一批超亿美元的龙头型、基地型重大项目成功落户。

【产业发展】 现代装备制造、精细化工、纺织服装、轻工食品等四大主导产业板块实现产值1175亿元，增长18%，产值超亿元企业突破150家；实现高新技术产业产值508.7亿元，增长21.4%，占规模工业产值的41%；实现新兴产业产值374.3亿元，增长23.4%，占规模工业产值的30%；实现服务业增加值57亿元，增长15.5%，占GDP比重比上年提高了1.8个百分点；服务外包合同额11377万美元、执行额9234万美元，其中离岸服务外包合同额2834万美元、执行额2218万美元。完成工业投入141.6亿元，增长12%，信越有机硅、日立化成精细化学品、朗盛台橡丁腈橡胶、清华同方LED一期等60个总投资138.5亿元工业项目竣工投产；SKC功能薄膜、科聚亚高新材料、日立化成导电膜等25个总投资81.3亿元重大工业项目开工建设。完成服务业投入162.4亿元，增长35.4%，能达总部基地、月星集团、聚尚网、512创意设计园等总投资超过60亿元的重大服务业项目成功签约；沃尔玛山姆店、SM商业综合体、家纺联盟基地等重大项目明确落户；南通工业博览城、吉宝湖畔居等重大项目开工建设。

【优惠政策】 出台《南通经济技术开发区32030产业人才发展计划》，即围绕重点发展产业，在2－3年内力争引进和入选国家“千人计划”3名、江苏省“双创计划”20名、南通市“江海英才计划”30名。实施顶尖人才引进工程，引进人才入选国家人才计划的，给予100%配套；入选省、市级人才计划的，给予50%配套。鼓励顶尖人才带项目、带技术、带产品来区创业，项目落户后，经评审，给予200万－400万元创业启动资金支持。实施人才团队引培工程，对入选省、市人才团队计划的，给予50%配套；对成功引进和培育创业创新团队的授予星湖伯乐奖，获得省、市人才团队计划资助的，分别给予10万元、5万元奖励。实施产业紧缺人才开发工程，对入选市紧缺人才计划的，给予50%配套；紧缺人才引进3年内企业派送到国内外高校、科研院所培养的，给予50%培训补贴；对引进的紧缺人才优先提供人才公寓和人才商品房，入住人才公寓的，2年内租金全免。

【主要企业及产品】 全区集聚各类企业4000多家，其中外资企业700余家，总投资147亿美元，世界500强跨国公司投资企业68家，其中日本丸红株式会社投资9160万美元设立申华化学工业有限公司，主要从事丁苯橡胶的开发、制造与销售；瑞士先正达公司投资14504万美元设立先正达（南通）作物保护有限公司，主要从事百草枯用药的生产；日本丰田通商株式会社投资3808万美元设立南通汇羽丰新材料有限公司，主要生产偏氯乙烯树脂等；日本日立制作所投资1500万美元设立中天日立射频电缆有限公司，主要生产、销售射频同轴电缆等；三菱丽阳株式会社投资10540万美元设立三菱丽阳高分子材料有限公司，主要生产甲基丙烯酸甲酯及相关产品；三菱瓦斯化学株式会社、美国帝高纳公司、韩国工程塑料投资14000万美元设立宝泰菱工程塑料有限公司，主要从事聚甲醛的制造、销售；美国通用电气与日本东芝合资10100万美元设立迈图高新材料（南通）有限公司，主要研制、开发、销售高端有机硅；爱信精机株式会社投资285万美元设立爱信（南通）汽车技术中心有限公司，主要从事研发、设计、测试汽车零部件及相关技术服务；日立化成工业株式会社投资14040万美元设立日立化成工业（南通）化工有限公司，主要从事电子、汽车及工业用高科技化学品的研发与销售。央企中，中国海洋石油总公司投资9874万美元设立海油碧路（南通）生物能源蛋白饲料有限公司，主要研究、开发和生产销售蛋白饲料；中国交通建设集团有限公司投资12750万美元设立南通振华港机配套、配件有限公司，主要生产销售港口机械及配件；中国远洋运输集团公司投资9900万美元设立中集大型储罐有限公司，主要研究、开发、设计和生产储罐及相关部件；华润集团总公司投资9923万美元设立华润置地（南通）有限公司，主要从事房地产项目的开发及销售；中国核电投资7317万美元设立国核维科锆铪有限公司，主要生产、销售各种核级海绵锆、铪以及相关副产品。

【载体建设】 规划建设精密机械产业园、电子信息产业园、装备制造产业园、医药健康产业园、新材料产业园以及能达商务区、综合保税区、品牌商业集聚区等“5+3”特色园区，完成园区控制性详细规划最终成果，道路、电力、污水处理等基础设施加快建设，承载力进一步提升。南通出口加工区转型升级为南通综合保税区工作扎实推进，拆迁以及围网、巡逻通道等监管设施建设加快开展，海关监管大楼完成初步设计，方案已获国家九部委同意并报国务院审批。东方国际汽车城获批为南通市现代服务业集聚区，医药健康产业园被评为南通市新兴产业特色基地，国家级循环经济改造示范试点园区创建工作扎实开展，南通石化产品交易中心组建有序推进。

【科技创新】 全社会研发投入占GDP的2.26%，比上年提高0.12个百分点；11家企业获批为高新技术企业，中天科技被确定为国家创新型试点企业；新增省级企业工程技术研究中心4家、省级企业技术中心2家、市级工程技术研究中心9家；获批省级高新技术产品50个；7个项目获得国家级科技项目立项，共争取市级以上科技创新扶持资金近5000万元；专利授权数2750件，其中发明专利授权157件，总量居全市第1位。实施“32030产业人才发展计划”，投入人才配套建设、扶持奖励等资金3亿多元，引进国家“千人计划”专家10名，省“双创计划”专家3名，海外创新创业团队12个、高层次人才49人；国家“千人计划”水处理研究院、生物医药研究院，西北工业大学工业设计研究院成功落户。

【城市建设】 全年新开工基础设施项目

32个，总投资55亿元，完成投资24亿元。市快速路网重点工程东方大道高架路开工建设，星湖大道西段拓宽改造、通江大道南延等10条道路工程按期竣工，新开北路北延、朝阳路、兴富路等连接市区道路工程加快推进，第二污水厂三期扩容、中天路垃圾中转站扩建前期工作完成，110千伏西山变电站建成，万顷良田工程规划方案、新通海沙三期工程方案获得省批复，完成拆迁面积166万平方米。能达商务区内楼宇总数突破30幢，建筑面积突破100万平方米，星湖101商务大厦、创业外包服务中心二期、金融财富大厦、益兴总部大厦即将竣工运营；润华国际、能达总部大厦、通商大厦、鑫湖国贸中心等项目加快推进；科技文化中心、全民健身中心、第一人民医院新院、高师附小、小海小学、竹行中学、江海学校、农贸交易中心等功能性项目前期工作扎实开展，国际学校基本建成；区域公交正式开通。市应急水源暨生态湿地公园开工建设，小水库土方工程完成；能达生态通廊完成初步设计；能达中央生态公园基本建成。

【社会事业】 城镇居民人均可支配收入30680元，农民人均纯收入14042元，分别增长14.6%、11.98%。筹资22.54亿元将50559名被征地农民全部纳入企业职工养老保险。投资40亿元新开工建设安置房面积119万平方米，竣工交付102.5万平方米，安置群众5370户。投入财政资金4亿元，实施“四位一体”农村环境综合整治长效管理、低收入家庭中特殊对象定量救助、免费白内障复明、敬老院二期建设、城市社区居家养老服务“三站点”建设等民生工程。促使城镇失业人员再就业2508人次，就业困难人员再就业287人次。中小学校舍安全工程实现全覆盖，学前教育改革发展示范区创建扎实推进，素质教育深入实施，教育教学质量稳步提升。基本药物制度全面实施，城乡居民医疗保险实现全覆盖，公共卫生服务体系进一步健全。群众性文体活动蓬勃开展，文化、体育事业不断进步。

【组织机构】 中共南通经济技术开发区工作委员会：书记屈宝贤，副书记羌强、陈晓东、董克新（2012年5月任），委员张海涛、范新泉（2012年5月免）、丁秉华、陈强、陈琦、王世瑞、范志强、周少华、李玲、李晓斌、刘锋。

南通经济技术开发区管理委员会：主任羌强，副主任陈晓东、张海涛、范新泉（2012年5月免）、董克新、陈强、陈琦、王世瑞、刘碧云、范结兵。

南通经济技术开发区主要经济综合指标一览表

项　　目	单位	2011年	2012年	增减比例
开发区生产总值	亿元	4818628	5907390	22.59%
第二产业	亿元	3901478	4649330	19.17%
工业	亿元	3711425	4421270	19.13%
第三产业	亿元	897180	1238110	38.00%
工业总产值（现价）	亿元	14740486	17505470	18.76%
高新技术企业	亿元	2032758	2424220	19.26%
销售（营业）收入	亿元	20418570	24358090	19.29%
第二产业	亿元	14550658	17263560	18.64%
工业	亿元	13869100	16380780	18.11%
第三产业	亿元	5832202	7058640	21.03%
利润总额	亿元	1195670	1460780	22.17%

续表

项　目	单位	2011 年	2012 年	增减比例
第二产业	亿元	931242	1104868	18.64%
工业	亿元	887622	1048370	18.11%
第三产业	亿元	262449	317639	21.03%
进出口总额	亿美元	415780	436317	4.94%
出口	亿美元	231288	251623	8.79%
财政收入	亿元	745560	812030	8.92%
税收收入	亿元	473162	501233	5.93%
财政支出	亿元	416862	514924	23.52%
新批企业个数	个	634	641	1.10%
外商及港澳台企业	个	31	32	3.23%
内资企业	个	603	609	1.00%
新批企业投资额	亿美元	125301	155031	23.73%
外商及港澳台企业	亿美元	104042	129172	24.15%
内资企业	亿元	271033	322221	18.89%
增资企业	亿美元	21259	25859	21.64%
合同外资金额	亿美元	64248	78855	22.74%
外商实际投资	亿美元	66959	63210	-5.60%
固定资产投资	亿元	3099850	3729820	20.32%
年末从业人员数	个	94780	97580	2.95%
在岗职工数	个	89850	92700	3.17%
在岗职工平均工资	元	36531	39057	6.91%
规模以上企业个数	个	705	709	0.57%
工业	个	455	470	3.30%
万元 GDP 能耗		0.2719	0.2588	-4.82%

（南通经济技术开发区管委会）

上海闵行经济技术开发区

【经济发展】 2012年，上海闵行经济技术开发区（以下简称“闵行经开区”）贯彻落实上海市委、市政府提出的“稳增长、促转型”的工作要求，采取一系列有力措施，园区销售收入、税收等主要经济指标均创历史最好水平。2012年，闵行开发区全年完成销售收入508.17亿元，比上年增长4.44%；实现利润46.45亿元，比上年增长7.08%；实缴税金49.94亿元，比上年增长31.32%；上缴关税12.03亿元，比上年增长10.35%；人均劳动生产率达135.2万元，每平方公里工业用地销售收入211.74亿元，总体保持平稳、较快发展。

【招商引资】 以优化产业机构、提升产业能级、推动园区转型为目标，将土地集约节约利用与招商引资有机结合，使区内优势企业不断发展壮大、以研发中心为代表的生产性服务业集聚效应日趋明显。园区亨斯迈新材料亚太研发中心项目、圣戈班研发中心二期、恒瑞医药研发中心二期等项目陆续开工兴建。首次成功探索带产业项目工业出让土地“招拍挂”，闵行经开区企业三菱电梯成功摘牌园区22A-01A地块并签署土地出让合同。继续通过提高建筑密度、容积率等方法，不断提高园区土地集约利用率和产出水平，二次土地利用率已达42%。累计引进项目174个，投资总额超过37.07亿美元，平均单项投资超过2130万美元。累计销售收入5361.57亿元，企业利润558.15亿元，实缴税金468.45亿元，上缴关税172.45亿元。

【产业布局】 推进产业结构不断优化升级，已逐步形成以先进重大装备制造、生物医药、新材料等为主导的产业格局。全球500强企业投资项目占开发区企业总数的1/3以上，并集聚了三菱电梯、强生、施贵宝、西门子、ABB、圣戈班等十余个核心企业和企业集群以及亨斯迈、圣戈班、强生、米其林等一批具有国际先进水平的研发机构入驻园区。临港园区凭借其在上海临港地区得天独厚的区位优势和日臻完善的投资环境，吸引了一大批高端装备制造企业在园区集聚，园区内新能源装备、大型船舶关键件、海洋工程装备、大型工程机械等装备产业已形成一定规模，产业集聚效应日益显现，已有华锐风电、上海电气、中船集团、ABB、苏尔寿等40多个项目落户临港园区。

【投资环境】 深入推进国家生态工业示范园区创建工作，国家相关部委规定的九项基本创建标准已全部达标，为2013年通过国家、地方验收打下了基础。园区以“低碳制造的先行区、土地集约利用的样板区、污染总量控制的实践区、企业履行环境责任的试验区”为定位，通过宣传节能奖励政策，持续推进闵行经开区节能技改项目，督促有关园区企业实施燃煤锅炉脱硫改造和以清洁能源替代的改造。新增5家企业签订清洁生产合同，有42家企业完成清洁生产审核，占开发区生产性企业的60%。产值能耗和水耗比2011年分别下降了5.85%和1.02%。积极践行环境管理新模式，创新性地构建了“共同环境行动宣言”平台，激发园区企业环境责任内生动力，培育自下而上的环境责任体系。园区内近40%的生产型企业和80%的世界500强投资企业发布环境责任公报，接受社会公众的监督；园区内50%的企业建立了ISO14000环境管理体系。在全国率先推进土地绿色安全利用，探索开展闵行园区及重点企业的土壤环境监测和修复工作，并使之成为项目签约的硬性规定。

【机构设置与领导成员】 上海闵行经济技术开发区由上海闵行联合发展有限公司（简称“闵联公司”）以企业化、市场化的方式负责规划建设和经营管理。闵联公司内设9个部门，分别是办公室、组织人事部、计划财务部、投资部、招商中心、房地产事业部、党群工作部、管理协调部、项目审批办公室。

闵联公司领导成员：董事长辛继平；党委书记、总经理叶建华；党委副书记、副总经理周布宪；副总经理冯晓明；副总经理邱彤。

上海闵行经济技术开发区主要经济综合指标一览表

项　　目	单位	2011年	2012年	增减
开发区生产总值	亿元	170.30	179.79	9.49
第二产业	亿元	167.81	177.25	9.44
工业	亿元	167.81	177.25	9.44
第三产业	亿元	2.48	2.54	0.06
工业总产值（现价）	亿元	460.59	476.86	16.27
高新技术企业	亿元	214.36	247.93	33.57
销售（营业）收入	亿元	486.56	508.17	21.61
第二产业	亿元	479.46	500.93	21.47
工业	亿元	479.46	500.93	21.47
第三产业	亿元	7.10	7.24	0.14
利润总额	亿元	43.38	46.44	3.06
第二产业	亿元	41.96	45.20	3.24
工业	亿元	41.96	45.20	3.24
第三产业	亿元	1.42	1.24	-0.18
进出口总额	亿美元	24.37	22.93	-1.44
出口	亿美元	12.89	13.31	0.42
税收收入	亿元	38.03	49.94	11.91
新批企业个数	个	1	1	0
外商及港澳台企业	个	1	1	0
新批企业投资额	亿美元	0.04	0.0118	-0.0282
外商及港澳台企业	亿美元	0.04	0.0118	-0.0282
合同外资金额	亿美元	0.3397	0.1198	-0.2199
外商实际投资	亿美元	0	0.1518	0.1518
固定资产投资	亿元	2.58	4.31	1.73
年末从业人员数	个	37392	37598	206
规模以上企业个数	个	74	72	-2
工业	个	63	63	0
万元GDP能耗	吨标煤/万元	0.1496	0.1376	-0.012

（上海闵行经济技术开发区）

上海虹桥经济技术开发区

【区情概况】 上海虹桥经济技术开发区（以下简称“虹桥经开区”）是全国起步最早的开发区之一。1979 年开始规划，1982 年批建，1983 年动工建设，1985 年，成立中外合资的上海虹桥经济技术开发区联合发展有限公司，采用企业化经营动作的方式，负责虹桥经济技术开发区的开发建设和经营管理，1986 年经国务院批准成为全国首批 14 个国家级开发区中的一员。虹桥经开区位于上海市区西部，东起中山西路、西至古北路、北临仙霞、南界虹桥路，是全国最小的国家级开发区，面积仅 0.652 平方公里，也是全国唯一以商贸中心为特征，兼具商务办公、旅游居住和外事活动功能的国家级开发区。

【经济发展】 2012 年，上海虹桥经济技术开发区注册企业全年实现销售收入 134.1 亿元，比上年下降 7.2%；实现利润 6.5 亿元，比上年下降 61.8%；上缴税金 16.2 亿元，比上年上升 17%。累计引进外资项目 418 个，总投资 44.2 亿美元，合同外资 35.5 亿美元，实际利用外资 34.1 亿美元；虹桥经开区累计实现营业收入 1270.9 亿元，利润总额 120.8 亿元，上缴税金 94.3 亿元。

【项目建设】 建成楼宇项目 25 个，总投资达 13.42 亿美元，其中外商直接投资 7.88 亿美元；建筑总面积 138 万平方米，其中展览展示场馆 30 万平方米，写字楼宇 48 万平方米，商住楼宇 26 万平方米，宾馆饭店 24 万平方米，生活娱乐配套设施 10 多万平方米。

积极推进泰国驻上海总领事馆建造官员住宅项目，该项目现已开工建设，该建筑用地面积 4453 平方米，总建筑面积为 5212.88 平方米。新虹桥俱乐部改建项目也如期启动。配合轨道交通 10 号线伊犁路站建设，启动新虹桥中心花园内近 1 万平方米的绿化恢复工程。

铜陵项目完成协议签订、开发公司设立、园区管理平台成立等多项重要节点性工作。“虹桥・闵行・铜陵现代服务产业园”规划用地面积为 92 万平方米，其中，一期实际开发用地 58 万平方米，铜陵产业园将被打造为一个以商务功能为主，兼有餐饮、购物、娱乐等功能的综合性服务业集聚区。

虹桥经开区联合闵行经开区与奉贤有关单位签订协议，共同投资奉贤海湾工业和生产性服务园区，该项目总规划面积 250 万平方米，其中一期开发面积 100 万平方米。

奉贤保障房项目中总建筑面积 38 万平方米的 J1－3、J1－4 地块完成竣工验收工作。

【环境建设】 虹桥经开区对区内扩建、改建项目进行有效管控，年底顺利通过 ISO14001 环境质量体系认证的审核工作。截至 2012 年底，虹桥经开区有企业约 2000 家，外资企业约 300 家，外资员工约 1.3 万人。

表 1　　2012 年上海虹桥经济技术开发区新批外资情况表

序号	2012 年项目名称	数　值
1	新批准外商直接投资企业（个）	75
2	总投资额（万美元）	22369
3	合同外资（万美元）	18235
4	实到外资（万美元）	20820

表 2　　上海虹桥经济技术开发区历年外商投资情况表（1985－2012 年）

序号	国家和地区	企业数（个）	总投资额（万美元）	合同外资额（万美元）	合同外资比例（%）
合计		418	441996	354621	100
1	中国香港	89	145415	127374	35.92
2	日本	185	126727	103113	29.08
3	亚洲其他国家	67	76230	48945	13.80
4	美国、加拿大	30	38316	27805	7.84
5	欧洲	29	48783	41761	11.78
6	澳大利亚	3	2035	2029	0.57
7	其他太平洋岛国	15	4490	3594	1.01

（上海虹桥经济技术开发区）

上海漕河泾新兴技术开发区

【经济发展】 2012年，上海漕河泾新兴技术开发区（以下简称“漕河泾开发区”）克服国际市场需求疲软、制造业外移、企业营运成本高及资金紧张等困难，继续“转方式、调结构”，推动第三产业增长速度持续快于第二产业，对经济发展的支撑作用日益显著。除工业增加值、进出口总额略有下降外，其他主要经济指标继续保持平稳增长。全年销售收入2469.3亿元，同比增长11.3%，其中第三产业收入1330.3亿元，同比增长33%，占总销售收入比例首次超过50%，接近54%；地区生产总值（GDP）810亿元，同比增长13%（其中第三产业增加值505.5亿元，同比增长30.2%）；税收总额86.3亿元，同比增长18.3%。

【招商引资和利用内外资】 新引进项目293个，其中外资项目50个；新增注册资本达到45.5亿元，其中外资4.48亿美元。其中本部园区引进项目注册资本达到37.4亿美元，区域新签出租面积17.3万平方米，企业注册率接近100%；新引进全球第二大制药公司默沙东、美国普莱克斯和GE能源电子3家世界500强；全球行业龙头企业15家，其中地区总部8家，占上海同期的1/5；默沙东还是年内上海最大的租赁项目。在全年没有新楼宇推出的情况下，一方面通过“腾笼换鸟”腾出约4万平方米房源，新引进56家企业；另一方面，实行代理招商，推动“借笼引凤”，星联科技园、虹华大厦、聚鑫园三项目合计出租率61.2%，共引进14家企业，其中2家为跨国公司地区总部，为区区合作、发展区域经济增添了新亮点。通过“大招商”平台，各园区间互相推介项目初显成效，共推介项目142个，比上年增长97.2%，其中4个项目已完成签约。

【科技创新】 以建设国际孵化中心为契机，进一步完善创新创业服务体系，推动原创型企业发展，在提升区域自主创新能力方面取得了新的成绩。一是通过举办企业沙龙、创业训练营、创新创业校友汇等系列活动，以及推进高新技术企业复审和认定工作，深入推进企业联络辅导工作。二是举办专利、商标等知识产权申请培训，联合徐汇区举办“知识产权宣传周”活动，筹建区知识产权保护协会，并成功获批“国家知识产权服务业集聚发展试验区”。三是发挥创新驿站作用，完善技术转移项目数据库，延伸科技价值链，促进技术和产业项目对接。四是帮助企业申报各类资金支持，帮助区内90余家（次）企业获得政府资助超过1.5亿元，帮助22家企业申报2011年加速创新计划，帮助创业苗圃8个项目获市专项扶持、9个项目获天使投资，此外还申报落实大张江专项资金，其中2012年获批资金9923万元。五是创新孵化服务手段，探索服务入股新模式，其中科技创业中心与3家企业达成持股孵化意向。六是扩大科技型中小企业融资平台贷款规模，增至1.8亿元，全年向44家（次）企业发放贷款1.47亿元，帮助中小企业渡过融资难关。

随着创新创业环境的不断优化，原创性经济得到发展。上市内资企业达到34家；新认定高新技术企业24家，总数增至265家，占全市的6.9%；技术先进型服务企业23家，占全市的8%；服务外包企业10家；高新技术成果转化项目34项；新申请专利1693件，其中发明专利911件，占专利总数的53.8%，发明专利授权328件；新增软件著作权登记749件，集成电路布图设计专有权65项，注册商标382个。

【环境建设】 坚持以客户需求为导向，进一步创新服务模式，提升服务功能，打造服务品牌，完善具有开发区特色的“大服务”体系，推动软环境建设呈现新气象。

在企业服务方面，上线“对客服务协同响应系统”，开通园区服务微博，宣传园区和企业品牌形象；升级区内商业支付“一卡通”系统，安置集付通“园区信息服务一体机”，为员工在区内消费提供便利。在商业配套服务方面，与统一、湘鄂情、麦当劳、乐倍怡等品牌服务商结成战略伙伴关系。

国家海外高层次人才创新创业基地建设加快步伐。新增6人入选国家“千人计划”，总人数增至19名；12人入选上海市“千人计划”，27人入选上海市、区领军人才。积极为区内企业提供招聘、人事代理、人才培训等服务，包括为区内1593家（次）企业提供招聘服务、成功录用8909人，为近250家企业、近万人提供人事代理服务，举办各类培训班148期、参训学员9261人次。

【建成国家生态工业示范园区】 持续推进“三大园区”建设。生态园区方面，获批“国家生态工业示范园区”，26项考核指标全面达标，其中12个指标优化提升率大于20%；率先开展综合碳审计和VOC预警监测、减排示范，完成园区水、声环境质量检测且全部达标，推进12家企业通过清洁生产认证。智慧园区方面，与三大运营商紧密合作，与移动上海公司签订WLAN室内覆盖协议，对区内多处楼宇（厂区）实施无线信号覆盖或扩容，使区内免费无线公共热点区域达到39处。

【产业布局】 一是电子信息产业。从微电子工业区起步，电子信息产业是漕河开发区形成最早、集聚度最高的支柱产业，包括微电子、光电子、计算机软硬件、无线通信及终端设备等门类，年销售收入约占总收入的85%。其中微电子产业已形成从IC设计、制造、封装测试到专用设备和配套生产设备的较为完整的产业链；计算机软硬件产业重点研制特种计算机、中大型计算机、高性能服务器等产品和各类应用软件；光电子产业以研制光机电、光纤通信、激光产业为主；无线通信及终端设备产业重点研制以TD－SCDMA为主的增强型第三代移动通信系统及终端。

二是生物医药产业。已形成从基础研究、技术研发、产业化到规模化的发展完整的产业链和医疗器械产业集群，共有企业140多家，主要涉及生物医药产品、生物芯片、医疗试剂、医疗器械等方面。拥有3M医疗、飞利浦伟康、柯惠医疗等代表性企业。

三是新材料产业。主要涉及电子、生物医药、环保节能等领域，共有企业60多家，重点研制单晶硅、多晶硅、石英晶体、光纤涂料等电子信息产业用材料；医用敷料、医用胶带等生物医药功能材料；以纳米技术为核心的节约型材料、新型复合材料等新材料项目；混凝土外加剂、混凝土地面材料等环保节能材料。代表性企业有3M、东升新材料等。

四是航空航天产业。以航天六院、八院及航空615所为骨干，为国家“星、船、弹、箭、器”及飞机的研发制造立下了汗马功劳。801所等单位参与了“神舟”系列飞船、“嫦娥一号”、“天宫一号”的研制，为中国载人航天飞行及探月工程进入世界前列做出了突出贡献。615所在中国自主研发“歼十”及ARJ21等军、民用飞机航空电子系统方面做出重要贡献。

五是汽车研发配套产业。已有近40家世界级汽车配套部件、设备研发和制造商在开发区集聚，涉及整车和汽车转向、内外饰、座椅、电子、安全等配套系统的研发，同时延伸至车辆救援、卫星导航等汽车信息服务业。开发区除了整车和发动机的制造，其他零部件研发制造都已覆盖。以标致雪铁龙为代表的整车研发中心目前也已入驻。

六是环保及新能源产业。集聚中国电力投资集团公司和国家核电成员单位——上海核工程研究设计院、国核工程有限公司、国核电站运行服务技术有限公司、国核自仪系统工程有限公司及尚德太阳能电力有限公司、阿尔斯通电网中国技术中心等单位，致力于发展环保水处理、废弃物处理以及核电、火电、风电、水电、太阳能电力等新能源及相关产品和设备的研发、设计与生产。

七是现代服务业。现代服务业比重逐年上升，2012 年第三产业收入占开发区总销售收入比重首次突破 50%，达到 53.9%。开发区重点引进国内外著名企业集团的“一部三中心”，即地区总部、研发设计中心、运营结算中心、管理服务中心。

表 1　2012 年漕河泾新兴技术开发区主要经济指标完成情况

指标名称	计量单位	2011 年	2012 年	同比增减（%）
地区生产总值	亿元	752.5	810.0	13.0
其中：工业增加值	亿元	340.8	304.4	-7.4
销售收入	亿元	2331.6	2469.3	11.3
其中：第三产业总收入	亿元	1069.4	1330.3	33.0
工业总产值（现价）	亿元	1178.8	1068.4	-6.7
税收收入（含异地及关税）	亿元	63.2	86.3	18.4
利润总额	亿元	121.6	122.5	-1.7
出口总额	亿美元	125.2	115.6	-7.7
进口总额	亿美元	53.7	45.4	-15.4
新引进企业数	家	347.0	406.0	-
其中：外资企业	家	33.0	89.0	-
新增外资注册资本	亿美元	2.3	3.3	-
年末全区从业人员	万人	15.6	21.1	-

表 2　2012 年漕河泾新兴技术开发区销售收入产业分类占比

产业分类	销售收入（亿元）
总计	2469.30
电子信息	1409.80
生物医药技术	76.77
新材料能源及化工	110.62
电子器件及数字电子	90.12
仪表仪器及专用设备	171.59
航天航空	21.85
汽车	121.68
其他	466.88

表 3　　2011 年漕河泾新兴技术开发区经济指标产业分类

产业分类	企业数（家）	工业总产值（亿元）	销售收入（亿元）	利润总额（亿元）	出口总额（亿美元）	期末人数（人）
总计	1237	1178.8	2331.1	121.6	125.2	15.6
电子信息产业	432	1002.3	1370.1	57.7	120.9	8.5
生物医药技术	54	10.8	52.2	8.4	0.1	0.3
新材料能源及化工	42	75.6	96.6	12	1.3	0.4
电子器件及数字电子	156	26.8	79.2	5.8	1.9	0.6
仪表仪器及专用设备	146	26.1	192.3	12.2	0.5	1
航天航空	12	12.6	57	3.7		0.7
汽车	14	18.8	115.9	9.4		0.4

表 4　　截至 2012 年漕河泾新兴技术开发区外商投资按国别（地区）分类

国别和地区	企业数（个）	总投资（亿美元）	占总数（%）
美国	173	12.56	16.06
中国香港	166	8.55	10.93
日本	88	2.40	3.07
中国台湾	73	3.63	4.64
英国（含英属）	95	14.95	19.11
新加坡	32	8.19	10.47
欧洲其他地区	76	20.20	25.82
北美其他地区	12	2.04	2.61
东南亚其他地区	23	0.44	0.56
澳洲	5	0.05	0.06
其他	110	5.21	6.66

表 5　　截至 2011 年漕河泾新兴技术开发区外商投资按国别（地区）分类

国别和地区	2011 年			累计		
	企业数（个）	总投资（万美元）	占总额（%）	企业数（个）	总投资（亿美元）	占总数（%）
美国	5	305	1.34	170	11.75	15.64
中国香港	10	7921	34.75	164	8.19	10.90
日本	2	179	0.79	86	2.12	2.82
中国台湾	4	1282	5.62	66	2.85	3.79
英国（含英属）	4	5214	22.88	93	14.69	19.55
新加坡	2	4529	19.87	32	8.19	10.90
欧洲其他地区	1	285	1.25	74	20.05	26.69
北美其他地区				11	2.03	2.70
东南亚其他地区	2	36	0.16	21	0.22	0.29
澳洲	1	14	0.06	5	0.05	0.07
其他	2	3028	13.28	108	4.99	6.64
合资企业	3	1649	7.23	113	15.13	20.15
合作企业				4	0.24	0.32
独资企业	30	21144	92.77	713	59.75	79.54
生产型项目	13	9888	43.38	524	59.58	79.32
非生产型项目	20	12905	56.62	306	15.54	20.69
总计	33	22793		830	75.12	

（上海漕河泾新兴技术开发区）

宁波经济技术开发区

【区情概况】 2012年，宁波经济技术开发区（以下简称“宁波经开区”）实现地区生产总值649亿元，比上年增长16.8%；实现财政一般预算收入142.8亿元，增长10.8%，完成全社会固定资产投资393.8亿元，增长66.7%。实现外贸进出口总额175.1亿美元，增长9.8%。2012年工业总产值1993亿元，利润138.4亿元。第三产业增加值增长11%，连续5年年均增长超11%。全年引进千万美元以上项目26个，合同利用外资12亿美元，实际利用外资8.1亿美元。引进浙商回归到位资金99亿元，内资105亿元，分别居全市第1、2位。

【项目建设】 依托九大产业功能区和“一区三城”全域城市化建设，着力谋划实施总投资超1200亿元的重大建设项目、总投资超1500亿元的重大前期项目、总投资超1000亿元的重大招商突破项目和新增年产值超1000亿元的重点产业建设项目等“四个超千亿”计划。实施模拟审批、交叉审批、协同审批，促进区批工业项目土地交付后四个月内开工。2012年共有23个项目列入省重点工程计划，79个项目列入市重点工程计划，台塑一期二阶段、逸盛PTA四期等一批新项目按期开工，海越新材料、吉利春晓整车、亚浆白纸板三期二阶段等一批在建项目加快推进，LNG一期等项目建成投产，数量和规模均居全市前列。吉利变速器等35个重大项目前期工作取得实质性进展，总投资378亿元的申洲特种纤维等26个重大项目开工建设，总投资210亿元的海天精密数控机床等14个重大项目建成投产。全年完成工业投资147.2亿元，增长20.3%，全年累计投资超亿元产业项目30个，为经济持续增长奠定坚实基础。

【转型升级】 着力调整产业结构，强化创新驱动战略，经济发展的质量稳步提高。推进大港高新技术产业基地转型升级试点，高档模具及汽配产业基地一期项目全面开工。谋划建设小微企业集聚区，推进低小散企业梯度转移。工业企业“122”工程取得阶段性成效，龙头骨干企业支撑作用更加明显，5家企业产值超百亿元，26家超十亿元，175家超亿元，实现规上工业产值1826.4亿元、利润84亿元，31家龙头骨干企业产值占规上工业产值的80%以上。坚持先进制造业和现代服务业“双轮”驱动格局，大力发展生产型现代服务业，连续5年保持11%以上高速增长。大力发展高新技术产业，全年实现高新技术产业产值784亿元，占地区生产总值的42.9%，产值及占比均居全市首位，科技综合实力、科技进步水平连续5年进入全省前10位。积极推进更有力度的人才创新工程，出台含金量高、有竞争力的“1+N+X”系列人才政策，着力加快高端人才集聚，2人成功入选省“千人计划”、7人新入选市“3315计划”，“外专智汇港”建设取得硕果，共引进海外引智项目45个、外国专家800余人次。

【城市建设】 围绕加快实现由单一产业功能区向产城联动的综合型城区发展转型，加快推进全域城市化建设，“一区三城”的全域城市化建设框架全面拉开。中部城区在往年建成的核心商务区和泰山路两侧系列商务楼宇基础上，着力完善功能、提升形象，中青创文化广场、石浦豪生大酒店、富邦世纪商业广场、银泰商业广场等一批重点城市功能项目相继建成或顺利推进，中心城区城市功能形象日益完善和显现；滨海新城除加快推进世茂、龙湖等在建项目外，梅山水道工程正式开工，建成后将形成梅山湾10公里蓝色内湖，为滨海新城和游艇基地建设提供优良的生态景观依托；滨江新城在产业区块基本成形的基础上，核心区建设规划进一步完善，华生家居广场、汽车4S城等一批重点项目顺利推进。

【生态建设】 强化生态建设对发展的特殊重要性，把生态建设置于更加突出的地位，继续以前所未有的工作力度和投入强度，全力推进生态文明建设，着力实施一批总投资达10亿元的循环经济重点项目和一批重大环保基础工程，顺利通过“国家生态工业示范园区”创建省级预验收。坚定不移推进铁腕治污、刚性汰劣，实现华光不锈钢和善高化学关停，集中连片整治关停大碶、小港两个片区共62家落后产能企业，率先全面完成禁燃区燃煤（油）锅炉淘汰任务，空气质量优良率连续七年保持在90%以上。全面启动“国家级生态区”创建，深入推进空气质量提升、内河水质治理、绿网系统建设、环保设施完善、农村生态整治等“5个30亿”生态工程，着力形成安全宜居、稳定可靠的生态保障体系，确保通过省级生态区考核验收。

【企业“走出去”】 完成新设境外企业22家，核准中方投资额7917.94万美元，同比增长56.3%，实际中方投资额3945.5万美元，实现境外工程营业额9061万美元，同比增长18.18%。宁波经济技术开发区全力推动企业“走出去”，鼓励企业采用独资、合资等方式在境外设立生产研发基地和营销平台，从事贸易、生产和研发，为有效开拓境外市场保驾护航。吉利集团通过海外投资加速全球产业布局，其于白俄罗斯设立的汽车组装项目前期准备工作正在进行中，为吉利汽车借助俄白哈三国关税同盟，零关税进入俄罗斯市场提供了良好的平台；申洲针织旗下宁波大千纺织品有限公司在柬埔寨设立1500万件服装生产项目，开展服装的生产、加工、销售业务，有效降低生产成本，提高利润空间；宁波龙德服装有限公司投资400万美元在美国洛杉矶新设全资子公司A2Z流行趋势有限公司，建设休闲运动针织服装的设计研发及营销平台，全力开拓欧美市场，有效提升品牌形象。

【平台建设】 紧紧围绕“两个前列、一个增长极”（即梅山保税港区和产业集聚区建设走在全国、全省前列，打造北仑新一轮发展重要增长极）目标定位，启动梅山产业集聚区“3年倍增跨越行动计划”（即梅山产业集聚区力争到2015年，地区生产总值、公共财政预算收入、市场交易额、外贸进出口总额等主要指标均在2012年基础上实现翻番以上增长，确保今后5年每年固定资产投资均超过100亿元），切实增强区域影响力和投资吸引力。依托保税港区功能优势，加快进口市场培育和进口汽车整车项目建设，积极推进游艇基地等高端海洋服务项目，大力发展股权投资、融资租赁等类金融产业。加快培育先进制造、新兴产业、总部经济、旅游休闲等四大产业，确保分别引进1－2个对区域发展产生重大支撑带动作用的实体经济项目和滨海休闲旅游项目。积极打造峙南区块、台塑周边地块两大战略性新兴产业发展平台，集中培育新装备、新材料两大产业。着眼于提升产出效益，强化对九大产业功能区的统筹指导和督查考核，切实增强产业基地对全区经济发展的支撑和拉动作用。全力推进“有效投资提升年”活动，发挥投资对经济增长的关键作用，确保完成工业投资150亿元以上。

【社会民主】 坚持把改善提升民生作为一切工作的出发点和落脚点，切实加大民生投入，大力推进教育、医疗、文化体育和社会保障等一系列民生实事项目，推进发展成果全民共享。总投资7.4亿元的北仑人民医院新院区投入使用并顺利通过三级乙等医院创建验收，北仑图书馆、滨海国际合作学校和港口博物馆等重大项目抓紧建设。全区2012年完成重点民生项目建设投资73亿元，其中政府投入32亿元。切实加强社会建设，扎实推进社会管理创新，率先实施新一轮力度更大的城市综合执法体制改革，共归并涉及15大类892项行政处罚权由城市综合执法局集中行使。

宁波经济技术开发区主要经济综合指标一览表

项　　目	单位	2011年	2012年	增减（%）
开发区生产总值	亿元	5559487	6491300	16.8
第二产业	亿元	3714718	4107674	10.6
工业	亿元	3482342	3806100	9.3
第三产业	亿元	2348626	1832134	-22.0
工业总产值（现价）	亿元	20261386	19932500	-1.6
高新技术企业	亿元	5059217	5361068	6.0
销售（营业）收入	亿元	28737011	34095224	18.6
第二产业	亿元	19171176	20350450	6.2
工业	亿元	18400926	19482498	5.9
第三产业	亿元	9565835	13744774	43.7
利润总额	亿元	2020345	1384177	-31.5
第二产业	亿元	1426859	903785	-36.7
工业	亿元	1388157	861077	-38.0
第三产业	亿元	677765	480392	-29.1
进出口总额	亿美元	1595571	1751436	9.8
出口	亿美元	730302	856057	17.2
财政收入	亿元	1288776	1428184	10.8
税收收入	亿元	935402	1211345	29.5
财政支出	亿元	309342	383701	24.0
新批企业个数	个	885	1968	122.4
外商及港澳台企业	个	30	47	56.7
内资企业	个	855	1918	124.3
新批企业投资额	亿美元	316200	307669	-2.7
外商及港澳台企业	亿美元	254404	207285	-18.5
内资企业	亿元	885	945	6.8
增资企业	亿美元	82545	89753	8.7
合同外资金额	亿美元	118005	97953	-17.0
外商实际投资	亿美元	75712	76138	0.6
固定资产投资	亿元	2362654	3938046	66.7
年末从业人员数	个	225564	230064	2.0
在岗职工数	个	217818	213637	-1.9
在岗职工平均工资	元	43181	49828	15.4
规模以上企业个数	个	822	914	11.2
工业	个	513	513	0.0
万元GDP能耗		0.7	0.65	-7.1

（宁波经济技术开发区管委会）

广州开发区

【区情概况】 广州开发区由广州经济技术开发区、广州高新技术产业开发区、广州出口加工区、广州保税区4个国家级经济功能区及中新广州知识城组成。

【经济发展】 2012年，广州开发区实现地区生产总值2008.19亿元，比上年增长13.0%；工业总产值5003.78亿元，增长12.3%；完成固定资产投资458.08亿元，增长25.3%；合同利用外资21.00亿美元，实际利用外资14.01亿美元，分别比上年增长19.8%和26.0%；出口总值170.02亿美元，增长5.5%；实现财政收入504.03亿元，增长6.8%；税收收入401.81亿元，增长6.8%。地区生产总值、财政收入、税收收入等主要效益指标继续位居全国国家级开发区前列。成为全国国家级开发区中首个财政收入突破500亿元、税收收入突破400亿元的开发区，其中财政收入已连续9年居全国开发区第1位。

2012年，广州开发区GDP、工业总产值、财政收入三项指标总量分别实现首次超2000亿元、5000亿元、500亿元的新跨越。广州开发区经济总量历年累计实现“三个”突破：工业总产值突破3万亿元，财政收入突破3000亿元，出口总额突破1000亿美元。2012年，广州开发区每出让1平方米土地产生GDP 4482元、财政收入1125元，税收收入897元，每出让1平方米工业用地产生工业总产值15991元、工业增加值4347元，分别比上年提高61元、11元、11元、943元、139元，节约集约用地水平继续提升。人均效益继续保持高水平。2012年，按从业人员计算，广州开发区实现人均GDP 51.48万元，人均财政收入12.92万元，人均税收收入10.30万元，继续保持在全国主要开发区中的领先地位。节能降耗超额完成目标任务。2012年，广州开发区万元GDP能耗下降4.01%，主要污染物排放进一步下降，化学需氧量削减18.99吨、二氧化硫削减0.71吨、氨氮削减3.86吨、氮氧化物削减21.04吨，超额完成节能降耗目标。

【自主创新】 完成与美国兰德公司合作开展的知识城创新体系项目研究，构建由54个指标组成的创新评价体系。完成《广州国家自主创新示范区建设方案》，上报国务院。创新资源加快聚集，广东省北斗卫星导航产业（广州）基地落户广州开发区，新引进科技和金融项目406个，专利申请和专利授权分别为4298件和2608件，同比分别增长20%和35%。广州股权交易中心启动运营，全年累计挂牌交易企业135家。广州股权投资基地挂牌成立，股权投资机构加速集聚，区内共有金融新业态企业48家，总注册资本（资金）85.19亿元。新增上市企业2家。科技企业加速器三期投入使用。全社会研发经费投入占地区生产总值比重达到3.85%。

【招商引资】 新批外商投资项目79个，合同利用外资21.00亿美元，增长19.8%，占广州市合同利用外资的30.3%；实际使用外资14.01亿美元，增长26.0%，占广州市实际使用外资的29.5%。当年新批和增资投资总额1000万美元以上的项目48个，3000

万美元以上的项目33个，5000万美元以上的项目24个，1亿美元以上的项目4个。引进世界500强项目111个，在区投资企业168家。工业项目引资平均规模高。引进工业项目24个，合同利用外资12.40亿美元，增长47.4%；第三产业项目54个，合同利用外资8.58亿美元，下降5.7%。平均每个工业项目合同利用外资5167万美元，比第三产业项目平均规模高3577万美元。

【人才建设】 制定《中长期人才发展规划（2012－2020年）》、《关于建设人才特区的实施意见》，新增入选中央“千人计划”人才10名。入选广东省创新科研团队4个。入选广州市创新创业领军人才“百人计划”28名。新认定区科技领军人才11名，累计39名。7月，广州开发区组织部会同区科信局与英国莱德福德大学合作，在该大学新药创新中心设立广州开发区首个“海外引才工作站”。工作站充分发挥与海外留学生组织、科技交流协会联系密切的优势，宣传广州开发区产业特色、人才政策、创业环境等，协助举办海外招才引智活动，动态发布人才和项目信息，联络推荐生物工程与生物医药等重点产业领域的海外高层次人才来区创业。

【社会民生】 一是民生福利不断提升。高技能人才公共实训鉴定基地正式启用，区妇幼保健院建成运营，九佛中学等10所学校改扩建工程完工。惠及52个村社10万居民的供水管网改造工程全面完成。成功推荐就业1.3万人次，35岁以上村民社会养老保险参保率达100%。在全市率先实现城乡低保标准统一。兴宁扶贫开发“双到”顺利通过省考核验收，对口帮扶从化市鳌头镇11个贫困村帮扶对象年人均收入超过8000元，脱贫率达到100%。二是教育投入不断增加。本级财政教育投入17.37亿元，比上年增长59.4%。承办全国社区教育年会，推介社区教育学院发展新模式以及夏港街社区教育经验，萝岗区与夏港街分别通过全国社区教育实验区、全国社区教育示范街初级督导评估。开通“广州开发区·萝岗区终身教育网”，与南洋理工大学签定战略协作合约。三是文化生活不断丰富。全年下拨村居文化室管理经费76.7万元、村居文化室示范点建设经费30万元，用于组织文化活动及添置设施设备。将建立流动图书馆工作与农家书屋工作相结合，在村居文化室设立流动图书分馆，已建成100个流动图书馆。四是体育事业健康发展。广州开发区、萝岗区全年财政体育投入1.46亿元。五是劳动就业和社会保障制度不断完善。广州开发区、萝岗区加强岗位开发和就业推荐，全年共接受2488家（次）用人单位委托招聘，开发空缺岗位数51187个，共举办招聘会53场，推荐就业52041人，成功就业16372人，其中本区户籍人员5026人（其中农村富余劳动力1086人）。推进就业培训，广州市投入1.56亿元实训设备，区投入5500万元装修经费和配套10万平方米实训场地，建成区高技能人才实训鉴定基地。成功开发社区社工就业辅助辅导系统，整合失业人员信息库和岗位信息库，由社工及就业平台工作人员有针对性地为辖区失业人员提供专业就业辅导，有效提高社区困难就业人群的就业率。全年支出低保金达1423万元，实现低保救助标准与区经济发展水平同步提升。

【机构设置与管委会领导】 调整中新广州知识城机构设置，实现广州开发区机构职能覆盖知识城。将中新广州知识城管委会由独立设置，调整为与广州开发区管委会合署办公。在广州开发区管委会增设一个专司管委会与新加坡合作事务的工作部门：中新广州知识城合作事务办公室。撤销原内设的中新广州知识城项目办公室、中新广州知识城建设办公室、中新广州知识城社会事务办公室。对4个工作部门进行调整：组建广州开发区建设和市政园林局、广州开发区环境保护和城市管理局2个部门，将原广州开发区建设和环境管理局职责相应划入以上2个局，不再保留广州开发区建设和环境管理局；将萝岗区审计局（挂广州开发区审计局）牌子调整为萝岗区审计局与广州开发区审计局合署办公；将萝岗区国有资产监督管理局（与广州开发区国有资产监督管理局合署）调整为萝岗区人民政府、广州开发区管委会的特设机构，不占机构个数；将广州市规划局开发区分局（与广州市国土资源和房屋管理局开发区分局合署）调整为广州开发区规划和国土资源管理局。经调整后，广州开发区管委会工作部门17个，萝岗区党政工作部门20个，广州开发区管委会与萝岗区合署的工作部门14个。

广州开发区领导成员：党工委书记、管委会主任凌伟宪（9月离任）、骆蔚峰（9月任），党工委副书记李红卫、陈小华，管委会副主任为李红卫、郑锡雄、蔡刚强、郭粤明、孙秀清，纪工委书记崔世刚，秘书长陈杰。

广州开发区主要经济主要指标一览表

指标名称	单位	实绩	比上年增长（%）
地区生产总值（GDP）	亿元	2008	13.0
第一产业	亿元	7	0.8
第二产业	亿元	1441	12.7
工业	亿元	1360	12.5
建筑业	亿元	80	15.4
第三产业	亿元	561	16.0
工业总产值	亿元	5004	12.3
高新技术产品产值	亿元	2507	12.8
进出口总额	亿美元	391	1.7
出口总额	亿美元	170	5.5
进口总额	亿美元	221	-1.1
财政收入	亿元	504	6.8
税收收入	亿元	402	6.8
地方可支配财力	亿元	193	-2.1
地方财政支出	亿元	180	-3.5
新批外商投资企业	家	79	-
合同利用外资额	亿美元	21	19.8
实际使用外资额	亿美元	14	26.0
固定资产投资	亿元	458	25.3
基础（公共）设施投资	亿元	130	16.2
工业项目投资	亿元	165	11.1

注：地区生产总值、工业总产值绝对值按现价计算，增长速度按可比价计算。

（广州开发区管委会）

福清融侨经济技术开发区

【经济发展】 2012年，福清融侨经济技术开发区（以下简称“融侨经开区”）实现生产总值223.8亿元，其中第二产业184.4亿元；工业总产值（现价，下同）710亿元，其中电子信息产业完成335.9亿元；销售收入712亿元；进出口总额（海关口径，下同）62.66亿美元，其中出口40.68亿美元；实际利用外资8908万美元，历年全区累计合同外资23.5亿美元；财税收入18.09亿元；全年完成固定资产投资83.43亿元。

【投资环境】 融侨经开区创办于1987年，1992年10月经国务院批准成为国家级经济技术开发园区，规划面积10平方公里。开发区地域条件得天独厚，海、陆、空交通便捷。区内已经实现通路、通电、通上水、通下水、通气、通邮、通讯和土地平整等“七通一平”，基础设施配套完善；金融、酒店、商场、学校、卫生机构、口岸联检机构等服务设施配套齐全。融侨经开区致力于营造更加开放和优化的投资环境，努力塑造园区品牌，构建科学发展大平台。先后获批为国家（福清）显示器产业园及国家新型工业化产业（显示器）示范基地，2011年又被国家科技部批准为“国家高新技术产业基地”，园区品牌效应持续提升。

【产业布局】 现设有光电科技园、洪宽台湾机电园、出口加工区、大埔工业区等专业园区，为电子信息产业、玻璃精加工、铝制品加工、塑胶、食品、机电和装备制造业等产业提供良好的发展载体。以国家（福清）显示器产业园和近年开发建设的光电科技园为载体，涌现出冠捷电子、福耀玻璃、捷星科技、南方铝业、明达工业、海壹食品、诚丰家具等一批国内外知名企业。融侨经开区以光电科技园为载体，加大平板显示器产业链招商，形成以冠捷科技集团为骨干龙头，集聚捷星显示科技、华冠光电、福强精密、睿鸿光电、三照电子、富鸿齐电子等72多家配套企业组成的平板显示产业链，融合LCD/LCD－TV整机、LCM模组、背光模组、主控板、升压板、转轴、轴芯、偏转线圈、印制板、注塑、模具、IT服务等生产于一体的液晶显示加工配套协作体系，产业集中度、发展水平居处于国际领先地位。

【主要品牌】 福建捷联电子有限公司主要从事液晶显示设备的研究开发、生产制造和销售推广业务，主要产品为：液晶显示器（LCD MONITOR）、液晶电视（LCD TV）和电脑一体机（AIO）。公司于2002年5月23日在福建省福清市注册成立，投资金额9980万美元，注册资本4500万美元，现有员工16000多人。2012年度实现工业产值206亿元人民币。显示器世界占有率37.3%，排名第一，电视世界占有率7.4%，排名第四。

福耀集团于1987年在福清注册成立，是专业生产汽车安全玻璃和工业技术玻璃的大型跨国工业集团，国内最具规模、技术水平最高、出口量最大的汽车玻璃生产供应商，为世界八大汽车品牌提供产品与配套服务，其产品“FY”商标是中国汽车玻璃行业第一个“中国驰名商标”。1993年，福耀集团股票在上海证券交易所挂牌，成为中国同行业首家上市公司。2012年度实现工业产值42亿元人民币。于中国500强企业中排名385位。

捷星显示科技（福建）有限公司由全球最大的专业电脑显示器制造商冠捷科技集团（TPV）和韩国电子电器制造业先驱LG集团共同合资设立。主要从事TFT—LCD平板显示屏、显示屏材料，液晶显示屏、液晶显示器、液晶监视器、液晶电视、电脑显示器一体机、电脑电视一体机等显示产品及其部件的开发、设计、生产与销售，提供自产产品的技术及售后维修服务。2012年度实现工业产值55亿元人民币。

【科技创新】 强化企业自主创新，鼓励企业加大研发投入，推进质量和品牌工作，提升企业效力。主要引导宏宇电子、五友模具、南少林药业等企业开展自主创新，研发新产品，拓宽市场需求；推进海壹食品、诺希新材料、天海食品等企业加强与高等院校、科研院所联系，提升产品档次，提高市场占有率；引导福耀集团、五友科技、海壹食品等企业加大投入开展技术改造，提升产业和产品发展水平和层次。全年共有发明和实用新型专利申请数139件，授权数100件；大力开展福建省标准化示范园区创建工作，带动全区工业走向标准产业化、产业集群化的经营模式。积极开展省名牌产品复评和申报，捷联电子、南方铝业等10家企业共12项产品获福建省名牌产品称号。

【招商引资】 以光电科技园为载体，以现有福清国家平板显示高新技术产业化基地为基础，以完善产业上、中、下游产业配套为目标，坚持规划优先、环保优先、效益优先的原则，着力产业招商、以商引商，大力发展相关光电高新技术产业。全区招商引资14项，其中外资5项，总投资11080万美元，合同外资4000万美元，包括特耐王包装（增资）、福融昌包装、福融华薄膜、万达汽车玻璃（增资）、东升纺织等项目；内资9项，总投资43亿元人民币，包括福融盛塑料软包装材料、捷创ITO透明导电玻璃、开辉机械、宏宇电子、侨汇电子、友和胶粘、融工光学导光板等项目。在谈项目2个，计划投资近8亿元，包括裕元传动科技、元鸿光电等项目。

【社会事业】 以创建和谐开发区为动力，帮助协调解决各类劳资纠纷17起，协调成功率达到100%，有效地维护了企业与员工双方的合法权益。继续开展“平安福清”、“平安开发区”创建活动，积极推进区内和谐稳定；组织企业开展篮球、拔河等体育比赛以及文艺晚会，丰富了职工文化生活，营造了融洽和谐的生活氛围。针对企业缺工情况，通过政校企合作及劳务合作等方式共向区内企业输送人员1万多人，有效缓解了企业用工紧缺问题；针对企业子女入托就学情况进行摸底，协调安排200多名员工子女入托就学。

【机构设置与管委会领导】 融侨经开区党工委、管委会合署办公，下设办公室、财政局、国土规划建设局、劳动人事局、经济贸易发展局，其中劳动人事局加挂党群工作部牌子。融侨经开区管委会现有党工委书记1名，纪工委书记1名，管委会副主任3名。

福清融侨经济技术开发区主要经济综合指标一览表

项　　目	单位	2011年	2012年	增减（%）
开发区生产总值	亿元	194.16	223.8	15.26
第一产业	亿元	164.3	184.4	12.23
工业	亿元	149.5	164.4	9.96
第三产业	亿元	25.68	32.87	27.90
工业总产值（现价）	亿元	705.56	710.18	0.65
高新技术企业	亿元	380.75	320.48	-15.80

续表

项　　目	单位	2011 年	2012 年	增减（%）
销售（营业）收入	亿元	771.6	825.9	7.00
第二产业	亿元	688.8	735.4	6.70
工业	亿元	646.8	679.23	5.00
第三产业	亿元	82.8	90.5	9.20
利润总额	亿元	30.49	31.05	1.80
第二产业	亿元	27.3	27.85	2.00
工业	亿元	26.4	26.85	1.70
第三产业	亿元	3.19	3.2	0.30
进出口总额	亿美元	61.33	62.66	2.10
出口	亿美元	39.9	40.68	1.90
财政收入	亿元	14.85	18.09	21.80
税收收入	亿元	14.85	18.09	21.80
财政支出	亿元	1.49	1.68	12.75
新批企业个数	个	71	185	160.56
外商及港澳台企业	个	8	9	12.50
内资企业	个	63	176	119.36
新批企业投资额	亿美元	2.46	6.74	173.98
外商及港澳台企业	亿美元	0.89	2.74	207.86
内资企业	亿元	6.91	17.8561	158.40
增资企业	亿美元	0.46	1.12	143.47
合同外资金额	亿美元	0.4724	1.17	147.67
外商实际投资	亿美元	0.78	0.89	14.10
固定资产投资	亿元	58.67	83.43	42.20
年末从业人员数	个	69038	72300	4.70
在岗职工数	个	69038	72300	4.70
在岗职工平均工资	元	1500	1658	10.50
规模以上企业个数	个	172	139	-19.10
工业	个	150	111	-26.00
万元 GDP 能耗		0.09876	0.0762	-22.80

备注：2011 年产值 500 万元以上算规模以上企业。2012 年按产值 2000 万元以上算规模以上企业。

（福清融侨经济技术开发区管委会）

东山经济技术开发区

【招商引资】 2012年，东山经济技术开发区（以下简称“东山经开区”）签定合同项目的有福建伟安玻璃有限公司、福州天城玻璃有限公司、海尚食品有限公司、鼎美食品有限公司，4个项目总投资规模达6.77亿元。

【企业服务】 积极开展“两帮活动”，帮助企业渡难关，促发展。根据东山区内经济现状，积极帮助区内企业“转方式、调结构”，开发国内、国际两个市场，促进了企业的良性发展；注重引导企业加强管理，规范运作，推动上市。海魁水产集团在德国成功上市。实现区内企业在海内外上市“零的突破”。

【项目建设】 总投资5000万元的东环路和总投资1250万元的西环路已全面已竣工，道路绿化、路灯等附属工程也全部完成，实现全线通车；光伏产业园已完成园区地形测绘、地质钻探，防浪堤、市政主干道和750万方吹填施工图，以及用海、用林、用地、立项等基础性审批工作；完成征迁土地1398亩，回填土方135万方，造地460亩；1.4公里的光伏一路和排洪系统等园区基础设施已开工建设。

【开发建设】 海洋生物科技园园区及南北港生态公园控规、详规及科技大道二期4.6公里的设计基本完成。完成征地2660亩、回填土方180万方、土地平整640亩，造林绿化120亩。科技大道路面，南北港郊野公园一期绿化和公园步栈道基本完成。海域功能区划调整、盐田废改审批、取土点林地报批等工作也正在同步进行中。

【投资环境】 服务于产业发展，招商选资，引进人才，科技创新，金融支持等方面的优惠政策主要有：实行地价优惠政策，对于高科技项目和科研项目实行“一事一议”；除土地出让金外，减免各种税费；总部迁入东山经济技术开发区的企业，实行财税扶持政策；获各级政府认定或表彰的创新型企业，给予一定的财政奖励。

【产业布局】 主导产业为水产品加工业、金属塑料制品制造业和食品加工业。其中，一批企业获得了HACCP和ISO9000等国际质量体系认证和欧盟注册。代表企业有旗滨玻璃、海魁集团、融丰食品、腾新食品等，已先后在海内外上市。

新兴产业有光伏及玻璃新材料产业和海洋生物科技产业。为加快开发区产业转型升级，大力发展海洋经济和新兴产业，规划建设了“两个百亿产业园”（光伏及玻璃新材料产业园和海洋生物科技园）建设。其中：光伏及玻璃新材料产业园总投资额150亿元，规划面积6164亩，以薄膜太阳能电池、晶硅太阳能电池、离线减放射镀膜玻璃、LOW－E中空玻璃、超白钢化玻璃、汽车玻璃等光伏及玻璃新材料等产业为主。海洋生物科技园总投资179亿，规划面积15000亩，主要以水产品精深加工、海洋生物科技制药等产业为主。两个产业园前期基础性工作基本完成，具备落户企业的条件，多家企业落户“两个产业园”。

【社会管理】 组织区党委、管委会领导以及志愿者到宅山村开展帮扶慰问贫困户，共慰问困难户11户，慰问财物共计5000元。开展“城乡一体化、干群一家亲”活动，同挂钩村贫困家庭、残疾人结对开展帮扶活动。

东山经济技术开发区主要经济指标一览表

项　　目	单位	2011 年	2012 年	增减（%）
开发区生产总值	亿元	45.56	50.6	11.05
第二产业	亿元	29.52	33.02	11.83
工业	亿元	26.66	29.13	9.26
第三产业	亿元	12.09	13.3	9.88
工业总产值（现价）	亿元	95.23	102.22	7.35
高新技术企业	亿元	18.25	20.28	11.12
销售（营业）收入	亿元	87.52	97.15	11
利润总额	亿元	4.21	6.14	45.72
进出口总额	亿美元	8.59	8.93	4.01
出口	亿美元	8.28	8.75	5.78
财政收入	亿元	6.02	6.2	3.11
税收收入	亿元	5.27	5.37	1.78
财政支出	亿元	3.77	3.88	2.92
新批企业数	个	10	6	-40
外商及港澳台企业	个	2	2	0
内资企业	个	8	4	-50
合同外资金额	亿美元	0.275	0.1605	-41.64
外商实际投资	亿美元	0.179	0.0308	-82.82
固定资产投资	亿元	37.01	50.89	37.54
年末从业人员数	个	23000	23500	
在岗职工平均工资	元	29850	35250	18.09
规模以上企业数	个	46	38	-17.39
工业	个	46	38	-17.39
万元 GDP 能耗		0.75	0.74	-1.46

（东山经济技术开发区管委会）

沈阳经济技术开发区（铁西区）

【经济发展】 2012年，沈阳经济技术开发区（铁西区）实现地区生产总值867.3亿元，同比增长9.7%；规模以上工业总产值2600.8亿元，同比增长17.2%；固定资产投资402亿元，同比增长13.1%。

【主导产业】 依托主干路网，初步形成商贸流通业“四横五纵”的发展格局。麦德龙、红星美凯龙、宜家亚洲旗舰店、万达商城、海韵锦江等一批知名商贸企业相继入驻。同时，在城区加强社区便民商业投入，在全市率先实现“一街一厅”发展目标，全区有厅式农贸市场34个，居13县区之首。截至目前，城区第二、第三产业比重由原来的95∶5调整为现在的20∶80，已形成服务业为主导的城区产业结构。

2012年装备制造业完成产值1820亿元，增长16.9%（其中，汽车及零部件432.4亿元，增长58.2%）；现代建筑产业完成产值515亿元，增长17.5%；医药化工完成产值370亿元，增长5%。

【装备制造业】 装备制造业聚集区拓展到65平方公里，规模以上工业企业发展到506户，其中规模以上装备制造业企业达297户，千亿产业集群规划得到有效实施，产业聚合效应继续显现。目前，装备制造业聚集区内共有世界级技术水平产品51个、全球500强企业54家，并拥有一大批龙头企业，其中，沈阳机床销售收入跃居世界机床行业第1位，沈鼓等6户企业销售收入超百亿。宝马、米其林等世界500强企业，德国德玛吉、日本NSK等高端项目纷纷入驻，形成了高档数控机床、通用石化装备、重矿及工程机械等产业集群。一个主导产业集聚发展、配套产业集群发展、知名企业集中发展的先进装备制造业基地已在铁西区全面展现。

【现代建筑产业】 现代建筑产业园规划总用地50平方公里，分三期实施，首期规划12平方公里，二期18平方公里，远期发展20平方公里。引进日本鹿岛、日本积水、美国睿能地源热泵、法国圣戈班玻璃、中南集团、江苏沃得、烟台万华等国内外现代建筑产业项目210个。其中，现代建筑部品类企业有中南建设集团、日本积水等7个；现代建筑装备类企业有北方交通重工、北方重工等19个；现代建筑服务业类企业有远大集团企业公共服务平台、徐工机械展示服务中心等5个。现代建筑产业核心区的建设初见成效，经济体量占到全市现代建筑产业总产值的50%以上，成为铁西区主要支柱产业之一。

【汽车及零部件】 铁西整车制造企业有德国宝马新工厂、广汽日野、辽宁曙光集团、北方交通、铭辰汽车等5家整车制造企业。实现整车产量4.4万辆，产值184亿元。汽车零部件制造企业有采埃孚伦福德、李尔、名华模塑等71家。实现产值248亿元。

宝马铁西工厂占地2.07平方公里，新建焊接、涂装、总装、冲压等生产线及相关配套设施，项目总投资为15亿欧元。2012年5月24日正式生产宝马新3系和宝马X1车型并上市。2012年生产41101辆汽车。

宝马铁西工厂的建成对地区经济起到了核心推动作用，吸引大批世界级零部件配套企业落户沈阳。在新规划的10平方公里的宝马新城配套产业园内已有美国李尔、德国采埃弗伦福德、西班牙海斯坦普、法国延峰彼欧、德国慕贝尔等一批配套企业入驻，宝马汽车配套基本体系已形成。此外，米其林、嘉民、江森自控、首钢MA、德国DB、金运物流、丰田纺织、普泽科技等企业也将先后落户铁西。

【医药化工产业】 医药化工产业集群呈快速发展态势。已建成占地约14平方公里的产业园区，现有沈化集团、东药集团、米其林等规模以上企业87家。法国米其林、日本普利司通、中国中化集团、法国液化空气公司、美国空气公司、锦湖石化、日本关西等一批世界500强或化工500强企业落户园区。精细化工产业发展的布局已经拉开，中国最大的新型环保农药生产基地已经初具规模；“中国涂料沈阳示范产业园”正在加快推进；中国最大新型催化剂生产企业、化工助剂、化学原料药及生物制药企业发展势头良好。

【现代服务业】 2012年全区第三产业实现增加值335亿元，是2007年的2.6倍。

鸿隆世纪广场、奥特莱斯等大业态组团陆续推进，沈盘线商贸走廊等重点区域全面开发。以中央商务区、宝马商住区、地铁总站区、四环商业区、滨河生态城等重点区域为主体的流畅型经济发展格局全面形成。

铁西区正在以滨河区域、宝马新工厂及周边区域为重点，统筹规划、分步实施，全力推进滨河生态新城和宝马汽车产业新城建设，为扩充产业链条、促进总部基地建设、发展生产性服务业、破解“空城化”和“潮汐式”交通问题、提升区域活力、打造生态环境等方面提供发展空间和最佳机遇。

滨河生态新城规划共60平方公里，建设集行政办公、科技研发、公共服务、文化体验、休闲娱乐、高尚社区等城市功能与环境建设互动发展的创新之城、生态之城和活力之城。

宝马汽车产业新城规划东部与滨河新城相连、西至浑河三十街、北至化工园区、南至浑河，共40平方公里，建设集整车制造、零部件制作、汽车展示博览、汽车旅游、文化公园、配套居住、商业及办公等功能于一体的汽车产业之城和科技之城。结合中德企业合作基地的建设，发挥德国宝马汽车的辐射带动作用，积极引入世界知名零部件企业入驻发展。以宝马铁西工厂为核心向四周有序拓展，通过打造汽车产业链条，实现核心裂变，不断扩充汽车及零部件产业集群。全面启动中德企业合作基地建设，大力发展以汽车工业、装备制造以及现代建筑新技术、新工艺的科技研发为主，并在科研交流论坛、环境保护等领域加强交流和技术研发合作。

沈阳经济技术开发区（铁西区）主要经济综合指标一览表

项　目	单位	2011年	2012年	增减（%）
开发区生产总值	亿元	771.93	867.3	9.7
第二产业	亿元	661.97	734.41	10
第三产业	亿元	101.52	123.41	8.8
工业总产值（现价）	亿元	2197.65	2600.8	17.2
利润总额	亿元	88.39	61.3	-30.6
进出口总额	亿美元	251447	362540	30.6
出口	亿美元	141773	176000	19.4
财政收入	亿元	105.54	85.74	-18.76
税收收入	亿元	35.7	40.8	14.4
固定资产投资	亿元	355.6	402	13.1
年末从业人员数	个	177304	189843	6.6

［沈阳经济技术开发区（铁西区）管委会］

武汉经济技术开发区

【经济发展】 武汉经济技术开发区（以下简称“武汉经开区”）2012年完成规模以上工业总产值2022.9亿元，增长21.09%；规模以上工业增加值596.64亿元，增长22%；全口径财政收入246亿元，增长15.75%；一般预算收入48亿元，增长31%；固定资产投资256.18亿元，增长25.48%，其中工业投资205亿元，增长75%；招商引资签约项目总额332.46亿元，增长84%。

【招商引资】 全年实现签约项目投资总额332.46亿元，引进世界500强企业4家，引进总投资50亿元以上项目1个。以引进汽车整车项目为重点，成功引进总投资65亿元的东风雷诺整车项目以及总投资10亿元的东风史密斯专用汽车项目。以整车厂为依托，引进江森汽车座椅项目、纳铁福汽车传动轴部件项目、雷迪特汽车空调项目等汽车关键零部件项目，总投资60亿元的格特拉克双离合变速器项目。

新兴产业方面，总投资32亿元的晨鸣高端生活用纸生产项目及精测电子TFT检测设备生产项目等。第三产业方面，引进了总投资19亿元的永旺综合商业项目、总投资10亿元的五星级新亚洲酒店和新亚洲心脏病医院项目以及阿尔特汽车研发基地项目等。

积极走出去招商。先后组织赴美国、台湾、日本、上海等国家和地区专题招商。其中，5月赴美招商签订项目9个，建成达产后每年将新增产值500亿元，新增税收40亿元；9月赴美招商签订项目8个，包括博世、威瑞森、天合3个世界500强企业，协议投资总额158亿元。

新滩新区招商引资见成效。入区项目总投资超过60亿元，总投资20亿元的全谷物生产项目和总投资10亿元的长利玻璃等项目成功落户，洪湖一泰、洪湖伟业、洪湖宝盛（杭州国锋）、深圳筑品等11家企业已奠基开工。

【项目建设】 重大项目建设有力推进。东风本田二厂、纳铁福传动轴有限公司传动轴精密锻造件项目、武汉设计产业园、华中数字出版基地、格力电器产业园、万宝井汽车零部件等工业项目先后开工、投产。神龙公司武汉三厂项目完成四大工艺厂房主体建设，基本完成基础设施建设。黄金口产业园东风雷诺汽车整车项目成立了产业园协调领导小组，已完成园区设计、规划等前期工作。

基础设施项目进展顺利。东风大道快速化改造项目年底正式动工建设。凤凰工业园一期3000亩土地场平工程全部完成，黄陵二路、棋盘岭一路、棋盘岭三路基本建成，二期场平正在推进。连通汉南的通顺河大道、连通蔡甸的碧湖路延长线和大全路凤凰沟桥、军山第二大道等项目也正在推进当中。官莲湖大道基本完成土路基和排水工程，官莲湖大桥基本完成栈桥施工。黄陵污水处理厂基本完成建设，军山自来水厂取水工程开工建设，全力南、北服务中心完成全部11栋公寓及配套建筑建设。积极推进东本二厂、神龙三厂、格力电器等龙头企业配套基础设施建设。加强协调，配合市政府实施三环线西段高架改造升级工程、四环线开发区段、轨道交通3号线、6号线开发区段等工程，四环线开发区段全线动工，地铁三号线位于开发区的5个站点全面开建。

【管理与服务】 创新举措服务企业。制定出台“民企倍增30条意见”，多方面支持民企发展。积极开展企业调研活动，及时处理企业反映的困难和问题。对1~10月纳税总额过5000万元且增幅居前11位的企业进行奖励，以支持和鼓励企业加快发展。积极帮助企业争取国家、省、市各类专项资金支持，19家企业的产品入选全市工业名优产品名录。开展企业上市“绿色通道”服务工作，建立上市后备企业库，15家企业进入湖北省和武汉市上市后备企业名单。

支持企业科技创新。完善科技创新基金管理工作，修订开发区科技创新基金、种子基金和科技奖励相关文件，创新基金总额增加到每年1亿元。帮助企业争取国家、省、市各类科技资金支持，7个项目获得武汉市科技惠民计划、科学技术奖和研发投入补贴资金资助，6家企业在武汉十大科技创新系列活动中获奖，3个项目获得国家和省科技计划项目立项。建立高新技术企业后备库并实施分类管理，进一步简化申报程序，全年共有19家企业申报高新技术企业，5家企业通过高新技术企业审查。

【投资环境】 产城规划不断完善。编制完成武汉经开区产城一体化规划，确定四大支柱产业和两大战略性新兴产业，谋划布局六大产业园区，形成生产功能、生活功能和生态功能三位一体的城市空间格局。编制完成开发区300公里的绿道规划及一期绿道系统详细设计，编制50平方公里的“绿肺”建设总规划，并进一步制订了21.3平方公里的“绿肺”核心区规划。

环境综合治理深入开展。实行严格的环评制度，严把环境准入关，确保新建项目符合环保和产业政策要求。制定符合实际的工业废水排放控制强制性地方标准，完成主要污染物减排指标任务，环境空气质量优良率为历史同期最好水平。完成16个湖泊保护规划的编制工作，开展湖泊港渠连通规划研究工作，加快六湖连通建设步伐，新建南太子湖连通港、下太子溪、芳草溪等港渠，实现三角湖、北太子湖、南太子湖的连通。

启用数字化城市管理平台，实现网格化管理。投资2.09亿元推进绿化建设，新增绿地总面积59.37万平方米，种植乔灌木约3.97万株，建成三环线开发区段70.6万平方米的绿化带。

【社会事业】 加强军山地区路网建设，片区内各道路正按规划逐步实施。开通2条区内通勤公交线路，解决偏远区域数百家企业员工出行难问题。完成军山军江路公交场站、格力电器产业园公交场站建设，新建公交候车亭80个。

全面发展教育事业，不断提高办学水平。成功创建湖北省县域义务教育均衡发展先进区。实施高位嫁接，与江岸区合作办学，武汉经开区三中、奥林小学分别成为武汉市六中、育才小学分校，合作办学效果明显。投资1.2亿元建设可满足1500名外籍员工子女入学需求的长江国际学校。开展“中外校长论坛”、“国际夏令营”等活动，国际教育合作交流日趋活跃。

大力发展文化体育事业。武汉市“读书之城”建设首批15个书报刊亭率先投入使用。新华书店年底开业，填补了开发区无大型图书网点的空白。车都职工文化活动中心（包含群艺馆、美术展览馆、图书馆）项目开工建设。投资300万元建成多功能社区文化活动场所10个。管好用好武汉体育中心，成功举办2012年东风雪铁龙·汤姆斯杯暨尤伯杯赛，进一步完善了大型国际赛事政府领办、企业主办、市场化运作的新模式。

强力推进医药卫生事业。积极协调协和医院西区建设，总投资5.6亿元，将协和医院西区建设成为拥有使用面积8.7万平方米、床位1000张的现代化三甲医院。武汉经开区首个功能完备的急诊急救体系在协和医院西区投入使用，其急诊急救能力跻身全市前列。华中地区首家全科国际门诊在协和医院西区开诊，进一步方便了外籍人员就诊。

深入开展“幸福社区”建设。投资 320 万元购置安装办公设备、消防器材、电子查询机等服务设施，支持宁康园、万家湖、黄陵等 3 个试点社区开展市级幸福社区创建工作。指导 9 个社区开展社区服务站规范化建设和长效管理创建示范工作。

扎实推进创业就业工程。新增就业岗位 6104 个，开展当地劳动力培训 1708 人。新增创业基地面积 3.6 万平方米，新增市级全民创业示范基地 1 个，为创业者办理小额担保贷款 31 笔共计 610 万元。开展 2012 年“春风行动”，举办“武汉·中国车都迎春招聘大会”，每周定期为企业举办专场招聘会，形成服务企业招聘的长效机制。

保障性安居工程扎实推进。坚持政府主导、企业参与的原则，推进公共租赁房建设，按计划完成 5500 套公共租赁房建设任务。为百户低收入家庭、低保家庭、住房困难家庭发放廉租房租金补贴 25 万余元。

不断提高社会保障水平。五险参保缴费人数进一步增加，超额完成全年目标任务。积极开展区域性工资集体协商，妥善处理各类劳资纠纷。建立特困家庭救助基金。

表 1　　武汉经济技术开发区主要经济综合指标一览表

项　　目	单位	2011 年	2012 年	增减（%）
开发区生产总值	亿元	577.0	709.1	22.9
第二产业	亿元	511.1	616.3	20.6
工业	亿元	502.7	606.8	20.7
第三产业	亿元	65.3	92.2	41.2
工业总产值（现价）	亿元	1682.7	2022.9	20.20
销售（营业）收入	亿元			
第二产业	亿元			
工业	亿元	1620.8	1708.6	5.40
第三产业	亿元	319.8	303.1	-5.20
利润总额	亿元			
第二产业	亿元			
工业	亿元	117.5	143.6	22.20
第三产业	亿元			
财政收入	亿元	212.5	245.99	15.76
税收收入	亿元	187.5	216.2	15.30
财政支出	亿元	67.2	69.7	3.70
新批企业个数	个	856	766	-11
外商及港澳台企业	个	37	14	
内资企业	个	819	752	
合同外资金额	亿美元	7.8	8.2	5.10
外商实际投资	亿美元	4.5	5.2	15.50
固定资产投资	亿元	204.1	256.2	25.49
年末从业人员数	个	159761	164122	2.70
在岗职工平均工资	元	45453	49190	8.20
工业	个	174	185	6.32

表 2　武汉经济技术开发区世界 500 强企业名单

序号	排名	评比年份	公司名称	中文名称	总部所在地	主要业务	开发区投资企业
1	4	2011 年	BP	英国石油	英国	炼油	东风嘉实多油品有限公司
2	7	2011 年	State Grid	国家电网	中国	公用事业	华源电力股份有限公司
3	26	2011 年	BNP Paribas	法国巴黎银行	法国	银行	神龙汽车有限公司
	62	2010 年	Société Générale	兴业银行	法国	银行	
	90	2011 年	Peugeot	标致	法国	汽车	
	145	2011 年	Dongfeng Motor	东风汽车	中国	汽车	
4	45	2011 年	Honda Motor	本田汽车	日本	汽车	东风本田汽车有限公司
	145	2011 年	Dongfeng Motor	东风汽车	中国	汽车	
5	45	2011 年	Honda Motor	本田汽车	日本	汽车	武汉东本储运有限公司
6	45	2011 年	Honda Motor	本田汽车	日本	汽车	本田物流（武汉）仓储有限公司
7	48	2011 年	Nissan Motor	日产汽车	日本	汽车	东风汽车有限公司
8	48	2011 年	Nissan Motor	日产汽车	日本	汽车	东风模具冲压技术有限公司
9	71	2011 年	BASF	巴斯夫	德国	化学	巴斯夫化学建材（武汉）有限公司
10	89	2011 年	Toshiba	东芝	日本	电子、电气设备	美的集团武汉制冷设备有限公司
	150	2011 年	United Technologies	联合技术	美国	航天国防	
11	152	2011 年	Dow Chemical	陶氏化学	美国	化学	陶氏化学（武汉）有限公司
12	148	2011 年	Mitsui	三井物产	日本	贸易	武汉万宝井汽车部件有限公司
13	119	2011 年	Robert Bosch	博世	德国	汽车零部件	博世（武汉）投资有限公司
14	119	2011 年	Robert Bosch	博世	德国	汽车零部件	泛博制动部件（武汉）有限公司
15	145	2011 年	Dongfeng Motor	东风汽车	中国	汽车零部件	东风贝洱热系统有限公司
16	145	2011 年	Dongfeng Motor	东风汽车	中国	汽车零部件	东风裕隆销售有限公司
17	145	2011 年	Dongfeng Motor	东风汽车	中国	汽车零部件	武汉万兴汽车零配件制造有限公司
18	145	2011 年	Dongfeng Motor	东风汽车	中国	汽车零部件	东风富士汤姆森调温器有限公司
19	145	2011 年	Dongfeng Motor	东风汽车	中国	汽车零部件	武汉东风科尔模具标准件有限公司
20	145	2011 年	Dongfeng Motor	东风汽车	中国	汽车零部件	康明斯东亚研发有限公司
21	145	2011 年	Dongfeng Motor	东风汽车	中国	汽车零部件	武汉东浦信息技术有限公司
22	145	2011 年	Dongfeng Motor	东风汽车	中国	汽车零部件	武汉富康洁能汽车改装有限公司

续表

序号	排名	评比年份	公司名称	中文名称	总部所在地	主要业务	开发区投资企业
23	173	2011 年	Nippon Steel	新日铁	日本	金属	武汉辉铁汽车钢板有限公司
	161	2011 年	POSCO	埔项制铁	韩国	金属	
24	201	2011 年	Itochu	伊藤忠	日本	贸易	武汉中铁伊通物流有限公司
25	199	2011 年	Marubeni	丸红	日本	贸易	武汉协和齿环有限公司
26	453	2009 年	Delphi	德尔福	美国	汽车零件	武汉申龙汽车空调有限公司
27	243	2011 年	Sumitomo	住友商事	日本	贸易	武汉万友通物流有限公司
28	211	2011 年	Baosteel Group	宝钢集团	上海	金属	武汉宝钢华中贸易有限公司
29	211	2011 年	Baosteel Group	宝钢集团	上海	金属	武汉宝钢制罐有限公司
30	253	2009 年	Delphi	德尔福	美国	汽车零件	德尔福派克电子系统有限公司（武汉）公司
31	266	2011 年	Johnson Controls	江森自控	美国	汽车零件	武汉江森云鹤座椅有限公司
32	266	2011 年	Johnson Controls	江森自控	美国	汽车零件	武汉泰极江森座椅部件有限公司
33	266	2011 年	Johnson Controls	江森自控	美国	汽车零件	东风江森汽车座椅有限公司
34	286	2011 年	Bridgestone	普利司通	日本	轮胎橡胶	普利司通（武汉）化工制品有限公司
35	365	2011 年	COFCO	中粮集团	中国	贸易	中粮包装（武汉）有限公司
36	324	2005 年	Visteon	伟世通	美国	汽车零件	东风伟世通汽车饰件系统控股有限公司
37	324	2005 年	Visteon	伟世通	美国	汽车零件	东风伟世通（武汉）汽车饰件系统有限公司
38	255	2011 年	Coca – Cola	可口可乐	美国	饮料	武汉可口可乐饮料有限公司
39	407	2006 年	Lear	李尔	美国	汽车零件	武汉李尔云鹤汽车内饰系统有限公司
40	407	2006 年	Lear	李尔	美国	汽车零件	武汉友德汽车电器有限公司
41	407	2006 年	Lear	李尔	美国	汽车零件	东风李尔汽车座椅有限公司
42	340	2011 年	Wuhan Iron & Steel	武汉钢铁集团	中国	金属	武钢诺贝（武汉）激光拼焊技术有限公司
43	478	2011 年	Akzo Nobel	阿克苏诺贝尔	荷兰	化学	阿克苏诺贝尔粉末涂料（武汉）有限公司
44	485	2011 年	Henkel	汉高	德国	家居个人用品	武汉汉高表面技术处理有限公司
45	367	2004 年	Nippon Express	日本运通	日本	邮递	日通商事（武汉）仓储有限公司
46	492	2010 年	Tyco International	泰科国际	中国	通信	武汉普天通信集团有限公司
47	386	2011 年	International paper	国际纸业	美国	林产品、纸制品	国际纸业（武汉）包装有限公司
48	133	2011 年	Aeon	永旺	日本	商业零售	武汉经济技术开发区永旺房地产有限公司
49	163	2011 年	Renault	雷诺	法国	汽车	东风雷诺汽车有限公司

（武汉经济技术开发区管委会）

萧山经济技术开发区

【区情概况】 2012年，萧山经济技术开发区（以下简称“萧山经开区”）以转变经济发展方式为主线，积极实施“三退三进”战略，努力破解制约长远发展的“七大难题”，谋新篇章，创新业绩，脚踏实地，用心苦干，市北区块、桥南区块、江东区块三大区块共同走良性持续发展之路。

完成工业总产值563.3亿元，比上年增长0.5%；规模以上工业销售产值526.9亿元，增长0.3%。全社会固定资产投资61.1亿元，增长23.5%；其中工业投资35.59亿元。服务业销售收入535.08亿元，增长14.6%。招商引资各项指标全面完成，实现合同外资5.8亿美元，实际利用外资3.8亿美元。引进市外内资16.5亿元。出口交货值144.85亿元，增长9.1%。财政总收入50.91亿元，增长7.1%。

【工业发展】 全区有规模以上企业268个，包括产值超1亿元企业112个，萧山区工业100强企业17个，高新技术企业66个，世界500强企业15个。主导产业带动明显，机械制造、电子电器、汽车整车及零部件、轻纺服装、医药食品、建材家具六大支柱产业全年实现工业总产值433.5亿元，其中先进装备制造业完成工业产值204.7亿元，比上年增长9.5%，占萧山经开区工业总量的1/3。有序推进产业项目，对92个重点产业项目实行一对一跟踪机制，全年完成总投资25.7亿元，杭州龙记金属制品有限公司等17个项目竣工投产，19个结转项目加快推进。健全节能管理监督机制，深入实施节能减排。全年规模以上工业企业万元工业增加值能耗下降6.9%；实施节耗、循环经济项目17个，年节约标准煤6万多吨，直接产生经济效益3000多万元。

【现代服务业发展】 服务业全年实现销售收入535.08亿元。杭州湾信息港一期建成，总投资10亿元的浙江融创信息产业园动工，杭州国际珠宝城营销势头良好；潮峰钢构公司采用“民投、民管、民营”的发展模式，正在构建“萧山空间结构产业园”。汉帛网商城、浙江华瑞信息资讯股份有限公司的“华瑞信息通”、杭州雅库科技有限公司等一批电子商务企业发展迅速，其中浙江珍城医药在线股份有限公司与中国医药集团总公司进行合作增添发展后劲。

【招商引资和利用内外资】 招商选资难中求进，大力开展存量招商。鼓励企业利用已有厂房扩大投资，扩大生产，提高增资不用地的奖励标准，提高资源利用效率。全年优质企业增资项目28个，新增合同外资1.52亿美元。注重总部经济和第三产业项目招商，浙江面面俱到轻纺商务信息股份有限公司落户开发区，娃哈哈集团营销总部、浙江长龙航空有限公司、杭州先临三维科技股份有限公司、灵康药业总部等项目取得用地指标，英冠商业综合体土地顺利摘牌，这批总部项目和综合体项目陆续开工建设。

推进重点项目，完成基础设施投资。加速推进政府项目，初步建立多层次、分专业的城市规划体系，完善8个规划报批稿、4个规划成果稿，启动3个规划的修编。全年完成基础设施投资13.8亿元，18个政府重点工程完成投资10.95亿元。其中，总投资5.5亿元、建筑面积22余万平方米的杭州湾信息港一期工程主体建筑于9月结顶；6月20日，总投资约1亿元、占地2万平方米的江东新城标准产房项目开工；机场疏港公路和江东娱乐文化中心完工，江东新城18万平方米公租房开建。建成和在建道路总长超过29千米，公建配套超过35万平方米，新增绿化面积66万平方米，拆除违章建筑1.6万平方米。落实资金保障，创新融资渠道，国资公司成功发行14亿元企业债券，为开发建设缓解资金压力。

桥南区块“退低进高”。加快工业素质提升步伐，促进行业内部的整合兼并、梯次转移，促进闲置资源的有序流动、高效利用，推进机械、服装、纺织等传统优势产业的转型提升，盘活土地11.07公顷。中国重汽集团引进世界500强企业MAN公司的D08系列发动机项目，年生产能力5万台，预计年销售产值23亿元；凯尔达集团生产的机械手机器人，销售产值年均增长20%；达利集团走工业旅游路线，创新发展模式；电子信息、新能源、新材料等高新产业加快发展，金马能源公司、谷易电子公司、万明生物公司等企业崭露头角。

江东新城“退弱进强”。引进高技术含量、高经济效益的大项目、好项目，在培育大企业、延伸产业链上下功夫。世界500强子公司阿斯莫公司的微电机，新能源企业赛昂电力公司、晶鑫科技公司建成投产；民营企业广汽吉奥公司与中央企业成功联手，销售产值快速提升；东南金属薄板公司、永杰新材料公司、盛达铁塔公司等企业年销售产值分别超过10亿元。

【企业科研与创新能力不断提升】 鼓励引导企业提升科研与创新能力，高新产业发展势头良好。实现从传统的竞争成本向竞争技术与品牌的转变，提高高附加值产品和自主品牌的比例，不断提升自主创造的质量和水平，各类专利的申报和授权量大幅度增加；高新技术产业全年产值实现118.22亿元，比上年增长31.6%，占开发区总量的21.1%。新认定华雁数码电子公司、乐荣电线电器公司、三拓印染公司、金马能源公司、快客电视传媒公司、融创信息公司、大中泊奥公司、金石机器人公司、珍诚网络公司等9个国家级高新技术企业，新增省级技术（研发）中心4个。

【主导产业】 电子信息业，重点企业如杭州禾声电子有限公司，生产酷派手机，2012年销售产值2.1亿元。装备制造业，重点企业如杭州友佳精密机械有限公司，生产数控机床，2012年销售产值12.9亿元；西尼电梯（杭州）有限公司，2012年销售产值8.5亿元。德意控股集团有限公司，主要生产德意品牌厨具，2012年销售产值8.4亿元。汽车制造业，重点企业如广汽吉奥有限公司，生产吉奥系列微卡、皮卡汽车，2012年销售产值24.5亿元；杭州依维柯汽车变速器有限公司，生产汽车变速器，2012年销售产值1.56亿元；中国重汽集团杭州发动机有限公司，产品主要有WD615、WD415、D10、D12等重型卡车、工程机械、船舶、发电机用发动机，2012年销售产值20亿元。新能源，重点企业如绿华能源科技（杭州）有限公司，研究、开发、生产、销售晶体硅太阳能光伏电池及电池组件，2012年销售产值1.1亿元。新材料，重点企业如永杰新材料股份有限公司，主要生产多种牌号的合金，公司“永杰铝”商标被认定为浙江省著名商标，2012年销售产值13.5亿元。食品饮料业，重点企业如杭州宏盛食品饮料营销有限公司，主要生产娃哈哈系列饮料、矿泉水，2012年销售收入152亿元。家具制造业，重点企业如浙江圣奥家具制造有限公司，是国内办公家具龙头企业之一，2012年销售产值7.6亿元。服装制造业，重点企业如汉帛（中国）有限公司，主要生产国际流行的时装、女装，2012年销售产值10.3亿元；达利（中国）有限公司主要生产真丝绸面料的印花及染色加工、真丝绸梭织、针织服装一条龙生产，2012 年销售产值 10.1 亿元。化工用品，重点企业如浙江传化华洋化工有限公司，主要生产纸化学品与塑料化学品，是目前国内荧光增白剂产品系列最齐全、生产规模最大的生产厂商，2012 年销售产值 6.3 亿元。

萧山经济技术开发区主要经济综合指标一览表

项　　目	单位	2011 年	2012 年	增减（%）
开发区生产总值	亿元	218.68	242.98	11.1
第二产业	亿元	159.26	179.22	12.5
工业	亿元	169.69	170.06	0.2
第三产业	亿元	51.42	54.06	5.1
工业总产值	亿元	826.53	849.75	2.8
高新技术企业	亿元	236.81	298.50	26.3
销售（营业）收入	亿元	1425.87	1567.31	9.9
第二产业	亿元	905.70	969.51	7.0
工业	亿元	740.24	871.49	17.7
第三产业	亿元	505.08	580.68	14.9
利润总额	亿元	83.80	88.90	6.1
第二产业	亿元	62.86	66.42	5.6
工业	亿元	59.70	63.68	6.7
第三产业	亿元	32.52	39.23	20.6
进出口总额	亿美元	29.02	33.71	16.2
出口	亿美元	22.75	27.82	22.3
财政收入	亿元	47.53	50.91	7.1
税收收入	亿元	19.13	21.24	11.0
财政支出	亿元	38.59	28.65	-25.8
新批企业个数	个	40.00	44.00	11.0
外商及港澳台企业	个	32.00	29.00	9.4
内资企业	个	8.00	15.00	114.2
新批企业投资额	亿美元	11.04	8.40	-24.0
外商及港澳台企业	亿美元	9.08	5.74	-26.8
内资企业	亿元	12.14	16.50	36.4
增资企业	亿美元	3.22	2.30	-28.8
合同外资金额	亿美元	4.90	5.58	13.9
外商实际投资	亿美元	3.20	3.88	21.3
固定资产投资	亿元	110.19	119.44	8.4
年末从业人员数	个	159648	180254	12.9
在岗职工数	个	143525	154562	7.7
在岗职工平均工资	元	40780	47029	15.3
规模以上企业个数	个	249	263	5.6
工业	个	157	181	15.3
万元 GDP 能耗		0.40	0.44	-10.0

备注：此表数据含开发区下属的义蓬街道、河庄街道、新湾街道。

（萧山经济技术开发区管委会）

成都经济技术开发区

【经济发展】 2012年，成都经济技术开发区（以下简称“成都经开区”）实现地区生产总值631亿元、同比增长（下同）17.4%；规模以上工业增加值456亿元，增长22.1%；全社会固定资产投资总额416.9亿元，增长27%；全口径财政收入139亿元，增长26.9%。实现整车生产37.5万辆、增长1.4倍；汽车主营业务收入1008亿元，增加值300亿元，利税171亿元，分别增长67%、62%、33%；第三产业增加值达112.5亿元、增长11%，区域经济综合实力连续4年位列四川省十强县第2位。2012年，在商务部通报的综合发展投资环境评价中名列全国国开区25位、西部第2位。

【投资环境】 与国际投资惯例接轨，站在国际化、现代化、生态化、人文化的更高平台上，在更大范围、更深层次、更加主动的姿态推进“全域开放”，始终把优化服务环境作为园区发展的根本保障，努力构建构建准军事化的办事决策机制和五星级的个性化服务体系，全力打造世界级汽车城与国际化生活品质城。起步区9.94平方公里全面形成承载能力。南区32.6平方公里基本形成承载能力。东区13.8平方公里已完成规划，全面启动建设；战略发展后备区（成资工业发展区）16平方公里起步区建设工作初见成效；水、电、气、光纤、通讯等配套管网建设同步跟进，新建电力线路、给水管线、天然气管线共32公里，新增绿化面积约60亩，已建成各型变电站15座，区域供电能力达400万千伏安，天然气配气站4座，日供气能力210万立方米；国际国内物流链条逐渐形成，生活服务和政务服务环境有力改善，“宜业宜商宜居”的开放合作环境日益成熟、国际化。

【招商引资】 引进美国哈曼等产业化项目80个（世界500强企业2个），其中汽车主导产业20个；到位省外内资和实际利用外资分别达183亿元、5.6亿美元，增长20.4%、36%；进出口总额23.7亿美元。重点促成总投资9.8亿元的中国南车城轨地铁车辆适修项目、投资2亿元的哈曼国际、投资2.1亿元的孔辉科技等大型公共技术测试和研发中心项目，投资5亿元的一汽富维海拉车灯、投资2.8亿元的哈尔滨固泰电子、投资2.2亿元的江办华达等重大制造产业项目以及投资45亿元的世豪广场城市综合体、投资16亿元的龙泉百伦广场等功能配套项目26个。

【主导产业】 成都经开区按照汽车产业“南部整车制造、研发创意，北部零部件配套、贸易博览，中部生活配套服务”空间布局规划，加快推进汽车（工程机械）产业集中集群集约发展，着力构建了“十车七机”产业体系，是成都市汽车产业综合功能区主体区和正在规划建设的天府新区·龙泉高端制造产业功能区。

一是百万整车生产平台初步搭建，年产70万台轿车的一汽大众成都基地、年产5万台整车的一汽丰田成都基地、年产20万台整车的吉利汽车成都基地、年产10万台轿车的沃尔沃成都基地、年产20万台重卡的大运汽车等十个重大整车项目聚集发展，规划设计年产能达到125万辆。

二是汽车产业链加速聚集发展。一汽大众年产60万台EA211发动机项目、吉利动力总成系统、德国博世底盘系统等重大主机项目和美国江森、加拿大麦格纳、法国彼欧、日本住友、德国汉高等182个关键零部件项目聚集发展，一汽大众配套产业园、吉利沃尔沃配套产业园、神钢配套产业园、长安汽车零部件产业园等加快建设。

三是汽车产业高端加快发展。成都瑞化特电动汽车生产基地、一汽新能源客车、川汽工业新能源汽车基地等新能源整车加快建设，川汽纯电动公交客车投放试运；美国哈曼国际、德国汽车智创中心、成都瑞华特电动汽车检测中心以及宁波卡培亿电控研发中心、孔辉科技、汽车研究院等一批研发检测项目落户成都经开区，汽车产业自主创新能力得到提升。

【机构设置与管委会领导】 成都经开区党工委、管委会内设机构为“一办五局”，即：党工委、管委会办公室（含机关党委）、汽车产业投资服务局、现代工业投资服务局、项目建设服务局、企业发展服务局、统筹发展局（区域合作局）。

成都经开区党工委书记陈争鸣主持党工委全面工作；管委会主任何勋主持管委会全面工作；管委会常务副主任李桦负责管委会常务工作，主要负责汽车项目的招商工作，主任抓投资促进统筹工作，分管成都经开区汽车产业投资服务局、龙泉驿区（经开区）投资促进委员会办公室；管委会副主任贾伦才主抓建成企业营运过程中的服务工作，分管成都经开区企业发展服务局；管委会副主任程果主抓成都经开区发展策划、战略研究和区域合作等工作，分管成都经开区统筹发展局；管委会副主任蔡本刚负责除汽车产业以外的项目招商，分管成都经开区现代工业投资服务局。

成都经济技术开发区主要经济指标一览表

项　目	单位	2011年	2012年	增减（%）
开发区生产总值	亿元	460.3	631.4	37.2
第二产业	亿元	331.2	483.1	45.9
工业	亿元	307.6	457.2	48.6
第三产业	亿元	101.3	120.8	19.2
工业总产值（现价）	亿元	961.7	1166.6	21.3
高新技术企业	亿元	247.7	413.8	74.3
销售（营业）收入	亿元	1206.5	1759.3	45.8
第二产业	亿元	1012.6	1231.1	21.5
工业	亿元	911.4	1108.1	21.6
第三产业	亿元	193.9	528.2	270
利润总额	亿元	79.9	118.8	48.7
第二产业	亿元	71.1	108.3	52.3
工业	亿元	64.6	104.6	61.9
第三产业	亿元	8.8	10.5	19.3
进出口总额	亿美元	22.2	23.7	6.6
出口	亿美元	4.5	4.9	9.1

续表

项　　目	单位	2011 年	2012 年	增减（%）
财政收入	亿元	119. 7	139. 31	16. 4
税收收入	亿元	102. 7	126. 4	23. 1
财政支出	亿元	38. 4	42. 6	10. 9
新批企业个数	个	916	899	-1. 8
外商及港澳台企业	个	6	2	-66
内资企业	个	910	897	-1. 4
新批企业投资额	亿美元	39. 7	36. 18	-8
外商及港澳台企业	亿美元	0. 67	0. 5	-25
内资企业	亿元	39. 03	35. 68	8. 5
合同外资金额	亿美元	2. 49	2. 88	15. 7
外商实际投资	亿美元	4. 01	5. 55	38. 4
固定资产投资	亿元	328. 2	416. 9	27
年末从业人员数	个	131613	166027	26. 1
在岗职工数	个	207572	209068	0. 7
在岗职工平均工资	元	48816	50298	3
规模以上企业个数	个	365	370	1. 4
工业	个	190	192	1
万元 GDP 能耗		0. 061	0. 046	-24. 8

（成都经济技术开发区管委会）

长沙经济技术开发区

【区情概况】 2012年，长沙经济技术开发区（以下简称“长沙经开区”）全年完成规模工业总产值1315.2亿元，同比增长5.03%；完成规模工业增加值393.3亿元，增长7.04%；完成工商税收85.28亿元，同比增长21.52%；完成工业固定资产投资86.8亿元，同比增长20.7%；完成到位外资2.71亿美元，同比增长21.79%；完成市外境内资金形成固定资产投资31亿元，同比增长25%；完成省外境内到位资金13.8亿元，同比增长7.8%。

【产业结构优化升级】 一批重大项目相继竣工投产，产能逐步释放。广汽菲亚特、住友橡胶、广汽三菱、蓝思星沙工厂、博世新厂房和研发中心、山河工业城等重大项目全面竣工投产，全年投产项目15个，新增产能200亿元，新增规模以上企业13家，成为未来产业发展的强劲动力。随着这批重大项目的达产、增效，园区“一元独大”的产业结构有所改变，朝多元并举、理性增长方向发展。主导产业中，工程机械产业实现产值987亿元，同比增长1.5%，占规模工业比重下降3个百分点；汽车制造实现产值113亿元，同比增长8.7%；电子及元器件产业实现产值56.3亿元，同比增长90.9%。科技创新氛围日益浓厚，助推产业升级转型。积极创建“国家知识产权示范园区”，加大科技创新支持力度，全年完成高新技术企业产值1182亿元，占规模工业总产值的90%。深入开展中小企业专利帮扶工作，全年园区授权专利836件，同比增长31%。获得国家技术发明二等奖1项，取得历史性突破。铁建重工获批为国家技术中心，企业自主创新能力不断增强。

【招大引强振奋人心】 深入推进招商引资，招大引强卓有成效。全年引进了日本富士通、日本邮船两家世界500强企业。与国际知名汽车品牌大众集团达成协议。该项目成为湖南省历史上引进的最大实业投资项目，总投资超过200亿元，全部达产后将形成60万台轿车的产能，可实现产值达1500亿元，该项目对于壮大长沙经开区乃至湖南省汽车产业集群具有重要意义。成功举办扩大开放工作会议，彰显长沙经开区扩大开放的决心。引进长沙海关、湖南省检验检疫局入驻园区办公，启动了星沙海关、长沙检验检疫局办公楼建设，积极推进综合保税区申报工作，继续推进长沙边检站实施“警民共建”，为发展开放型经济构建了更优的平台。

【融资理财再创新高】 不断拓展融资渠道，全年融资41.19亿元，其中成功发行公司二期债券12亿元，顺利完成中央商务区等经营性用地拍卖工作，全年实现土地收入22.5亿元，争取上级资金2.51亿元，有效缓解了融资难题。加快公司经营步伐，成立了开发集团公司，启动公司框架组建、人员配备、建章立制等工作，公司总资产达216.2亿元，资产规模与营运能力不断提高。集团公司积极面向市场开拓经营，开展参股、控股业务，全年实现营业收入26亿元，为园区发展提供了坚实的资金保障。

【投资环境持续提升】 深入开展“两帮两促”、“学习与服务”，加大项目领导联点帮扶力度，建立上门服务、跟踪服务、全程服务机制，着力解决企业反映的实际困难和问题，集中收集、解决企业普遍反映的问题50多个。深化全程代办服务，探索运用市场化机制，进一步理顺流程，精简审批，全年提供各类全程代办项目服务10余个。大力推进政务公开，政务服务大厅投入使用，规范了管理流程，提升了窗口形象。积极开展ADR非诉讼纠纷调处工作，为园区企业受理调解矛盾纠纷65起，确保了园区稳定。加强园区信用体系建设，出台《企业诚信守则》、《企业信用评分规范》、《守信激励和失信惩戒制度》等规章，建立健全规模企业信用档案，借助中介机构开展企业信用评级，园区诚信体系不断完善。主动作为，妥善协调企业劳资纠纷，开展农民工工资支付执法检查，稳步推进工资集体协商，努力提高社会保险覆盖面，社会保险参保率达89.8%。

【产业发展】 基本形成以显示器件和网络服务为主体的电子信息产业，以汽车、智能机械装备和仪器仪表为主体的先进制造产业，以动力电池材料、环保建材为主体的新型材料产业，以彩印、包装为主体的印刷包装产业等五大主导产业的基本格局和较为合理的产业结构雏形。园区拥有年销售收入亿元以上工业企业51家，主要经济指标持续保持较快的增长速度。工程机械进一步聚集，汽车及零部件产业持续发展，初步建立横向成群、纵向成链的产业集群比较优势。全年实现工业总产值1315.2亿元，上缴各类税收85.28亿元。产业结构为工程机械占产业比重的75.3%、汽车制造8.6%、新材料2.1%、食品饮料2.1%、电子电器4.3%、家用电器2.5%、通用机械1.8%、轻印包装1.6%、其他0.6%。工程机械产业完成产值987.6亿元。汽车制造及零部件产业实现工业总产值112.8亿元。拥有电子信息产业企业35家，实现规模工业总产值108.8亿元，是湖南省内电子信息产业重要生产园区。10家新材料产业企业实现规模工业总产值27.8亿元，占区内工业总产值的2.1%。新材料产业以先进储能材料为主，汇集有科力远、瑞翔科技、镁镁电池等国内外知名企业。泡沫镍、锂离子电池材料等产品在全球均有较高的市场占有率。食品饮料产业实现工业总产值28.3亿元。长沙经开区在壮大主导产业的同时，注重产业升级和结构优化，注重战略新兴产业培育。在引进战略性新兴产业、总部型经济等方面取得长足进步。全年引进总部型经济企业13家；规划了电子商务产业园，中国电子商务协会授予长沙经开区全国第一家“中国电子商务示范园区”称号。

【科技创新】 创新型园区建设取得明显成效，创新成果不断涌现，共获得授权专利1198件，同比增长67%，获得授权发明专利187件，同比增长85%。特别是三一重工的“混凝土泵车超长臂架技术及应用”项目获评国家技术发明二等奖，三一重工成为行业内首次获此殊荣的企业，同时这也是区内获得的首个国家技术发明奖，填补了历史空白。区内中联起重机自主研发的“动力单元及其控制方法”专利获得中国专利金奖、“起重机”设计获中国外观设计金奖。园区还获得中国专利优秀奖1项，湖南省科技进步一等奖3项，长沙市科技进步奖6项，长沙市产学研合作及科技成果转化奖1项。园区研发实力进一步增强，铁建重工技术中心被评为国家级企业技术中心，新增国家创新示范企业1家、国家重点高新技术企业5家，湖南省级工程技术研究中心1家。

【投融资体制建设】 全年融资41.19亿元，其中成功发行公司二期债券12亿元，顺利完成中央商务区等经营性用地拍卖工作，全年实现土地收入22.5亿元，争取上级资金2.51亿元，有效缓解融资难题。加快公司经营步伐，成立开发集团公司，启动公司框架组建、人员配备、建章立制等工作，公司总资产达216.2亿元，资产规模与营运能力不断提高。集团公司积极面向市场开拓经营，开展参股、控股业务，全年实现营业收入26亿元，为园区发展提供了坚实的资金保障。

【招商引资与利用内外资】 采取产业链招商、上门招商、节会招商等多种形式，在国际国内经济形势不明朗的情况下，保证招商引资工作的稳步推进，全年各项招商商务经济指标圆满完成。内资：完成省外境内到位资金13.8亿元，为目标任务的102.22%，同比增长7.8%；完成市外境内资金形成固定资产投资31亿元，为目标任务的103.33%，同比增长25%；外资：完成到位外资2.71亿美元，为目标任务的101.50%，同比增长21.79%；外经外贸：完成进出口总额21.63亿美元，为目标任务的100.14%；完成加工贸易项目18个，加工贸易额6.20亿美元，为目标任务的103.32%；外派劳务425人，为目标任务的111.84%；境外投资企业2家，完成全年任务100%。

【人才建设】 全面落实干部培训计划，继续巩固“星沙大讲堂”培训品牌，组织管委会机关和园区企业职工参加培训17期，获得中共长沙市委宣传部“长沙市优秀学习载体”称号。在中共长沙市委党校、北京大学举办两期干部轮训班，组织开展多轮技能培训、政策性培训等，干部队伍素质得到持续地提升。大力推进干部交流锻炼，选派多名干部到托管园区、全资公司挂职，进一步挖掘人才、培养人才、储备人才。进一步完善绩效考核办法，做到“工作任务、工作措施、具体目标、专项经费、评价办法”五位一体的有机结合，形成系统有效的考核激励机制。大力宣传和践行“简洁务实、无我有为、创新高效”的园区精神，全面实施“机关工作人员行为规范”，持续开展“争当雷锋精神传人、弘扬社会文明新风”活动，各种学习培训班、兴趣活动小组深入开展。机关干部队伍团结干事、和谐友爱、紧张有序、充满活力。加强人才交流平台建设，为园区企业举办公益性招聘会35场，为企业招揽各类人才8500多人。加大校企对接，组织企业开展校园巡回招聘，帮助企业引进优秀毕业生3300多人，人才引进工作扎实推进。

【社会事业】 以建设与发展为中心，以创建平安园区为重点，认真抓好园区的社会化管理与服务。一是综治维稳出新招。二是计生工作有新亮点。三是安置工作取得新突破。四是安置区建设稳步推进。五是公共服务项目建设有序推进。六是管理体系逐步形成。

【机构设置与管委会领导】

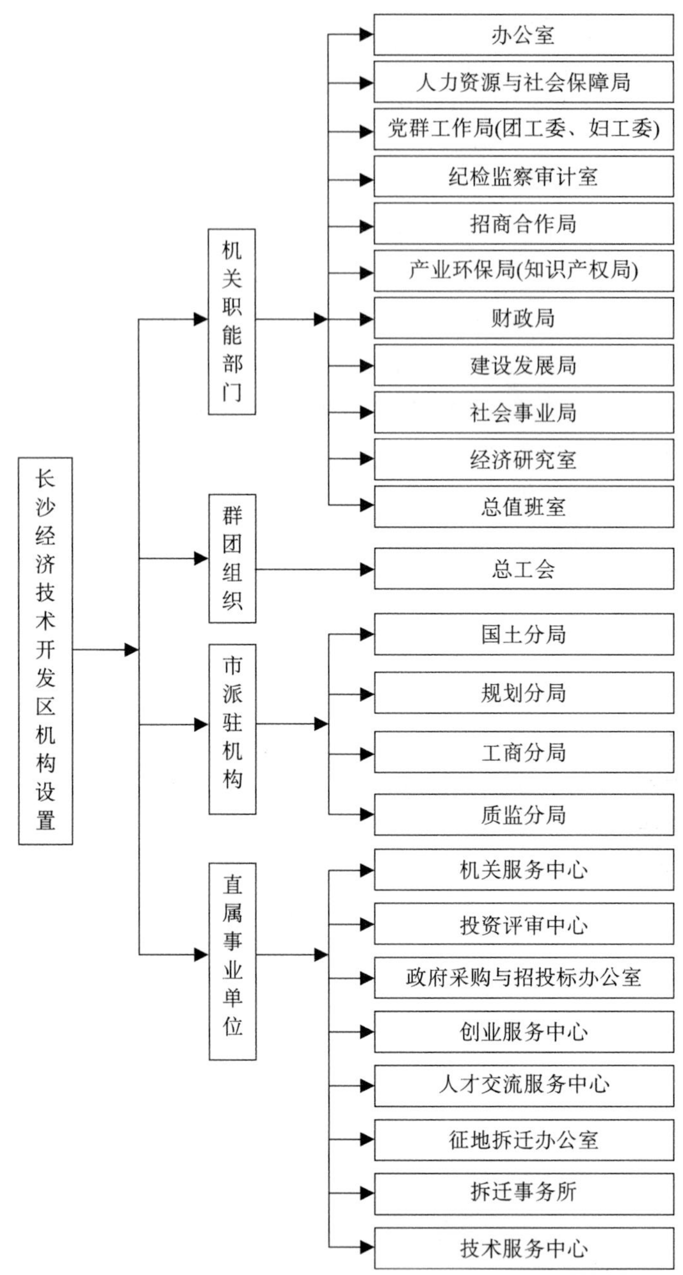

长沙经济技术开发区党工委、管委会领导

党工委书记、长沙县委书记杨懿文，党工委副书记、管委会主任李科明，党工委副书记、管委会常务副主任吴京生，党工委副书记、纪工委书记高杰，党工委委员、管委会副主任陈新忠、巩固、黄瑶、刘逢春、范遵新，党工委委员、总工会主席丁仁义，党工委委员张贤长、张文球、王维倩、郭汉辉，管委会主任助理谭超纲、王新民、张湘鸿。

长沙经济技术开发区主要经济综合指标一览表

项　　目	单位	2011 年	2012 年	增减
开发区生产总值	亿元	531.0289	577.1121	46.0832
第二产业	亿元	431.4936	464.9953	33.5017
工业	亿元	390.5418	421.6960	31.1542
第三产业	亿元	99.5354	112.1167	12.5813
工业总产值（现价）	亿元	1336.2152	1406.8116	70.5964
高新技术企业	亿元	1169.7908	1181.8086	12.0178
销售（营业）收入	亿元	1486.2390	1610.1072	123.8682
利润总额	亿元	158.8040	145.9767	-12.8273
工业	亿元	149.5779	105.9145	-43.6634
进出口总额	万美元	232229	240413	8184
出口	万美元	98694	100243	1549
财政收入	亿元	88.7526	113.5416	24.789
税收收入	亿元	70.1806	85.2839	15.1033
财政支出	亿元	39.3056	45.6629	6.3573
新批企业个数	个	160	205	45
外商及港澳台企业	个	14	7	-7
内资企业	个	146	198	52
新批企业投资额	亿美元			
外商及港澳台企业	亿美元	4.9479	1.0387	-3.9092
内资企业	亿元	25.7750	15.1849	-10.5901
增资企业	亿美元	0.4881	5.2174	4.7293
合同外资金额	万美元	41486	50829	9343
外商实际投资	万美元	22253	27119	4866
固定资产投资	亿元	103.8822	111.0975	7.2153
年末从业人员数	个	105807	121592	15785
在岗职工数	个	105807	121592	15785
在岗职工平均工资	元	44831	51038	6207
规模以上企业个数	个	104	109	5
工业	个	267	289	22
万元 GDP 能耗		0.209	0.191	-0.018

（长沙经济技术开发区管委会）

贵阳经济技术开发区

【经济发展】 2012年，贵阳经济技术开发区（以下简称“贵阳经开区”）完成地区生产总值110.74亿元，实际增长23%；人均GDP达到41882元，超过小康社会指标；规模以上工业总产值完成238.74亿元，同比增长26.5%，增速排名全市第2位；财政总收入完成17.66亿元，增长18.7%；公共财政预算收入完成10.82亿元，增长30.1%；城镇居民人均可支配收入实现21796元，增长12.6%；农民人均期内现金收入突破万元大关，达到10128元，增长13.2%。2012年，贵阳经开区综合经济排名在全省列第9位、全市列第3位。

【投资环境】 通过组建贵阳开发区科工风投公司，引进4家专业担保机构为企业开展金融担保，有效解决中小企业资金短缺问题。与贵阳职业技术学院、贵州西南工具（集团）有限公司联合组建贵阳职业技术学院装备制造分院，解决企业熟练工人紧缺的问题。机构高度精简，所有审批事项实行“一站办结”，行政效率高，政务环境相对优越。

【招商引资】 全年共引进项目84个（其中省外投资项目63个、省内投资项目21个）；招商引资实际到位资金完成157.03亿元，同比增长47%；实际利用外资完成4487万美元，同比增长53%；外贸进出口总额完成23069万美元，同比增长61%。

【产业布局】 实施“431”（“4”即推动“电子信息、汽车制造、航空航天、电气工程机械制造”四大优势产业集群引领发展；“3”即推动“智能制造、新材料、生物医药”三大潜力产业集群跨越发展；“1”即促进现代服务业集群高端发展）重点任务，依靠创新驱动，推动产业集聚发展。

【电子信息发展】 依托贵阳海信、主力电器、富巨炉具等消费电器主机企业，大力培育以智能电视、取暖设备、消费电子产品。充分发挥航天电器、风华精密、贵航股份等企业军为民用的技术优势，着力推进电子元器件、汽车电子、LED照明设备等产业的发展。重点加快推进海信电子信息智能产业园建设，以智能家居、智能终端、智能化应用为引领，优化和提升信息产业集群，巩固和完善电子信息产业基础。依托富士康在贵安新区建设的电子信息产业制造基地，力争在基础电子元器件等配套产品上有所作为。

【汽车制造产业发展】 全力打造奇瑞大客车、商务车产业园，带动凯沃、云马、普天等相关企业大力发展改装车、特种车，培育特种车、专用车集群。扶持贵航股份、航天凯峰等一批汽车零部件企业加快发展，在汽车零部件制造领域打造一批“小巨人”企业。积极开发节能和新能源汽车。以奇瑞客车项目、云马客车项目、普天新能源项目为载体，鼓励新能源汽车的研发及生产。积极开展甲醇汽车试点工作，主动与浙江吉利控股集团对接，着力培育节能和新能源汽车产业。

【航空航天产业发展】 充分发挥航空航天两大军工基地的优势，整合现有动力系统、执行系统、控制系统、机械加工、表面处理等技术及产品优势，加大技术创新，全力推进军民融合发展，培育一批创新能力强、科技成果转化快、产业聚集度高的军民结合企业。重点发展飞机电连接器、微特电机、操控电器、hotas驾驶杆/盘，航空精密工量具、发动机控制系统、冷却器系统，飞机地面设备及随机工具，光纤陀螺，电子控制组件，GPSINS组合导航装置等航空航天产品。

【电气工程机械制造产业发展】 加快培育中煤盘江重工、詹阳重工、中联重科、普天物流、天义电梯等企业，实现工程机械、矿用机械、大型物流成套设备和电梯等主机产品集群发展，支持天力LNG—柴油双动力船用发动机和煤矿低瓦斯发电机、永力轴承、海跃模具等工程机械关键零件企业加大研发力度，提高产品科技含量和附加值。以玉蝶电缆、电线厂、电力线路器材厂为引领，促进金钟电气、环宇电气等项目加快建设，重点发展电力器材、电力装备等产品。

【智能制造产业发展】 强化实施"数控一代"装备创新工程。以机电集团、西南工具集团、英特利公司、航天302所等为核心开展数控装备创新示范，重点支持数控机床的研发生产。在辖区内广大数控装备应用企业开展数控装备应用示范，加快发展智能化制造，提高装备水平。

【新材料产业发展】 以广航铸造高强度铝合金材料、贵州枫叶PE管材、华达安全玻璃LOW-E玻璃等产品为基础，积极推动新魔方锂电池纳米乳液粘结剂、中建科技铝合金塑料模板等项目的落地建设，促进经开区新材料产业的发展。

【生物医药产业发展】 充分发挥同济堂、贵州勤邦、成鑫医疗、华烽电器等企业在医药制造、生物检测装备和监测试剂、医疗设备制造等方面的优势，加大力度推进同济堂现代中药生产基地、勤邦检测装备与生物试剂国际科技产业园等项目的建设，推动生物医药产业的发展。充分发挥贵州贵茶、刘老四食品、六甲食品等企业在特色食品、绿色食品方面的生产优势，加大引导和扶持，促进营养食品制造、保健食品制造、保健酒制造、精制茶制造等，推动食品企业集群化发展，增强企业凝聚力。进一步鼓励企业与高校、科研院所合作，探索、研究出一批具有民族特色的保健食品，创立民族品牌。

【科技创新】 区域内拥有独立科研与技术开发机构39个，其中国家级企业技术中心3家，省级企业技术中心14家，省级工程技术研究中心13家，省级工程研究中心2家，重点实验室2家。科技中介服务机构逐年增加，拥有1家国家级生产力促进中心，1家省级孵化器，2家技术转移机构，13家生产性服务业机构。省级软件测评中心1家，院士工作站5家。25家高新技术企业，1家国家级创新型企业（贵州航天电器股份有限公司），10家省级创新型企业；2个贵州省首批知识产权试点园区（贵州航天高新技术产业园、贵州贵阳小河—孟关装备制造业生态工业园）；搭建一批面向区域装备制造业企业为服务对象的公共技术创新服务平台，如省级软件测评中心、射频仿真试验室、刀具检测等公共服务平台。2012年，贵阳经开区高新技术企业达到25家，规模以上工业总产值达到116.79亿元，占贵阳经开区规模以上工业总产值的48.92%，高新技术产业主要是以区域内的航天航空两大军工基地所属企业及民用骨干装备制造企业为核心；专利申请量达到551件，其中发明专利174件；专利授权370件，其中发明专利30件。

【国际合作】 成功承办第2届贵州省"高端装备制造与高新技术产业国际合作推进会"。会上签定2项合作协议。启动建设中意合作贵阳经济技术开发区国家生态工业示范园区项目。

【产业发展载体和平台】 强化金融对全区经济发展的服务能力。辖内共有各类银行8家，服务网点30个，自助服务网点15个。通过向商业银行、政策性银行贷款、BT、发行企业债券等方式，全年融资26.73亿元（其中的9亿元企业债券是贵州省第一家以县级平台公司成功发行的企业债券)。6月，贵阳经开区被确定为全国首批34个“国家电子商务示范基地”之一。7月，贵阳经开区被国家发改委列为国家循环化改造示范试点园区。循环化改造项目向上级争取资金7000多万元。10月贵阳经开区管委会与北京网库互通信息技术有限公司共同打造“贵州电商谷”项目。

【机构设置与领导班子】 贵阳经开区党工委、管委会设党政办公室、财政局、人力资源局、生态促进局、产业发展局、建设管理局、投资服务局、招商引资局8个职能机构(正科级)。

领导班子部分成员的分工如下：李泽：主持党工委全面工作。钟汰甬：主持管委会全面工作。刘本立：分管党群工作部、人力资源局。罗亮：分管政务服务中心。刘军：分管生态促进局、建设管理局、贵合公司。陈云贵：分管财政局、投资服务局、园区办、房屋征收中心、创业服务中心、开发区建设总公司。施波：分管人力资源局、产业发展局、生态促进局、科工风投公司。肖泽群：分管产业发展局、创业服务中心。杨曦东：分管招商引资局、投资评审中心。余大林：分管国资公司。黄成虹：负责招商引资工作。黄政华：协助刘军做好开发区建设、城市管理、安全生产以及建设领域技术等方面工作。

贵阳经济技术开发区主要经济综合指标一览表

项　　目	单位	2011年	2012年	增减(%)
开发区生产总值	亿元	80.60	110.70	17.6
第二产业	亿元	48.20	73.34	19.9
工业	亿元	41.20	73.34	
第三产业	亿元	31.50	36.41	14.7
工业总产值(现价)	亿元	175.34	238.74	26.5
高新技术企业	亿元	79.73	88.13	10.5
销售(营业)收入	亿元			
工业	亿元	147.03	174.59	18.7
利润总额	亿元			
工业	亿元	9.28	10.66	14.9
进出口总额	亿美元	1.76	2.30	31.3
出口	亿美元			
财政收入(公共财政预算收入)	亿元	8.31	10.82	30.1
税收收入	亿元	6.76	8.78	29.8
财政支出	亿元	10.30	14.01	36.1
固定资产投资	亿元	145.06	233.84	61.2
工业	个	76	90	
万元GDP能耗		0.34		

(贵阳经济技术开发区管委会)

呼和浩特经济技术开发区

【经济发展】 2012年，呼和浩特经济技术开发区（以下简称“呼和浩特经开区”）大力推进沙尔沁工业区、如意总部基地建设，着力加快金川工业园区、出口加工区的转型升级步伐，努力打造留学人员创业园，经济社会各项工作取得重要进展。全年规模以上工业企业工业总产值同比增长16.57%；工业增加值同比增长13.75%；财政收入同比增长15.53%；固定资产投资同比增长32.9%。

【科技创新和优势产业】 组织驻区企业申报国家、新疆维吾尔族自治区、呼和浩特市科技重大专项基金、中小企业创新基金、高新技术产品研发、科技计划项目等共82项。申报国家级高新技术企业6家，自治区级企业研究中心3家，目前3家自治区级企业研究中心已获批准。硅砂资源利用国家重点实验室·内蒙古风积沙资源利用研究中心，内蒙介电电泳研究院相继落户留创园，填补新疆维吾尔族自治区的空白。

呼和浩特经开区现有规模以上工业企业46家，2012年工业总产值达到404亿元，现基本形成了六大优势产业是：以伊利集团为代表的食品加工业；以创维电子公司为代表的电子信息制造业；以阜丰、齐鲁制药、双奇药业为代表的生物发酵和生物制药业；以众环数控、福特橡塑为代表的装备制造业；以晟纳吉光伏材料、日月太阳能为代表的新材料加工业；以利乐公司为代表的包装材料产业。

【招商引资和利用内外资】 强化以市场换取投资、以载体吸引投资、以合作促进投资。2012年，呼和浩特经开区实际到位内资60.86亿元，实际利用外资2亿美元。经济发展动力进一步增强，新建续建的固定资产投资项目87项，全年累计完成固定资产投资156亿元，同比增长32.9%。投资10亿元以上的项目有7项，投资亿元以上的项目有44项。

【生态环保】 在招商引资中优先选择低消耗、低排放、高产出的清洁项目；以重点企业为对象，搭建废弃物处理平台，加大节能环保投入和设备技术保障体系建设，重点工业企业污染物排放稳定达标率100%；各工业园区环保部门加大了环境监测及执法力度，配合上级主管部门对企业开展环境保护信用等级评定工作，对化工、烟尘等方面进行专项整治，工业固体废物处置利用率达到100%，建设项目环评“三同时”实现100%。

【开放型经济】 充分利用呼和浩特出口加工区“境内关外”的特殊政策和功能优势，不断提升出口加工型企业的科技含量、发展规模和集聚水平。积极打造内蒙古一流的集保税加工、保税物流、保税仓储为一体的国家级综合保税功能区。全年进出口总额4.82亿美元，同比增长12.09%。

【人才建设】 充分利用国家级留学人员创业园和各类创新平台，鼓励企业与大学、科研院所联合，培养高层次科技创新人才，进一步拓宽人才引进绿色通道、积极引进拥有自主知识产权，掌握核心技术的专业人才。重点引进和培养高层次科技领军人才和创新创业人才，注重围绕主导产业组建科技创新创业团队。2012年共引进来自英、美、日、法、韩、瑞士、加拿大、澳大利亚及国内各类高层次优秀人才41人，其中博士后2人、博士17人、硕士22人，引进国家专利9项、另有9项专利正在申请中，注册孵化企业25家。

【社会事业】 全面落实安全生产责任制。加强以流动人口服务与管理为重点的社会治安综合治理工作。切实加强社保网络体系建设，社保覆盖面进一步扩大。文化建设方面，加强精神文明建设，开展丰富多彩的群众性文化活动，提升机关文化、企业文化、社区文化水平。

【机构设置与管委会领导】 呼和浩特经开区党工委、管委会下设如意工业园、金川工业园、出口加工区、留学人员创业园及沙尔沁工业区5个管理机构；开发区直属机构有管委会办公室、综合办公室、监察室、经济发展局、建设规划局、人事劳动局、财政局。

党工委书记李建平，党工委副书记赵俊生、白海泉、云凤英，管委会主任赵俊生，管委会副主任白海泉、那顺、杨云峰、张俊平、赵常富、张焕宏、王荣、张瑞、贺伟、段占奎。

呼和浩特经济技术开发区主要经济综合指标一览表

项　目	单位	2011年	2012年	增减（%）
开发区生产总值	亿元	94.96	101.2	6.57
工业	亿元	82.3	95.3	13.70
第三产业	亿元	12.66	5.98	-52.76
工业总产值（现价）	亿元	350.58	407.5	16.24
高新技术企业	亿元	51.11	57.39	12.29
销售（营业）收入	亿元	440.35	464.93	5.58
第二产业	亿元			
工业	亿元	348.02	400.2	14.99
第三产业	亿元	92.33	64.73	-29.89
利润总额	亿元			
工业	亿元	45.04	49.39	9.64
进出口总额	亿美元	4.3	4.82	12.09
出口	亿美元	2.26	2.26	0
财政收入	亿元	19.48	22.7	16.53
税收收入	亿元	19.12	21.2	10.88
新批企业个数	个	151	128	
外商及港澳台企业	个	0	1	
内资企业	个	151	127	
合同外资金额	亿美元	0.23	0.25	8.70
外商实际投资	亿美元	1.9	2.12	11.58
固定资产投资	亿元	117.07	155.62	32.93
年末从业人员数	个	26537	21400	
在岗职工平均工资	元	24360	30292	14.15
规模以上企业个数	个	82	97	
工业	个	60	53	

（呼和浩特经济技术开发区管委会）

南京经济技术开发区

【区情概况】 南京经济技术开发区（以下简称“南京经开区”）2011年12月，正式获得国家级生态工业示范园区授牌。区内先后设立国家级高新技术产业园、海峡两岸科工园、显示器件产业园和省级高校科工园、电子信息产业园以及市级生物医药科工园、韩国工业园、LG产业园、液晶谷、紫金（新港）科技创业特别社区等十多个国家和省市级特色产业园。建区以来，南京经开区始终按照“三为主、二致力、一促进”的发展方针，充分发挥产业和区位、交通、口岸等优势，依托南京市丰富的人文、自然资源，坚持走新型工业化和集约化发展道路，不断促进产业优化升级，经济发展质量和速度快速提升。南京经开区全年实现国内生产总值556亿元，增长30%；财政收入103亿元，增长30%；公共财政预算收入48亿元，增长28%；工业总产值2686亿元，增长25%；全社会固定资产投资252亿元，增长25%；实际利用外资6.1亿美元，增长16%。

【产业发展】 南京经开区现已集聚425家来自20多个国家和地区代表行业乃至世界领先水平的企业，世界500强投资企业56家，内资超亿元企业55家，已集中规模以上工业企业120家。已形成光电显示、生物医药、装备制造和商贸物流四大主导产业。光电显示产业集聚日本夏普、韩国LG、台湾瀚宇彩晶、中国电子等70多家企业，已构建以液晶显示为主导，OLED显示、激光显示、新光源、太阳能光伏、光电装备为先导的完整产业体系，其中液晶模组年出货量占全球12%以上；生物医药产业集聚英国葛兰素史克、日本大冢医药、泰国正大天晴、金陵药业等30多家知名医药企业，研发和生产各类新药近200种；装备制造产业集聚德国博世、瑞典阿特拉斯·科普柯、中国传动等知名企业，产品涉及汽车零部件、专用工程机械、轨道交通设备、特高压输变电设备、节能环保设备等诸多门类；商贸物流产业集聚新加坡普洛斯物流、英国太古物流、意大利维龙物流、美安物流等大型高端物流企业。

【科技创新】 高新技术产业产值占全区工业产值80%，高新技术产品出口额占全区出口额90%以上；已建立上规模研究院和研发中心近40家，专利申报730件。加快推进科技创业载体空间建设，在新港片区通过盘活存量房产土地资源，规划科创载体，落户孵化项目64个；在东区红枫片区选址布局科创特区，迅速完成规划设计并加速推进拆迁建设。围绕光电显示、生物医药等产业领域，成功与中科院上海光机所、北京大学工学院、剑桥大学工程系、国家认监委和江苏省建科院等建立合作，设立10个产业创新中心和公共技术服务平台。设立和引进南京新港科创公司、TCL紫金创业投资基金等一批科技金融机构，南京经开区的创业环境日趋完善。

【招商引资与利用内外资】 先后组织和参与“重洽会”、“金洽会”、光电显示产业推介会、生物医药创新与合作大会、侨资侨智对接洽谈会等招商推介活动，组织小分队开展境外招商。全年新引进重点项目42个，完成合同利用外资8.5亿美元、实际利用外资6.1亿美元、实际利用内资134亿元，再创历史新高。全年共有42个重点项目开工建设，博世汽车零部件、NTN精密轴承、LG化学锂电池四工厂、天加中央空调、瑞仪光电液晶模组、六代线模组、夏普液晶模组扩建、烽火藤仓光缆等30个重点项目建成投产，完成工业固定资产投资205亿元。

【资源集约利用】 加快推进新港片区城市功能的提升，选址布局7幅地块，规划设计创业大厦、星级酒店、城市综合体等一批科技创业和商业服务空间；通过盘活存量房产土地资源，规划70多万平方米的科创载体；加速推进仙新路等一批道路环境整治提升工程，在重要交通节点、路段实施景观改造，园区环境面貌焕然一新。同时，在东区加速推进综合保税区、红枫科创特区等片区的规划建设，区域环境面貌和承载能力明显提升。

【社会民生】 组织26场人才招聘会和23场劳动培训，实现当地人员就业1852人。积极开展规范用工和清理拖欠工资等专项检查，全力扩大社保征缴范围，劳动保障举报投诉案件结案率达97%，劳动争议仲裁案件结案率达90%，有效维护和谐的劳动关系。加强安全生产监督检查和教育培训，认真开展“四项排查”工作，积极办理“12345”工单及信访诉求，加大治安巡防和平安创建力度，营造平安稳定的园区环境。深入开展“基层组织建设年”活动，全年新组建4家非公企业党组织、5家基层团组织和16家工会。认真组织干部学习贯彻党的十八大精神，掀起创先争优的热潮。加强干部队伍建设，机关工作力量得到增强。认真开展“政府改进服务月”、领导干部下基层“四解四促”、“千企帮千户牵手行动”等活动，切实帮助企业解决困难问题，动员企业向困难居民伸出援助之手。全面落实党风廉政责任制，健全反腐倡廉体系，加大招投标监督和项目督察，坚持用制度来管人管事，全区形成风清气正的良好氛围。举办职工乒乓球赛、歌手大赛等文体活动，冠名2012世界篮球明星赛。

【人才建设】 积极引进各类高层次科技创业人才，人才队伍总量突破10万人。大力推进南京“321”人才引进计划，共引进培育“千人计划”专家12名、省“双创计划”人才8名、市领军型科技创业人才37名，人才的数量和层次实现新突破。

【机构设置与管委会领导】 南京经济技术开发区工委书记臧正金，管委会主任、工委副书记邢正军，常务副主任杨友林，巡视员倪德龙，副主任李华，纪工委书记时金峰，副主任徐志国，副主任蒋伟，副巡视员刘众，副主任陈千茂，副主任周铳，巡视员贾斌。

南京经济技术开发区主要经济综合指标一览表

项　目	单位	2011年	2012年	增减（%）
开发区生产总值	亿元	428.2	556.6	29.99
第二产业	亿元	391	505.8	29.36
工业	亿元	387	503	29.97
第三产业	亿元	37.1	50.8	36.93
工业总产值（现价）	亿元	2155	2686.5	24.66
高新技术企业	亿元	1173.5	1443	22.97
销售（营业）收入	亿元	2568	3250.8	26.59
工业	亿元	2100.4	2630.6	25.24
利润总额	亿元	77	96.5	25.32

续表

项　　目	单位	2011 年	2012 年	增减（%）
工业	亿元	73	91.3	25.07
进出口总额	亿美元	160.5	187.1	16.57
出口	亿美元	75.3	86.8	15.27
财政收入	亿元	79.5	103	29.56
税收收入	亿元	78.1	101.1	29.45
新批企业个数	个	151	206	36.42
外商及港澳台企业	个	10	23	130.00
内资企业	个	141	183	29.79
新批企业投资额	亿美元			
外商及港澳台企业	亿美元	5.69	60.4	961.51
内资企业	亿元	54.87	187.2	241.17
增资企业	亿美元	8.8	6.98	-20.68
合同外资金额	亿美元	6.5	8.7	33.85
外商实际投资	亿美元	5.1	6.1	19.61
固定资产投资	亿元	201.6	252	25.00
年末从业人员数	个	98078	107554	9.66
在岗职工平均工资	元	42694	55142	29.16
规模以上企业个数	个	319	329	3.13
工业	个	253	254	0.40
万元 GDP 能耗	吨标煤/万元	0.15	0.136	-9.33

（南京经济技术开发区管委会）

兰州经济技术开发区

【区情概况】 兰州经济技术开发区（以下简称“兰州经开区”）始建于1993年，2002年经国务院批准成为国家级经济技术开发区。2011年1月，为贯彻落实国务院办公厅《关于进一步支持甘肃经济社会发展的若干意见》（国办发［2010］29号）精神，兰州市委、市政府出台《关于兰州高新技术产业开发区和兰州经济技术开发区增容扩区的意见》（兰发［2011］6号），批准兰州经济区在安宁、西固、红古和皋兰4个县区增容扩区，设立安宁园区、西固园区和红古园区3个二级园区，整体规划面积102.12平方公里，享有市一级的经济管理权限。

2012年是兰州经济区实施增容扩区的第2年，按照兰州市委“1355”总体发展思路和“再造兰州”发展战略，以科学发展观为主题，以开放创新为动力，以壮大经济实力为主线，通过坚持招大商、引强资，抓项目、夯基础，抓管理、提效能，全区经济发展取得一定成绩。全年完成地区生产总值102.2亿元，同比增长24.03%。完成工业总产值180.5亿元，同比增长31.06%。完成工业增加值55.2亿元，同比增长24.2%。完成销售收入240亿元，同比增长25.4%。固定资产投资完成162.2亿元，同比增长52.8%。

【产业发展】 着眼于集聚集约集群发展，依托现有产业基础，按照“一区多园、组团发展”模式，在各园区培育发展特色主导产业，重点发展总部经济、现代物流、精细化工、有色冶金、航空航天、轻工食品、新能源、新材料、商贸服务、文化旅游等产业，切实打造出了高度集聚的产业发展区。安宁园区形成以总部经济、轻工食品、科教文化、现代商贸服务、生态旅游以及航空航天等产业为主的产业集群；西固园区形成以现代物流、精细化工、新能源、新材料、旅游等产业为主的产业集群；红古园区形成了以重点发展铝和炭素精深加工为主的有色冶金和煤化工等产业为主的产业集群。

【招商引资】 先后组队赴北京、西安、香港、广州、十堰、合肥等地招商引资，在赴合肥经济技术开发区学习考察、招商合作的过程中，与合肥经济区互结为友好开发区。新签约引进新城行政中心及中央商务区（一期）、众邦国贸城市综合体、福耀集团兰州物流总部基地、水电三局西北分公司总部结算中心、万亩城市综合体、兰州智能九合综合物流园（一期）、兰州天斧沙宫地质公园、兰州方晟汽车物流等26个项目，总投资186.53亿元，到位资金15.72亿元；结转项目31项，结转和新签项目实现到位资金47.74亿元，完成年计划到位资金40亿元的119.35%。

【项目建设】 全区共有地五大道商业步行街、华尊立达物流园、20万吨铝合金棒加工项目、甘肃动漫创意文化产业园、五矿兰州钢铁物流园等各类在建项目29项，总投资189亿元，到位资金26.9亿元。其中，列入全市2012年为民兴办实事之一的重点文化产业项目华夏人文始祖园一期主题雕塑揭幕，受到社会各界的广泛关注和一致认可。被国家工业和信息化部批准为第三批“国家新型工业化产业示范基地（军民结合）”。

【队伍建设】 严格干部管理，深入开展“效能风暴”活动。按照“体制优、机构简、人员精、作风实”的要求，推行岗位责任制、服务承诺制、首问责任制、限时办结制等制度，进一步加强和改进工作作风，增强服务意识、提升服务质量、提高工作效率。对各部门及工作人员进行千分制量化考评；实行准军事化管理，集中开展军事化训练活动，成立预备役连队，进一步规范全体干部职工的日常着装、言行举止、礼仪礼节、办公环境等工作细节，形成良好的机关形象；加强人才工作和干部队伍管理，建立高层次人才信息库和专家智库，先后引进各类高层次人才30名，博士5名，形成招才引智的良性机制。

【服务发展】 始终坚持优化环境、服务发展，不断完善各项措施，为企业发展、项目建设营造良好的环境。积极为企业争取各类扶持资金，共来向省市相关部门争取各类资金共计4900万元，用于甘肃省啤酒原料工程实验室综合研究平台建设、万洲健顺无血清细胞培养基产业转化、九州通医药物流公共信息服务平台建设等项目的生产研发及经济区580#和511#道路工程建设。为无血清细胞培养基项目提供场地租金补助6万元；联系走访辖区企业，对辖区内近百家重点企业进行调研走访，深入到企业生产一线了解企业的生产经营情况，调研企业生产建设过程中的问题和困难，征求对经济区服务的意见建议，为经济区和企业间加强沟通、增进理解搭建良好的平台。

兰州经济技术开发区主要经济综合指标一览表

项　目	单位	2011年	2012年	增减（%）
开发区生产总值	亿元	88.16	94.59	16.50
第二产业	亿元	52.75	49.49	17.70
工业	亿元	40.9	33.88	17.99
第三产业	亿元	35.15	44.87	15.22
工业总产值（现价）	亿元	137.21	163.33	19.70
高新技术企业	亿元	39.22	32.26	
利润总额	亿元	11.06	13.09	
工业	亿元	5.82	6.85	
进出口总额	亿美元	0.3	0.57	
出口	亿美元	0.01	0.35	
财政收入	亿元	13.78	17.75	
税收收入	亿元	11.02	14.41	
外商实际投资	亿美元	0.043	0.54	
固定资产投资	亿元	111.16	152.03	
年末从业人员数	个	34022	33425	
规模以上企业个数	个	167	159	
工业	个	79	71	

（兰州经济技术开发区管委会）

宁波大榭开发区

【经济发展】 2012年，宁波大榭开发区累计完成地区生产总值170亿元，同比增长5%；公共财政预算收入101.2亿元，比上年同期增收3700万元；工业总产值490.1亿元，同比增长2%；固定资产投资36.5亿元，同比增长99%；合同使用外资8040万美元，同比增长15%，实际使用外资6900万美元，同比增长23.4%，实际使用内资（大市外）32.5亿元，同比增长135.5%；进出口总额21.2亿美元；港口货物吞吐量7178万吨，同比增长2.5%，其中集装箱吞吐量202.2万标箱，同比增长7.7%；现代服务业收入910亿元，同比增长5.6%。

【投资环境】 着力推进一批重大基础设施建设。总投资逾20亿元的二桥主体工程正式合拢，329国道与大榭大桥穿山侧立交改造工程方案已经论证，一桥、二桥与穿山疏港高速出口连接线建设工程前期工作已经启动，榭西市政配套工程主体基本完工，铁路支线建设必要性分析报告完成编制，大工业供水工程榭北段10月份提前竣工，天然气进岛工程确定大榭段路由、门站选址，亚洲最大的实华45万吨原油码头正式对外启用，一批码头仓储设施通过竣工验收，港口码头外贸吞吐能力提高40%，220KV冷岙变扩容、综合管廊带等一批重大工程加快推进。启动国家生态工业示范园区创建工作，实施脱硫、脱硝等主要污染物减排工程，有序推进污水处理厂排放废水升级改造和中水生态化利用前期工作，细化有序用电管理，推广LNG新型节能集卡。组织企业实施能效对标、清洁生产、能源审计和电平衡测试，全年共完成节能技改项目30个，投入资金6500万元，实现节能量2.1万吨标煤；万华工业园成为浙江省唯一一家获得国家工业循环经济重大示范工程的园区。

【引资情况】 加快推进产业链招商工作，重点培育丙烯产业链，总投资约61亿元的丙烷资源综合利用项目及丙烯、丁烯下游产业链项目开展前期工作。制定《关于加快服务业发展的意见》，成立商贸合作局、服务业发展处，拓宽招商视野、明确招商重点，开展利税型商贸企业招商选资工作，全年共引进商贸企业89家，总注册资本达7.75亿元。扶持中小企业发展，全年新登记内资企业124户，个体工商户131户。鼓励保险箱、缸套、照明电器等三大地方传统产业做大做强，鼓励企业进行合资嫁接，增强企业竞争力。

【产业布局】 加快推进“两区三基地”核心项目建设，大榭石化馏分油综合利用项目实现全面开工，东港电化三期、环洋化工环氧氯丙烷、宁波万华HDI、金源复合聚酯薄膜等项目顺利竣工并投入试生产，宁波万华三期倍增项目进展顺利，目前产能已达到100万吨，汉圣石化项目正在开展桩基施工。三菱化学、韩华化学二期项目环评等审批工作取得进展，大榭石化连续重整、东华能源丙烷资源综合利用项目加快推进，万华水性涂料项目开展环评工作。

【科技创新】 全年规模以上工业企业共支出科技活动经费3.94亿元，同比增加19.55%，比规模以上工业企业产值增速高出19个百分点。1家企业被认定为省级高新技术企业研发中心，2家企业被认定为市级企业工程技术中心。实施知识产权和品牌战略，全年发放专利、品牌等奖励资金120多万元，新增2家市级专利示范企业，新增国内授权专利99件，其中发明专利21件，实用新型专利46件，新增注册商标60个，集体商标增至3个，行政认定中国驰名商标实现零的突破。

【重大项目】 中海油大榭石化馏分油综合利用及连续重整项目。中海油大榭石化自一期工程于2003年投产以来，经过二期改扩建工程，现有生产规模为300万吨高等级道路沥青，年原油加工能力为800万吨。为提高资源利用率，延伸产业链，大榭石化实施三期馏分油综合利用项目，主要包括重蜡油裂解制烯烃项目、工业燃料油加氢改质项目及配套的仓储、管廊隧道工程，项目总投资逾100亿元。

东华能源福基石化丙烷资源综合利用项目。东华能源股份有限公司是以丙烷、丁烷为核心，集采购、储运、生产、批发、终端为一体的清洁环保能源综合运营商，是中国国内进口LPG业务规模最大的综合运营商。丙烷资源综合利用项目利用东华能源自身掌握、丰富的海外丙烷资源和从国外引进的先进工艺，建设两套66万吨丙烷脱氢制丙烯、一套40万吨聚丙烯及配套的公用工程，总用地面积约为524亩，总投资约为58亿元。一期先建设一套66万吨丙烷脱氢制丙烯和40万吨聚丙烯项目，总投资约为38.6亿元。

宁波万华三期倍增项目。万华化学是国内唯一、全球第六家拥有MDI自主知识产权的公司。宁波万华为其全资子公司，其大榭项目一期16万吨MDI工程于2003年8月8日开工建设，经过二期扩建，形成60万吨MDI生产能力。同时，宁波万华工业园内建成50万吨氯碱、8万方/小时万空分、30万吨PVC等上下游产业链项目和配套工程，形成一体化的生产模式，成为全球规模最大、产业链最合理、能耗最低的MDI生产园区。宁波万华三期倍增项目总投资23.8亿元，通过技改扩能，将万华目前60万吨MDI产能倍增至120万吨，同时配套实施18万吨苯胺扩建、12万吨氯化氢氧化等系列项目。

【社会事业】 全年社保和就业财政支出2.4亿元，全年累计提供就业岗位1488个，新增帮扶就业500人，深化教育内涵式发展，全年教育财政支出1.85亿元，基础教育、学前教育和市民终身教育协调推进，高考录取率达到91.7%；加强社区等基本公共卫生服务，全年医疗卫生财政支出2700万元。全年财政支出5700万元用于保障性安居工程建设，公租房一期主体工程结顶。

【机构设置与管委会领导】 宁波大榭开发区管委会为宁波市政府派出机构，内设办公室、经济发展局、财政（地方税务）局、人事局、信访办、社会发展保障局、规划建设（城管）局、安全环保质监局、交通局（港口局、口岸办）、投资合作局、街道（社管局、民政局、人口计生局）、房屋征收办、行政服务中心（政府采购中心、招投标中心）等职能部门。国税、工商、国土、公安、检察院、法院、海关、检验检疫、海事、边检等垂直部门均在区内设置了分局或派出机构。

管委会主任陈利幸，管委会副主任陈召华、张才国、王志荣、刘黎勇、郑安源。

宁波大榭开发区主要经济综合指标一览表

项　　目	单位	2011年	2012年	增减（%）
开发区生产总值	亿元	161.71	174.64	7.99
第二产业	亿元	112.56	132.80	17.98
工业	亿元	111.51	131.56	17.97
第三产业	亿元	49.15	41.83	-14.89

续表

项　　目	单位	2011 年	2012 年	增减（%）
工业总产值（现价）	亿元	480.38	490.12	2.03
高新技术企业	亿元	83.36	100.62	20.70
销售（营业）收入	亿元	995.59	1125.50	13.05
第二产业	亿元	492.22	495.67	0.70
工业	亿元	488.41	492.16	0.77
第三产业	亿元	503.37	629.83	25.12
利润总额	亿元	48.44	41.57	-14.18
第二产业	亿元	38.06	27.36	-28.12
工业	亿元	37.71	26.89	-28.68
第三产业	亿元	10.38	14.21	36.90
进出口总额	亿美元	25.43	21.18	-16.73
出口	亿美元	5.51	4.93	-10.51
财政收入	亿元	100.84	101.21	0.37
税收收入	亿元	98.68	99.34	0.68
财政支出	亿元	31.98	32.09	0.34
新批企业个数	个	116	128	10.34
外商及港澳台企业	个	2	1	-50.00
内资企业	个	114	127	11.40
新批企业投资额	亿美元	5.79	8.08	39.55
外商及港澳台企业	亿美元	3.40	2.89	-15.00
内资企业	亿元	1.54	4.21	173.38
增资企业	亿美元	0.85	0.98	15.29
合同外资金额	亿美元	0.70	0.80	14.29
外商实际投资	亿美元	0.56	0.69	23.21
固定资产投资	亿元	18.35	36.51	98.98
年末从业人员数	个	39450	42350	7.35
在岗职工数	个	35140	37700	7.29
在岗职工平均工资	元	53311	59166	10.98
规模以上企业个数	个	151	158	4.64
工业	个	45	47	4.44

（宁波大榭开发区管委会）

东营经济技术开发区

【区情概况】 东营经济技术开发区（以下简称“东营经开区”）成立于1992年，2010年3月21日由省级经济开发区升级为国家级经济技术开发区。全区规划控制面积153平方公里，已完成配套面积55平方公里；引进建设过亿元项目258个，完成投资1117亿元。

【经济发展】 主要经济指标平稳增长。全年实现生产总值300.29亿元，增长21.84%；实现规模以上工业总产值1317.49亿元、利税总额138.15亿元，分别增长29%和30.9%；实现国地税收入18.96亿元，增长16.8%；实现地方预算内财政收入13.55亿元，增长25.3%；实现进出口总额47.13亿美元，增长46.6%，其中出口2.82亿美元，增长64.23%；实际利用外资4003万美元。主要经济指标增幅均高于全市平均水平，超额完成了年初确定的目标任务。

【投资环境】 产业发展载体方面，全面启动12平方公里高新产业园开发建设，实施了总投资14亿元的基础设施配套工程，新建道路18条38公里，桥梁7座，回填土方750万立方；已有总投资120多亿元的17个项目准备入驻，预计园区全部建成后可吸引投资280亿元，年可实现产值850亿元。启动2平方公里的莒州路现代服务业聚集区建设，对24家企业实施了集中搬迁；引进中国万达、燎申集团等一批重点项目。实施沂州路、运河路整体改造工程，完成改造面积5.8万平方米，入驻品牌业户200余家，成为中心城商业街区改造的亮点。积极推进临港产业区建设，完成广利港港区总体规划编制，全面启动港口、业主码头和配套区建设。投融资服务载体方面，加快推进中央商务区开发建设，全区银行类金融机构达到11家，另有20余家金融机构签订入区协议，各项贷款余额达到260亿元。

【引资情况】 加大招商引资力度，深入开展专业招商、高位招商和以商招商，按照“高新、集群、链条”的原则，瞄准世界、国内和民营500强企业，加快资金、人才、院所、技术等资源聚集，特别是集中突破一批有震撼力的大高外项目，以高质量的增量带动产业结构优化提升。强化产业链招商，编制完善“四主四新”产业链招商计划，补齐关键环节，完善配套能力，提高产业整体竞争力。加快中美新能源合作产业园、中日韩产业园建设，力争实现新突破。全年新批准进区过亿元项目28个、过10亿元项目5个、外资项目5个，总投资194亿元。全区开展了“项目兴区”行动，项目建设成效显著，筛选确定了60个重点项目集中推进，其中工业项目42个、服务业项目8个、基础设施项目10个，截至2012年底已有天信光伏太阳能电池片、亨圆铜业高精铜材等15个项目建成投产，完成固定资产投资207亿元。

【产业布局】 产业聚集步伐加快。围绕“四主四新”产业定位，加快产业优化升级。有色金属压延及深加工、新材料、石油装备、汽车及零部件四大主导产业产值分别突破700亿元、250亿元、100亿元和50亿元；电子信息、新能源、生物医药、智能装备制造产业四个新兴产业引进落地了一批重点项目。全区产值过亿元企业39家，过10亿元的17家，过50亿元的8家，过100亿元的3家，方圆公司产值突破500亿元；高新技术企业28家，高新技术产值657.8亿元，高新技术产业产值占比达到49.9%。

【科技创新】 科技创新载体方面，着眼于提升区域科技服务能力，重点推进“生态谷”、黄河三角洲可持续发展研究院、青年创业基地、软件园、创意园、黄河三角洲标准技术服务中心等平台建设，国家采油装备工程技术研究中心通过科技部现场验收。全区规范化科研机构达到47家，博士后工作站达到2家，孵化器面积达到11万平方米。人才队伍建设方面，全面实施“人才特区”战略，制定《关于支持企业人才培训及引进人才的实施意见》等11项政策措施，每年列出专项经费，推进企业与高等院校、科研院所合作，采取合作开发、成果转让、技术入股、岗位聘用、项目聘用、任务聘用和人才租赁等灵活方式，拓宽发挥人才作用的渠道。2012年，东营经济技术开发区共引进经认定的高层次人才30余名；在山东省商务厅组织的全省国家级开发区人才工作考核中，连续两年获得第3名的好成绩。

【生态文明建设】 以创建国家级生态工业示范园区和循环经济试点园区为抓手，大力加强生态文明建设，生态环境得到显著改善。狠抓节能减排。大力发展循环经济，金茂、华泰2个热电项目完成脱硫DCS升级改造，完成55家规模以上企业清洁生产审核验收工作，规模以上企业清洁生产审核率达85%。全区万元GDP能耗和万元工业增加值能耗下降3.7%以上，圆满完成二氧化硫等污染物年度减排任务。加强环境保护。深入实施公共环境改造工程，对重点污染源和敏感地带实行网格化监管，全区空气污染指数二级天数保持在85%以上，污水排放达标率达到100%。加大环境基础设施投入力度，实施了开发区污水处理厂8万吨/日提标改造工程，滨海新材料园环境监管中心投入运行。加大绿化投入。聘请天津泰达园林设计院编制了重点路段景观设计，投资8000余万元实施了沂河路、方圆2#支路、府北路、东六路等道路绿化工程，新增绿化面积32万平方米；加快千岛湖湿地工程建设，已完成湖区开挖、绿化基槽整理、驳岸抛石等工作，完成投资2000万元；启动了悦来湖景观工程建设，黄河入海风情广场、海之门广场、悦来湾等工程全面展开，完成投资1200万元。

【社会事业】 实施双限房、老旧小区水电暖路改造、金水市场改造、社区服务中心、东凯幼儿园等便民实事工程。全区500套“双限房”和100套公租房的保障性住房建设任务已超额完成。深入开展创建文明城市活动。设置固定文明宣传牌68个、悬挂文明标语600余幅，制作发放文明宣传手册1万余册，营造浓厚的创城氛围。集中开展“五城联动”城市环境综合整治行动，全面落实网格化管理，城区面貌得到显著改善。深入推进安全发展示范园区建设，健全基层信息员队伍，保持安全生产形势的持续稳定。

【机构设置与管委会领导】 2012年7月16日，山东省人民政府办公厅下发《关于设立东营经济技术开发区管理委员会的通知》（鲁政办字［2012］107号），确定设立东营经济技术开发区管理委员会，为山东省政府派出机构，规格为副厅级，委托东营市管理。配备主任1名、副主任3名；工作机构按照精干原则在8个以内设置，副处级规格。

东营经济技术开发区主要经济综合指标一览表

项目	单位	2011年	2012年	增减（%）
开发区生产总值	亿元	246.47	300.29	21.84
第二产业	亿元	205.09	246.52	20.20
工业	亿元	200.19	240.92	20.35
第三产业	亿元	41.38	53.77	29.94
工业总产值（现价）	亿元	1081.46	1322.58	22.30
高新技术企业	亿元	285.32	290.25	1.73
销售（营业）收入	亿元	1126.97	1448.62	28.54
第二产业	亿元	1076.43	1385.44	28.71
工业	亿元	1068.20	1290.33	20.80
第三产业	亿元	50.54	63.18	25.01
利润总额	亿元	109.05	85.98	-21.16
第二产业	亿元	105.64	83.84	-20.64
工业	亿元	64.99	83.08	27.83
第三产业	亿元	3.41	2.14	-37.24
进出口总额	亿美元	32.15	47.13	46.60
出口	亿美元	1.72	2.82	64.23
财政收入	亿元	43.52	41.82	-3.91
税收收入	亿元	16.24	18.96	16.80
财政支出	亿元	13.16	13.94	5.93
新批企业个数	个	265	284	7.17
外商及港澳台企业	个	6	5	-16.67
内资企业	个	259	279	7.72
新批企业投资额	亿美元	60.4	32.04	-46.95
外商及港澳台企业	亿美元	0.78	0.93	19.23
内资企业	亿元	372.65	194.46	-47.82
合同外资金额	亿美元	0.22	0.50	128.87
外商实际投资	亿美元	0.26	0.40	56.31
固定资产投资	亿元	172.71	212.06	22.78
年末从业人员数	人	40416	42085	4.13
在岗职工数	人	34352	35789	4.18
在岗职工平均工资	元	39112	44980	15.00
规模以上企业个数	个	143	146	2.10
工业	个	70	70	0.00
万元GDP能耗		0.82	0.79	-3.66

（东营经济技术开发区管委会）

马鞍山经济技术开发区

【区情概况】 马鞍山经济技术开发区（以下简称“马鞍山经开区”）是安徽省政府1995年10月批准设立的省级经济开发区，2010年3月升级为国家级经济技术开发区；同年5月，安徽省政府批复设立省高新技术产业开发区。2012年12月13日，经安徽省经信委批准成为安徽省首家省级电子信息产业园。

2012年，实现地区生产总值163.91亿元，比上年增长14.5%；企业实现经营收入570.37亿元，比上年增长11.6%；工业总产值431.28亿元，比上年增长14.2%；出口总额14992万美元，比上年增长49.5%；进口总额13442万美元，比上年下降29.7%；实现财政收入32.85亿元，比上年增长14.1%；其中税收收入25.65亿元，同比增长19.4%。

【招商引资】 全年累计签约项目63个，项目总投资116.21亿元，正崴科技产业园、康佳绿色科技产业园、台湾科技园、晋西车轴、唐盛国际、普邦融资等一批重大项目成功签约，其中，亿元以上项目23个（超10亿元项目4个）。引进亿元以上项目主导产业比重达78%，产业集聚已初具规模；4个超10亿元项目中3个项目为电子信息产业，开发区产业转型成效显现。全年实际利用内资76.01亿元，同比增长30.5%；实际利用外资38533万美元，同比增长8.35%。

【项目建设】 全年完成固定资产投资142.16亿元，同比增长7.7%，其中，基础设施建设完成投资10.04亿元，同比增长25.9%。银塘片区路网全面拉开，南区30公里“五纵五横”的路网框架基本建成，章塘沟、横山渠水系整治和银塘污水处理厂基本竣工，为项目快速落地提供有力保障。“项目推进年”活动取得成效显著，数字硅谷产业园、马钢晋西轨道交通装备项目、欣创节能环保科技等78个项目开工建设，其中总投资达5000万元以上项目35个；鹰唛食用油、同杰良聚乳酸一期、雨润二期等66个项目竣工投产，其中5000万元以上的项目24个；中国一重、蒙牛PET、西安开米等一批重点项目建设稳步推进。

【会展经济】 成功举办首届海峡两岸（马鞍山）电子信息博览会、中国（马鞍山）-日本中小企业高新技术项目洽谈会、中国家电协会理事会专题推介会、粤商商会（顺德）专题推介会等系列高规格会展活动。其中，中国（马鞍山）-日本中小企业高新技术项目洽谈会汇聚63家日本企业和106家境内企业，并分别与日本中部产业协同组合、西日本中华总商会、日中文化经济交流推进协会签订合作协议书；首届海峡两岸（马鞍山）电子信息博览会开创中部地区举办海峡两岸高规格电子信息展会的先河，吸引304家企业布展455个展位，20多个国家和地区的1300多位专业采购商以及3.3万余人次民众观展，达成现场交易额约1300万元，并促成21个项目成功签约，总投资101.4亿元，实现展示城市形象、促进贸易投资的预期目标，获得安徽省政府的高度评价。

【社会事业】 完成城镇新增就业5759人，其中下岗失业再就业1911人，就业困难人员再就业531人，新增农村转移劳动力572

人；完成职业技能培训672人，企业技能提升培训4093人，职业技能鉴定425人。完成城乡居民社会养老保险参保人数8497人，城乡居民医疗保险参保人数11821人，城乡社会养老保险知晓度、满意度达99%以上；新增被征地农民实现应保尽保。全面落实安全生产责任制，大力开展安全生产大检查、隐患排查整治和重点行业领域专项检查，职业病防治专项治理和打非治违专项治理行动扎实推进，园区安全生产保持总体平稳好转的态势。全面落实环境保护工作责任制，启动国家级生态工业园区创建，成立国家级生态工业园创建领导小组及规划编制小组，相关规划编制以及编制服务招标等工作稳步推进。进一步加强社会管理创新，夯实综治基层基础，深化大调解体系建设和人防、物防、技防建设，扎实开展普法宣传和各项警示教育活动，开发区总体保持平安稳定和谐的局面。此外，人口计生、文化、教育、体育、卫生等各项社会事务工作有序推进。

【机构设置及管委会领导】 为加强园区市容管理，经与马鞍山市行政执法局协商，将行政执法局开发区分局交由马鞍山经开区管委会管理，管委会内设机构增加到13个：招商一局、招商二局、规划建设局、土地房产局、经贸发展局、人力资源和社会保障局、财政局、安全生产产和环境保护局、社会事务局、重点项目建设局、征迁事务局、党政办公室、行政执法局。

马鞍山经开区党工委书记、管委会主任马少华，党工委副书记、管委会副主任吴晓东，管委会副主任白文化、缪新棠、陆维福、刘方文，纪工委书记、工会主席张清，管委会副主任李迎庆、赵伦华，党工委委员、党政办主任隋少杰。

马鞍山经济技术开发区主要经济综合指标一览表

项　　目	单位	2011年	2012年	增减（%）
开发区生产总值	亿元	143.14	163.91	14.5
第二产业	亿元	100.04	115.22	15.2
工业	亿元	98.21	112.03	14.1
第三产业	亿元	42.31	47.93	13.3
工业总产值（现价）	亿元	377.55	431.28	14.2
高新技术企业	亿元	218.98	260.33	18.9
销售（营业）收入	亿元	511.26	570.37	11.6
规模以上工业企业利润总额	亿元	23.63	26.59	12.54
进出口总额	亿美元	2.916	2.843	-2.47
出口	亿美元	1.003	1.499	49.5
财政收入	亿元	28.8	32.85	14.1
税收收入	亿元	21.49	25.65	19.4
财政支出	亿元	9.53	16.48	72.9
新批企业个数	个	125	113	-9.6
外商及港澳台企业	个	3	2	-33.3
内资企业	个	122	111	-9
增资企业	个	46	34	-26.1
外商实际投资	亿美元	3.5565	3.8533	8.35
固定资产投资	亿元	132.01	142.16	7.7
年末从业人员数	个	41120	46797	13.8
在岗职工平均工资	元	34322	40256	17.3
规模以上工业企业个数	个	44	49	11.4
万元GDP能耗	吨标煤/万元	0.125	0.12	-4

（马鞍山经济技术开发区管委会）

赣州经济技术开发区

【区情概况】 赣州经济技术开发区（以下简称“赣州经开区”）是江西省9个国家级经济技术开发区之一，与赣州出口加工区合署办公。赣州经开区前身是1990年7月成立的赣州黄金岭经济开发区，先后于2007年5月、2010年3月被国务院批准为国家级出口加工区、国家级经济技术开发区。

【经济发展】 全年实现生产总值234.01亿元、增长9.8%；其中第二产业增加值198.91亿元，增长9.86%，占GDP的比重为85%；第三产业增加值30.66亿元，增长9.76%，占GDP的比重为13.1%。规模以上工业完成总产值583.1亿元，增长24.8%。实现财政总收入31亿元，增长11.8%。完成固定资产投资150.28亿元，增长24.7%。社会消费品零售总额21.7亿元，增长16.7%。

【招商引资】 新批外商投资项目11个，其中过千万美元项目7个，总投资1.23亿美元；实际利用外资2.45亿美元，增长14.3%。实际利用内资74.61亿元，增长30.1%。

【对外贸易】 全年外贸进出口9.93亿美元，增长8%。其中出口总额7.02亿美元，增长11.07%；进口2.91亿美元，增长2%。完成高新技术产品进出口3.02亿美元，增长44.53%。完成机电产品进出口2.84亿美元，增长42.75%。

【产业发展】 策应赣州市培育优势产业集群发展目标，明确主导产业发展方向和目标任务，提高产业集中度和关联度，产业集群发展成效显现，2012年，规模以上稀土和钨及其应用等主导产业实现主营业务收入368.99元，占全区规模以上工业总量的86.9%，对工业增长贡献率达90%。

【科技创新】 以科技创新为引领，积极拓展创新创业平台，大力集聚高素质人才、高水平机构和高科技项目，科技创新实力明显增强。积极加强科技项目申报。组织申报28个符合项目申报指南、科技含量高、市场前景好的科技项目。共有11个项目列入国家、省、市科技计划，获得上级扶持资金213万元，6个项目列入江西省重点新产品计划，成功培育省级科技创新团队1家。申报江西省战略性新兴产业知识产权试点保护园区。企业申请专利89件，其中发明专利40件；全年共获得授权专利31件，其中发明专利3件，专利申请量和授权量均创历史新高。

【项目建设】 全年实现新开工项目97个，累计完成投资55.6亿元。水碓110KV变电站开工建设，建成道路12条，里程总长8.56公里。建成并交付安居公寓5198套；新开工安居公寓1981套。基本建成公租房2350套。新建标准厂房配套员工宿舍3万平方米。

【社会事业】 城乡居民养老保险与城镇居民养老保险覆盖进一步扩大，农村劳动力转移培训扎实推进。城镇就业率达94.5%，就业安置率100%；总投资近5亿元的23所中小学、幼儿园新建、改建工程顺利推进，天骄小学、香港工业园小学等项目竣工并投入使用，实现一镇一所公办幼儿园目标。制订高层次人才引培计划，国内外高层次人才引进率提高到11.5%，人才总量达到7228人。

【机构设置与管委领导】 赣州经开区党委（管委会）工作部门有：区直部门（单位）：党政办公室、机关事务与政府采购管理中心、党群工作部（人力资源和社会保障局）、劳动保障监察大队、纪委（监察局）、发展规划局、招商局（商务局）、企业服务局、财政局、会计核算中心、机关党委、项目建设办公室、市科技创业服务中心、征地拆迁办公室、农村工作办公室、公用事业管理处、疾控中心、计生服务站、新农合管理中心。

赣州经开区管理委员会成员为：书记廖长荣，副书记李明生，党委委员王扬金、杨仁荣、缪小征、郭声琪、卓邦友、黄蕙。赣州经开区管理委员会成员为：主任李明生，副主任王扬金、杨仁荣、缪小征、卓邦友、黄蕙、刘建国，调研员舒向阳、黎佐绩，副调研员廖江华、曾辉。

赣州经济技术开发区主要经济综合指标一览表

项　　目	单位	2011 年	2012 年	增减（%）
开发区生产总值	亿元	211.34	234.01	9.8
第二产业	亿元	179.64	198.91	9.86
工业	亿元	154.28	171.83	9.9
第三产业	亿元	27.67	30.66	9.76
工业总产值（现价）	亿元	496.47	600.81	21
高新技术企业	亿元	124.94	151.6	21.34
销售（营业）收入	亿元	537.14	676.87	26
利润总额	亿元	29.86	37.63	26.02
进出口总额	亿美元	9.2	9.9	8
出口	亿美元	6.32	7.02	11.07
财政收入	亿元	27.73	31	11.8
税收收入	亿元	25.79	28.53	10.63
财政支出	亿元	18.5	20	8.1
新批企业个数	个	429	398	-7.2
外商及港澳台企业	个	7	10	42.8
内资企业	个	422	388	-8
合同外资金额	亿美元	29112	30600	5.1
外商实际投资	亿美元	21405	24463	14.3
固定资产投资	亿元	120.55	150.28	24.7
年末从业人员数	个	96000	106918	11.37
在岗职工数	个	96000	106918	11.37
在岗职工平均工资	元	32160	37200	15.7
规模以上企业个数	个	158	183	15.8
工业	个	90	122	35.56
万元 GDP 能耗		0.19	0.187	-1.6

（赣州经济技术开发区管委会）

漳州招商局经济技术开发区

【经济发展】 2012年，漳州招商局经济技术开发区（以下简称“漳州经开区”）完成公共财政总收入11.19亿元，同比增长10.57%；其中：地方级公共财政收入6.81亿元，同比增长5.68%；全社会固定资产投资完成50.9亿元，同比增长7.04%；引进合同资金额完成3.81亿美元，完成计划的127%，实际到资额完成5.32亿美元，完成计划的152%；全年实现工业总产值93.81亿元，其中规模以上工业产值88.42亿元；实现工业增加值25.33亿元，其中规模以上工业增加值24亿元；全年全社会固定资产投资完成51亿元（含厦漳大桥）；外贸出口2.59亿美元；招银港区8#、9#、10#泊位基本建成，后石港区3#泊位启动建设。新引进港航物流企业5家，漳州招商局码头公司再次入选福建省第三产业300强企业。推动金海峡钢材城等一批物流项目建设。招银港区原木进口量首次突破200万立方米，成为我国东南沿海原木进口第一大港；全港吞吐量实现2249.23万吨，同比增长9%。引进招商银行开发区支行等金融和服务机构，扶持“酒吧一条街”、“商业广场”等商业服务设施项目投入运营，新注册住宿、餐饮企业49家、个体工商户159家。成立房地产管理局，召开房地产企业座谈会，扶持房地产业持续健康发展，全年商品房销售面积30.42万平米。

【主要品牌】 实施“三个十”项目，取得实效。“十大基础性项目”中：厦漳跨海大桥顺利合龙，并实现全线贯通；双鱼岛基本完成造岛工程；成功大道建设、招商大道改造完成并通车；卡达凯斯酒店项目建成开始营业；四区综合开发项目征地（海）717亩，配套进一步完善；黄金海岸一期工程基本完工。“十大生产性项目”中：世界500强项目路易达孚精糖、嘉吉饲料将于2013年初建成试投产；福钢运动器材项目一期厂房建设即将完成，二期厂房正在筹建中；新港湾造船、中汇能菜籽油、博欣多肽药物、ADM果脯糖浆等项目正加快推进。“十大民生项目”中：公租房项目、海尚世界、南太武文化广场建成并投入使用，漳州市医院开发区分院二期等项目加快推进。

【科技创新】 全省首个国外农业科研机构—欧中现代农业技术研发中心项目正式投入运营，新培育的世界首例“深紫色”马蹄莲切花新品种具有自主知识产权；浦和光电子项目顺利投产；厦门大学国家大学科技园南太武园区继续推进；出台《关于扶持高新技术及低碳环保产业发展暂行办法》。

【招商引资与利用内外资】 十大开工投产项目进展顺利。四个新开工项目建设迅速：路易达孚精炼糖项目完成项目主体建设和设备安装工作，计划2013年3月竣工试投产；嘉吉饲料项目碾磨塔、筒仓、办公楼建设进行中，预计2013年3月建成试投产；福钢运动器材项目一期厂房建设完成，二期厂房也在筹建中；新港湾造船项目1#厂房已开始着手建设。两个项目即将开工：博欣多肽药物产业项目已完成土地招拍挂手续和环评手续，并已确定建筑施工单位；方明环保设备项目已于年底正式开工。两个续建项目有序推进：伟成棕榈油加工项目生产车间与储油罐区已完成建设，随后将开始厂房建设、设备安装等工程；金海峡钢材城项目已正式全面开工建设。

【重大事项】 转型升级战略启动实施。组织中层以上干部赴蛇口学习考察、印发《从提速发展到转型升级》等系列丛书、召开动员大会。组建战略发展研究室，委托科特勤咨询集团对转型升级进行战略规划并基本完成战略规划报告。研究制定《漳州开发区关于加快转型升级的若干意见》。举办 20 周年区庆。严格贯彻落实中央八项规定，按照节俭办会原则，成功举办了包括纪念大会、授勋典礼、文艺晚会、项目巡展等纪念建区 20 周年系列活动，全面展示建区 20 年来的建设成果。土地报批问题得以破解。有效解决了经营性用地的收储、报批问题。深化战略合作框架协议签署。6 月 27 日，招商局集团和福建省政府签署了“深化战略合作框架协议”。协议维护漳州经开区现有行政管理体制的延续，批准漳州经开区新的财税政策，为推动未来转型升级、跨越发展奠定坚实的基础。

【教育事业】 启动厦大附中三期，实施幼儿园、南太武小学改造等教育项目，参照厦门市标准提高教师工资待遇，实施教师住房补贴、落实教师奖励基金。厦大附中 2012 年中高考均取得佳绩，首届高考在籍学生达线率 100%，本科录取率 91.88%。制定并通过《开发区教育事业五年发展规划（2012—2016 年）》；组织区内教师开展教学竞赛、小学校长教育教学管理能力考察学习等，提高广大教师的教学水平；继续推进厦大附中与台湾明道大学合作创办“台生班”事宜。目前有初一、初二和高一年段共 17 人。两校开展师生互访活动。

【文体事业】 围绕建区 20 周年，全年共安排文体活动 22 项。先后举办首届民俗文化节、生态保护日活动、南太武自行车邀请赛、生态杨梅节、古堡音乐会等活动。文化管理逐步加强，成立漳州经开区文体委，印发《关于加快漳州开发区文化事业发展的决定》。金水仙大剧院、社区文化活动中心等一批文化设施投入使用，完成文化产业清查统计工作。加强古建筑、古树的保护，启动南炮台修复项目。对台交流日益密切，大径社区与金门县珠浦许氏宗亲相互交流持续深入。

【人才建设】 对机构设置进行适度调整，开展“三定”工作，修订人力资源管理制度，推行干部职务任期制，实行关键岗位轮岗制度，拓宽招聘渠道，开展人员招募与选拔。通过笔试及面试，先后录用新员工 28 人，其中社会公开招聘 28 人，区内调入 3 人。拓宽招聘渠道，首次到国内重点院校招聘选拔优秀应届毕业生。3～4 月，先后在天津、北京的国内重点高等院校举办应届毕业生招聘会及现场宣讲会，并组织总经理面试会。校园招聘共面试应届毕业生 50 人，经过综合评估和充分沟通，最终录用 6 名具备较高培养潜力的应届毕业生。通过校园招聘，扩大开发区人才招聘的覆盖面，补充高素质、稀缺专业的人才，优化现有干部队伍的人力资源结构，为实现“转型升级”做好人才储备。

【社会保障事业】 将养老金由 180 元提高至 280 元，养老补助金由 120 元提高至 180 元。累计发放养老补助金 214.302 万元。主动与中国建设银行对接，研发养老保险管理系统，为顺利开展男 45 周岁至 60 周岁，女 40 周岁至 55 周岁人员的养老保障工作做好准备；做好四个农村社区新型农村养老保险的续保工作，及时与四个农村社区、龙海城乡居民养老保险管理中心衔接，探讨缴费方式，四个社区续缴率达 100%。以服务社区群众、创建和谐家园为突破点，落实责任、积极推进。全区应参保人数约 10660 人，已参保人数 10566 人，社区居民参保率达 99% 以上。

【机构设置与管委会领导】 1992 年，福建省政府颁发《招商局漳州开发区管理条例》（闽政［1992］综 367 号），是国内第一个以省政府名义颁发的，规范经开区运作与管理架构的规章。该条例赋予漳州经开区政企合一的管理体制，即漳州经开区管委会在漳州市人民政府领导下，行使相当于地市一级的经济管理权限，负责统一管理开发区的行政事务。明确规定“管委会与招商局漳州开发区有限公司实行统一管理体制，管委会及有限公司的管理、经营均委托招商局集团负责”。2002年，漳州市政府批准漳州开发区实行“区地合一”管理体制，全面授权漳州经开区各部门行使地市一级行政管理和行政批准权。“一套人马、两个牌子”政企合一管理的模式一直运作至今。2012年，管委会班子领导成员共计12人。

漳州招商局经济技术开发区主要经济综合指标一览表

项　目	单位	2012年	2011年	增减（%）
开发区生产总值	亿元	350164	378353	9.9
第二产业	亿元	290726	328104	10.1
工业	亿元	242075	289541	6.1
第三产业	亿元	58574	56690	10.5
工业总产值（现价）	亿元	938140	1202925	6.3
高新技术企业	亿元	0	0.00	
进出口总额	亿美元	40181	55961	-28.2
出口	亿美元	27193	41160	-33.9
财政收入	亿元	111889	101196	10.6
税收收入	亿元	109748	96217	14.1
财政支出	亿元	66690	64745	3.0
固定资产投资	亿元	509955	475002	7.4
年末从业人员数	个	18073	17162	5.3
工业	个	19	19	0

（漳州招商局经济技术开发区管委会）

常熟经济技术开发区

【经济发展】 2012年，常熟经济技术开发区（以下简称“常熟经开区”）紧紧围绕打造规模化、科技型产业，在巩固发展特殊钢铁、电力能源、高档造纸、精细化工等产业的基础上，重点发展汽车及零部件、装备制造、创新创意、新能源新材料、现代物流等新兴产业。全年实现地区生产总值672亿元，同比增长4.52%；工业产品销售收入2137亿元，同比增长3.75%；实现财政收入87.5亿元，同比增长11.1%，公共财政预算收入37亿元，同比增长4.60%；实现进出口总额117亿美元，同比增长2.06%，其中出口额68亿美元。

【主导产业】 汽车及零部件产业全年产值150亿元，其中，住友橡胶48亿元，汽车饰件28亿元，通润零部件15亿元。装备制造产业全年产值180亿元，其中：苏南重工超40亿元，开关厂16亿元，达涅利冶金设备12亿元。随着苏南重工产能逐步扩大，恒鼎重工投产，达涅利三期四期的推进，海洋工程项目的审批建设，逐步形成千亿元级的主导产业，未来成为国内一流的装备制造产业基地。特殊钢铁产业全年产值400多亿元，其中：科弘新材料40亿元、烨辉科技37亿元。年产各类特殊板材及特殊钢铁600多万吨。烨辉科技总投资近3亿美元的年产100万吨汽车钢板项目完成审批正在建设。精细化工产业全年产值220亿元，其中：长春化工55亿元，三爱富化工20亿元、理文化工12亿元。化工品以化学原料及氟化学品等产品为主导，年产各类化学原料40万吨，氟化学品20万吨。长春化工近年持续加大投资，总投资15亿美元的多只增资扩建项目正在快速推进。绿色造纸产业全年产值近百亿元，其中：芬欧汇川40亿元，理文造纸36亿元。造纸行业以高档文化用纸为主，年产量200多万吨。总投资8.3亿美元的芬欧汇川二期已经开工建设，总投资8亿美元的三期项目即将启动审批。全区建成13个码头、41个泊位，其中万吨级泊位22个，全年货物吞吐量6312万吨。

【名企央企】 全区共有26家世界500强企业投资的项目54个，总投资达83亿美元，投资额超亿美元项目12个，总投资超百亿元的特大型项目2个。其中：奇瑞捷豹路虎汽车有限公司总投资17.2亿美元；芬欧汇川（中国）有限公司总投资19.3亿美元，年产140万吨高级文化用纸；华润电力（常熟）有限公司总投资6.9亿美元，总装机容量195万千瓦；住友橡胶（中国）有限公司总投资5.3亿美元，年营业收入超20亿元；住友橡胶（常熟）有限公司总投资4.6亿美元，年产1500万条高档子午线轮胎；苏州诺华制药科技有限公司总投资2.93亿美元，年产1300吨专利保护的原料药；达富电脑（常熟）有限公司总投资2.2亿美元，年产2000万台MP4数字播放器。世界500强企业印度塔塔汽车在江苏省设立的首个整车投资项目——奇瑞捷豹路虎汽车有限公司在常熟经济技术开发区成功落户。该项目总投资17.2亿美元，由奇瑞、英国捷豹、路虎及捷豹路虎中国贸易公司共同出资，一期年产13万辆路虎、捷豹及奇瑞品牌乘用车。已有11家央企投资合作项目，总投资超220亿元，涉及高新技术、装备制造、能源电力等多个领域。其中：江苏常熟发电有限公司总投资120亿元，总装机容量320万千瓦，建有四台30万千瓦发电机组，两台100万千瓦的发电机组；五矿集团投资35亿元建办科弘材料等项目，年产190万吨酸洗钢卷、180万吨轧硬钢卷、90万吨镀锌钢卷；中交天和机械设备制造有限公司总投资13亿元，年产8台大型盾构机。

【投资环境】 5月，环保部、商务部、科技部联合发文同意常熟经济技术开发区开展国家生态工业示范园区建设。全面加强各类环境监管，未出现环境污染事件，加强环保前置审批着力提高企业准入门槛，鼓励现有企业采用清洁生产工艺，提高资源综合利用效率。全年共计新申报国家级节能项目1个、省级节能项目3个、“能效之星”三星以上企业2家。累计26家企业通过清洁生产审核，12家企业被评为省级节水型企业，169家单位通过ISO14001环境管理体系认证。完成滨江新城中心区亮化工程，建设启用滨江国贸会议接待中心及开发区展示馆。万和工业坊、东张邻里中心一期10万平方米竣工投用，长江港务码头试运行。全年林木种植14800亩，全区绿化覆盖率达到18.4%。建成城市森林公园，进一步提升新城生态休闲环境。城乡一体化示范小区聚和佳苑一期17幢单体结构建筑全部封顶，数字化城管中心正式运行。东张现代农业科技示范园区一期顺利推进，主体道路框架已形成，3500亩节水灌溉、3万平方米连栋大棚、600亩单栋大棚建成投用。已建成7个产学研合作基地，被评为省级出口蔬菜示范基地。

【引资情况】 完成注册外资11.7亿美元、到账外资7.1亿美元、注册内资124亿元。总投资175亿元、一期年产13万辆整车的奇瑞捷豹路虎汽车项目，顺利完成项目审批和工商注册，已正式开工。总投资150亿元、年产45万辆整车的观致汽车项目，总装、焊装、涂装三大车间已竣工，实现第一辆整车下线。总投资79亿元的常熟电厂2台100万千瓦机组项目获国家发改委批准。总投资近3亿美元的烨辉（中国）科技材料有限公司100万吨酸连轧及彩涂项目、总投资9900万美元的长春化工（江苏）有限公司17000吨铜箔项目、总投资9088万美元的常熟达涅利冶金设备有限公司四期扩建项目等先后获得批准。全年共有40只项目完成报批，43只重点工业项目加快建设。在常熟经开区20周年庆典上，总投资540多亿元的38只项目实现开、竣工和签约落户，拉开了常熟经开区新一轮发展的序幕。

【科技创新】 创建国家科技企业孵化器，获批江苏省知识产权试点园区和中国科协海智计划常熟工作站。获国家科技型中小企业创新基金项目3只、江苏省产学研联合创新载体资金项目2只、新认定省高新技术企业6家、省高新技术产品20只。引进双创人才项目30只、博士48名，其中新入选江苏省双创人才计划7项、姑苏人才计划5项、常熟市领军型人才项目26项，8位海外高层次人才入围第九批国家“千人计划”面试。南京理工大学常熟研究院、华东理工大学常熟研究院被列入省重大创新载体建设项目，北京理工大学常熟研究院正式启用，区内已启用的大学研究院达5家。入驻创业创新项目68个，共有中国科学院、中国工程院院士3人、江苏省双创人才16人、苏州市姑苏人才15人、常熟市领军人才68人。

【社会事业】 加快推进便民工程，完成公共自行车布点，完善开发区及镇村公交网络，推进集贸市场升级改造，促进社区商业网店布局合理化，封闭式管理社区新建便民服务点，试点建设社区警校。积极关心弱势群体，社会救助体系不断完善。针对低保及边缘户、残疾人、老年人三类群体，采取了党员关爱基金、慈善救助金、大病医疗救助金和有线电视费用减免等措施，农村合作医疗参保率99.7%。浒浦高级中学高考再创佳绩，二本以上达线率64.7%，被命名为省四星级普通高中，成为常熟市第四所、市区外唯一一所省四星级普通高中。新区计生服务站被评为省人口计生系统窗口服务示范单位。成功举办开发区（碧溪新区）首届中外企业文化节，全力打造区域特色文化品牌。滨江文联、市图书馆滨江分馆、市文化馆滨江艺术培训基地揭牌成立，实现与市图书馆联网一体、通借通还，文化建设迈上一个新的台阶。全年共组织举办各类文体活动65场次，完成24场“文化惠民村村行”公益巡演和372场次农村电影流动放映。

【管理服务】 围绕“强组织、增活力，创先争优迎接十八大”主题，圆满完成基层组织建设年活动，184个基层党组织全部实现整改到位和晋位升级。新建党组织7家，发展党员97名，基层组织建设水平不断提升。继续深化创先争优活动，开展“双帮双比”、“三访三促”等活动，帮助企业和群众解决生产生活中的实际问题。成立常熟经开区总工会，新建企业工会15家，积极创建省工会工作模范园区。切实抓好非公党建工作，形成一套与文化建设有机融合的特色党建发展模式。组织举办廉政教育讲座、预防职务犯罪专题展览，成立“开发区党工委反腐败工作协调小组”，并充实完善纪工委班子，进一步加强开发区纪检监察工作。继续开展机关作风效能建设和驻区条线单位“服务杯”竞赛活动，进一步增强公仆意识，强化服务第一的理念。

【机构设置与管委会领导】 常熟经济技术开发区党工委、管委会内设机构共有8个职能局室，分别是党政办公室、劳动人事局（党群工作办公室）、招商局、经济发展局（科技工作办公室、环境保护办公室）、服务业发展局、规划建设局、财政局、出口加工区管理局，另按有关规定，设立纪工委和总工会、团工委、妇工委。

党工委书记惠建林，党工委副书记、管委会主任王飚，党工委副书记、管委会副主任桑五官、张建忠，党工委委员沈鸣，党工委委员、管委会副主任樊钢、张正明，管委会副主任张建强，管委会主任助理孙雪良、许晓波。

常熟经济技术开发区主要经济综合指标一览表

项　　目	单位	2012年	2011年	增减（%）
开发区生产总值	亿元	671.87	642.81	4.52
第二产业	亿元	515.75	494.33	4.33
工业	亿元	478.75	462.27	3.57
第三产业	亿元	146.94	139.82	5.10
工业总产值（现价）	亿元	2243.99	2163.89	3.70
高新技术企业	亿元	299.89	216.16	38.73
销售（营业）收入	亿元	2512.03	2382.62	5.43
第二产业	亿元	2137.07	2053.88	4.05
工业	亿元	2102.12	2019.88	4.07
第三产业	亿元	370.06	323.50	14.39
利润总额	亿元	84.01	92.28	-8.96
第二产业	亿元	68.47	77.53	-11.69
工业	亿元	67.29	76.22	-11.71
第三产业	亿元	15.44	14.51	6.41
进出口总额	亿美元	116.73	114.38	2.06
出口	亿美元	67.84	73.04	-7.12
财政收入	亿元	87.48	89.34	-2.08

续表

项　　目	单位	2012 年	2011 年	增减（%）
税收收入	亿元	80.16	78.21	2.49
财政支出	亿元	43.45	40.66	6.86
新批企业个数	个	615	627	-1.91
外商及港澳台企业	个	31	38	-18.42
内资企业	个	584	589	-0.85
新批企业投资额	亿美元	48.92	49.73	-1.62
外商及港澳台企业	亿美元	29.23	29.38	-0.49
内资企业	亿元	124.06	128.24	-3.26
增资企业	亿美元	18.50	10.80	71.32
合同外资金额	亿美元	11.75	12.60	-6.75
外商实际投资	亿美元	7.05	4.80	46.87
固定资产投资	亿元	311.57	268.74	15.94
年末从业人员数	个	283066	271530	4.25
在岗职工数	个	278478	267194	4.22
在岗职工平均工资	元	54953	49493	11.03
规模以上企业个数	个	1018.00	980.00	3.88
工业	个	720.00	697.00	3.30
万元 GDP 能耗		0.48	0.50	-3.35

（常熟经济技术开发区管委会）

常德经济技术开发区

【区情概况】 2012年，常德经济技术开发区（以下简称“常德经开区”）全年实现技工贸总收入244亿元，地区生产总值68亿元，工业总产值210亿元，其中规模工业产值197亿元；固定资产投资65.9亿元，增长31%，其中工业固定资产投资完成39.4亿元，第三产业中物流业和房地产业分别完成3.1亿元和1.7亿元，基础设施完成10亿元，其他项目投完成11.7亿元；财政总收入8.17亿元，增长33.7%，一般预算收入4.6亿元，增长51.6%；区内金融机构存款余额32亿元，贷款余额20.5亿元。全社会固定资产投资62.3亿元其中工业完成39.4亿元，第三产业中物流业和房地产业分别完成3.1亿元和1.7亿元，基础设施完成10亿元，其他项目投资完成11.7亿元。

【产业情况】 园区有各类工业企业420多家，其中规模工业企业110余家，形成装备制造、林纸、电子新材料、纺织、制药、食品6大产业板块。以三一重工、中联液压、常德纺机、大汉汽车等企业为龙头形成装备制造产业板块。以恒安纸业、华耀浆纸等企业为龙头形成纸业板块。以胜美达电机、三升光电、华富高科、金天钛业、力元新材等企业为龙头形成电子及新材料产业板块。以云锦纺织、金帛化纤、嘉莉诗服饰、东信棉业等企业为龙头形成纺织产业集群。以洞庭制药、金健药业、三金制药等企业为龙头形成药业板块。以金健米业、德山酒业、武陵酒等企业为龙头形成了食品产业板块。初步实现“产业集群、重大项目、园区形象”上的重大突破，成为常德市对外开放的窗口、招商引资的洼地、推进新型工业化的主战场和新的工业经济增长极，成为湖南省“两型社会”建设大河西先导区示范片区和湖南“3+5”城市群建设的重要组成部分。先后被授予“国家高新技术产业基地园区”、“湖南省承接产业转移示范园区”、“湖南省综合性高新技术产业基地”和“湖南省两化融合示范园区”等称号。

【科技创新】 战略性新兴产业企业22家，高新技术企业21家，新增高新技术企业5家。全年授权发明专利、实用新型和外观设计专利分别为12件、114件和9件，分别占常德市的13.5%、17.4%、30%。常德经开区累计授权41件发明专利、283件实用新型专利和122件外观设计专利。

【招商引资】 在招商引资方面，广泛宣传，加强推介，全面扩大招商引资的影响力，具有良好的区位、资源和人文三大优势。充分利用刊物、报纸、网站网络等宣传媒体，广开宣传攻势，全面介绍常德经开区，推介德山，使更多的人了解德山、认识德山。借助参加各种大型招商活动的有利契机，广泛宣传常德经济技术开发区的区位优势、自然条件、优惠政策、投资环境和发展前景，推介一批重点项目，吸引投资者前来投资建设。在软环境方面，切实将招商引资优惠政策落实到位。进一步优化“四位一体的项目推进责任制”等，巩固投资环境，加强机关作风建设。全面推行项目推进“一名区级领导牵头、一个部门负责、一般具体人员抓落实”的“三个一”工作机制和定期项目推进协调会议制度。强化部门间协调衔接和工作配合，全面打造工作联动机制。全年招商引资项目 22 个，签约资金 82.62 亿元；全年新开工项目 9 个，投产项目 11 个。全年外资到位 5098 万美元，同比增长 17%。

【教育事业】 学校提质工程全面实施。新中学教学楼、行政实验楼、食堂、学生宿舍、训练馆均已封顶，图书馆正进行桩基施工；莲池中学、石门桥中心小学的 D 级危房已经拆除，正在进行桩基础施工；常德市九中三用堂屋面维修，桃花山、赵家桥小学的围墙改造等零星维修工程全部完成；龙潭庵小学的新建工作正在规划中。教育教学管理全面强化。队伍建设显著增强。聘请全国资深教育专家、原北师大教授刘冰为常德经济技术开发区 300 多名教师举办"学高为师，身正为范"的师德师风专题讲座。全年共组织校长、老师共一百多人次赴北京、昆山、长沙、张家界等地听课学习。面向社会成功招聘 10 名青年教师，充实教师队伍，优化年龄结构，招聘工作获得社会一致好评。新成立区教育办，与新中学、教研室"三块牌子，一套人马"，构建了开发区教育新格局。

【社会救助】 累计救助城镇低保对象 2.23 万户次、3.9 万人次，累计发放城镇低保资金 847.9 万元，月人均补助水平达到 254.9 元，对农村低保通过村、镇、区三级严格审核，共救助农村低保对象 0.86 万户次、1.77 万人次，累计发放农村低保资金 190.64 万元，月人均补助水平达到 106.3 元。据常民［2011］93 号文件精神，推行"五位一体"的医疗救助制度和"一站式"医疗救助即时结算服务。全面开展临时生活困难救助。根据受困情况，将救助标准分为 500 元、1000 元、2000 元、3000 元四个等次。加强福利企业管理，保障其合法权益，安置残疾人就业 102 人次，联合国税、地税等单位完成区内 5 家福利企业年度年审。加强对 3 所敬老院的制度建设和强化优质服务管理工作，在改善 3 所敬老院的基础条件保证入住率的同时，实行"亲情化管理，微笑化服务"。

【基政工作】 对区内全部街、路、巷、弄沿线的机关团体、企事业单位、门面经营户、居民户进行统一编制和设置门牌。在常德大道、德山大道、莲池路、有德路、望江路、桃林路、龙梅街及石门桥镇等 9 条主干道，为 2000 余单位（户）规范设置和统一定制门牌号。加强社区党组织和居委会建设，推进基层民主政治和社会管理体制建设，使社区服务体系更为完善。建立一站式服务窗口，成立志愿者队伍，社区居民生病有社区医生，贫困家庭有社会救助，残疾人、空巢老人有自愿者服务。德山街道演舞堆社区被评为省级居家养老服务建设示范点。积极开展第八届居民委员会换届选举工作，对于促进经开区社会经济快速发展，实现全年经济工作目标有着极为重要的意义。

【老龄工作】 根据常德市委办公室《关于实施高龄老人生活补贴和加强老年医疗运动保健工作的通知》常办发［2012］7 号文件精神，及时为 349 名高龄老人发放生活补贴近 14.23 万元。为 60 岁以上的老年人免费办理"湖南省老年人优待证"共计 1714 本（次），办理公交 IC 卡 15000 多张；积极探索新型养老方式，演舞堆社区首次试点建立"以居家养老为基础，社区搭建居家养老服务平台，机构养老为补充"的省级城市居家养老服务点。

【机构设置与管委会领导】 常德经济技术开发区管委会下设"六大局"和"七小局"，"六大局"分别为：办公室、产业发展局、招商合作局、建设管理局、社会事务管理局、人力资源和社会保障局；"七小局"分别为：财政局、监察审计局、农村工作办公室、安全生产监督管理办公室、住房保障办公室、征收办、交通农机办。

管委会主要领导有：常德经济技术开发区市委副巡视员、区工委第一书记魏立刚，工委书记周运来，工委副书记、管委会主任向绪彦，工委副书记、管委会副主任张帆，工委委员、管委会副主任张勇德。

常德经济技术开发区主要经济综合指标一览表

项　　目	单位	2011 年	2012 年	增减（%）
开发区生产总值	亿元	60.949	68.268	12.0
第二产业	亿元	48.601	54.113	11.3
工业	亿元	47.481	52.479	10.5
第三产业	亿元	11.852	13.718	15.7
工业总产值（现价）	亿元	194.0	217.1	11.9
高新技术企业	亿元	52.572	60.14	14.4
销售（营业）收入	亿元	198.201	239.685	20.9
工业	亿元	180.188	191.758	6.4
利润总额	亿元	12.326	13.821	12.1
工业	亿元	8.635	8.821	2.2
进出口总额	亿美元	1.760	2.002	13.8
出口	亿美元	0.723	0.706	-2.4
财政收入	亿元	7.763	10.068	29.7
税收收入	亿元	6.074	7.094	16.8
财政支出	亿元	4.041	6.031	49.2
新批企业个数	个	109	93	-14.7
内资企业	个	7	7	0
外商实际投资	亿美元	0.436	0.510	17.0
固定资产投资	亿元	51.0	62.356	22.3
年末从业人员数	个	44867	45885	2.3
在岗职工数	个	39912	42925	7.5
在岗职工平均工资	元	27330	30268	10.8
规模以上企业个数	个	103	115	11.7
工业	个	103	115	11.7
万元 GDP 能耗		0.420	0.384	-8.6

（常德经济技术开发区管委会）

淮安经济技术开发区

【经济发展】 2012年，淮安经济技术开发区（以下简称“淮安经开区”）全年实现地区生产总值429.93亿元，公共财政预算收入46.83亿元，全社会固定资产投资392.48亿元，注册外资实际到账50047万美元，财政收入92.27亿元，公共财政预算收入46.83亿元，外贸进出口总额19.32亿美元。工业方面，实现规模以上工业总产值1584.16亿元，规模以上工业销售收入1572.1亿元，同比分别增长20.2%和20.1%，新增列统企业62户，经济发展质效不断向好。

【投资环境】 淮安经开区地处苏北腹地，公路、铁路、水路、航空四通八达，适合于原材料和产品大进大出，能较快地向全国辐射延伸，具有广泛的商机和极大的市场空间，区位优势十分明显。区内达到“九通一平”的水准，基础设施处于江北领先水平。区内设有国家级出口加工区、国家级留学人员创业园、国家级软件园、高等教育园区、海关通关点、公共保税仓库、台商工业园、韩国工业园、民营工业园、物流园区等功能区。淮安的地价、劳动力价格、电价、水价以及各种费用相对较低。现有6所高校、19所中专学校、18所职业中学，在校学生11万余人，年培养各类专业人才4万多人，可提供充足的产业工人和服务业人力资源等等，这些都为外来客商提供优越的发展平台、丰富的人力资源。

【招商引资和项目建设】 全年签约亿元以上内资项目24个，其中新引进超10亿元项目4个，新增注册资金22亿元，固定资产到位资金73亿元；注册新批外资项目35个，其中超亿美元项目4个，协议注册外资、注册外资实际到账实现“双超5亿美元”，外资绝对量、工业占比、台资占比领先全市。中国移动淮安呼叫基地、浙大网新、杰杰工具、磷酸铁锂电池、华润苏果、金丰机械、昆山工业园等一批重大项目全面开工，淮安经市政府认可的在建亿元以上项目数、新开工超亿元工业项目数保持全市第一，实联化工、敏实、南瑞等一批大项目竣工投产，宁波工业园等平台招商成效显著，中国新盐都、中国声谷从无到有，快速推进。

【产业发展】 已有日韩、港台、欧美等30多个国家和地区的企业进区投资，累计进区企业5088户，注册资金超5000万元和超1000万美元的企业219家，形成以富士康为代表的IT产业、以台玻为代表的盐化工、以美的电机为代表的机械制造三大支柱产业，三大产业占全区工业比重达72.1%。制订并下发《关于加快培植三大支柱产业突破两大新兴产业的实施意见》，高水平做好IT、盐化工、高端装备制造“三大支柱”产业和新能源汽车及零部件、生物医药“两大新兴”产业空间布局规划，全面围绕五大产业开展招商，致力在五大产业方面实现更大突破。

【载体建设】 7月，成功获批综合保税区，12月通过省联合验收组预验收；留学人员创业园被列为省“十百千”行动计划重点集聚区，新增“千人计划”人才3个、省双创人才3个，招引归国人才质量历史最好；盐碱科技产业园的国家级盐化工产品质检中心和盐化工研究院投入运行，实联化工、鼎立胶化等一批项目开竣工，园区发展后劲更足；科教产业园的中科院科研办公集中区投入使用，成功举办第三届职教峰会，完成20个应用课题研究，产学研合作日益深入；软件园成功引入中国移动淮安呼叫基地项目，浙大网新开工建设；空港产业园边防业务楼及海关国检综合楼主体竣工，安置小区一期全面入住，基础功能更趋健全。

【科技创新】 出台创新示范企业、专利申报、人才奖励等一系列优惠政策，全年实现高新技术产值458.95亿元，同比增长39.8%；新增省高新技术企业10户；全社会R&D投入达10.35亿元，占GDP比重达2.4%，同比增长29.2%；全年完成专利申请量1407件，专利授权量579件；成功申报省高层次创新创业人才6名（陈猛和单陆丹等）、企业科技创新领导型人才培育工程4个、企业创新团队建设培育工程6名、高层专家挂靠工程5名、完成市科技人才“千人计划”25名，科技实力大大增强。

【管理与服务】 牢固树立101%服务理念，紧紧围绕“审批”与“建设”，扎实做好项目管理与服务工作。通过多方调研、争取和会办，基本将国家级开发区各项外资审批权限落实到位。项目审批上，严把项目源头关，对入区项目实行产业分类选址，提升同类项目产业集聚度，并优先对投资强度高、建设速度快和高科技、低能耗、环保型项目提供土地指标；建立项目档案，对重大项目实行领导干部挂钩帮办制度，每周召开专题会办和现场办公会，切实帮助企业解决存在问题。强化项目跟踪督查力度，对擅自改变用途和超出经营范围生产经营的行为，坚决予以制止并查处。同时，大力度开展项目清理，2012年共完成土地清理2169亩，进一步拓展发展空间，确保项目的良好发展质态。

【机构设置及管委会领导】 内设党政办公室、组织部、经济发展局、招商局、住房和城乡建设局、人力资源和社会保障局、财政与国有资产管理局、社会事业局、城市管理局、政务服务管理办公室等10个机构。

淮安经济技术开发区管委会领导有：党工委书记周毅，党工委副书记、管委会主任陶光辉，调研员刘建华，党工委副书记、管委会副主任朱晓波，人大工委主任冯大勇，工委委员、管委会副主任，科教产业发展办公室主任王立喜，党工委委员、管委会副主任，盐碱科技产业发展办公室主任、党组书记徐业恕，党工委委员、管委会副主任，综合保税区管理办公室主任、党组书记刘晓录，党工委副书记、纪工委书记张玉和，党工委委员、管委会副主任，空港产业发展办公室主任、党组书记王晓霖，党工委委员、管委会副主任陈国平，党工委委员、管委会副主任张明，党工委委员，经济发展总公司党委书记、董事长胡启新。

淮安经济技术开发区主要经济综合指标一览表

项　目	单位	2011年	2012年	增减（%）
开发区生产总值	亿元	346.18	429.93	24.2
第二产业	亿元	308.3	372.51	20.8
工业	亿元	298.76	360.99	20.8
第三产业	亿元	37.87	56.34	48.8
工业总产值（现价）	亿元	1405.52	1687.64	20.1
高新技术企业	亿元	244.24	458.95	87.9
销售（营业）收入	亿元	1659.15	2011.21	21.2
第二产业	亿元	1451	1742	20.1

续表

项　　目	单位	2011 年	2012 年	增减（%）
工业	亿元	1401.06	1682.01	20.1
第三产业	亿元	322.46	399.33	23.8
利润总额	亿元	62.13	82.86	33.4
第二产业	亿元	54.1	70.5	30.3
工业	亿元	49.16	62.65	27.4
第三产业	亿元	8.03	12.16	51.4
进出口总额	亿美元	16.84	20.31	20.6
出口	亿美元	9.82	13.25	34.9
财政收入	亿元	85.114	92.272	8.4
税收收入	亿元	67.925	74.823	10.2
财政支出	亿元	34.45	38.04	10.4
新批企业个数	个	535	751	40.4
外商及港澳台企业	个	37	35	-5.4
内资企业	个	498	716	43.8
新批企业投资额	亿元	344	402	16.9
外商及港澳台企业	亿美元	6.7	7.1	6.0
内资企业	亿元	221	263	19.0
增资企业	亿元	81	95	17.3
合同外资金额	亿美元	5.73	6.04	5.4
外商实际投资	亿美元	6.00	5.50	-8.3
固定资产投资	亿元	331.55	392.48	18.4
年末从业人员数	人	154610	173510	12.2
在岗职工数	人	89550	98780	10.3
在岗职工平均工资	元	35830	39970	11.6
规模以上企业个数	个	332	426	28.3
工业	个	138	169	22.5
万元 GDP 能耗		0.4097	0.3513	-14.2

（淮安经济技术开发区管委会）

南京江宁经济技术开发区

【区情概况】 2012年，南京江宁经济技术开发区（以下简称“江宁经开区”）全年实现地区生产总值545.8亿元，同比增长27.7%，公共财政预算收入76.5亿元，同比增长37.7%，全社会固定资产投入384.5亿元，同比增长7.4%，工业总产值2104亿元，同比增长34.2%，外贸出口44亿美元，同比增长8.9%，荣获“江苏省先进开发区”称号，在全省开发区综合评价排名中保持第5位，在全国2010年后新进国家级开发区综合发展评价中位居第1位，并夺得经济发展、科技创新、体制创新三项指标冠军。

【产业发展】 两大主导产业稳中有升，电子信息产业实现产值422亿元，长安福特马自达汽车有限公司实现存续分立重组，汽车产业产值突破800亿元，增长56.9%；新兴产业发展迅猛，南京智能电网产业协会和中国智能电网产业技术创新战略联盟成立，省级智能电网质检中心、国电南自ABB公司启动建设，智能电网博览馆二期建成使用，智能电网产业实现产值480亿元；无线谷成为科技部、教育部和江苏省共建的通信与网络产业创新基地，一期建成使用，无线通信技术协同创新中心和中国未来网络产业创新联盟成立，南京通信技术国家实验室、未来网络产业创新中心、中科院宽带无线移动通信研发中心三个团队入驻未来网络谷；航空产业创造中心投入使用，中航工业南京轻型航空动力项目等开工建设；生命科学产业引进美国联合治疗、中国核子医疗、联东U谷等一批重大项目；文化创意产业引进南京动漫协会动漫营销中心、南京蓝海豚影视动画制作、一恒软件等项目。通信与网络、智能电网、航空三大产业获南京市首批“新兴产业基地”称号，空港物流园获“省重点物流基地”称号，软件产业销售收入和物流营业收入分别达到555亿元和242亿元。

【科技创新】 以紫金科创特区、江苏软件园、无线谷、南京江宁（大学）科教创新园区为核心的“三创”载体建设加速推进，全年新开工124.8万平方米、竣工73.7万平方米。建成“千人计划”创业大厦、“千人之家”和“321创业人才大厦”，与南京大学合作共建国家“海外高层次人才创新创业基地”，建立了南京市第一个驻外人才工作联络站——南京江宁开发区驻旧金山（硅谷）人才工作站，成立领军型创业家俱乐部，建立为早期创业者提供开放办公平台的“321智库咖啡”，引进中央“千人计划”专家8名，获批省“双创人才”14人，入选南京“321计划”115人。启迪科技园获批南京市级大学科技园，新增9家博士后工作站、4家企业研究生工作站、8家企业技术中心、10个工程技术中心、2个工程研究中心、25家高新技术企业和创新型企业，设立战略性新兴产业创新中心6个，完成专利申请量5310件，其中发明专利1995件，授权专利2474件，其中发明授权479件。投融资体制建设取得显著进步，全年新增上市公司2家，募集资金5.4亿元；新增股权投资企业9家、科技小贷公司1家、农村小贷公司1家、村镇银行2家、融资担保公司1家；拟上市企业储备库企业26家，其中12家报送进入南京市拟融资企业储备库；园区出资参股的两家科技小贷公司全年累计发放贷款14.5亿元、266笔，累计收回贷款14亿元、294笔，放贷资金规模较2011年增长100%。

【招商引资】 强化产业链、价值链、科技型招商，引进大唐科技园、IBM、大全研究院、深航南京保障服务中心、皇冠假日酒店、美国联合治疗等一批基地型、龙头型项目，涵盖智能电网、软件、航空、商贸、生命科学等产业。全年完成合同外资17.86亿美元，同比增长24.9%，实际使用外资8.23亿美元，同比增长18.8%；新批外资企业102个，同比增长67.2%，其中千万美元以上项目46个，同比增长39.4%；增资项目47个，合同外资达4.03亿美元，占全部合同外资的22.6%。新批内资企业212个，同比增长2.4%，注册资本27亿元，同比增长33.5%。全年新增规模企业30家，规模以上工业总产值1749亿元，同比增长22.5%。

【中国（南京）未来网络谷（无线谷）】 2008年4月，江宁开发区依托东南大学正在筹建的南京通信技术国家实验室和开发区原有的通信产业基础，着手打造中国无线谷。2011年11月，未来网络谷启动建设，无线谷开始向未来网络领域拓展。2012年1月，无线谷（未来网络谷）成为科技部、教育部和江苏省政府联合授牌的国家级南京通信与网络产业创新基地。2012年6月25日，无线谷（未来网络谷）正式开园。按照规划，通信和网络创新基地规划面积1平方公里，建设规模100万平方米。

截至2012年底，4位院士、7名“千人计划”专家及1500多名科研人员正式进驻；引进尤肖虎教授领衔的南京通信技术国家实验室、刘韵洁院士领衔的中国（南京）未来网络产业创新中心、卜智勇教授领衔的中科院南京宽带无线移动通信研发中心三大核心创新平台；招引米乐为微电子、摩孚信息等近40个高层次人才创业项目，其中“千人计划”创业人才项目4个，南京“321计划”人才项目11个；组建由未来网络产业创新中心牵头，中国通信标准化协会、中移动、央视、华为、腾讯、新浪、清华、北邮等36家单位共同参与的中国未来网络产业创新联盟；建立10多个校际、校企、国际联合研究中心，在新一代无线通信系统仿真中心、云计算中心等3个公共技术平台建成营运的基础上，启动芯片检测中心、通信产品环境试验中心等8个专业公共技术服务平台和无线通信协同创新中心建设；设立通信与网络创投基金和产业发展基金，推进未来网络核心设备、中科院三网融合基站等重大成果的产业化工作；构建“创新基地理事会+科技园公司+创业服务中心”三结合的运营管理模式和“产业研究院+学科型公司”相结合的发展模式。

【江苏软件园】 按照南京市委、市政府打造“一谷两园”、建设中国软件名城的战略部署，2011年5月，江宁开发区抢抓机遇，迅速启动江苏软件园建设，以智慧应用、移动互联、信息安全、云计算和大数据等为发展方向，着力打造具有国际水准的特色软件产业社区。该软件园规划面积16平方公里，已经形成紫金（吉山）科创特区、吉山基地、软件产业创新区等功能板块。紫金（吉山）科创特区规划用地4.58平方公里，倡导“新城市主义”理念，契合软件研发、信息技术服务、服务外包、总部办公等开放、互联、集群、创新等特征，创造性地提出“产业社区”模式，5万平方米的创新研发载体已投入使用，3万平方米的配套设施趋于成熟。吉山基地占地6平方公里，区域强调适宜的工作尺度、复合多样的物业类型、完善的配套服务设施、互动的开放空间，融会研发办公、产业创新、灵感创造、创意娱乐、智慧生活，致力于打造一个融合生态责任、知识拓展与智慧产业的新社区，由40多栋研发楼、配套建筑组成的思围商务公园和创新广场已全面开园。软件产业创新区以商业办公、总部经济、研发中试、文化创意等功能完善为目标，坚持“移大树”和“育小苗”并举，已成功引进中兴软创、迈瑞医疗研发中心以及远景能源“智慧湖谷”为代表的软件研发企业集群。江苏软件园全年共开工建设“三创”载体20万平方米，竣工交付5万平方米，入选南京市“321计划”人才15人，其中“千人计划”2人，新引进中软国际等软件企业32家。

【南京综合保税区（江宁）】 2012年9月17日，国务院批复同意江苏设立南京综合保税区，规划面积5.03平方公里，分为龙潭片和江宁片两个区块。江宁片规划面积1.2平方公里，在南京出口加工区（南区）基础上转型升级。南京出口加工区（南区）全年完成进出口总额23.26亿美元，同比增长97.96%；完成合同利用外资5850万美元，实际利用外资1082万美元；实现工业总产值104.52亿元。在江苏省出口加工区中排名第一，在国家海关总署发布的全国出口加工区综合排名中由第12位上升为第9位，加工区管理局连续第二年被江苏省口岸委授予“江苏省文明口岸先进单位”称号。

【“千人计划”专家创业大厦】 “千人计划”专家（江宁）创业大厦建筑面积3.2万平方米，总投资1.5亿元，是继广州“千人计划”南方创业服务中心和上海“千人计划”创业园后，全国第三家、江苏省首家专为“千人计划”专家服务的综合性创业社区，将形成集研发、中试、中介、会务及相关创业服务配套于一体的“创业链”，集中打造高层次人才创业集聚地，并使其成为吸引中央“千人计划”特聘专家来南京创业的第一品牌。9月24日，“千人计划”专家创业大厦正式封顶。

【管理与服务】 根据南京市“简政放权强园区”综合改革要求，全面推进园区改革，承接运转138项下放权限，实施“一园一街”战略，与秣陵街道、淳化街道联动发展；积极开展“四项排查”工作，社会矛盾纠纷平稳化解；全力抓好生态环保工作，国家级生态工业示范园区建设规划通过环保部、科技部、商务部评审，考核体系中物质减量与循环、污染控制两大类18项指标全部优于考核指标；积极推进就业工作，开展职业技能培训1925人次，新增社会保险参保单位266家，净增参保人数5893人。

【机构设置与管委会领导】 江宁开发区实行的是党工委、管委会和总公司“三块牌子、一套班子”三位一体的管理机制，江宁开发区党工委、管委会为江宁区委、区政府派出机构，在区委、区政府领导下负责开发区工作。根据南京市对开发区新“三定”方案规定，江宁开发区下设12个内部机构。戴华杰同志任开发区工委副书记、管委会常务副主任、江宁经济技术开发总公司总经理，全面负责开发区各方面工作。

南京江宁经济技术开发区主要经济综合指标一览表

项　　目	单位	2011年	2012年	增减（%）
开发区生产总值	亿元	427.3	574.0	34.3
第二产业	亿元	367.9	478.4	30.0
工业	亿元	334.4	421.8	26.1
第三产业	亿元	59.4	93.5	57.3
工业总产值（现价）	亿元	1801.2	2133.5	18.5
高新技术企业	亿元	646.8	715.5	10.6
销售（营业）收入	亿元	2329.6	2620.4	12.5
第二产业	亿元	2038.9	2280.0	11.8

续表

项　　目	单位	2011 年	2012 年	增减（%）
工业	亿元	1750.0	1980.0	13.1
第三产业	亿元	290.7	340.8	17.3
利润总额	亿元	215.0	245.0	14.0
第二产业	亿元	185.1	210.8	13.9
工业	亿元	182.4	207.9	14.0
第三产业	亿元	29.9	34.2	14.4
进出口总额	亿美元	76.7	89.1	16.2
出口	亿美元	40.4	55.3	37.1
财政收入	亿元	128.3	183.2	42.8
税收收入	亿元	125.8	179.3	42.5
财政支出	亿元	22.5	35.2	56.4
新批企业个数	个	288	314	9.0
外商及港澳台企业	个	61	102	67.2
内资企业	个	207	212	2.4
新批企业投资额	亿美元	29.4	33.6	14.3
外商及港澳台企业	亿美元	18.09	18.99	5.0
内资企业	亿元	20.23	27	33.5
增资企业	亿美元	8.05	10.3	28.0
合同外资金额	亿美元	14.3	17.9	24.9
外商实际投资	亿美元	6.9	8.2	18.8
固定资产投资	亿元	357.9	380.7	6.4
年末从业人员数	个	135454	151456	11.8
在岗职工数	个	118000	133000	12.7
在岗职工平均工资	元	45453	53997	18.8
规模以上企业个数	个	308	493	60.1
工业	个	237	254	7.2
规模以上工业企业单位增加值能耗	吨标煤/万元	0.12	0.099	-17.5

（南京江宁经济技术开发区管委会）

临沂经济技术开发区

【经济发展】 临沂经济技术开发区（以下简称“临沂经开区”）于2010年12月经国务院批准升级为国家级经济技术开发区，目前规划控制面积223平方公里，辖3个街道，23万人口。2012年临沂经开区大力实施“五个一”工程，推动“五区”建设新跨越。2012年完成业务总收入861亿元，增长25.5%；实现地区生产总值234亿元，增长24%；完成规模以上工业总产值537亿元，增长26%；完成进出口总额7.8亿美元；实现财政收入22亿元。

【产业布局】 培植形成工程机械主导产业和新能源、新材料、生物化工、医疗器械、科技信息等特色产业。工程机械产业，主要有“世界500强”沃尔沃建筑设备（中国）有限公司临沂分公司、沃尔沃建筑设备（中国）采购中心、山东临工、柳工集团、山重建机、华夏重工、三一重工等龙头企业及日本胜代、韩国明诚、临工金利、德鑫机械、旭洋机械等配套企业，总量60余家，全力打造工程机械千亿产业园区。新能源新材料产业，引进建设了金升铜业、广亚铝业、高科包装、宝达钢管、浪潮LED、明思普LED、中联混凝土、中裕能源、天丰太阳能等40多个企业，新兴产业初具规模。生物化工产业，施丰化工、鲁光化工等骨干项目不断壮大，英洛华农药项目、华澳新能源、远博化工、双胞胎生物科技等已全面开工兴建。现代物流产业，建成海关、口岸、商检和临沂市仅有的立晨、华派克两家B型保税仓库，规模以上物流企业达到35家，2012年物流业货物周转值突破1000亿元。医疗器械产业，培植形成以雅博士、鸿康、广顺、凯洋等为代表的医疗器械企业集群，以瑞盛生物项目、国药控股、翔宇健康制药、金方药业等为龙头的医药企业集群。科技信息产业，规划12平方公里建设文化创意园区、总部经济园区、电子信息园区、科技研发园区4个软件园区，先后引进建设惠普软件园、科汇创业园、机客软件园、鲁南中印软件园等研发载体，电子信息类企业突破60家。其中，国家级科技企业孵化器科汇创业园拥有双软企业16家，累计承担国家、省市级科技计划项目70余项。

【科技创新】 坚持以高新技术引领发展方式转变，拿出专项资金对企业技改扩建、自主创新等12个方面进行奖励；每年实施50个以上重点项目技改扩建，全年完成技改投资60亿元。成立市级高新技术企业孵化中心、科技开发中心、生物医学制药科技研发中心等研发平台，60多家企业与高等院校和科研院所建立合作关系，75%的企业成立技术研发中心。其中，临工拥有国家级工程技术中心和博士后工作站，联邦家具获评为国家企业技术中心，翔宇医药获批为院士工作站，施可丰化工、中化肥业、山重建机、翔宇制药获评为省级技术中心，施可丰长效缓控释肥荣获“国家科技进步二等奖”，山东临工、山重建机分别获批国家重点新产品、国家火炬计划，施可丰等项目获批国家星火计划。2012年共有28个项目列入全省技术创新项目，省级以上高新技术企业达15家，高新技术企业产值占比31%。

【投融资体制建设】 加大金融机构引进力度，通过政策扶持加大对国有商业银行、股份制银行、保险公司等各类金融机构的引进力度，截至2012年底共吸引集聚26家金融机构在开临沂经开区开展业务。积极搭建银企合作平台，不定期编制企业贷款推介材料，向全区各家金融机构发放，针对重点产业、企业召开各类型银企合作会议并促成积极贷款。创新融资方式，成功发行3家公司债券，推选4家企业进行挂牌辅导，企业融资实现多元化。细化企业上市扶持政策，把全区重点骨干企业和科技创业型中小企业充实进拟上市企业储备库，与多家知名证券公司建立业务合作关系，为拟上市企业提供专业服务。

【招商引资】 突出引进“旗舰型”大项目和“四新一高”产业项目，打造产业链完善、集群优势突出的新兴产业基地。全年新签约项目110个，其中过10亿元项目36个，过5亿元项目50个，过亿元项目100个，合同利用内资230亿元，合同利用外资约7亿美元。2012年共有40个项目顺利开工、50个项目投产运营，新增规模以上工商贸企业35家，工商贸企业总量突破350家。

【资源集约利用】 实施新、改、扩建工业固定资产投资项目节能评估和审查制度，严格控制“两高”项目引进，实现源头节能减排，2012年累计节能评估和审查固定资产投资项目52个。制定出台相关政策，设立节能专项资金，组织一批重点节能工程实施生产线节能技术改造，支持企业节能改造和节能技术、产品的推广应用。大力开展建筑节能，积极引导建设单位报评绿色建筑，严格执行新建建筑节能标准，进一步建立公共建筑、民用建筑能耗统计制度，积极推广太阳能光热建筑一体化应用，确保临沂经开区12层以下住宅和公共建筑按太阳能光热建筑标准设计、施工和验收。坚持节约、集约利用土地原则，严把项目入园论证和规划方案评审关，扎实开展亏损闲置企业盘活工作；加快招商安置工商贸项目，积极引导部分轻工企业建设多层厂房，提高土地使用效率。加快再生资源产业园建设，搞好再生资源循环利用。

【人才队伍建设】 人才建设方面，出台系列高含金量政策措施，建立两委领导联系高层次人才制度和重大决策专家咨询制度，通过项目、园区、科研实践基地等载体，吸引聚集一批院士、泰山学者、高级研究员等高层次人才，实现高端对接。在此基础上，规划建设专家公寓、打造皇山文化公园、设立临沂外国专家联谊会、与加拿大SBS教育机构合作成立临沂外国语学校，为高端人才工作生活提供优质资源。队伍建设方面，提出“五讲五比”重点解决“软、懒、散、庸、满、慢”六个方面问题。践行“五个一线工作法”，扎实开展“进百村、入百企”大调研、党员资格重新审核登记、“第一书记”到村任职、领导干部直接联系党员群众等活动。

【机构设置及管委会领导】 临沂经开区设置党工委办公室、党工委组织部、项目管理安置办公室、财政局、社会发展局、经贸发展局、招商局、科技信息局、建设局、人力资源和社会保障局、文化体育旅游局、水利水产水务局、监察室等13个内设机构。

临沂经济技术开发区管委会领导有：党工委书记徐福田，党工委副书记邹际国、段卫东、陈永生、张雷，管委会常务副主任邹际国、段卫东，管委会副主任陈永生、周希伟、尤柳生、汲长骞、张韬、王淑太、李乃然、杜以方、赵立新、尚海、刘发舜。

临沂经济技术开发区主要经济综合指标一览表

项　　目	单位	2011 年	2012 年	增减（%）
开发区生产总值	亿元	188.5	234.2	24.2
第二产业	亿元	134.1	167	24.6
工业	亿元	111.4	142.4	27.8
第三产业	亿元	49.3	61.5	24.7
工业总产值（现价）	亿元	515.4	664.2	28.9
高新技术企业	亿元	208.1	265.5	27.6
销售（营业）收入	亿元	686	861	25.5
第二产业	亿元	570	726	27.4
工业	亿元	512.4	658.7	28.6
第三产业	亿元	116	135	16.4
利润总额	亿元	45.1	58.2	29
第二产业	亿元	37.6	47.5	26.3
工业	亿元	34.7	42.8	23.3
第三产业	亿元	10.2	13.6	33
进出口总额	亿美元	7.5	7.8	4
出口	亿美元	3.7	3.8	3
财政收入	亿元	21.9	22	0.3
税收收入	亿元	17.7	20	12.5
财政支出	亿元	12.2	18	47.8
新批企业个数	个	235	249	6.0
外商及港澳台企业	个	6	10	66.7
内资企业	亿美元	229	239	4.4
新批企业投资额	亿美元	1.2	2.8	133.3
外商及港澳台企业	亿美元	1.4	2.3	64.3
内资企业	亿元	35	48	37.1
增资企业	亿美元	0.8	1.2	50.0
合同外资金额	亿美元	4.5	7	55.6
外商实际投资	亿美元	2.6	4.2	61.5
固定资产投资	亿元	126.6	142.4	12.5
年末从业人员数	个	71475	74139	3.7
在岗职工数	个	56172	59385	5.7
在岗职工平均工资	元	39437.7	49021	24.3
规模以上企业个数	个	181	212	17.1
工业	个	138	150	8.7
万元 GDP 能耗		0.38	0.36	-5.26

（临沂经济技术开发区管委会）

宁波石化经济技术开发区

【经济发展】 2012年宁波石化经济技术开发区（以下简称“石化经开区”）实现工业产值1634亿元，税收153亿元，同比分别下降4.98%和38.80%；完成工业投资49.7亿元，同比增长96%；实到市外内资19亿元，同比增长84%；合同外资完成1.1998亿美元，同比增长305%；实到外资6438.96万美元，同比增长222%；外贸进出口总额6.8亿美元，同比增长50.80%。

【投资环境】 2010年12月经国务院批准升级为国家级经济技术开发区，也是国家发改委批准的国家新材料高技术产业基地、国家科技部批准的国家化工新材料高新技术产业化基地和国家工信部批准的国家新型工业化产业示范基地。地处长江三角洲南翼、依江临海，坐拥广阔产品市场，区位优势明显，具有发展石化产业得天独厚的条件。园区毗邻中国最大的镇海液体化工码头，全年吞吐能力达到640万吨。区内拥有中国最大的炼化企业——中国石化镇海炼化，现有2300万吨/年原油加工能力和100万吨/年乙烯裂解装置。遵循产品一体化、管理一体化、环保一体化、物流一体化、基础设施一体化的循环经济发展理念，以镇海炼化炼油/乙烯项目为龙头，以液体化学品码头为依托，重点发展炼油和乙烯项目相配套的高技术、高附加值、低能耗、低排放的功能化学品和化工新材料产业，努力建设石油化工和化工新材料产业并举的国际领先、国内一流的石化新材料产业基地。拥有相对完善的适应石油和化工项目运营的供水、供电、供汽、工业气体、污水处理等一系列公用工程设施配套，近年来还陆续建设连接液体化学品码头和区内企业的化工管廊、低温压力储罐区和液体化学品储罐区，为企业的运营提供了良好的外部基础设施配套条件。水陆空交通便捷，距东方深水良港——北仑港仅24公里；距宁波栎社国际机场35公里；周边的宁波绕城高速、329国道、世纪大道、舟山联岛大桥、杭州湾跨海大桥，构建起四通八达的陆路交通网。

【招商引资】 全年引进项目6个，包括内资项目3个和外资项目3个，总投资约55亿元。分别为宁波金海德旗化工有限公司年产10万吨顺式异戊二烯橡胶项目及年产4万吨石油树脂（包括年产1万吨异戊烯、年产3万吨异戊橡胶）项目，分别投资18亿元和4亿元；宁波昊德化学工业股份有限公司10万吨/年C4综合利用和3万吨/年烷基酚，总投资2.5亿元；韩国SK公司年产5万吨乙丙橡胶项目，总投资2.7亿美元；法国道达尔公司年产20万吨聚苯乙烯项目（一期），总投资8000万美元；德国朗盛公司年产7万吨无机颜料项目，总投资7000万美元。其中2个外资企业韩国SK、法国道尔达均为《财富》世界500强。

【产业布局】 产业定位以石化工业循环经济生产理念为指导，以大型炼油、乙烯联合装置为龙头，发展上游原料和中间产品；以镇海液体化工码头良好条件为依托，发展下游延伸产品；头尾呼应，中间对接，形成上下游一体化的石化产业链。辅以研发、创业环境的配套建设，最终打造成集生产、科研、仓储运输、物流中心、市场集散为一体，能充分利用化工产业的集聚效应，又能与临近的大型化工园区形成既有分工又有竞争的世界级石化工业园区。

【科技创新】 不断加大科技创新投入，提升发展软实力。不断创新合作模式，搭建以企业为主体、以市场为导向、以产学研合作为基础的科技创新体系，通过校企、院地合作，结出科技硕果，累计授权专利达300件，其中发明专利78件，产学研合作进一步深化，累计科技合作经费突破1.8亿元，并在企业中先后引进设立“院士工作站”、“国家博士后科研工作站”，为推动产业结构优化升级发挥积极的指导作用。先后与浙江大学化工系建立全面合作平台，与中科院大连化物所签订《产学研战略合作协议书》共建技术转移中心。通过联合攻关，获得国家火炬计划项目3项、国家重点新产品计划项目3项。同时不断加快企业自主创新步伐，积极培育发展高新技术企业，到目前已拥有高新技术企业12家，技术研发中心20家，其中7家为省级工程中心。

宁波石化经济技术开发区主要经济综合指标一览表

项　　目	单位	2011年	2012年	增减（%）
开发区生产总值	亿元	303.07	251.83	-16.91
第二产业	亿元	294.35	242.34	-17.67
工业	亿元	294.35	242.34	-17.67
第三产业	亿元	8.72	9.49	8.83
工业总产值（现价）	亿元	1711.29	1636.63	-4.36
高新技术企业	亿元	32.21	50.42	56.54
销售（营业）收入	亿元	1791.82	1691.55	-5.65
第二产业	亿元	1739.86	1635.28	-6.01
工业	亿元	1739.86	1635.28	-6.01
第三产业	亿元	51.96	56.28	8.31
利润总额	亿元	76.70	42.71	-44.32
第二产业	亿元	72.70	38.37	-47.22
工业	亿元	72.70	38.37	-47.22
第三产业	亿元	4.00	4.33	8.25
进出口总额	亿美元	11.65	14.14	21.37
出口	亿美元	3.75	4.33	15.5
财政收入	亿元	6.01	5.89	-19.96
税收收入	亿元	178.31	153.20	-14.08
财政支出	亿元	5.27	3.93	-25.43
新批企业个数	个	6	5	-17
外商及港澳台企业	个	1	4	300
内资企业	个	5	1	-80
新批企业投资额	亿美元	6.86	5.56	-18.95
外商及港澳台企业	亿美元	0.48	4.42	820.83

续表

项　　目	单位	2011 年	2012 年	增减（%）
内资企业	亿元	40.7	7.2	-82.31
增资企业	亿美元	0.89	0.10	-88.76
合同外资总额	亿美元	0.30	1.20	300
外商实际投资	亿美元	0.20	0.64	220
固定资产投资	亿元	40.11	53.11	32.41
年末从业人员数	个	23937	24910	4.06
在岗职工数	个	23937	24910	4.06
在岗职工平均工资	元	72920	95524	31
规模以上企业个数	个	99	100	1
工业	个	95	96	1
万元 GDP 能耗		2.55	3	17.73

（宁波石化经济技术开发区管委会）

上饶经济技术开发区

【区情概况】 上饶经济技术开发区（以下简称“上饶经开区”）2010年11月经国务院批准升级为国家级经济技术开发区。区内工业企业达200家，产业工人4.6万人，汇聚了晶科能源、凤凰光学、中材机械、大自然木业、耐普集团、德源欣茂等一批行业品牌企业，形成了光伏、光学、机械制造等产业集群。全区全年实现工业主营业务收入505亿元，同比增长24%；全社会固定资产投资113亿元，同比增长53%；税金总额20亿元，同比增长61%；区财政收入23亿元，同比增长77%。

【产业发展】 形成光伏、光学、机械电子（简称“两光一机电”）三大主导产业。共有光伏产业（含关联企业）15家企业，其中规上企业11家。现已构建起以晶科能源为龙头，以光电高科等企业为骨干的产业体系，形成了“硅片—电池片—组件—应用产品”产业链。已构建起以凤凰光学为龙头，以锦华、弘耀光学等企业为骨干的产业体系。在凤凰光学的带动下，上饶经开区周边100多家配套企业度过欧债危机的冲击。机械电子产业主要以客车、汽配件、电子元器件为特色，构建以上饶客车、圣达威电工、锦裕实业等企业为骨干的产业体系。上饶客车2010年8月与中国科学院进行新能源汽车领域的合作，以纯电动客车、混合动力客车和电动专用改装车为重点，走高端化和特色化的发展方向。

【科技创新】 加强科技创新平台的建设，目前有“中国太阳能光伏产业示范基地”、“省级高新技术产业园区”等省级以上平台，区内有6家高新技术产业。加大产学研合作力度，推动10家企业与高校院所建立了20多个产学研合作项目；区内有市级工程技术研究中心4个、省级技术中心5个。市级、省级、国家级以上工程技术中心、研发中心包括：3个省级技术中心（晶科能源有限公司江西省光伏发电及系统工程技术研究中心、凤凰光学股份有限公司省级企业技术中心、天佳新型建材有限公司省级企业技术中心）和4个市本级工程技术研究中心（晶科能源有限公司晶体硅光伏工程技术研发中心、博能客车厂新能源客车工程技术研发中心、江西福事特液压有限公司研发中心、天佳新型建材有限公司混凝土减水剂工程技术研发中心）。企业产、学、研合作情况：客车厂和中科院深圳先进技术研究所，天佳和清华大学化学系，晶科和南昌大学光伏学院，凤凰光学和上海理工大学、浙江大学光学工程中心、中山大学、南昌大学，圣达威和南昌大学、江西省化学研究所，华丰铜业和江西理工大学，耐普和华东理工大学、江西理工大学，恒康药业和浙江大学、中南大学、江西农学院，弘耀光学和南昌理工大学，福事特和浙江大学。

【投融资体制建议】 突破以往融资模式，成功发行和济公司10亿元债券项目，发行江信、中航信托产品，引进社会资本参与基础设施建设，全年实现融资总额17.78亿元。

【招商引资与利用内、外资】 加大专业招商、效益招商力度，加大项目引进后的开工力度，从领导力量、招商政策、推进机制、宣传推介等各方面全面调整和加强招商引资工作，成效明显，全年共引进投资亿元以上项目达23个，投资总额63.5亿元，实际利用内资23.28亿元，实际利用外资1.5亿美元。项目质量明显提升。突出招商选资、效益招商，实行“双挂双补”政策，成功引进一批投资大、科技含量高、行业前景好的大项目，其中投资5亿元以上项目3个。项目类别明显丰富。引进光伏二手设备市场项目，填补江西省空白。项目推进明显加快。签约项目开工率达到50%。此外，在区域合作上取得突破，与上海张江高科、江西省浙江总商会结成战略合作伙伴。

【资源集约利用】 土地利用实现大集约。加大土地报批力度。争取土地指标1883亩，其中利用省重点项目用地指标745亩。实施土地开发项目，新增耕地面积1112亩。创造性地开展低丘缓坡土地开发利用工作，申报项目区3200亩。成功收储凤凰片区80%的企业土地，已搬迁拆除企业达9家。完成企业“腾笼换鸟”土地收储1001亩，安置支付平台、彩旗实业等一批优质企业。

【人才建设】 建立党政领导干部联系服务优秀人才制度。每位党政领导干部联系服务3－4名优秀人才，了解掌握他们在科研工作、经营管理、技术创新和技能提高等方面的情况。在全区范围内选出3家人才总量较大、人才工作基础较好的企业作开展人才工作示范点创建活动，帮助企业对照创建标准和内容查找问题，提出改进措施，推动创建活动有效开展；全力扶持企业创建博士后科研工作站。全力推进开发区晶科、耐普和博能等企业的博士后科研工作站的创建，并邀请江西省人保厅博士后工作站管理办人员协助指导申报等相关工作。建立健全区各类人才信息库。深入开展全区企业人才资源资源调查统计工作，建立健全高级人才信息库、企业经营管理人才信息库、高技能人才信息库以及优秀农村实用人才信息库。建立政府宏观引导、用人单位为主的多元化人才开发投入机制，为人才创新创业提供资金支持。设立“开发区人才工作基金”，用于引进、培养人才和资助人才创业。企业在职职工近5万人，大专以上学历人才总量为8230万人，占全区在职员工数16.46%；本科及以上人才2200人，占全区人员总量的4.4%，呈现结构年轻化、高新专业多、来源分布广等特点；硕士87人，博士9人。

【社会事业与文化建设】 农村基础设施建设不断夯实。完成董团中心集镇规划编制。投资1500万元完成董团中心小学整体搬迁工程，成功申报董团教育园区项目。投入1386万元进行水库除险加固工程。完成12个新农村试点和16个农村清洁工程点建设。扎实推进民生建设。发放项目小额担保贴息贷款355万元，完成农村劳动力转移技能培训561人。积极推进保障性住房建设，完成公租房1329套，新开工建设1000套。社会救助体系进一步完善。全年发放各类救济、救灾资金达1046万元，享受人数3576人。扎实推进人口和计生工作。全区出生率为15.63‰，同比下降2.37个千分点；出生政策符合率为73.35%，同比提高6.89个百分点。文化载体建设稳步推进。广泛吸引群众参与，开展丰富多彩的文化活动。组织区内群众、职工参加市“创先争优”晚会、“永远忠于党、永远跟党走”万人大合唱比赛。精心筹办元旦大型文艺汇演，作为江西省非物质文化遗产的董团乡木偶戏《辕门点将》第一次正式登上舞台表演。

【机构设置与管委会领导】 上饶经开区党工委、管委会根据相关职责分工，按照“精简、统一、效能”的原则，下设党政办公室、组织部、监察局、经济发展局、招商局、招商二局、财政局、规划建设局、农村事务与社会事业局、劳动保障与安全生产监督管理局、督查考核办公室、社会治安综合治理办公室12个机构。区内领导职数为副地级2名、正县级3名、副县级9名。

上饶经济技术开发区主要经济综合指标一览表

项　目	单位	2011 年	2012 年	增减（%）
开发区生产总值	亿元	93	105	13
第二产业	亿元	88.7	95.5	7.6
工业	亿元	88.7	95.5	7.6
第三产业	亿元	3.8	4.6	21
工业总产值（现价）	亿元	390	436	11.7
高新技术企业	亿元	213	260	22
销售（营业）收入	亿元	433	539	24.5
第二产业	亿元	408	505	24
工业	亿元	408	505	24
第三产业	亿元	25	34	36
利润总额	亿元	25	34	36
第二产业	亿元	32	36	12.5
工业	亿元	32	36	12.5
第三产业	亿元	0.8	1	25
进出口总额	亿美元	10	11	10
出口	亿美元	9.2	10.8	17
财政收入	亿元	13	23	77
税收收入	亿元	12.4	20	61
财政支出	亿元	9	11.6	29
新批企业个数	个	12	37	208
外商及港澳台企业	个	1	1	0
内资企业	个	11	37	227
新批企业投资额	亿美元	9	15	67
外商及港澳台企业	亿美元	1.2	1.5	25
内资企业	亿元	48.3	83.6	73
增资企业	亿美元	0.6	1	67
合同外资金额	亿美元	2.5	4	60
外商实际投资	亿美元	1.2	1.5	25
固定资产投资	亿元	74	113	53
年末从业人员数	个	40239	41152	2
在岗职工数	个	40239	41152	2
在岗职工平均工资	元	33515	34398	2.60
规模以上企业个数	个	80	86	8
工业	个	66	72	9.1
万元 GDP 能耗	吨标煤	0.18	0.16	-11

（上饶经济技术开发区管委会）

宁乡经济技术开发区

【主导产业及主要产品】 宁乡经济技术开发区（以下简称“宁乡经开区”）引进企业260多家，拥有规模企业160多家，其中高新技术企业25家、中国名牌产品16个、中国驰名商标28个，基本形成以“3+1”为主导的产业格局。基本形成以食品、机电、新材料和现代服务业为主导的“3+1”产业发展格局，食品产业形成以加加集团、青岛啤酒、台湾宏全、华润饮料、小洋人乳业为代表的液态食品，以皇室食品、广东美怡乐、洽洽食品集团、绝味食品为代表的休闲食品，以北京现代资源集团、法国乐福来、长城肠衣为代表的肉类精深加工等三大产业集群；机电产业主要形成工程机械配套和再制造集群，目前已有20家中小企业为三一和中联配套，再制造初步形成工程机械零部件、机床零部件、医药装备零部件等三大集群，拥有开展再制造业务企业11家；新材料形成以远大住工为龙头的绿色建材和以海纳新材料、松井新材料、东洋铝业为代表的新型能源材料；现代服务业主要以保障房为重点的生活性服务业和以电子商务、现代物流为代表的生产性服务业。园区食品产业为第一主导产业，加加集团成为中国酱油第一股，在调味品行业全国排名第二，华润饮料为世界500强企业，洽洽食品是全国坚果行业排名第一的企业；机电产业基本是为三一重工、中联重科和山河智能的配套企业，其中楚天科技为全国最大的药械企业，拥有几百项专利，飞翼集团实行差异化发展，为全国最大的高速铁路制梁泵和矿山填充泵企业；新材料产业拥有全国最大新材料杉杉股份，松井新材料为全国最大的UV材料企业，远大住工是全国唯一一家综合性的“住宅整体解决方案”制造商，被住建部授予“国家住宅产业化基地”，意大利马克菲尔是防冲刷领域的国际领军企业，吉唯信是世界500强日本住友旗下东洋铝业控股的金属粉体公司。

【国际贸易持续增长】 累计实现出口创汇13.8亿美元，楚天科技产品覆盖全国并出口到欧洲、美洲、东南亚等30多个国家和地区，成为全球制药装备水剂类联动线三大供应商之一；长城肠衣产品远销俄罗斯、波兰、美国、南非、欧盟等多个国家和地区，享有较高的声誉；长沙盛隆机械从2006年起，高技术含量、高配置、高可靠性的混凝土泵及遥控全液压布料机等系列产品批量出口到俄罗斯、中亚、中东、南美及非洲等海外市场；磐吉奥（湖南）工业有限公司生产的汽车铝合金支架，产品全部出口，是美国通用、福特、克莱斯勒三大汽车巨头的一级供应商。

【国际合作不断深入】 宁乡经开区已经成为境外创业投资的首选地，相继依托国家、省市招商平台，大力开展“以侨招商”和“以外招商”，共引进外商投资企业8家，实际利用境外资金超过3亿美元，特别是成功引进台湾宏全国际、意大利马克菲尔、韩国英能电池、日本东洋铝业等知名外资企业。

【国际交流纵深推进】 企业国际化发展步伐加快迈进，大批国（境）外专家、归国留学生为园区注入新的活力。楚天科技依靠海外人才成功创建本行业第一个博士后科研流动站协作研发中心，积极参与制定国际标准4

项，2010年7月2日温家宝总理视察该企业并给予高度的评价；台湾宏全与意大利SACMI公司、加拿大HUSKY公司、法国SIDEL公司开展技术合作，采购压模机、射出机、吹瓶机等国外先进设备，以优良的品质取得百事可乐、可口可乐等世界五百强的生产认证许可，并建立良好的合作关系；意大利马克菲尔常年聘请巴西专家担任技术研发部经理；法国乐福来引进欧洲先进肉类食品加工工艺技术和设备，常年聘请国外知名肉类食品加工专家研发西式肉类制品；湖南江盛新型建材成功引进德国M－TEC先进设备生产建筑外墙保温新型材料。

【全球产业地位有效提升】 以楚天科技、华良电器、吉唯信等企业为代表，通过合作、并购、重组等方式获取国际化资源和资本，参与国际竞争。三菱电气、西门子等国际知名企业相继成为楚天科技的战略供货商，楚天科技成为世界级企业在中国制药装备行业中的首选战略合作商；华良中意成功收购瑞典伊莱克斯长沙工厂，创造一个中国民营企业收购世界500强企业所属公司的伟大奇迹；吉唯信被世界500强日本东洋铝业株式会社全资收购，投资5亿元建成亚洲乃至全球最大的微细球形铝粉生产基地。

【区域载体平台建设】 安全食品示范园区拟通过5－10年的时间，通过完善控制保障体系，加强重点环节管理，建立全方位监管、全领域监控、全过程检测的食品安全保障机制，重点建设食品检验检测中心、科研中心、孵化中心、信息中心等公共服务平台，探索建立食品安全管理体系和全透明产业链，走出一条以园区为单元的集中监控管理的新模式和新路子。积极争创“全国首家安全食品示范园区”。11月与新华社新闻信息中心合作举办中国（宁乡）第二届食品产业安全论坛。12月国家发展改革委办公厅、财政部办公厅确定宁乡经开区为再制造示范基地园区循环化改造试点园区，再制造专区顺利通过以徐滨士院士为组长的专家组评审。规划控制面积6.4平方公里，近期建设3.2平方公里，侧重发展机床零部件、医药设备零部件等再制造产业，集中培育10家以上再制造龙头企业，健全再制造旧件逆向回收物流体系和技术创新体系，拟投资32亿元完善基础设施、环保设施，建好再制造表面处理中心、再制造拆解清洗中心、再制造鉴定检测中心、再制造产业创业孵化中心、再制造技术研发中心、再制造信息服务中心等公共服务平台，积极探索再制造基地的管理方式和运作模式。能源利用信息化管理示范园区被湖南省经信委授予“湖南省能源利用信息化管理示范园区”。园区项目旨在通过智能化计量设备、信息化网络技术在园区建立能源管理系统，对园区公共设施、企业能源消耗、环保达标排放等进行采集、统计、分析，提供能耗计划、能耗核算及定额管理，实现能源消耗、达标排放的监控、诊断和预测，达到科学管理、提高能源利用效率的目的。积极探索工业节能由企业分散监管向园区集中监控转变，形成以园区为单元的工业系统性节能模式；积极探索工业节能标准体系，在园区率先健全工业节能统计、监测、考核体系，为全国工业能耗在线监测积累经验，提供示范。

宁乡经济技术开发区主要经济综合指标一览表

项　　目	单位	2011年	2012年	增减（%）
开发区生产总值	亿元	139.2	185.277	33.10
第二产业	亿元	120.4	163.415	35.73
工业	亿元	117.12	159.331	36.04
第三产业	亿元	18.8	21.862	16.29
工业总产值（现价）	亿元	444.8646	598.68	34.58

续表

项　　目	单位	2011 年	2012 年	增减（%）
高新技术企业	亿元	127.663	182.753	43.15
销售（营业）收入	亿元	518.7	682.58	31.59
第二产业	亿元	448.65	602.04	34.19
工业	亿元	436.42	586.99	34.50
第三产业	亿元	70.05	80.54	14.98
利润总额	亿元	32.42	50.95	57.16
第二产业	亿元	28.04	44.94	60.27
工业	亿元	27.28	43.82	60.63
第三产业	亿元	4.38	6.01	37.21
进出口总额	亿美元	1.9	2.75	44.74
出口	亿美元	1.15	1.94	68.70
财政收入	亿元	8.28	7.45	-10.02
税收收入	亿元	5.03	5.51	9.54
财政支出	亿元	4.24	6.24	47.17
新批企业个数	个	139	136	-2.16
外商及港澳台企业	个	18	5	-72.22
内资企业	个	121	131	8.26
新批企业投资额	亿美元			
内资企业	亿元	9.8	11.05	12.76
合同外资金额	亿美元	4.85	5.98	23.30
外商实际金额	亿美元	0.71	0.9	26.76
固定资产投资	亿元	66	123.53	87.17
年末从业人员数	个	32850	39226	19.41
在岗职工数	个	20879	23548	12.78
在岗职工平均工资	元	32980	37016	12.24
规模以上企业个数	个	202	230	13.86
工业	个	154	166	7.79
万元 GDP 消耗		0.1056	0.1004	-4.92

（宁乡经济技术开发区管委会）

苏州吴中经济技术开发区

【区情概况】 苏州吴中经济技术开发区(以下简称“吴中经开区”)2012年12月，经国务院批准升格为国家级经济技术开发区。截至2012年，吸引集聚来自19个国家、地区以及国内各省市的企业4000多家。2012年东太湖科技金融城获批国家级创业企业孵化器，旺山景区作为吴中太湖旅游区的一部分，获评国家5A级景区。

【产业发展】 全年实现地区生产总值418.7亿元，同比增长8.4%；公共财政预算收入32.3亿元，同比增长18%。实现工业总产值1148亿元，同比增长2.7%。电子信息、精密机械、高端装备制造、生物医药、新能源新材料等主导及特色产业实现产值785.9亿元；实现服务业增加值138.2亿元，增长14.5%，苏州国际金融城、永旺梦乐城等一批重大三产项目和美铝车轮、美泰乐电工、药明康德检测检验等一批先进制造业、新兴产业龙头项目加快开工建设、投产运营，先进制造业和现代服务业双轮驱动的产业格局更加成熟。

【主要品牌产品及产量】 江苏省名牌企业苏州东瑞制药有限公司品牌产品先嗪牌注射用头孢曲松钠及原料药，全年实现业务收入77942万元，化学原料药产量739吨。苏州市名牌产品苏州高中压阀门厂有限公司苏字商标高中压阀门，全年产量6410吨，产值24078万元。苏州市名牌产品苏州宇邦新材料有限公司宇邦牌涂锡铜带，全年产量3000吨，产值30000万元。苏州市名牌产品苏州晶瑞化学有限公司晶瑞电子化学牌高纯氢氟酸，全年实现业务收入16301万元。苏州市名牌产品苏州市三新包装涂料有限公司三新牌涂料，全年实现业务收入10121万元。苏州市名牌产品苏州新源线缆有限公司欣恒牌钢芯铝绞线及交联聚乙烯绝缘电力电缆，全年实现业务收入2908万元。苏州汇川技术有限公司2012年实现产值112230万元，主营产品默纳克牌电梯一体化控制器，年产量60000套；汇川牌变频器，年产量10000套；汇川牌伺服驱动器，年产量5000套；汇川牌新能源汽车驱动器，年产量5000套；汇川牌大传动高压变频器，年产量50套。苏州长征欣凯制药有限公司爱若华牌来氟米特片，全年产量27885万片，产值21259万元。嘉丰木业苏州有限公司北美枫情实木复合地板，全年产量223万平方米，产值29000万元。苏州天山新材料有限公司tonsan牌太阳能电池组件专用密封剂，全年产量8000吨，产值26000万元。苏州瑞红电子化学品有限公司瑞红牌光刻胶，全年产量319.43万升，产值：16529万元。德马泰克物流系统（苏州）有限公司德马泰克牌传送机/传送带，全年产量2524台/6500米，产值16000万元。苏州优德通力电气有限公司主营产品家用水泵，全年生产35.09万台，销售10137万元。

【科技创新】 全年新批高新技术企业17家，高新技术产业实现产值280.5亿元，占工业总产值比重达38.4%。千企创新升级步伐加快，技改项目50多个，完成技改投资38.8亿元。专利授权量1200件，申报市级以上科技计划项目137个，研发投入8.4亿元，占GDP比重达2.8%。江苏省知识产权试点园区、江苏省博士后创新实践基地、江苏省中小企业公共服务平台成功申报。实现国家“千人计划”零突破。

【招商引资与利用内、外资】 全年新批外资项目35个，合同外资8.8亿美元，实际到账资金4.3亿美元；新批内资、民资企业621家，注册资本总额167.9亿元，同比增长26.3%。相继引进耐克森线缆、美泰乐电工、康福斯航空等重大项目，AW、美铝车轮、电科院二期等一批项目顺利开业，东瑞制药河东厂二期、中央可锻三期等工业项目相继投产，苏州国际金融城、永旺梦乐城等三产服务业项目加快建设。

【产业发展的新载体】 出口加工区规划面积3平方公里，2005年6月经国务院批准设立。其中一期1.38平方公里启动区于2007年8月封关运作，主要以电子资讯、光机电一体化、精密机械、新材料等高科技产业和现代物流业为主，已有伟创力、精曜科技、商先创光伏科技等30多家企业进驻。2009年7月，出口加工区实现保税物流功能叠加。2012年底，出口加工区二期基础设施建设基本完成，总面积约23万平方米的各类载体和配套项目加快建设。东太湖科技金融城规划面积25平方公里，其中核心区6.1平方公里。东太湖科技金融城已建成超过90万平方米的企业孵化器和公共服务平台，获得“国际科技合作基地”、“江苏省现代服务业（科技）集聚区”等10多个国家、省、市级荣誉称号和基地品牌。围绕“科技金融引领区、生态低碳示范区、新兴产业集聚区”目标定位，东太湖科技金融城重点发展生物医药、绿色低碳、现代服务等三大产业，积极培育航空、医疗等高科技产业，致力建设江苏领先、国内一流、国际知名的高标准创新型社区。吴淞江科技产业园规划面积约12.2平方公里（其中前期启动区5.3平方公里），致力于打造华东地区一流的综合性现代高科技工业园。前期启动区5.3平方公里于2010年启动规划建设，至2012年，主干道路吴淞江大道、吴淞路建成通车，30多万平方米高标准厂房开工建设，部分土地完成平整。

【资源集约利用】 以资源高效利用和循环利用为核心，按照“低消耗、低排放、高效率”的要求，倡导生态、经济、社会和谐共生的经济发展模式。单位GDP能耗从2007年0.3tce/万元下降到2012年0.26tce/万元。对年综合能源消耗量5000吨标煤以上的工业企业实施能源审计，石川制铁、维信电子等多家大型企业通过能源审计。开展创建“节水型企业”，通过实施节水技改和工艺设备更新，提高工业冷却用水、热力和工艺用水、洗涤用水的利用效率和重复利用率，有效降低单位产品耗水量。江远热电厂污泥干化焚烧综合利用项目一期工程于年底基本竣工。

【投资环境建设】 加快大交通体系、城市配套设施及环境建设，新建、改建道路42公里，新增绿化面积200万平方米，建成一批城市门户节点。太湖新城启动区控规和核心区城市规划全面完成，电力、公交、热力等9个专项规划加快推进，规划展示馆建成，苏州湾一期完成基础工程，主干道路加快建设，太湖大堤景观工程开工，2300多亩绿化及环境整治工程竣工。东太湖综合整治完成总工程量的80%。城南建成区、尹山湖·独墅湖双湖新城区、越溪城市副中心等城市板块加快功能完善、形象提升，街景、道路、环境改造及高端商业、服务业项目加快推进。载体建设扩容升级，东太湖科技金融城二期研发大楼基本竣工，生命科学园二期加快建设，1.6平方公里太湖金港及尚金湾总部经济园一期等一批重大载体开工建设。

【社会事业与文化建设】 社会保障更加完善，城乡居民医保和少儿医保实现100%参保。成立城市管理办公室，加强管理监督，城乡面貌大为改观。加大水环境整治力度，完成一批河道清淤，铺设污水管网150公里，28个社区、400多家企业实现污水集中接管处理。

开展村庄综合环境整治，涌现出一批示范村，旺山村荣获全国文明村和"江苏最美乡村"称号。以构建公共文化服务体系为抓手，建立开发区、街道、社区三级文化阵地网络。尹山湖运动公园文体中心、越溪市民文化广场等群众文体活动场所加快建设，成功举办"尹山湖杯"环湖自行车公开赛等大型文体娱乐活动。

【机构设置与管委会领导】 苏州吴中经开区领导为：党工委书记沈觅，党工委副书记李永泉、王苏春、罗家荣，党工委委员浦建清、顾建明、刘叶明、朱凤泉、骆兴男，管委会主任李永泉，管委会副主任王苏春、顾建明、刘叶明、朱凤泉、骆兴男，管委会副调研员罗骏德、徐坚，主任助理徐坚、徐国雄。

苏州吴中经济技术开发区主要经济综合指标一览表

项　目	单位	2011 年	2012 年	增减（%）
开发区生产总值	亿元	386.2	418.7	8.4
第二产业	亿元	263.3	277.8	5.5
工业	亿元	253.9	267.3	5.3
第三产业	亿元	120.7	138.2	14.5
工业总产值（现价）	亿元	1117.6	1148	2.7
高新技术企业	亿元	179.4	203.9	13.7
销售（营业）收入	亿元	1695.4	1859.4	9.7
第二产业	亿元	1124.9	1161.3	3.2
工业	亿元	1083.9	1115.9	3.0
第三产业	亿元	543.8	692.8	27.4
利润总额	亿元	69	74	7.2
第二产业	亿元	37	40.8	10.3
工业	亿元	34.3	38	10.8
第三产业	亿元	31.8	33	3.8
进出口总额	亿美元	68.1	76.2	11.9
出口	亿美元	40.8	41.1	0.7
财政收入	亿元	76.5	70.5	-7.8
税收收入	亿元	46.6	53.4	14.6
财政支出	亿元	17.5	20.2	15.4
新批企业个数	个	623	656	5.3
外商及港澳台企业	个	38	35	-7.9
内资企业	个	585	621	6.2
合同外资金额	亿美元	7.7	8.8	14.3
外商实际投资	亿美元	3.9	4.3	10.3
固定资产投资	亿元	191.3	240.1	25.5
年末从业人员数	个	193313	196591	1.7
在岗职工数	个			
在岗职工平均工资	元	49243	55499	12.7
规模以上企业个数	个	684	696	1.8
工业	个	521	549	5.4
万元 GDP 能耗		0.2823	0.2716	-3.8

（苏州吴中经济技术开发区管委会）

上海化学工业经济技术开发区

【经济发展】 2012年，上海化学工业经济技术开发区（以下简称“上海化工区”）牢牢把握稳中求进的总基调，积极应对宏观经济形势变化，确保园区经济平稳运行、稳中有进。全年主要经济指标完成情况如下：实现销售收入959.52亿元，同比增长1.3%；实现工业总产值929.48亿元，同比增长6.7%；招商引资22.5亿美元，同比增长86.7%；完成固定资产投资41.3亿元，同比下降29%；上缴税金49.2亿元，同比增长22.4%；能源消耗总量为819.5万吨标准煤，同比增长4.9%。截至年底，累计批准项目总投资203.45亿美元，累计完成固定资产投资1014.9亿元。

【投资环境】 3月，上海化工区被国务院批准升级为国家级经济技术开发区，10月，被国家发改委表彰为“全国循环经济工作先进单位”，11月，上海化工区创建“国家生态工业示范园区”通过国家环保部、商务部、科技部等三部委验收，上海化工区的品牌影响力、带动力日益增强。漕泾东航道支线航道于12月18日正式通航，有助于降低企业海运成本，满足园区经济发展需要。

【招商引资】 根据年初招商目标，以推进上海化工区开发建设15周年活动中一揽子近670亿元签约项目为重点，以服务企业、改善投资环境、破解涉及光气的项目审批难题为抓手，强化项目审批服务，做好项目的前期政策咨询和解答，并会同项目单位、发展公司、咨询单位推进项目能评报告和申请报告的上报进度。全年完成审批项目37个，其中，超过1亿美元的项目有7个。上海中石化三井弹性体有限公司揭牌成立，计划在上海化工区内投资20亿元，投建全球规模最大的乙烯丙烯二烯烃共聚物项目。赢创工业集团在上海化工区投资15.09亿元建设异佛尔酮工厂，采用自有技术，填补国内空白。拜耳公司总投资额达8.79亿美元的聚碳酸酯项目、MDI扩产项目和聚碳酸酯掺混料项目，西萨化工1.69亿美元的增资项目，孚宝公司投资1.32亿美元的二期储罐等项目先后获批。

【项目建设】 合力推进炼化一体化项目。积极做好项目对接工作，管委会、发展公司分别成立了上海化工区炼化一体化项目工作组，并与高桥石化建立定期沟通机制，及时沟通项目最新进展情况。协助完成项目的可研报告和申请报告初稿，以及配套的中电投IGCC项目可研报告，完成项目规划预留大部分土地的收储立项。会同市经信委、市安监局形成化工区涉及光气的项目发展报告，获得上海市领导批准。破解亨斯迈等公司的24万吨MDI扩建项目审批遇到的瓶颈难题，项目审批取得重大突破。帮助协调英威达己二胺项目审批程序和鼓励类确认问题，促进项目落地。

【强化安全生产基层基础】 深入推进安全发展年活动。制定并印发《上海化学工业区深入推进‘安全发展年’活动2012－2013年行动方案》。编发《上海化工区深入推进‘安全发展年’活动》系列专题报道，反映园区各单位加强安全生产的做法和经验。先后组织开展“5·28”上海化学工业区水域化学品泄漏应急救援演习、“6·19”华谊聚合物

ABS 装置应急联动综合演练等多个应急演练。加强联勤、联检、联防管理体系建设，建立化工区口岸安全管理工作联席会议制度。以“关爱生命、拒绝违章”为主题开展系列活动，先后组织开展安全生产宣传手册和书籍“进企业、进班组、进岗位”活动，举办安全生产培训、法律法规系列专题讲座。

【强化企业生产运营服务】 提高经济运行监测预警能力，建立联系人制度，密切跟踪重点企业的装置运行情况，及时完成经济运行监测周报。召开企业经济运营形势分析会，了解企业在面对经济下滑的对策及需求，深入调研，及时了解、积极协调企业生产经营中的困难和问题。组织开展相关财税政策宣传培训和优惠政策申请初核等工作，为企业落实补贴资金 1358 万元，帮助赛科公司申报专利新产品研发资助补贴。落实园区节能减排和电力设施建设专项资金 1 亿元。管委会加大服务企业力度，帮助协调解决企业运营中的矛盾困难的做法受到企业好评。

【节能减排】 上海化工区管委会积极贯彻落实上海市环保局相关文件精神，督促企业全面落实减排措施，鼓励企业通过以新带老的方式，积极开展污染减排技术改造，通过对工艺环节、污染治理环节、废物循环利用环节等的全方位改造，实现污染物总量减排。园区全年万元产值能耗为 0.998 吨标煤，较上年同期下降 3%，保持自 2009 年以来的逐年下降趋势。园区共排放化学需氧量（COD）467.6 吨，单位产值排放量为 0.58 吨/亿元，较上年下降 1.2%；排放氨氮 6.642 吨，单位产值排放量为 0.0082 吨/亿元，较上年同期上升 7.9%；排放二氧化硫（SO2）424.4 吨，单位产值排放量为 0.53 吨/亿元，较上年同期下降 13.1%；排放氮氧化物 3865.9 吨，单位产值排放量为 4.80 吨/亿元，较上年同期下降 16.1%。

【循环经济】 循环经济和生态园区建设取得新成效。华胜三期项目——化工区第三套烧碱电解装置一次开车成功并连续满负荷安全运行，不仅实现向拜耳、巴斯夫等企业的 MDI、TDI、PC 装置输出原料氯和烧碱，同时还循环利用下游企业副产的氯化氢，利用上游乙烯原料，生产二氯乙烷，实现“一份氯气，三次循环”，园区循环经济发展能级迈上新台阶。11 月，上海化工区创建“国家生态工业示范园区”通过国家发改委、环保部、科技部三部委验收。

【区域联动】 组织代表团先后到天津、南京、惠州、重庆、宁波等地的开发区进行学习考察。接待山西、宁夏、安徽、云南等地的考察团。上海化工区、南京化工区、宁波石化经济技术开发区合作发展第二次会议在南京召开，会议交流化工区产业发展、生态建设、环境保护、安全生产、责任关怀等方面的经验和做法，探讨三方互利合作的方式和途径。上海化工区管委会机关直属党委与奉贤区柘林镇党委建立联动机制，启动“双结对”活动第二个三年计划。园区内 18 家企业与周边漕泾镇、柘林镇的村、居委会开展新一轮“好邻居”活动。

【园区建设】 上海市政府副秘书长肖贵玉主持召开上海化工区开发领导小组办公室成员会议，就上海化工区进一步发展的重大事项进行协调，为召开第十一次领导小组会议作准备。新华社上海分社、解放日报等主流媒体报道上海化工区加强产业能级提升的做法及园区建设发展成果，树立园区良好的形象。制定《上海化学工业区安全管理（2013－2015 年）三年行动计划》、《上海化学工业区环境保护和建设（2013－2015 年）三年行动计划》，探索建立具有石化行业特色、开发区特征和安全运行特点的安全环保管理新模式。5 月 31 日揭牌成立环境监察支队，负责对辖区内企业的污染物排放情况实施环境监察，参与环保办牵头组织的环境应急等其他环保监督管理工作，同时与金山和奉贤两区环境监察支队构建联动执法机制，放大对化工区内污染源的监管效果，切实保障园区的有序运行和环境安全。

【党的建设】 围绕“服务中心、建设队伍”两大任务，开拓创新、狠抓落实，不断提升党建科学化水平。学习贯彻党的十八大、市十次党代会精神。通过中心组学习、专家辅导、集中培训等形式学习会议精神，把党员干部的思想和行动统一到会议提出的目标任务上来。深入开展基层组织建设年活动。研究制定开展基层组织建设年实施方案，明确活动的指导思想、方法步骤、工作任务和要求。做好化工区党建课题研究，化工区区域党建联建的特色做法，得到市委党建课题组的充分肯定，并作为经验材料被编入上海市委党建办的专报。以“深化创先争优、增强基层活力，以优异成绩向党的十八大和市第十次党代会献礼”为主题，开展创先争优活动专项活动并进行评比表彰。建立健全创先争优长效机制，各党支部都建立至少一项“务实管用、简便易行”的制度，管委会综合办、医疗急救站两个党支部的长效机制被录入市经信工作党委系统的长效机制汇编。

上海化学工业经济技术开发区主要经济综合指标一览表

项　　目	单位	2011 年	2012 年	增减
工业总产值（现价）	亿元	744.06	805.78	61.72
销售（营业）收入	亿元	805.32	819.56	14.24
工业	亿元	785.41	799.56	14.15
第三产业	亿元	19.91	20	0.09
利润总额	亿元	20.98	21.27	0.29
工业	亿元		17.48	
第三产业	亿元		3.79	
进出口总额	亿美元	25.57	25.67	0.1
出口	亿美元	9.7	10.66	0.96
财政收入	亿元			
税收收入	亿元	36.71	44.97	8.26
新批企业个数	个	2	3	1
外商及港澳台企业	个	2	2	0
内资企业	个		1	1
新批企业投资额	亿美元	0.55	3.51	2.96
外商及港澳台企业	亿美元	0.55	3.4	2.85
内资企业	亿元		0.11	0.11
合同外资总额	亿美元	1.75	5.5	3.75
固定资产投资	亿元	45.67	29.7	-15.97
年末从业人员数	个	9544	10588	1044
工业	个	24	26	2
万元 GDP 能耗		0.994	0.998	+0.004

（上海化学工业经济技术开发区管委会）

靖江经济技术开发区

【区情概况】 2012年，靖江经济技术开发区（以下简称“靖江经开区”）积极应对严峻的发展环境，紧扣科学发展观这条主线，全力以赴保增长、促转型、强功能、惠民生，经济社会继续保持健康发展的良好态势。全年实现地区生产总值396.55亿元，同比增长14.63%；实现财政总收入64.02亿元，其中公共财政预算收入28.11亿元，同比分别增长3.16%和25.88%；全年实现港口货物吞吐量8050万吨，同比增长14%。万都五金机电城、国际汽贸城等重大服务业项目启动建设，百富绅家居市场三期工程建成对外营业，木材交易市场、金属材料交易市场、南方小麦交易市场初具规模。工业运行质态继续趋好，153家规上企业中，一半以上企业开票销售增幅超过10%，荣联科技、安泰动力、新程轿配等一批骨干企业增幅达20%以上；高新产业增速明显，全年实现高新产业产值154.86亿元，产业占比同比增加2.57个百分点。

【产业发展】 先后启动建设木材产业园、包钢稀土发光材料、南洋船舶海洋工程装备生产线技术改造、重粮集团巴西基地靖江大豆加工、上骐集团车用无油无水涡旋制动气泵、三峰钢材加工配送中心、万都五金机电城、靖江国际汽贸城等15个重大项目，计划总投资137.8亿元，单体平均投资规模达9.2亿元。其中新兴产业项目5个、沿江主导产业项目6个、现代服务业项目2个。木材产业园的开工建设延伸木材深加工产业链，加快百亿级木材产业集群构建步伐；重粮集团大豆加工项目的顺利推进，进一步壮大粮油加工产业规模，为打造华东地区最大的粮油加工基地奠定坚实基础。全区全年共有在建项目47个，总投资176.7亿元。其中：重钢钢材加工配送中心、南洋船舶制造、信达物流仓储、扬子江废钢加工等11个重大项目建成投产，南方小麦电子交易市场启动运行。

【招商引资】 依托现有资源优势和产业载体，以“高新特优”为导向，做强做优主导产业为重点，坚持产业链招商，着力攀高附强、招大引新，以优质项目提升产业整体层次，促进产业转型升级。全年新签约项目33个，总投资87.8亿元。其中超10亿元项目4个，超亿元项目9个，外资项目1个。围绕沿江大产业，招引总投资约20亿元的海底电缆、船用电缆和物流码头，总投资8亿元的海洋工程装备等3个项目；围绕高端高新产业，招引总投资10亿元的包钢稀土发光材料、总投资1.9亿元的江苏鸿贝尔新材料年产1万吨铜合金生产线等6个项目。围绕现代服务业，招引总投资20亿元的国际汽贸城和万都五金机电城项目。目前在手洽谈项目10个，主要有：总投资50亿元的稀有贵金属现货交易中心项目、总投资10亿元的海洋工程装备和通信导航项目、总投资10亿元的净煤和焦煤生产基地项目、总投资1亿美元的石化仓储项目、总投资1.6亿元的空心微珠新材料产业项目等。

【科技创新】 切实做好科技基础工作，帮助企业强化科技管理基础工作，提升科技核心竞争力。全年新申报耐斯数码、格菱动力等2家高新技术企业、17项高新技术产品、2项国家级重点新产品试制计划，组织实施5项国家火炬计划。新增企业与科研单位、大专院校共建的产学研联合体7家，签订各类科技合作协议17项，解决重大技术难题项目1项，11项科技成果获市科技进步奖。卓然设备、赛德力制药机械、上骐集团3家企业成功创建为省级工程技术研发中心；卓然公司、赛德力公司成功创建沈保根院士工作站、博士后工作站。大力实施知识产权战略，全年完成专利申请1500件，其中发明专利申请超过100件，全年完成专利授权达600件，其中发明专利授权达18件。加大力度推进企业“两化融合”，推荐城南园区申报全省“两化融合”示范园区，完成东华测试、赛德力、宏泰等8家软件企业年审；积极申报，帮助新时代造船入选省级两化融合示范企业，恒力汽配、赛德力、新程轿配入选省级两化融合试点企业；组织东华测试、华通机电、上骐集团、万林木业等9家企业上争2012年江苏省工业和信息产业转型升级专项引导资金，共获得中小企业转型升级项目扶持资金610万元。

【民生保障】 坚持以就业为重点，积极抓好就业政策的落实，加大劳动者就业技能培训的投入力度，全年投入近200万元，举办4000多人次免费技能培训，新增就业3600多人，培训就业率达90%以上。高度重视被征地农民生活保障问题，严格按照社保政策规定，全年投入5.23亿元，帮助10699名失地农民及时办理社会保障，享受城镇职工标准的养老待遇，确保农民“失地”不“失收”。

【机构设置与领导班子建设】 靖江市委、市政府对靖江经开区机构设置作出调整决定，撤消新港园区党委、管委会及纪委，相关工作由开发区机关直接管理，成立新港城党支部，隶属开发区党工委领导。任命王绍斌同志为靖江经开区管委会主任；罗晓东同志任管委会副主任，城南园区主任，城南办事处党委书记；王靖同志任管委会副主任、城北园区主任、孤山镇党委书记；何健同志任党工委委员、经发局局长；陆林祥同志任党工委委员、公用事业局局长；刘俊同志任党工委委员、党政办主任；吴东初同志任党工委委员；原经发局局长杜海钧同志任工会主席。

靖江经济技术开发区主要经济综合指标一览表

项　　目	单位	2012年	2011年	增减
开发区生产总值	亿元	396.55	345.95	14.63%
第二产业	亿元	282.16	245.27	15.04%
工业	亿元	271.22	235.84	15.00%
第三产业	亿元	111.09	90.6	22.62%
工业总产值（现价）	亿元	1647.02	1461.37	12.70%
高新技术企业	亿元	154.86	143.39	8.00%
销售（营业）收入	亿元	2328.73	1860.4	25.17%
第二产业	亿元	1578.29	1327.39	18.90%
工业	亿元	1612.41	1300.5	23.98%
第三产业	亿元	705.7	523.71	34.75%
利润总额	亿元	133.4	113.05	18.00%
第三产业	亿元	115.66	98.85	17.01%
工业	亿元	110.54	94.26	17.27%
第三产业	亿元	17.74	14.2	24.93%

续表

项　　目	单位	2012 年	2011 年	增减
进出口总额	亿美元	25.8	35.41	-27.14%
出口	亿美元	20.41	28.01	-27.13%
财政收入	亿元	64.02	62.06	3.16%
税收收入	亿元	61.82	48.89	26.45%
财政支出	亿元	17.79	17.31	2.77%
新批企业个数	个	398	371	7.28%
外商及港澳台企业	个	16	11	45.45%
内资企业	个	382	360	6.11%
新批企业投资额	亿美元			
外商及港澳台企业	亿美元	6.6685	9.5035	
内资企业	亿元	51.93	103.94	
增资企业	亿美元	3.087	4.586	
合同外资金额	亿美元	6.98	8.9	-21.57%
外商实际投资	亿美元	2.29	1.43	60.14%
固定资产投资	亿元	140.29	148.29	-5.39%
年末从业人员数	个	141182	148821	-5.13%
在岗职工数	个	40691	40568	0.30%
在岗职工平均工资	元	43073	38993	10.46%
规模以外企业个数	个	295	263	12.17%
工业	个	168	156	7.69%
万元 GDP 能耗	吨标煤/万元	0.3212	0.3356	-4.29%

（靖江经济技术开发区管委会）

衢州经济技术开发区

【四区合一】 2012年8月10日，浙江省衢州市委、市政府决定，将衢州经济技术开发区、衢州绿色产业集聚区、衢州高新技术产业园区“三区合并”，物流园区划归衢州经济技术开发区管理。衢州经济技术开发区（以下简称“衢州经开区”）拥有工业企业1000多家，含明旺乳业、元立集团、开山股份、红五环等一批国内外知名企业，规模以上企业103家，5亿元以上企业15家、10亿元以上企业7家、100亿元以上企业1家；拥有企业职工5万余人。实现地区生产总值140.41亿元，同比增长20.5%；工业总产值402亿元，其中规上企业实现产值325.5亿元，同比增长3.3%；规上工业增加值74.15亿元，同比增长16.5%；完成固定资产投资42亿元，同比增长28%，其中工业投资36亿元，同比增长29%；实现财政总收入24.3亿元，同比增长4%，其中地方财政收入13.3亿元、同比增长15.23%。

【产业布局】 致力打造国际级氟硅钴新材料产业基地，拥有国家火炬计划浙江省衢州氟硅新材料特色产业基地、浙江省硅产业基地，实现产值近150亿元。拥有国家火炬计划衢州空气动力机械特色产业基地、浙江省空气动力机械产业基地，先进装备制造业产值近200亿元。打造以安全、绿色、品牌为特色的绿色食品产业，绿色休闲食品和健康饮品产业产值31亿元。打造高档特种纸等特色轻工产业，年产值30多亿元。初步形成了以现代物流、科技研发为支撑，工业设计、电子商务为特色，传统商贸、住宿餐饮为基础的服务业产业格局，区内服务业企业共有1058家，实现服务业营业收入5.54亿元。

【投资环境】 制定完善招商引资优惠政策，对龙头骨干企业、重大项目以及首期固定资产投资5亿元以上的引进项目和现有企业固定资产再投资1亿元以上技改项目实行“一事一议”的优惠政策等。

【招商引资】 全年共新引进工业项目50个，协议引资额53.1亿元，其中10亿元以上项目3个，5亿－10亿元项目1个，1亿－5亿元项目7个，实际到位43.4亿元，完成年度考核目标的166.9%。到位外资2800万美元，完成年度考核目标的100%。全年共决策咨询工业项目60个，总投资70.3亿元人民币，总用地面积953.5亩，平均投资强度298万元/亩。

【对外贸易】 新批外商投资企业1家，合同外资491万美元，实际外资688万美元。完成进出口118545万美元，完成年度计划的102%，同比增长23%，进口77036万元，比去年同期增长75%。进出口总体保持平稳增长，进口近两年都保持在70%以上的增长。

【项目建设】 全年在库项目106个，其中26个完工，累计完成固定资产投资42.09亿元，较上年同期41.88亿元增长0.5%。工业项目投资累计完成37.67亿元，较上年同期36.52亿元增长3.14%。技改项目投资累计完成16.62亿元，较上年同期13.87亿元增长19.88%。汇盛、创投等开发区内设投资公司投资累计完成4.43亿元。

【科技创新】 拥有国家级技术中心1家，

国家级工程技术研发中心2家，国家级高新技术企业15家，国家级专利试点企业1家，省级高新技术研发中心10个，省级新产品12个，省级科技型企业16家，省级创新型试点（示范）企业3家，省级专利示范企业3家。全年工业企业R&D经费支出额为3.3亿元，占全市R&D经费总支出额的30%；研发人员数为1024人，占全市总研发人员数的27%；发明专利授权量为24件，占全市发明专利总授权量的18%；规模以上新产品产值为70.2亿元，占全市规模以上新产品总产值的31%；高新技术产业产值为104亿元，占全市高新技术产业总产值的27%。巨化集团公司、浙江凯圣氟化学有限公司等6家企业成功创建浙江省氟硅新材料产业重点企业研究院。与浙江大学合作建立浙大技术转移衢州分中心，与中科院常州中心合作共建衢州数字化设计与仿真中心。

【管理与服务】 机构改革整合后，授权衢州经开区166项行政审批及公共管理职能，基本达到相对独立封闭运行、办事不出区的效果。深化行政审批制度改革，区内行政服务中心实行“一条龙”式服务，为入驻企业提供及时、便捷、周到的服务。中硅电子、通顺科技柔性引进教授级高工、高级工程师，建立市级专家工作站，开山集团、上洋机械、中天氟硅建立市级重点创新团队。浙江鑫巨氟材料有限公司留美博士吴慧申等4人新入选浙江省“千人计划”人才。开发区共有国家“千人计划”人才1名，浙江省“千人计划”人才7名。加强城市管理，全年投入道路维修、雨污管网清理等市政设施养护107万元。城市道路保洁面积257万平方米，保洁经费176万元。区内有垃圾中转站4座，全年垃圾清运处理约3.26万吨，运行费用12.49万元。

【社会事业】 教育事业方面，新建新星初中投入使用，区内共有四所义务教育学校，在校学生5675人，教职工350人。农村经济和社会保障方面，财政预算内资金用于“三农”支出增长率达到14.6%，村级集体经济增长率5.88%，农村居民人均纯收入比上年增长27.5%；新农合范围内住院外偿率70.5%，60周岁以上农村居民养老金发放效率100%，农村低保人均救助水平51.2%。新农村建设资金的投入方面，全年完成13个项目，总投资995.5万元，争取省财政奖补资金275万元，区配套奖补资金360万元，农村面貌得到进一步改善。

【机构设置与管委会领导】 衢州经济技术开发区党工委（管委会）内设党政综合办公室、高新技术产业片区管理服务办公室、综合物流片区管理服务办公室、行政审批服务办公室、组织宣传部、人才工作办公室、社会管理综合治理工作部、投资促进局、经济发展局、服务业局、统计局、社会事务和农村工作局、财政局、安全生产监督管理局、建设管理局、征迁事务管理局、监察室、总工会18个部门。

2012年1－10月：党工委（管委会）领导：衢州经济技术开发区党工委（管委会）书记、主任徐常青，副书记邵新安，副主任、党工委委员邵新安，纪工委书记、党工委委员余建军，副主任、党工委委员李韬，党工委委员李韬，党工委委员、副调研员吴俊生，党工委委员曾建民，党工委委员汪史唯，副调研员余晓明。

2012年8－12月衢州经济技术开发区（衢州绿色产业集聚区、衢州高新技术产业园区）党工委（管委会）书记、市委常委傅根友，副书记、主任傅炎康，副书记、常务副主任徐常青，副书记姜良米，副书记余建军，副主任、党工委委员傅金生，纪工委书记、党工委委员季太昌，副主任、党工委委员李韬，副主任、党工委委员方圆，副主任、党工委委员曾建民，副主任、党工委委员何斌，副调研员、党工委委员吴俊生，副调研员、党工委委员夏水敬，党工委委员姜文龙，党工委委员汪史唯，副调研员张锴，副调研员余晓明，副调研员邵竹云，副调研员吴胡奎，副调研员周晓红。

衢州经济技术开发区主要经济综合指标一览表

项　　目	单位	2011 年	2012 年	增减（%）
开发区生产总值	亿元	116.56	140.41	20.46
第二产业	亿元	77.23	96.50	24.95
工业	亿元	73.59	88.96	20.89
第三产业	亿元	38.81	43.66	12.50
工业总产值（现价）	亿元	320.20	401.86	25.50
高新技术企业	亿元	69.73	77.30	10.86
销售（营业）收入（三上）	亿元	477.43	528.85	10.77
第二产业	亿元	370.41	401.19	8.31
工业（规上）	亿元	313.26	339.29	8.31
第三产业（限上）	亿元	107.02	127.66	19.29
利润总额（三上）	亿元	24.49	28.65	16.99
第二产业	亿元	19.08	22.11	15.88
工业（规上）	亿元	13.05	15.75	20.69
第三产业（限上）	亿元	5.41	6.54	20.89
进出口总额	亿美元	9.57	11.85	23.82
出口	亿美元	5.26	4.15	-21.10
财政收入	亿元	15.73	16.10	2.35
税收收入	亿元	8.21	9.15	11.45
财政支出	亿元	3.70	5.28	42.70
新批企业个数	个	195	223	14.36
外商及港澳台企业	个	1	1	0.00
内资企业	个	194	220	13.40
新批企业投资额	亿美元	1.67	1.47	-11.98
外商及港澳台企业	亿美元	0.54	0.02	-96.30
内资企业	亿元	7.40	9.50	28.38
合同外资金额	亿美元	0.49	0.60	22.45
外商实际投资	亿美元	0.70	0.86	22.86
固定资产投资	亿元	39.35	42.17	7.17
年末从业人员数	个	50995	51268	0.54
在岗职工数	个	51220	51747	1.03
在岗职工平均工资	元	29975	30120	0.48
规模以上企业个数	个	157	170	8.28
工业	个	94	103	9.57
万元 GDP 能耗		1.74	1.65	-5.17

（衢州经济技术开发区管委会）

北辰经济技术开发区

【构建创新政策】 2012年，北辰经济技术开发区（以下简称“北辰经开区”）进一步完善创新创业扶持体系，逐年增加科技研发资金的投入力度。发挥政策与资金的导向、推动与杠杆作用，坚持与时俱进，保持科技政策在全市乃至全国的领先地位。发挥政策导向作用，把科技资源向自主创新项目、拥有自主知识产权的项目、科技产业化项目倾斜。充分发挥北辰经济技术开发区高新技术指导委员会的论证咨询作用，建立科技、政策研究、财政、税务和审计等跨部门的联动机制，完善政策兑现流程，提高兑现效率，减少决策过程的主观意志和行政干预，提高决策的科学性和权威性。

成立北辰经济技术开发区产业发展领导小组，研究制定北辰经济技术开发区发展中长期规划和年度行动方案，明确产业定位、发展目标及重点，制定产业政策、调整产业导向目录，全力以赴抓好招商引资和大项目建设，推动产业健康发展。建立北辰经济技术开发区产业发展统筹协调机制，认真梳理、研究解决发展中出现的各种问题，形成产业发展合力。需要部门协调解决的问题立即着手落实，并与有关部门对接国家、市项目资金支持，帮助企业解决市场对接、融资衔接、用工需求等。聘请国内外知名专家和企业家，成立专家咨询委员会，为北辰经济技术开发区的发展建言献策，增加决策的科学性。发挥地方行业协会在政府和企业间的桥梁和纽带作用，使其为企业提供市场供求、生产能力、技术经济指标等信息服务，加强对北辰经济技术开发区发展的信息引导和宏观指导。

建立多元化的奖助体系，助推产业发展壮大。发挥北辰区发展专项基金的作用，对北辰经济技术开发区确定的重点发展的产品研发及产业化、重点项目建设、产业创新工程等进行倾斜性支持。设立奖励政策推动企业以商招商和链式招商，鼓励国内外产业链配套项目落户北辰经济技术开发区，拓展、完善产业链。对北辰经济技术开发区高成长性企业，在发展过程中的土地使用、投融资、上市、研发、创新能力建设等方面，予以优先支持，使其迅速发展壮大，成为龙头企业。积极支持以产、学、研联盟的形式开发具有自主知识产权的新产品。

落实《北辰区“十二五”人才发展规划》、《北辰区鼓励引进高层次人才暂行规定》、《北辰区特聘专家制度实施办法》通过购房补贴、安家费以及子女就学和户口等政策奖励加强对领军人才和高级科技人才的引进工作；加强人才奖励力度，加强博士后工作站和创新基地建设的扶持力度，鼓励科技企业进行人才培养。通过多层次全方位的人才政策体系，解决企业创新发展的核心要素之一人才的问题。

鼓励各类创新主体争取国家、天津市和北辰区相关优惠政策，为科技型企业量体定制扶持计划。根据企业成长的不同阶段，通过设立孵化资金（针对初创企业）、自主研发扶持资金和项目配套资金（针对成长型企业）、企业改制上市资助资金（针对优质企业），多层次多元化支持企业发展。通过孵化资金。创业投资发展金、贷款担保特别风险专项资金、银行贷款贴息、知识产权质押贷款等多种渠道和方式，全面改善科技企业的融资环境。

【助推八大产业集群快速发展】 经过20多年的滚动发展，在已建成37.6平方公里的土地上，初步形成装备制造、机电制造、生物制药、新型能源、汽车配件、橡胶制品、食品饮料、现代物流八大支柱产业群体，即以德国西门子为龙头的86家企业组成的装备制造产业群体，年产值达到332亿元；韩国LG为龙头的14家企业组成的机电制造产业群体，年产值达到79亿元；以中国天士力为龙头的9家企业组成的生物制药产业群体，年产值达到57亿元；以香港比克电池公司为龙头的21家企业组成的新型能源产业群体，年产值达到53亿元；以日本丰田铁工为龙头的14家企业组成的汽车配件产业群体，年产值达到38亿元；以台湾正新轮胎为龙头的6家企业组成的橡胶制品产业群体，年产值达到37亿元；以香港华润集团为龙头的5家企业组成的食品饮料产业群体，年产值达到14亿元；以美国沃尔玛公司为龙头的8家企业组成的现代物流产业群体，年营业额达到7000万元。中材装备集团承担国家产业振兴项目及国家科技支撑计划项目，多项产品填补国内空白，"新型干法水泥生产关键技术与装备开发机工程化应用"、"新型干法水泥生产线重大配套装备研制和工程化应用"均获国家科学技术进步奖二等奖；天锻自主研发获得专利技术472项，其中发明专利141项，占国内液压机制造业专利总数的80%以上；中重科技16个产品为国内创新型首台套应用产品，在万能H型钢生产线系列、热轧精品窄带钢生产线系列为完全知识产权；建科机械拥有覆盖钢筋的棒材及线材等高端钢筋加工领域的27大系列150余项产品。

【创建三大产业基地】 立足经济潮头，放眼未来，重点构建和培育高端装备制造、新能源新材料和原始创新三大产业基地。以中材集团、华电重工等国内知名企业为主导的高端装备制造基地，占北辰经开区经济总量的70%以上；德国采埃孚、香港比克电池、德国威能极等新能源领域骨干企业在区内落户，使北辰经开区在新能源领域叫响自己的产业品牌；引进中船重工707所、中国兵器70所等多家国家级科研院所，汇集众多高端科技人才和创新成果，其极强的自主创新能力，已成为科技引领经济发展的强大引擎。

【区域载体平台建设】 北辰经开区是中国唯一以新闻出版装备制造产业为特色的开发区。新闻出版装备产业园坐落在北辰经济技术开发区内，占地4.1平方公里，是经国家新闻出版总署批准，在全国首家，也是唯一一家以新闻出版装备产业为主的国家级产业园。主要以先进印刷装备、数字化出版技术装备、现代包装印刷、新闻出版发行为行业主导，将成为国家新闻出版技术装备孵化区、3D打印技术装备引领区和云印刷示范区。产业园内目前已拥有全国著名的印刷设备上市公司长荣印刷设备股份有限公司、全国最大的油墨制造企业东洋油墨印刷有限公司，以及天女油墨生产厂等企业入驻，为未来发展提供坚实的基础。

北辰经济技术开发区主要经济综合指标一览表

项　　目	单位	2011年	2012年	增减（%）
开发区生产总值	亿元	98	161	64
第二产业	亿元	96	158	65
工业	亿元	96	158	65
第三产业	亿元	1	3	200

续表

项　　目	单位	2011 年	2012 年	增减（%）
工业总产值（现价）	亿元	518	607	17
高新技术企业	亿元			
销售（营业）收入	亿元	573	830	45
第二产业	亿元	511	730	42
工业	亿元	511	730	43
第三产业	亿元	62	99	60
利润总额	亿元	35	43	23
第二产业	亿元	35	41	17
工业	亿元	35	41	17
第三产业	亿元	0.1	0.2	100
进出口总额	亿美元	27	26	-3.70
出口	亿美元	17	17	0
财政收入	亿元			
税收收入	亿元	27	28	4
新批企业个数	个	116	132	14
外商及港澳台企业	个	16	15	-6.25
内资企业	个	100	117	17
新批企业投资额	亿美元	4.6	4.14	-10
外商及港澳台企业	亿美元	2.3	2.07	-10
内资企业	亿元	57	74	30
增资企业	亿美元	1.04	0.93	-11
合同外资金额	亿美元	2.3	2.07	-10
外商实际投资	亿美元	2.3	2.07	-10
固定资产投资	亿元	73	105	44
年末从业人员数	个	55847	58610	5
在岗职工数	个	55879	59637	7
在岗职工平均工资	元	59482	67738	14
规模以上企业个数	个	201	187	-7
工业	个	184	156	-15
万元 GDP 能耗		0.23	0.12	-48

（北辰经济技术开发区管委会）

义乌经济技术开发区

【区情概况】 2012年是义乌经济技术开发区（以下简称“义乌经开区”）发展进程中极不平凡的一年，在迎来建区二十周年之际，经国务院批准升级为国家级经济技术开发区，浙江省编办批准义乌经开区为副处级单位，义乌经开区全面开启发展新的征程。义乌经开区牢牢抓住国际贸易综合改革试点这一重大机遇，紧紧围绕义乌“两区六城”建设，深入贯彻实施“工业强市”发展战略，大力推进“大平台、大产业、大项目、大企业”建设，按照“三并重、二致力、一促进”发展要求，积极开展发展战略研究并形成下步发展的初步设想，同时在招商引资、项目推进、科技创新、基础配套建设等方面都取得一定成效。总投资20亿元的赵龙集团有限公司特种车及工程机械制造项目等一批重大产业项目相继开工建设；规划占地1800亩的义乌（中国）汽车零部件产业基地项目已举行奠基仪式；铁皮石斛软胶囊和养生保健酒系列产品产业化投资建设项目、年年红企业总部建设暨厂区搬迁项目等总部型企业试点项目稳步推进。义乌经开区总部经济区荣获“2012（首届）浙商最佳总部基地”，A组团已引进市外企业42家，B组团已有7家企业申请入驻，经过公开招标，A组团工程项目的技术服务、前期物业及招商服务由绿城房地产集团有限公司中标；义乌市文化广场、稠州商业银行等项目先后开工，星级酒店、购物中心、休闲商业街、道路交通网络等生产生活配套基础设施前期工作稳步推进，浙大义乌创业育成中心、科技产业集聚园等科技创新平台功能不断强化，博士后工作站、人才服务所各项工作逐步开展，义乌经开区发展呈欣欣向荣之势，被义乌市委市政府集体记功一次，同时被评为2012年度义乌市党政机关“十大创新典型”。

【经济发展】 全年实现工业总产值817.6亿元，同比增长16.25%；规上工业总产值431.68亿元，同比增长11.8%；出口交货值118.9亿元，同比增长13%；实现财政收入35.26亿元。

【投资环境】 形成完备的供电、供水、道路、电信、宽带、排污、排水、地块平整等“七通一平”投资发展环境，学校、幼儿园、医院、银行、住宅区、公园、菜市场、星级酒店等配套完善，建有面积达100万平方米的生态绿色公园，全区绿化率达32%。拉开“五纵八横三快速”的路网框架，投入巨资高标准建设变电所、燃气供应站等生产配套和学校、医院、文化中心、购物中心、高档住宅等生活设施，优化生态环境，建设湿地公园等园林绿化设施，投资环境日益成熟。

【优惠政策】 总部经济区A组团招商入驻项目按照义政办发［2010］93号、义政办发［2011］126号等文件给予优惠扶持政策；总部经济区B组团、C组团招商入驻项目提供“一企一策”、“一事一议”的政策优惠。招引科技人才优惠政策。可申请不同额度的创业启动资金；提供生产（办公）用房面积或租金补贴；配套人才住房；创业或工作的高层次人才，每月可享受义乌市政府津贴；并解决子女就学问题及实行税收奖励等优惠政策。对于特别优秀的重大项目，可以采取“一事一议”

政策给予扶持。

【机构设置与管委会领导】 义乌经开区管理委员会为义乌市政府派出机构，内设办公室、招商局、经贸科技局、规划建设环保局、财政局等机构。中共义乌经济技术开发区委员会由张庆奇、黄华、陈临军、季小丹、何中民等5名同志组成，张庆奇同志任书记、主任，黄华、陈临军、何中民任党委委员、副主任，季小丹同志任党委委员、纪工委书记。

义乌经济技术开发区主要经济综合指标一览表

项　　目	单位	2011 年	2012 年	增减
开发区生产总值	亿元	238.67	268.72	12.59
第二产业	亿元	181.27	206.11	13.70
工业	亿元	157	180.08	14.70
第三产业	亿元	45.2	49.95	10.51
工业总产值（现价）	亿元	703.25	817.59	16.26
高新技术企业	亿元	83.52	110.73	32.58
销售（营业）收入	亿元			
工业	亿元	678.2	776.4	14.48
利润总额	亿元	24.94	27.34	9.62
工业	亿元	21.6	24.49	13.38
进出口总额	亿美元	12.38	15.87	28.19
出口	亿美元	10.12	13.55	33.89
财政收入	亿元	34.22	35.26	3.04
税收收入	亿元	23.2	25.71	10.82
财政支出	亿元	11.4093	12.52	9.74
新批企业个数	个	860	1821	111.74
外商及港澳台企业	个		1	
内资企业	个	860	1820	111.63
新批企业投资额	亿美元	3.29	5.32	61.70
外商及港澳台企业	亿美元		0.12	
内资企业	亿元	21.39	19.66	-8.09
增资企业	亿美元		2.18	
合同外资金额	亿美元	0.0045	0.207	45
外商实际投资	亿美元	0.0045	0.207	45
固定资产投资	亿元	59.93	80.76	34.76
年末从业人员数	个	178269	182565	2.41
在岗职工数	个	178269	182565	2.41
在岗职工平均工资	元	29821	32565	9.20
规模以上企业个数	个	333	368	10.51
工业	个	333	368	10.51
万元 GDP 能耗		0.37	0.35	-5.41

（义乌经济技术开发区管委会）

秦皇岛经济技术开发区

【区情概况】 2012年，秦皇岛经济技术开发区（以下简称“秦皇岛经开区”）全年完成地区生产总值240.58亿元、增长15%；外贸出口16.09亿美元、固定资产投资108.2亿元、财政收入37.75亿元，同比分别增长25.7%、17.5%、18.1%；实际利用外资1.88亿美元、内资99.74亿元，同比分别增长8.3%和14.6%。全区在建千万元以上项目57项，总投资611亿元，完成投资86.49亿元。其中，当年新开工31项，完成投资37.6亿元。全区实际到位外资24.84亿美元；引进内资634.77亿元，全年引进项目22项，总投资69亿元的嘉隆光电产业园、10亿元的中兴通讯智慧城市服务中心和1.5亿美元的戴卡二期等一批大项目落地。2012年，数据产业快速发展。中科院数据产业研发转化基地正式签约，7个高端项目同时落地。全球首个基于云计算的三维互联网技术应用孵化平台正式上线，快速制造国家工程研究中心秦皇岛示范中心开始服务，安卓科技、星通联华物联网研究院等一批项目落地。2012年，全区工业主营业务收入超亿元企业达到57家，占全区规模以上工业的95.5%。其中10亿元企业14家，50亿元企业3家。规上工业主营业务收入718.63亿元、工业增加值148.78亿元，分别增长15%和15.2%。拥有中国名牌产品5个，河北省著名商标23个，是河北省首家通过ISO9001质量管理体系认证的开发区，获得“2012最具投资价值园区”、“中国产学研合作创新示范基地”、“全国数据产业最佳基地”等称号，区域产业竞争力、发展带动力和对外影响力进一步增强。

【产业发展】 调整结构，以发展新兴产业为突破口，大力改造传统产业，打造优势产业，产业规模化、集约化、高端化发展取得明显成效，产业竞争力明显提升。数据产业快速发展。中科院数据产业研发转化基地正式签约，7个高端项目同时落地。全球首个基于云计算的三维互联网技术应用孵化平台正式上线，快速制造国家工程研究中心秦皇岛示范中心开始服务，安卓科技、星通联华物联网研究院等一批项目落地，提升数据产业技术能力，巩固秦皇岛经开区作为全国数据产业倡导者、推动者和实践者的地位。以环境优美、特色鲜明、功能完善为特色的中国“数谷”在年内已现雏形。起步区1.4平方公里已基本具备项目摆放条件，标志性建筑“数谷”大厦以及49栋单体建筑正式建成，中科院数据产业研发基地等18个项目陆续入驻。高新技术产业强势增长。大力扶持科技创新，为51家企业申请扶持资金7565万元，全区申报各类专利824项，授权专利490项。全年新增省级以上企业技术中心6个，总量达到22个，占全市的80%。新建“北方云数据中心”等公共服务平台5个，总量达到20个。2012年，高新技术产业完成工业总产值190亿元，同比增长35%；实现利税16亿元，占全区的63%。全区拥有高新技术企业45家，占秦皇岛市总数的62.7%。支柱产业创新成果丰硕。2012年秦皇岛开发区汽车零部件、粮油食品加工、重大装备制造等产业发展迅猛，龙头企业技术实力显著增强。全区工业主营业务收入超亿元企业达到57家，占全区规上工业的95.5%。其中超10亿元企业14家，超50亿元企业3家。年内全区拥有中国名牌产品5个，河北省著名商标23个。哈电重装生产完成世界首台AP1000三代核电汽轮机，核电制造技术跻身世界一流；国内首台大直径全断面岩石掘进机在天业通联下线，成功打破国外垄断；天威保变首台高性能变压器一次试验成功，技术指标国际领先。区内中油宝世顺公司依靠技术创新抢占市场，全年完成产值30.87亿元，利税2.04亿元，同比分别增长20.7%和3.7倍，实现“双跃升”。宏岳塑胶公司成为“中国地暖行业领军品牌”。金海粮油、金海食品、五兴能源、山船4家企业入选“河北百强”（秦皇岛市共6家）。戴卡公司挺进全球汽车零部件供应商100强。支柱产业高端化发展的趋势日渐形成，区域的竞争力与影响力显著提升。

【科技创新】 科技企业创新取得重大突破。依托天业通联重工股份有限公司建设的河北省重型装备工程技术研究中心通过专家论证，被认定为省级工程技术研究中心。秦皇岛戴卡兴龙轮毂有限公司和秦皇岛燕大现代集成制造技术开发有限公司共同承担的河北省轻合金车轮工程技术研究中心通过验收。全区共有国家级企业技术中心1家，省级企业技术中心16家；省级工程技术研究中心8家，市级工程技术研究中心2家；技术研发平台2家。列入国家、省、市各级科技计划55项，共获资金支持2592万元。其中，列入科技部重大专项、2012年国家科技型中小企业技术创新基金、2012中小企业技术服务机构补助资金等5类国家级计划15项，获资金扶持1483万元。共组织8家企业19项成果申报科技进步奖，实现历史性突破。其中天业通联重工股份有限公司的“土压平衡盾构机的研制”获2012年度河北省科技进步二等奖；美铝合金有限公司的“提高锻旋汽车轮毂用6061B铝合金铸棒质量工艺研究”和星箭特种玻璃有限公司的“航天用掺铈的二次表面镜（OSR）玻璃基片”2项目获2012年度河北省科技进步三等奖。

【三维互联网应用孵化平台上线】 秦皇岛经开区与IBM合作全球首个基于云计算的三维互联网应用孵化平台正式在秦皇岛开发区上线，标志着一种创新的互联网数据平台已建设完成并交付使用。

【数据产业基地】 秦皇岛经开区数据产业基地形成以北京大学（秦皇岛）科技产业园为代表的园区性项目、以IBM三维互联网技术平台为代表的平台型项目、以星通联华物联网研究院为代表的研究性项目、以秦皇岛（中科院）数据产业研发转化基地为代表的成果转化型项目4类项目为重要支撑点的项目格局。项目布局平衡，为数据产业基地平稳健康发展打下基础。随着数谷大厦、数谷翔园的启用，一个现代化、生态型园区已初步形成。秦皇岛经开区科技局联系国内众多数据产业方面的知名专家，为数据产业发展出谋划策。邀请中国软件行业协会理事长赵小凡、中国工程院院士邬贺铨、中国工程院院士倪光南、中国科学院院士汪承灏、卫星遥感专家王晋年、云计算专家刘鹏、物联网专家张全升以及咨询专家李树翀等领导和专家筹备“秦皇岛数据产业专家指导委员会”。通过专家参与指导数据产业发展，提高数据产业基地的竞争力、扩大基地影响力。秦皇岛经开区科技局同工业和信息化部直属单位、国内最大的IT专业媒体机构——赛迪传媒建立联系，秦皇岛的数据产业得到国家部委肯定。在2012年中国信息产业经济年会上，秦皇岛数据产业基地被评为“数据产业最佳基地”。

【投融资体制建设】 2012年4月26日，根据秦开机编［2012］11号《秦皇岛经济技术开发区机构编制委员会关于成立秦皇岛经济技术开发区金融工作办公室的通知》的文件精神，秦皇岛开发区金融工作办公室正式成立，隶属管委办公室。秦皇岛经开区金融工作致力优化金融生态环境，全力服务实体经济，与银行、保险、天交所、中信保等单位通力合作，成功融资5.041亿元。引进招商财达证券进驻秦皇岛开发区，组织成立区内小额贷款公司，引导和规范民间融资行为。10月，成功签署《秦皇岛经济技术开发区管理委员会与天津股权交易所关于促进中小企业挂牌交易工作合作协议》。区内企业中兵建设和海纳电测在天交所成功挂牌交易，分别融资770万元和2160万元。11月，三信小额贷款公司获批正式成立。与国家开发银行合作，成功为区内3家企业融资2000万元。12月，3.6亿元项目贷款发放至国资公司账上。破解小微企业融资难题，大力培育和拓宽小微企业融资渠道，为企业量身定做融资产品。三信科技小额贷款股份有限公司全年为秦皇岛经开区内小微企业发放贷款9450万元。

【招商引资】 以引进战略投资项目和发展新兴产业为核心，打造符合全区经济要求的优势产业上下游产业链。促签约项目开工建设。强化项目责任人制度，指派专人与企业沟通和联系，随时掌握项目进度；坚持项目推进周例会制度，听取重点项目推进情况汇报，找出症结并及时解决；与相关部门进行沟通，帮助解决困难，确保项目顺利开工建设，尽快投产达效。提高资金到位率。提高在谈项目签约率、签约项目开工率、在建项目资金到位率。以调整产业结构为重点，强化“大招商、招大商”理念，加大招商力度，以商招商、会展招商，搞活招商形式。全年批准外资项目3个，总投资22.9万美元，注册资金22.9万美元，合同利用外资16.5万美元；审批外商投资增资项目2项，增加投资1.07亿美元，注册资本3700万美元。秦皇岛开发区工商局注册各类企业830户。个体工商户711户。注册各类企业2503家，注册资金超亿元的有27家，增资企业86户，增资金额9.91亿元。

【人才队伍建设】 秦皇岛经开区区内及区外有燕山大学、东北大学分校等13所高等院校。秦皇岛经开区开展推荐人才、引进智力、提供信息等内容的人才服务活动。全年办理人才引进47人。接收大中专毕业生351人，办理人员调动手续352人，签订大中专毕业生就业协议795份。

【文化建设】 制订出台《秦皇岛经济技术开发区文化发展“十二五”规划》，加大对文化事业的投入。全区新建农家书屋32个，为农家书屋发放图书5万多册、音像制品3200盘，价值87万余元；完成“卫星数字农家书屋”建设；为全区11个社区文化活动室配送价值44.6万元的文化设备。全区有各类文化、新闻出版经营单位99家，文化产业经营有序。新闻宣传力度不断加大。《秦皇岛日报·开发区周刊》全年出刊47期；《秦皇岛电视台·开发区新闻》全年共播出261期；《秦皇岛新闻》播出秦皇岛开发区新闻稿件150余篇；省级以上报刊、电视台、电台、网络媒体刊（播）发新闻稿件220余件。出版事业得到繁荣与发展。《旅游纵览》杂志出刊24期；《中国·秦皇岛经济技术开发区年鉴2012》由方志出版社出版发行。文学事业成果显著。由秦皇岛开发区作协主办的《开发区文学》杂志全年共出刊4期。

【机构设置与管委会领导】 中共秦皇岛经开区工委是中共秦皇岛市委的派出机构，内设工委办公室、组织部、宣传部、纪工委、政法委、工会联合会、机关工委、企业工委、妇女联合会、共青团。秦皇岛开发区工委主要领导成员为：工委书记郑宝亮，工委副书记胡英杰、李生、周雁（女）、陈永富、郝凤斌、郑新（女），纪工委书记王家林。秦皇岛开发区行政管理机构为秦皇岛市政府的派出机构，行政级别为副地级，下属管委办、经发局、财政局、政策法制局、建设规划局、招商局等20个直属单位。秦皇岛开发区管委领导成员为：管委主任胡英杰，管委副主任郑宝亮、李生、邵宏根、李颖熹（女）、扈秋宁、郭晓城、刘洪柱、何华庆、吕爱国。

（秦皇岛经济技术开发区管委会）

烟台经济技术开发区

【区情概况】 烟台经济技术开发区（以下简称“烟台经开区”）定位为经济结构清晰合理、产业结构高端强劲、社会事业协调发展、城市个性鲜明朝气的创新型、现代化、靓丽文明的滨海新城。2012年完成地区生产总值1120亿元，增长15%；工业总产值3705亿元，增长15.8%；固定资产投资457亿元，增长20.2%；地方财政收入55.9亿元，增长14.6%。

【招商引资】 新批外商投资项目54个，总投资17.28亿美元：合同外资金额6.62亿美元，增长15.5%；实际利用外资7.32亿美元，增长0.3%。

【对外贸易】 外贸进出口344亿美元，增长5%。其中，出口总额195亿美元。增长5.7%，进口149亿美元。

【产业发展】 经过多年培育，已形成电子信息、机械制造两大主导产业，全年实现产值2640亿元，利税223亿元。电子信息产业，以富士康（烟台）科技工业园、浪潮乐金数字移动通信有限公司、乐金显示（烟台）有限公司、乐金电子部品（烟台）有限公司为龙头，积极承接国际计算机研发、整机和零部件加工产业转移，不断增资扩能，进一步扩大生产和出口规模，全年实现产值1850亿元，同比增长15.4%。机械制造产业，充分发挥上海通用东岳汽车有限公司、上海通用东岳动力总成有限公司、大宇造船海洋（山东）有限公司、斗山工程机械（中国）有限公司的核心带动作用，加大科技创新力度，不断推动产品转型升级，2012年实现产值790亿元、同比增长18.4%。

【科技创新】 全区235家企业建立研发机构，累计引进“千人计划”17人、“泰山学者”18人，建立起50多个由院士、博士领衔的创新团队。与清华大学合作建立的“抗肿瘤蛋白质药物国家工程实验室”、与同济大学合作建立的“生物新药创制联合平台及开发基地”进展顺利。围绕构建“创新型开发区”，正在加快推进富士康、斗山、万华、张裕等研发中心，以及智联科创、德信基地、业达科技园等科技载体型项目，集中打造纵跨十公里的“研发经济长廊”。

【城区建设】 坚持以高水平规划引领城市建设，聘请国内外一流规划设计单位，编制新一轮城市总体规划、七大重要节点规划及33项各类规划。引进了越秀、万科、中南、复星等国内一流开发商参与城市建设，项目总投资超过140亿元。成为全省首家通过ISO14001环境管理体系和ISO9001行政质量管理体系“双认证区域”，被联合国环境署确定为“中国工业园区环境管理示范区”。通过了国家生态工业示范园区验收，成为全国首批循环经济试点单位。

【社会事业】 通过调整理顺街道社区管理体制，积极推行城市管理物业化、市场化改革和社区网格化管理试点，初步建立起责权利统一、适应城市化要求的社会管理格局。持续加大教育、医疗等社会事业投入，深入实施美化家园和文明城市提升工程，启动建设福莱山市民文化广场及图书馆、文化馆、青少年活动中心、社会福利中心等一批公共服务设施，基本实现社会保障全覆盖。

【机构设置与工委管委领导】 烟台经开区工委工作部门：工委办公室、纪工委、组织部、宣传部、群工部、政法委。管委工作部门：发改经信局、投资促进局、商务局、人力社保局、财政局、教体局、住房建设管理局、城管环保局、交通运输局、农海局、安监局、旅游局、科技知识产权局、民政局、卫生人口计生局、公安分局、规划分局、国土分局、政务服务中心管理办、保税港区西区管理局、资源再生区管理局、物流园区管委。

工委管委领导：工委书记、管委主任王日义，副书记、副主任刘建民，副书记武维刚，工委委员、组织部部长高松敏，工委委员、纪工委书记邵力波，工委委员、政法委书记吕永坤，工委委员、副主任苏智，工委委员、副主任魏东，工委委员、群工部部长谭述晓，工委委员、副主任于少轩，工委委员、副主任杨林盛，工委委员、办公室主任王培海，工委委员、副主任张德伟，工委委员、副主任于玲，工委委员、宣传部部长张华志，工委委员范吉宏。

（烟台经济技术开发区管委会）

连云港经济技术开发区

【区情概况】 2012年，连云港经济技术开发区（以下简称“连云港经开区”）开启“第三次创业”的新征程，实现地区生产总值330亿元，同比增长23%；规模以上工业总产值1005亿元，增长25.2%，建成全市首家“千亿园区”；财政总收入93.6亿元，其中公共预算收入33亿元，增长18%；实际利用外资1.87亿美元；进出口总额44.3亿美元，增长20.2%；固定资产投资187亿元，其中工业投入138亿元，增长23%。在商务部最新公布的131家参评国家级经济技术开发区综合发展水平评价中，综合排名列第28位，其中体制创新指数获得满分。

【产业发展】 连云港经开区是连云港市新型工业化的主阵地和高新技术产业的集聚地，新医药、新材料、新能源和高端装备制造业等“三新一高”产业特色鲜明、基础良好。新医药产业：拥有国家级新医药产业基地、省级医药科技产业园等载体，已成为全国最大的抗肿瘤药物、抗肝炎药物生产基地和省新医药科技兴贸出口创新基地；集聚新医药企业30多家，其中上市公司2家，国家创新型试点企业2家，中国制药工业百强企业4家。新材料产业：拥有国家级新材料高技术产业基地、高性能纤维及复合材料高新技术产业化基地，碳纤维、超高分子量聚乙烯纤维、聚酰亚胺纤维、差别化氨纶纤维等技术水平国内领先；区内已集聚新材料企业38家，其中，中复神鹰公司在国内率先突破干喷湿纺技术，T700碳纤维千吨生产线已投入工业化生产。新能源产业：拥有国家新能源产业和中小企业科技创新与成果转化示范园、江苏省清洁能源创新产业园等产业载体，构建集风电整机、关键零部件、控制系统、风电场配套发展的研发生产完整产业链。高端装备制造业：重点发展能源电力设备、智能制造装备、汽车及其零部件、工程机械等产业，培育了天洋汽车、韩国汽车轮毂、中海集装箱、香港华磁商用电器等装备制造企业，正加快打造全省重要的先进制造业基地。

【科技创新】 连云港经开区获批成为江

苏省知识产权试点园区、新医药科技兴贸出口创新基地和侨届人才创新创业示范基地。园区建有国家靶向药物工程技术研究中心、江苏省风电技术实验室等各类科研平台120多个。企业自主创新能力不断增强，恒瑞集团成为全国第一家制剂产品进入美国和欧盟市场的企业，中复神鹰公司T700级碳纤维在国内率先实现工业化生产，国电等企业推出的新产品新技术达到国内领先水平。全区拥有省级以上高新技术企业19家，6家企业成为省十大自主创新成就主要技术支撑单位，建有各类科研平台120多个。

【投融资体制建设】 投融资工作实行“双轮化”策略，设有江苏新海连发展集团有限公司和江苏新海科产业投资发展有限公司两大国有企业，分别承担国有资本运作和产业投资发展两项职能。江苏新海连发展集团有限公司成立于1994年，注册资本87亿元，2012年公司总资产、净资产分别达215亿元和101亿元，实现主营业务收入18亿元，利润3.16亿元；新增融资22.2亿元，净增融资9.663亿元；发行公司二期债券13亿元。江苏新海科产业投资发展有限公司于2012年11月14日成立，注册资本为人民币6亿元，拥有3家全资子公司，主要负责园区开发建设及运营管理。

【招商引资】 依托“五园五中心”等产业平台，围绕新医药、新材料、新能源、高端装备制造等“三新一高”主导产业，着重在招引大项目、外资项目、产业链项目上下功夫，不断提高招商实效，延伸增粗产业链，先后赴日韩港台新、欧美等国家和地区开展招商活动。总投资100亿元的美国正道“五电”项目、总投资100亿元的正道新能源汽车项目、总投资50亿元的台湾医疗生技产业园等重大项目正式签约。新批准内外资项目41个，总投资108亿元；新开工总投资10亿元的东睦新材料等项目41个，总投资167亿元；新竣工总投资15亿元的中复碳芯电缆等项目42个，总投资160亿元。落实市“双千双百”工程，形成百亿特色产业1个，百亿企业1家、五十亿企业6家，12家企业进入全市销售20强。

【资源节约利用】 围绕“一区多园”的总体布局，大力推进资源向产业集聚、向平台集聚。重点建设花果山大道主轴功能带上的创智街区和“五园五中心”等特色平台。创智街区的新海连商务大厦基本建成，国际会展中心、工业邻里中心、金融大厦、港逸花园小区启动建设，一批动漫、软件和商贸项目进区落地。新医药产业园的产业公共服务平台的展示中心、研发楼、药物检测中心、孵化器正在建设。中德中小企业园于2012年4月获工业和信息化部批准设立，首期5万平方米标准厂房开工建设。中日生态科技园在2012年9月5日，日本国际协力银行、江苏省政府、连云港市政府三方就组建合作开发公司事宜签订合作备忘录。清洁能源产业园的中科院能源动力研究中心实验设备安装完成，开始调试试验。新材料产业园内的高性能纤维产品质检中心通过国家实验室认可和国际实验室互认，已具备承检航天级高品质碳纤维的能力。

【人才建设】 牢固树立科学人才观，强力推进人才立区战略，大力实施“三创英才集聚计划”。全区拥有各类人才总量达4.2万人，其中，国家“千人计划”9人，享受国务院特贴8人，国家级重点学科、重点实验室、工程技术研究中心学术技术带头人3人；省部级突出贡献的中青年专家5人，省“科技创新团队”1个，省“双创计划”27人，省“企业博士集聚计划”24人，省“333工程”26人，省优秀中青年专家2人，省部级学术技术带头人5人。

【社会文化事业】 农民人均纯收入12362元，增长15%；社会消费品零售总额11.2亿元，增长12%。“开发区民生幸福工程三年行动计划”启动，实施以“两安工程”为重点的惠民实事达百项，校舍加固4万平方米，中云、朝阳自来水加压站及管网工程基本完工。教育事业不断进步，久和小学、朝阳中小学、台北盐场小学开工建设，宋跳小学建成开学，技工学校开班授课。文化产业蓬勃发展，4个项目被纳入省、市文化建设工程。社会保障更加健全，新成立开发区残联，“五保户”集中供养率稳步提高。医疗卫生事业迈出新步伐，朝阳、猴嘴社区卫生服务中心完成基础改造，新型农村合作医疗参保13406人，参保率达99.28%。

【机构设置和管委会领导】 连云港经开区管理委员会是连云港市人民政府的派出机构，代表连云港市政府在连云港经开区内行使管理职能。管委会下设党政办公室（政策研究室）、纪工委（监察局）、党群工作部、总工会、经济发展局、安全生产监督管理局、出口加工区管理局、社会事业局、财政局、建设局、行政服务中心、项目推进服务办公室、信访办公室、招商一局、招商二局、招商三局、招商四局等17个部门。中共连云港市委常委关永健同志任连云港经济技术开发区党工委书记。

（连云港经济技术开发区管委会）

福州经济技术开发区

【经济发展】 2012年，福州经济技术开发区（以下简称“福州经开区”）实现地区生产总值340.67亿元，同比增长14.1%；工业总产值843.52亿元，同比增长9.1%，其中规模以上工业产值839.65亿元，同比增长9.1%；财政总收入43.26亿元，地方财政收入21.09亿元；全社会固定资产投资96.79亿元，增长35.7%；实际利用外资1亿美元；出口总额33亿美元，增长13.7%；进口总额17亿美元；社会消费品零售总额77.90亿元，增长23.2%；城镇居民人均可支配收入3.4万元，增长12.8%。

【投资环境】 地处东南沿海、闽江下游北岸，面积23平方公里，距闽江口17海里，沈海高速公路、104国道和福马铁路纵贯区境。建有库容1825万立方米的白眉水库，有日供水12万吨和日供水2.5万吨的自来水厂各1座。建有220千伏变电站2座，容量600兆瓦，其中220千伏鼓山变电站为全省唯一枢纽变电站；建有110千伏变电站4座，容量189兆瓦。建有燃气混气站一座，日供LPG混合气6万立方米，主干管压力2千克/平方厘米，配套管网遍布高新区马尾园主要干道，可供各种工业气体。

【招商引资】 总投资10.2亿美元的科立视一期主体工程完成，中铝瑞闽二期高精铝板带、上润智能执行器等一批项目建成投产，统一食品扩建，马尾造船、东南造船技改等项目顺利完成。新增对外贸易经营权企业52家，合同利用外资2.5亿美元，对外贸易稳步增长，全年实际利用外资1亿美元。“5·18”海峡两岸经贸交易会、“9·8”厦门投资贸易洽谈会签约“三维项目”15项，总投资达60.5亿元。“6·18”中国海峡项目成果交易会落实成果对接项目62项。完成出口总值33亿美元，增长13.7%。

【项目建设】 重点项目完成投资52.6亿元，占固定资产投入的54%。中国科协青年科学家基地落户马尾国脉科学园，新设2个市级专家工作站。新大陆在全球率先发布新一代二维码芯片，飞毛腿通过首个便携式移动电源标准审定，有效填补国内该领域的标准空白。新日鲜、佳客来总部项目竣工，百事达研发大楼、海西物流大厦基本建成，名城、华浔等一批总部大楼动工建设。港口物流配套进一步完善，荣泰物流加快建设，投资近10亿元的万通达物流园开工建设。建设快安商贸文体中心、马江文化休闲中心、江滨总部集聚区三大城市综合体，完成投资43亿元。

【产业布局】 第三产业增加值从2011年的82亿元提高到2012年的93亿元，三次产业结构进一步优化。注重产品研发创新，集美大学水产学院在琅岐镇设立“海西春雨行动”基地。科企合作开发新产品数量8个，申请新专利数量5个。引进扩种台湾红龙甜杨桃、红肉火龙果、少籽芭乐等新品种，推广水产健康生态养殖7000多亩。在工业方面，规模以上工业产值839.65亿元，同比增长9.1%。五大主导产业完成产值519.13亿元。其中电子信息产业完成249.26亿元，电器机械器材产业完成74.89亿元，金属冶炼压延产业完成89.19亿元，农副食品加工产业完成57.67亿元，船舶制造产业完成48.12亿元。亿元企业85家。马尾造船、东南造船技改等项目顺利完成，统一食品经过两轮技改，产能大大提高。上润二期、正泰纺织等35家企业开展技术改造，总投资77亿元。总投资10.2亿美元的科立视一期主体工程完成，触控材料产业链雏形显现。中铝瑞闽二期高精铝板带项目建成投产，促进铝加工产业链快速发展。中日达增资扩建项目稳步推进，马口铁产业链继续延伸。康师傅食品工业园项目建设全力推进，新乌龙项目基本建成。以名成水产品市场为龙头，发挥坤兴、福鑫、东盛、百鲜等水产品企业加工、经营业务、冷库、配送设施的优势，发展水产品产业链。在服务业方面，出口加工区实现进出区货物总值13亿美元，增长8.2%。投资近10亿元的万通达物流园开工建设。海峡水产品交易中心对台码头顺利建成，马尾海峡水产品交易中心成为全省最大的海产品流通集散地，年交易量超过240万吨，增长21%。

【科技创新】 全年累计争取上级各类科技项目23项，其中国家级项目9项，省级项目4项，市级项目10项。福建天晴数码的“基于SaaS的云存储系统的研发和产业化”项目和福建朝日环保科技的“达到国Ⅳ排放标准的汽车尾气催化净化器”项目获国家火炬计划的立项支持。新大陆在全球率先发布新一代二维码芯片，飞毛腿通过首个便携式移动电源标准审定，有效填补国内该领域的标准空白。新大陆电脑、三奥信息科技等企业获得“福建创新型企业”称号。

【社会事业】 在科技、教育方面，中国科协青年科学家基地落户马尾国脉科学园，新设2个市级专家工作站。认真实施中小学校安工程，完成校舍加固8933平方米，校车标准化配备率100%。本一、本二以上上线率分别高出全省平均值五个百分点和十个百分点。在文化卫生体育方面，海上丝绸之路福州马尾段列入中国世界文化遗产名录。完成亭江炮台、戍守台湾将士墓群修缮设计方案，加紧修复协台衙门、朱子祠等一批省、市、区级文物保护单位。建立电子健康档案16.8万份，基层公共卫生服务水平持续提高。滨江文化广场建成并对外开放，图书馆、科技文化中心全面动工建设。在社会保障方面，实施农村住房保险和自然灾害公众责任险。城镇居民基本医疗保险补助提高到每人每年260元。新型农村医疗保险参保人数5.29万人，参保率达100%。在全市率先实现城乡居民社会养老保险全覆盖。全年新增城镇就业8800人，转移农村富余劳动力2150人。在管理与服务方面，深入开展“三服务”活动，为企业、基层解决问题230多个。加强权力运行监管力度，进一步清理行政审批事项，规范行政审批和行政处罚程序。整合提升区政务中心服务功能，推进服务大厅智能化建设及镇（街）惠农便民服务中心、村（居）代办点建设。在环保绿化方面，推进节能减排工作，实施节能减排项目10项，万元工业增加值能耗下降6%。新增日污水处理能力4万吨，全区污水处理率达96.8%，生活垃圾无害化处理率达99.2%，饮用水源水质达标率100%，全面建成沈海高速马尾段森林生态景观工程，全区新增各类绿地面积9.79万平方米，建成区绿化覆盖率达41.7%。国家级生态区创建工作扎实开展，省级生态区通过验收，琅岐镇顺利通过省级生态镇市级考核验收，长柄村被列入省级“宜居新村”示范村。

【机构设置与管委会领导】 福州经开区党委下设纪律检查委员会、党委办公室（政研室）、组织部、宣传部、统一战线工作部、政法委员会、台湾工作办公室、机构编制委员会办公室、区直机关工作委员会。福州经开区管委会下设管委会办公室、发展和改革局、经济贸易局、教育局、科学技术局、公安局、民政局、司法局、财政局、人力资源和社会保障局、国土资源局、住房和城乡建设局、市容管理局、交通运输局、农林水局、文化体育局、卫生局、人口和计划生育局、审计局、环境保护局、安全生产监督管理局、统计局。

福州开发区党委书记林飞，管委会主任许毅青。

（福州经济技术开发区管委会）

湛江经济技术开发区

【区情概况】 2012年，湛江经济技术开发区（以下简称“湛江经开区”）完成生产总值176.6亿元，同比增长9%；工业总产值237.9亿元，增长4.5%；固定资产投资113亿元，增长10.2%；实际利用外资4322万美元，增长592%；地方财政一般预算收入9.5亿元，增长15.2%。三次产业比例由12.3∶56.9∶30.8调整为13.2∶58.1∶28.7。

【重大项目建设】 重大项目建设取得新进展。钢铁、石化项目安置小区建设稳步推进。湛江钢铁项目于2012年5月获得国家核准动工，目前钢铁项目厂东区主干道、重件码头、散货码头等配套工程完成。石化项目取得用海使用权证书，一期场平土方工程完成60%。冠豪特种纸、双林医药等项目进展顺利。

【园区建设】 广州（湛江）产业转移园完成工业增加值89.1亿元，同比增长10.0%，新开工建设项目共10个，新投产项目9个。石化园区围填海工程完成投资4.6亿元，园区路网工程前期工作基本完成。钢铁项目配套园的规划工作启动，建设国家级高新区、综合保税区、循环经济示范区的申报工作有序推进。中央商务区初具规模。在建成区重点发展总部经济和现代服务业，高档酒店形成集群发展，“星级”酒店达到8家，占全市的22%；商住、商贸迅速发展，江南世家、绿地银洲、城市假日E期等房地产项目建成销售，荣盛大厦、祺祥大厦等7个高档写字楼和18个高档住宅区形成集群，世界连锁100强企业大润发强势进驻，填补湛江新城市中心未来高端商业的空白；金融中心初步形成。世界500强企业招商银行、光大银行顺利落户，人民银行、中国工商银行等8家市级分行汇聚，金融中心聚集效应明显。

【基础设施建设】 通过有效融资，成功支撑东海岛的基础设施建设。坚持走金融机构融资、社会融资和发行企业债券的融资渠道，筹措到位的资金达30.6亿元。新域公司完成公司化改制，成为全市唯一退出政府融资平台的公司，以其为主体拟发行的10亿元企业债券已上报国家发展改革委，在全市乃至粤西地区率先走出企业发行债券的新路子。融资机制的创新，使建设资金“瓶颈”获得破解，有力地推动东海岛的建设。总投资约15亿元、总长度约35公里的岛东大道、岛南大道、东腾路8条主干道建设进展顺利。东简污水处理厂土建工程已完成，配套管网铺设完成4公里。龙腾变电站建成投产，东海岛自来水厂、民安变电站已完成前期准备工作。

【民生保障改善】 全年民生投入13.85亿元，占财政支出的75.76%。扶贫开发深入推进。投入帮扶资金9875万元，贫困户脱贫率、农村困难户危房改造率均为100%，顺利通过广东省考核。社会保障工作有序开展。城镇职工参保人数6.3万人，支付养老保险待遇9674万元，发放率100%，城镇、农村低保分别提高到300元和210元，发放低保709.9万元，农村低保标准提前达到广东省2014年发放目标；大幅提高孤儿生活补贴，“五保”、孤儿看病实行医疗救助，给80岁以上的老人共发放津贴170万元，民生保障补助标准提升幅度居全市前列。教育强区工作扎实推进。全年投入3540万元，加大学校建设，完善教学设施，扩大办学规模，不断优化教育布局。东山镇教育创强工作通过省验收。创办名校长、名师工作室，教学质量不断提升，高考成绩增幅居全市前列，中考成绩跃居全市第四位。医疗卫生工作不断进步。硇洲卫生院综合住院大楼改造工程竣工，解决全岛5万多群众和驻岛部队的就医难。全区646名副科以上干部“一对一”结对帮扶参战人员、伤残退役军人、涉核人员及特困残疾人，被帮扶对象满意率达92%，有效地促进党群、干群关系。三打两建”活动深入开展，法治环境和市场秩序得到优化，社会保持和谐、稳定。

（湛江经济技术开发区管委会）

温州经济技术开发区

【经济发展】 2012年，温州经济技术开发区（以下简称“温州经开区”）进一步理顺委托管理体制，明确新区建设的战略定位，紧扣建设大都市新城区的目标，及时高起点调整城区发展规划，新一轮整合提升方案上报浙江省政府，明确瓯飞工程拓展区和跨区域合作模式，规划面积扩大至133.66平方公里，总人口达30万人。实现地区生产总值213.97亿元，增长9.4%；工业总产值531.55亿元，其中在地工业总产值400.48亿元，增长3.3%；工业增加值131.18亿元，增长7.7%；财政总收入23.48亿元；完成全社会固定资产投资95.07亿元，增长15.9%，其中工业性投资48.75亿元，增长19.3%。完成进出口总额9.1亿美元，其中外贸出口总额8.7亿美元。

【招商引资】 加快以新能源新材料（包括激光与光电产业）、电子信息、汽车关键零部件、先进装备制造等新兴战略产业为主的大项目招商，引进项目45个，推出工业用地挂牌2006亩，完成年度任务133.7%，占全市工业供地49%。其中温商回归到位资金15.64亿元，合同利用外资4522万美元，实际到位外资3806万美元，分别完成111.7%、100.5%、100.2%，三项指标走在全市前列。特别是引进中国汽车金融发展永久性论坛平台、激光行业领头企业武汉楚天激光等项目，有力地促进产业转型升级。

【项目建设】 实现基础设施投资38.8亿元，增长25.1%，占全社会投资比重的41.8%，体现产业新区、工业龙头带动的区域特色。以项目建设为抓手，集中精力抓项目、扩投资，推进包括正泰电器、华润雪花啤酒、天宇轻工等4批次共64个、总投资228.6亿元项目的集体投产开工奠基。大罗山隧道开工建设，金海园区市政基础设施、飞云江三桥接线工程等市重点项目进展顺利，天成4900亩吹填造地3500亩，完成年度目标116.7%。海洋科技创新园、交通枢纽客运中心、加油站、市民中心启动建设。金海园区27.2万平方米标准厂房建成投用。滨海一道19个工业项目基本竣工投产。全国金融设备检测中心进场施工建设。强化投融资平台建设，获国家发改委批准发行企业债10亿元，为全面兴起大投入提供资金保障。

【生态环保】 深入开展“六城联创”，深化“违必拆、六先拆”工作，拆除违章87万平方米。创新绿化建设分级负责模式，共完成42个城区绿地、6个绿道网、9个重点改造提升项目建设，新增绿地面积142公顷，全区人均公园绿地面积9.07平方米，其中滨海园区达到29.43平方米。全面启动绿化工作，滨水公园建设成效明显，7个项目进入全市前十。加强环保设施建设，污泥热电联产项目进展顺利，第三污水处理厂基本建成，第一、第二污水处理厂顺利连通。推进合成革、电镀行业污染整治，海城电镀中心建设初具规模。开展黑臭河整治，推行河道管理“河长制”、“段长制”。“数字开发区”一期正式投用，提升城市管理信息化水平，全区综合环境得到较大改善。

【科技创新】 加大技术改造力度，全年完成技术改造投资4.3亿元。强化科技支撑，加强与哈尔滨工业大学、浙江大学等大院名校产学研合作，汇润机电被认定为“国家火炬计划重点高新技术企业”，精基机电、立可达印业等9家企业被认定为“高新技术企业”，浦大液压、龙泰轻工等7家企业列入“国家创新基金项目”，康而达、澳太机械等11家企业列入“国家火炬计划项目”，伊利康等2家企业列入国家重点新产品项目，3家企业申报浙江名牌产品，10家企业申报温州名牌产品。

【社会事业】 扎扎实实推进社会事业建设，财政支出重点向民生项目倾斜，公共安全、教育、社会保障和就业、城乡社区事务等民生类支出投入分别增长247.2%、541.3%、293.5%、100%。滨海高级中学率先开工建设，新增建设滨海第一幼儿园、天河中心幼儿园，推进6所小学、幼儿园改扩建项目，办学条件得到改善。加强卫生服务体系建设，启动区人民医院一期和中心医院二期工程建设，实施3所社区卫生服务中心改扩建，着力构建“20分钟医疗服务圈”。加强社会保障，率先推行社保五险合办“一条龙”服务，养老、医疗、工伤、生育、失业保险分别完成温州市下达任务的123.9%、135%、100.6%、103.7%、142.8%，社保覆盖面进一步扩大。

【管理服务与基层组织建设】 以基层组织建设年活动为契机，统筹协调推进基层党建工作，突出抓好非公企业党组织标准化建设、社区化党建工作，建立“一人多企”党建指导员制度，完成11个后进党组织整改提高，完成15个社区化党建达标创建。加强党建带工团建设，新建非公企业党组织42家、工会组织40家、共青团组织15家，3家企业分别获浙江省、温州市“工人先锋号”，温州市“劳动模范集体”称号，党的组织和工作覆盖不断拓展。民族、宗教、残联、侨务、人民武装、反走私等工作逐步加强，“三会”工作有序开展。强化党风廉政建设，认真落实公务接待“三严四禁”和公务用车改革，推进全员风险防控机制建设，加强审计监督和行政监察，全力打造“清廉开发区”。

【机构设置与管委会领导】 温州经开区

管委会现有内设行政机构（15个）为党政办、综治办、经济发展局、科技局、人力资源局、文教体工作局、民政卫生和计划生育局、住房与建设局、市政环保局、商务局、安全生产监督管理局、财政局、海洋渔业与农林水利局、城市管理与行政执法局、公安分局。党群机构（4个）：组织宣传部、纪委（监察室）、总工会、团委。派驻机构（7个）：国税分局、地税分局、工商分局、社保分局、国土资源分局、质监分局、开发区海关。国有企业（6个）：滨海新城投资集团有限公司、城建发展公司、交通建设发展公司、市政园林公司、农业发展公司、国有资产管理公司。

管委会领导为党委书记陈玲玲（兼），党委副书记、管委会主任徐蓬勃，党委副书记王军（兼），党委副书记、管委会副主任郑俊，管委会副主任黄伟龙、陈叶挺、郑炳停、虞立清，开发区纪委书记夏禹桨，党委委员谢少乐，党委委员、温州滨海新城投资集团董事长应士杰，党委委员、公安分局局长林志佩，党委委员、龙湾人武部政委王松龙。

（温州经济技术开发区管委会）

营口经济技术开发区

【产业发展】 2012年，营口经济技术开发区（以下简称“营口经开区”）优化产业结构，三大产业比为1.9∶60.6∶37.5。第一产业稳步发展。农业总产值预计实现15.1亿元，增长4%。农业产业化龙头企业达17家。第二产业健康发展。规模以上工业增加值（不含鞍钢股份有限公司鲅鱼圈钢铁分公司）163.5亿元。新增规模企业10户。销售收入超10亿元企业9户。第三产业快速发展。第三产业增加值在地区生产总值中的占比增加2个百分点。春、夏两季房交会及十一房展周成功举办，成交面积119.1万平方米、销售金额55.9亿元。营口港现代物流服务中心正式成立，中船重工钢材物流园、大东北农副产品物流中心等项目加紧建设。基金大厦、金融大厦等项目施工，营口港金融创新试验区被确定为省级服务业集聚区。万隆广场、红星美凯龙、香格里拉酒店等项目进展顺利，家乐福超市已完工并对外营业。海滨温泉旅游度假区专项规划完成，金泰珑悦海景大酒店晋升五星级酒店，墩台山公园、青龙山公园、何家沟旅游区晋升AAA级景区，全年接待国内外游客1015万人次，增长5.2%。旅游总收入84.6亿元，增长25.5%。

【招商引资与利用外资】 实现地区生产总值600亿元，同比增长（下同）29%。规模以上工业增加值（不含鞍钢股份有限公司鲅鱼圈钢铁分公司）163.5亿元，增长29.5%。固定资产投资260亿元，增长26.8%。实际利用外资4.2亿美元，增长9.6%。外贸出口18.3亿美元，增长13.7%。全口径财政收入56亿元，增长17.9%。公共财政预算收入50亿元，增长25%。城镇居民人均可支配收入25059元，增长15.3%。农民人均纯收入13810元，增长14.9%。在2012年特殊的经济形势下，各项主要指标继续保持营口地区首位、全省100个县区前列。新开工亿元以上项目105个，总投资额达740亿元，其中包括沈阳鼓风机、北方重工、无限极生产基地等工业项目45个；万科地产、中航防务二期、上大鼎正软件园等服务业和高科技项目60个。三一重工、华晨金杯、中国航天石墨烯等一批重大项目加紧推进。引进、储备的项目呈现出投资规模大、科技含量高、核心竞争力强等新特点。园区建设不断加快。临港、滨海两大工业区功能分区更加明晰，集聚效应日益明显，项目质量不断提升。输变电产业园发展迅猛，一批大项目相继开工建设。新兴装备制造产业园填海工程进展顺利。鹊鸣湖科技产业园建设不断加快，创新大厦等项目迅速推进。望儿山现代服务业园区建设有序开展，基础设施不断完善。中小（微）工业企业园规划设计完成，申请入园企业达32家。国有大企业稳步发展。营口港吞吐量3亿吨，集装箱运量480万标准箱。鞍钢股份有限公司鲅鱼圈钢铁分公司钢产量530万吨。华能营口电厂发电量77亿千瓦时。沙鲅铁路公司货物运输量5600万吨。

【投融资体制改革】 认真做好到期贷款转贷工作。营口经开区金融工作办公室在城市开发建设投资有限公司（简称“城投公司”）、财政局等有关部门的支持和协助下，与各银行等金融机构保持沟通联系，积极协调市区两级国土资源局、国有资产监督管理委员会等部门，到期的贷款进行认真分析，切实解决到期贷款转贷过程中遇到的实际问题。办理到期政府类平台贷款15笔共20.7亿元，涉及营口银行、中国银行等9家银行。压缩转贷成本，积极争取银行的理解和支持，为财政节约抵押物评估费用和利息80余万元。做好现有贷款抵押物增信工作。为营口银行办理抵押物增信2亿元，在红海办事处和海洋渔业局的大力支持下，在城投公司配合下，为中国银行提供的预估价值24亿的6万亩海域使用权证即将出证。

【人才建设】 完善优化人才政策环境。加强对现有人才政策的整合、完善，重点建立人才深度开发、激励办法，深入推进实施“人才战略储备工程”，制定颁布《关于深化人才战略储备工程加快人才引进培养开发的实施办法》、《营口开发区重点产业紧缺人才（团队、机构）资助办法》，初步形成有特色的人才引进、培养、使用、奖励、流动、保障等人才队伍建设新体制，促进人才创业有机会、干事有舞台、发展有空间，进一步增强对人才的吸引力和凝聚力。推进人才柔性引进。充分利用“院士专家辽宁行”契机，加强推进企事业单位与院士专家的沟通对接，为项目的发展招才引智，解决发展难题。共促成5个项目与相关专家签约。树立优秀人才典型，营造尊重劳动、尊重人才、尊重知识、尊重创造的良好氛围。以营口市“人才立市”活动为契机，积极选拔推荐我区优秀人才参选，其中1人被评为营口市杰出人才。加强对优秀“百名人才”的选拔任用，其中1人被提拔为副科级领导干部，4人被任命为单位主要领导助理职务。

【社会事业与文化建设】 残疾人综合服务中心、中心幼儿园及三镇中心幼儿园、有线电视数字化等实事正扎实推进。按期发放高龄老人生活补贴。免除基本火化费用、提高公益性岗位人员补贴、免费为60岁以上老年人健康体检等“惠民十一项举措”逐步落实。创建辽宁省基础教育强区工作通过初检，义务教育均衡发展成果明显。举办2012鲅鱼圈国际马拉松赛暨全运会测试赛，承办辽宁省青少年田径锦标赛。被授予全国教育“两基”工作先进单位荣誉称号。人口计生各项指标全面完成。全民健康促进计划有序实施。新型农村合作医疗参合率达99.5%。食品、药品、卫生安全整治活动有效开展。被评为“全省餐饮服务食品安全示范县（区）”。社会保障工作扎实开展。举办招聘会136场，提供就业岗位11.5万个。新增城镇就业18000人，转移农村剩余劳动力8593人。医疗保险扩面19250人，养老保险扩面3051人，工伤保险扩面3371人，生育保险扩面2631人。发放各类民政救助金640万元。追缴拖欠农民工工资2785万元。慈善总会投入救助金366万元，帮扶救助1362人。双拥工作妥善开展。发放优抚金、优待金和家属安置费1057万元。圆满完成1980人的编兵任务，顺利完成征兵工作。精神文明和文化活动广泛开展。举办营口经开区设立20周年、望儿山母亲节、海滨温泉节、首届秧歌节等重大节庆活动，广场文化月演出100余场。金泰文化艺术广场（图书馆、保利大剧院）投入使用。以营口经开区为实景拍摄的电视剧《掌门女婿》、《再婚进行时》在全国热播。赴大庆、吉林、长春等北方8城市推介取得圆满成功。

【机构设置与管委会领导】 营口经开区管委会下设职能机构有管委会办公室、组织部、宣传部、纪工委、政法委、统战部、管委会办公室、城乡规划建设局、监察局、发展和改革局、对外贸易经济合作局、人力资源和社会保障局、财政局、群众工作局、交通局、审计局、城市管理综合行政执法局、环境保护局、司法局、公安局。

营口经开区管委会主任有常务副主任王立群、杜邦安，副主任江东、赵新明、刘方辉、牛思群、谭姝、敬峰、宋勇。

（营口经济技术开发区管委会）

威海经济技术开发区

【经济发展】 2012年，威海经济技术开发区（以下简称“威海经开区”）牢牢把握主题主线和工作总基调，抢抓威海东部滨海新城建设机遇，突出经济发展、民生改善、社会管理和党建工作“四大重点”，全力推动经济社会各项事业平稳较快发展。全年实现生产总值160亿元，同比增长9.5%；完成固定资产投资87亿元，增长2%；公共财政预算收入14.9亿元，增长16%；外贸进出口总额50.4亿美元，增长14.4%；城镇居民人均可支配收入28570元，增长14%；农民人均纯收入12823元，增长13.3%。

【投资环境】 着力完善设施配套环境。坚持新城开发与老城改造同步推进，快速启动威海东部滨海新城建设，高起点做好新城概念规划以及路网、水系、产业、项目等详细规划，同步推进威石辅路、成大线扩建和崮山临港产业园7条道路等基础设施建设，全年累计新建城乡主要道路17条，铺设各类管网1.6万米，升级改造10千伏中压智能电网线路64条，安装路灯1114基，新增绿化面积30万平方米。持续优化政务服务环境。深入开展“行政程序年”活动，加强行政服务中心和镇（街道）便民服务中心建设，合并保留行政审批事项282项，减免行政事业性收费8项，成功争取国家工商总局外商投资企业登记管理授权，累计帮助企业争取上级扶持资金5064万元、融资21.14亿元，解决用工3000多人，提升区域投资吸引力。积极营造和谐稳定环境。全面理顺信访工作体制，坚持矛盾纠纷定期排查、社会稳定风险评估和领导接访等长效机制。全力维护公共安全，新建社区警务室21处，新增监控探头1067个，整合基层治安保卫队伍251支、1347人，平安单位达标率超过97%。

【引资情况】 坚持以招商引资和项目建设提升经济增量，重点推出中外生态科技产业园、创业孵化大楼等24个招商载体，突出专业招商部门、经济主管部门和各镇、街道招商主体地位，加强与国内外大企、强企对接，不断扩大招商引资成果。全年新引进外资项目26个，其中日月光半导体、宣杨数码等增资项目17个，实际利用外资1.1亿美元，同比持平；内资项目13个，利用内资40.6亿元，增长14.5%。列入推进计划的152个产业项目开工113个、投产60个。

【产业布局】 突出工业带动作用，围绕培育优势产业集群，实施技术创新项目180个，完成技改投入30.2亿元；组织10家重点能耗企业实施节能项目20项，节约标煤24.68万吨；推进日月光半导体三期、颐和成人护理用品等28个项目投产运营。全区规模以上工业实现主营业务收入357.5亿元，同比增长2.1%。繁荣发展现代服务业，成立物流行业协会和餐饮企业诚信联盟，举办汽车文化节、家居文化节等节庆商贸活动，新引进友利银行、泰山保险、紫金保险等金融保险企业，推进铂丽斯国际大酒店、好天地妇女儿童商场等20个服务业项目开业运营，成功创建安然纳米全国工业旅游示范点和清华紫光省级工业旅游示范点，全区服务业增加值达到60亿元，同比增长13.8%。大力发展高效农业，认真落实支农惠农政策，新建设施农业300多亩，实施苹果郁闭园改造1.3万亩，新增省级农业龙头企业1家、市级2家，新上村办加工项目8个。全区实现农村经济总收入85.5亿元，同比增长11.2%。

【科技创新】 深入开展自主创新年活动，突出企业创新主体地位，加大知识产权保护力度，扶持企业研发平台建设，积极推进产学研对接合作，提升区域自主创新能力。全年新签产学研合作项目16个，新建院士工作站2个、市级工程实验室2个、企业研发中心6个，新认定高新技术企业4家、省级创新型企业3家；获得市级科技进步奖7项、省科技进步二等奖1项；职务专利申请量和发明专利授权量分别增长15.2%和81.3%。全区实现高新技术产业产值192.16亿元，同比增长9.1%；占规模以上工业产值的比重达到51.4%，同比提高1.1个百分点。

【开放型经济】 积极扩大对外贸易，引导企业大力开拓新兴市场，优化出口产品结构，与世界六大洲171个国家或地区建立贸易关系，全年实现进出口总值50.4亿美元，同比增长14.4%，居全市第一位。加强对外经济合作，积极引导企业“走出去”，加快膨胀扩张步伐。全年新批境外投资企业4家，中方投资额2590万美元，同比增长198.4%；对外承包工程合同额4500万美元，外派劳务858人次，增长187%。

【社会事业】 围绕优先发展教育，新建小学1所，新增师生用计算机433台、多媒体设备47套，更新11辆超期限运营校车，建立校车监控系统和随车照管员制度，落实教育资助资金261万元，确保不让一名学生上不起学。围绕促进创业就业，累计发放创业扶持贷款和就业培训补贴944万元，开展各类就业创业培训2957人次，新增城镇就业6512人，城镇登记失业率控制在1.3%。围绕改善医疗服务，新建重建2处镇级卫生院和10处社区卫生服务机构，公开招聘34名乡村医生，启动家庭医生式服务和先诊疗后付费服务模式改革，提高新型农村合作医疗筹资标准和报销比例，群众参合率达到100%。围绕提升社会保障水平，实施因病致贫家庭特别救助制度，解决813名城镇集体企业退休人员养老保险问题，提高城乡居民基础养老金和城市低保、农村低保、五保供养标准，扩大了高龄补贴发放范围，累计发放各类养老金和救助款1.55亿元。围绕提升社区公共服务，实施街道行政区划和社区布局调整，新建社区综合服务中心7处，完善“街道—居委会—片长—楼长”四级社区管理服务网络，逐步实现社区管理服务全覆盖。围绕满足群众文化需求，新建区市民文化中心和5处社区文化中心，成立4个文化艺术协会，深入开展秋冬文体活动及“道德讲堂”、“法制讲堂”活动，营造浓厚的文化氛围。

【机构设置与管委会领导】 按照“精简、高效”的原则，加强机关编制管理和机构设置，调整理顺管委办公室、经济发展局等部门机构设置，将建设局、食品药品与交通管理局、对韩招商局分别更名为住房和城乡建设局、交通运输局、经济合作局，新组建城市管理办公室、社会管理信息中心，区工委管委会所属行政机构、事业机构达到33个，区工委管委领导班子成员共16人。

（威海经济技术开发区管委会）

哈尔滨经济技术开发区

【区情概况】 2012年，哈尔滨经济技术开发区（以下称“哈尔滨经开区”）面对宏观经济增速放缓等不利因素，坚持构建国际航空汽车城、国际数据城、国际物流城、国际动漫影视城、大学职教城五个产城融合新载体，重点推进新能源产业园、新材料产业园、农机产业园、绿色食品产业园、台湾产业园、广告产业园、民营企业创业园、机器人产业园八大产业园区建设，着力壮大高端装备制造、食品和云计算三大主导产业规模，进一步完善金融、信息、人才、物流、广告会展、工业地产、公共服务、技术和国际化“九大平台”产业服务体系建设。综合实力在转变发展方式中迈上新台阶。2012年实现地区生产总值825亿元、工业总产值1800亿元、完成固定资产投资380亿元、销售收入突破3000亿元；实际利用外资超过8.5亿美元；哈尔滨经开区在全国国家级经济技术开发区中的位次从2009年的31位前进到2011年的16位，成为全国五个发展最快的经济技术开发区之一。争当对外合作的先锋队。2012年签约引进项目103个，协议用地面积达12平方公里，协议总投资额达391亿元。其中，引进中移动等超10亿元的内资项目6个、超千万美元外资项目5个、世界500强项目6个。推行“一表制”、“一图制”、“一窗制”、“网上企业服务”、“网上投诉”、“上门服务”、“代办服务”等服务新机制，大力推进“宁静日”和“宁静月”制度，坚持“非违法不介入”等规章制度，为企业创造良好发展环境。

【调整、优化产业结构】 以“做强做大主导产业、大力发展战略性新兴产业”为主题，深化产业结构调整，云计算、动漫创意等战略性新兴产业不断发展壮大。实现开（复）工项目125个，项目总投资501亿元。其中，在开（复）工项目中投资超亿元以上项目83个，超10亿元以上项目13个，牵头建设省重点产业项目41个，年内完成投资87亿元。重点发展以云计算和机器人制造为代表的战略性新兴产业，“中国云谷”成为引领我国云计算产业发展的重要基地，先后签约引进12个投资超3亿元的云计算龙头项目，入驻企业达400余家，协议投资额超过200亿元，年产值近100亿元。《云奇飞行日记》在2012年法国戛纳国际电影节上获得最佳动画片奖。“731”遗址保护开发和申遗工作取得突破性进展，被列入世界遗产保护申请清单名录。科技与文化融合步伐明显加快，启动总规划面积60万平方米的哈尔滨广告产业园区建设，入园企业已达710家，成为国家级文化和科技融合示范基地。依托中国云谷产业基础，成功辟建国家级电子商务基地，先后建成国家级基地

17个，成为产业结构调整的重要依托。

【区域协调发展】“以强城带乡、新城旧城互动、完善提升载体功能”的发展思路，坚持统筹发展，城乡面貌焕然一新。投入基本建设资金51亿元用于新城路网及水、电、汽等源头工程建设，完成29条道路及路下给排水、燃气、电力等配套管线工程建设任务，启动平房工业园区热源厂和哈平路北区热源厂建设，新建道路总面积72万平方米，道路总长33.4公里，各类管线总长110公里。

【民生建设】坚持以人为本，倾力改善民生。义务教育阶段中小学全部一次性通过黑龙江省学校标准化建设达标评估验收，在全市第一个建成省级义务教育学校标准化建设示范区。“731”遗址保护开发取得突破性进展，被列入世界遗产保护清单名录，并上升到国家战略。城镇居民人均可支配收入、农民人均纯收入保持10%以上增速。成立全省第一家农民股份合作社。新型农村合作医疗保险、农村“五保”和城镇“三无”对象集中供养实现全覆盖。

【机构设置和管委会领导】哈尔滨经开区共设置办公室（组织人事部）、党工委工作部（宣传部、纪工委、监察局、机关党委）、国际数据城管理办公室、发展改革局、统计局、国际招商局、港澳台招商局、亚洲招商局、战略招商局、经济合作一局、二局、三局、四局、对俄合作局、招商综合局、投资服务中心、安监局、服务综合局、哈南企业服务局、南岗企业服务局、建设局、土地局、规划局、项目促进局、财政局、审计局、广告产业园管委会、对合合作园区筹委会、机关服务中心、城管局、质量安全监督站、高科技孵化中心、财政结算中心、信息中心、土地收储中心、对俄经贸中心、担保公司、基础设施公司等38个工作机构。

党工委和管委会领导是哈尔滨市委常委、市政府党组成员、哈尔滨经开区党工委书记刘忻，哈尔滨经开区管委会主任、平房区委书记于得志，管委会常务副主任石永林，管委会巡视员费聿海，管委会副主任魏传平，管委会副主任孙铁利，管委会副主任温善骋，纪工委书记张君，管委会副主任董继文，管委会助理巡视员宋五四，管委会主任助理张翼飞。

（哈尔滨经济技术开发区管委会）

长春经济技术开发区

【经济发展】2012年，长春经济技术开发区（以下简称“长春经开区”）完成市列地区生产总值564亿元，同比增长13%；市列规模以上工业总产值1301.3亿元，增长21.4%；一般预算全口径财政收入70亿元，按可比口径增长23.57%；实际利用外资12.32亿美元，增长17.3%，实际利用内资90.88亿元，增长20%；固定资产投资385亿元，增长25%，其中，工业投资217亿元，增长29.2%。在商务部2011年度对全国131个国家级经济技术开发区投资环境综合评价中，排名保持第11位；在中部38个国家级经开区中，连续6年排名第1位。

经济总量和质量双提升。产值超亿元工业企业已达70户，对长春市工业增长贡献率居全市四大开发区之首。产业结构进一步优化，汽车及零部件产业实现产值653亿元，占市列规模以上工业总产值的50.2%；生物化工产业实现产值510.5亿元，占市列规模以上工业总产值的39.2%，其中大成集团产值跃升到500亿元。一批新兴产业、装备制造业项目相继建成和投产，有力地推动产业结构向多元化发展。服务业呈现加速发展的良好态势，一批商业综合体项目加快建设，有效提升服务业业态质量，全年第三产业实现增加值137亿元，被省政府列为首批服务业改革试点区。

【招商引资和项目建设】 利用省市商务、经合部门以及商协会、驻外办事处等资源和平台，重点围绕保税区，积极开展叩门招商和联动招商。在招商引资的方式方法上进行探索。围绕重点区域、国别和目标客户开展招商，规范和整合各类招商活动，在提高招商引资的针对性和实效性方面进行尝试，取得较好效果。参加和开展较大规模招商引资活动20项，其中，自行开展的招商活动5项，参加境外招商活动4项。通过各种活动，累计接触客户超千人次，储备了230个在谈项目，为推进项目签约落位奠定了基础。围绕综保区招商工作，开展6次主题活动，分别是吉林省进出口企业综合保税区投资说明会、北京综合保税区投资说明会暨项目签约仪式对接会、综合保税区威海推介会、青岛推介会、长春兴隆综合保税区—上海经济界合作交流恳谈会、东博会综保区推介会暨投资项目签约仪式。累计邀请客户600多人次，洽谈项目42个。特别是在东博会期间，参加和组织活动31项，其中，自行接待和开展活动18项，位居全市之首。签约亿元以上项目72个，引进世界500强、央企和行业龙头企业投资项目12个。以五大产业园区为载体，强化保姆式精细化服务。全年开工项目120个，其中工业项目91个：大成100万吨化工醇项目制氢车间已经投料生产，金宝特整体搬迁20万吨化工醇项目投产；一汽通用长春基地项目成功引进全球同步上市的通用轻客平台产品X82、一汽客车长春基地3000辆客车扩建项目已完工并投入使用、国电风力发电机项目投产。

【保税区建设】 全力推进保税区建设。一期1.76平方公里内市政、建筑、水系改造、景观绿化和配套等五大类40项工程建设基本完成。联检大楼、海关、国检查验中心、主次卡口、一期围网和巡关道路均完工。完成中山大街亮化、绿化工程。保税区验收需要的辅助管理系统平台正在搭建和调试，已向长春海关申请开展预验收工作。已签约19个项目，总投资29.6亿元，年进出口额可达6亿美元。其中，际华商贸物流园、中外运物流、招商局物流基地项目开工建设。

【特色园区建设】 氨基酸基地被商务部认定为外贸转型升级专业型示范基地；生物产业园区、装备园区获得省级特色园区扶持资金470万元；良辰工业园、欧美工业园通过省、市孵化基地审核。新兴产业园孵化基地积极酝酿申报省级孵化基地。新能源示范区申报工作通过省能源局组织的专家评审。全区支柱产业支撑作用持续增强：汽车及零部件产业实现产值653亿元，同比增长18.5%；生物化工产业实现产值510.5亿元，增长25.4%，其中大成集团产值跃升到500亿元。服务业跃上新台阶，际华工业物流园、温馨鸟创意研发中心、烟草研发等一批生产性服务业项目开工建设，促进工业与服务业的互动融合发展。

【城市建设与管理】 城市建设工作扎实推进。全年新建和续建6大类194项基础公建项目。北区骨干路网不断完善，完成16条市政道路建设；城市公用配套设施加快推进，供热扩能工程全面展开，完成各类管线排迁12公里，大成铁路专用线完成施工。全面开展“创城”工作，高标准地打造特色街路，实施“暖房子”工程，改造老旧散弃管小区环境，奋战150天市容环境综合整治工作通过实施网格化管理。

【行政管理与服务】 进一步优化审批流程，减少审批环节，压缩审批时限，加强网站建设，审批时限由47天压缩到42天。设立“重大项目直通车”窗口，实现并联审批。全年共受理各类业务53384项，接待办理业务人员59148人次。政务督查职能不断强化，按照“好使管用”、“有督有查”原则，全年共落实重点工作任务369件，实际完成督办事项340件，办结率92%，在全区形成“重督查、抓落实”的浓厚氛围。坚持公平、公开、民主、择优的选拔机制，综合运用年终督查考核结果，于6月对处级领导岗位进行了调整和充实，激发干部职工干事创业的积极性和主动性，营造风清气正的良好氛围。根据岗位需求，面向社会进行公开招聘34人，为全区工作和队伍建设注入新鲜血液；深化落实“一岗双责”，采取全程及重点环节介入监督的方式，全年参与人事招聘、中考、招投标等监督工作96次。开展“传递真情大走访”活动，全年组织各部门大走访8次，走访企业116户，收集问题131项，按时限办结率和回访率均达100%。全年共服务解决各类问题339件，走访、电话访企业770户次。办结率和反馈率均达100%，满意率达95%。

【社会管理与民生】 突出建设和谐经开区，全力抓好社会管理和服务民生工作。全年新建和购买社区活动场所6个，全区社区活动场所总面积超过1万平方米；一次性投入220万元加强社区文化阵地建设，精心组织策划以“文化社区、清雅环境、和谐楼道、温暖家庭”为主题的系列社区文化活动。为城市和农村低保近2万人次发放低保金500多万元，实现“应保尽保”，城乡低保覆盖率达到100%。完成六十二中学主体建设工程，金钱小学已竣工即将投入使用；对缺口专业学科面向社会公开招聘30名聘用制教师，顺利完成学校班子交流调整和教师职称评聘工作，优化了教师队伍专业结构和年龄结构。

（长春经济技术开发区管委会）

杭州经济技术开发区

【经济发展】 2012年，杭州经济技术开发区（以下简称“杭州经开区”）实现地区生产总值（GDP）546.85亿元，按可比价格计算，比上年增长29.9%。其中，第一产业增加值1.24亿元，比上年下降8.1%；第二产业增加值431.43亿元，比上年增长29.9%；第三产业增加值114.18亿元，比上年增长30.4%。按常住人口计算，人均GDP达到17.42万元，比上年增长6.8%。按国家公布的2012年平均汇率折算，达到2.76万美元。三次产业结构由上年的0.3：79.0：20.7变化为0.2：78.9：20.9。全年完成财政总收入117.77亿元，比上年增长27.1%，其中，地方财政收入76.07亿元，比上年增长20.6%。

【产业状况】 优势产业平稳发展。机械制造、电子信息、食品饮料、生物医药四大优势产业全年工业销售产值合计完成1151.7亿元，占全区规模以上工业销售产值比重58.9%。其中，机械制造业480.86亿元，增长0.7%，电子通信业305.94亿元，下降17.8%，食品饮料业307.07亿元，增长18.5%，生物医药业59.06亿元，增长12.2%，四大优势产业分别占全区规模以上工业销售产值比重24.6%、15.6%、15.7%、

3.0%。新兴产业快速发展。汽车及零部件产业实现规模以上工业销售产值520.12亿元，增长5.6%，占全区规模以上工业总量26.6%；新能源产业实现规模以上工业销售产值12.27亿元，增长4.9%。杭州市十大产业中装备制造、生物医药、新能源、节能环保四大产业共实现规模以上工业销售产值879.91亿元，占全区规模以上工业销售产值比重45%。大企业大集团集聚效应明显。全区规模以上工业企业339个，其中年销售产值1亿元以上企业171个，全年实现销售产值1449.99亿元，占总量比重74.2%。其中，年销售产值100亿元以上工业企业3个；50亿元以上工业企业8个；10亿元以上工业企业54个，比上年增加28个。服务业发展水平提升。全年实现服务业增加值114.18亿元，比上年增长30.4%，占全区地区生产总值20.9%。全年实现社会消费品零售总额44.66亿元，增长17.6%；批发和零售业商品销售额270.69亿元，增长87.5%；住宿和餐饮业营业额9.25亿元，增长21.6%。全年新增服务业企业997个，其中注册资金2000万元以上企业30个。

【招商引资】 招商引资保持强劲势头，全年累计引进合同外资16.58亿美元，比上年增长58.9%。其中新批项目45个，增资及转制项目18个。合同外资1000万美元以上大项目32个，其中制造业12个，交通运输业1个，房地产1个，其他服务业18个。累计引进外资企业708个，合同外资99.72亿美元。

全年完成实到外资10.03亿美元，比上年增长56.2%。到资1000万美元以上项目17个，总金额7.44亿美元，占完成总额74.2%。全年引进实到内资36.68亿元，比上年增长17.56%。到资6000万元以上大项目18个，其中制造业项目7个、服务业项目11个，到资总额23.41亿元，占完成总额56.8%。

【对外贸易】 外贸进出口稳步增长，全年实现自营进出口133.42亿美元，占全市外贸进出口总额25.2%，比上年增长52.8%。其中，出口69.49亿元，增长32.1%；进口63.93亿，增长84.2%。出口总额中，机电产品出口32.86亿美元，增长0.2%；高新技术产品出口26.32亿美元，增长61.3%。全区出口产值超亿元企业42个，外贸全年完成率位居全市第一考核小组前列。亚太经合组织成为与杭州经开区贸易往来金额最大区域，进出口总额83.16亿美元，占全区进出口总额62.33%。发达国家经济复苏缓慢，出口美国总额增长3.4%、出口日本总额下降2.5%、出口欧盟总额下降8%。企业逐步转向南美市场开发，出口南美洲总额增长39.2%，成为对外出口涨幅最大区域。

【科技创新】 创新能力显著提升。全年实现规模以上高新技术产业产值1306.17亿元，占全区产值比重66.3%。实现新产品产值404.76亿元，新产品产值率20.7%。新增市级创新型试点企业5个，累计12个。新增市级以上研发（技术）中心43个，其中省级35个，累计拥有市级以上企业研发（技术）中心161个。全年促成产学研合作项目31个。全年新增专利申请量7142件、专利授权量4389件，分别比上年增长74.5%和42.1%。开发区国家级知识产权试点园区顺利通过验收。科技投入不断加大。170个科技型企业获得2012年度科技政策奖励，奖励资金2439万元。全区101个企业享受研发开发费用加计抵扣政策，减免所得税1.05亿元。国家重点支持的高新技术企业减免所得税税金2.33亿元。财政科技支出3.49亿元，占预算内财政支出10.4%，高于全市平均水平；企业研究开发费用实现较快增长，全年开发区企业R&D费用占主营业务收入比重1.4%。高新企业队伍壮大。新增市级以上高新技术企业44个，累计296个；新增国家重点支持高新技术企业25个，累计189个；新增国家火炬计划高新技术企业3个，累计10个。优秀科技成果不断涌现，浙江三花汽车零部件股份有限公司等2个企业的科技成果转化项目获得国家重点新产品称号。创新载体建设推进。大学科创园实际使用面积超过6万平方米，引进各类企业270个，其中教师创办企业104个，“青蓝计划”企业33个；新加坡科技园获评浙江省开发区特色品牌园区。建成创新园区16个，建成面积32.2万平方米，进驻企业564个，从业人员超过7000人。

【前进工业园区】 前进工业园区是杭州经开区在大江东区域的战略拓展区，2012年，前进工业园区加大招商引资，努力破解要素制约，加强综合配套保障，区块开发建设取得新突破。全年实现合同外资3.83亿美元，实际利用外资1.65亿美元，实到内资13.51亿元。累计引进项目23个，其中外资项目12个，总投资18.57亿美元；内资项目11个，总投资112.35亿元。加快项目落地建设，促成长安福特汽车、浙飞飞机零部件（西子航空飞机零部件）、统一食品等大项目顺利开工。加大基础配套建设，城市综合体、农居安置房、蓝领公寓等生产生活配套项目加快推进。全年完成固定资产投资13.99亿元，其中基础设施建设投资4.32亿元、工业项目投资9.67亿元。

【浙江杭州出口加工区】 应对严峻国际经济形势，探索现有资源利用、功能模式拓展，助力区内企业转型升级，增强出口加工区可持续发展后劲。出口加工区主要经济指标基本平稳，海外市场萎缩对外贸易总体下滑，保税物流业务保持两位数增长，业务模式日益成熟。全年实现工业总产值121.3亿元，比上年下降11%；实现税收8.8亿元，其中工商税收1.7亿元、海关代征税7.1亿元。实现工业增加值12.5亿元。进出口总额22.2亿美元，其中出口16.9亿美元，下降11.7%。全年实现固定资产投资1.9亿元，增长15.5%。

【管理与服务】 夯实工作基础，提升服务水平，充分发挥区级综合性政府服务平台的示范引导作用。办事大厅窗口增至71个，参与服务的单位有27个，工作人员107名。窗口可受理事项400余种，窗口业务量27.21万件，接待办事群众30.2万人次，办理满意率99%以上。办理代办项目206个，解决疑难项目72个。推进“网上办事”工程，系统升级网上审批，增加综合管理模块，12月投入试运行。城管办新增服务事项纳入网上行政审批系统，实行网上联合审批。工商分局实现内资企业100%网上申报。

【社会事业】 加大教育投入。辖区拥有普通高等院校14所，在校学生19.68万人，比上年增长8.4%；中小学16所，在校学生1.44万人，比上年增长15.2%，全年义务教育阶段接纳在读进城务工人员子女1.28万人，占全区新生总量70%；托幼儿园28所，入园儿童0.79万人，比上年增长21.5%，全年新增等级幼儿园7所，新增乙级及以上幼儿园10所，标准化幼儿园率达54.0%。卫生服务体系完善。全区共有医疗机构67家，其中，医院6家，社区卫生服务中心2家，社区卫生服务站15家，区内医生数598人，病床数541张。居民电子健康档案建档率98.7%，新生儿访视率95.2%，孕产妇系统管理率94.9%。文化生活日益丰富。创建市级文化示范社区2个、四星级体育社区3个，新建社区群众文体活动点4个、文化信息资源共享工程基层服务点和公共电子阅览室5个。组织承办杭州市“新杭州人”社区管理服务现场会，“邻里模式”得到肯定和推广。举办杭州市首届“下沙新城杯”新杭州人歌手大奖赛、第四届“下沙之韵”摄影大赛、全民健身日特色文体项目展示等活动。承办2012年世界电子竞技大师赛、全国射击射箭重点城市射箭比赛、全省开发区文化工作现场研讨会和市青少年航空模锦标赛等大型赛事。下沙、白杨街道成功举办首届社区文化艺术节。社会保障不断健全。参加社会保险总人数11.42万人，比上年增加1.46万人。其中，参加基本养老保险人数11.18万人，比上年增加1.17万人；参加社会基本医疗保险10.80万人，比上年末增加 0.88 万人；参加失业、工伤、生育保险人数分别达到 11.02 万人、10.95 万人、10.73 万人，分别比上年末净增 1.07 万人、0.89 万人、0.85 万人。

【机构设置与管委会领导】 杭州经开区下设纪工委（监察局）、管委会办公室、人事劳动社会保障局、政法委、机关党委、开发区人民法院、开发区人民检察院、经济发展局、社会发展局、公安分局、财政局、国土分局、规划分局、建设局、招商局、卫生分局、城市管理办公室、出口加工区综合管理局、总工会、残疾人联合会等行政部门。

杭州经开区党工委书记、管委会主任陈晨，党工委副书记、管委会副主任程锋，党工委副书记邵立春，党工委委员、管委会副主任詹国平、何铨寿、王永芳、姚利民、马佳骏、郝大龙，党工委委员、纪工委书记俞斌，党工委委员虞付月。

（杭州经济技术开发区管委会）

重庆经济技术开发区

【区情概况】 重庆经济技术开发区（以下简称“重庆经开区”），于 1993 年经国务院正式批准成立，是重庆首个、中国西部地区最早的国家级经济技术开发区。2000 年，重庆经开区完成位于南岸区的经开区南园和北部新区经开园共约 90 余平方公里的范围，形成了 6 大产业集群，共引进 500 余家企业，其中世界 500 强和国际知名企业 40 余家。2010 年，重庆经开区拓展到重庆主城东南面，总面积 60 平方公里，肩负起带动重庆主城东南片区经济发展的重要战略任务。

【发展环境】 区位优势显著。重庆经开区处于重庆主城的核心区范围内，位居“两江”和“江南”两大万亿级工业板块交汇点，区位优势显著，拥有面向国际，连接、辐射西部的密集水陆空立体交通网络。配套设施完善。面向高端的企业主、中层白领以及产业工人，分别配套适合其不同需求的住房配套；同时拥有三甲等级医院、中小学校、城市公园等。拥有重庆最大的综合批发市场，汽车、医药、奢侈品等专业市场。

【重点产业】 在现代信息技术产业方面，重庆经开区是国家工信部设立的国家新型工业化产业（电子信息、物联网）示范基地、国家科技部设立的国家高新技术产业化示范基地，国家发改委设立的国家电子信息产业基地、国家商务部设立的电机电子产业基地，引进了微软、中国移动、国虹科技、台湾智捷等知名企业，形成良好的现代信息技术产业基础。在高端装备制造产业方面，聚集中船重工、美的、重庆机床集团、通用工业等装备和机电设备制造企业。布局工业设计、研发、总部办公等产业配套的孵化平台和项目，未来将重点发展船舶制造、数控机床、电机电子重要零部件等产业。在现代服务业方面，拥有位居主城核心区的良好的区位优势，以及山水环绕、风景秀美的自然生态环境，是国家发改委确立的国家级物流枢纽、国家商务部确立的中法生态园区示范基地，引入西部最大的综合批发市场——朝天门国际商贸城，以及奥特莱斯、医药城、汽车城等多个大型商贸流通项目。

【政策支撑】 在优惠政策方面，具备国家级经开区的优惠政策，以及西部大开发、三峡库区移民、统筹城乡综合配套改革试验区、国务院3号文件等配套政策，重庆市委、市政府特批重庆经开区享有与重庆两江新区同等的优惠政策，对入驻企业财政扶持和税收优惠的叠加政策达到了全国最优。在审批政策方面，重庆市人大常委会颁布的《重庆经济技术开发区管理条例》，赋予重庆经开区管委会市级管理权限，可以对相关的规划、建设、城市管理事务进行直接审批，能够为企业入驻和项目投资提供快捷高效的审批服务。在服务政策方面，牢固树立“小政府、大服务”意识，建立健全适应国家级开发区的企业服务制度，组建招商服务中心，专门承担企业服务职责，实现“一次性受理、一站式办公、一条龙服务”，打造“高效、透明、公平、规范”的服务型政府，提供全天候、全过程、全方位的优质服务。在人才政策方面，建立开放的人才引进机制，通过给予购房、租房、培训、探亲补贴及安排子女入学等特殊政策，搭建一流平台、营造一流环境、引进一流人才，鼓励和帮助人才创造一流业绩。

（重庆经济技术开发区管委会）

芜湖经济技术开发区

【主导产业】 芜湖经济技术开发区（以下简称“芜湖经开区”）坚持把主导产业培植、龙头企业培育、产业链配套作为产业发展的关键环节来抓。汽车及零部件、家用电器、新材料三个主导产业发展势头不减，汽车及高端装备、光伏光电、生物工程、电子信息等战略性新兴产业和现代生产性服务业培育前景良好。在汽车及零部件产业方面，奇瑞汽车形成年产100万台发动机和90万辆整车的生产能力，连续十年排名国内自主品牌乘用车企业销量第一，连续八年位居国内乘用车企业出口销量第一。汽车零部件生产企业达100家以上，2012年实现产值453.8亿元。在家用电器产业方面，聚集以美的、日立为代表的知名品牌企业，是国内最重要的家电生产基地之一。美的制冷、美智空调、日立空调等企业生产能力达年产1200万台空调器；美的厨卫、美的精品、美的洗涤等企业年产达860万台厨卫电器、5100万台精品电器和500万台洗涤电器等。2012年实现产值466.9亿元。

在新材料产业方面，海螺型材是国内最大的型材生产企业，以海螺、华亚、可耐福为代表的型材企业可年生产60万吨型材、6万吨PVC管材、3000万平方米石膏板；鑫科新材料是国内最大的精密铜带和白铜合金生产企业，楚江集团是国内最大的铜板带材及线材生产基地之一；中达电子等电子材料企业在海内外市场均占有重要份额。2012年实现产值250.6亿元。

【经济发展】 2012年全年实现生产总值332亿元，可比价增长7%；全年实现规模以上工业企业总产值1328.6亿元，同比增长4.9%；全年完成固定资产投资221.1亿元，同比增长39%；全年实现进出口总额30.59亿美元，同比增长12.2%，其中出口额21.6亿美元，同比增长19.7%；全年规模以上工业万元增加值能耗同比下降10%。新签约中电电子产业集团投资150亿元的中国电子英国展销中心芜湖出口加工检测基地等5亿元以上工业项目14个，其中10亿元以上项目7个。新引进博世等世界500强企业投资项目4个。新注册亿元以上内资项目21个，总投资226.9亿元，其中5亿元以上项目12个。全年实际利用内资210.4亿元，同比增长16.5%；实际利用外资5.0亿美元，同比增长9.5%。

【科技创新】 不断完善以企业为主体的技术创新体系和以高新技术产业化为中心的创新服务体系，成立科学技术协会。全年认定国家高新技术企业10家，认定国家重点高新技术企业5家；高新技术产业产值达1093亿元，占规模以上工业产值81.7%。组织企业申请专利3286件，全区每万人拥有发明专利50.8件，远远超过全国和全省平均水平。认定中国驰名商标1件；申报省著名商标9件和市知名商标10件。申报市级以上名牌产品15件。埃泰克汽车电子（芜湖）有限公司获批中央地方研发平台建设，安徽鑫科新材料股份有限公司获“国家认定企业技术中心”称号。芜湖恒隆汽车转向系统有限公司、安徽精诚铜业股份有限公司被认定为省级工程技术研究中心。2012年芜湖经济技术开发区继续被评为“全省创新示范园区”。

【党建工作】 切实加强企业党建，实行党建工作委领导、企业党委、企业三级联动联系点制度。召开非公企业党建“百日攻坚”行动推进会，基本实现全区党组织覆盖。认真落实党风廉政建设责任制，进一步加强党风廉政建设。坚持标本兼治、综合治理、惩防并举、注重预防的方针，严格执行领导干部廉洁从政各项规定。下达《2012年党风廉政建设和反腐败工作主要任务分解表》，全面开展廉政风险防控工作，全面推进廉政文化建设，进一步加强效能建设，加大纠风和监督检查工作力度，抓好工程建设领域专项治理。

【社会事业和文明创建】 加大民生工程投入，全年拨付3.68亿元，全面完成生活保障、教育培训、医疗卫生、农业和农村基础设施等30项民生工程。全年参保企业820户，社会保险参保人数9.5万人；城镇居民基本医疗保险参保人数5.5万人；城乡居民养老保险参保人数1.4万人。大力引进优质教育资源，加快提升基础教育水平，2012年4月份和6月份成功与安师大教育集团签署合作办学协议，成立安师大附小城北分校和安师大附中城北分校并正式开学。建立流动人口之家，为企业留住人才奠定基础。全年申报和重新申报文明单位21家；常态化开展群众性精神文明创建活动，企业、街道和社区纷纷开设“道德讲堂”，引导公民道德活动健康发展；突出抓好志愿者队伍建设，着力开展学雷锋志愿服务活动，努力打造志愿者服务品牌，其中，龙山街道“4点半爱心学校”、万春街道“爱心积分卡”已成为经开区志愿服务工作特色品牌。

【机构设置和管委会领导】 芜湖经开区管委会为芜湖市人民政府派出机构，按照“精简、效能、统一”原则，围绕“招商、建设、管理、服务”四位一体职能定位，内设工委管委办公室、监察室、经济贸易发展局、投资促进一局、投资促进二局、投资促进三局、规划建设局、财政局、人力资源和社会保障局、出口加工区管理局、社会事业局、科技创新局、市容管理局、社会治安综合治理办公室、房屋征收办公室、招标采购管理办公室、文明办、安全生产监督管理局、工会联合会19个工作部门。

芜湖经开区党工委书记、管委会主任陆雷，党工委副书记叶政林，管委会副主任张春虎、纪良柱、欧冬林、季学敏，纪工委书记刘国华，党工委委员方春果、何学东（兼办公室主任）。

（芜湖经济技术开发区管委会）

惠州大亚湾经济技术开发区

【经济增长】 2012年，惠州大亚湾经济技术开发区（以下简称“大亚湾经开区”）生产总值440.8亿元，增长10.5%；工业总产值实现1660.5亿元，增长11.7%；固定资产投资146.5亿元，增长21.6%；社会消费品零售总额16.8亿元，增长14%；合同利用外资3.67亿美元，增长22.3%；实际利用外资3.29亿美元，增长10%；税收总额（含海关代征税）366.8亿元，增长21%；公共财政预算收入22.4亿元，增长28.4%；农民人均纯收入12607元，增长12%；港口吞吐量4477.2万吨，增长5%。

【招商引资】 积极参加第十六届中国国际投资洽谈会等4场重要招商活动，全年共准入项目18宗，总投资额为72.38亿元。其中内资12宗，投资额为55.31亿元；外资6宗，投资额为2.51亿美元。2012年，大亚湾开发区推动中海能发丙烯酸及酯、惠州国际集装箱码头等16宗项目竣工投产，投资额81亿元，达产年产值113.4亿元；促成东方雨虹防水材料等10宗项目动工，投资额61亿元；加快中海油乐金ABS等在筹建项目进度。截至2012年年底，全区在建项目33宗，涉及金额211亿元；筹建项目42宗，在谈项目46宗。

【产业发展】 石化产业保持较快发展。共引进韩国KOLON电子新材料等7宗项目落户石化区，投资额37.05亿元；促成中海能发苯酐/DOP等4宗项目如期开工，投资额39.76亿元；推动巴斯夫丁苯胶乳等7宗项目顺利投产，投资额34.64亿元。实现石化产业产值1316亿元，增长17.4%。至2012年年底，已落户石化区项目70宗，总投资达1566亿元。港口物流业平稳发展。全年港口吞吐量达4477.2万吨，增长5%。集装箱吞吐量达12.8万标准箱，增长39.2%。

【科技创新】 以科创园为载体，引进研发机构、总部经济、检测机构、孵化项目共26宗。省部产学研结合大亚湾示范区、省部产学研结合企业科技特派员工作站、省中小企业创业基地、中海炼化石油化工院士工作站等被认定为省级平台。校企联合申报省、市、区产学研科技项目42项，专利申请418件。组织区内企业申报省级工程中心1家、市级5家。引导协助中海炼化、中创化工等企业6项技术改造项目备案，投资额3062万元。指导顺天翔实业公司的“怡心居”卫浴成功认定为国家驰名商标，实现国家驰名商标“零”的突破。

【城市建设】 完成市政建设29项，概算约17.89亿元。省立绿道全线完工，市立绿道完成5公里。进港路、疏港大道、中兴北路东段等道路工程按计划推进。城市园林绿化水平进一步提升，建成区绿化覆盖率达36.28%、区绿地率达34.5%、人均公园绿地面积达11.17平方米。推进与惠阳、惠东的道路对接，加快龙山五路、石化大道东段二期工程建设。全力推进淡澳分洪河等河流整治工程，分批实施农村水网改造。初步完成第一批5个统筹城乡示范村建设。完成自然村道硬底化改造40多公里，具备通客车条件的行政村100%通公交客运。完成4900亩生态景观林建设。配备农村保洁员、环卫专干共194名，建成农村垃圾中转站2座、垃圾屋6座、垃圾池52个。城市垃圾达到日产日清和无害化处理，行政村100%实现垃圾卫生常态化管理。

【安全环保】 实行石化区封闭管理，整合石化区消防管网，建设公共应急池。加快推进荃湾港区公共应急池、消防管网工程及公安消防站等项目建设。建立区安全生产专家库。56家危化品生产、储存、经营企业完成应急预案备案，17家企业完成危化品重大危险源备案。2012年全区事故宗数、死亡人数、受伤人数、经济损失同比下降17.95%、25%、12.5%、69.18%，全区安全生产形势总体稳定。规范建设项目环保审批管理，全年共受理项目申报204项，否决9项；共出动各类现场环境监察2302人次，检查企业577家次，立案78宗；配备PM2.5自动监测设备2套。完成7个村的市级生态村创建任务。

【社会事业】 义务教育规范化学校覆盖率达100%，外来人员随迁子女入学率达100%。免除户籍学生普通高中学杂费363.6万元，资助贫困学生177.4万元。成功承办省渔歌精英赛暨全国渔歌邀请赛复赛分赛区活动，"渔家婚嫁"、"渔歌对唱"等节目获得金奖。开展有线数字电视整体转换工作。霞涌街道文化站获评广东省一级站。协助市帆板队完成参加省少赛任务，成立体育协会、青少年体育俱乐部各3个。中大惠亚医院落成。居民电子健康档案建档率达到75%。32家卫生站加入街道村卫生一优化管理。新生儿计免入册率达100%，六苗接种覆盖率达100%。城乡居民社会养老保险参保缴费23271人。城乡居民医疗保险参保缴费45813人，提前实现参保全覆盖。城乡最低生活保障制度进一步完善，共支出低保金约1102万元，低保覆盖率达到100%。发放社会保障卡7.12万张。全区新增城镇就业人数7500个，城镇失业人员再就业1000人，城镇登记失业率为1.97%，转移农村富余劳动力就业374人。

【机构设置与管委会领导】 大亚湾经开区管理委员会下设两委办公室、组织部、政法委、工贸局、住建局、社管局、宣教局、人社局、交通运输局、财政局、审计局、环保局等12个工作部门。大亚湾区委书记侯经能，区委副书记、管委会主任黄伟才，区委副书记张添才，区委常委、纪委书记曾红胜，区委常委、两委办主任李迅，区委常委、管委会常务副主任吴欣，区委常委、政法委书记巫远斌，区委常委、管委会副主任赵岩（挂职），区委常委、管委会副主任黄辉、区委常委、组织部部长詹星，管委会副主任：叶光明、李耀楠、张忠、陈东照、黄志军，区管委会党组成员李印铸、练志伟、黄进辉。

（惠州大亚湾经济技术开发区管委会）

北京经济技术开发区

【区情概况】 北京经济技术开发区（以下简称"北京经开区"）位于北京东南亦庄地区。2010年初，中共北京市委、市政府作出大兴区与北京经济技术开发区行政资源整合的决策部署。新区总面积1052平方公里，人口140万。2011年，两区深度整合一体发展，进一步完善统筹资源、统一布局的联合招商工作机制，健全项目落地建设协调机制，发挥"北京·亦庄"产业发展主体平台作用，扩大政策覆盖范围，辐射带动生物医药、新能源汽车、新媒体、军民结合、生产性服务业和新空港产业园等6个产业园区发展。两区优化产业发展环境和服务水平，通过统筹安排，引导关联企业集中布局，加强各产业各园区的合作与互动，推动产业结构升级，推进二、三产业融合发展，形成各具特色、优势互补的“一区六园”产业发展新格局。

【产业发展】 2012年实现地区生产总值突破820亿元，同比增长5%；实现规模以上工业总产值2216.3亿元；完成全社会固定资产投资340亿元，同比增长6%；完成销售收入4170亿元，实现税收收入277亿元（含退税），同比增长13%；出口总额105.8亿美元。高新技术企业产值贡献率稳步提升，占工业总产值比重保持90%以上。成为国家电子商务示范基地、国家国土资源节约集约模范区和北京市唯一的国家园区循环化改造示范区。

【招商引资与利用内外资】 全年引资总额超过60亿美元，引资质量不断提升。新批企业1210个，新批三资企业42个；合同利用外资7.3亿美元。奔驰前驱车、中芯国际二期等一批重大项目落地奠基，同仁堂集团等47个项目开工建设，德尔福等30个项目投产见效，奔驰GLK、京东方8.5代线等一批重大项目、高端项目量产，拜耳、云基地等项目进入高速增长期，带动汽车制造、生物医药、云计算等产业不断壮大。生产性服务业产业园建设全面提速，西红门商务服务业聚集区规模初现，军民结合产业基地挂牌，蓝鲸军民融合创新园项目正式落户。

【科技创新】 加速聚集科技创新资源要素，新增中央“千人计划”入选者10人、累计达37人，新增北京市“海聚工程”入选者32人、累计达69人，新认定的新区海外高层次人才29人、累计达185人。新设立创新实践基地工作站2家、博士后科研工作站3家。新增市级研发机构32家，新搭建公共技术服务平台5家。全年培育“小巨人”企业、优势中小企业、北京市专利试点企业共66家。1月，北京经开区2011年度科技创新专项资金项目落地大会暨首批“公共技术服务平台”和第二批“企业创新中心”授牌仪式举行，132家企业的238个项目获得科技专项资金扶持。北方微电子大产能高亮度LED刻蚀机研发及产业化项目、北京朗波尔光电股份有限公司LED低位道路灯项目等21个成果转化类项目获得2130万元的扶持，填补国内空白的国内首个治疗肝/肺纤维化的药物——吡非尼酮片的临床研究等39个自定项目获得3480万元的扶持，来源于科技部或者市科委重大重点研发配比类的10个项目获得1481万元的支持，三类项目占了过半的扶持资金。8月，北京经开区建设二十周年高端活动“企业院士专家工作站”授牌仪式暨“第四届首都创新论坛”在博大大厦召开，北京经开区再增北京经开工大投资管理有限公司、北京亦庄国际生物医药投资管理有限公司和汇龙森国际企业孵化器3家院士专家工作站。9月，再增3家科技企业孵化器，共有10家科技创新孵化器完成认定工作，为新区中小企业发展奠定了良好基础。开发区制定促进科技企业孵化器发展办法，对新区范围内科技企业孵化器进行资本扶持。这3家孵化器是：生物医药园、云基地和国家新媒体产业基地多维创新园，它们都是专业方向非常明确的孵化器，在产业专业化程度上具有非常高的水平。10月，由浙江海正药业股份有限公司与北京四环科技开发有限公司共同投资设立的北京军海药业有限责任公司注册成立。该公司是国家应急防控药物工程项目，是国家战略性药品创新及产业化平台，致力于建立国家战略性药品创新及产业化平台。该公司主要研发预防、治疗和减轻损伤的一系列药物，填补国内公共卫生领域药物空白，完善和提高国家公共卫生安全药品的自主保障能力。北京市2012年度高新技术成果转化项目名单中，北京经开区15家企业15个项目上榜。在项目名单上，既有京东方、冠捷、金风、泰德等知名企业，也有阿尔特、和利时等新兴发展企业。高新技术产业产值占工业总产值比重达到90%以上，已连续9年超过80%，科技成果转化率80%以上，远超全国5%的平均水平。

【主导产业及主要品牌】 名企多、实力强、技术新、规模大、门类全、集群化程度高是电子信息产业的优势特点。星网工业园聚集了20余家移动通信产业上下游世界名企；中国大陆第一条12英寸集成电路生产线建成；中国大陆首条自主设计与自主建设的TFT－LED8.5代线投产；中国首台“云计算”服务器下线。数字电视产业园、移动硅谷产业园、微电子产业园、“云产业园”助力园区企业发展。名企有：诺基亚、威迅、揖斐电、富士康、三洋能源、京东方、康宁、冠捷、中芯国际、云基地、百度、KDDI等。北京“药谷”汇聚有化学制药企业、生物制药企业、中医药企业、医疗器械企业、服务外包企业和权威检测认证机构，形成涵盖“技术研发、临床试验、检测审批、生产加工、销售流通”五个关键环节的生物医药产业链。名企有：拜耳、GE医疗、赛诺菲安万特、同仁堂、泰德、百泰等。汽车产业形成以北京奔驰和北汽新能源汽车为龙头的两大集群。汽车研发、制造、生产、销售服务四大领域产业链协同发展。名企有：北京奔驰、德尔福万源、李尔汽车、北汽新能源汽车等。近80家、涉及18个行业的装备制造业企业，着力打造“高端化、特色化、协同化”的装备制造产业聚集区，形成以高新技术为主，传统产业改造提升为辅，多个领域支撑发展的格局。名企有：施耐德、博世力士乐、ABB、SMC等。

【投融资体制建设】 形成集信贷、投资、担保、债券和境内外上市于一体的产业投融资架构，形成担保公司、创投公司、小额贷款公司等主体多元化发展，股权投资、风险投资、融资担保和上市服务等业务协同支撑的格局。2010年至今，成功推进发行两期中小企业集合票据，涉及京运通、经纬纺机新技术公司、康特荣宝等6家高新技术企业，发行金额共计2.48亿元。京运通通过集合票据募集资金1亿元，用于支撑企业新技术的发展，成为北京经开区本土培育的上市企业。中小企业可以通过小额贷款公司、亦庄国际担保有限公司进行融资贷款。亦保通“小额融资”方案，使企业仅在5天内就能低成本获得300万元以下贷款，高效率地缓解企业融资难问题。新区共有银行机构23家，村镇银行总部2家，融资性担保公司8家，小额贷款公司4家，证券期货类金融机构营业部4家。积极创新融资工作，发起设立中关村国盛创业投资基金、北京亦庄互联云计算基金，总募集资金达33.6亿元，支持利德曼等3家企业成功上市。

8月，北京亦庄产业金融畅谈会举行。北京经开区管委会分别与中国农业银行股份有限公司北京市分行和国泰君安证券股份有限公司签署战略合作协议授予北京经开区300亿元人民币的整体意向授信额度，用于支持北京经开区经济建设，为产业发展提供资金保障。北京经开区管委会则将与国泰君安在股权投资、债券投资、企业上市等六个领域深化合作。

设立中小企业服务中心，辅助中小企业的发展。引进普华永道、中伦金通等行业知名法律、审计机构为园区企业提供专业法律、审计服务。中小企业服务平台通过400服务专线、端对端信息推送系统、网站等多种渠道，立足于企业需求量身打造政策指导、战略咨询、人才培训、金融服务、行政管家等完善的服务内容，定期召开投融资峰会、政策培训会，组织企业团参加中小企业博览会等，为企业实质性地解决困难。

【资源集约利用】 2月，国土资源部授予北京经开区等101个县（市）“首届国土资源节约集约模范县（市）”荣誉称号。采取以土地供应计划为先导、以明确项目入区门槛为标准、以土地利用全程监管为手段等节约集约利用土地资源的措施，取得显著的经济、环境和社会效益。北京经开区投资密度每公顷达到1452.45万美元，工业产值每公顷1.41亿元，税收每公顷1113.33万元。

【人才队伍建设】 坚持实施人才强区战

略，提出产业人才聚集工程、创新人才推进工程等十大人才工程，并依托中央“千人计划”、北京市“海聚工程”和新区“海外高层次人才引进计划”的遴选平台，按照“人才引进与产业发展相结合、回国创业与回国工作相结合、支持个人与扶持企业相结合、国内发展与国际合作相结合”的原则，大力吸引海外高层次人才。颁布《关于鼓励和吸引海外高层次人才来北京经济技术开发区创业和工作的意见（试行）》等20多项人才政策和措施，支持各类人才在新区创业和就业。新区还建设有留学人员创业园、博士后科研工作站和高新技术产业专业孵化基地等，为优秀人才的创业和科研成果的产业转化提供发展空间。新区人力资源总量已突破20万人，共有高端人才236名，其中海外高层次人才156名。北京经开区成为国家级“海外高层次人才创新创业基地”。

【社会事业与文化建设】 完成万亩新城滨河森林公园北岸、通惠排干渠河道改造和4000亩绿化造林生态工程。实施便民菜市场、早餐点等一批惠民工程。着力推动和加快同仁医院二期、十一学校亦庄分校等一批高端公共服务机构和设施建设。完成一站式服务大厅改造搬迁工作，不断提高审批和服务效能。全面推进城市公共安全信息化建设，城市综合治理、安全生产工作有序推进，应急处置能力进一步增强。城市承载力不断提高，保障和服务发展能力持续提升。

【机构设置与管委会领导】 北京经开区工委机构：工委办公室、组织部（人事教育处、机构编制办公室、统战部）、宣传部（新闻办公室）、党群工作部、政法工作部、机关党委、纪工委（监察局）、开发区总工会、融合办。

管委会机构：管委会办公室（外事办公室、信访办公室）、发展和改革局（商务局）、产业促进局（联合招商办公室）、科技局（知识产权局）、财政局、国有企业监事会、人事劳动和社会保障局、房屋和土地管理局、建设发展局、征地拆迁办公室、市政管理局、社会发展局、审计局、环境保护局、统计局、安全生产监督管理局、研究室（法制办公室）、信息化工作办公室、城管执法分局、规划局。

管委会主任张伯旭，副主任赵昕昕、高言杰、王合生、绳立成、袁立洪。

（北京经济技术开发区管委会）

乌鲁木齐经济技术开发区

【经济发展】 2012年乌鲁木齐经济技术开发区经济（以下简称“乌鲁木齐经开区”）实现生产总值432.2亿元，较2011年同期增长17.7%。其中：第二产业实现增加值330.5亿元，同比增长17%；第三产业实现增加值101.7亿元，同比增长24.6%。第二、第三产业分别拉动经济增长12.2和5.5个百分点，第二、第三产业比例由上年的77.8∶22.2变化为76.5∶23.5。

全年实现工业总产值958.8亿元，同比增长24.7%；工业增加值320.3亿元，同比增长14.3%，其中规模以上工业增加值216.5亿元，同比增长18.4%。

黑色金属冶炼、电气机械及器材制造、食

品饮料制造、金属制品和家具制造五大行业实现工业总产值705.1亿元，占工业总量的73.5%。产值亿元以上企业54家、新增19家，占全区工业产值总量的89.5%。

投资规模不断扩大。全社会固定资产投资251.1亿元，同比增长27.4%。其中：基础（公共）设施投资达到39.2亿元，同比增长25.6%。

国内贸易继续保持平稳发展。社会消费品零售总额27.4亿元，同比增长20%。对外贸易保持快速增长。进出口总额62.4亿美元，同比增长10.8%。

财政收入58.2亿元，同比增长28.5%，其中：税收收入41.7亿元，同比增长22.3%。

【对外贸易】 进出口总额62.4亿美元，同比增长10.8%，其中：出口50.1亿美元，同比增长12%；进口12.3亿美元，同比增长6.3%。出口与进口比例为80.3∶19.7，贸易顺差37.8亿美元。进出口规模超亿美元企业6家，实现进出口额23.1亿美元，占外贸份额的37%。

【节能减排】 以节能减排为重点，着力推进资源节约型、环境友好型城市建设。全年实施5个重点治理改造项目，全区2座污水处理厂日处理污水达到4.6万吨。规模以上万元工业增加值能耗0.07吨标煤，同比增长43.2%，二氧化硫排放902.3吨，化学需氧量排放520吨，有33家企业通过ISO14000环境管理体系认证。完成2600台燃煤小锅炉拆并，完成45家企业、93台燃煤锅炉煤改气任务。空气质量好于二级的天数达到292天，占全年总天数的80%。

【招商引资】 依托区位优势、资源优势和产业优势，坚持创新招商引资模式，完善招商引资激励和服务机制，优化投资发展环境，不断提高招商引资质量和水平。重点加大白鸟湖新区组团整体推介招商力度，加大汽车制造、机械装备、新型煤化工产业等重点领域的工业项目和总部经济、股权投资、高端商务等现代服务业项目的招商引资和服务。2012年全区新备案（核准）项目31个，投资总额451.8亿元，同比增长20.31%。重大项目引进取得新突破，亿元以上项目25个，其中：投资额10亿元以上项目6个，占引资总额的80.9%。项目涉及煤化工、机械制造、生物化工等工业项目及总部、物流、房产开发等多个领域。阜丰、大众、伊泰等19个项目落地建设，落地资金148.1亿元，同比增长47.7%。亚博会实现签约总额、内联项目签约、外联项目签约、外贸合同签约四项全市第一。

【科技创新】 财政科技经费投入7091万元，全年实施科技计划项目1批，重点支持36项科技项目和专项课题，吸引社会科技研发投资7.8亿元。全年推荐申报国家、自治区和市级各类科技项目50余项，实施国家、自治区、市级各类科技项目21项，驻区企业金风科技荣获中国专利优秀奖，新疆机械研究院获得自治区科技进步一等奖、科技兴新贡献奖，新疆绿色使者空气环境技术有限公司获得"十一五"国家科技计划执行突出贡献奖。截至2012年末，全区共获批国家级工程技术研究中心1家，国家级企业技术中心1家，自治区级工程技术研究中心8家，自治区级企业技术中心16家，国家级创新型（试点）企业4家，市级创新型企业28家。高新技术企业28家，其中工业企业22家，2012年实现产值263.7亿元，占全区工业总产值比重达到27.5%。

【项目建设】 2012年5月，上海大众新疆项目在乌鲁木齐开发区举行签约开工奠基仪式。上海大众新疆项目项目一期总投资20亿元，用地约610亩，建设设计年产5万辆A级轿车生产基地以及相关配套设施，计划于2014年年底投产。上海大众新疆项目正式启动，同时也标志着乌鲁木齐开发区汽车及装备制造产业初步形成。

【出口加工区】 乌鲁木齐出口加工区于

2003年3月批准设立。2005年7月28日，通过海关总署及国家八部委联合验收，乌鲁木齐出口加工区正式封关运作。位于乌鲁木齐开发区二期用地内，规划面积3平方千米，其中首期规划面积0.7平方千米，首期围网0.4平方千米；其范围为东起卫星路，西至洞庭路，南临苏州路延伸段，北接黄山路；北距乌鲁木齐国际机场2.5千米，西距火车北站（货运）1千米，火车西站（编组站）2千米，交通便捷。截至2012年，加工区内注册企业18家，其中加工贸易企业9家，物流及其他贸易企业9家。

出口加工区累计投入3.1亿元完善基础设施。全年实现进出口贸易总额2.9亿美元，较去年同期增长38%，其中加工贸易实现7661万美元，较去年同期增长90%，其他贸易方式完成2.1亿美元，同比增长24%。火车北站、西站累计过货51.8万吨，货值17.3亿美元。其中，隆博集团2012年度实现突破性增长，一般贸易达到2.09亿美元，加工贸易实现4952万美元；中亚食品和伊真肠衣稳步增长，分别实现加工贸易额2245万美元和529万美元。

（乌鲁木齐经济技术开发区管委会）

合肥经济技术开发区

【经济发展】 2012年，合肥经济技术开发区（以下简称“合肥经开区”）完成工业总产值2290.1亿元、同比增长24.4%。实现地区生产总值770亿元，按可比价格计算，同比增长22.87%；其中，第二产业增加值664.08亿元，增长22.55%；第三产业增加值105.5亿元，增长24.88%；第二、第三产业增加值比例为84.05∶15.95。实现工业增加值619.08亿元，完成财政收入117.07亿元，同比分别增长24.58%、20.35%；完成固定资产投资395.76亿元，同比增长25.18%，其中，工业项目投资224.3亿元，增长35.8%。

【投资环境】 基础设施投入13.7亿元，完成联想等项目代建投资8.2亿元。出口加工区建成封关运行，新港工业园路网基本形成，莲花路跨派河桥建成通车。组织编制《派河以南共建区总体规划》等专项规划，编制大学城西北生活区等地块控制性规划并通过审批。百乐门建成开业，国耀广场、翡翠湖玫瑰园等项目加快建设，明珠广场、中环城等商圈加快提升。推动联想合肥研发基地项目规划建设，对南艳湖及东侧高科技研发基地加紧规划。

【招商引资与利用外资】 注重提质扩量，实现“量质齐升”，全年累计完成招商引资总量161亿元，同比增长24.8%。共引进20亿元以上项目4个，其中利用联宝项目落户开发区的集聚效应，加大招商力度，落户配套企业15家，储备项目35个，总投资超过50亿元。与央企合作再结硕果，成功引进招商局物流合肥分发中心项目，机械工业部第一设计院搬迁启用。全区拥有世界500强内外资企业26家。全年累计到位省外资金134.8亿元，增长35.8%。外资实际到位、合同外资和外商直接投资分别为4.33亿美元、4.25亿美元、4.16亿美元，实际利用外资、工业到位外资、外商直接投资均在全市名列第一，多项数据在全省名列前茅。

【产业发展】 支柱产业日益壮大。家电、汽车、装备制造、汽车产业四大支柱产业全年实现产值1711.6亿元，特别是家电产业全年完成产值846.5亿元，增长40.2%，国家新型工业化家电产业示范基地日益突出。全年实现产值逾亿元的工业企业突破100家，其中产值超10亿元企业达到41家，其中产值超50亿元企业12家，分别比去年增加8家和2家。日立建机、联合利华单个企业全年产值将再超百亿元大关，海尔冰箱、海尔空调全年产值将首超百亿元大关，海尔工业园全年产值将超过400亿元，江汽、海尔、日立、联合利华、长虹美菱等百亿工业园建设已现成效。在全市工业企业10强中，合肥经开区占据6席，全市工业发展主引擎地位进一步凸显。加大新兴产业培育力度。住宅产业化千亿产业加速形成，全区已形成包括远大住工、鹏远住工、宇辉集团在内的4个国家住宅产业化基地，集聚了西伟德、罗宝、仁创等一批龙头企业，千亿住宅产业化布局雏形初显。

【对外贸易】 进出口总额54.56亿美元，增长21.41%，其中出口30.99亿美元，增长121.41%；进口23.58亿美元，增长28.19%。目前合肥经开区拥有佳通轮胎、日立挖掘机、联合利华、熔安船用柴油机、ABB变压器、华凌电器等一批大型进出口企业，加工贸易类项目比重逐年稳步上升。

【项目建设及服务】 完成工业项目投资额224.3亿元，增长35.8%，居全市第一，企业技改投资153.6亿元，增长31.3%，占全区固定资产投资、工业投资的比重为40.3%和68.5%。大项目不断增强工业经济发展后劲。晶弘年产500万台冰箱、联想年产2000万台电脑、花王生活用品、景智电子等重大项目相继建成投产，江淮变速箱及汽油发动机、纳威司达合资发动机、日立年产3万台挖掘机项目实质性开工建设，尼普洛医疗器械、淀川彩钢板等项目已开始或即将进行生产设备安装。建立落实工委班子成员包保项目、帮扶企业的长效机制，定期召开专题会议和到企业走访调研。全年为区内重点企业提供直接融资支持14.72亿元，兑现企业各类奖补资金13.62亿元，减免工业项目行政事业性收费1.93亿元，与省内外10余家院校签订人力资源输入基地合作协议，组织200多场次招聘活动，引入2万多紧缺人才，为企业发展提供要素支撑，有力地促进了全区经济平稳运行。

【科技创新】 通过大力推进企业自主创新建设和产业改造升级，着力提升企业自主研发能力。全年新认定高新技术企业10家，新认定国家级企业技术中心1家、省级1家、市级5家，国家级工程技术研究中心1家、省级3家、市级1家，共申请专利752件，同比增长15%，专利授权630件，同比增长14%。目前全区共有高新技术企业69家，经认定的研发机构62个，其中企业技术中心34家（国家级8家，省级18家，市级8家）；工程技术研究中心26家（国家级1家，省级7家，市级18家），工程研究中心2家（省级）。重点领域改革创新不断深入。创新融资模式，海恒集团退出政府融资平台管理，其五年期18亿元中期票据获准注册，成为中国银行间市场交易商协会承认的第一家园区类平台公司；成功发行“海恒二期债”，募集资金12亿元。完成会展中心、欧风街经营权转换，开展金源热电股权收购，整合恒通铁路股权。

【管理与服务】 深入推进“团结协作年”活动，全区上下大局意识、责任意识进一步增强，各单位内部办事流程不断简化，部门横向协作能力和整体服务效能显著提升。在商务部2011年度综合发展水平评价中，合肥经开区体制创新指标继续在全国国家级开发区中位列第一。按照竞争性用人、能上能下等原则，对全区干部员工进行重新聘任聘用，全区130人实现交流轮岗，覆盖面近30%。以绩效管理为抓手，完善考核细则，把社区委及新港工业园纳入考评体系，绩效考核实现360度全覆盖。

【文化发展】 健全长效机制，加强对文化市场的监管和服务。建立社区社会文化指导员制度，各类群众文化团体不断涌现。精心打造文化品牌，创新性开展各类群众性文化活动。制定和启动了社区文化基础设施建设“三个一工程”，即“每个社区建设一个800平方米以上文化活动中心，每个居委会建设一个文化活动站，每个规划小区建一个社区文化活动广场”。进一步加大社区文化基础设施投入。成功举办“第五届文化艺术节”多种公益性文化活动。

【社会事业】 投入各类民生资金6.3亿元。新建公租房7717套45万平方米，启动海恒、锦绣老小区改造工作。全面实施收入倍增规划，城镇居民人均可支配收入达到17078元，增长14.4%。全年新增就业5520人，开展培训10173人次，技能提升培训完成率全市第一。以“零租金”面向社会公开选拔临湖幼儿园管理方，探索公有民办学前教育新模式，开创全省先河。

【机构设置与管委会领导】 合肥经开区下设工委办公室、管委会办公室、经贸发展局、建设发展局、社区管理局、财政局、社会发展局、人事劳动局、信访局、城市管理局、招商局、环保分局等17个工作部门。

合肥经开区工委书记、管委会主任姚卫东，工委副书记、管委会副主任：操云何；工委委员、管委会副主任孙余洲、李保国、程振革、吴昊、王家和。

（合肥经济技术开发区管委会）

郑州经济技术开发区

【经济发展】 2012年，郑州经济技术开发区（以下简称“郑州经开区”）积极应对欧债危机冲击和自身转型发展挑战，创新发展思路、凝聚发展力量、破解发展难题、优化发展环境，坚持工业强区，统筹推进新型工业化和新型城镇化互动发展，各项主要经济指标依然保持了良好的增长态势。

2012年，经济发展逆势上扬，综合实力不断增强。全年完成地区生产总值128.2亿元，同比增长11.6%；第三产业增加值26.3亿元，增长7%；规模以上工业增加值77.2亿元，增长13.6%；全社会固定资产投资142亿元，增长26%；财政总收入46.7亿元，同比增长21.4%；公共财政预算收入12.09亿元，同比增长22%；出口总额7.08亿美元，同比增长17.5%；实际利用外资5.8亿美元，同比增长68.2%；社会消费品零售额65.3亿元，增长12.4%。

【投资环境】 完成国际社区约32.57平方公里规划，规划人口35万人。采取与央企中国建筑第七工程局有限公司合作成立中建（郑州）城市开发建设有限公司，捆绑实施滨河国际新城项目建设等多种融资模式，有效缓解财政投资的压力。全年投资13亿元，完成“二环十七放射”绿化任务114万平方米，培土270万方，栽植苗木11万余株。

【招商引资】 坚持三大区域和六大方向招商，积极承接高端产业转移，吸引主导产业项目入驻，谋划对接高技术服务业项目。通过参加黄帝故里拜祖大典、中国河南国际投资贸易洽谈会、中国中部投资贸易博览会等省市招商活动以及自行举办经开区汽车及装备制造业招商推介会等形式，成功签约项目22个，协议投资总额约150亿元，实际利用外资5.81亿美元，省外资金37.2亿元。其中河南媒体港项目、台湾友嘉集团数控机床及叉车生产基地、日本加特可公司自动变速箱项目等9个项目已基本成熟，有望于2013年落地开工建设。跟踪洽谈了森林河房车、日产新能源汽车、京东方科技集团有机发光显示器、伟创立电子通讯、奥特莱斯生活广场、菲律宾SM集团、万达商业综合体等项目，全区招商项目呈现出外资项目多、域外投资多、工业项目多、投资规模大、科技含量高的良好势头。

【产业布局】 全区重点项目完成投资180亿元。积极培育战略新兴产业，改造提升传统优势产业，全年新开工项目32个，总投资40.7亿元的东风日产郑州工厂扩建项目，投资40亿元的海尔创新产业园项目，投资5.5亿元的中兴产业园生产基地等一批主导产业项目投资力度强劲，有力地促进了产业聚集；投资13亿元的宇通专用车郑州生产基地项目，投资1.85亿元的百事可乐郑州灌装厂项目等20个项目相继竣工投产，全区项目建设呈现出“开工快、投产快、见效快”的良好态势。进一步明确全区产业定位和主导产业布局，从“招商引资”逐步向“选商引资”转变，加大“三位一体”项目、“五职”分包项目推进力度，全面实施“招、落、建”攻坚行动，东风日产、宇通专用车、郑煤机、百事可乐等一批产业链长、科技含量高、附加值高的主导产业相继落地、开工、投产，成为郑州经开区构建现代产业体系的重要载体。

【对外贸易】 外贸出口7亿美元，对外经济技术合作合同额2.17亿美元，完成对外经济技术合作营业额3.8亿美元，境外投资1620万美元。郑州“无水港”项目于年初成功签约开通运营。河南保税物流中心跨境贸易电子商务项目正式获得批复，并正式开始运营。出口加工区B区报批工作已顺利通过国家九部委联合会审，同时启动了控规编制工作和产业发展布局规划编制工作。

【科技创新】 企业技术研发机构建设的扶持力度不断加大，全年完成各类科技项目申报140项，申请科技资金4000万元，申报专利1137项；获批各级研发中心12家，高新技术企业7家，实现技术合同交易额3.45亿元。河南留学人员创业孵化基地正式启动，为归国人才提供了一个集研发、生产、中试、产业化生产为一体的服务平台；累计获得国家“千人计划”专家5名，占全省申报专家人数的50%，一批生物医药、高等级公路检测、LED半导体照明、直线电机等高科技项目为全区经济发展注入了新生力量。

【管理与服务】 科学划分网格，将区属3个办事处、26个行政村、5个居民社区划分成了177个社会管理网格，并建立公安、消防、质检、工商等专业网格，统分结合，多网融合，打造出一张“横到边、纵到底、全覆盖、无缝隙”的高效和谐社会管理网络。全年共录入台账信息2925条，办结2908件，办结率99.4%；上传社情信息864条，办结825件，办结率95.5%。对全区社区服务用房进行清理，落实社区办公用房6560平方米，达到规定面积的4.8倍。加强食品安全查处力度，对全区食品生产企业建立信用档案，餐饮商户进行量化分级，纳入管理体系，社会管理效能大大提升，社会风气不断优化，群众生活和谐稳定。

【社会事业】 全年投入教育、文化、社保、医疗卫生、农林水利等民生性支出2.1亿元，同比增长32.9%，基础设施建设投资3.9亿元，同比增长45.7%，全区城市功能日益完善，社会保障体系进一步健全，各项社会事业全面进步。完成107国道东辅道、第十八大街、第十九大街等23条道路部分路段建设，总通车里程16.6公里。教育支出1.6亿元，同比增长34.3%，占全年财政支出的比重为12.3%。果园路小学如期建成招生，新开工中学、小学及公办幼儿园各一所，面向社会公开招聘优秀教师90名，充实到教学一线。新开工公共租赁住房项目4个共2532套。召开招聘活动30余次，提供用工岗位9500个，新增城镇就业1847人，农村劳动力转移就业710人。完成第二十二、二十三大街等四条道路的照明工程，安装路灯236基，光源415盏。大力开展城市提升工程，除“二环十七放射”和生态廊道建设外，区内新增绿化面积1.6万平方米，种植各类乔、灌木10余万株；新建停车场16个，新增车位3200余个；新进道路洗扫、冲洗车17台，全区环卫车辆累计达63台，机械化清扫率40%以上。投资13亿元完成“二环十七放射”建设任务，新增绿化面积1.6万平方米，城区绿化率达到20%以上，打通断头路23条，四港联动大道经开区段被评为全市道路建设样板工程，建成区道路全部实现路通灯明。扎实开展社会救助工作，努力扩大困难群体救助覆盖面，全年发放低保资金120万元，五保户供养金55万元，报销新农合医疗费用862.5万元。

（郑州经济技术开发区管委会）

昆明经济技术开发区

【区情概况】 昆明经济技术开发区（以下简称“昆明经开区”）地处昆明主城、呈贡新城、新国际机场三角区域中心，国批面积11.8平方公里（含出口加工区2平方公里），规划控制面积156.6平方公里，辖区总人口约17.7万人。

【产业发展】 初步形成6个具有特色的产业集群的雏形，分别是以昆船集团、CY集团、昆钢重装、云内动力、云南航天等为带代表的机械制造产业，以北方红外、南天信息、北方奥雷德等为代表的电子信息和光电子产业，以云白药、圣火、康恩贝、鸿翔药业等为代表的生物医药业，以雪兰牛奶、康师傅、统一、云南红等为代表的食品产业，以烟叶公司、瑞丰印刷、昆岭薄膜为代表的烟草制品及配套产业、以昆明航空、电力试验研究院、上星传媒等为代表的现代服务业。中船重工、中国兵器、中国建材、中石油、中海油、华润集团、华能集团等一批世界500强在经开区投资兴业。云内动力、南天股份、云南工投等省内上市企业也纷纷在昆明经开区落地生根。全区注册企业12000家，其中工业企业486家，规模以上工业企业123家，“十一五”累计实现工业总产值689.61亿元，规模以上工业企业667亿元，规模以上工业增加值占昆明市的比重由2005年的5%提高到2010年的10.06%。2005～2012年，昆明经开区三次产业结构从0∶67.95∶32.05调整为1.64∶64.33∶35.03，第二产业比重保持在65%左右，第三产业比重保持20%～35%之间，全区生产总值主要是由第二产业尤其是工业增长贡献的，第三产业的贡献不明显。

【主要品牌产品及产量】 全区共有云南昆钢重型装备制造集团有限公司昆钢牌起重机械、昆明雪兰牛奶有限责任公司雪兰液体乳、昆明七彩云南（国际）翡翠珠宝有限公司七彩云南翡翠饰品等云南名牌企业23家33个产品、昆明名牌企业23家27个产品；有效注册商标数量560件，有昆明晨农绿色产品有限公司注册商标、昆明云内动力股份有限公司注册商标等中国驰名商标 4 件、云南省著名商标 39 件、昆明知名商标 24 件。2012 年度名牌总产量为 173765.68 吨、66.56 万盒、18768 万片、206927 台（产品计量单位不同），总产值超过 372589.83 万元。

【科技创新】 修订出台《关于进一步推动企业技术创新的意见》等 17 个政策文件，为高新技术企业持续健康稳定发展创造了良好的政策环境。2012 年，昆明经开区成功获批成为国家新型工业化产业示范基地，组织区内企业积极争取国家、省、市科技项目 63 个，获科技资金扶持 4980 万元；新认定国家高新技术企业 16 家，云南省院士专家工作站 2 个，省级企业技术中心 2 个，省级工程技术研究中心 1 个，市级企业技术中心 6 个，专利申请授权 723 件；全区高新技术产业实现增加值 45.29 亿元，同比增长 20.12%；大中型工业企业 R&D 投入 4.7 亿元，R&D 投入占企业销售收入的比重为 3.70%；区级财政科技投入 0.46 亿元，占同级财政支出比重的 3.29%。

【投融资体制建设】 建立持续的城建资产与资源注入机制，通过政府行为注入营运性和非营运性资产，做大做实公司资产，不断扩大融资平台公司的资产规模和现金流量，提高资产质量和运营能力。充分发挥融资平台公司作为园区经济建设主体的主导作用，从税收、招商引资和业务开展等方面给予优惠政策。继续推进融资平台公司自营项目的整体包装实力和提高项目融资营销水平，加强银政企合作，实现融资资源和信息共享。进一步落实融资项目的前期报件完善工作（四证、水保、林评及可研报告等），强化项目整体包装实力和水平，为向银行申请项目贷款奠定好基础。加强同各金融机构和非金融机构的联系，准确把握金融机构和非金融机构的信贷政策变化，增强与各银行的合作密度。在债务监管方面建立和健全偿债准备金制度，按照国家相关政策的规定，根据公司的经营状况和项目盈利规模，每年从收入中按照规定的比例计提偿债准备金，确保偿债资金来源，降低债务风险。加强债务的动态监测，细化贷后管理调查分析，保障债务的按期归还。

【招商引资与利用内外资】 继续强化全民招商意识，充分利用国内各大型会展和二级招商平台，采取招商创新与服务创新相结合，优化项目审批流程，强化部门分工协作。敏德尔、世纪创富、艾斯弧、城港物流、金不换等外资项目，汽车衍生品、国方印刷厂、国税印刷厂、昊润糖茶类加工生产基地等内资项目相继落地。重点引进装备制造、生物医药等优势用地类项目，着力引进支撑作用大、税收回报多、辐射带动强的总部经济类项目，中石油、中海油、中建材等世界 500 强分支机构相继入驻。依托昆明出口加工区、云南省广告创意产业园等平台，进一步发展珠宝玉石、汽车销售、保税物流、文化产业、广告创意等产业，逐步形成以新型工业、现代服务业等新兴产业为主的聚集区。2012 年，全区新注册内资企业 1768 户，实际到位市外内资 147.8 亿元；新批外商投资企业 11 户，实际利用外资 2.56 亿美元；新开工建设项目 21 个，总投资达 33.8 亿元，其中亿元以上开工项目 16 个。

【资源集约利用】 严格按照《昆明市闲置土地处置办法》的规定，对土地闲置满一年而未满两年的依法收取土地闲置费，并限期开发；对闲置两年及以上的无偿收回土地使用权。从产业导向、规划建设要求等方面引导和鼓励现有企业通过充分利用地下地上空间、合理进行布局，增加投资、提高产能。对用地类项目提出投资强度 300 万元/亩以上的要求，在进行土地供应时，严格限定项目规划条件，对达不到投资强度要求和不符合《工业项目建设用地控制指标》要求的项目一律不予供地。

【新出台鼓励政策】 及时了解并协调解决企业生产经营中出现的问题和困难，有针对性地研究制订《关于鼓励和扶持企业加快发展的意见》、《关于促进经济平稳较快发展的实施意见》、《关于鼓励企业快增长扩规模奖励实施办法》和《关于鼓励工业企业互相采购产品、互为配套补贴办法》等系列政策，鼓励企业实施技术改造，促进产品升级换代。发布实施《产业发展指导目录》，在项目用地、优惠政策享受等方面实行差别化产业政策，重点鼓励高新技术和高附加值产业发展，逐步推动全区产业转型升级。针对不同区域、不同产业出台《昆明出口加工区打造千亿园区若干扶持政策规定》、《关于给予入驻云南省 PE 中心、经开区金融中心企业若干政策的规定》等一系列政策，促进招商引资工作规范、有序进行。

【人才建设】 创新推动，扎实做好培养和引进高层次、高技能人才工作。继续发挥人才服务分中心、引才联络站和引进海外高层次人才联络员的作用，积极鼓励和支持企业采取送出去、项目合作、技术合作、咨询服务等多种形式，积极培养和引进高层次人才 105 名(其中博士 34 名)。加强创业实训基地建设，为各类人才创业搭建平台。大力扶持各类创业园建设，引导具有创业条件的大中专毕业生及各类人才到园区创业就业。入驻的 18 个创业团队，带动就业 121 人，有力地推动创业带动就业工作的开展，为各类人才发展搭建平台。积极鼓励和支持企业做好技能培训，共培训各类技能人才 1600 余名。完善“区、校、企”合作机制，努力促进高校毕业生就业。先后单独举办或组团参加省、市各类大型招聘会 14 场，其中高校毕业生专场招聘会 10 场；累计组织 423 家用人单位参加招聘会，提供就业岗位 6750 个，为 93 家企业办理毕业生就业（见习）登记 908 人。建立健全工作机制，认真做好人才服务工作。制定《经开区人才管理服务办法》、《经开区人才工作信息报送制度》、《经开区委领导联系专家、优秀人才方案》等制度。

【社会事业与文化建设】 优先发展义务教育，鼓励发展民办教育，持续推进师资队伍建设，教学质量稳步提升，全区小学、初中及残疾儿童入学率均达 100%，义务教育“两基”巩固率持续保持在 99% 以上。基层医疗卫生体制改革取得突破性进展，完成《昆明经济技术开发区基层医药卫生体制综合改革实施办法》、《昆明经济技术开发区人民医院绩效工资改革实施方案》和《乡镇卫生院绩效工资改革实施方案》等系列改革方案。积极开展居民电子健康档案建档工作，建立居民健康档案 67251 份，兑现基本公共卫生服务补偿经费 148.46 万元，国家基本药物补助经费 55.13 万元，城镇基本医疗保险参保缴费人数为 83100 人，医保参保覆盖面达 100%。加强文化市场管理；积极开展非物质文化遗产和历史文物保护工作；不断加强基层公共文化基础设施建设，开展丰富多彩的群众文化体育活动；建立健全公共文化服务体系。

【机构设置与管委会领导】

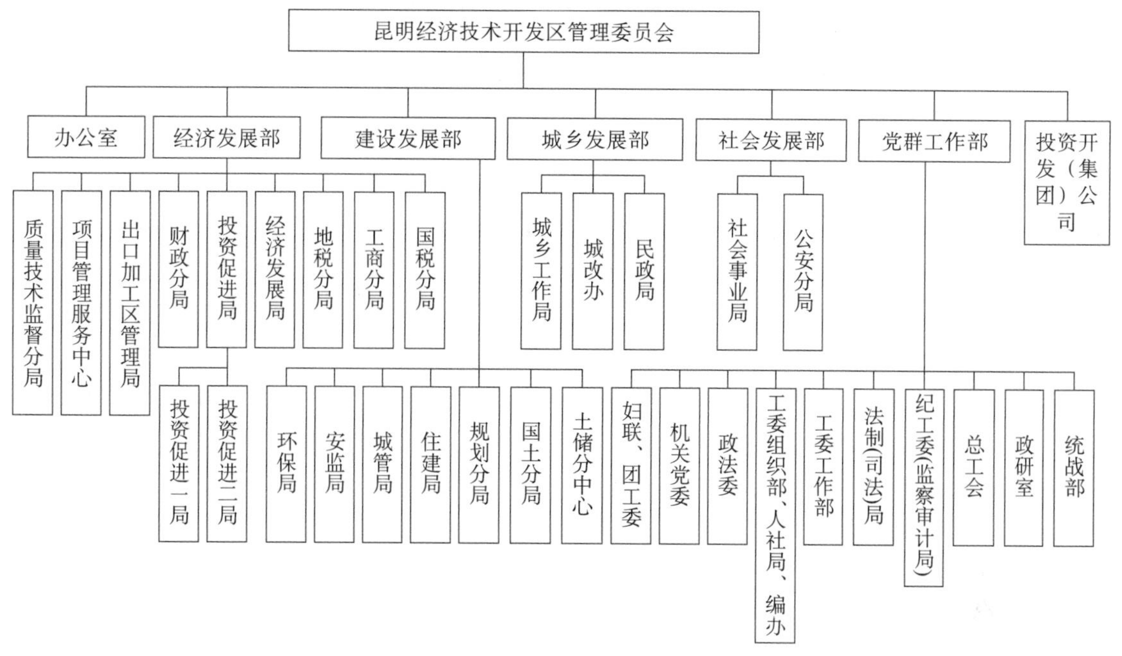

中共昆明经开区工作委员会领导成员是：副书记张正坤、张宁、李刚、齐江，党工委委员谭翔浔、李丕方、李伟、吴勇刚、王军、孟光寿。

昆明经开区管理委员会领导成员是：主任张宁，副主任谭翔浔、吴勇刚、孟光寿、李丕方、齐江、杨蔚玲，主任助理李伟。

（昆明经济技术开发区管委会）

南昌经济技术开发区

【经济发展】 2012年，南昌经济技术开发区（以下简称“南昌经开区”）经济平稳较快增长。实现GDP217.25亿元，同比增长14.4%，列全市第三位；完成工业总产值为650亿元，同比增长22%，实现主营业务收入602.97亿元，同比增长9.47%，实现利润总额为40.48亿元，同比增长36.06%，上缴税金为15.27亿元，同比增长40.64%，其中规模以上工业完成增加值143.52亿元，同比增长15.2%。新增规模以上工业企业户数15户；完成固定资产投资为328.96亿元，同比增长28.3%，其中工业投资为274.35亿元，同比增长28%；实现社会品零售总额为32.33亿元，同比增长31.2%。完成财政总收入31.91亿元，增长18.1%，实现一般预算性收入8.57亿元，增长28.1%。实际利用外资4.39亿美元，增长17.4%，列全市第二位；实际利用内资90.03亿元，增长18.5%；完成出口总额7.75亿美元，增长9.4%。

【主要指标实现十大突破】 全年GDP突

破200亿元，工业总产值突破600亿元，规模以上工业增加值突破140亿元，固定资产投资突破300亿元，财政总收入突破30亿元，实际利用外资突破4亿美元，实际利用内资突破80亿元，出口创汇突破7亿美元，社会消费品零售总额突破30亿元，一般预算性收入突破8亿元。

【六大主导产业集聚明显】 汽车机电、新材料、家电、电子信息、生物医药化工、食品饮料六大主导产业继续保持平稳较快增长的良好态势，累计完成工业产值579.981亿元，同比增长22.25%，占工业总产值的89.05%。其中以硬质合金、江钨金世纪为主的新材料产业，以百路佳、江铃陆风、格特拉克等为主的汽车机电产业和以奥克斯、海立电器为主的家电产业完成工业产值154.6亿元、145.66亿元、83.29亿元，分别增长12.82%、20.94%、17.28%。以立健药业、西林可、诚志股份为主的生物医药化工完成工业总产值83.38亿元，增长18.22%；以润田、康师傅、国雄、正大为主的食品饮料完成工业产值61.83亿元，增长32.23%；随着欧菲光的扩产扩能步伐不断加快，电子信息产业产值首次突破50亿元大关，达50.05亿元，增长80.69%。

【南昌（国家）小微企业产业发展示范园成立】 2012年11月1日，南昌（国家）小微企业产业发展示范园挂牌成立。这是南昌市在全国率先采取“市里主导、区县联合”的新模式打造的全国首家小微企业产业发展示范园区，有力推动全市实体经济特别是小微企业发展，为带动全省发展的核心增长极提供有力支撑，为全国小微企业集聚发展提供示范。

【国内首个纳米柔性光电技术研发团队移师南昌】 南昌欧菲光与引进全球著名的柔性光电微纳工程技术科学家崔铮教授，并与中科院纳米所联合建立“欧菲光·中科院柔性光电技术（南昌）联合实验室”，标志南昌欧菲光企业在该领域研发能力达到国内顶尖、国际前沿水平。

【优势互补搭建对接合作平台】 与上海张江高新区签署战略合作框架协议。该协议构建起中部地区与沿海发达地区沟通合作的平台，是南昌市抓牢招商引资“生命线”工程的重要举措。根据协议，双方将本着友好合作、平等互利、优势互补、共同发展的原则，着重围绕培育科技创新能力、促进科技创新成果转化、开展技术成果交易和培育战略性新兴产业等方面开展战略合作。

【校企合作搭建就业服务平台】 8月，南昌市人力资源和社会保障局在南昌欧菲光科技有限公司组织举办2012年南昌市“服务园区、引导就业、成就人才”校企对接签约仪式暨高校毕业生就业服务专项活动。活动以“服务园区、引导就业、成就人才”为主题，主要为高校毕业生、园区企业、技工院校做好服务。活动为获得全省技工院校实习基地资质的南昌欧菲光科技有限公司等14家园区企业授牌，并现场指导与江西旅游商贸职业学院等14家技工院校签订实习基地共建协议。

【党建工作】 认真开展所属基层党组织分类定级活动。对全区252个基层党组织存在的问题进行认真梳理汇总，制定相应的整改方案，全年后进党组织转化比例达到50%。加强学习型党组织建设。坚持“五个”落实，突出抓好中心组理论学习工作，抓好学习人员落实。强化网络建设，逐步完善基层党组织学习网络建设。进一步夯实基层干部群众的学习基地，目前有各类藏书10万余册；依托农村党员现代远程教育网络，定期组织党员观看各类科普及党建节目，全年组织观看220余场4000多人次。开展非公企业党建工作。成立“南昌欧菲光科技有限公司党支部”，协助企业建立、健全组织结构和工作体系。确定南昌海立电器有限公司党委、江西昌昱公司党支部等10家企业党组织为第一批“创先争优活动”示范点，进一步促进企业的和谐发展。新增10名党建指导员和市组下派非公企业党组织负责人1名挂点企业指导企业党建工作，同时建立党建指导员考核激励制度，规范化建设20家示范企业定期组织全区非公企业党组织开展经验交流活动。

【社会发展】 城乡环境面貌进一步改善。全面完成双岭水库除险加固工程竣工验收工作，启动球下垅水库除险加固、瓜洲联圩、幸福河治理及区级小型农田水利等项目建设。重点打造一个示范园区（青岚北路延伸段、海棠北路延伸段）、二个景观公园（孔目湖湿地公园、白水湖湿地公园）、三条景观路（白水湖路、晨鸣北路、昌西大道）、四个精品村庄（蛟桥镇上罗村、麦元村及白水湖管理处北山村、港口村）。进一步完善城乡低保、社会救助服务和管理体系，做到应保尽保、全面覆盖，全区发放城乡低保资金590万元、城乡医疗救助资金92.58万元。引入社会力量投入资金25万元在蛟桥镇齐洛瓦社区兴办全区首家居家养老服务中心，投入资金31万元更新敬老院设备设施。切实加强区属中小学校的硬件设施建设。全面落实“三年行动计划”，大力实施学前教育建设项目，名校建设取得重大突破，昌北二小获得“南昌市名校”殊荣。医疗卫生事业进一步发展。全区新型农村合作医疗得到进一步巩固，参合农民为40808人、参合率达96.77%。

【民生工程】 就业再就业政策得到有效落实，鼓励多方位、多渠道、多形式开辟就业门路。全区全年实现城镇新增就业人数7782人，达全年任务的121%；新增转移农村劳动力1214人，达全年任务的121.4%；省内新增转移农村劳动力982人，达全年任务的128%；省内工业园区定向培训4042人，达全年任务的119%；创业培训人数420人，达全年任务的100%；发放小额担保贷款1059万元，达全年任务的192.55%；安置“4050”人员390人，达全年任务的130%。统筹推进城乡社会保障养老保险完成企业职工养老保险参保人数8532人，达全年任务的113.8%。城乡居民养老保险参保人数25803人，达全年任务的101.2%。失业保险完成参保人数7128人，达全年任务的116.9%。工伤保险完成参保人数7862人，达全年任务的112.3%。医疗保险完成城镇居民医保参保人数7769人，达全年任务的103.6%。城镇职工医保参保人数17888人，达全年任务的105.4%。

【管委会领导】 南昌经开区工委书记罗蜀强，南昌经开区工委副书记、管委会主任黄俊。

（南昌经济技术开发区管委会）

南宁经济技术开发区

【区情概况】 南宁国家经济技术开发区（简称“南宁经开区”）占地面积504平方公里，人口25万人，下辖那洪街道办、金凯街道办、吴圩镇。南宁经开区实行“三园两区”的管理模式，各园区功能互补，规划建设为“以第二产业为主，多产业协调发展的现代化综合性新城区”。

【经济发展】 2012年，南宁经开区继续保持又好又快发展，累计完成全部工业总产值310亿元，同比增长38%；财政收入18.85亿元，同比增长42.8%；全社会固定资产投资158亿元，同比增长36%。招商引资实际到位内资66.2亿元，同比增长29.4%；实际到位外资5340万美元，同比增长21%；社会消费品零售总额43.5亿元，同比增长16.6%。

【投资环境】 实施基础设施项目125个，完成资金约28亿元。北部湾总部基地一期B区5栋办公楼及金凯南总部经济大楼已封顶，总建设面积近40万平方米，其中北部湾科技园招商中心已建成投入使用。总面积16.7万平方米的金凯南标准厂房已竣工验收，年内建成标准厂房约33万平方米。高标准、高要求完成五象大道延长线绿化亮化工程，打造精品路线。开工建设防城港路等6条道路（共计10公里），金阳路等9条道路（共计8公里）已竣工验收，友谊路ABC号路于年底通车，路网建设总投资超10亿元，大大完善园区路网，优化投资环境。全力打造"诚实守信，廉洁高效，开放包容，功能完善"的投资环境，继续推行"挂牌亮照"服务，每引进一个项目都安排一名管委会领导和一个部门负责统筹推进。管委会领导全程跟踪服务项目，制定项目推进表，明确责任，倒排时间，协助项目做好开工前期各项准备工作，推动各项审批手续办理工作"大提速"；继续推行"一线工作法"与企业无缝对接，第一时间帮助企业协调处理遇到的困难和问题，把"会场"搬到现场，由"遥控指挥"转变为"实地服务"，为企业发展提供有力保障。

【项目建设】 新开工工业项目160个，总投资73.2亿元；续建工业项目56个，总投资57亿元；竣工投产397个项目，累计完成投资59亿元，其中工业项目91个，累计完成投资25亿元。亚马逊电子商务南宁运营中心项目实现了"当年签约、当年建设、当年运营"。3月，总投资1.55亿元人民币的广西首个现代医药物流中心正式启用；5月，总投资4.5亿元人民币的东盟国际汽配城项目开工；6月，首个五星级酒店荣荣大酒店正式开业运营；9月，18个重大项目同时举行开竣工仪式，总投资达68亿元。

【招商引资】 以招商工作统领各项工作，继续大力开展产业招商，围绕支柱产业、优势产业，加强对行业性龙头企业和知名大企业的招商。进一步强化招商力量，成立总部基地招商中心，配备最精干的工作人员，给予最有力的后勤保障，专门从事北部湾科技园总部基地的招商引资、营销策划、包宣传装等方面工作。聘请深圳市中国国际贸易促进委员会秘书长为招商顾问指导开展招商工作，并派员到深圳市中国国际贸易促进委员会挂职学习锻炼。引进项目139个，总投资额约93亿元，包括亚马逊电子商务南宁运营中心、普洛斯南宁现代电子商务工业仓储中心项目两个世界500强企业项目，彻底结束南宁经开区无世界500强企业的历史。

【产业发展】 继续实施工业企业培育工程，通过财政扶持、技术改造、盘活存量等方式，培育一批企业上规模。继续开展工业竞赛，提高奖励标准，鼓励企业提高产量。加大对产业发展的引导、扶持和服务力度，推动企业淘汰落后产能，加大产业结构调整力度，推动产业升级优化。加快提升现代服务业，借助亚马逊、普洛斯项目的入区，带动相关物流、实现服务行业新提升，加快形成现代工业和现代服务业双拉动的格局。

【大企业落户】 以招大引强为目标，紧盯世界500强、国内名企、上市公司等大企业、大集团。重点围绕北部湾科技园、空港新城开展招商引资，引进现代物流、临空高科技、信息产业、现代化制造业。1月，亚马逊电子商务南宁运营中心竣工；7月，普洛斯南宁现代运营中心落户南宁经开区。

【社会民生】 抓好社会管理，营造良好发展环境。在全市率先妥善解决了辖区245名原民办教师、代课人员养老保险问题。抓好民生建设，推动社会事业发展。实施"六扶工程"，完善社会救助体系，发动社会力量参与社会救助，改善弱势群体生活条件，干部、企业家以结对帮扶的形式帮扶困难户；开展

"圆梦大学行动"，第一期资助214名辖区企业符合条件的农民工、失地农民攻读大专、本科；辖区第一所九年一贯制学校——碧翠园学校正式投入使用，第一公办幼儿园竣工验收；推进保障性安居工程建设。新开工公租房430套，提前完成年度竣工405套保障性安居工程任务。

（南宁经济技术开发区管委会）

太原经济技术开发区

【经济发展】 太原经济技术开发区（以下简称"太原经开区"）围绕新兴产业规模化示范区和绿色生态工业园区的发展定位，依托山西省丰富的资源优势和雄厚的技术优势，形成国际级新材料加工基地、特色鲜明的国家级装备制造业基地、省级信息产业基地、省级食品及农产品加工基地和省内最具规模的生物制药产业园区的"四大产业基地和一个专业园区"经济格局。

2012年，完成工业总产值432.18亿元，同比增长65.78%；完成财政总收入19.27亿元，同比增长20.2%；高新技术产品出口142553万美元，同比增长102.87%；当年实际使用外资12588万美元，就业人数达9.2万人。

【投资环境】 按照总体规划和"有收益项目市场化引资，无收益项目财政投资"、"谁投资、谁受益"的原则，基本完成9.6平方公里内的道路、雨污水管网、供水、供电、供暖、供汽、煤气设施及管网、通讯网络、绿化、土地平整、污水处理、固体废弃物处理等基础及配套设施建设。基本实现"九通一平"。建成220千伏变电站、110千伏变电站、35千伏变电站各一座，10千伏开闭所两座；全部采用引黄水，日供水能力达60万吨；建成145吨供热供汽热源厂一座，70兆瓦采暖、170吨蒸汽热源厂各一座，实现冬天供热、夏天供冷气、全天候供应热水和蒸汽的服务。进一步减少审批环节，行政审批事项由原62项保留为50项，减少幅度19%；政务服务事项由49项合并为24项，减少幅度为51%。开展审批流程再造工作，搭建企业入区注册平台和项目落地建设运行平台，开展项目入区联合审批、企业注册联合审批、项目落地建设联合审批和企业运行联合审批服务，编制并公示新的审判流程图，明确各单位审批负责人和办理时限。实现从项目入区联合许可开始到项目报建、施工许可完成，全流程审批时限45天。建立行政审批职能整合机制。全面整合各部门内部审批职能，将所有审批权归并到一个科室，确定13家单位入驻政务服务中心，形成权责并重、审管分离、公开透明、廉洁高效的行政审批运行机制。建立行政审批授权委托机制。各职能部门对行政审批服务科和行政审批首席审批员充分授权，使其进驻中心后，独立完成行政审批工作，确保窗口审批、盖章、证书制作三到位。

【招商引资与利用外资】 2002-2012年，引进内外资企业1014个，其中生产型企业227个，商贸型企业787个，累计总投资额超过891.5亿元人民币，世界500强企业直接投资企业18个。2012年，引进生产型企业16家，投资总额1331200万元；引进商贸型企业26家，注册资本总额31621万元；实际利用外资12588.1万美元。综合经济实力明显提高，2012年与2002年相比：科工贸收入从4.7亿元增长到529.42亿元，年均增长60.39%；工业总产值从4.33亿元增长到432.18亿元，年均增长58.43%；财政总收入从0.04万亿元增长到19.27亿元，年均增长87.18%；累计实际利用外资8.17亿美元。

【高新技术产业】 通过不断加快推进重大项目的建设和发展，进一步完善产业链，形成全省第一、国家水平的国家级装备制造（能源装备）产业基地，全省第一、国家水平的国家级新材料新能源基地，全省第一、国内有影响的电子信息产业基地，全省第一、国内有影响的食品及农产品加工基地，全省第一、国内有影响的生物制药产业基地等“五大产业基地”。为加快高新技术产业的发展，全面提高企业技术创新能力，太原经开区出台《科技项目发展资金使用和管理暂行规定》。全区19家企业通过省级高新技术企业认证，完成高新技术企业产值75亿元人民币。

【重点企业】 富士康（太原）科技工业园、太重煤机工业园、山西天地煤机装备有限公司、江铃福特重汽生产基地、太重高速列车关键零部件国产化项目、三一煤机工业园、太原通泽重工有限公司、宏全食品包装（太原）有限公司、蒙牛乳业（太原）有限公司、亚宝药业太原有限公司。

【管理与服务】 按照“封闭式管理，开放式运作”的新型管理模式运作，设立企业服务大厅。根据《行政许可法》的要求，实施并联审批，精简办事程序，缩短办事时限；按照公开、公平、公正、透明、规范、高效的原则，实行“一个窗口受理”、“一个窗口领证”、“一个窗口收费”的一条龙服务和“首问负责制”。太原经开区经济发展局、环保局、建设局、工商分局、质监分局、土地分局、规划分局、地税局、国税局、物业服务中心等审批服务部门组成审批服务窗口，银行、人才交流中心、会计师事务所等机构为企业提供延伸服务。为加强部门协调，创新服务方式，建立外商投资审批服务中心、企业项目建设服务中心、企业运行服务中心等三大服务体系。实行“三大服务中心”例会制度。所有企业在办理各项行政许可和审批事项以及施工建设、生产经营中遇到问题都可以直接上报议题到“三大服务中心”，面对面提议，并于例会上当场得到相应行政职能部门的答复和解决方案。

【社会事业】 从政策上引导农民规模化从事养殖业以及商业、饮食等第三产业，鼓励引导农民利用自身优势走自主择业、自谋发展的道路。对农村转移劳动力进行加工技能、电脑应用、绿化、服装加工、保安、锣鼓等专业培训，使其拿到就业上岗“通行证”，并安排就业。成立工程协调中心，区属农村组建工程服务队，为区内建设项目提供土方、物流等多种服务。启动“城中村”改造工作，建设社会主义新农村。进一步完善居民社会保障体系，做到“老有所养、老有所依”。全区有2851户，9228名农村居民参加了新型农村合作医疗，参合率达到100%。区属七个自然村改造成九个村改居居民委员会和一个城区居民委员会，从居民住宿、房屋租赁、标准厂房或商业用房三个方面，彻底解决农民的生存与发展问题。

【机构设置与领导班子】 机构设置分为党群部门：党务工作部、纪工委、总工会、群工部、妇工委、团工委、综合治理办公室、机关党委、企业党委、社会事务局党委。行政部门：综合办公室、财政局、社会事务局、经济发展局、国土建设局、安全生产监督管理局、招商发展局、环保局、人力资源局、综合执法局、新闻宣传中心、接待办、政策研究室、投诉中心（信访局）、企业服务大厅、城中村改造办公室、北京招商办、科技创新局。

领导班子成员有：管委会主任刘斌，党工委书记邵秋枫，党工委副书记邢珺淼，党工委副书记李春友，纪工委书记郭富有，管委会副主任董良，管委会副主任陈曦，管委会副主任乔建伟，总工程师王建民，管委会主任助理屈立军，管委会助理调研员满长海，管委会副调研员高润林。

（太原经济技术开发区管委会）

银川经济技术开发区

【区情介绍】 银川经济技术开发区（以下简称“银川经开区”）是2001年经国务院批准设立的国家级开发区，实行封闭式管理、开放式运行、自主式开发。批准面积7.5平方公里，规划控制面积110平方公里，建成区面积34平方公里，形成发展现代服务业为主的东区（2.26平方公里），培育发展信息产业、生物技术与知识产权转化为主的南区（1.02平方公里），高端装备制造及新材料为主的西区（30.68平方公里），承接东部产业转移及发展能源化工下游延伸产业为主的红墩子工业园（31平方公里）和横山工业园（38平方公里）5个区块。

【产业发展】 高端装备制造和新材料两大集群产业形成明显的比较优势。虽然规模不大，但产业体系完整，技术含量较高，配套完善，特色突出。规模以上装备制造企业40家，小巨人机床、新瑞、大河、恩德、银新能源、舍弗勒、西北轴承、天地奔牛、银起重工、共享铸钢、新瑞铸造、隆基仪表、通宇电梯在全国及世界具有影响。主要产品数控机床、起重机械、特种铸钢、高端轴承等技术水平在国内领先。被国家工业和信息化部认定为“装备制造国家新型工业化产业示范基地”。新材料产业规模不断壮大，规模以上企业17家，隆基硅、银新能源、银和新能源、实德、青龙、富乐德等企业发展迅速。形成国内最大的单晶硅材料生产基地，建成银星能源二期600兆瓦光伏电池项目。被国家商务部、科技部认定为“新能源国家科技兴贸创新基地”。引进蒙牛乳业、张裕葡萄酒、沃福百瑞枸杞制品、康师傅和统一饮品等农产品深加工龙头企业，将宁夏农产品优势转化为经济优势。以宁夏软件园为基础，建设“iBi”育成中心，培育发展软件动漫、云计算、物联网、生物医药等新兴产业。开展知识产权成果服务转化，打造高科技中小企业培育平台，推动自主知识产权转化和应用。宁夏软件园被国家商务部命名为国家电子商务示范基地。

【科技创新】 高新技术企业22家，占全区的50%。成立装备制造、生物医药工程，汽车零部件、石油化工4家院士工作站，建立国家级企业技术中心1家，国家和地方联合工程研究中心8家，国家技术创新示范企业1家，国家科技成果转化服务（宁夏）示范基地1家，全国首个微电影研发基地，自治区级企业技术中心17家，工程技术研究中心3家，自治区技术创新中心9家，自治区工程实验室10家。创全国驰名商标3件，宁夏著名商标34件，企业研发成果获国家专利百余件。

【招商引资与利用内外资】 签约合同项目54个，计划总投资278.85亿元。实有外商投资企业31家，完成产值45.9亿元，实际利用外资5801.69万美元。

【新出台鼓励政策】 《银川经济技术开发区条例》自2012年11月1日起施行。

【人才建设】 试点建设银川“人才特区”、实施“塞上英才”等工作以来，扎实有效地推进政策引领、环境留人、服务暖心和党政人才培育四大工程。从业人员 6.38 万人，其中，具有大专学历以上人员 2.1 万人。依托企业各级各类技术中心形成创新团队 18 个，拥有各类人才 1273 名。其中，高级职称 78 名，占 6%，中级职称 119 名，占 9%，初级职称 236 名，占 18%；博士 28 名，占 2%，硕士研究生 68 名，占 5.3%。享受国家或宁夏回族自治区政府特殊津贴 5 人，列入 313 人才工程 36 人，列入自治区百人计划 3 人，国家千人计划 1 人，国家千人计划 2 人。

【机构设置与管委会领导】 银川经开区党工委、管委会是银川市委、市政府派出机构，行使与开发区建设有关的省级经济管理权限。党工委书记、管委会主任由市委常委、副市长担任。内设机构为党政办公室、经济合作局、经济贸易发展局、规划和土地局、建设局、财政局、政策法制办公室、组织人事劳动局、安监局、建设开发有限公司、高新技术产业开发总公司以及纪工委、机关（企业）工委、工会工作委员会等党群部门。开发区管委会派出机构为开发区工商行政管理局、开发区国家税务局、开发区地方税务局、开发区公安分局、开发区消防大队等。

（银川经济技术开发区管委会）

苏州工业园区

【经济发展】 2012 年，苏州工业园区统筹推进稳增长促转型、抓改革促创新、惠民生促和谐各项工作，经济社会发展呈现“高端集聚、转型加速，内涵提升、民生和谐，创新突破、活力增强”的特点，全年实现地区生产总值 1738 亿元，比上年增长 10.7%；公共财政预算收入 185 亿元，增长 12.6%；新增实际利用外资 19.6 亿美元，增长 1.3%；完成进出口总额 795 亿美元，增长 3.3%；完成全社会固定资产投资 740 亿元，增长 11.1%；实现社会消费品零售总额 242 亿元，增长 17%。“两个率先”取得新的成果，区域各项指标达到基本实现现代化要求，初步展现基本实现现代化的总体形态。

【经济转型】 苏州工业园区以项目建设为抓手，以创新型经济和服务型经济为主攻方向，加快构建现代产业体系。三星高世代液晶面板、华为、苏州中心、东方之门等重点项目加快建设，IBM 全球交付中心、摩根大通银行、礼来胰岛素等优质项目落户。以纳米技术应用为引领的战略新兴产业和高新技术产业产值占规模以上工业总产值比重分别达 54% 和 60%，21 家企业入选省跨国公司地区总部和功能性机构，占全省 1/4、全市 1/2，80% 大中型工业企业设立研发机构。以金融、商贸、物流等为代表的现代服务业发展迅速，服务业增加值占 GDP 比重提高 2 个百分点、达 37.7%；金鸡湖景区成为国家 5A 级景区，阳澄湖半岛获批省级旅游度假区；离岸外包执行金额占全市 58%；金融三年翻番计划完成。外贸结构持续优化，一般贸易占比提高 1.4 个百分点，国家进口贸易促进创新示范区获批，综保区进出口占比提高 5.7 个百分点、实现监管货值 1080 亿美元，增长 8%。

【科技创新】 深入实施创新引领战略，加快建设创新型园区。R&D 经费支出占 GDP 比重达 3.33%（科技部火炬中心口径 4.8%）。新增国家高新技术企业 137 家、累计 459 家，总数居全市及全省高新区首位。新增专利申请 12646 件、增长 46%，其中发明专利占比 52%，万人有效发明专利拥有量超 30 件，成为“国家知识产权示范园区”。新增国家“千人计划人才”32 名、江苏省“双创人才”22 名、苏州市“姑苏领军人才”31 名，累计分别达 62 人、88 人和 119 人，均居全市第一，乔治·华盛顿大学中国研究院签约，获批全国首个“高等教育国际化示范区”。

【城市建设】 按照苏州中心城市“一核四城”（苏州古城及东部综合商务城、西部生态科技城、南部滨湖新城、北部高铁新城）战略定位，全力打造国际化现代化综合商务城。苏州工业园区国际商务区揭牌成立，全面推进独墅湖科教创新区、阳澄湖半岛旅游度假区等重点板块建设，已建在建及拟建 80 米以上高层超高层楼宇达 107 幢。生态环保指标连续 4 年居国家级开发区之首，70 个生态文明重点项目加快推进，公共自行车系统一至三期工程建成投用，新增永久绿地 58 万平方米，空气环境质量优良天数比例提升近 4 个百分点、达 95.1%，地表水功能区达标率保持 100%。成功举办第二届金鸡湖商务旅游节等一批重大活动。信息化建设持续加强，社区管理服务综合信息平台、智能交通管控系统一期、智能公交二期等建成投用。

【体制机制创新】 积极推进改革创新，增强体制机制活力。持续深化中新合作，联合协调理事会第 14 次会议成功召开，赋予苏州工业园区新的先行先试政策，国家仓储有害生物检疫重点实验室、国家级开发区人才培训基地正式挂牌，综合保税区开展境外非中国制造产品维修业务试点启动，成为首个中新社会管理合作试点单位。关键领域和重点环节改革有序推进，娄葑、唯亭、胜浦三个乡镇撤镇设立娄葑、斜塘、唯亭、胜浦四个街道，理顺科教创新区管理体制，明晰科教创新区工委管委会（高教办）、综合保税区管理办公室、苏州工业园区阳澄湖半岛开发建设管理办公室等功能定位；推进国资国企改革发展，成立中新苏州工业园区开发集团股份有限公司、苏州新建元控股集团有限公司和苏州元禾控股有限公司直属党委，国资国企总资产和净资产分别突破 1300 亿元和 400 亿元。“走出去”战略稳步实施，苏相合作区开发全面推进，苏宿工业园区、苏通科技产业园获批省级开发区，霍尔果斯开发区援建项目顺利推进，苏滁现代产业园启动。党的建设全面加强，认真抓好迎接十八大召开和学习宣传贯彻十八大精神各项工作，深入开展创先争优和“基层组织建设年”活动，创建一批党建亮点品牌。

【社会民生】 始终把保障和改善民生放在突出位置，促进社会和谐发展。全力推动居民收入倍增，积极推进就业富民、合作经济富民、载体富民、创业富民、政策富民，城镇居民人均可支配收入和农村居民人均纯收入分别达到 4.49 万元和 2.76 万元，均增长 15% 左右。推进落实一批民生实事项目，湖东市民服务中心、苏州大学附属儿童医院园区总院、老校扩容改造和教育技术装备升级、动迁社区环境提升等民生项目加快推进，深化医药卫生体制改革，调整提高居民医保、养老标准，积极开展国家公共文化服务体系示范区创建，构建文明创建长效机制，城市文明程度指数测评居全市第一。

（苏州工业园区管委会）

上海金桥经济技术开发区

【区情概况】 上海金桥经济技术开发区（原名上海金桥出口加工区，2012年10月经国务院批复同意更名，以下简称“金桥经开区”）规划面积27.38平方公里。2010年，浦东生产力布局和开发区体制完成重大调整，全区形成“7+1”的生产力布局，金桥经开区管辖面积拓展为67.79平方公里，这一板块把金桥经开区与南汇工业园区、浦东空港工业园区（机场镇临空产业园区、川沙镇工业小区、祝桥空港工业区、老港化工工业区）整合为一，形成一个以先进制造业和现代生产性服务业为主导的产业组团。

【经济发展】 2012年实现工业总产值1998亿元，完成地方财政收入29.51亿元，完成内资注册资本73.08亿元，吸引合同外资5.58亿美元，完成实到外资5.02亿美元，完成固定资产投资90亿元。

【投资环境】 着力推动上海市服务业综合配套改革试点、创建国家新型工业化产业示范基地和知识产权试点园区和示范园区等。参与制订《浦东新区关于推动金桥出口加工区开展上海市服务业综合改革试点的实施意见》，组织开展国家新型工业化产业示范基地创建主题宣传，指导企业申报“国家知识产权局专利局上海张江审查员实践基地”、2012年首批“张江专项发展资金”、浦东新区区级研发机构等。2012年11月29日金桥经开区荣获上海市第二批知识产权示范园区命名。

【项目建设】 与浦东改革与发展研究院联手开展金桥未来转型发展课题研究，与上海城市规划设计研究院开展产业结构调整中涉及规划、土地等瓶颈问题研究的战略合作，通过超前谋划明确了发展方向。积极推进土地二次开发试点项目和金桥备用地Ⅳ土地开发重大产业项目，先后引进贝尔增资、默克液晶材料、沃尔沃建筑设备中国总部、立邦中国总部（增资）等跨国公司地区总部项目及总部机构落户金桥，推荐4个协议投资超过百亿元的中央企业投资项目参加浦东新区服务中央企业战略发布会，通过招大引强积蓄发展动力。

【管理与服务】 认真组织和开展各类财政扶持的认定、受理、审核等服务工作，分批由管委会领导带队展开集中调研走访企业活动。扩大“企业政府事务联络专员”覆盖面，目前园区已建立联络专员的企业有202家，基本覆盖税收1000万元以上的重点企业和行业骨干企业。完成规划管理各类审批161件、环境保护管理各类审批402件、建设管理各类审批559件。

【社会事业】 坚持以“完善配套、宜居宜业”为追求，优化园区投资环境。通过加强与各有关职能部门沟通和充分挖掘现有公共交通资源，正式开通高峰时段短驳线路，协调落实并建设启用园区首个公交首末站，不断完善园区配套环境。健全完善园区生态绿色产业链和低碳发展实践区试点等长效工作机制，广泛开展园区生态建设系列活动。大力推进《“美丽金桥我的家”三年行动计划》。

（上海金桥经济技术开发区管委会）

海南洋浦经济开发区

【区情概况】 海南洋浦经济开发区（以下简称“洋浦经开区”）位于海南省西北部的洋浦半岛上，是连接中国与东南亚、中东的枢纽，地理位置优越。洋浦经开区面积31平方公里，规划面积120平方公里，可建1万－30万吨级泊位100多个。处于泛北部湾中心区域，是北部湾离国际主航线最近的深水良港，是我国距离南海石油天然气资源和中东石油最近的石油化工及油气储备基地；三面环海，有利于集约发展新型临港工业，目前已建成800万吨炼油、100万吨制浆、90万吨造纸等大型工业项目，是国家首批授予的6个石油化工类新型工业化产业示范基地之一。

【规划布局】 2012年1月，《洋浦经济开发区总体规划（2011～2030）》简称“总规”获批复。新增洋浦新英湾沿岸居民安置区2.6平方公里和围填海区域26平方公里，同时控制石化功能区与东部生活服务区之间的22平方公里土地作为洋浦以后发展的预留用地，共计约120平方公里，其中建设用地115平方公里。将洋浦的空间结构概括为“四带两廊、一心多园”。“四带”是指开发区内四条南北向主要功能发展带，从西向东分别为：港航物流产业发展带，布局海洋工程、大型修造船，集装箱多用途、液体化工品、大宗散杂货等码头，重点发展航运中转、储存分装配送等港航产业；临港石化、浆纸及下游产业发展带，以石油储备、石化和浆纸一体化为主的临港重工业；现代加工制造配套产业和保税仓储物流发展带，依托临港重化产业产品，发展以石化、造纸产品后续加工及一般加工工业，培育装备制造等配套产业，依托保税港区，重点发展保税仓储物流以及出口加工产业；居住和配套公共服务发展带，沿新英湾滨海环境优越地区展开、以居民安置、产业工人和企事业机关人员居住，配套公共服务设施为主的生活服务区。“两廊”即两条重要的南北向绿化廊道，洋浦大道市政防护绿化走廊，是西部临港重化工业外围重要的安全隔离防护绿地；开源大道环境绿化走廊，是城际铁路及市政基础设施管线的预留空间。“一心”即洋浦经开区的公共服务中心，位于东部生活服务区中心地带。“多园”即多个功能园区，包括港口物流园区（南北两组团）、石油化工产业园区（南北两组团）、石油天然气储备中转园区、修造船及海洋装备制造园区、浆纸一体化产业园区、保税港区及配套加工产业园区和居住综合服务区等。

【经济发展】 实现地区生产总值243.2亿元，同比增长9.7%；规模以上工业总产值731.67亿元，同比增长3.9%；地方财政收入13.85亿元，同比增长8%；港口吞吐量3218.89万吨，同比增长4.1%；进出口总值103.19亿美元，同比增长25.8%。

【产业发展】 18个省重点项目，总投资420.36亿元，海南省下达2012年投资任务87.73亿元，实际完成投资106.13亿元，占年度任务的120.98%。210万吨PTA、100万吨多功能片材、205万方成品油保税库等一批石化、油储项目加快推进。100万吨乙烯及炼油改扩建工程项目已经通过发展和改革委员会、环境保护部等国家部委审核并上报国务院。短平快项目——海之星南海水产集散加工基地项目投资3.72亿元，将打造集造船、捕捞、冷藏加工为一体的综合基地。海南洋浦年产36万吨轻烃综合利用项目于8月28日开工，该项目总投资5亿元。东南亚海产品冷藏加工物流基地项目总投资8267万元，规划建设一座1500平方米的海产品加工厂和5000吨冷藏库，海产品年加工量3万吨，项目建成后将填补海南高端海产品供应链的空白。山东高速海南石化新材料产业基地项目总投资60亿元。采取“增三产补二产”的措施，积极协调华信、大印等专业公司拓展在洋浦的油品、橡胶等贸易业务，全年新增200亿元贸易额，新增第三产业增加值30亿元。

【保税港区发展】 保税港区2012年新引进项目5个（葡萄酒恒温库、丰盛海产、雷马二期、粮库二期、加拿大游艇），总投资3亿元。新引进贸易企业5家。洋浦保税港区正在逐渐形成四个特色产业群：一是进口葡萄酒仓储配送。已有9家葡萄酒贸易企业落户注册，进口200多个品种。新开工8000立方米的葡萄酒恒温库，引进新加坡专业物流服务商CWT集团，提供标准化的物流和通关服务。二是高端旅游装备制造。洋浦保税港区已经有海航游艇、澳洲康麦德游艇、加拿大布鲁斯威尔游艇等3家游艇制造企业落户。三是海产品加工。丰盛海产品冷藏加工项目、雷马二期开工。四是粮食仓储加工。洋浦粮库、海发面粉等企业积极转型，洋浦粮库正在扩建二期5万吨平房仓，50万吨/年进口东南亚大米加工基地。正在洽谈的资源产品的贸易项目有橄榄油、橡胶、牛皮、石材等。

【投资环境】 按照“科学规划年”的部署，编制完成洋浦港总体规划、安全评价与规划、消防规划等15个规划，初步形成洋浦的科学规划体系。洋浦经开区实际享受保税政策的面积扩大了9.7平方公里，石化功能园区新增项目全部享受保税优惠政策。洋浦港口岸神头港区对外开放通过国务院正式验收，使洋浦港成为我国南海西部和北部湾地区最大的进出口港口之一。

【社会发展】 管委会直接用于民生领域的支出达7.32亿元，新增居民就业2027人，登记失业率控制在4%以下，城镇职工基本养老保险参保率达97.2%。教育事业加快发展，被授予全省“两基”教育先进单位。

【干部队伍和党风廉政建设】 选派干部参加海南省高层次人才库建设的相关培训。对新任各居委会书记、各站点等36名工作人员同志进行了农村远程教育相关知识培训。按照海南省省委部署，扎实开展全区公务员的在线培训。扎实推进党风廉政建设责任制。一是制定印发10多项制度，与区内17个单位签订《党风廉政建设责任书》。加快推进政务中心建设并投入使用，共有18家行政事业单位入驻，有效地缩短审批流程，切实提高办事效率。完成全区96个基层组织党务公开工作，党务公开覆盖率为98%。实现审计和监察关口前移，全年共审计项目138个，合计节约资金5821.79万元。

【领导班子】 洋浦经开区工委书记李国梁（兼任），工委副书记、管委会主任倪强，工委副书记张琦（兼任），工委委员、纪工委书记王积权，工委委员、管委会副主任梁博、王庆义、王应福、张雷鸣，工委委员、组织部部长张德昌。

（海南洋浦经济开发区管委会）

厦门海沧台商投资区

【区情概况】 2012年，厦门海沧台商投资区（以下简称“海沧投资区”）经济运行呈现平稳健康发展态势，全年实现地区生产总值401.5亿元，增长12.3%（按厦门市统计局核定数）；工业总产值950亿元，增长8%；地面财政总收入124.2亿元，增长12.2%；区财政总收入52.6亿元，增长29.7%；区级财政收入26.2亿元，增长24.2%；合同利用外资1.85亿美元；全社会固定资产投资211.5亿元，增长26.1%（按可比口径）；实现城镇居民人均可支配收入33944元、农村居民人均纯收入16709元，分别增长12.6%、12.4%。

【产业发展】 工业经济快速成长，2012年，海沧投资区出台促进工业稳定增长等政策，实现工业经济企稳回升。生物医药新兴产业快速发展，完成产值50.72亿元、增长16%（注：按可比口径）。重点产业、重点企业保持较快发展，汽车配件、节水卫浴等四大百亿元产业链不断做大做强，阳光恩耐、长塑实业、通达科技、正新轮胎实现逆势增长。新阳纸业等11个项目投产，高利宝工业园、法拉电子三期等25个项目开工建设，发展后劲持续增强。2件商标被认定为国家驰名商标、7件获评为省著名商标。第三产业大幅提升，全年完成第三产业增加值113亿元，增长19%；社会消费品零售总额达72亿元，增长21.6%。商业街区渐成规模，阿罗海城市广场、乐海购物广场等运行良好，天虹商场、悦实广场先后开业，沃尔玛、星巴克等纷纷入驻。专业市场发展迅速，石油交易中心交易额达405亿元、增长362%，汽车4S店销售额达36.4亿元，红酒交易中心即将投入运营。港口物流加速发展，东南国际航运中心总部大厦开工建设。核心港区建设稳步推进，全球首个第四代全自动化码头装卸系统落户远海码头，海沧港区20－22#泊位前期工作有序开展。疏港交通体系不断完善，芦澳路、港中路西段基本完工，南北大道（马青路——角嵩路段）进展顺利。保税港区二期封关运作，产业发展规划完成编制，联检通关服务水平不断提升。东南国际物流园区建设有序推进，中盈供应链等项目顺利落户。全年完成港口货物吞吐量4011万吨、其中集装箱310万标箱，分别增长10.9%、23%（注：增速按可比口径）。

【科技创新】 实施五批27个科技计划项目，投入8962万元，主要有“锂离子电池三元复合材料”、万泰沧海“重组戊肝疫苗研发与产业化”、“农村有线数字电视整体转换”、“智能交通监管执法系统”、“数字海沧基础地理信息公共服务平台”以及“第九期治安监控系统”等项目；生物医药产值50.72亿元，同比增长16%，成功研制世界首个戊肝疫苗、全球第3个宫颈癌疫苗及国内首支尖锐湿疣疫苗等一系列新医药产品；专利申请量1164件，其中发明203件，实用新型624件，外观设计337件；专利授权量941件，其中发明113件，实用新型523件，外观设计305件；共受理国内发明21件，国际发明5件，补助金额20.5万元。共有高新技术企业82家，其中，生物与新医药13家、电子信息技术领域9家、高技术服务业2家、高新技术改造传统产业领域17家、新材料技术领域29家、新能源与节能技术领域3家、资源与环境技术领域9家；高新技术企业实现产值365.97亿元，同比增长7.2%；销售收入350.88亿元，同比增长1.3%；产值数占全区规模以上工业产值的40%。

【招商引资与利用内外资】 创新招商引资工作机制，充实镇（街）招商队伍，举办6场“百商聚海沧”招商推介会，全面开展“三维”招商。联强国际、东元集团等台湾百大企业和太平地毯、中盈糖仓等跨国公司投资项目落户海沧区；“9·8”期间市级签约项目总投资、利用外资、合同项目外资总量及比增4项指标全市第1位；全年引进外资项目49个，总投资5.4亿美元，增长7.5%，合同利用外资1.85亿美元。中粮福建产业园、中国人寿养生养老基地等大型央企项目顺利推进；全年引进海翼集团、盈众汽车等701个内资项目，注册资金总额125亿元。出台《促进总部经济发展实施办法》，海沧商务大厦成为岛外首座税收超亿元楼宇，摩斯汉堡、美吉斯等总部项目落户海沧区。

【人才队伍建设】 着力启动人才工作。5月，制定出台《海沧区人才发展五年规划（2012－2016）》，率先全省构建“海纳百川”人才政策体系、成立高层次人才服务机构、单设人才科，实施“高层次创业创新人才引智、高层次台湾专才引进、支柱特色产业人才支撑、社会事业人才提升和四百优秀青年人才培育”五大工程，成功创设“厦门生物与新医药孵化器”、“博士俱乐部”、“读无字书俱乐部”、“年轻干部基层工作实践基地”、“人才驿站”、“房东＋保姆＋导师”服务模式、“大学生实训基地”、“特级教师工作室”、“台湾专才”、“台商双月座谈会”等十大人才工作品牌。6月，中央政治局委员、时任中组部部长、现任国家副主席李源潮作出重要批示：“厦门的‘海纳百川’计划很好，有力度”。成功承办国家“千人计划”新药创制海沧峰会等学术研讨交流活动。全年共计拨付各类人才补贴超过2500万元，吸引落户海沧区进行创业或技术合作的国家“千人计划”专家、“长江学者”计划特聘教授和福建省“百人计划”、厦门市“双百计划”入选者达23名、29人次。

【新出台鼓励政策】 出台《厦门市海沧区人民政府关于进一步促进生物与新医药产业发展的若干意见》和《海沧区引进生物与新医药高层次人才暂行办法》。

【社会事业与文化建设】 高分通过全国义务教育均衡发展区和福建省首批教育强区验收。均衡教育水平跃居全市前列。国家公共文化示范区创建工作全面推进。体育中心一期、海沧体育公园建成投用。卫生计生同步推进。海沧医院二期项目顺利推进。全市率先获评国家级慢性非传染性疾病综合防控示范区。海沧社区卫生服务中心通过省级示范验收。在全省率先实现计生家庭意外伤害险全覆盖、农村计生纯女户女孩高中阶段免收学费，推动流动人口均等享受市民计生待遇。下岗失业人员再就业、农村富余劳动力转移就业等五项指标大幅超额完成市里下达任务。城乡居民养老保险参保率达100%，提高城乡居民医疗保险财政补贴标准、城乡医疗救助水平，实现低保城乡一体、动态“应保尽保”。城市管理不断加强，市容考评、文明指数测评取得较好成绩。通过“再创模”国家复核和省级生态区验收，东孚镇及8个村成为省级生态镇、村。抓好村（居）“四化”建设，成为全国社区管理和服务创新实验区，创建2个全省首批五星级信息化社区。

【机构设置与管委会领导】 2003年厦门市行政区划调整，设立海沧区，保留海沧区党工委、管委会继续履行开发建设职能，管委会下设经济贸易发展局与建设局两个职能部门，主要负责招商引资、企业服务、基础配套等工作。

海沧投资区领导有：党工委书记郑云峰，党工委副书记、管委会主任吴南翔，党工委副书记、管委会副主任林世辨，党工委委员、管委会副主任周威榕，党工委委员、管委会副主任李文东，党工委委员、管委会副主任张善美。

【主要品牌产品及产量】

序号	企业名称	产品	获得名牌	产量
1	厦门厦顺铝箔有限公司	高档薄规格铝箔	福建名牌产品	年产 8 万吨，产能全球第一
2	厦门钨业股份有限公司	主要产品包括钨冶炼系列产品 APT、BTO、WO3 以及能源新材料系列产品贮氢合金粉、钴酸锂、三元材料、锰酸锂、磷酸铁锂	福建名牌产品	综合 APT 产能达 22500 吨，居世界第一；能源新材料贮氢合金粉产品产能为 5000 吨，居国内第一，多次荣获省级名牌产品称号；能源新材料锂离子产品包括 5000 吨三元材料、2500 吨钴酸锂、1000 吨锰酸锂、300 吨磷酸铁锂，居国内前两名
3	翔鹭石化股份有限公司	翔鹭牌精对苯二甲酸（PTA）	中国名牌产品	单线年产 165 万吨，为世界单线产能最大
4	厦门法拉电子股份有限公司	鹭岛牌薄膜电容器	福建名牌产品	年产 40 亿只，国内产能第一，世界前三
5	厦门钢宇工业有限公司	COWELL 牌跑步机	福建名牌产品	年产 60 万台，亚洲最大运动器材生产商
6	福建安井食品股份有限公司	冷冻调理食品	中国驰名商标	年产 6.5 万吨，农业龙头企业
7	厦门船舶重工股份有限公司	4900 卡汽车滚装船	福建名牌产品	年产 4 艘
8	厦门吉宏包装科技股份有限公司	吉宏牌包装盒	福建名牌产品	年产 1.6 亿平方米
9	厦门永德饰品有限公司	德林牌实木地板	福建名牌产品	年出口 4800 立方米
10	厦门星鲨制药有限公司	星鲨牌维生素 D	福建名牌产品	年产 2000 万盒，销售额 1.2 亿元
11	厦门威迪亚科技有限公司	WDI 牌水箱配件	福建名牌产品	年产 600 万套
12	亚洲酿酒（厦门）有限公司	丹凤牌白酒	福建名牌产品	年产 3000 吨白酒
13	厦门烟草工业有限责任公司	金桥牌卷烟	福建名牌产品	年产 65309 大箱
14	南亚塑胶工业（厦门）有限公司	南亚牌塑料管材管件	福建名牌产品	年产 3 万吨
15	厦门正新海燕轮胎有限公司	正新牌全钢载重子午胎	福建名牌产品	年产 280 万套
16	厦门正新实业有限公司	正新牌丁基胶内胎	福建名牌产品	年产 1.4 亿条
17	厦门喜盈门家具制品有限公司	喜梦宝牌松木家具	中国驰名商标	年产 35 万套
18	厦门金达威集团股份有限公司	图形牌饲料添加剂（维生素 A 粉、D3 粉、AD3 粉）	福建名牌产品	年产 1200 吨
19	腾龙特种树脂（厦门）有限公司	聚脂切片	福建名牌产品	年产 24 万吨
20	厦门翔鹭化纤股份有限公司	翔鹭牌聚脂纤维	福建名牌产品	年产 35 万吨

（厦门海沧台商投资区管委会）

廊坊经济技术开发区

【区情概况】 2012年，廊坊经济技术开发区（以下简称“廊坊经开区”）辖区面积69.4平方公里，开发土地面积26平方公里，辖20个行政村，区内总人口近16万人（其中农村人口3.9万人，在岗职工5.9万人，大学城师生4.5万人，流动人口1.7万人）。

2012年实现地区生产总值276亿元，同比增长18%；完成财政收入54.4亿元，同比增长18.1%；实际利用外资2.3亿美元；引进内资49.4亿元，同比增长38.9%；完成城镇固定资产投资41亿元，同比增长14.7%。

【产业发展】 云存储产业园建设推进有力，产业支撑项目建设加快。总投资130亿元的中国联通华北基地项目已开工建设；总投资98亿元的润泽国际信息港项目一期数据中心机房竣工装修，国家软件与集成电路公共服务平台云存储服务平台正式挂牌，国家电子政务外网灾备中心项目与润泽公司签订并履行入园合作协议；总投资66亿元的云存储产业园分布式能源站项目签署入区协议；总投资80亿元的中国人保北方信息中心项目签署入区协议。廊坊服务外包基地二期投资3.5亿元的总部大厦完成主体施工3.5万平方米，引进3家服务外包企业入驻，入园企业总数已达到8家，购买租用研发办公场地1.2万平方米，从业人员达到1200人。投资2.42亿元的廊坊宝湾国际物流园建成运营，总投资3.3亿元的太古冷链物流项目签约落户；新引进注册5家金融投资机构和7家现代服务业公司。重大项目加快建设。新引进德国波森、新路通科技、日本群拓电子、吉祥汽车车顶、英纳法汽车天窗、萨姆纳机械等一批投资规模大、项目质量高、纳税预期好的高端项目，北京有研总院光电子材料项目已完工投产，华创天元公司利润、纳税同比分别增长10.4%和24.6%。总投资5650万美元的维特根亚太生产基地、7800万美元的好丽友食品基地、11亿元的精雕数控机床二期、5亿元的新联铁轨道交通检修基地等6个贡献大的项目即将开工建设。

【科技创新】 廊坊科技谷回归开发区管理，被科技部列入国家技术转移示范机构，新引进7个先导性、新能源科研中试平台，启动建设10个科研孵化类重点项目，建设完成22万平方米综合研发基地，成功引进人类乳头瘤病毒融合蛋白疫苗针剂项目。企业技改力度加大，新奥光伏等8家企业纳入省工业企业重点技术改造项目计划，华创天元等8家企业通过省企业技术中心合格认定；凯博建设机械公司研发国内首台具有自主知识产权的50吨动臂式大型起重机，鑫谷光电公司研制出第一个水下LED灯，同方川崎吸收式热泵国家产业化示范项目奠基，英博电气公司与国家钢铁研究总院成功开发“大功率金属软磁电抗器产业化项目”，科技创新能力显著提升。

【资源集约利用】 “零地招商”成效显著，24家土地开发不充分、发展势头好的企业在现有空间内增资扩建，新增投资12.1亿元；通过并购、重组等方式促成飞鹤乳业等5家经营困难、落后低效企业转型，拉动投资5.64亿元；盘活闲置工业厂房7万平方米，10个制造业和服务业项目以租赁厂房方式落地注册，投资额达到5.5亿元。财政共投入

2.8亿元，谋划实施公共服务配套设施项目62项。总投资2亿元的医院主体工程即将完工，总投资1.1亿元的四所新建小学投入使用，人才交流中心竣工；完成道路交通、防洪、供热、供水等40项市政重点建设工程，城区交通、供水、供热和污水处理等保障抗灾能力进一步增强。完成创建国家生态工业示范园区建设规划和技术报告专家论证，实施5项减排工程，全部完成年度污染物减排任务，全区ISO14001环境管理体系顺利通过年度审核。103家污染物排放企业实现持证排污，空气质量二级以上天数达到97%，万元地区生产总值能耗、水耗进一步下降。

【人才建设】 实施人才特区建设，强化政策扶持，吸引域外高层次人才来廊坊经开区创业、就业；组织成立廊坊经开区人力资源协会，成功举办各类招聘活动106场，引进人才3873人；加大农村劳动力就业指导培训力度，为个体创业者提供多项就业服务，帮助486名失业人员和就业困难人员实现就业，农村劳动力向非农产业转移2736人，城镇登记失业率为0.6%。东方大学城战略重组工作顺利推进，东方大学城教育咨询公司完成香港上市准备工作；教育部已同意在廊坊东方职业技术学院的基础上筹建一所本科高校；制定《东方大学城优化办学育人环境制度》、《东方大学城管委会制度汇编》，为新体制下东方大学城规范化、制度化管理奠定坚实基础；新建中科廊坊科技谷有限公司、廊坊经开区泰谷软件技术有限公司2个实训就业基地。

【社会事业与文化建设】 加大教育投入力度，投入教育经费1.07亿元，同比提高20.2%；中高考成绩创历史最佳。实施全区城乡居民养老保险全覆盖，参保率达到96.6%；安排落实粮食直补等各项惠民补助资金858万元，农村居民人均纯收入达到10945元，增长25%，超出预期目标15个百分点。全年累计征缴各项基金5.8亿元，新增参保人员3000余人，社会保险覆盖面、征缴率稳步提高；累计缴存住房公积金7.78亿元，同比增长29.5%，全年归集住房公积金1.77亿元，同比增长94.5%，发放公积金贷款3300余万元，同比上涨172%。

【社会管理与和谐园区建设】 强化劳动关系源头管理力度，387家建会企业全部签订工资集体协商合同，劳动用工环境持续优化。以全国“安全生产年”和全区“标准化建设推广年”为统揽，坚持“安全第一、预防为主、综合治理”的方针，强力推动安全生产责任体系、机构队伍建设等十项重点工作，对各有关部门年度安全监管工作落实情况进行专项考核。

【机构设置及领导成员】 廊坊经开区内设机构为：工委办公室、管委办公室、招商合作局、财政局、文教卫生局、社会发展局、劳动人事局、经济发展局、国土资源局、规划建设局、公用事业局、东方大学城管委会、科技谷管委会。

廊坊经开区工委、管委领导有：工委书记、管委会主任孟繁祥，工委副书记、管委会常务副主任王金忠，工委副书记王宁，管委会副主任马兴旺，管委会副主任黎斌，管委会副主任、东方大学城管委会主任孙绍虎，管委会副主任肖树华，管委会副主任张平，纪工委书记王冠军。

（廊坊经济技术开发区管委会）

扬州经济技术开发区

【区情概况】 扬州经济技术开发区（以下简称“扬州经开区”）2009年7月，经国务院批准，升级为国家级经济技术开发区。位于目前全世界经济发展最富有活力的长三角地区，地处上海都市区与南京经济区的结合部。代管面积133.29平方公里，下辖三个乡镇、两个街道办事处。2010年，投资环境综合排名居全国国家级开发区第20位；2011年，居全国国家级开发区第17位。

【产业发展】 区内战略性新兴产业集聚集群，以太阳能光伏、半导体照明、智能电网、电子书为代表的“三新一网一书”产业彰显品牌效应和竞争优势，太阳能光伏、半导体照明产业均形成了完整的产业链条，项目集聚效应初步显现；智能电网产业正不断深化与知名企业的合作，着力打造智能电网产业科技园；电子书产业主要依托占据全球电子纸90%市场份额的川奇光电等众多高新技术企业，着力打造电子书产业基地。已拥有国家半导体照明产业化基地、国家绿色新能源特色产业基地、国家智能电网特色产业基地、国家级数字出版基地、国家生态工业示范园区、国家火炬计划扬州汽车及零部件产业基地等十多个“国字号”品牌。

【科技创新】 规划扬州科技城，建设西安交大扬州科技园，打造创新载体平台，推进西安交大扬州研究院和扬州光电检测中心建设，吸引高等院校和各类科技人才带项目、带成果入园孵化。中科半导体研发中心LED产业化外延片发光效率达到130流明/瓦；晶澳太阳能晶硅电池光电转化率达到19.3%以上；力铼光电铜铟镓硒薄膜电池光电转化效率达到15%，均处于国内领先、国际一流水平。2012年，新增国家高新技术企业11家，获批“国家科技兴贸创新基地”、“国家循环经济教育示范基地”。

【招商引资】 把重大项目引建作为全区工作的重中之重，创新思维，主攻重点，加快项目落户、开工、建设、投产、壮大进程，不断培植新经济增长点。2012年，新批外商投资企业数40个，实际到账外资额4.34亿美元，新增内资企业注册资本额73.2亿元。普洛斯物流、尤妮佳、渤海粮油、永丰余产业园等一批重大项目顺利实施。

【资源集约】 始终坚持可持续发展方针，走集约化、节约型、低投资、高回报的发展道路，进一步提高项目进区门槛中的投资强度、产出效益、节能环保、容积率、税收贡献等重要指标标准，鼓励企业增资扩股，让有限的土地发挥最大的效益。根据国土部2012年1月通报的《国家级开发区土地集约利用评价情况》，扬州经开区2012年度土地集约利用水平，在全国参与评价的336个国家级开发区、高新区、出口加工区中列第63位。

【社会事业】 以城乡统筹引领和推进民生工程，新建农村合作经济组织6家，农民人均纯收入达1.78万元，居全市前列。健全覆盖城乡的就业、失业登记制度、从业人员工伤、生育保险制度；城乡“低保、重残人员救助、五保供养、退役士兵安置”标准实现一体化；全面实施国家基本药物制度；推进“平安开发区”、“法治开发区”创建，社会平安和谐。

【机构设置】 扬州经开区内设党工委、管委会办公室，招商局，建设局，经济发展局，城乡管理局，财政局，投资服务局，政法委；下辖文汇街道、扬子津街道；代管施桥镇、八里镇、朴席镇。

扬州经开区管委会领导为：党工委副书记、管委会主任季允丰，党工委副书记、管委会副主任李忠盛，党工委副书记、纪工委书记顾承斌，党工委委员、管委会副主任施益香，党工委委员、管委会副主任张连生，党工委委员、政法委书记谢百川，党工委委员、出口加工区管委会副主任许亚军，党工委委员、出口加工区管委会副主任丁晓东，党工委委员、管委会副主任臧灿甲，党工委委员、组织人事部部长陈国祥。

（扬州经济技术开发区管委会）

徐州经济技术开发区

【区情概况】 徐州经济技术开发区（以下简称“徐州经开区”）2010年3月晋升为国家级经济技术开发区。现辖区面积152.8平方公里，常住人口20余万，是徐州市重点建设的新型工业化示范基地和高新技术产业中心，也是精心打造的徐州城市东部中心，即高铁新城。2012年，徐州经开区先后成为了国家工程机械特色产业基地、国家新能源特色产业基地，江苏省国际服务外包示范区、江苏省生态工业园区。

【经济发展】 2012年，实现业务总收入2100亿元，增长26.1%；公共财政预算收入30.03亿元，增长3.1%；地区生产总值完成431亿元，增长19.7%；工业增加值完成368亿元，增长17.2%；规模以上固定资产投资230.4亿元，增长24.5%；工业投资完成163.4亿元，增长15%；自营进出口32.6亿美元，增长10.3%；自营出口20.6亿美元，增长54.6%；实际到账外资7.15亿美元，增长19.6%。主要指标增长实现了争先进位，综合排名继续保持全省前十名，并由江北第二位跃居第一位。

40项重大产业项目建设顺利推进，完成投资129.5亿元，完成年度计划的104.8%。大吨位全地面起重机、装载机智能化制造，卡特大挖、力晶LED芯片等一批项目陆续竣工，全部达产后，可年增销售240亿元以上，新增利税40亿元以上。现代服务业快速发展，实现主营收入590亿元，增长31.7%，占全区业务总收入的比重达到28.1%，较上年提高1.2个百分点。新增超亿元现代服务业企业4家，总量达到32家，其中超10亿元企业5家。

成功创建省级汽车产业（专用车辆）示范基地、新型工业化新能源产业示范基地、工程机械产业链国际合作示范区，成为全国工程机械产业知名品牌创建示范区，国家生态工业示范园区创建也取得阶段性成果。

【招商选资】 始终强化招商引资的“生命线”地位，突出重特大项目，努力实现招商选资的再突破。新批外资项目27个，增资项目13个，在极其困难的情况下，全年实际到账外资7.15亿美元，比上年净增1.4亿美元。新上马统一食品、恒迅中锂铁锂电池等一批重大外资项目，成功签约卡特新增2万台挖掘机、美国唐纳森过滤器以及升华电梯、协鑫动力电池等一批重大项目。

【科技创新】 徐州工程技术研究院正式运营，中能硅业进入第五批国家创新型试点企业行列，徐工集团等3家企业成为全省第一批创新型领军企业。徐州首个省级企业创新团队——中能硅业创新团队顺利通过验收。规模以上工业企业研发机构实现全覆盖，新增省级研发机构15家、国家级工程中心1家，省级以上研发机构总量达到60家，新建校企联盟55家，均居全市第一。全年以企业为主体的全社会研发投入28.5亿元，增长27%，占GDP的比重达到6.6%。研发“组合式自拆装平衡重装置”等966项新技术，开发1200吨全地面起重机、高纯晶体硅等357个新产品，新认定高新技术产品127个、国家重点新产品4个；新批国家高新技术企业19家，总量达到60家，高新技术企业产值占工业总产值的比重达到55%，比上年提高2.6个百分点。

【人才队伍建设】 全年引进各类高层次人才660人，成功引进国家“千人计划”专家2人来区创业，高层次人才总量突破6500人。江苏省“双创计划”获批2人，徐州市“双创计划”获批4人，省“企业博士集聚计划”获批3人，“苏北发展急需人才引进计划”获批113人。依托高校院所组织申报项目，申报省级科技计划项目49个，市级科技计划项目30个。与中国矿业大学等高校、科研机构合作，在徐州经济技术开发区生产力促进中心构建电液控制技术等多个研发公共服务平台，从江苏省科技厅获得产学研联合创新项目300万元资助。承办“2012美南专家徐州行”活动，全市达成合作签约项目69个。承办了国家“千人计划”专家联谊会工材委2012年年会活动，签约项目13个。

【城市建设】 精心组织开发区整体规划修编和高铁生态商务区二期控制性详规的编制工作。突出抓好58项城建和基础设施重点工程，君廷五星级酒店、蟠桃佛教文化景区一期建成运营；高铁生态商务区一期建设不断加快，高铁生态商务区二期、卡特配套园等载体建设全力推进。基础设施项目完成投资67亿元，完成年度计划的102.4%；全年新开工项目建设面积457万平方米，其中开工新建厂房面积112万平方米，分别占全市总量的2/5和2/3。

【管理与服务】 深入开展新一轮解放思想大讨论活动，确立“推进跨越发展、建设一流园区”的主题主线，牢固树立“所有干部职工不是招商人员就是项目和企业建设服务人员”的新理念，实施“一个重大项目、一名领导、一个部门、一个联络员、一套班子”的五个“一”推进机制。建立层层负责的责任体系，全面推行服务承诺制、首问首办负责制、限时办结制等。深入开展“三解三促”活动，扎实推进“四项排查”，重大投资项目稳定风险评估数量和评估绩效居全市前列。积极开展“幸福家园”创建，建成居家养老中心29个，4个社区成为省级和谐社区示范单位。文化建设、医疗卫生、计划生育、平安创建等各项社会事业也都获得了新的发展，群众幸福指数不断提升。

【社会文化事业】 为民办实事项目进展顺利。68项为民办实事项目完成投资28.6亿元，完成年度计划的103.7%。社会保障体系进一步健全。全区农（居）民收入增长13%，增幅高于全市0.7个百分点，农民收入达到1.35万元，比全市平均水平高出2600元。投资2亿多元改善学校教学条件，教育现代化率先通过省验收。文化建设工作迈出新步伐。2012年实施建设14个文化信息资源共享工程基层服务点。组织开展省、市、区级文明单位、文明行业、文明家庭等创建活动，推介江苏中能硅业、仁慈医院等14家单位申评2009~2011年市级文明创建评选。

【机构设置与管委会领导】 机构设置：徐州经开区党工委、管委会下设党政办公室、政策研究宣传办公室、组织人事部、监察局、招商局、投资服务中心、财政局、审计局、经济发展局、安全生产监督管理局、社会事业局、社会保障局、行政执法局、规划建设局等部门机构。

党工委、管委会领导有：市委常委、开发区党工委书记张赴宁，管委会主任、党工委副书记丁维和，党工委副书记、管委会副主任仇玲柱，党工委委员娄民强，党工委委员、管委会副主任陈明，党工委委员刘一专，党工委委员、纪工委书记汤文浩，党工委委员、管委会副主任朱明勇，党工委委员余承琅，党工委委员、管委会副主任梁书丰，党工委委员、管委会副主任陈锦龙，党工委委员、管委会副主任王黎明，党工委委员、管委会副主任陈堂清，党工委委员、管委会副主任张颖，党工委委员、管委会副主任柳如钰，党工委委员、公安分局局长高雷。

（徐州经济技术开发区管委会）

湖州经济技术开发区

【区情概况】 2012 年，湖州经济技术开发区（以下简称“湖州经开区”）实现地区生产总值 122 亿元，其中规模以上工业增加值 43.24 亿元，按可比价增长 11.8%。全社会固定资产投资完成 89.13 亿元，年均增长 18.4%，其中工业性投入完成 35.65 亿元。完成进出口总额 6.7 亿美元，其中自营出口 5.75 亿美元。体制内财政收入完成 16.01 亿元，是 2006 年的 3.2 倍，其中地方财政收入 9.12 亿元。三次产业结构不断优化，三次产业占比从 2006 年的 2.3∶57.6∶40.2 调整优化为 2012 年的 1.8∶53∶45.2。

【主导产业集聚情况】 始终坚持先进制造业和现代服务业两轮驱动，逐步形成以生物医药、新能源、节能环保、新材料等战略性新兴产业和汽配机电、健康食品等为主导的特色优势产业，以及服务外包、现代物流、专业市场、文化创意等现代服务业，产业体系初步建立。其中，生物医药产业在干细胞及细胞治疗技术、基因技术、蛋白质及抗体技术等高端领域有一定的研发和产业化基础，初步形成从研发——中试及转移转化——产业化的比较完整的价值链体系，湖州经开区可望在“十二五”成为浙江省符合 CGMP 国际规范医药企业最为集中的区域；膜法水处理产业销售收入占全国的 10%，形成国内知名的“湖州板快”，2012 年被评为浙江省外商投资新兴产业示范基地。现代服务业迅猛发展，2012 年服务业增加值占全区国内生产总值的 45.2%，“湖州南太湖国际服务外包示范园区”、“湖州南太湖科研设计服务集聚区”相继被认定为浙江省首批“省级国际服务外包示范园区”和“省级现代服务业集聚示范区”。

【主要品牌产品和产量】 22 家重点骨干企业发展势头强劲，2012 年实现销售收入、利税、利润分别为 165 亿元、12 亿元、7.6 亿元，分别占全部规上企业比重的 72%、85% 和 95%，强力支撑全区经济发展。永兴特钢集团全年实现销售收入 100.5 亿元，成为湖州市第 5 家超百亿元企业；“香飘飘”全年税收突破亿元大关，被行政认定为驰名商标。

【科技创新亮点情况】 全区国家重点扶

持的高新技术企业达到31家，2012年工业总产值、销售收入、利税总额、利润总额分别同比增长24.3%、24.5%、25.1%和24.2%，分别占全区规上工业企业的39.1%、55.5%、59.8%和63.6%，成为经济增长的重要引擎。以南太湖科技创新中心为主平台，积极探索“政产学研金”紧密结合的区域创新体系。南太湖科技创新中心成为全国“依靠提高自主创新能力、转变经济发展方式”的8个优秀典型之一，被科技部认定为“国家级技术转移示范机构”。目前已引进科技产业化研发机构20家，已转移科技成果60多项，另有69个项目与本地企业建立战略合作关系，并与市内外企业合作共建了12个联合实验室和14个科研合作公司，累计创造效益近20亿元。与2007年诺贝尔生理或医学奖获得者马丁·约翰·埃文斯爵士达成“细胞再生医学研发与临床应用项目”合作协议。同时，湖州经开区还是浙江省首批“浙江省海外高层次人才创业创新基地”，注重以项目带团队、以团队促项目的海外高层次人才“集团式引进”，目前已引进一大批海外高层次创业领军人才和创新团队，集聚湖州市26%的“南太湖精英计划”团队、52%的省“千人计划”和71.4%的国家“千人计划”人才。

【投融资管理体制情况】 在投融资管理体制方面，投融资主要以下属浙江湖州环太湖集团有限公司和湖州西塞山开发建设有限公司为平台进行。湖州经开区制定《湖州经济技术开发区管理委员会对外投融资管理制度》（湖开发委［2005］85号），对投融资管理职权、投资管理、融资管理等事项进行了明确。在国有资产管理方面，湖州经开区出台《湖州经济技术开发区管委会财产管理办法》（湖开发委［2006］62号），对湖州经开区固定资产和低值易耗品的购置、验收、领发、保管、转让、清查、索赔等方面的具体管理制度进行明确。

【招商引资量质并举情况】 坚持产业招商、专业招商，不断强化招商实效。2012年完成合同外资2.67亿美元；实际利用外资1.71亿美元，同比增长9.1%；自营出口完成5.75亿美元，同比增长0.7%。全区共新批外资项目16个，增资项目7个，股权并购项目1个，吸收合并项目2个，总投资3.4亿美元，其中新批项目中总投资在千万美元以上项目10个；共新批内资项目62个，总投资38.25亿元，其中5亿元以上项目3个。全力推进浙商回归，共新批浙商回归项目15个，总投资15.5亿元，其中项目总投资超亿元的有7个；完成浙商回归项目到位资金11.5亿元，完成年度目标任务的105%。全区完成服务外包合同执行额1871.24万美元，居湖州市第3位。其中，离岸执行金额801.58万美元，完成年度任务的100.2%；在岸执行金额1068.26万美元，完成年度任务的118.9%。

【土地资源利用水平情况】 出台《进一步提高土地集约节约利用水平促进经济转型发展的实施意见》，积极创新土地资源挖潜机制，切实加大回购、置换、调整、综合整治的工作力度，着力解决土地闲置和低效利用问题。对因市场变化当前实施有困难的项目，协商收回土地；对分期建设、低效利用的项目，逐一与业主对接并补签限期开工协议，强化履约督查。累计盘活闲置低效利用土地2350余亩，有效缓解土地供给紧张与土地闲置低效利用的矛盾。大力实施“腾龙换鸟”工程。积极对园区道路宽度、河边绿地布局等进行规划调整，有序推进“退二进三”地块开发。

【高端人才队伍建设情况】 全区引进各级各类专业人才4000余名，其中硕博士以上高层次人才200余名、海外高层次领军人才40余名。累计入选市“南太湖精英计划”团队（项目）23个、省“千人计划”团队（项目）10个、国家“千人计划”团队（项目）5个。并且尤为注重实施以项目带团队、以团队促项目的人才“集团式引进”，如微宏动力公司通过实施“磷酸亚铁锂动力电池”项目，先后引进高层次人才50余名、海外高层次领军人才2名；济和集团引进美国吴幼玲团队，在湖州经开区组建特瑞思药业公司，并整体引进10名生物医药领域的“领军级”高层次人才；浙江中科瑞泰医药股份有限公司，通过建设“缓控释技术药物生产基地”项目，已引进国内外高层次人才5名，其中美籍华人留学人员2名。海外高层次领军人才在湖州经开区内创办的企业已达30家。

【社会事业和文化建设情况】 始终坚持民生优先为导向，坚持以工促农、以城带乡长效机制，高度重视农村基本公共服务均等化建设，每年排定农村环境整治、农民危房改造、农村生产条件等实实在在民生工程，近三年直接投入农村民生工程的资金达1.3亿元，累计组织7592位农民参加各种形式的实用技能培训，转移农村劳动力5008人。切实加强社会管理创新，创新推广罗师庄村“一室七站”社会管理服务新模式，实现了流动人口与户籍人口“同管理、同服务、同教育”，成为湖州市创新社会管理的示范典型。全面改善城乡周边环境面貌，启动了“四边三化”（公路边、铁路边、河边、山边，洁化、绿化、美化）活动。抓好社会保障工作，落实城乡居民养老保险补助资金近1000万元，解决6600个未参保集体企业退休人员基本养老保险和147个精简减退人员生活困难补助问题。

【机构设置情况】 湖州经开区党委、管委会为正处级机构。管委会内设职能部门12个（办公室、政治处、监察室、计划财务处、经济发展局（统计局）、科学技术局（知识产权局）、社会发展局（农村工作部、人口和计划生育局）、财政局（与财政局直属分局合署）、人力资源局、安监局、建设局、综治办（信访局））；下属事业单位11个；市级部门派驻机构12个。

管委会领导有：开发区党委书记、管委会主任罗安生，党委副书记、管委会副主任杨宇澄，党委委员、管委会副主任戴健，党委委员、管委会副主任朱锁芳，党委委员、纪工委书记张晓春，党委委员、管委会副主任丁泉观，党委委员、管委会副主任徐惠荣，党委委员、管委会副主任、公安分局局长沈秋伟，党委委员、人民武装办公室政委严安成，党委委员、管委会副主任袁锋，党委委员、管委会副主任沈黎新，管委会副主任李节，党委委员、管委会副主任李强，党委委员、南太湖科技创新中心主任池丽萍，党委委员、管委会副主任姚星，党委委员、管委会副主任徐建兵，副调研员、开发区直属党委书记王文龙，副调研员王再跃。

（湖州经济技术开发区管委会）

增城经济技术开发区

【区情概况】 增城经济技术开发区（以下简称“增城经开区”）地处广州东部和穗-莞-深等珠三角东岸城市群黄金走廊，2010年升级为国家级经济技术开发区，是广州实施“东进”战略的桥头堡，广州重点谋划建设的重大战略性发展平台。

2012年，增城经开区完成工业总产值555.2亿元，比上年增长4.78%；全口径税收收入43.24亿元，增长2.69%；全社会固定资产投资43.65亿元，增长14.8%；合同利用外资12700万美元，实际利用外资1079万美元，增长482%；完成进口总额29925万美元，完成出口总额78992万美元，增长0.3%。截至2012年底，增城经开区成功引进约60个大型优质项目，包括广汽本田增城工厂、北汽华南生产基地、日立汽车系统、南方电网超高压、豪进摩托、福耀玻璃、广州电装、晶正鑫光电外延片芯片、中金数据系统华南数据中心、阿里巴巴华南物联网运营中心、珠江钢琴、科利亚现代农业机械、广州江铜铜材等一批具有战略性基础地位的项目，初步形成汽车及新能源汽车产业集群、高端装备制造业产业集群、战略性新兴产业集群等多个高端产业集群，有效推动产业结构从先进制造业为主向战略性新兴产业、先进制造业与现代服务业融合发展转型。在商务部组织评审的2011年度国家级经济技术开发区投资环境综合评价中（全国共90家国家级开发区参与评审），增城开发区经济发展指标排名第41位，综合排名第76位。

【规划编制】 按照统一规划、统一建设的思路，高标准组织编制增城经开区发展战略规划、城市设计和控制性详细规划、北区电力专项规划、开发区23宗土地储备与整理使用城乡规划、开发区白水村和塘美村东埔社土地开发城乡规划等各类规划。开发区总体发展战略（深化成果）咨询和开发区规划新模型制作已完成。

【重点产业项目建设】 通过组织召开产业项目建设对接会、制订增城经开区《签约项目筹建工作实施方案》等有效措施，认真细致做好企业服务工作。广本增城工厂完成24万辆整车产能扩建投产，广本研发中心完成一期建设，全年轿车产量达到13.8辆、摩托车42万辆；北汽华南生产基地于6月份动工建设；日立汽车系统项目加快建设，广州电装、福耀玻璃等增资扩产项目顺利推进，汽车零部件本地化程度不断提高，全年生产远销60多个国家和地区；江铜铜材、中益机械等一批高端装备制造项目陆续建成投产，全年新建成投产项目15个，成为拉动经济增长的重要支撑。现代服务业加速发展，阿里巴巴华南物联网运营中心开工建设，发展后劲不断增强。

【战略性发展平台建设】 坚持走新型城市化道路，突出产业与城市融合发展的理念，大力推动“一区多园”发展，高标准推进南香山产城新区、增江高新区、石滩创意区等功能组团，一批产业发展平台加快规划建设，推进产业高端化、集群化、融合化发展。增城经开区成为广州市推行电动汽车示范运营的先行区域；战略性新兴产业综合基地于2012年11月2日获广州市政府正式授牌；新能源汽车应用示范基地已与中国普天新能源、广汽集团、北汽集团、广汽客车、广州粤运公交公司等企业达成合作意向，将与普天新能源共建国家级新能源汽车监控检测和数据采集平台；省市共建的LED产业园获省有关部门的资金支持；电子商务及物联网产业园、总部经济及生产性服务业示范园区、装备制造业产业园等正在健全完善配套服务设施和政策支持体系。

【招商引资】 建立区市一体的招商引资机制和团队，加大策划宣传，积极“走出去”赴日韩招商推介，参加中德经济论坛、“新广州·新商机”天津、乌鲁木齐推介会以及百家知名企业羊城行、绿色创新技术展等招商活动，组织筹备中国汽车发展论坛、中意服装设计展等推介活动，新引进广州电装、北汽海纳川汽车零部件、普天新能源汽车工程中心南方总部、广州力能加电站公司等20多个先进制造业、高新技术产业生产力骨干项目和新能源汽车产业项目，投资总额95亿元；储备有提爱思、华德弹簧搬迁扩能等一批重大产业项目，投资总额175亿元，涵盖节能环保、电子信息、生物医药、汽车零部件、高端装备、现代物流等产业，着手引入美国赫兹租车公司、德国TUV南德集团新能源汽车检测认证、中国汽车技术研究中心新能源汽车华南检测分部和运营规划等项目。

【基础设施建设】 围绕重点项目“落地”和香山产城新区建设，大力开展道路、场地平整、供电、供水等一批战略性基础设施建设，完善提升增城经开区核心区招商引资环境。在道路建设方面，全面推进2012年续建创业大道、永宁大道、香山大道等和新开工建设一批道路工程七个路网单元共23段约30公里道路建设，形成广惠高速公路以南6平方公里区域独立完整的道路交通网络。在配套设施建设方面，在与道路建设同步推进供水、供电、通讯、燃气、电视光纤、排水、排污等“七通”管网市政配套建设的同时，着重推进燃气管网设施资源整合和管道建设、荔新公路北侧排水排污工程和新誉南路污水管网工程建设前期工作。在高压线行迁改方面，增城经开区核心区22平方公里东西走向的500kV增穗乙线、500kV穗水丙线、220kV增荔甲线、220kV增荔乙线、220kV增万甲乙线等高压线廊规整优化为A、N、T线工作已基本完成，A、T线已完成规整并通电，N线已完成大部分新线行架线工作，全线旧塔基和线行已全部拆除。在土地平整方面，大力推进完成晶正鑫光电二期、珠江钢琴、日立汽车系统、广州电装、广汽注塑件选址地块、白水组团挡土墙工程等场地平整工程，其他2012年新开展储备用地场地平整工程正在推进工程建设前期工作。

【土地资源整合】 按照全区域征地和连片开发的思路，统一推进土地征收储备工作，集约节约用地成效明显。在土地报批方面，日立汽车系统、阿里巴巴、汽车零部件产业园等重点项目共1390亩用地已获批复；中金数据及配套项目共677亩、阿里巴巴项目440亩用地已上报广东省国土厅；阿里巴巴项目130亩用地已上报广州市国土房管局；其他10宗共1243亩用地已报送至增城市国土部门。在土地出让方面，按照“交叉进行、平行推进”的原则，紧跟土地报批进度，紧密配合招商工作，及时跟进项目用地服务，广州电装201亩、中益机械二期14亩、日立汽车系统350亩、阿里巴巴387亩、福耀玻璃项目24亩已完成土地出让工作。

【资金管理】 科学制定短、中、长期贷款和还款计划，通过质押授信、土地抵押等形式，获取多家银行的支持，形成良性循环的投融资机制。建立完善资金支付、财政投资基本建设等管理制度，严把财政资金支出审核关，保证资金收支安全、准确。

【机构设置与管委会领导】

增城经济技术开发区党工委领导为：党工委书记曹鉴燎，党工委副书记叶牛平、罗思源、何世光，纪工委书记何世光，党工委委员彭高峰、刘棕会、何鎏辉、丘岳峰。

增城经济技术开发区管委会领导为：管委会主任曹鉴燎，管委会副主任叶牛平、罗思源、彭高峰、刘棕会。增城经济技术开发区秘书长蒋志恒。

增城经济技术开发区各办局主要负责人为：党政办公室主任何鎏辉，发展改革财政局局长张文远，国土规划建设环保局局长邬卫东，企业建设和安全监督局局长李能坚。

（增城经济技术开发区管委会）

黄石经济技术开发区

【区情概况】 黄石经济技术开发区（以下简称“黄石经开区”）2010年3月升级为国家级经济技术开发区。规划控制面积215平方公里。全区由团城山花湖地区、黄金山工业新区和新港（物流）工业园区三个部分组成。总人口20余万人，人口规模在全市城区排第2位。

2012年实现GDP 287.64亿元，同比增长16%；规模工业总产值636.93亿元，增长26.82%；固定资产投资177.49亿元，增长48.65%；财政收入18.84亿元，增长28.32%；招商引资实际到位资金82.67亿元，增长134.79%。

【项目建设】 2012年，新签约引进投资过亿元工业项目及过4000万元商业项目24个，计划固定资产投资总额94.3亿元。其中，其中投资过10亿元项目6个，过5亿元项目5个。新签约的24个合同项目，有23个已开工建设，当年引进当年开工率95.8%。目前正在跟踪洽谈的有宝钢板材、欣兴电子、美国ADM、微软IT学院、惠亚电子等24个项目，预计总投资277亿元。

新开工项目28个，总投资达235亿元，其中，5月份开工的12个重点项目按计划推进，沪士电子已完成120万方土量的场平工程和地勘，温州工业园、宝山工业园、日新光伏、邦柯智能等项目进行厂房建设。7月份开工的16个重点项目中，中茵零部件、经纬纺机、德壹药业、劲牌中药提取、团结激光等项目场平基本完成。同时，续建的32个重点项目加快推进，航天电缆、劲牌保健酒、三环锻压二期、五金机电城、朗昕药业、黄石一中、鑫鹰环保和8家汽车4S店已经建成投产或运营，华润啤酒、有色稀贵、凯程环保、宝钢二期等项目的厂房建设已完成，进行设备安装、调试。按照工业新区与城市新区协调推进思路，加紧推进奥山星城、金山老年公寓、市委联合党校、湖师文理学院、企业小区等产城融合配套项目。

【园区建设】 团城山花湖地区基本开发建设完毕，成为全市的政治、经济、科教、文化中心。黄金山工业新区20平方公里起步区的路网建设基本完成，通车里程达90公里，供水、供电、供气、通讯、排污等管线铺设同步跟进，变电站、自来水加压站、天然气调压站、污水处理厂和垃圾焚烧发电厂相继建成，各项配套设施基本完善。按照东扩南延计划，重点向东推进百花片5平方公里的路网和配套设施建设。新港园区基础设施全面启动，东湖路、棋盘路、韦山路、海洲大道、新港大道等基础设施项目稳步推进。5平方公里的路网和配套设施建设全面展开。其中，总投资5500万元2公里长的金山大道东延和总投资3500万元1.5公里长的庆洪路2条主干道已建成通车。

【产业发展】 拥有规模以上工业企业48家，限额以上商业企业61家，高新技术企业22家，初步形成新型材料、装备制造、电子信息、生物医药、纺织服装、食品饮品等六大主导产业。其中：新型材料产业。以宝钢黄石公司为龙头，集聚山力、同大、华亿、华彩和盛冶等一批企业，形成了年产200万吨的生产能力。装备制造产业。以三环锻压为龙头，集聚了华信机械、华强数控、中信设备和三丰智能输送设备等一批企业。电子信息产业。集聚了万达金卡、瑞视光电、邦柯检测等一批企业，随着沪士电子、光谷联合、光谷激光等一批大项目的开工建设，有望发展成为开发区的支柱产业。生物医药产业。聚集了三九制药、世星药业、朗欧药业和紫鑫生物等一批企业，朗昕药业、德壹药业和博大兽药等一批项目正在建设。纺织服装产业。以美尔雅、美岛为龙头，新引进了杭州家纺等项目，将进一步擦亮黄石市“服装新城”的名片。食品饮料产业。原有青岛啤酒等项目，目前正在建设劲牌保健酒、华润啤酒、连强食品和中粮粮食深加工等项目。

【品牌创建】 先后获得国家级经济技术开发区、国家级新型工业化示范基地、国家太阳能光伏发电集中应用示范区、中国挤出模之都、中国男装名城、全国承接产业转移示范区、国家级创业服务中心、省级重点高新区、省级重点人才创新创业基地、省级低碳园区、武汉城市圈“两型”社会建设示范区等多块招牌，正在申报国家级科技企业加速器、国家级高新技术产业开发区、国家级循环经济示范区、国家示范物流园区等品牌。

【工作重点】 4月，通过筹备全省开发区现场会倒逼项目建设，先后组织启动10多个项目的场地平整，5月份第一批12个项目集中开工，总投资115亿元，6月份新建100万平方米还建楼开工，7月份第二批16个累计投资120亿元的项目集中开工，8月份新区拓展区2条主干道建成通车暨6条次干道集中开工，9月，以全市“双迎”为契机，倒逼64亿元的10个招商项目签约，10月份新港物流园基础设施项目集中开工，11月份有6个总投资33.7亿元的重点项目竣工或投产。

【服务环境】 及时协调解决项目建设问题。充分发挥黄石经开区项目落地委员会作用，每周收集、归类梳理，由项目业主、包保责任人、职能部门和镇街村负责人当面协商，现场解决项目、杆线迁移、水电气配送等方面的困难与问题。建立重点项目梯度推进督办机制。按照拟开工项目、开工项目、续建项目、拟竣工投产项目进行分类指导，跟踪问效。成立黄石经开区投资服务中心，整合审批职能，变分散审批为集中审批，缩短审批时限。为保证项目落户与落地协调一致，将原来的项目用地由业主平整变为开发区先期主导平整，制订项目场平制度，规范场平行为。经过协商沟通，争取到项目落户审批的主要部门市建委和市规划局在开发区设立项目服务工作专班，主动上门服务，极大地提高审批效率。

【创新思路】 创新发展理念，打造生态园区。在规划布局、设施配套、项目引进等方面，始终体现产城融合、低碳环保、循环利用、生态和谐理念，创建国家级品牌园区。创新人事机制。通过员工招聘、退休返聘、行编腾挪等方式，推行政府雇员制，形成政府购买公共服务的新机制。强化目标管理。建立周调度会制度。形成每周工作要点，每周检查落实，强化工作透明度、节奏感和协调性。创新科技金融。按照“种子—孵化器—加速器”产业化的推进模式，完善全过程科技创新体制机制建设。成立黄石科技企业加速器发展有限公司，申报国家级试点。设立天使投资基金，出台科技借款贴息、专业技术公共服务平台认定等一系列管理办法，为小微型科技企业营造了良好的创业环境。

【投融资建设】 针对资金难题，积极探索多种融资模式，多渠道筹措资金。加大银行贷款争取力度。通过磁湖公司向农发行贷款2亿元，已完成审批。成立黄石经开区土地储备中心，中行已同意提供4亿元土地储备项目贷款。积极引进民间资本。主要采取企业保理与BT、BOT方式筹资，其中，采用BT模式开工建设了16条道路和还建楼工程建设，总投资12亿元。汪仁污水处理厂正按BOT模式运作。同时，积极探索引进股权基金、风险基金和私募基金投入园区建设。开展债券融资，通过市城投二期债融资4亿元，可用资金2.4亿元。目前正在开展长江证券公司12亿元债券融资项目的立项申报工作。争取国家政策资金，申请到基础设施建设贷款贴息2100万元。正在争取汪仁污水处理厂及地下管网建设补助资金，总额5000万元。分别与交通、发改、房产、建设、经信、供电等部门开展局区合作，在政策、项目和资金方面得到了大力支持。其中，交通部门给予的政策与资金扶持达3亿元，房产部门1.2亿元。通过全力化解资金难题，筹措建设资金35.6亿元（不含新港园区融资），其中现金25亿元，竭力保证开发建设需要。

【机构设置和管委会领导】 黄石经开区管委会下设办公室（党工委办公室）、组织部（人社局）、招商局、经发局（安监局）、财政局（审计局）、建设局、社发局、教文卫局等8个职能部门，9个事业单位和除创业中心为副县级外，其他为正科级机构。10家派出机构。

黄石经济技术开发区领导有：开发区党工委书记、管委会主任杜水生，开发区党工委副书记、管委会副主任王湘林，开发区党工委副书记、管委会副主任黄志坚，开发区管委会副主任、党工委委员陈新胜，开发区管委会副主任、党工委委员刘磬，开发区管委会副主任、党工委委员陈振宇，开发区管委会副主任、党工委委员肖甘霖，开发区纪工委书记、党工委委员杨希亮，开发区党工委委员、党政办主任王之天。

（黄石经济技术开发区管委会）

沧州临港经济技术开发区

【区情概况】 沧州临港经济技术开发区（以下简称“临港经开区”）2010年11月11日，被国务院确定为国家级经济技术开发区；2012年8月被国家发改委和财政部联合批准为国家循环经济示范试点园区。临港经开区控制面积118平方公里，一期规划面积26平方公里，其中西区8平方公里，东区18平方公里。

2012年，临港经开区实现GDP 123.46亿元，同比增长7.29%；工业总产值515.58亿元，同比增长13.44%；固定资产投资254.31亿元，同比增长-2.01%；财政收入42.55亿元，同比增长14.97%；实际利用外资4646万美元，同比增长28.34%。

【产业发展】 形成以石油化工、装备制造、电力能源、现代物流产业为主的产业集群，已建成及正在建设的项目达到80多个，总投资600多亿元。聚集法国液化空气公司、美国AP、神华集团、中钢集团、中国海洋石油总公司、中国化工集团、香港华润集团、冀中能源集团等一批“世界500强”、“国内500强”、“中字头”、“国字号”的知名企业投资或参与建设的各类项目，以及与之配套的公用工程和物流专业公司。2012年，临港经开区续建和在建项目共计13个，总投资115亿元；拟开工项目20个，总投资70亿元；在谈项目共计19个，总投资158亿元。沧州大化项目建设喜获丰收，年内先后完成投资12亿元的7万吨/年TDI项目和投资8400万元的6万吨DNT技改项目；河北正元化工有限公司60万吨合成氨80万吨尿素项目，总投资38亿元，环评、安评、长周期设备等项目建设的关键节点全部完成；金牛化工40万吨/年PVC项目，2012年发行股票融资16亿元，项目推进进度不断加快；大连瑞克科技有限公司2万吨新能源催化剂项目，总投资15亿元，道路基层施工完成。

【主要品牌产品及产量】 拥有石油化工、氯碱化工、PVC、TDI、香精香料、染料颜料、医药农药中间体等100多种产品的生产能力。主要品牌产品及产量如下：国华沧电：252万千瓦的大型火力发电装置。中国海洋石油中捷石化：350万吨/年炼油、及聚丙烯、甲乙酮、MTBE、三苯等。河北金牛化工：63万吨/年PVC。中国化工集团沧州大化：15万吨/年TDI。该产品占全国TDI产能的19.3%，占国内企业TDI产能的56%。目前，企业产能、运行及市场占有率与拜尔、巴斯夫同处第一集团，装置管理水平处于国内TDI行业的领军地位，成为世界第五大运营商。中铁：600万吨/年车用钢板项目，成为临港经开区“十二五”期间发展装备制造业的重要基础。瀛海（沧州）香精有限公司：4万吨/年香精香料项目，产品占全球日化香料的1/3市场份额，部分产品生产工艺技术达到世界领先水平。沧州金隅水泥有限公司：200万吨/年水泥项目。建新化工：主导产品苯胺-2，5-双磺酸单钠盐国际市场占在率在70%以上、间羟基-N，N-二乙基苯胺国际市场占有率均达55%以上、间氨基苯磺酸市场占有率50%。建新以其强大的科技创新实力，引领世界染料中间体行业的发展潮流。

【科技创新】 临港经开区有国家级技术中心2个，博士后创新实践基地1个，省级技术中心3个。临港经开区企业拥有自主发明专利40多项，实用新型专利11项，目前正以10%的增长率逐年增长。借助环京津这一优势，入区企业积极开展与京津地区高校广泛开展产学研联合，充分发挥高等院校和科研院所的科技作用，为企业技术创新出力。如瀛海香料与天津大学、南开大学就新产品研发及设备设计等进行合作；丰源环保、信联化工与南开大学就产品生产工艺进行合作等。

【招商引资与利用内、外资】 招商引资实现新突破。新签约项目31个，总投220多亿元，其中不乏一批“世界500强”的大项目、好项目及优质外资项目，全年引进外资4646万美元，实现新突破。美国AP、印度果阿先后与开发区签约入驻开发区。美国AP与正元化工合作建立煤制气中心，其产品氢气和一氧化碳将串连起已内酰胺、甲醇、醋酸、尿素、合成氨、二甲醚、TDI等多个产品，辐射到区内多个企业，形成循环经济体系，实现资源利用最大化；印度果阿30万吨/年煅烧焦项目生产过程中副产大量蒸汽，可通过管道直接输送给东区各企业，打造循环经济产业链。

四大高新项目签约入驻临港经开区，其中包括投资8亿元的沧州骅泉化工有限责任公司高纯度烷基酚，环保设备及实验室项目；投资15亿元的浙江三龙催化剂有限公司建设5万立方米/年SCR烟气脱硝催化剂项目；投资100亿元的异氰酸脂一体化项目及配套装置项目；投资30.8亿元的河北诚信有限责任公司高端精细化工产业链项目等高端精细化工项目。

外资及外贸发展形势喜人。积极扩大对外开放，2012年，引进外资突破4646万美元，实现建区以来的重大突破。共有5家外资企业，总投资7.25亿美元，分别是瀛海10万吨/年香精香料项目、华润热电2×30万热电联产项目、威立雅危险废物处置中心项目、印度果阿煅烧焦项目、65000Nm^3/h高可靠性大型空分项目。

重点培育，外贸出口平稳发展。重点依托黄骅综合大港优势，充分发挥科技、政策、服务的优势，发展重点产业和技术领域的产品出口；不断加大对重点市场的开拓力度；不断加大对重点出口企业的培植力度。2012年，累计完成进出口总额10219万美元，同比增长0.87%。其中出口总额9448万美元，同比增长0.88%，进口总额771万美元，同比增长0.78%。

【资源集约利用】 利用回收的土地在开发区西区发展医药工业园、新型装备制造等含量高、成长性好绿色环保产业。建造标准化厂房30幢，总建筑面积75000平方米，承接新材料、节能环保等先进产业。建设标准化厂房既可以节约用地和提高土地利用效率，优化沧州临港经济技术开发区可用土地资源配置，又可以集中利用公用设施，对于工业经济的可持续发展起到积极的促进作用。

以循环经济，促进资源综合集约利用。加快循环经济建设速度和质量。2012年，临港经开区先后被国家发改委和财政部评为国家循环化改造示范试点园区，被商务部评为国家新型工业化产业示范基地，其中循环化改造启动资金2000万元已经落实到位。依托两个国家级发展平台，开发区正在积极推进国家生态工业园区和智慧开发区建设。在开发区内建设国家首批空气质量监测站，污水在线监测系统、排污无线监测系统等一批科技含量高，高效便捷的设施设备，进一步提高监测水平。同时在“十二五”期间重点规划了化工产业项目31个，总投资527亿元，为其服务配套的公共服务平台项目8个，总投资100多亿元，通过这些项目的实施将确保在2015年实现产值1040亿元，利税190亿元的目标。预计至2015年，废水、废气、废渣治理率达到100%；高新技术及新兴产业的比重提高到50%以上，研究与发展资金投入占企业销售收入2%以上，科技进步贡献率达到65%；单位增加值能耗低于国家同行业平均水平18%，单位工业增加值水耗低于国家同行业平均水平16%。

【新出台鼓励政策】 出台《沧州临港经济技术开发区关于鼓励国内外客商投资的优惠政策》为鼓励和吸引国内外客商到沧州临港经开区投资兴业，加快临港经开区开发建设步伐。对于基础设施配套费、建筑节能费、高新企业所得税等开发区都做相应减免优惠。设立新型工业化产业示范基地“十二五”期间发展资金，额度为8000万元，专项用于支持新型工业化产业示范基地的建设。出台科技创新激励政策，对于落户的国家级研发中心、实验室，临港经开区将给予50亩地用于建设研发中心，并给予2000万元的政府扶持资金；对于落户的省级研发中心、实验室，临港经开区将给予30亩地用于建设研发中心，并给予1000万元的政府扶持资金。

【人才建设】 全区干部职工中拥有博士、硕士等“六个一”标准人才702个，人才密度高，为开发区科学发展提供强有力的人才支撑。为践行人才强区战略，加快人才建设，在激烈的区域竞争中赢得主动权，制订实施《沧州渤海新区化工产业园区中长期人才发展规划》，未来10年内围绕“人才特区”建设，以创新创业型人才为重点，组织实施高层次人才引进、高技能人才培养、海外人才集聚等人才工程，推进博士后工作站、留学生创业园、科技人才创业园、大学生实训基地建设。

【机构设置与管委会领导】 临港经开区目前设党组书记、管委会主任1名，副主任7名。内设机构包括党政办公室、招商一局、招商二局、招商三局、经济发展局、规划建设局、环保局、安监局、财政局、国土局等，设有地税局、国税局、工商局、质量监督局、投资公司等驻区机构。

（沧州临港经济技术开发区管委会）

邹平经济技术开发区

【区情概况】 邹平经济技术开发区（以下简称“邹平经开区”）2010年11月11日，经国务院批准正式升级为国家级经济技术开发区，成为山东省第一家设在县级城市的国家级经济技术开发区。目前，邹平经开区规划面积108平方公里，开发面积50平方公里，建成区面积28平方公里，入区企业630余家，区内从业人员13.5万人。

【经济发展】 2012年，邹平经开区各项工作取得新的进展，保持良好的发展态势。实现主营业务收入2143亿元，完成工业总产值2021.1亿元，完成工业增加值379亿元，实现利税169.4亿元，同比分别增长13.9%、12.4%、8.1%和4.7%。实现财政总收入51.5亿元，其中地方财政收入19.8亿元，同比分别增长1.5%和7.9%；实现进出口总额210178万美元，其中进口122864万美元，出口87314万美元；合同利用外资40125万美元，实际利用外资25125万美元；完成固定资产投资95亿元。

【投资环境】 实施绿化、亮化、排雨排污及路桥等重点工程项目15个，完成投资4600万元，进一步优化邹平经开区硬环境。加强邹平经开区第二、第三小学设施配套，使邹平经开区发展软环境显著改善。

【招商引资】 引进大项目20个，引进资金70亿元，引进项目投资领域主要为新材料产业和高新技术产业。联鑫小额贷款有限公司正式运营，加强银企对接，签约资金近10亿元。此外，邹平经开区管委会引进县外资金2亿元。相继引进日本伊藤忠商事株式会社、美国太平洋联合能源公司、沙特沙渥拉等世界500强和世界知名企业。世界最大的棉纺织企业山东魏桥创业集团，全国知名企业西王集团、齐星集团、长星集团、创新集团、三星集团、宏诚集团等大型高端企业先后入住园区。

【项目建设】 魏桥创业集团成功跻身世界500强，位列第440位次，一举打破山东省没有“世界500强”的历史，成为全省第一家跻身“世界500强”的民营企业。魏桥创业集团高精铝板带生产线项目、创新高精铝板带箔材项目、齐星铝板带热轧生产线项目、长城能源高精度铝箔项目、德利高科板材扩建项目等进展顺利，部分项目投产达产。运达物流中心两栋标准仓库及消防设施建成完工；国际纺织城二期工程、东方明珠小区三期工程、香槟广场项目等进入收尾阶段。

【园区建设】 一是申报工作。2012年，邹平经开区保税物流中心申报工作取得突破性进展，青岛海关发文同意设立山东鲁中运达物流公用型保税仓库，成为邹平县第一个保税仓库。二是基础设施建设。全年累计投入1200万元，主要建设2栋标准仓库和消防水池等基础配套设施。物流中心项目累计完成投资1.6亿元。三是物流业务。全年累计存储发送货物45000吨，实现业务收入100万元，税收5万元。

【产业发展】 大力实施工业兴区、科技强区战略，积极构筑以大型企业为主导、以骨干企业为支撑、以中小企业为配套的产业集群，逐步形成纺织服装、新型材料、食品医药、装备制造四大主导产业。在纺织服装产业方面，以棉纱、棉布、服装、家用纺织品为主，拥有全球最大的棉纺织生产基地，被授予"中国棉纺织名城"荣誉称号。纺织服装产业企业发展到20多家，纺纱能力700万纱锭，产品种类达2500多个品种，产品覆盖美日韩等20多个国家和地区。魏桥纺织和宏诚家纺分别在香港和新加坡上市。魏桥创业集团是集纺织、铝业、新材料于一体的全球最大的棉纺织企业，拥有总资产937亿元，员工16万人，技术装备居世界一流，2012年实现销售收入1850亿元。在新型材料产业方面，新型材料产业以铝板带箔、合金铝、特种钢材、高档用纸为主，拥有全国重要的铝材精深加工制造基地，中国宏桥、群星纸业和西王特钢分别在香港上市。新型材料产业具备年产200万吨液态铝合金及铝合金锭，172万吨合金铝板材、棒材、线材，60万吨高速线材轧钢，25万吨高精铝板、带、箔，20万吨高档装饰原纸，200万只铝合金轮圈生产能力。轻质高强合金新材料基地成为山东省10家战略性新兴产业示范基地之一。西王特钢为山东省最大的电炉配套特殊钢材生产基地。"齐星"牌商标被认定为中国驰名商标。在食品医药产业方面，食品医药产业以玉米淀粉、油脂、结晶葡萄糖、药用无水葡萄糖、果糖、纤维饲料等为主，拥有亚洲最大的结晶葡萄糖和玉米油加工生产基地。被命名为"中国糖都"、"中国玉米油城"。西王食品、西王糖业和中国玉米油分别在深圳和香港上市。"西王"牌、"长寿花"牌商标被认定为中国驰名商标。西王集团是一家以玉米深加工和特钢为主业的大型工业企业，位列2012年"中国企业500强"第370位，控股西王糖业、西王食品和西王特钢三家上市公司。集团2012年实现销售收入260亿元。西王集团企业技术中心为国家级企业技术中心。在装备制造产业方面，装备制造产业以风力发电设备制造、输电设备制造为主，风力发电具备单机容量850KW～5MW、年产发电机组1000台套生产能力，具备年产铁塔及各类钢结构28万吨、立体停车位2万余个的生产能力。长星风电投资60亿建立目前国内最大的大型成套风力发电设备生产基地，自主成功研发高速同步无刷励磁全功率变流风力发电技术，在国内率先成功研发海上组合式漂浮风力发电专用技术，是中国首家获得欧洲CE绿色通行证的风电企业。公司投资建设的总容量为20万千瓦的内蒙古通辽风电场现已成功并网发电。

【人才建设】 拥有省级以上高层次人才7人，其中，享受国务院特殊津贴专家1人，省级首席技师3人，省级"乡村之星"3人；建立国家级重点人才平台载体两个，其中，国家级企业技术中心1个，博士后工作站1个；建立省级重点人才平台载体12个，其中，省级工程技术研究中心4个，省级企业技术中心8个。人才工作的顺利开展，有力推动邹平经开区经济社会科学发展、转型发展。

【科技创新】 一是大力提升传统产业。紧紧围绕纺织服装、装备制造、食品医药等传统产业，全力抢抓产业高端和下游品牌项目，加快推进产业链向高增加值环节和高科技领域延伸，向研发设计、品牌专利、核心制造、销售服务等方向发展，持续聚集高端要素，不断提升发展质量。在纺织业方面，"三无一精"比例远远高于同行业平均水平，魏桥创业集团相继开发凉爽纤维、超爽纤维、大豆蛋白纤维、牛奶纤维、竹纤维等新型功能性纤维及高支特细纱和高支高密品种，最高纱支达到200支，坯布最高密度达到1600根。二是着力培育战略优势。2012年，邹平经开区新增高新技术企业3家，高新技术企业产值近500亿元。创新金属、鲁杭天润技术中心被批准为省级企业技术中心，山东高强高韧铝合金新材料工程研究中心被评为省级工程研究中心，西王食品成功申报省级工程技术研究中心。西王集团、齐星铁塔2家企业被认定为省创新型企业，长星风电被认定为省创新型试点企业。目前，全区拥有科技创新型企业36家，省级以上技术研发平台12家，高新技术产业产值增速连续五年保持在60%以上，科技进步对经济增长的贡献率不断增大。

【资源集约利用】 在产业升级方面，大力发展高新技术产业，省级以上高新技术企业发展到36家，其中国家级4家；在自主创新方面，加大科技研发投入，推进产学研结合，科技研发机构发展到11家，其中国家级2家、省级5家，中国葡萄糖质量检测中心被认定为博士后工作站和国家试验室；在节能减排方面，大力发展循环经济和清洁生产，推进资源综合利用，万元产值和增加值能耗降至0.34吨和1.03吨标准煤，万元产值合增加值水耗降至2.49立方米和7.46立方米；在集约用地方面，建成区工业用地平均每平方公里项目投资密度24.3亿元；工业企业固定资产投资329.2亿元，投资强度17.2亿元，超出山东省政府规定2.2亿元；平均每平方公里实现工业产值33.8亿元、增加值10.4亿元、税收1.14亿元，分别比全省开发区平均水平高出18.9亿元、3.7亿元、0.73亿元；总建筑面积3528万平方米，平均建筑密度达到67.3%，容积率达到1.26。

【社会事业】 从业人员达到13.5万人，辐射省内100多个县（市区）和河北、河南、甘肃、宁夏等10多个省，其中农村劳动力占到90%以上，人均年收入达到2.6万元以上。充分保障员工权益，建立企业职工工资保障机制，严格执行就业工资标准，确保职工工资及时足额发放。认真落实企业各类保险，企业参保率达到100%，职工医疗、养老、工伤和失业保险参保率分别达到98%、98%、94%和95%。按照省级规范化学校标准，投资2.5亿元，建设1所中学、3所小学、3所幼儿园和开发区医院，解决企业职工和占地村民子女入学、入托和就医问题。投资2300万元建立视频监控系统和智能交通管理系统和高清天网，实现公共场所监控无缝隙覆盖。

【机构设置及管委会领导】 2011年10月，山东省机构编制委员会文件（鲁编［2011］32号）关于设立邹平经济技术开发区管理委员会的批复：同意设立邹平经济技术开发区管理委员会，为滨州市人民政府派出机构，正处级规格，管委会主任按副厅级配备。由于其他机构编制事项未明确，仍延续省级开发区的体制机制。邹平经开区管委会下设办公室、经济发展局、规划建设局、社会事业发展局、财政分局、城市管理分局、安全监督管理站、计划生育管理办公室等内设机构。

邹平经开区领导有：党工委书记赵怀臣（2012年3月止），邹平经开区党工委书记刘继京（2012年11月始），邹平经开区管委会主任刘继京（2012年11月止），邹平经开区管委会主任王传民，邹平经开区管委会常委副主任刘继京，邹平经开区管委会副主任孙晶、方守金（任职至2012年11月）、杨新太、滕永利、张样克、刘家龙。

（邹平经济技术开发区管委会）

德阳经济技术开发区

【区情概况】 德阳经济技术开发区（以下简称“德阳经开区”）规划建设面积49.42平方公里，建成区面积42平方公里，人口约13万人。德阳经开区有各类企业2132余家，工业企业436户，其中规模以上工业企业120余户。

【产业发展】 2012年，德阳经开区实现地区生产总值205亿元，同比增长2%；实现公共财政预算收入8.3亿元，同比增长13%。

工业经济逐步转型升级。全年实现规模以上工业增加值121.6亿元，同比增长-10%；实现工业总产值490.2亿元，同比下降13.5%；新增规模以上工业企业11户，总量达到120户；实现工业投资90亿元，同比增长22%。产业结构不断调整，战略性新兴产业增加值占工业比重达到15%。

现代服务业不断发展。大力发展金融保险、工业信息设计、科技研发、现代物流等生产性服务业。围绕打造亭江新区建设，大力发展酒店会议、文化产业、高端零售等现代服务业。开工建设德阳银行经开区支行、保利万豪酒店等一批重大项目。加快沃尔玛西南物流配送、沃尔玛高端商业购物中心、红星美凯龙家居广场等在谈项目进度。实现第三产业增加值16.3亿元，同比增长5.9%；实现社会消费品零售总额39.4亿元，同比增长27.9%。

节能减排进一步增强。帮助企业积极争取国家政策资金，依法关停和淘汰落后产能企业2户。加大对国控、省控重点污染源的监管，重点污染源排放达标率100%。大力整顿美丰复合肥噪声治理，维达纸业水处理等限期治理项目3个。

自主创新能力不断提高。高新技术企业达到17家，国家级企业技术中心达到3家，省级企业技术中心达到5家。与联合国工发组织合作，建立联合国工发（德阳）高科创新投资基金，不断拓宽创新投入资金渠道。与四川大学合作建立德阳工业技术研究院，与重庆理工大学合作建立产业技术联盟，大力提高经开区创新能力建设。

【项目建设】 全年完成固定资产投资90.6亿元，同比增长22%。

重点项目建设顺利推进。列入省、市重点项目13个，项目总投资84.04亿元，年度计划投资23亿元。积极协调外部生产要素，制订措施强力推进项目进度，狠抓项目集中开工建设，2012年共计有26个产业项目集中开工，总投资达140亿元。重点项目投资有力的带动全社会固定资产投资的增长。

重大产业项目加快布局。加快台海核电设备制造、武汉毅恒数控机床、沈阳泓景飞机零部件制造、中嘉实业低温多效海水淡化、嘉远电动汽车制造等一批重大产业项目建设，突出装备制造业核心。加快博力迅锂离子储能电池、德国拜尔太阳能集热管、上海开旋风电控制系统等项目建设，重点发展新能源装备。以德阳科技PPS项目二期为突破，加快建设国内一流、世界领先的新材料基地。

【招商引资】 招商引资成效显著。着力引进和承接一批重大产业项目，带动相关企业快速集聚和协作配套，延伸产业链条，形成产业集群发展。全年引进项目56个，总投资达420.58亿元，实际到位资金100.1563亿元，同比增长20.5%。成功签约1亿元以上重大产业项目18个，总投资达201.3亿元。重点引进拜尔能源太阳能集热管、南京嘉远电动汽车制造、江苏玉龙大口径钢管制造、无锡桥联大型冷轧极薄板制造、温州中光科技氧化锆陶瓷插芯及光通信等重大项目。

外向型经济加快构建。全年实现进出口总额1.63亿美元，同比增长16.81%，其中，实现出口0.62亿美元，同比增长3.3%。实际引进外资企业3家，实际到位外资0.6亿美元，同比增长6%。规划建设海关、国检等政务设施，为发展外向型经济提供坚强的硬件保障。筹划申报设立综合保税区，大力实施“走出去”战略，支持东方阿海珐、荃盛机械等企业积极开拓国际市场，大力开展对外工程承包和劳务合作。

经济贸易交流更加活跃。整合组织优势企业和资源，积极开展对外经贸交流和活动。先后参加日韩招商会、巴西国际机械和工业装备展览会、第6届中国——欧盟投资贸易合作洽谈会、四川——台湾名品博览会、2012年中国现代物流全球峰会、美国——四川软件应用与合作洽谈会、中国四川——美国密执安州经贸合作洽谈会等一系列大型经贸交流活动。成功承办“2012（德阳）装备制造业洽谈会”。

【基础设施】 着力提升园区承载力，加快市政道路基础设施项目。加快推进施工受阻道路项目建设。全力推进已招标道路工程建设。着力改善园区基础设施环境。全力推进招商引资项目配套建设。推进德阳经开区政府投资工程项目配套建设。加快推进区域供电、供水、供气管网配套建设。

【财政税收】 年初计划财政总收入34.4亿元。实际完成36.87亿元，占年计划的107%，比上年同期增长21%。年初计划税收入库28.3亿元。实际入库28.6亿元，占年计划的101%，比上年同期增长15%，其中：国税入库19.8亿元，占年计划19.1亿元的104%；地税入库8.8亿元，占年计划9.1亿元的96%。年初计划公共财政预算收入8亿元，实际完成8.35亿元，占年计划的102.5%，比上年同期增长14%。年初计划基金预算收入6亿元，实际完成7亿元，占年计划116.6%，比上年同期增长27%。年初计划地方财政收入14亿元，实际完成15.35亿元，占年计划的108.6%，比上年同期增长18.8%。

【财政预算】 强化收支管理。一是结合税源实际，统筹安排国、地税的收入计划，并合理分解收入任务。二是积极组织非税收入。进一步完善财政土地出让金专户核算体系，强化对土地出让金征收工作，杜绝拖欠，确保及时足额入库。三是密切关注入库动态，定期召开国税、地税、财政三家联席会议，解决入库过程中的各种问题。四是依法治税，强化稽查作用，加大清欠力度，严厉打击偷、逃、抗、骗税行为，努力做到依率计征，应收尽收。五是加大财政扶持力度，增强企业的造血功能。积极争取资金，缓解财政资金压力。一是紧紧抓住国家扩大内需的政策和国家级德阳经开区的优惠政策，努力向上争取政策性资金；二是积极协调上级对口部门向上争取项目建设资金。2012年争取到的中央、省、市下拨专项资金达到1.2亿元，为历年新高。完善并落实经开区企业年度综合考评、产业发展、专利授权、引进及产业化扶持政策。2012年根据考核情况给予74家区内企业538万元政策性扶持。加强政府投资建设项目的预算审查及其他管理工作。一是深入开展管理制度学习，增强业务知识。二是严格规范投资评审范围和程序。明确财政投资评审范围、内容、方式、程序，建立中介机构库。对项目工程概算、预算进行合理评估，对一些重点工程项目提前介入，全程参与。三是择优选取与年度考核相结合，不断提升工程造价评审中介机构的服务水平。四是规范资料管理。2012年送审德阳经开区财政投资基建项目预算评审项目74个，送审金额3.13亿元，审定项目45个，审减资金1348万元。加强政府采购管理，提高财政资金使用效率。2012年政府采购金额57338万元，节约财政资金5748万元。

【财政管理】 加强融资平台管理，确保各项资金需要。2012年主要配合高新建投公司企业债券发行工作以及住房公积金贷款。积极配合各级财政、审计部门组织的2011年预算执行情况及财税政策审计。积极开展地方财政资金安全、财政专户专项检查。

加快信息系统管理平台和公务卡改革，运用动态监控，推动财政科学化管理。顺利开通财政信息系统管理平台以及动态监控系统，增强财政收支活动的公开性和透明度。

【民生工作】 积极筹措资金支持实施民生工程，做好资金需求方案的预测和保障，确保民生工程顺利实施。深化医疗卫生体制改革，继续完善社会保障制度，确保各项惠民政策落实。共计4200人参加新型农村养老保险，45000人纳入城镇居民基本医疗保险，1000人参加城镇居民养老保险。城市低保的支出1690万元惠及90048人次、农村低保支出30万元惠及4432人次，确保困难群众的生活保障，维护了辖区内的稳定。夯实“三农”发展基础，推进社会主义新农村建设，2012年共组织发放摩托车下乡补助资金12万元；为促进粮食增产、农民增收，审核发放粮食直补、综合直补、良种补贴等64万元，充分调动农民种粮的积极性。

【社会事业】 社会保障稳步提升。千方百计扩大就业，实现城镇新增就业1523人，其中，下岗失业再就业418人。开展劳动力技能培训1045人，城镇登记失业率控制在3%以内。城乡居民社会保险制度全覆盖，新农保参保4000人，城镇居民养老保险参保310人，城镇基本医疗保险参保42000人。社会救助体系不断完善，城乡低保应保尽保，人均补差分别达186.3元和83元。农村“五保”供养标准达3600元。

（德阳经济技术开发区管委会）

陕西航天经济技术开发区

【区情概况】 2012年，陕西航天经济技术开发区（以下简称“陕西航天经开区”）全年实现固定资产投资62.94亿元，重点建设项目投资23.14亿元，规模以上工业产值78.89亿元，规模以上工业增加值22.23亿元，新增规模以上企业4家，实际利用内资13.77亿元，实际引进外资2403万美元。

【科技创新】 西安航天基地搭建军民融合发展平台，推动民口单位和军工单位深化合作，促成西安睿科新能源公司、南亚科技公司与航天院所合作开发科技成果转化项目。其中，南亚科技与多家航天单位合作研制矿用救生舱项目，睿科新能源公司与航天动力研究所合作开发页岩层压裂系统项目，将航天特种泵阀、密封等技术应用于油气田设备，研发出的高端钻采装备将有效提升油气开采方面的作业设备水平。

【招商引资与利用内、外资】 西安航天基地在以初步形成的以民用航天、新能源新材料和现代服务业为三大主导产业的基础上，紧抓国家推动军民融合发展的重要战略机遇，突出航天特色；围绕基地以太阳能光伏和半导体照明为主的新能源新材料产业，不断加大产业招商力度，加速产业聚集，进一步延伸产业链条；完善产业综合配套招商，提升区域综合承载力。全年签约项目 44 个，过亿元项目 35 个。全年实际利用外资 2403 万元，同比增长 18.4%；实际利用内资 13.77 亿元，同比增长 30.6%。

以民用航天为特色的军民融合产业进一步聚集。通过举办和承办西安航天基地军民融合产品展示会、2012 中国卫星导航产业发展交流会、云时代 IT 服务创新（西安）论坛、全国军民结合产业基地发展研讨会等论坛和交流大会，促成了一批产业项目的合作。总投资 13 亿元的西安睿科新能源股份有限公司的航天动力石化高端装备制造及产业化项目、总投资 6 亿元的西安北航科技园、总投资 3 亿元的中科遥感西安空间信息科技产业园项目等 21 个军民融合项目落户西安航天基地，总投资 163 亿元，实际引进内资 5.6 亿元，当年实现新开工 10 个。入驻孵化器卫星应用类企业 14 家。进一步完善新能源新材料产业链条。北京中村宇极科技有限公司 LED 荧光粉项目、新型集成大功率 LED 产业化项目先后落户西安航天基地。积极调研智能电网产业，为后续发展奠定基础。现代服务业初步形成产业聚集。西安航天基地秉承土地集约、节约利用发展原则，积极培育发展保障性产业，西安航天基地吸引了陕西正衡经济鉴证类金融咨询总部基地、中国西部欧洲创投服务中心、北京航空航天大学西安科技园、中加园、现代汽车城等在内的一大批现代服务企业。

【园区建设】 不断加快基础设施建设。基础设施建设投资 5.3 亿元，新修道路 10 条 17.1 公里，敷设管网 69 公里，新建 20KV 配电网 5.5 公里。同步推进城市配套建设。建成首个公交枢纽站，设置、改造高速引导路牌 22 处。航天城交大附中、附小学校，西安市人民医院、星河中央公园、星河运动公园等民生项目稳步推进。新建 2700 套保障性住房项目达到市级开工要求，续建项目进展顺利，完成竣工任务 500 套。安置房新开工面积 16.53 万平方米。保障性安居工程总投资 15.7 亿元。

【项目建设】 实行项目经理人制度，狠抓项目开工，加强服务，简化流程，下大力气解决困扰项目建设的难题，对开工建设进展缓慢和建设存在较大困难的项目实行领导包抓。全年实现总参测绘研究所西安卫星应用基地、西安北航科技园、北斗天绘系统应用产业园、航天四院双金属复合管、航光电子北斗导航应用终端设备研发生产及维护保障基地等新开工项目 31 个，总投资额 187.46 亿元。

航天集团九院十六所 7171－3 项目、中电投西安太阳能公司、西安阳光能源有限公司、西安恒达微波技术开发有限公司、青海石油住宅小区（航天逸居）、曲江观山悦一期、航天翼城、汇航广场（孵化器北区）、航天集团九院十六所职工住宅、海升果业总部及研发中心、进口大众 4S 旗舰店项目等 11 个项目建成。

4 月，区内太阳能光伏产业代表企业西安隆基硅材料股份有限公司在上海证券交易所主板成功挂牌上市，成为陕西省第 19 家在上海证券交易所上市的公司，也是 A 股市场非金属矿物制品业第 2 家上市公司，有力带动基地太阳能光伏产业的发展。

【人才引进】 一是着力提升人才引进层次。2012 年，西安航天基地积极拓展招聘渠道、丰富人才信息，按照“专业网站人才专区常年引进、组织招聘会集中引进、组团参加招聘会重点引进、高端人才对口引进”多管齐下的思路，积极为企业引进各类人才。全年共举办大型人才招聘会 2 场，校园招聘会 3 场，组织企业参加外部招聘会 25 场，并通过西安航天基地人才专区发布招聘信息，累计为 120 家次企业发布招聘岗位 4511 个，创造就业机会 8573 个，应聘人数 13123 人，收集简历 2 万余份。开展了西安航天基地高校毕业生就业服务月活动及校企合作活动。积极为 21 所大中专院校与基地 24 家重点单位牵线搭桥，促成 860 余个岗位及专业的合作意向，实现人才与企业的高位嫁接。二是着力提升人才申报规格。2012年，共组织高层次人才申报7人次，成功获批国家“千人计划”1名，省“百人计划”1名，“5211计划”市级人才2名。制定《西安航天基地“千人计划”“百人计划”入选者奖励办法》。并做好高层次人才奖金下发工作。累计发放奖励资金340万元。

【企业孵化】 西安航天基地国际孵化器被国家工信部批准为“西安市卫星应用产业集群窗口服务平台”；被国家测绘局中国全球定位系统技术应用协会授予“北斗产业优秀园区”的称号。

孵化器大楼A区和汇航广场建成投用，新增孵化面积38720平方米。为提升企业服务能力，出台《创业导师管理办法》和《科技企业持股孵化管理办法》。2012年，在继续扩大引进企业数量的同时，西安航天基地孵化器公司瞄准“瞪羚企业”规模扩张期空间扩展需求，以航创广场C座和汇航广场B座投入使用为契机，有侧重地引进了一批以卫星应用、军民结合为主要方向的“规模以上或正在向规模以上跃升的“瞪羚企业”。全年新引进的45家企业，1家为规模以上企业，1家为“世界500强”排名第65位的SK和西安天隆科技合资项目。先后孵化的西安睿科新能源、陕西天翌天线、陕西诺维等一批以战略性新兴产业为方向的高科技、高成长企业，成为西安航天基地的发展亮点。2012年，六家企业收入超过1000万元，成功孵化出两家规模以上企业。

2012年，西安航天基地管委会与加中卫星通讯理事会合作共建中国首个卫星通讯产业国际合作园区——中国-加拿大卫星与通讯产业园；与北京北航科技园合作建设的西安北航科技园。两个项目建成投用后，西安航天基地将形成三大企业孵化器，为中小企业的发展壮大提供平台。

【新出台鼓励政策】 相继出台《关于加快军民融合产业发展的扶持政策》和《统筹科技资源专项资金管暂行办法》两项产业扶持政策。6月，出台《关于加快军民融合产业发展的扶持政策》，确定每年安排3亿元的产业专项扶持资金，分别从保障用地、支持项目建设、支持企业加快发展、培育自主创新能力、研发和公共技术服务、支持企业做大做强、支持民口单位参与军工生产和配套、支持中小企业、产业联盟等九个方面提出具体的支持和鼓励措施。尤其对西安航天基地军民融合产业发展具有明显带动作用的大企业大项目，将实行一事一议。12月，出台《统筹科技资源专项资金管暂行办法》设立统筹科技资源专项资金，对西安航天基地统筹科技资源和重点项目给予支持奖励。支持企业增强技术创新能力，支持科技成果转化，支持促进产业链各主体合作，支持列入国家、省市科技计划和专项资金资助的项目，对于在航天基地科技创新、统筹科技资源工作方面，有重要贡献的单位和人员，也给予表彰奖励。

【社会事业】 一是加强城市管理。认真开展国卫复审和创建文明城市工作，全年投入370余万元解决长期遗留的环境脏、乱、差问题。全面推广了网格化和“城管+商户”的共建共管模式。二是深化劳动社会保障。西安航天基地社保授权获批。对在建项目和建成企业的务工人员薪酬发放进行摸底和信息登记备案。三是提高社会管理水平。社会治安报警监控系统建设取得突破性进展，新建户外监控立杆60根、卡口立杆4套，建成区基本实现监控全覆盖。

【机构设置与管委会领导】 西安航天基地机构设置为党工委办公室、管委会办公室、人事劳动社会保障局、纪检监察审计局、宣传策划局、财政局、经济商务发展局、财政局、招商局、招商二局、投资服务局、统计局、国土分局、规划建设局、环保分局、房屋管理局、社会事业局、农村工作局、安全生产监督管理局、综合执法局、综合治理办公室、二期综合办公室和征地拆迁安置办公室等23个部门。

西安航天基地党工委、管委会“两委”领导班子成员为：书记毋晖，党工委副书记、管委会主任陈长春，党工委副书记、纪工委书记逯雁春，管委会副主任李岩、张新民、张继学、刘顺利、赵舰、张营、贺延光，管委会副巡视员蔡虹，开发公司总经理李希文。党工委委员刘顺利、张营、贺延光。

（陕西航天经济技术开发区管委会）

金华经济技术开发区

【区情概况】 金华经济技术开发区（以下简称“金华经开区”）2010 年 11 月 11 日，国务院批准金华经开区升级为国家级经济技术开发区。金华经开区托管苏孟乡、秋滨街道、三江街道、西关街道和江南街道，管辖面积 82.86 平方公里，集聚人口 35 万。金华经开区和金华省级高新技术产业园区实行一套班子，两块牌子的运行模式，是长江三角洲经济圈南翼重要的先进制造业基地，金华重要的经济增长极。

【产业发展】 坚持“大力发展汽车及配件产业、重点扶持电子信息产业、做优做精生物医药产业、改造提升传统产业”的产业发展思路，开展项目竞赛，加快项目推进，变“普惠制”扶持为“产业化”培育。2012 年，汽车及配件产业实现工业产值 170.88 亿元，同比增长 18.5%，被评为“浙江省外商投资新能源汽车产业基地”。电子信息产业实现技工贸总收入 141.22 亿元，同比增长 12.23%，被评为“浙江省现代服务业集聚示范区”，为市区被商务部评为“首批国家电子商务示范基地”作出贡献。主导产业的快速发展，为全区工业经济发展提供强有力的支撑，2012 年全区实现规上工业总产值 420.6 亿元，同比增长 13.0%；完成全社会固定资产投资 71.93 亿元，同比增长 35.4%，其中工业投资 43.44 亿元，同比增长 31.5%；实现税收收入 28.46 亿元，同比增长 15.74%。

【科技创新】 坚持创新驱动，加大培育力度，扎实推进产品升级和产业升级。新认定高新技术企业 21 家，高新技术研发中心 16 家；新认定省软件企业 7 家，省级工业新产品 15 项，省级新产品立项 26 项，省级技术中心 1 家，省企业研究院 2 家；实施省工业技术创新项目 7 项，开展科技合作项目 28 项；新增企业博士后科研工作站 5 家，新引进博士 4 名。截至 2012 年底，累计拥有高新技术企业 102 家，高新技术研发中心 94 家。高新企业数在规上工业企业中的覆盖率超过 60%。2012 年市级以上高新技术企业实现工业总产值 298.65 亿元，占全区规上工业总产值的 71%。金华经开区成为浙江中西部最大的高新技术产业基地。

【招商引资与利用内外资】 坚持“三驾马车抓招商、党群合力抓经济”，加大浙（婺）商回归和央（省）企对接力度，着力引进一批大项目、好项目。全年引进总投资 10 亿元以上项目 1 个，5 亿元以上项目 2 个，1000 万美元以上项目 6 个。实际利用外资 3760 万美元，实到内资 26.42 亿元，浙商回归资金到位 12.7 亿元。

【资源集约利用】 坚持节约集约，切实加大园区低效用地处置力度。盘活处置存量低效用地555亩，收回闲置低效用地119亩，消化转而未供土地997亩，与17家低效企业签订转型升级协议。积极实施“退二进三”，探索传统产业向现代服务业转型之路，启动豪森电子商务产业园和浙江棒棒科技创业园建设，一期进驻电子商务企业13家。

【人才队伍建设】 全区新增人才（含外地引进和本地培养）3150人，其中引进和培养高层次人才（具硕士以上学历或副高以上职称）143人；培训党政人才120人，培训企业管理人才1910人；完成外国专家引进项目11项、海内外英才引进项目4项、“婺星回归”20人；博士后科研工作站新增进站博士后科研人员4名，留学生创业园增加5家入园企业；争创省、市两级高层次人才创业创新基地各1家；3人入选“省千人计划”，1人入选“国家千人计划”。

【社会事业与文化建设】 坚持“民生优先”，扎实推进构建教育卫生网络、就业养老服务、文化体育设施、城乡社会事业“四个全覆盖”。基本完成西苑小学、十五中、丹溪小学改扩建工程，启动湖海塘九年一贯制学校筹建工作，中考成绩和教育均衡化水平走在前列。新增城镇就业6743人，完成目标任务的112.38%。失业人员再就业3500人，完成目标任务的100%。实现困难人员再就业1020人，完成目标任务的102%。巩固“充分就业社区”27个。城镇失业率为2.68%。城镇居民医疗参保50084人，完成目标任务的100.57%。创建省“三优”服务示范点1个、建成街道优生服务指导中心3个、城乡社区卫生服务站17家、城乡社区养老照料中心（站）4个、农民工幸福家园8家。

【机构设置与管委会领导】 金华经开区下设办公室、纪工委、组织劳动人事局、经济发展局、招商中心、高新技术产业局、财政局、社会发展局、建设环保局、公用事业管理处等部门。

管委会主任李郁华。

【主要品牌产品及产量】

企业名称	品牌产品	2012年产量	2012年产值（万元）
青年汽车集团	“青年”牌客车	3498（台）	680844
浙江今飞凯达轮毂有限公司	“今飞”牌铝合金车轮	24094525（只）	422259
绿源集团	“绿源”牌电动车	838803（辆）	181818
金字火腿股份有限公司	“金字”牌火腿制品	2540000（公斤）	23785
5173.com	网络游戏交易平台		交易额86.2亿元

（金华经济技术开发区管委会）

鹤壁经济技术开发区

【区情概况】 鹤壁经济技术开发区（以下简称“鹤壁经开区”）位于河南省北部、晋冀鲁豫经济协作区的中心地带，2010 年 11 月 11 日，经国务院批准，升级为国家级经济技术开发区。规划建设城北、金山、东杨三个园区，坚持以开放带动项目引进、以创新促进产业升级，实现项目集群式落地、产业组团式发展，大力发展以电子信息、金属镁精深加工为主的高新技术产业，形成了“一区三园、竞势发展”的良好态势。

鹤壁经开区紧紧围绕建设电子新城和镁业基地的目标，实施定位提升、产业提升、功能提升、环境提升和形象提升，积极承接沿海产业转移和高新技术成果转化，经济社会实现持续健康较快发展。全年工业总产值完成 160 亿元，增长 23.1%；规模以上工业企业增加值完成 32.9 亿元，增长 21%；高技术产业增加值完成 4 亿元，增长 20%；规模以上工业企业利润完成 3.6 亿元，增长 27%；固定资产投资完成 75 亿元，增长 27.7%；公共财政预算收入完成 1.28 亿元，增长 27.6%。

【产业发展】 出台《关于支持企业上市的工作意见》，加快推进成长性好、产品科技含量高的企业转型升级，鼓励和支持开发区企业加快改制上市步伐。鹤壁经开区科技创业服务中心成功获批为省级科技企业孵化器。河南仕佳光子科技有限公司“光电子集成技术国家地方联合工程实验室”获国家发改委授牌；万德芙镁科技公司与重庆大学国家镁合金材料工程技术研究中心联合成立“国家镁合金材料工程技术研究中心”；河南仕佳光子科技有限公司、河南东大高温节能材料有限公司 2 家企业建立省级工程技术研究中心；中科院过程工程研究所与鹤壁淇林车辆传动有限公司共建的全时四驱差速传动装置联合轻量化应用工程中心、装甲兵工程学院与鹤壁淇林车辆传动有限公司共建的新型车辆动力传动技术工程研发中心揭牌运行，实现鹤壁市企业与军事院校的首次科研合作。积极推进校企合作，与郑州大学等高校签订职工技能培训协议，帮助企业引进专业技术人才近 200 人。紧紧围绕电子信息和金属镁精深加工两大主导产业，结合鹤壁经开区发展实际并充分借鉴先进地区的发展经验，聘请北京大学北达城乡规划设计研究院编制鹤壁经开区总体规划。河南仕佳光子科技有限公司等 10 家企业入选全市 2012 年度 20 家高成长性企业名单。举办航盛电子工业园、鹤壁军工电子产业基地开园仪式和中国汽车电子电器产业发展研讨会、航盛供应商大会等一系列经贸活动。

【招商引资】 围绕主导产业，坚持“双转”、坚持“引南靠北”，着力引进央企和行业龙头、着力引进知名品牌企业、着力引进延链补链项目。全年新签约亿元以上项目 20 个，总投资 193 亿元；在谈重点项目 19 个，总投资 242 亿元；利用省外资金 24.5 亿元，完成年度目标任务的 103%，增长 23.7%，在河南省国家级开发区、高新区中排名第 1 位；实际到位境外资金 1.455 亿美元，完成年度目标任务的 102%，增长 33%。坚定不移实施开放招商主战略，以引龙头、带产业为重点，坚持“引南靠北”，紧盯现有骨干企业延链补链项目和具有核心竞争力的高新技术项目，及时跟进品牌和龙头企业的投资意向。依托光电子产业园，引进配套企业深圳腾天公司年产2亿只光纤连接器及无源器件项目，目前已有16条生产线正式投产，年生产光连接器超过100万个，中国光纤集团公司PLC封装、中国普天信息集团、武汉光讯激光器等项目正在积极跟进洽谈。充分发挥南京军工研究所、哈工大研究所等科研力量以及无线电一厂和无线电四厂的既有资源，成功引进了深圳好易通科技发展有限公司，建设军工电子产业基地，实现了企业并购、资源优化组合，项目总投资8亿元。总投资5亿元的中恒有色金属科技公司高强度镁合金材料、总投资6.4亿元的西安光学精密机械研究所年产60万台太阳能热水器、总投资6亿元的中科院过程所脱硝催化剂项目、河南豫能电力公司等项目实现签约或落地加快建设；积极推进快意电梯生产基地、香港工业园、中远集团镁产业基地、国家发改委产业转移基地试点、中航科技产业园、中国北车集团轨道交通装备等项目。

【项目建设】 强力推进重点项目建设。全年列入省市重点建设项目39个、总投资193.5亿元，完成投资40亿元、占年度目标任务的120.8%，其中仕佳光子、海能达、明镁、景典等6个省重点工业项目完成年度投资目标任务的115.9%；新开工项目37个，总投资108.6亿元；为仕佳、创世电机、沃德、迈奇等20多家企业争取上级扶持资金9000多万元。电子信息示范园区入选全省首批战略性新兴产业示范园区。填补国内空白的中科院PLC光分路器芯片项目顺利建成投产，成为国内唯一一条PLC光分路器芯片生产线，并列入全省首个电子信息类国家“863计划”项目。航盛电子工业园实现顺利开园。深圳好易通科技发展有限公司成功并购无线电四厂，鹤壁军工电子产业基地开工建设。深圳电子工业园入驻10家企业，被评为全省首批特色招商产业园。华中星高性能电容器项目一期钽电容器生产线、高压产品生产线、金属化膜电容器生产线投入生产；二期正在加快建设。金属镁产品在开发区渤海商品交易所正式挂牌交易，在国内首次推出金属镁现货交易品种，实现鹤壁金属镁在世界的话语权和定价权，每月实现交割量达1000多吨，计划2013年实现交割量超过5万吨，交易额达10亿元。创世电机镁合金发电机项目一期达到12万台生产能力、实现对外出口1400多万美元，二期新建镁合金汽柴油机、动力机组等项目开工建设。沃德新世纪公司与世界500强企业德国汉高集团公司、德国瓦格纳尔公司合作，引进自泳涂装和大型专业机械手喷技术，建设国内第一条用于散热器生产的自泳喷涂生产线，全部达产后，年创造经济效益3亿元以上。国内最大的汽车模具制造商天津汽车模具公司成功全资控股鹤壁天淇汽车模具公司。充分发挥财政资金的杠杆作用，不断壮大投资公司实力，资产超过6亿元，累计为企业融资17亿元，有效缓解了重点企业发展和重点项目建设中遇到的资金难题。从2009年开始，连续3年每年建设标准厂房20万平方米，在节约集约利用土地的同时，有效解决了项目快速建设和企业发展需求。

【组织机构及领导成员】 鹤壁经开区坚持“精简、高效、统一”的原则，内设四局一办一委，下设城北、金山、东杨3个园区管理机构，公安、工商、国税、地税、国土、规划等部门先后在鹤壁经开区设立派出机构。鹤壁经开区领导成员有：书记樊举格，副书记胡国权、王金朝、王本祥，纪工委书记袁金虎，工委委员樊举格、胡国权、王金朝、王本祥、王英群、李长根、刘文耀、袁金虎、王雪红、杨蕾、施锦华、史瑞丰，管委主任樊举格，副主任王金朝、王英群、李长根、王雪红（女）、杨蕾、施锦华、史瑞丰、宋紫旭，管委委员樊举格、胡国权、王金朝、王英群、李长根、王雪红（女）、杨蕾、施锦华、史瑞丰、宋紫旭，总经济师王英群，调研员李广清，开发区工委、管委办公室主任魏增华，开发区社会事业局，局长熊俊良，开发区财政局局长王冰，开发区经济发展局局长郭伟。

鹤壁经济技术开发区 2012 年国民经济主要指标

项　　目	数量
人口	5.9 万人
全社会固定资产投资	724971 万元
工业总产值	1601100 万元
工业销售产值	1553067 万元
基础设施建设投资	116116 万元
开发区直接投资	9321 万元
进区单位投资	106795 万元
开发区建成面积	8 平方公里
农民人均收入	9388 元

（鹤壁经济技术开发区管委会）

四平红嘴经济技术开发区

【区情概况】 四平红嘴经济技术开发区（以下简称“红嘴经开区”）2010 年经国务院批准升级为国家级开发区，位于东北亚经济圈地理中心——长吉图经济带与哈大经济带交汇之间，地处东北地区老工业基地重要交通枢纽和物流节点城市——吉林省四平市，规划面积 34 平方公里，远期规划面积 68 平方公里。现有各类企业 425 户，其中规模以上工业企业达到 26 户。

【产业发展】 初步形成新型建材、先进装备制造、动漫文化、食品和农副产品深加工、制药等“五大产业”。2012 年，面对宏观经济下行，企业产能下滑、下托总量的严峻形势，把工业经济提速增效作为重中之重突出出来，打出了监控调度、升级晋档、内部挖潜、优质服务的系列“组合拳”，保证工业经济运行平稳态势，主要经济指标大幅攀升。全年完成 GDP 117.06 亿元（现价），规模以上工业完成产值 340.87 亿元，同比增长 29.9%；实现利润 3.85 亿元，同比增长 38%，完成年计划的 128.6%；实现全口径财政收入 13.71 亿元，地方级财政收入 2.49 亿元。

【主要品牌产品及产量】 四平宏宝莱饮品有限公司已跻身于全国冷饮行业前 4 名，成为国内同行业中的知名企业。宏宝莱商标被国家工商行政管理总局认定为“中国驰名商标”。2012 年实现产值 6.9 亿元。

吉林省艾斯克机电集团有限公司 SSK 牌肉类机械及设备被授予中国肉类产业最具价值品牌，中国肉类工业影响力品牌，全国屠宰机械质量公认十佳名优品牌，吉林省著名商标。2012 年，实现产值 1.3 亿元。

【科技创新】 省级四平红嘴大学科技园走通了产学研一体化的创新之路，入孵企业达 58 个，出孵企业 8 个，成为对加快转型升级具有重要支撑作用的科技创新平台。国家级文化产业示范基地进入审批程序。四平市方元恒业复合材料科技有限公司被省质量监督局指定为吉林省唯一的玻璃钢产品认证中心，负责对进入吉林省的玻璃钢制品进行质量检测和认证，并与吉林师范大学共同创建了玻璃钢研究所，合作开展玻璃钢制品的深度开发。

【投融资建设】 利用国家级开发区平台发行 15 亿元企业债券进入实质操作阶段；与

吉林国开行合作运用土地收储包装先进装备制造业项目一期融资10亿元取得重大进展；开行一期1.5亿元土地收储贷款获批并快速到位，二期土地储备滚动贷款相关手续正在加紧办理之中；德行1000万欧元集中供热专项资金到位并开工建设。除此而外，协调浦发银行等金融机构上门对接，帮助企业融资1.6亿元，创历史新高。

【招商引资与利用内、外资】 红嘴经开区把招商重点放在央企和大企业集团上，放在战略性新兴产业上，放在跨区域总部经济上，千方百计大上项目、上大项目，成功引进了广西柳工、三一重工、中国建材等一批有实力、有影响、有前途的战略投资，实现招商选资的战略性转变，其中列入四平市99个亿元以上项目10个，总投资达81亿元，其中5亿元以上项目4个、10亿元以上项目2个。红嘴经开区按照四平市委、市政府的统一部署，分别在北京、上海举行总部经济推介会，创红嘴经开区域外推介活动历史之最，分别与14个企业进行项目签约。通过推介活动，进一步扩大红嘴经开区的知名度和影响力，同时获取一大批重大项目线索，深化与两地的经贸合作，为红嘴经开区的持续加快发展拓展了空间。

【管理队伍建设】 扎实推进“创新经济型、优质服务型、效能管理型、法治廉洁型”政府建设，依托吉林师范大学组织了暑期干部培训，干部胜任本职的能力进一步提高。红嘴经开区通过ISO9001质量管理体系及ISO14001环境管理体系认证，实现了与国际标准接轨，成为提升软实力的重要标志。参加四平市市直机关第四届运动会，展示红嘴经开区干部队伍良好的精神风貌。

【社会事业与文化建设】 坚持把民生作为经济发展的出发点和落脚点，从解决百姓最关心、最直接、最现实的问题入手，扎实推进“10项民生工程”和村民收入翻番计划。新增低保人员120人，发放低保金70万元。对190名村民实施住院救助、临时救助和特困救助，发放救助金30万元。投入70余万元，维修村屯道路、清理排水沟和涵洞，人居环境明显改善。针对晋升国家级开发区新的形势和任务要求，全力打造“全国最优客商服务区”，红嘴经开区环卫处被评为全省精神文明建设先进单位。

【机构设置与管委会领导】 红嘴经开区内设机构19个：党政办公室、经济技术合作局、招商局、财政局、审计局、规划建设与投资服务局、征地办公室、经济发展局、统计局、安全生产局、工业和信息化产业局、科技动漫局、监察室（工会）、社会事务管理局、综合执法局、环境卫生管理处、法制办公室、团委、信访办公室。

红嘴开发区领导成员为：党工委书记、管委会主任杨文，党工委副书记、管委会常务副主任程远平，管委会副主任王海波、孙伯和、高海燕、郭殿飞。

（四平红嘴经济技术开发区管委会）

萍乡经济技术开发区

【区情概况】 萍乡经济技术开发区（以下称“萍乡经开区”）2010年12月30日经国务院批准为国家级经济技术开发区。辖区总面积57.6平方公里，人口12万。作为萍乡对外开放的窗口、高新技术产业的示范区、现代化城市建设的排头兵，萍乡经开区全面实施了工业产业化、城市生态化、惠民常态化战略，成功获得“国家新材料高新技术产业示范基地”、“全国模范劳动关系和谐工业园区”、“江西省先进工业园区”、“江西省节约集约用地先进开发区”等国家和省级荣誉。2012年完成工业主营业务收入508.9亿元，同比增长23.8%，在全省94个工业园区中排名第4位；工业增加值90.9亿元，同比增长11.7%，在全省排名第8位；出口交货值38.9亿元，同比增长51.8%，在全省排名第10位；工业企业税金总额21.1亿元，同比增长18.9%，在全省排名第2位；工业企业利润总额35.9亿元，同比增长20.4%，在全省排名第2位；从业人员6.54万人，在全省排名第3位。在全省六项主要经济指标综合考评中排名第2位，荣获全省外贸出口进位赶超先进单位、全省招商引资进位赶超先进单位，有望连续5年荣获全省先进工业园区、全省工业崛起进步奖，成为全省工业园区的主力军。

【推进经济发展转型、城市建设转型、社会管理转型】 一是坚持以产业规划为引领、以平台建设为支撑、以项目建设为抓手、以科技创新和投融资创新为动力，扎实推进工业产业化，加快实现经济发展转型。确定“产业兴区”的指导思想，规划布局新能源、新材料、新生物医药食品、冶金制造、机械和汽车及零配件、非金属材料等六大产业基地。2012年新开拓工业平台1200亩，新增标准厂房5万平方米，腾笼换鸟盘活闲置厂房近3万平方米；新引进5000万元以上项目27个、新开工重大工业项目18个、在建工业项目37个；依托经贸大厦科技服务平台开展项目对接、人才对接、技术对接，全年共引进成果转化项目12项、签订8项校企合作协议，9家企业荣获国家高新技术企业；开展创建“国家级中小企业信用体系试验区”活动，区内企业全年向各金融机构贷款28.37亿元，增幅列全省工业园区首位；依托汇丰公司平台全年累计向各银行融通基础设施建设资金15.8亿元，汇源担保中心为园区企业担保融资3.15亿元。二是坚持科学规划、科学建设、科学管理城市，扎实推进城市生态化，加快实现城市建设转型。率先在全市实现城市总体规划、控制性详细规划和城市专项规划全覆盖。重点推进田中生态水库、高铁站前综合枢纽工程、中环路、迎宾南大桥、聚龙公园等重点项目建设，初步拉通连接洪山片区、新城区的路网框架。繁荣发展城市经济，2012年新引进和启动现代服务项目11个。三是坚持以民生为本、服务为先、稳定为基，扎实推进惠民常态化，加快实现社会管理转型。民生工程全面展开，2012年共完成40项民生项目建设。加强管理处和社区居委会规范化建设，完善便民服务职能。深入开展机关作风效能建设，优化创业服务环境。

【便利条件和优惠政策】 拥有完善的基

础设施：建区以来，累计投入近60亿元用于基础设施建设，水、电、路、气、通讯设施完善。在供电方面，拥有220千伏变电站1座、110千伏变电站3座，对区内企业不限电、不停电，并可按企业需求实行双回路供电。在用水方面，麻山水厂供水5万吨/日，五陂下水厂供水3万吨/日，各厂区的自备水源为3万吨/日，可充分满足企业的生产生活。在建的白源水厂将向我区供水10万吨/日。燃气方面，区内煤气（天然气）管道均铺设到位，共有博宏实业煤气、湘东萍钢煤气、中油中泰天燃气等三个气源。在道路方面，区内主次干道达120余公里。在通讯方面，电话、宽带网络覆盖全区。

拥有强大的人力资源：萍乡是江西省重点工业城市，是中国近代工业发祥地之一，也是计划经济时期国家重点布局的工业重镇，拥有较好的工业基础及大量相关专业技术人员。萍乡经开区与清华大学、中科院、北京理工等全国50余所科研院校建立对接合作关系，共与100余名院士、博士合作研发项目；区内拥有技能技术人才近万人，其中高级职称1000余人，获省“赣鄱英才555工程”首批人选4人。

拥有便捷的交通物流：浙赣铁路、杭昌长高铁贯穿全境，杭昌长高铁在区内设有车站；319、320国道在区内交汇，沪昆高速、萍洪高速出口设在开发区，至长沙黄花机场仅需80分钟车程；年吞吐量达250万吨的萍乡铁路货站已在开发区建成并投入使用；出入境检验检疫办事处和海关联络办公室都设在萍乡经开区。

拥有独特的政策优势：除享有萍乡的6张“国家级名片”优惠政策外（即享受东北老工业基地优惠政策的城市、全国第二批循环经济试点城市、全国首批资源枯竭型城市可持续发展转型试点城市、全国园林城市、创建全国文明城市工作先进城市、全国新型材料产业基地）；还享有国家级经济技术开发区和全国中小企业信用体系试验区等相关优惠政策。一是税收优惠政策方面。创办工业企业享有增值税抵扣、所得税“免二减三”政策；创办商贸流通企业税收地方所得享受“三年减半”优惠。二是规划优惠政策方面。工业厂房建设区本级行政事业性收费免缴；商务场所建设区本级行政事业性收费减半征收。三是土地优惠政策方面。投资工业企业土地按3万－5万元/亩供地；投资商贸流通企业土地按出让价减免50%。

（萍乡经济技术开发区管委会）

长春西新经济技术开发区

【区情概况】 长春西新经济技术开发区（以下简称“长春西新经开区”）位于长春市区西南部，2012年12月30日晋升为国家级经济技术开发区。长春西新经开区主要承担加快长春国际汽车城建设、建设长春西部新城区和承接一汽剥离社会职能三项任务。全区管辖服务面积110平方公里，建成区面积23平方公里，区内总人口22.3万人。全区企业3160户，其中工业企业444户，服务业928户，交通运输仓储业227户，批发零售贸易业1176户，金融业51户，建筑业50户、房地产业16户，农业46户，住宿餐饮业75户。

【产业发展】 长春西新经开区是长春市汽车产业的核心区域，一汽集团总部，一汽解放、一汽大众、一汽丰越等一汽集团的全资和控股整车制造企业坐落在区内。区内已经形成“中、重、轿”三大系列多个车型的产品格局，形成年产120万辆轿车、20万辆卡车的生产能力。汽车零部件制造基础十分雄厚，区内共有汽车零部件企业300余户，有麦格纳、纳铁福、富奥电装、大众发动机、变速箱、一汽四环股份、杰克赛尔空调、一汽铸造、一汽锻造、一汽模具中心等一批在国际国内较有影响的汽车零部件企业，形成较强规模的配套体系和在国内具有一定竞争优势的零部件制造企业集群。一汽技术中心、中国机械工业第九设计院、吉林大学汽车学院等构成国内汽车研发教育机构最密集地区。全国最大的汽车零部件交易集散地、东北地区最大的汽车、二手车交易市场等构成了完善的汽车后市场服务区。

【科技创新】 坚持以创新求实效，以创新谋发展，不断加强科技管理，重视科技创新工作，支持企业研发平台建设，出台系列鼓励政策助推企业他新发展。区内科研力量雄厚，拥有一汽技术中心、机械工业部第九设计院、一汽高等专科学校等科研机构、大专院校。在汽车新能源、新材料、新工艺等方面具有较强的研发实力。其中一汽技术中心是全国汽车行业中集科学研究、产品开发于一身的规模大、核心能力强、研制手段先进、技术实力雄厚的汽车产品研制开发和试验检测基地，在全231家企业技术中心中列第7位，机械行业第1位。全区共有高打技术企业5家，其中包括一汽模具制造有限公司、一汽光洋转向装置有限公司、一汽东机工减振器有限公司、长春塔奥金环汽车制品有限公司、一汽－法雷奥汽车空调有限公司、天合富奥汽车安全系统（长春）有限公司。全区还有科技型企业85户，信息产业型科技企业40户。研发科技型代表企业有吉林汇能科技有限公司、信息产业型科技代表企业长春一汽通信科技有限公司、吉林北方汽车产业信息开发有限公司等。

【招商引资与利用内、外资】 把招商引资作为推动全区经济发展的重点和关键，开展赴日本、韩国、泰国、新加坡以及国内主要汽车零部件聚集区专项经贸交流活动。先后参加长三角招商、珠三角招商、亚洲制造业论坛、第八届东北亚博览会、央企走进吉林等多项招商活动。其中，在第八届东北亚博览会上期间，组织招商团队参加长春市投资环境说明会暨项目签约仪式、中国东北三省－韩国经济合作论坛会、中国东北三省－韩国经济合作论坛项目对接活动、第八届东博会投资合作说明会、蒙古国商务日等活动。吸引广大投资商的深切关注，接洽一大批重点客商，对参会的世界500强企业及大型跨国公司进行一对一对接。全年共引进重点工业项目86个，其中亿元以上项目66个，5亿元以上项目9个，10亿元以上项目5个，计划总投资360亿元，预计可实现产值420亿元。

【社会事业与文化建设】 坚持以人为本，为民服务，全面落实101项民生行动计划。就业工作成效显著，全年共开发就业岗位7841个，城镇新增就业4178人，失业人员再就业1238人，农村劳动力转移就业1157人，解决零就业家庭比率达到100%；社会保障工作全面推进。城镇居民医疗保险已达68000人，新农保参保11778人，失业保险990人，工伤保险5000人，圆满完成全年工作目标。社会救助力度进一步加大，全年为城乡低保户等各类人员发放救助金及各类补贴总计810万元。教育事业蓬勃发展，全面实施“课堂教学优质化”工程，教育教学质量不断提高，中高考成绩继续排在全市前列。区域教育均衡发展示范区创建工作扎实推进。加大投入，新建长沈路学校、二实验幼儿园，扩建实验小学教学楼已全部竣工。实施天网工程，安装监控探头300个，为区内百姓的生活工作创造安全的环境。健康工程全面启动，积极推进健康城市建设，完善以社区服务功能为重点的公共卫生服务体系。文化体育事业蓬勃发展，重点抓好基层文化团体建设，成立东风街道艺术团、兴顺社区艺术团等6个艺术团体和6个职工文体协会。精神文明创建活动成效显著，以社区、农村、行业为重点，大力弘扬社会公德、职业道德、家庭美德和公民品德。圆满完成全国文明城市、全国卫生城市复检工作。农村工作扎实推进，强化科技指导，农牧业稳定发展。农民就业培训、村屯文化建设和农民稳定工作有序推进。

【机构队伍建设】 坚持以创先争优活动为载体，全面加强党的建设，以创建“基层满意、企业满意、群众满意”机关为目标，大力推进和谐机关建设。扎实推进基层组织建设年活动，启动农村新一轮“三项工程”，开展社区“五有一创工程”，选拔12名优秀党员到社区干部岗位。加强非公企业党建，在规模以上企业、协会商会、市场楼宇中建立党组织56个。非公党建工作在全国开发区党建工作现场会上介绍经验，并在省市推广。加强干部队伍建设，在全区深入开展“新境界、新成效、新变化、新突破、新举措、新作为”六新主题实践活动。加强干部培训，坚持举办“周六课堂”活动，全年举办11次大型报告会。大力开展调查研究活动，在全区形成注重学习和勤于研究思考的风气。重视人才工作，加强人才的培训和使用，积极向省、市推荐优秀人才。加强机制建设，完善绩效考核办法，完成了事业单位人事制度改革和非领导职务晋升工作。作风建设进一步加强。深入开展“查找改”活动，建立健全月绩效考核等相关制度。制定实施项目建设、土地征收、国有资产管理等配套管理办法和体系。完成国际质量和环境体系认证工作，软环境建设不断深入。进一步推进行政审批制度改革，开展清理和规范行政权力工作。加大服务企业力度，推进部门企业对接包保活动、动态联系企业制度和“直通车”服务，直接为群众企业办理各类事项200余件。积极开展“万人评议机关”和民主评议站办所活动。廉政建设不断加强，以深化教育、制度、监督为重点，进一步完善预防腐败体系建设。加强监察和审计工作，建立健全干部选拔任用、工程建设领域、大额资金使用、保障性住房分配等重点领域、重大事项管理制度。

【机构设置与管委会领导】 长春西新经开区党工委、管委会是中共长春市委、长春市政府派出的负责汽车区日常工作的管理机构，机构设置坚持政企共建原则，建立政府职能、企业化管理、市场化运作的管理体制。党工委书记由中共长春市委常委、一汽集团副总经理孙国武兼任，管委会主任2011年7月19日前由市长助理李相国担任，2011年7月19日起由李长明担任。按照精简统一效能原则，长春西新经开区党工委管委会内设24个办事部门。长春西新经开区现任领导班子成员有：长春市委常委，长春西新经开区党工委书记孙国武，管委会主任、党工委副书记（副市级）李长明，管委会副主任曹伟、魏朝明、丁文涛、孙弘颜、管委会主任助理杨铁夫、苏长富、马长林。

（长春西新经济技术开发区管委会）

钦州港经济技术开发区

【区情概况】 钦州港经济技术开发区（以下简称“钦州港经开区”）位于广西壮族自治区钦州市南部沿海，2010年11月，经国务院批准，升级为国家级开发区。辖区面积约152平方公里，下辖7个社区（不设乡镇建制），2012年末人口6万。钦州港经开区区内规划建设石化产业园区、综合物流加工区、港口码头作业区和行政商务中心区等，内设有中国西部沿海目前唯一的保税港区—钦州保税港区。

2012年，钦州港经开区规模以上工业总产值完成765亿元，同比增长4.8%；财政收入完成94.4亿元，同比增长7.9%；港口货物吞吐量完成5622万吨，同比增长19.2%，其中集装箱完成47.4万标箱，同比增长17.8%；外贸进出口完成29.9亿美元，同比增长31.8%。

【产业发展】 钦州港经开区以“石化园区出形象，产能超千亿元”为目标，大力推进石化园区征地拆迁和项目建设，促进了玉柴二期、澄星、天恒、信泰、海建、南部湾等10个石化项目实现年内开工建设。至2012年底，园区规模以上石化企业项目36个，其中已投产14个，在建15个。全年石化企业完成工业总产值516亿元，税收74.6亿元。天恒石化项目于年底前建成试产，其他在建项目推进顺利，实现了2012年产能超千亿元的目标。

【基础设施】 平整土地2380亩，回填土方500万方。一期配套路网共12条道路已全面展开施工。港区中学新校区项目已完成基础隐蔽工程建设，其中8－13号楼已开展地面工程施工。钦州保税港区查验部门永久业务用房、临海综合楼、临海大厦、钦州市联检大楼等行政办公楼组团已全面开工。

【环境整治】 为迎接4月1日中马钦州产业园开园仪式的举行，开展大规模的环境整治突击行动，全力组织进行道路修补、铺设沥青、绿化、保洁及粉刷外墙、拆除违章建筑等工作，共组织6832人次投入到整治活动，仅用10多天时间，就清理杂草、垃圾4350多吨，拆除违章广告牌435块，拆除违章建筑、木棚户576户1.65万平方米，种植各类苗木1.5万株、草皮2.6万平方米，修补路面27.88万平方米，维修人行道3000平方米，维修路缘石长约4500米，新铺设沥青路面13公里，制作大型广告标语4000多平方米，粉刷外墙2500平方米。

【港口建设】 30万吨级主航道竣工，30万吨级油码头水工部分建成，建成大榄坪12#－13#泊位、天盛勒沟7万吨级散货码头、远大码头，开工建设国投煤炭码头、钦州港三期工程、大榄坪北1#—6#泊位等一批深水码头，永鑫等一批10万吨级码头加快建设，港口吞吐能力已达1亿吨。

【临港产业集群】 建成投产中石油1000万吨炼油项目、金桂林浆纸一期项目、中粮油脂钦州项目、玉柴石化、钦州燃煤电厂、东油沥青等27家规模以上工业企业，形成石化、能源、造纸、物流加工、粮油加工等临港支柱产业。在石化产业方面，落户规模以上石化项目36个，建成投产14个，在建15个，总投资逾300亿元。在能源产业方面，落户企业4

家，其中钦州燃煤电厂、新天德能源2家企业投产，形成33亿元的生产能力。燃煤电厂二期、钦州热电厂临时供热工程及中电投热电项目等在建项目3个。在粮油加工产业方面，落户企业3家，大洋、中粮投产，生产能力合计达107亿元；在建项目2个，分别为中粮2000D/T菜籽生产线项目及汇海100万吨大豆油脂加工项目，建成后产能64亿元。在现代冶金产业方面，落户企业5家，已投产企业4家，形成了38亿元的生产能力；在建企业1家。在造纸产业方面，落户企业1家，即广西金桂浆纸业有限公司，投产的浆线生产能力达16亿元；60万吨纸机项目于2012年底建成试产。在物流产业方面，引进中石油、中船集团、中海集团、中外运等20多家航运、造船、物流、贸易公司，其中，中石油国际储备油库项目一期420万立方建成投产。

【人才建设】 作为国家级经济技术开发区，钦州港经开区具备优秀的人才队伍、良好的人才培养机制和较强的经济实力，能够组织钦州港经开区内一定数量的企事业单位提出研究项目，能够为钦州港经开区内企事业单位产学研用合作提供科技、人才和社会保障等方面的支持和服务。至2012年，已引进培养石化、造纸、粮油加工、保税物流等重点产业人才6844人，其中博士学历2人，研究生学历81人，本科学历1266人。

【城市建设】 建成百旗广场、港勒沟大街、大榄坪第七大街、新城区一期路网等一大批市政道路，实施较大规模的绿化工程，完成对进港大道至中马钦州产业园长约18公里的道路两旁综合整治，对辖区内的钦州港大道、滨海公路、建港大道、果鹰大道、滨海公路六钦高速路口等主（次）干道环境进行全面绿化美化，新安装一大批路灯，完成西港区市政污水管网、垃圾中转站、大榄坪220kv变电站等一大批排污、排水市政设施建设。至2012年底，钦州港经开区建成区面积28.82平方公里，建成市政道路总长度89.15公里，已安装路灯街道43公里，安装路灯2206杆；建成区绿化面积916.74公倾，建成区绿化率34.33%。

【社会事业】 社会事业方面，共有4508户7009人获低保补助和生活困难补助，获得补助的户数分别占钦州港经开区总户数的85%；共有20292人免费参加新农合医疗制度，参合率达到100%；共有3773人参加新型农民养老保险；636名失地失海农民参加城镇职工养老保险，发放标准为738—1300元/人·月；近200名钦州港经开区农村学生全部免费就读港区高中。文化建设方面，从财政安排资金近100万元，新建果子山、亚路江、金鼓等3个社区的篮球场和舞台，为亚路江社区大众声文艺队配套活动室、音响声乐器械和练舞场，为社区配备一批电脑、电视、投影仪、音响、空调等现代化服务办公设备和远程教育终端设备。

【管委会领导】 陈润良担任中共钦州港经济技术开发区工作委员会书记、钦州港经济技术开发区管理委员会主任。

（钦州港经济技术开发区管委会）

新疆奎屯—独山子经济技术开发区

【区情概况】 新疆奎屯—独山子经济技术开发区（以下简称“奎屯—独山子经开区”）2011年4月，升级为国家级经济技术开发区；2012年2月，评为国家新型工业化产业示范基地。地跨奎屯市、克拉玛依市独山子区两个行政区域，是区域融合经济发展的平台，是自治区确定的五个千亿元产值的重点开发区之一。先后被自治区列入重要的化工基地、棉纺基地、太阳能产业制造基地。

奎屯—独山子经开区规划面积113.38平方公里，分为南区、北一区、北二区、奎东特色产业园区。南区20平方公里，重点发展石油化工、天然气化工产业；北一区54平方公里，聚集冶金、装备制造、物流、现代煤化工等产业；北二区20平方公里，规划建设生态高新产业园；奎东特色产业园20平方公里，计划引进光伏、冶金、化工等产业。

【经济建设】 2012年，完成工业总产值104亿元，同比增长86.4%；实现工业增加值30亿元，同比增长76.4%；完成固定资产投资92亿元，同比增长59%。一般预算收入3亿元，增长25%。

【招商引资】 完成招商引资到位资金87.4亿元。招商效率和招商水平得到进一步提升。产业研究力度和信息收集工作进一步加强。招商领域和招商方式得到丰富和拓展。参加第十六届中国东西部合作与投资贸易洽谈会、第二届中国—亚欧博览会、哈洽会、厦洽会等大型会展交流活动收效明显。

【规划编制】 完成《奎屯发展战略研究》、《奎屯市城市概念性规划》、《开发区总体规划（含奎东特色产业园）》、《石化产业规划》、《光伏产业规划》、《迎宾大道（312国道—南环路）城市设计》等6项规划编制工作，《奎东特色产业园控制性详细规划》编制工作正在有序推进。规划的科学性和指导性地位得到进一步巩固，各区功能、产业导向、发展目标进一步明确。

【基础配套】 投资2.3亿元，完成喀什路道路改造、南区水厂及输水管线、南区华盛热电厂及配套管网、阿勒腾肯特小区改造、奎东特色产业园一期道路、给水配套、北二区约24公里戈壁道路等项目建设。科创服务大厦如期投入使用。积极争取自治区交通厅支持，对开发区范围内312国道、217国道进行改扩建，上报交通厅进行专家评审。

【发展平台】 从省级开发区升格为国家级开发区；被国家工信部评为“新型工业化产业示范基地”；获得中央机构编制委员会“关于同意设立奎屯—独山子经济技术开发区管理委员会，并作为新疆维吾尔自治区人民政府的派驻机构，规格为副厅级”的批复。对外影响力和享受政策的开放程度都有很大的改变。“双百工程”基地、公共服务平台项目积极推进。“两化融合”实验区通过自治区评审。“科技创业中心”正在积极筹备并争取列入援建项目。投资服务中心正式成立。管理体制和服务机制进一步优化，为发展奠定坚实的基础。

【国有资本运作】 积极推进资本运作，润盛公司资产规模不断扩大。投资8600万元，参股、控股6家子公司，公司资产从9亿元增加到15亿元。全年实现经营收入2.08亿元，实现利润3100万元，上缴税收1500万元。

【中国500强企业】 中国500强企业共计6家，分别为：海航集团有限公司、中国德力西控股集团有限公司、山东石横特钢集团有限公司、徐州工程机械集团有限公司、紫金矿业集团股份有限公司和恒天天鹅股份有限公司。

【主导产业】 一是进一步做大做强化工领域。以现有1000万吨/年重油深加工项目为龙头，大力发展石油化工、精细化工和橡塑加工，发展化工新材料；依托现代煤化工、尾矿综合利用，重点推进油、煤、气化工产业耦合共生、共同发展；整合开发区及周边磷资源，推动建设磷酸二铵、磷酸一铵及相关磷化工项目，推进磷化工产业发展，建设新疆重要的化工产业基地。二是壮大冶金产业。以现有的200万吨/年特钢、100万吨/年焊接钢管和5万吨/年铬铁合金等项目为基础，快速推动发展壮大开发区冶金产业。三是着力建立光伏产业集群。从全国范围看，新疆光伏产业发展优势日益凸现。科技进步因素，也为光伏产业的工业化、产业化发展带来现实机遇。有序整合疆内的石英石资源、北疆的石油焦资源，依托新疆的低电价优势，努力建设3万吨/年多晶硅项目，逐步建成完整的光伏产业链，为新疆的高科技、新材料、新能源、可持续发展，做出应有的贡献。四是大力引进先进制造业。新疆的现代制造业，基础十分薄弱。新疆跨越式发展及向西开放，为制造业创造广阔的发展空间。重点引进化工设备制造、矿山设备制造，建成新疆乃至中亚具备自己特点的制造业基地。五是发展混纺特色的出口型纺织产业。自治区纺织产业规划，纳入“两城七园一中心”的产业布局。结合区位、交通和资源优势，重点发展棉花、化纤、合成纤维的混纺，建立具有自身特色的、面向中亚出口的纺织产业基地。六是加快仓储物流业发展。重点发挥立体交通体系优势，着力引进大的国际性物流企业；加快推进北一区、北二区铁路专用线建设，进一步优化北疆仓储物流中心地位。

【优惠政策】 财政补贴政策：一是增值税。固定资产投资在3000万元以上的生产性企业，自生产经营之日起3年内，给予其缴纳增值税开发区财政留用部分50%的财政补贴。企业扩大生产规模、新上项目，形成新的生产能力，自投产之日起3年内，给予其缴纳增值税开发区财政留用部分50%的财政补贴。二是企业所得税。新办经营期10年以上、固定资产投资在3000万元以上的工业企业，自获利年度起，第1—2年给予其缴纳所得税开发区财政留用部分100%的财政补贴，第3—5年给予其缴纳所得税开发区财政留用部分50%的财政补贴。新办经营期10年以上的高新技术企业，自生产经营之日起5年内，给予其缴纳所得税开发区财政留用部分100%的财政补贴。新办经营期10年以上、固定资产投资在2000万元以上的仓储物流企业，自获利年度起3年内给予其企业所得税开发区财政留用部分50%的财政补贴。土地、建设优惠政策：工业、仓储物流项目用地依据国家土地政策依法取得，出让价格以开发区公布地价执行。对投资额大、财政贡献率高的项目，从取得的土地净收益中给予项目基础建设财政补贴（配套）扶持。区内建设的生产性项目、仓储物流项目，城市配套费减按自治区现行标准的50%征收。

【党建工作】 一是基层组织得到加强。下发加强非公党建工作的指导意见，制定《开发区党工委党建工作考核办法》，开展非公企业党组织“公推直选”工作，新组建金玛依等非公企业党支部5个，进一步加大党组织在“两新”组织的覆盖率。二是工作经费得到保障。实施非公有制企业党组织负责人岗位补贴制度。全年列支非公企业党组织书记岗位津贴9200元。三是加强指导和联系。开展结对共建，制定《开发区机关党支部与企业党支部结对共建活动实施方案》，机关各个党支部分别与达亿石化、龙海科技等9家企业党支部结对，围绕各个主题教育活动，开展丰富多彩的共建活动。四是党组织队伍不断壮大。举办了入党积极分子培训班，68名入党积极分子参加全脱产培训，发展了4个预备党员，5名同志如期转为正式党员。

【机构设置】 实行党工委集体领导和“管委会+公司”的管理运行体制，管委会下设办公室、招商局、社会经济发展局、投资服务中心、规划建设环保局、财政局6个直属部门根据市场运作需求设立国有独资的新疆润盛投资发展有限公司和新疆中润达融资担保有限公司。机构精简，人员精干，办事效率高，实行“一站式服务”、“首问负责制”和“重点企业联系制”，始终坚持“五个一线”工作法（情况在一线了解、问题在一线解决、措施在一线落实、感情在一线融合、成效在一线检验），为企业提供人性化、最优质的服务。

（新疆奎屯—独山子经济技术开发区管委会）

吴江经济技术开发区

【区情概况】 2012年，吴江经济技术开发区（以下简称“吴江经开区”）完成地区生产总值332亿元，工业开票销售收入1307.1亿元，全口径财政收入69.5亿元，其中地方一般预算收入30亿元；全社会固定资产投入158.1亿元，新增注册外资9.95亿美元，到账外资5.3亿美元，新增民资注册37.7亿元；完成进出口总额170亿美元，其中出口90亿美元，进口80亿美元，出口加工区进出口总额跻身全国十强。

【招商引资】 新批项目43个，注册资本8.59亿美元，其中出口加工区新批项目4个，注册资本1.25亿美元；增资项目24个，增资额1.19亿美元。新批项目中总投资1亿美元以上的港资项目5个，注册超亿元的民资项目6个。新批欧美日项目12个，注册外资8295万美元；新批装备制造类项目20个，注册外资3.8亿美元。三井金属、金狮饮料、黑牛食品等38个大型工业项目开工建设，总部企业麦考林科技、敏华实业，世界500强企业卡特彼勒、GS佳施金属等37个大型项目相继投产。

【基础设施】 完成基础设施建设投入43亿元。初步完成云梨路、运东大道、同津大道周边的城市设计，完成轨道交通4号线5个站点周边区域的城市设计。重点工程中，总投资4.92亿元的运河大桥、东太湖大道东延伸段于9月份竣工通车，苏嘉杭高速吴江互通立交桥及高速收费站改建工程即将竣工。苏嘉杭高速以东片区建成道路72千米，累计投资41亿元，16.5平方千米实现“七通一平”。总投资5亿元新建同津大道北延、运东大道南延、长港路等10.5千米规模道路。完成庞金路、吉市路、同津大道等10公里路面改造工程。新增绿化面积5600亩，继续推进江陵路、苏震桃公路入口、苏嘉杭高速吴江出口等重点景观改造，开发区被评为“绿色苏州先进集体”。新增日处理3万吨的生活污水处理设施投入运行，开工建设日处理5000吨中水回用工程。

【科技创新】 新认定高新技术企业11家，高新技术产品21个。新设立研发机构7家，投入研发创新资金9.13亿元；专利申请

1500件，其中发明专利230件；国家创新基金项目2个，星火计划1个。又有拓博琳新材料科技的牛艳辉、开禧医药的童友之、同拓光电科技的杨帆、联友制药的施雄伟等4人入选国家“千人计划”，思德新材料的王孝年、海博智能的谢涛令、拓博琳新材料科技的牛艳辉、楚凯药业的刘现军、景泓生物的陈平等5人被评为省双创人才，新增姑苏科技领军人才7人、吴江科技领军人才45人。领军人才项目注册突破100家，全年销售8亿元。开工建设科创园建筑面积10多万平方米的研发楼、实验厂房及人才公寓。清华汽研院研发基地开工建设并获江苏省创新基地扶持资金2000万元。中达电子获批建设全区首个金太阳示范工程。

【产业发展】 继续加大产业结构调整力度。电子信息产业全年实现销售879.72亿元，在全区工业销售中的占比为72.31%；装备制造业实现销售135.89亿元，占全区工业比重11.17%；新材料行业实现销售69.32亿元；新能源行业实现销售70.14亿元。

【党建工作】 开展“基层组织建设年”“党员干部进万家”和“领导干部下基层”等活动。全面实施“非公企业党建红领同心圆”和农村基层党建“百姓说事”工程，新建非公企业党组织41个，实现非公企业党组织组建覆盖率100%。首次面向全国公开招聘领导干部1名，面向全区竞聘中层1名，开发区内竞聘中层7名。完成部门主要领导及中层干部轮岗锻炼工作。首次推行在大学生村官中公开竞争选拔村定工干部，5名大学生村官走上村定工岗位。开展党风廉政建设和反腐倡廉工作，实施《吴江经济技术开发区机关部门KPI考核工作意见》，提升行政服务效率。外宣工作取得突破性成绩，在《苏州日报》头版刊登5篇稿件，党政信息工作考核继续保持各镇（区）首位和全省开发区前列。

【民生事业】 投入10多亿元，全面实施涉及安居、就业、教育、医疗、文化、社会保障、社会治安管理等多领域的便民惠民工程。投资1.2亿元，建设花港迎春小学及附属幼儿园。开工建设山湖花园市民公园。全区实现村级可支配收入6405万元，农民人均纯收入2.23万元。完成城乡养老保险并轨工作，城保覆盖面列吴江区第一。区内低保户家庭和低保边缘户子女就读相应学校学杂费免减、困难群体残疾群体救助以及养老居所建设在内的十项民暖工程支出2100万元。

【机构设置与管委会领导】 中共吴江经开区工作委员会、吴江经开区管理委员会（吴江出口加工区管理委员会）和中共吴江经开区纪律检查工作委员会，分别是中共吴江市委员会、吴江市人民政府和中共吴江市纪律检查委员会的派出机构，统一领导和管理吴江经开区党的建设和社会经济管理事务。中共吴江经开区工作委员会、吴江经开区管理委员会（吴江出口加工区管理委员会）内设1室8局，分别为党政办公室、招商局、建设局、财政局、组织人事劳动局（与非公企业党委合署办公）、经济发展局、农村发展局（与农村党委合署办公）、社会事业局、出口加工区管理局。

现任中共吴江经开区工作委员会、吴江经开区管理委员会的领导有：徐明同志任吴江经开区党工委书记，梁一波同志任吴江经开区党工委副书记、管委会主任，盛红明、李觉民同志任吴江经开区党工委副书记、管委会副主任，张金政、杜建华、范建龙、金建伟同志任吴江经开区党工委委员、管委会副主任，吴卫中同志任吴江经开区管委会主任助理。

（吴江经济技术开发区管委会）

张家港经济技术开发区

【区情概况】 2012年，张家港经济技术开发区（以下简称“张家港经开区”）实现地区生产总值647.1亿元，同比增长12.35%；入库税收89.86亿元，同比增长15%；财政收入96.15亿元，同比增长14.3%；公共财政预算收入46.2亿元，同比增长14.4%；进出口总额71.18亿美元，同比增长2.6%，其中出口总额52.57亿美元，同比增长2.64%；全社会固定资产投资206.48亿元，同比增长21.31%。

【投资环境】 张家港软件（动漫）产业园获批国家影视网络动漫实验园，成为张家港市第一家国家级文化产业园区。张家港经开区获批江苏省知识产权试点园区、江苏省博士后创新实践基地。全年基础设施投资51.3亿元，同比增长10.73%。新建道路28条23公里，铺设污水管网7公里，沟通水系5条，开挖河道10公里，新增绿化8029亩。总投资130亿元的张家港国际商务新城启动建设，致力于打造成“立足张家港、辐射长三角的现代商务中心、品牌运营中心、创意智慧中心、时尚生活中心”。总投资25亿元的沙洲湖科创园开工，着力建设国家级和省级检验检测中心、高新技术研发和成果转移中心、高新技术企业孵化中心，打造企业研发总部基地、海内外高层次人才创新创业基地、高等院校和科研院所产业技术转移基地、省级以上软件服务外包基地。

【产业发展】 全年完成工业总产值1765.15亿元，同比增长6.54%；其中，规模以上工业总产值1514.59亿美元，增长7.53%；实现工业增加值515.39亿元，增长8.67%。形成以纺织服装制造业、机械电子制造业和金属冶金加工业为主导，以智能装备、LED、新型能源等新兴产业为引领的工业经济格局。区内企业入选2012年中国企业500强1家、2012年中国制造业500强1家、2012中国民营企业500强3家。全年共有华灿光电外延片和芯片、不二越工业机器人、中鑫汽配、欧璧医药包装、现代海斯克钢材、同冠微电子等总投资超5亿元的工业项目开工建设，西马克冶金设备、盛康光伏、中鑫汽配等重大项目竣工投产。

全年实现服务业增加值124.65亿元，同比增长29.47%。软件动漫、服务外包、文化创意等新兴服务业进一步发展。江苏如意通动漫产业有限公司成为国家认定动漫企业，《如意兔之开心农场》荣获国家精品工程三等奖。全区离岸服务外包合同执行额1349万美元。区内3家企业入围“2012年中国服务业企业500强”。

【招商引资与利用内、外资】 实际利用外资4.15亿美元，同比增长20.4%。新增内资企业注册资本金55.18亿元，同比增长124.12%。2只世界500强投资项目落户，分别为麦德龙大型商业项目、现代汽车集团和LG公司合资的现代海斯克大型生产服务型项目，累计世界500强入区投资企业27家。新引进的重大工业项目有：总投资1亿美元的日本那智不二越工业机器人基地项目、总投资1亿欧元的意大利欧璧高端生物医药应用材料项目、总投资35亿元人民币的华灿光电LED外延芯片基地项目。新引进的重大服务业项目有：曼巴特购物广场、比茨·普尔什服务外包商务园、比茨信息技术有限公司中国区总部、印度NIIT张家港服务外包学院、中国标准化研究院张家港基地、中国网库江苏电商谷、绿城发展代建华东区总部。

【科技创新】 全年研究与试验发展经费支出18.53亿元，同比增长39.43%，占GDP的2.86%。同级财政支持科技发展基金1.97亿元，增长26.53%。自主培育国家“千人计划”人才2名，累计3名。张家港经开区区内拥有高新技术企业77家，全年实现高新技术企业工业总产值529.8亿元，同比增长57.64%。期末研发机构数36个。区内规模以上工业企业专利申请数1951件，其中发明专利数499件。张家港智能电力研究院获批江苏省电网柔性输电工程技术中心，苏州大学张家港工业技术研究院揭牌投运。国家开发投资公司海外高层次人才创新创业（张家港）基地、中国标准化研究院苏南检测中心、南京理工大学张家港工程技术研究院、北京大学张家港技术转移中心、清华大学江苏华东锂电技术研究院落户。

【资源集约利用】 单位土地地区生产总值产出强度4.23亿元/平方公里，同比提升12.35%；工业用地工业增加值产出强度为20.67亿元/平方公里，同比提升28.57%。期末共有112家企业通过ISO14000认证。规模以上工业企业单位增加值能耗和新鲜水耗分别为0.5吨标煤/万元、4.84立方米/万元，分别同比减少30%和10.4%。规模以上单位工业增加值废水排放量为4.6吨/万元，同比下降33.33%。工业固体废弃物综合利用率100%。单位GDP化学需氧量排放量为0.32千克/万元，同比下降27%；单位GDP二氧化硫排放量为0.37千克/万元，同比下降20.4%；单位GDP氮氧化物排放量为0.42千克/万元，同比下降13.4%。

【社会民生】 总投资1.86亿元的塘市中小学、幼儿园交付使用，总投资1.5亿元的福前小学、幼儿园开工建设。全年免费就业培训1685人次，新增就业岗位14505个，帮助特困家庭人员就业527人，零就业家庭“动态清零”。社会保障覆盖率稳定在99.6%以上。推行“新市民积分管理办法”，新增新市民子女入学1990人、办理医疗保险3388人。开展“决战现代化、唱响五十年”、“幸福网格乐翻天”等群众性文体活动，启动“新家园、新乡邻、新风尚”、“大杨舍志愿者在行动”、“道德讲堂进社区”等主题活动。“人文暨阳、书香杨舍”活动获评第七届苏州阅读节优秀奖。全区涌现张家港市级“身边好人”60人，朱付妹、王金才、邵瑞平3人荣登“中国好人榜”。杨舍镇荣获全国社会主义新农村示范镇称号。

【机构设置与管委会领导】 经苏州市机构编制委员会审核通过（苏编发［2012］16号），张家港经开区管委会内设机构调整为党政办公室（宣传文明办公室）、招商局（商贸局）、发展改革局（科技人才局）、经济服务局（安全环保局）、建设局、财政局、组织人事局、社会事业局、农村工作局、政法和社会管理办公室、行政服务中心（招投标中心），按照有关规定设置监察室，按照有关法律、法规和政策规定设置人武部和群团组织机构。2012年，张家港经开区党工委书记张伟，副书记葛晓明、谢刚，委员徐根法、陶惠兴、李良、庞立新、张跃，纪律检查工作委员会书记庞立新。张家港经开区管理委员会主任葛晓明，副主任谢刚、徐根法、陶惠兴、李良、季冬、张跃。

（张家港经济技术开发区管委会）

哈尔滨利民经济技术开发区

【区情概况】 哈尔滨利民经济技术开发区（以下简称“利民经开区”）位于哈尔滨市呼兰区内，面积128平方公里。2008年4月被确定为全省哈大齐工业走廊核心示范区，2011年3月被列为全省产业建设重点园区，“松花江避暑城”被市委、市政府确定为“北国水城”样板区，2011年4月晋升国家级经济技术开发区，还先后被批准为国家火炬计划利民医药产业基地、国家生物产业高技术示范基地、国家服务外包基地城市示范区和国家新型工业化生物医药产业示范基地、地理信息产业基地，连续多年被省评为先进开发区，并被国家开发区协会、中国民营企业促进会等部门评为投资环境百强、科技创新竞争力百强和优秀医药科技园区。2012年全年实现工业总产值310亿元，同比增长15.8%；规模以上工业企业42个，规模以上工业总产值84.42亿元，同比增长21.76%；规模以上工业企业销售收入88.2亿元，同比增长16.65%；规模以上工业企业实现利税总额12.11亿元，同比增长30.18%。完成公共财政预算总收入19.1亿元，其中地方公共财政预算收入3.27亿元，同比增长3.23%。完成固定资产投资121亿元，同比增长34.5%。进出口总额5180万美元，同比增长36.9%。

【招商引资】 坚持以产业定位为引领，着力围绕生物医药、绿色食品等主导产业进行专业招商、定向招商，加速了产业集聚。2012年新引进项目31个，投资总额180亿元，实际到位资金71亿元，其中亿元以上项目19个，30亿元以上项目3个，50亿元以上项目2个，100亿元以上项目1个，2个国内500强企业落户园区，实现了引进大项目总量和投资额度双突破。特别是义乌中国小商品城东北市场、杉杉永达商业综合体、哈师大附中利民校区和哈药总厂等四个项目的成功引进，对于开发区转型发展、完善城市载体功能、提升生物医药园区影响力具有重要的里程碑意义。

【项目建设】 坚持把项目建设作为加快发展的着力点和突破口，把主要精力放在谋产业、建项目上，全年重点组织推进项目95个，其中开工工业项目56个，总投资202.17亿元，完成投资29.46亿元，占年度投资计划的94.8%。哈轴新厂等9个省重点项目、中小工业园区等5个市重点项目、哈尔滨电碳厂等20个市重点监控的亿元以上项目全部开工建设。实施李氏食品、太子乳品二期等绿色食品项目12个，省中医药学校、剑桥舞蹈学校等文化教育项目8个，大润发超市等商贸项目8个，主导产业加速集聚。德胜包装当年签约、当年建设、当年投产，派斯菲科即将试生产，关东老窖等项目即将投产，牵动作用逐步显现，为今后更好更快、更大发展奠定坚实基础。

【利民生物医药产业园区】 利民经开区坚持把生物医药园区作为立区、兴区、强区的支点和品牌来打造，创造条件，加大投入，全力以赴优布局、建平台、强功能、聚项目。2012年，按照“先规划、后建设”的理念，编制了园区概念规划，对科技研发、生产制造等五大功能区进一步细化调整，明晰各功能单元的空间布局，为科学摆放项目奠定规划依据。全年新组织实施项目23个，占地面积223.8万平方米，总投资88.8亿元，设计年生产能力174.2亿元。哈药总厂、康隆药业等19个项目开工建设，完成投资20亿元。哈药总厂项目推进顺利，成为“药谷”产业集聚发展的“旗舰”。加快研发和公共服务平台建设，哈医大研发中心的生命医药创业大厦、实验动物研究中心和院士工作站三个主体工程及哈药集团药物研究院的制剂中试车间、动力车间等四个主体工程已完工。新建沈阳大街、深圳大街北延线和规划一路3条道路，药园蒸汽站主体工程完工，极大地提高园区配套能力，园区知名度和影响力迅速提升。2012年，园区实现销售收入65亿元，同比增长29.2%；利税12亿元，同比增长20%。2012年，利民生物医药产业园区被评为国家新型工业化生物医药产业示范基地。利民生物医药产业园区经形成以中国医药集团、哈药集团、誉衡药业等59家高科技医药企业为骨干的生物医药产业园区，其中2户企业获得全国民营医药创新奖，15户企业被认定为国家级高新技术企业，执行国家火炬计划项目7个、国家“863”计划项目3个，地方级火炬计划项目11个；包括16个剂型841个品种，其中高新技术产品47个，拥有自主知识产权50个，国家和地方知名医药品牌32个。

【城区建设】 投资1.22亿元大力度推进城市基础设施建设，全年新建道路10条，总长7.24公里，深圳大街、环保大街、北海路、通海路等9条道路。朱家立交桥主体建成并通车，呼兰河口大桥主体完工。完成长青大街雨水工程、福州路给水雨水工程和云南路污水工程，铺设松浦大道、秦家路2条道路步道板10.5万平方米，为医药园区和哈药总厂等项目修建临时便道8条3.7公里，安装路灯310盏，城市载体功能得到提升。同时全方位加强城市管理，加大文明城市创建力度，城市环境大为改观。

（哈尔滨利民经济技术开发区管委会）

绵阳经济技术开发区

【区情概况】 绵阳国家经济技术开发区（以下简称“绵阳经开区”）位于绵阳市区南面，距绵阳火车客站和货站10公里，区内城市二环路与绕城高速、绵渝高速、成绵高速、绵广高速互通互融。区内的绵阳南郊机场开通了至北京、上海、广州、深圳、三亚、九寨沟等国内19条主要城市航线。2012年10月，经国务院批准，升级为国家级经济技术开发区。绵阳经开区是国务院批准建设的绵阳科技城的城市副中心、全市特色产业园区和新型工业集中区，先后荣获四川省优秀工业园区、四川省新型工业示范基地、四川省招商引资承接产业转移优秀园区等殊荣。绵阳经开区幅员面积近70平方公里，常住人口近10万人，有各类企业600余户，其中规模以上工业企业72户，2012年辖区实现地区生产总值60亿元，规模以上工业总产值153亿元，税收10亿元以上。

【产业布局】 围绕“两化”互动、统筹城乡发展战略，确立“核心区主攻新型工业、滨江新区繁荣第三产业、丘区发展生态休闲观光农业”的总体思路，重点发展以长虹智能移动终端、长虹 DPD 平板显示、旭虹玻璃基板为龙头的电子信息产业，以四川美丰、东材科技、利尔化学、日普、西普为代表的化工环保产业，以华润啤酒、丰谷酒业、蓝剑饮品、好圣为代表的食品及机械加工产业等“1 + 2”主导产业，着力构建以城南新区为主体，以塘汛、松垭两个产城一体组团为双核，打造沿江高端商业商住与现代服务功能带、沿路（绵三路）高端制造与新型工业化功能带、沿山旅游休闲与生态观光功能带和多个区域特色突出片区的“一区两团三带多片”区域发展大格局。在电子信息产业方面，规划面积约 7 平方公里，是园区主导产业，重点发展平板整机、移动终端设备、电子材料和元器件项目，代表企业有长虹智能移动终端、长虹 PDP 平板显示、旭虹玻璃基板等，具有机加、钣金、模具、表处理、元器件、整机等完整产业链。在化工环保产业方面，工环保产业规划面积约 5 平方公里，重点发展天然气化工、精细化工、环保材料、环保示范工程基地项目，代表企业有四川美丰、东材科技、利尔化学、日普精化、西普化工等。在食品及机械加工产业方面，规划面积约 7 平方公里，重点发展食品饮料、汽车零配件项目，代表企业有华润啤酒、丰谷酒业、蓝剑饮品、好圣汽车零部件等。在现代服务业方面，规划面积约 2 平方公里，现有大连万达城市综合体、吉盛三江国际丽城、树高威尼斯等高档高端商业商住项目，已建成中高档品牌汽车 4S 店 30 余家，特色餐饮店近 70 家，滨河高档商业新区概貌初步形成。

【配套设施】 日供水能力近 3 万吨，日供气量 170 万立方米，日处理污水能力 22 万吨，已建成 110KV 变电站 5 座、220KV 变电站 1 座。道路骨架网络、给排水管网、燃气、电力、通讯、宽带、有线电视网等全面配套。已建成电子标准厂房 30 万平方米，正在建设标准工业厂房 50 万平方米，配套综合楼和职工宿舍近 70 万平方米，产业承载功能齐备。开发区内拥有基层医疗机构 3 所；学校 32 所，其中高等学校 1 所、高等职业技术学院 1 所、初级中学 2 所、小学 3 所、幼儿园 25 所；金融和保险机构 6 家；体育休闲场所 3 处。

【配套政策】 绵阳经开区享有赋予绵阳国家科技城 19 项省级经济管理权限，以及与国家科技部等 17 个部际协调小组成员单位办事直通车机制，进一步扩大加快发展的自主权。凡入驻企业均可享受《西部大开发优惠政策》、开发区相关投资优惠政策。绵阳经开区产业化服务中心推行投资项目“一章对外”、项目服务联系卡和重大投资项目“绿色通道”制度，简化办事程序，优化审批流程。

（绵阳经济技术开发区管委会）

德州经济技术开发区

【区情概况】 德州经济技术开发区（以下简称“德州经开区”）位于德州市区东部，辖 3 个镇、2 个街道，70 个社区，管辖面积 320 平方公里，规划面积接近 150 平方公里，建成区 50 平方公里，总人口 30 万人。

2012 年，德州经开区以全市 3.2% 的土地面积，创造 10% 的生产总值和 17% 的财政收入。2012 年 3 月 2 日，经国务院批准，正式晋级国家级经济技术开发区。

【投资环境建设】 一是功能配套日益完

善。累计投入近200亿元配套资金，修建40余条城市主干道和80多条支干道，铺设各类市政管线1000多公里，高水平实现“九通一平”。四座五星级酒店，两大国家4A级景区，学校、医院、大剧院、体育馆等大型公共服务设施齐全完备，完全具备承接国际国内产业转移的基础条件。二是发展平台更加坚实。建成77公里的大外环快速通道、高铁新区“六纵五横”、南部生态片区“三纵一横”主干道，全面铺开“四供两排”基础设施建设，目前100平方公里的产业园区实现路网一次成形，管网全面配套，绿化一步到位，“净地等商”成为现实。德州经开区仅去年一年就完成清障面积3.5万亩，拆迁面积260万平方米，保证各项市级重大工程顺利实施。

【招商引资与利用内外资】 累计入区项目980个，总投资1400亿元。一是产业招商成效突出。根据全市“10+3”产业发展目标，对应设定装备制造、新材料、新能源、生物技术、农产品加工、纺织服装、精细化工、城市综合体、文化旅游、现代物流、交通装备、电子信息、现代服务业等13条产业招商工作线，形成以皇明太阳能、中立新能源、华业风能等为骨干的新能源，以景津压滤机、中大空调、亚太空调、国信环境等为骨干的节能环保装备，以雪榕生物、通用制药、鲁盛制药等为骨干的生物医药，以宝雅汽车、德工机械、联合石油机械、德州齿轮等为骨干的装备制造，以乐华陶瓷、振华玻璃、德润新型非织造材料等为骨干的新材料，以双汇食品、光明乳业、德州扒鸡为骨干的农产品（食品）加工，以波司登服饰、中合服饰、鲁银羊绒等为骨干的纺织服装等优势特色产业集群。二是对接央企和金融招商实现突破。目前已与中纺、中节能、中建材、国资委商业网点中心等14家大型央企建立了密切联系，中节能光伏电站、中纺汇泽、中建材水处理膜、中商产业智慧总部基地项目已投产或加紧施工，交通银行、浙商银行、国商基金、大地保险等各类金融机构纷纷入区，形成一批新的经济增长点和支撑点。三是全员招商凝聚合力。调整充实高铁中心、新能源和生物产业基地、境内外招商局、驻沪办力量，新成立央企办、广州办、台办等部门，全力拼抢大项目；所有专业招商单位、区直各部门、分局以及各镇街全部落实招商任务，每月督查、每季分析、半年评比、全年总结。四是严格奖惩激发效能。2012年以来，经过党工委、管委会反复研究，进一步调整了招商机制，各招商部门年初既定任务数不变，除主要负责人外，连同副职和一般工作人员2人一组自由组合，招商任务直接落实到小组、落实到人头。对建设、规划、国土等招商服务部门的考核，年底组织项目包保领导、投资客商代表开展评议，评议结果与提拔重用、评先树优直接挂钩。

【项目推进】 加大推进力度，加速企业膨胀。建立“一个项目一套班子，一套班子一抓到底”推进机制，洽谈项目抓跟踪、引进项目抓建设、建设项目抓投产、投产项目抓增资，一大批项目相继建成投产，一大批骨干企业实现规模膨胀，为经济发展注入强劲动力。规模以上工业企业达到205家。景津集团连续多年实现跨越式膨胀发展，2012年纳税2.4亿元。德州双汇落户以来，先后追加投资15亿元，建设一、二、三期项目，成为除集团总部之外中国最大的肉类加工基地。雪榕生物一分厂日产50吨金针菇项目投入生产，二分厂、三分厂开工建设，将打造成为全国规模最大、质量最高、技术最先进的食用菌工厂化生产基地。宝雅新能源汽车整车下线，锦冠二期、乐华三期、德润新材料、晶华药玻、鲁盛制药等项目建设如火如荼，跨越发展的支撑保障能力和后劲更加充足。优化发展环境，打造投资高地。牢固树立“只要项目定了干，剩下的事情我们办”的服务理念，实行“零距离、零缺陷、零投诉”和“全过程、全方位、全天候”的“三零三全服务”，从项目的洽淡、立项、审批、开工、建设到投产、经营全程帮办，使客商放心投资，安心经营，营造“亲商、安商、富商”的浓厚氛围。

【社会建设】 一是群众生活水平明显提高。2012年，城镇居民人均可支配收入达到24500元、增长16%，高出全市2.5个百分点，农民人均纯收入10087元、增长17%，在全市率先实现农民收入突破万元。二是教育事业蓬勃发展。加快发展学前教育，大力推行素质教育，连续多年面向社会招聘优秀教师，着力实施名师、名校、名校长“三名”工程，形成“幼儿—小学—初中—高中（职业中专）—职业学院”齐全完备的教育体系。三是社会保障不断健全。稳妥推进医药卫生体制改革，区财政连续6年全额承担新农合农民缴费部分，重大疾病医疗保障全面落实，城镇居民养老保险、新型农村养老保险覆盖面不断扩大。高度重视社会救助，城乡低保应保尽保，助老、助医、助学等专项救助制度得到有效落实，形成广覆盖、保基本、多层次、可持续的社会保障体系。

（德州经济技术开发区管委会）

鄂州葛店经济技术开发区

【区情概况】 1990年7月，省委、省政府批准葛店经济技术开发区（以下简称“葛店经开区”）成立。2012年7月，经国务院批准升级为国家级经济技术开发区。

葛店经开区西距武汉市中心23公里，东至鄂州城区38公里，距武汉天河国际机场70公里。开发区北依长江黄金水道，高新大道与武汉东湖新技术开发区紧密相连，武九铁路、316国道、武黄高速、武鄂高速、武鄂黄城际铁路贯穿东西。武汉轨道交通11号线将延伸至葛店开发区。有总装机容量360万千瓦的湖北能源集团鄂州电厂，3座110千伏变电站和一座正在建设的220千伏变电站。有日供水5万吨的自来水厂和日处理污水3.5万吨的污水处理厂。鄂州电厂热电联供热力管道正在铺设，天然气公司管道已覆盖全区。

葛店经开区国土面积78.6平方公里，规划控制面积42平方公里，建成区面积18平方公里，常住人口达到8万余人。

2012年，全区实现GDP 192.6亿元，比上年增长18.52%；完成固定资产投资217.01亿元，比上年增长40.44%。完成规模以上工业增加值133.54亿元，比上年增长26.45%，其中高新技术产业增加值60.9亿元，占全部工业增加值的45%以上。全年实现财政收入14.279亿元，比上年增长30.49%。

【产业发展】 初步形成生物医药、高端装备制造、精细化工、新能源新材料和现代电子商务等五大特色优势产业。生物医药产业以爱民制药、嘉必优生物、人福科技、中有制药为龙头；高端装备制造产业以华工科技、波尔亚太、华电重工、长动铸锻等为支撑；新能源新材料产业以国家太阳能和节能建材质量监督检验中心为依托，以长海新能源（中船重工712所）、盐光能源、南都电源、天普太阳能、武大新材料为代表；精细化工产业以华烁科技、长颈鹿制漆、中南电子、恒鑫化工等企业领先。现代电子商务产业初具规模，亚马逊中部电商运营中心投入运行，华威科物联网建成开业，唯品会、白领丽人电商基地、科技企业加速器顺利建设，当当、京东等电商巨头将陆续入驻。主要品牌产品有：华工科技产业股份有限公司——高性能数控激光切割机，嘉必优（武汉）生物工程有限公司——花生四烯酸（ARA），波尔亚太（湖北）金属容器有限公司——铝质两片易拉罐，武汉爱民制药有限公司——注射用“七叶皂苷钠”，华烁科技股份有限公司——光电缆系列阻水材料。

【科技创新】 积极推进产学研对接合作，推动科技成果在高校研发、武汉孵化、葛店加速并实现产业化。爱民制药、人福药业、华烁科技、华工科技等企业与武汉大学、华中科技大学合作建立了院士工作站；爱民制药与哈佛大学、湖北中医药大学共同建设了“湖北天然组份药物”工程技术中心，成立了李时珍药物研究院；长海新能源、爱民制药等企业成功申报了国家863项目、“十二五”新药创制专项和国家科技型中小企业创新基金项目；地大金石、华工激光、华电重工等10家企业申报认定高新技术企业；启科数控、华烁科技、武大新材料等9家企业的10个项目获得国家重大科技专项扶持资金1355万元。

【招商引资】 全年新签约项目48个，总投资204.52亿元；新开工建设亿元项目25个，总投资73.9亿元；建成投产项目23个，总投资63.4亿元。南山临港新城、南都电源、唯品会、中南疫苗等重大项目成功签约，华工科技高档数字化柔性激光装备产业基地、华电重工、华甜食品、建美钢模板和美天环保项目等16个项目竣工投产，湖北科技企业加速器、绿野亚马逊中部电商物流中心、武汉汽轮电机铸锻等重大项目开工建设。

【新出台鼓励政策】 着力培育中小企业做大做强，出台企业注册登记零收费政策、企业高管人员和高技术人才个人所得税优惠政策、企业技改扩能奖励政策和创建驰名商标奖励政策等政策措施，制定了支持企业上市的意见。实施中小企业成长工程，壮大以爱民制药、华烁科技、波尔亚太等企业为龙头，以启科数控、人福医药、科益药业、长颈鹿制漆等中小企业为支撑的高新技术企业群体。

【人才建设】 实施招硕引博工程，引进高科技专门人才和产业领军人才。全区各类专业技术人才2300多人，有博士、硕士学位人员1400多人，有高级职称的专业技术人才980多人。

【社会事业】 实施减少行政层级改革，实现城乡社会管理和基本公共服务均等化。大湾社区“1+8”服务平台可承办33项便民服务手续，开全国行政体制改革之先河。健全社会保障体系，区财政拿出专项资金300余万元，免费为全区农村居民办理新农保，基本上实现新农保参保全覆盖。完善生活服务设施。投入1000万元对区内中小学进行改造。营业面积达12000平米的中百仓储超市已投入运营。

【机构设置与管委会领导】 机构设置（10个）：党政办公室、纪工委（工会）、经济发展局（安全生产监督管理局）、财政金融局、组织人事保障局、城市建设和环境保护局、招商局、社会发展局、综合执法局、建设投资公司。

管委会领导：鄂州市人民政府党组成员、市长助理，葛店开发区工委书记李军杰；工委副书记、管委会副主任姜飞轮；工委委员、管委会副主任熊汉福；工委委员、纪工委书记张震；工委委员、管委会副主任邵卫星；工委委员、管委会副主任尹彬；工委委员、管委会副主任王启云；工委委员、管委会副主任（省直下派）戴月。

（鄂州葛店经济技术开发区管委会）

遂宁经济技术开发区

【区情概况】 遂宁经济技术开发区（以下简称“遂宁经开区”）位于遂宁市城区，2012年7月30日经国务院正式批准为国家级开发区。园区总规划面积117平方公里，建成区面积达到36平方公里，辖“一乡六处三办”（即北固乡；嘉禾、广德、九莲、富源路、龙坪、南强街道办事处；凤台、清河、金盆工作办公室），常驻人口31万人。

【经济发展】 2012年，实现地方生产总值108.08亿元，同比增长16%；规上工业同比增长18.5%；完成固定资产投资128.57亿元；完成公共财政预算收入3.03亿元；外贸出口14646万美元；省外到位资金76.7亿元。

【区域建设】 围绕“功能完善，布局合理，适度聚集”的要求，开发区分为四大功能区：产业发展区主要以机电、电子信息和综合制造产业为主导；科技研发部经济区主要以科技教育、总部经济、办公研发、金融文化创意产业为主导；产业发展预留区作为未来产业发展预留用地；产业配套服务区主发展与产业相关联的商住配套。

【产业布局】 2012年，遂宁经开区坚持“工业兴区”战略和绿色发展取向，走高效发展、创新发展、开放发展的路子，园区已形成以电子信息、机械制造、食品加工、生物制药为主导的产业体系，形成“服务成渝、功能配套、体系完善”的绿色经济产业链。

【项目建设】 截至2012年，遂宁开发区“三上”企业（规模以上工业企业、限额以上批发零售住宿餐饮企业、资质以内的建筑业企业和房地产开发企业）达207家，其中规模以上工业121家，批零住餐业39家，建筑房产业47家。有代表性的企业是柏狮光电、鼎吉光电、大雁科技、蓝彩电子、恩比贝克、华润雪花啤酒、志超科技等企业。

【创新建设】 遂宁经开区已发展成为“中国光电产业基地”、四川省循环经济示范园、四川省“1525”成长型特色产业园区、四川省知识产权试点园区、四川省首批特色高新技术产业化基地、四川省小企业创业基地、四川省特色食品产业基地、四川省肉食品出口基地、西南电路板（PCB）产业制造基地、四川省中小企业创业基地。

【发展定位】 坚持科学发展、开放发展、集约发展、绿色发展、循环发展的原则，以体制创新和科技创新为动力，转变发展观念，创新发展模式，以提高吸收外资质量、发展现代制造业、优化出口结构为主，打造功能完备、服务一流、环境优美的多功能综合性产业区、跨国公司转移高科技高附加值加工制造环节、研发中心和服务外包业务的重要承接基地，努力发展成为高新技术产业、现代服务业和高素质人才的聚集区，改革开放的先行区和示范区，促进区域经济协调发展、推进遂宁市新型城市化和新型工业化和现代化进程的主要平台，成渝经济区发展的经济增长极和先进技术动力源。

（遂宁经济技术开发区管委会）

乌鲁木齐甘泉堡经济技术开发区

【**区情概况**】 乌鲁木齐甘泉堡经济技术开发区（以下简称“甘泉堡经开区”），位于新疆首府乌鲁木齐市北部，距市中心55公里，紧邻五家渠市和阜康市，为乌昌地区东线工业走廊核心节点，总体规划面积360平方公里，规划建设用地面积193平方公里，到2020年规划人口规模40万人，2012年9月15日经国务院批准升级为国家级经济技术开发区。甘泉堡经开区以新能源和优势资源深度开发利用为主，乌准铁路和小黄山支线穿境而过，216国道、吐乌大高等级公路以及规划中的乌鲁木齐轻轨和东西绕城公路贯穿园区，并设有园区铁路专用线和铁路货场，区内多为未利用土地或荒漠草场，园区及周边有“500”水库等7座水库，区位、水土资源优势十分明显，是新疆新型工业化重点建设工业区。

甘泉堡经开区地处天山北坡经济带乌昌地区东线工业走廊核心节点，乌鲁木齐、昌吉、兵团三地重要经济发展交叉带，园区的建设开发可谓是占尽天时、独得地利、汇集人和。一是地理位置得天独厚：园区距乌鲁木齐市米东区20公里，地处乌昌地区东线工业走廊核心节点。二是交通运输方便快捷：甘泉堡经开区与乌鲁木齐市有国道、省道、吐乌大高速、绕城高速等多条道路以及铁路相连，未来将进一步与城市轻轨相接，从园区出发至地窝堡机场仅需30分钟，乌准铁路和小黄山支线穿境而过，216国道、吐乌大高等级公路以及规划中的乌鲁木齐轻轨和东西绕城公路贯穿开发区，还专门为园区设置铁路转运线和铁路货场。三是土地资源储备充沛：园区土地多为未利用土地或荒漠草场，近200平方公里的非农业土地，乌鲁木齐弥足珍贵的一片净土，为新型工业化发展奠定坚实基础，极为适合工业园区开发建设。四是水资源充足丰富：园内有国家重点工程北水南调“引额济乌”项目的尾部调节水库“500”水库，“500”水库水域总面积24.6平方公里，总蓄水量2.8亿立方米。近期调水量4.2亿立方米，中期可达13亿立方米，远期为18亿立方米。园区及周边有“500”水库等大小水库七座，水域面积广阔蓄水量大，水资源极为丰富，极大满足甘泉堡经开区的开发建设用水和长足发展需要。

【**基础设施建设**】 甘泉堡经开区分为核心服务区、优势资源转化工业区、经济合作与产业孵化区、新能源工业区、高新技术产业区、物流仓储区、生态保育区等七大功能区。甘泉堡经开区自2007年启动开发建设以来，按照“统筹区域、科学规划、集约用地、优化环境”的原则，已累计投入42亿元用于园区道路、管网、绿化等基础设施项目建设，现已完成117公里道路建设和107公里道路绿化管网建设，220千伏龙岗变电站、20万 m^3/d 自来水厂、污水处理厂等基础设施及相应的供排水、通信等配套设施已经完成，园区铁路专运线和铁路货场已开工建设，区内绿化面积5600余亩，“七纵八横”的交通网络初步形成，“七通一平”基础建设工作已经完成，大规模招商引资、开发建设的各项基本条件已经具备。

【**产业定位**】 积极实施优势资源转化战略，以新能源和优势资源深度开发利用为主，以高新技术为先导，以建设新时期新型国家级开发区为目标，加快区域经济融合发展步伐，按照“6+3+2”产业体系（6种重点发展产业，即新能源与新材料工业、煤化工、高新技术产业、装备制造业、机电工业、精细化工；3种补充发展产业；即有色金属加工、新型建材、一般制造业；2种配套发展产业，即生产性服务业、消费性服务业），建设凸显乌鲁木齐核心优势的新型工业新区和能源资源合作基地、准东煤电煤化工产业带的高新集群及综合服务基地，打造高起点、高标准、高集聚和外向型园区集群，努力培育一批规模化、现代化大型工业企业及产业集群，成为新疆优势资源转化实施基地和我国中、东部能源产业转移的重要承接地，进一步巩固新疆作为我国能源基地的重要战略地位上发挥突出的作用。

【招商引资】 以科学发展观为指导，紧紧围绕“产业兴疆、产业强市”目标，按照“产城结合，以产为主”的总要求，坚持“环保优先、生态立区”不动摇，突出引名企、招大商、重产业招商引资理念，并以工业产值为核心指标，确立“打造千亿元园区、培育百亿元企业”的发展思路，努力在抓项目、抓大项目上下功夫；特别是在建立现代产业体系中，重视优势产业、重视新兴产业，积极鼓励企业占领市场制高点、技术制高点和规模制高点，不断增强竞争力。甘泉堡经开区已有特变电工新疆新能源股份有限公司硅业光伏产业循环经济建设项目、内蒙古伊泰集团540万吨/年煤基多联产综合项目和中国神华68万吨/年煤基新材料等18家企业项目落户园区，项目投资总额1417亿元，已累计投入资金218亿元，园区固定资产投资超过200亿元。其中，新疆众和电子材料循环经济产业园项目、兖矿60万吨醇氨联产项目等8家企业项目已建成投产，累计投入资金147亿元，正在建设企业项目10个，总投资1270亿元；另外还有22个已签约项目，合同投资额177亿元。各类经济数据和指标均在全疆乃至西北地区名列前茅。

（乌鲁木齐甘泉堡经济技术开发区管委会）

珠海经济技术开发区

【区情概况】 珠海经济技术开发区（以下简称“珠海经开区”）位于珠海市西南端，是依托华南沿海主枢纽港高栏港而设立的园区，2012年3月，经国务院批准，正式升级为国家级经济技术开发区。

高栏港为国家一类对外开放口岸，拥有珠江三角洲最大吨位的液体化工品码头泊位和散货码头泊位，已建成万吨级以上生产性泊位20个，具备建设30万吨级石化大码头的良好自然条件，距离南海海域-30米等深线11海里，并可通过粤西沿海高速公路、高栏港高速、广珠铁路等组成的港口集疏运体系与珠三角地区形成2小时经济圈，辐射珠江口西岸城市群和华南、西南地区，是西江及南中国海走向世界的门户，是广东海洋经济最具活力和潜力的地区之一。

认真贯彻“蓝色珠海、科学崛起”战略，紧紧围绕建设“3+1”现代产业体系目标，抢抓机遇，真抓实干，园区发展迈上新台阶。完成地区生产总值195.2亿元，增长10.2%；

工业总产值625.7亿元，增长7.5%；工业增加值135.2亿元，增长6.7%；社会固定资产投资129.5亿元，增长28.2%；外贸进出口总额69亿美元；公共财政预算收入15.8亿元，增长15.6%；全港货物吞吐量7745万吨，增长8%。

【产业发展】 根据资源禀赋和产业发展定位划分为五大区域，包括：港口物流区、装备制造区、高栏化工区、游艇产业区和生活配套服务区。经过多年的发展，珠海经开区确立“建设世界级海洋工程装备制造基地、国家级石油化工基地、国家级清洁能源基地和区域性港口物流中心”的“3+1”产业发展战略，已初步形成以精细化工、电力能源、海洋工程装备制造为主导，以港口物流为支撑的临港产业体系。截至2012年底，珠海经济技术开发区已引进英国石油、英荷壳牌、伯克希尔·哈撒韦、德国宝马、韩国晓星、巴西CVRD、香港和记黄埔以及中国海油、中国石油、中国石化、华润集团、神华集团、港中旅、诚通控股、中化集团、中远集团等一大批世界500强企业、央企和大型民企，已成为国际产业资本开拓中国市场与中国制造业资本走向国际市场的桥头堡。港区在建、筹建重大项目39个，总投资额超过1600亿元。

【招商引资与利用内外资】 创新产业招商模式，推动产业向高端和研发领域拓展。引进中海油精细化工园、烟台万华华南产品及服务基地、广石化中冠安泰C4综合利用深加工项目、宝莫丙烯酰胺和聚丙烯酰胺、上海碧科MTO、美国MWV活性炭等9个重大产业项目；突出抓好检测中心、技术中心、研发中心和总部经济招商，成功引进国家船舶及海洋工程装备材料质量监督检验中心、三一海洋重工研究院、壳牌（中国）润滑油服务中心、路博润添加剂技术服务中心和神华销售集团有限公司华南销售分公司等项目。2012年，全年实际利用外资36779万美元，增长8.2%；实际利用内资30亿元，增长42.9%。

【资源集约利用】 按照建设省级循环经济示范园的总体要求，大力推进循环产业链建设，加快以集中供热为主体的企业公用工程建设，支持企业开展技术更新改造，累计安排扶持资金超过1亿元，全年万元GDP能耗下降10%。

【社会事业与文化建设】 全年涉及民生投入5.5亿元，实施以“十大民生工程”为代表的系列项目，群众生活水平和幸福感进一步提高。建成南水、平沙中心幼儿园、平沙一中科技楼等项目，全面完成校安工程三年规划加固任务，实现义务教育公办学校规范化达标率100%。平沙镇文化服务中心荣获“广东省百佳文化站”称号。南水卫生院综合大楼建成，市第五人民医院一期工程加快推进，平沙医院、南水医院改革工作启动。城镇居民、农民实现养老保险和医疗保险全覆盖，城镇新增就业岗位、城镇下岗失业人员再就业、农村富余劳动力转移就业率等指标超额完成年度目标任务农村集体经济不断壮大，农渔民年人均纯收入12102元。

【机构设置】 珠海经开区设置的机构主要有：办公室、党群工作部、统筹发展局、产业发展局、建设局、财金事务局、环境保护局、安全生产监督管理局、社会事业局、人口计划生育与卫生局、海洋和农渔局、城市监督管理局，及规划分局、国土分局等。

（珠海经济技术开发区管委会）

曹妃甸经济技术开发区

【投资环境】 曹妃甸经济技术开发区（以下简称“曹妃甸经开区”）规划面积380平方公里，是国家首批循环经济试点产业园区。按照国务院批准的曹妃甸循环经济产业发展总体规划，工业区功能定位为：能源、矿石等大宗货物的集疏港、新型工业化基地、商业性能源储备基地和国家级循环经济示范区。

曹妃甸经开区拥有的投资环境概括为：一是港口资源优势。曹妃甸水深岸陡，不淤不冻，岛前500米水深即达25米，深槽达36米，是渤海最深点；-30米等深线水域东西长约6公里、南北宽约5公里，是渤海沿岸唯一不需开挖航道和港池即可建设30万吨级大型泊位的天然港址。曹妃甸拥有深水岸线69.5公里，可建设263个泊位。在这里可建设公共码头，也可供大型企业修建业主码头。目前，曹妃甸港区吞吐能力已达到3亿吨。二是燃气资源优势。由中石油投资建设的曹妃甸LNG（液化天然气）码头项目正在快速建设中，该项目设计规模为1000万吨/年。目前总投资55亿元的唐山液化天然气项目正在加紧建设。三是电力优势。由华润集团投资建设的规划装机容量4600MW的曹妃甸电厂项目，一期2×300MW热电联产机组已投入运营，二期2×1000MW超临界燃煤发电机组正在开展前期工作。为充分释放电力企业的优势，正在向国家申请企业直供电试点。四是土地优势。曹妃甸岛后方滩涂广阔且与陆域相连，可开发浅滩面积达1000多平方公里，其中工业区现有存量土地210平方公里，可为临港产业布局、港口物流贸易发展和城市开发建设提供充足的用地，且具有国内其他同级开发区不具备的价格优势。五是税收优势。曹妃甸省级分享四税“定额分享、超收全返”财政优惠政策延续到2015年，四税即：营业税、增值税、企业所得税和个人所得税。这一政策在全省只有曹妃甸经开区享有。六是综合保税区优势。曹妃甸综合保税区于2012年7月23日经国务院批准设立，作为河北省首个综合保税区，具备“保税仓储、国际中转、国际配送、国际采购、转口贸易、研发设计、出口加工、商品展示、检测维修、港航服务”十大功能，入区企业将享受五类优惠政策（一是国外货物入区保税；二是区内自用基建物资及进口设备免征进口关税和进口环节增值税；三是货物出区进入国内销售按货物进口的有关规定办理报关，并按货物实际状态征税；四是国内货物入区视同出口，实行退税；五是区内企业之间的货物交易不征增值税和消费税）。

【基础设施】 累计投入资金3000多亿元，吹沙造地210平方公里，水、路、电、气、讯等基础设施基本配套；建成迁曹铁路、唐曹高速等一批高速公路和疏港铁路，酒店、宾馆、医院、学校等一批市政公共服务设施建成投入使用。

【引资情况与产业布局】 重点打造“七大园区”：一是港口物流园区。总面积62.03平方公里，依托钻石级良港和完善的集疏运通道，逐步打造国家级煤炭、矿石、钢铁、木材等大宗商品交易中心。二是钢铁电力园区。规划面积48.8平方公里，重点发展以钢铁、电力两大产业为龙头的循环经济产业链集群，打造高效综合利用资源、能源的循环经济新型工业化园区。三是化学工业园区。规划面积100平方公里，依托深水大港优势，逐步建成大型临港石油化工产业基地，环渤海湾地区的油气储运中心。四是装备制造园区。规划面积28.6平方公里，可规划建设5万-7万吨级码头泊位60个，依托深水大港和精品钢基地，逐步建成中国北方沿海地区大型临港装备制造基地。五是综合保税区。规划面积10平方公里，封关面积4.59平方公里，规划建设5万吨级多用途码头泊位11个，逐步打造成环渤海地区国际贸易便利、外汇管理宽松、物流监管便捷、具有国际竞争力的自由贸易港。六是新兴产业园区。规划面积33.84平方公里，大力推进文化创意产业、健康养老产业、联合开发软件和信息服务外包产业和教育科研产业。七是中日生态工业园。规划面积60平方公里，是中日两国应对全球气候变化，在节能环保、高新技术等循环经济、低碳经济领域的重大战略合作项目，重点打造资源循环产业基地、节能环保技术及装备制造基地、高新技术产业基地、新能源及新能源汽车产业基地、绿色产品生产基地及综合物流基地。

【科技创新】 钢铁产业升级方面，重点推进首钢京唐钢铁公司开展新一代可循环钢铁工艺流程和钢渣显热回收与密闭式连续化及稳定化技术创新，为钢铁产业升级提供重要技术与装备支撑。海水淡化与综合利用示范集成方面，重点推进大规模海水综合利用技术集成及工程示范研究。装备制造产业提升方面，重点支持冀东日彰公司开展高效节能风机产业化研制、支持唐山重型装备集团开展新型节能发电型环冷机产业化研制、支持德泰机械开展高强度钢拉杆研制关键技术研究等一大批科技创新项目研究，发展培育装备制造特色产业基地。石化产业技术开发方面，积极开展科技招商工作，共引进龙成、中泓碳素、金道器识等化工项目，强化传统化工产业的改造提升，助推化工产业链延伸。

【主导产业】 一是装备制造业：依托深水大港和精品钢基地，逐步建成中国北方沿海地区大型临港装备制造基地。二是钢铁产业：形成环渤海地区重要的精品钢铁及深加工基地。三是港口物流产业：逐步打造国家级煤炭、矿石、钢铁、木材等大宗商品交易中心。四是化学产业：发展以碳一化工、盐化工及化学品物流为支撑的多种产业类型相融合的一体化产业网络。五是高新技术产业：重点发展节能环保、资源综合利用、新能源、新材料、高端装备制造、生物医药等高新技术产业。

【国家战略】 2008年1月，国务院批准曹妃甸为国家级循环经济示范区。2011年11月，国务院批准《河北沿海地区发展规划》，以曹妃甸为核心的河北沿海地区发展规划正式上升为国家战略。2012年7月，国务院批准曹妃甸港区口岸正式对外开放，同时批准设立曹妃甸综合保税区。

【央企企业】

企业名称	生产产品	年产量	投资额（亿元）
华润电力（唐山曹妃甸）有限公司	建设2×300MW燃煤供热机组	35亿度电	27
二十二冶集团装备制造有限公司	全自动焊接钢结构	50万吨钢加工件	5.9
中粮糖业有限公司	食糖	年处理原糖100万吨，年产食糖93万吨	22.8

续表

企业名称	生产产品	年产量	投资额（亿元）
华电曹妃甸重工装备有限公司	大型火电卸船机、斗轮堆取料机等	年产40台2100t/h大型火电卸船机、25台3000t/h斗轮堆取料机、15台2100t/h圆形料场堆取料机，500只滚筒及6万套托辊等	7.1
国投曹妃甸港口有限公司	煤炭装卸	设计通过能力5000万吨/年	95.2
中国石化集团石油商业储备有限公司唐山曹妃甸分公司	原油仓储	库容320万立方米	26.2
唐山曹妃甸实华原油码头有限公司	原油装卸	接卸能力1800万－1900万吨/年	17.9

【世界500强企业】

企业名称	生产产品	年产量	投资额（亿元）
华润电力（唐山曹妃甸）有限公司	建设2×300MW燃煤供热机组	35亿度电	27
中粮糖业有限公司	食糖	年处理原糖100万吨，年产食糖93万吨	22.8
华电曹妃甸重工装备有限公司	大型火电卸船机、斗轮堆取料机等	年产40台2100t/h大型火电卸船机、25台3000t/h斗轮堆取料机、15台2100t/h圆形料场堆取料机，500只滚筒及6万套托辊等	7.1
二十二冶集团装备制造有限公司	全自动焊接钢结构	50万吨钢加工件	5.9
首钢京唐钢铁联合有限责任公司	铁、钢、钢材	铁898万吨、钢970万吨、钢材913万吨	667
唐山钢铁集团管业有限公司	直缝、螺旋、精加工焊管生产线	130万吨	50

（曹妃甸经济技术开发区管委会）

福建东侨经济技术开发区

【区情概况】 福建东侨经济技术开发区（以下简称“东侨经开区”）是宁德中心城市新区主体，2012年11月被国务院批为国家级经济技术开发区，现有城市规划面积16.7平方公里，建成区面积近10平方公里，总人口约6万人；工业集中区总规划面积24平方公里，已开发建设面积近5平方公里，目前落户工业企业70家，建成投产企业40家，呈现电机电器、食品加工等传统产业为主导，生物科技、新能源新材料、新型机械制造等新兴产业蓬勃发展的良好势头，曾获得“福建省电机出口基地”称号，被评为全市唯一的“福建省特色园区”。

【经济发展】 2012年，全区生产总值49.45亿元，比增23.22%；工业总产值75.36亿元，比增32.65%，规上工业增加值19.5亿元，比增23.6%，增幅居全市第1位；全社会固定资产投资49.1亿元，比增49.13%；财政总收入首次突破10亿元，达到10.05亿元，比增26.66%，公共预算收入7.06亿元，比增32.77%，两项指标总量均居全市第3位；实际利用外资1630万美元，比增171.76%，外贸出口总额3.67亿美元，比增100.7%，总量和增幅均居全市第3位。

【投资环境】 修订并完善扶持工业发展、企业上市、品牌创建等配套政策；结合省政府182号文件，制定出台贯彻实施意见，编制电机电器产业发展规划；加大政策性宣贯力度，开展送政策上企业活动，印发惠企政策1000余册，帮助企业争取用电补贴、技改创新、出口退税、电子商务等各类扶持资金2000多万元，兑现古驰工业企业优惠政策奖励1000多万元。积极搭建政银企合作平台，成立远东小额贷款公司，并申报金钳小贷公司，7家工业企业获准发行区域集优票据3.4亿元；全区15家融资性担保机构提供融资担保近15亿元。积极协调帮助企业解决历史遗留问题，安发新增用地、排洪渠及安波等项目填方工作得到有效解决，为企业营造良好的发展环境。

【产业布局】 工业企业稳步增长，全区产值上亿元工业企业22个，实现产值68.93亿元，比增43.1%，对产值贡献率达112.04%。电机电器企业全年产值33.8亿元，比增33.8%，对全区工业经济增长贡献率46%；食品加工企业全年产值13.96亿元，比增13.69%；新型制造、生物科技、新能源新材料等新兴企业全年产值24.86亿元，比增133.63%，成为工业产值新增长点。企业上市取得新进展，6家企业被确定为省上市后备企业，其中安发、星宇、泰格、夏威、安波等5家企业与中介机构合作正式启动上市工作。

商贸流通日趋活跃。修订出台《关于扶持商贸流通业发展的若干规定》等相关政策，着重从放宽准入条件、扶持规模经营、提升档次、鼓励发展新型业态、争创名优品牌加大金融支持力度、设立“发展潜力奖”和子女就学等方面给予政策倾斜。金融、中介、咨询、社区服务等新兴服务业有新发展，全年新增各类商贸企业411户，居全市第2位，注册资本16.3亿元；新增个体户873户、注册资本10098.5万元。区域性商业网点加快建设，万达购物广场建成营业，中益环球家居博览中心、德润万象城、联信·财富广场、翠屏路商业步行街等商贸项目动工建设，政策引导初显成效。

房地产业持续发展。房地产业全年投资30.26亿元，比增48.6%，占全社会固定资产投资62%。商品房销售面积28.66万平方米，比增加15%；销售额23.44亿元，比增16%。存量房交易面积10.51万平方米，比增152%；交易额4.6亿元，比增188%。

【科技创新】 认真落实支持企业技改政策措施，安发（福建）生物科技有限公司的生物多糖企业工程技术研究中心和福建安波电机集团有限公司的福建省电动机企业工程技术研究中心（筹）被确认为省级（企业）工程技术研究中心；宁德市夏威食品有限公司企业技术中心被认定为福建省第十六批省级企业技术中心；福建亚南电机集团的福建省高性能发电机企业重点实验室入选首批福建省企业重点实验室。宁德市星宇科技有限公司被评为2012年国家火炬计划重点高新技术企业，其电机用高性能烧结钕铁硼永磁材料获得2012年国家火炬计划项目。安发（福建）生物科技有限公司、宁德市夏威食品有限公司、宁德市奇隆翔农业有限公司、宁德市登月水产食品有限公司被认定为第七轮（2011—2015年）农业产业化省级重点龙头企业。品牌战略成效显著。福建盈盛号金银饰品有限公司的图形+盈盛号+YINGSHENGHAO牌白银首饰、福建宁德中亿电子有限公司的图形+中亿牌按摩沙发椅被评为福建名牌产品；宁德市奇隆翔农业有限公司的“大翔”牌红茶获评2012年福建名牌农产品。重汽集团福建专用车有限公司的“威泰尔”、福建省恒久节能科技有限公司的“乐比”、福建爱亿家电子有限公司的“爱亿家及图”、宁德市齐民农工商有限公司“澳新及图”、宁德市蔡氏水产有限公司的“味尔佳”和宁德市鑫源玻璃有限公司的“金壁生辉”等6枚商标被认定为福建省著名商标；宁德市夏威食品有限公司的“夏及图”被认定为中国驰名商标，实现了东侨工业企业自主培育中国驰名商标零的突破。

【项目建设】 “五大战役”全年投资64.72亿元，占年计划188.4%。重点项目建设战役全年投资29.3亿元，其中10个省、市重点项目完成投资21.6亿元，占年计划166.1%，综合评比全市第三；新增长区域发展战役全年投资13.03亿元，占年计划200%；城市建设战役全年完成投资18.53亿元，占年计划203%，增幅居全市第二；民生战役全年投资3.86亿元，占年计划100.7%。中科宁德高新技术产业示范园项目征地填方及基础设施配套工作取得新进展，执行“3+1+1”政策试点工作取得新突破；海西大型风机制造项目已完成厂房和办公楼建设。安发生物科技二期工程建设基本完成。

【招商引资】 积极组织参加珠三角民营企业产业项目投洽会、杭州投资环境说明会、“6·16”投洽会等大型招商活动，全年签约合同项目13个，其中内资项目10个，总投资65.9亿元；外资项目3个，总投资1.32亿美元。合同利用外资按验资口径完成1.08亿美元，总量居全市第二。“6·18”项目对接成效明显，共征集企业技术需求30项，对接科技项目90项，总投资8.31亿元。与宁德联信置业有限公司达成协议，投资9.71亿元动工建设联信·财富广场项目。

【基础设施】 全年共实施市政基础设施项目20个，总投资7.6亿多元，富春东路万达广场路段、薛令之路建成通车，侨兴路至高速公路桥段完成路基工程，梦龙路、金贵路和金马南路等道路前期工作加快推进，城区路网体系进一步完善。东湖塘25孔水闸除险加固工程前期工作扎实推进。工业集中区基础配套设施不断完善，福宁北路二期A1标段一号隧道贯通，A2标段征地工作进展顺利；一、二期标准化厂房建成竣工，引进3家企业入驻。

【环保绿化】 东侨经开区规划环评得到省环保厅批复。建成污水管网17.5公里，启动建设北区污水处理厂二期工程。积极实施城市绿化、美化、亮化工程，顺利完成东湖塘南、北港清障和北港清淤工程，有序推进东湖中央公园景观提升项目，持续抓好污染源整治，建成区绿化覆盖率 38.8%，用水、燃气、垃圾处理率 100%。

【社会事业】 扎实推进教育事业。全省率先通过义务教育均衡发展省级评估验收。华侨小学改造扩建一期工程建成并投入使用，教育管理方式与宁师附小顺利接轨；东侨中学教育教学质量稳步提升，2012 年毕业生一类达标校录取率居城区公办学校第二名。同时，设立教育局，统筹管理教育事业。持续做好社区工作，在原有三个社区基础上新设 5 个社区。全面启动“三化四型”社区建设，兰亭社区、侨兴社区被省民政厅、省电信公司联合评为五星级信息化社区。切实抓好“幸福佳园”保障房建设，投资 1.4 亿元的一期 600 套已开展配租配售，投资 1.9 亿元的二期 644 套已动工建设。投入 1350 万元建成 108 套面向归侨侨眷的廉租房，实现华侨农场保障性住房的全覆盖。社区卫生服务中心与宁德市平安门诊部合作开展一系列居民公共卫生服务，免费为居民建立健康档案，社区志愿服务、矫正工作、维权服务等工作均走在宁德市前列。

【社会管理】 建成社区矫正中心、流动人口“一站式”服务管理平台，建成全市首创的集服务、管理、宣传于一体的社区交通治安管理服务站。深入开展大排查大走访活动，组织百名干部职工走访 1 万多户，入户率 83.2%，着力解决群众反映的 40 多个热点难点问题。

【机构设置与开发区领导】 东侨经开区实行以党工委和管委会为核心的管理体制。党工委由工委办、组织部、宣传部、文明办、综治办等机构组成，管委会由管委办、经发局、财政局、人劳局、建设局、房管局、招商局、计生局、社会事业局、人武部、安监局等机构组成。管委会领导班子实行 1 正 14 副职数配备，分别是：主任陈旺玉，副主任陈友金、陈盛华（正处）、左允钦、郑瑞章、周敏（调研员）、王仁谦（华侨大学挂职）、陈舒予（省政府办公厅挂职）、陈绍曦、黄亦康，副调研员廖恒星、张贵辉、陈田源、陈颖（财政局局长）、陈钦（建设局长、房管局局长）。

（福建东侨经济技术开发区管委会）

石家庄经济技术开发区

【经济发展】 2012 年，石家庄经济技术开发区（以下简称“石家庄经开区”）实现地区生产总值 160 亿元，同比增长 24%；工业产值 850 亿元，同比增长 38%；财政收入 60.6 亿元，同比增长 34.3%；固定资产投入 149.8 亿元，同比增长 36%；进出口总额 7.49 亿美元，同比增长 18%；实际利用外资 1.06 万美元，同比增长 18%，连续三年在全省开发区综合考评中列第 4 位，2012 年 10 月经国务院批准升级为国家级经济技术开发区，定名为“石家庄经济技术开发区”。

【投资环境】 基础设施建设方面，按照“一至两年实现新扩区范围基础设施全覆盖”的要求，完成石家庄经开区南部片区 13.77 平方公里控制性详细规划的编制工作，并通过专家论证。道路、管网及排水等配套工程进一步加强，兴业街南延、塔西大街南延至丰产路段等道路工程已正式交付使用，塔东大街（赣江路至南二环东延）和工业大街（南二环东延以北）路段道路及排水工程已基本完工，京港澳连接线全面开工建设，307 国道、丰产路亮化及绿化等工程也已全面完工。世纪大道、太行大街高温管道及中电投至塔西大街、塔西大街至扬子路的铺设工程主体完工。污水处理厂大修工程顺利通过验收，污水处理实现稳定达标排放。

【引资情况】 全年共引进 6 家超亿元项目，分别是总投资 6 亿元的苏宁电器股份有限公司河北地区管理总部及配送中心项目、总投资 13.73 亿元的河北中农博远农业装备有限公司项目、总投资 5.1 亿元的长城食品有限公司二期项目、总投资 2.43 亿元的河北威远动物药业有限公司项目、总投资 3500 万美元的爱尔兰 BIMEDA 制药集团项目等 6 个超亿元项目，其中包括 1 家央企（中农博远）、1 家行业领军企业（苏宁电器）和 1 家外资企业（苏格兰 BIMEDA），平均亩投资强度达到 320 万元，为石家庄经开区快速发展注入新的动力。

【产业布局】 积极争引相关优质产业项目入驻，进一步壮大产业规模，逐步形成生物医药、装备制造、轻工食品、战略新兴等四大主导产业。

生物医药及相关企业达 50 余家，涵盖生物制药、化学制药、医药中间体、中成药、医疗设备、医药包装材料等领域。华北制药集团、石家庄制药集团的主要生产企业和石家庄四药有限公司等知名医药企业在开发区安家落户，主导产品半合成抗生素的生产规模和生产能力居全国领先地位，是我国目前最大的抗生素原料药和粉针剂企业最集中、最密集的生产基地。华药集团华民药业有限公司是生产新头孢系列单体最大的厂家，石家庄四药有限公司的软包装大输液制剂市场占有量列全国第一位，华药集团华胜有限公司的硫酸链霉素、双氢链霉素占世界总量的 65%，石药集团恩必普有限公司研发的丁苯酞软胶囊是具有自主知识产权、治疗预防脑卒中的国家一类新药，开发区形成了医药门类比较齐全、生物产业比较集中的医药产业群和生物产业链，为石家庄“中国药都”建设发挥着重要作用。

机械装备制造企业 40 余家，石家庄动力机械厂、河北太行机械工业公司、河北宏昌天马改装车公司、河北富士华金刚石有限公司、中农博远装备有限公司、石家庄精工化工设备公司、石家庄石特阀门公司、河北浩森不锈钢公司等一批较大规模企业入驻开发区。石家庄动力机械厂是全国矿山、森林专用机车的定点企业，河北太行机械工业有限公司是全国最大的纺织机械生产厂家，中农博远装备有限公司是全国最大的农用收割机生产厂家，河北宏昌天马改装车公司自卸车在华北市场占有较大份额，石家庄石特阀门公司的生产规模位居全国同行三甲，形成了省会周边乃至华北地区最具发展潜力、最具竞争活力、最具影响力的机械装备制造业中心。

现有食品类企业 20 余家，由世界 500 强美国 ADM 公司和新加坡丰益面粉有限公司合资建设的益海（石家庄）粮油工业有限公司，总投资 8 亿元，日加工小麦面粉 2000 吨、花生油 600 吨、棉籽油 1000 吨，是河北省农业产业化龙头企业；投资 6 亿元的青岛啤酒（石家庄）有限公司，年生产 20 万千升优质青岛啤酒、崂山啤酒；由中粮集团和可口可乐两家世界 500 强合资建设，总投资 5 亿元的中粮可口可乐河北厂可年产 9500 万标箱可乐饮品；投资 2 亿元的桃李面包在全国食品行业异军突起，投资 1.2 亿元的石家庄同福食品有限公司，其同福碗粥生产规模和能力居全国第二，占市场分额的 30%；总投资 10 亿元的河北白沙烟草有限责任公司石家庄卷烟厂，年产“钻石牌”优质香烟 60 万标箱。

在发挥优势产业基础上，努力调整产业结构、转变增长方式，大力发展电子、通讯、物流业等信息产业。河冶科技有限公司生产的高速钢、粉末钢居世界领先水平，主要应用于航空航天领域，“神九”飞船关键部件产自河冶科技。四方通讯公司是全国最大的光纤活动连接器生产厂商，并着手在通讯光缆领域进行开发。京华电子LED产品多次获省市优质产品，并成功打入2008年北京奥运赛场，市场份额列全省同行业之首。

【科技创新】 石药集团通过增加研发投入、加快技术创新，实现由原料药主导向创新药和成药为主导的转型战略，从依靠规模拉动转向依靠创新驱动转变，形成从特色原料药到成药制剂的完整生产链条，特别是制剂国际化项目将使石药形成新型制剂、新型专利药以及特色原料药等具有高技术含量、高附加值的产业链；石家庄四药先后投入8亿多元用于技术改造，已取得核心自主知识产权8项，研发出83个新产品，即将投产的现代化制剂车间，依据欧盟标准设计和建设，从原料到生产、出厂，实施最严格的质量保障，项目投产后，新增产能相当于再造一个四药。2012年7月18日，四方通信公司与上海交大签署战略合作协议，双方将合作建设全光网络技术国家工程研究中心，该中心将有效提升河北省乃至我国在光纤产业及相关领域的创新能力。另外，河冶科技、宏昌天马、益海粮油等企业也都通过技术创新、延伸产业链条等方式，有效推动产业转型升级。

【社会事业】 开展消除“零就业”家庭工程，通过加大就业培训力度，不断拓展群众的就业空间。在辖区八村开展了幸福乡村活动，北席、良村被藁城市授予幸福乡村称号，新建多层住宅8栋，建成幸福院6个，图书馆7个，城中村改造工作扎实推进；石家庄经开区及辖区8村为民办的55件大事实事全部及时兑现，完成率100%。

【机构设置及管委会领导】 石家庄经开区管理委员会下设管委办公室、党工委办公室、招商部、经济监督部、农村工作部、经济管理部、规划建设部、财政局、劳动人事局。

石家庄经开区领导班子成员：藁城市委常委、管委会主任马树彦，工委书记李华强，工委副书记、管委会副主任张欣华、马义华、贾书莉、魏振锁、章海东、景建华，管委会办公室主任于瑞华。

（石家庄经济技术开发区管委会）

巴彦淖尔经济技术开发区

【区情概况】 巴彦淖尔经济技术开发区（以下简称“巴彦淖尔经开区”）2012年12月由国务院批准升级为国家级经济技术开发区。2012年实现工业总产值243亿元，实现工业增加值79亿元，实现销售收入228.4亿元，固定资产投资完成30.9亿元，财政收入完成4.2亿元，成为内蒙古自治区重点培育建设的千亿级重点开发区之一。

【产业发展】 农畜产品加工产业，依托本地传统的维信、大兴、双河等绒纺企业，和引进的鲁花、娃哈哈、小肥羊等国内知名企业，以最大限度发掘用好本地优势资源为立足点，做精做细农畜产品加工业，将产品生产加工与地标建设相结合，做大河套地域品牌，带动产业高度集中聚变，形成国家高端绿色农畜产品加工基地。生物制药产业，依托联邦制药、京新药业等上市公司，联手国内外其他知名企业，组团开发玉米、番茄、苦豆和中草药等生物制药资源，合力打造自治区西部最大的生物制药基地。化工产业，依托四川化工控股集团公司等国内先进化工科研生产企业，以大力发展煤化工做实煤产业链为突破口，以水为媒巧妙组合周边煤炭资源，通过口岸、交通等资源通道，联姻蒙古国、鄂尔多斯、新疆、乌海等煤炭富集区，携手实力大、科技强的大型企业，形成中国西部境外资源综合利用最佳配置基地。冶金和装备制造产业，依托西部矿业、北奔重卡等企业，以提高矿产资源的就地转化为切入点，着眼于整合本地富集矿产资源的采选冶炼，拉长变粗有色金属精深加工业，实现铜、铅、锌、铁等矿产资源就地加工转化，连动发展风电机组、单挂重型车组装等装备制造业，做长产业链条，提升产品附加值。电力能源产业，依托临河热电厂、兆鑫生物质电厂，构筑循环经济圈，加强能源支撑建设，完善电力、天然气等能源系统建设，为企业提供充足能源保障，并遵循绿色发展理念，推动建材产业新型化、高效化、生态化发展，实行资源的二次利用，助推地区经济发展和生态文明建设。依托“生态休闲带”和章嘉庙景观湿地，优化区域功能分划，强化基础设施跟进，形成以点筑线、以线筑面的绿化、亮化、美化立体景观布局，构建休闲舒适的综合生活区，建设环境优、功能全、品质高的休闲区、商业区和居住区。

【主要品牌产品】 拥有联邦、维信、圣绒、恒丰、鲁花、京新、金川、富川、科河、小肥羊、美洋洋等一大批国内外知名品牌，累计有效注册商标91件，中国驰名商标2件、拥有内蒙古自治区著名商标9件，巴彦淖尔市知名商标9件，多种工业产品获得省部级以上优质产品称号，主要产品在国际国内两个市场上的知名度和产品的市场占有率不断扩大，产品销往全国各地，并出口欧洲、亚洲等十几个国家。

【科技创新】 拥有自治区级企业研发中心5家，5个市级企业技术中心，3个自治区级科技园，2个创业服务中心，与中国医科大学、中国农科院等60余家科研院所、高校建立长期稳定的科技研发和科技创新关系，联合开发和引进推广一大批新技术、新工艺、新产品，有19项科技成果获得科技进步奖，获得国家授权专利142项。重点项目有：联邦制药（内蒙古）有限公司自主研发的酶法阿莫西林生产工艺，在环保、安全、成本等方面都取得很大的进步与突破，于2011年3月11日正式获得国家批准，成为目前中国唯一一家采用酶法生产阿莫西林原料药的生产商。内蒙古京新药业公司的康复新液是国家中药重点保护品种，2012年被国家科技部评为国家重点新产品，取得1项国家发明专利，蒙药参竹精胶囊取得国家药品批准文号，为国内独家生产，处于国内领先水平。内蒙古富川饲料科技股份有限公司主持的“肉羊绿色高产技术示范与推广”项目被列入国家星火计划，科研成果获全国技术市场金桥奖优秀项目。巴彦淖尔市科河种业公司先后推出四大类20多个自主知识产权的种子。

【招商引资】 坚持把招商引资作为加快经济发展的核心动力和强大引擎，举全开发区之力、举全开发区之智，坚持围绕主导产业和重点项目，发挥招商网站的作用，大力进行重点招商、定向招商和产业链招商，推行公司化招商、专业招商和代理招商，大力调动入园企业老板的积极性，积极推进以商招商、以企引企，鼓励企业主体招商，强化政企合作招商，切实提高招商引资的成功率。目前已累计引进和登记注册项目347项，现有工业企业145户。

【资源节约利用】 转变经济增长方式，通过争取上级项目和资金扶持，引导企业大力推进节能减排；同时不断延伸产业链条，强化企业和产业之间的分工协作，初步形成以农畜产品加工、生物制药、化工、冶金及装备制造、电力、建材六大优势产业为中心的循环经济链。制定循环经济总体发展规划，计划利用5年时间完成开发区农畜产品加工循环产业链、绒纺加工循环产业链和生物制药产业链，冶金及装备制造循环产业链，被内蒙古自治区人民政府确定为内蒙古自治区第七批工业循环经济试点示范园区之一。

【新出台鼓励政策】 一次性固定资产投资5000万-1亿元的生产加工型项目征地安置费、补偿费和报批费按规定缴纳。土地出让金按规定标准缴纳，项目完成固定资产投资的80%时，由财政将土地出让金净收益的50%奖励给企业，用于厂区硬化、美化等基础设施建设。一次性固定资产投资1亿-3亿元生产加工型项目征地安置费、补偿费和报批费按规定缴纳。项目开工后，将相当于实交征地安置费、补偿费资金的50%由财政奖励给企业，用于项目厂区硬化和美化等基础设施建设。一次性固定资产投资3亿元以上的生产加工型项目其征地安置费、补偿费由财政承担50%，企业承担50%。新增建设用地有偿使用费、土地出让金按规定标准缴纳，项目完成固定资产投资的80%由财政将土地出让金净收益全部奖励给企业，用于厂区硬化和美化等基础设施建设。固定资产投资额特别大的项目，报请市政府将上划市本级的土地出让金净收益同时奖励给企业。对于一次性固定资产投资5000万元以上或填补空白的工业项目实行工业项目审批“绿色通道”、工业项目收费“一卡通”制度。在开发区投资新办企业的过程中，所涉及的行政事业性收费项目，除法律、法规规定不能减免外，属国家、自治区和巴彦淖尔市明确规定上缴的行政事业性收费一律按下限收取。开发区管委会可支配的行政事业性收费，执行单位属财政全额拨款的单位收费全免，属差额拨款的单位按收费标准下限减半收取，属自收自支的单位收费标准按下限收取。属于中介机构服务性收费，由政府协调按照最低标准收取（包括土地、规划、环评、水评、质检等方面的规费）。属于国家认定的重点扶持高新技术企业，除按照企业所得税法规定的享受优惠税率外，从其取得的第一笔收入的纳税年度期，前两年免征企业所得税，后三年减半征收企业所得税。软件开发和集成电路设计制造企业，其主营业务收入在70%以上的，从第一笔收入的纳税年度起，按企业实际上缴所得税额，享受“三免五减半”政策。在生产原料中掺有不少于30%的煤矸石、粉煤灰、烧煤炉渣的炉底渣及其他废渣生产建材的企业，经自治区有关部门认定后，实行增值税即征即退政策；利用城市生活垃圾生产电力或生物能制品的，实行增值税实行即征即退政策；利用煤矸石、煤泥、油母页岩和风力生产电力的，实行增值税即征即退政策。

【人才建设】 全面加强党政领导、企业经营管理人才和专业技术人才三支队伍建设，鼓励和支持科技人员来开发区创业，保障高层次专业人才在专有知识、技术专利、科研成果等方面享有知识权益。积极鼓励和支持开发区各机构及辖区企业继续加强与科研院所、大专院校的联系和合作，建立区域技术创新中心、研发中心和创业服务中心，加快创业大厦、标准厂房等孵化资源建设力度，积极搭建孵化器建设服务平台，建设企业孵化基地，加快发展一批企业孵化器、科技评估、工业设计、节能服务等专业化科技服务机构。

【社会事业与文化建设】 从业人数达3万余人，36家企业建立基层工会，拥有会员1.8万多人，被评为市级和谐劳动关系工业园区。在辖区47家企业中建立妇委会，为8000余名女职工提供权益保障服务。辖区内已有小学学校1所、幼儿园1所。累计筹集资助资金174400元，帮扶困难群众、困难职工258人。连续六年开展“金秋助学”等贫困学生捐助活动，筹集扶困助学资金556904元，资助287名新入学大学生顺利踏入高校大门。

【机构设置】 按照内蒙古自治区和巴彦淖尔市有关文件的精神，巴彦淖尔经开区全面处理辖区内的经济事务和行政事务。目前，巴彦淖尔经开区管委会、党工委已设立办公室、党群办、综合经济发展局、财政局、建设局、招商局、人事局、城管执法局、市政维护处、土地与房屋征收局、环保、公安局等内设机构。

（巴彦淖尔经济技术开发区管委会）

其他开发区篇

二连浩特边境经济合作区

【经济发展】 2012年，二连浩特边境经济合作区完成工业总产值35.94亿元，同比增长27%；工业增加值15.86亿元，同比增长24%；从业人员1826人。累计重点项目到位资金16.17亿元，其中当年重点项目到位资金2.12亿元。累计基础设施投资1.27亿元，其中当年基础设施投资5400万元。原木加工量110.63万立方米；水泥生产量240.4万吨，同比增长57%；铁精粉54.37万吨。

入驻企业98户（出口加工区21户，口岸加工区77户）。加工企业居多，主要是木材加工，矿产品加工，建工建材加工和畜产品、食品、服装加工占总产业的3/4，其余为仓储物流、商贸服务等。规模以上加工企业19户，初步形成木材、矿产品、建材、畜产品、食品等加工产业和进口煤炭、矿产品等物流业。

【基础设施建设】 基础设施总投资5400万元，道路总投资4000万元，完成北环路和东一环路的拓宽、罩面8公里；给水工程总投资1400万元，建设东二环和二满线沿线10公里给水管网。工业用水可供1万吨/日、废水利用7000吨/日。电力供应基本满足。浩通物流、嘉友物流运行良好，承担着铁路、公路的主要国内外非国营物流运输业务。益德、大新华等多家新的物流服务企业入驻。经过规划，功能区设置和产业空间分布更趋合理。

【招商引资】 狠抓服务促招商。积极实行服务承诺制推行项目审批“一站式服务”。在具体办事过程中坚持从优、从快、便捷高效的原则，简化办事程序提高办事效率，做好服务工作。对引进的招商项目，派专人对项目实施全程服务，以最快的速度为企业办理项目的前期手续工作。坚持做好投资企业前期项目建设和建成投产后的后期服务工作，及时解决建设和生产中存在的困难和问题。通过召开协调会议、现场调度、个案处理等多种形式，积极创造条件，推进重点签约项目的进展。以对接为契机，推进发展。商务部确定山东省日照经济开发区与二连浩特边境经济合作区结对合作。本着相互尊重、友好合作、优势互补、互利双赢的原则，在招商引资、产业对接、产业项目引进等方面与日照经济开发区进行合作，致力于实现长期稳定全面的友好合作，以提高双方整体发展水平。基于口岸当地水资源较缺乏、生态较脆弱的现状，在招商引资方面更注重对节水型环保型服务型产业的对接引进。狠抓基础设施建设。通过向上争取资金，建设投资大幅度提高。

【领导班子建设】 领导班子坚持民主集中制，坚持“三重一大”原则，认真落实党风廉政建设领导责任制和惩防体系建设。深入推进“作风建设年”活动，结合单位实际，制定严格规章制度，保持机关良好的社会形象。坚持机关日常学习制度。组织干部职工积极参加各类培训班。切实开展精神文明创建活动，积极参与开展“下基层、办实事、转作风”、“联一带三”等活动。制定帮扶计划，班子成员深入各自帮扶联系点，协调解决企业实际问题，帮助社区解决就业问题；深入园区企业调研，帮助园区企业解决融资贷款难、资金短缺和招工难问题。促进企业在困境中的发展。充分发挥职能作用，定期对园区存在的不稳定因素进行排查监控，对群体性突发事件预防处理能力不断增强。安全生产得到有效促进。与信访部门和工会组织密切配合，为园区企业职工解决实际困难。

二连浩特边境经济合作区主要经济综合指标一览表

项　　目	单位	2011 年	2012 年	增减（%）
开发区生产总值	亿元	13.28	16.3	
第二产业	亿元	13.2	16.07	
工业	亿元	12.93	15.86	
第三产业	亿元	0.08	0.23	
工业总产值（现价）	亿元	28.5	35.94	
销售（营业）收入	亿元	28.16	33.88	
第二产业	亿元	28.16	33.88	
工业	亿元	28.16	33.88	
利润总额	亿元	1.11	1.79	
第二产业	亿元	1.11	1.79	
工业	亿元	1.11	1.79	
进出口总额	亿美元	1.35	1.51	
出口	亿美元	0.8	1.03	
新批企业个数	个	6	11	
内资企业	个	6	11	
新批企业投资额	亿美元	1.62	3.66	
内资企业	亿元	1.62	3.66	
固定资产投资	亿元	2.72	2.12	
年末从业人员数	个	2394	2394	
规模以上企业个数	个	18	19	
工业	个	18	19	

（二连浩特边境经济合作区管委会）

上海浦东康桥工业区

【区情概况】 上海浦东康桥工业区（以下简称“康桥工业区”）成立于1992年5月，是上海首批市级开发区之一。近年来，康桥工业园区发展迅猛，经济增速保持在30%以上，2012年，工业区的工业总产值达到1669亿元，成为近年来浦东新区乃至整个上海的高速增长区。截至2012年底，工业区共引进外资企业481家，总投资52.39亿美元，其中世界500强投资的企业近20家；累计引进内资企业2685家，总投资207.95亿元，累计固定资产投入639.88亿元，其中工业固定资产投入301.15亿元。

【产业发展】 以现有产业基础为依托，大力发展以电子信息、汽车及零部件、生物医药、物联网为主导的先进制造业，同时重点发展以总部经济、研发服务、服务外包等为特色的生产性服务业，促进先进制造业与生产性服务业融合发展，带动产业结构不断提升，力争把康桥工业园区建设成为上海一流的先进制造产业园区及生产性服务业示范基地。一是电子信息产业。康桥工业园区结合自身特点，坚持重点发展笔记本电脑、平板电脑、集成电路设计、嵌入式平台、智能手机、信息服务和信息技术应用等6个电子信息产业方面。通过技术创新，推进信息化与工业化的融合；通过软件与硬件的融合、软件开发技术与服务的融合，促进制造与服务相互渗透；大力发展以节能、环保、高效为核心价值的“绿色制造”；稳定推进传统软件技术外包（ITO），重点支持现代业务流程外包（BPO），鼓励探索最新知识流程外包（KPO）；开展电子信息企业自主研发创新示范企业，以建立研发平台、行业平台和嵌入式应用服务平台为重点，培养企业创新发展的各种能力，大力推进IC设计、中间件、以笔记本电脑、网络通信、信息安全为重点领域的嵌入式软件的自主研发和应用，重点支持中国电信园区等集群化特色专业园区建设，以此加快推进电子信息向高端发展。二是汽车零部件产业。康桥工业园区都是与上海安亭、金桥、临港三大整车制造点相配套的汽车零部件制造基地，落户项目遍及整车组装、车用内饰、车用电子系统、汽车座椅、汽车传动轴（纳铁福）、汽车蓄电池、汽车玻璃、汽车控制系统、汽车安全系统、汽车密封件、汽车扭矩系统等各个领域。康桥工业园区重点扶持汽车座椅、传动轴、安全系统、电子系统、转向系统等5大汽车零配件产业领域。同时，吸引有技术含量、产品附加值高的汽车关键零部件的技术中心落户康桥，积极推动落户企业向新型车用动力电池、车用新材料以及汽车电子产品项目研发，鼓励和支持这些重点企业在康桥工业园区的进一步扩张和壮大。实施新能源汽车战略，鼓励企业发展普通型混合动力汽车和新燃料汽车专用部件，加快“产、学、研”相结合的汽车关键零部件技术中心建设。三是生物医药制造产业。康桥工业园区将利用南区拓展区的未开发土地，发展生物医药制造产业，加快扩展南区的基础配套设施和市政基础建设，为承接张江新药研发成果的规模投产作准备，在这个区域根据规划将配合张江高科技园区的研发成果逐步引进生产企业，重点发展抗体药物、疫苗、生物仿制药等新药生产领域，扶持生物医药领域高新技术企业迅速成长，其中包括将在该区域内建造 GMP 厂房用以配套研发和中试，使张江创新活力得到进一步的释放。四是物联网基地。物联网作为后 IT 时代经济发展的发动机，被列入国家重大科技专项，并且与新能源、绿色制造等技术一同被列为国家五大新兴战略性产业。康桥工业园区将在南区规划 79 公顷，辟建物联网基地，加快研发与物联网有关的核心技术，推动物联网及其相关产品、服务的产业化，大力引进和培育物联网系统集成和信息服务相关企业，打造上海、乃至国内具有竞争力物联网技术研发基地。五是生产性服务业。康桥工业区吸引包括 ABB、SABIC、HTC 等在内的企业总部和研发机构 20 多个，其中包括多个全球总部、亚太区总部及国家级、市级研发机构。近年又辟建“上海总部湾”作为发展生产性服务业的集聚区域，并已然成为康桥开发新的热点和亮点：总部湾 A 区占地约 560 亩（37.3 万平方米）。目前已建成 15 万平方米的总部、研发楼宇，其中包括与市科委合作的“孵化基地”项目。该区域重点发展研发产业，包括技术检测、推广、研究与试验发展等。届时，符合条件的入驻企业可享受国家和上海市对于中小型研发生产企业的各项特殊扶持政策。总部湾 B 区紧靠地铁秀沿路枢纽站，占地约 920 亩（61.3 万平方米）。该区域重点发展总部经济，采用生态化、数字化、国际化的管理模式，为国内外企业的总部机构进入上海提供优质平台。目前，一期 220 亩土地完成前期开发。总部湾 C 区占地约 430 亩（28.6 万平方米）。由康桥工业区和漕河泾集团以及临港集团合作开发。吸纳一大批海内外高新技术企业及科研人员，成为各类研发中心和生产中心的集聚地。总部湾 D 区占地约 430 亩（28.6 万平方米）。该区域将主动接受 A 区研发、孵化功能辐射和 C 区“商务绿洲”理念，同时积极发展商务服务业，为包括企业管理、法律、职业中介、贸易经纪与代理等服务行业提供发展空间，打造一流水平的服务高地。

【配套环境】 一是基础设施支撑功能不断完善。道路和桥梁建设不断加快，基本形成网格化道路布局结构；工业区内轨道交通 11 号线、16 号线和 18 号线的周浦站、秀沿路站、秀浦路站等 7 个地铁站也将于“十二五”期间陆续建成通车，将极大地方便区内人流的通行；工业区西康和东康区域供电、供气、供水、污水处理等设施能力已经能够充分满足未来 3—5 年产业发展和居民生活的需要，南区市政配套设施建设也在不断加快；GIS 地理信息系统、宽带互联网、信息服务系统等信息基础设施建设不断加强，智慧城区建设已见成效。二是多层次便捷的居住功能已经形成。根据区域人口结构的要求，经过多年的发展，工业区内既有高中档别墅绿宝园、罗山绿洲、康桥半岛，也有适合工薪族居住的中邦城市花园、康桥老街等居住小区，社区环境优美，金融、购物、休闲、娱乐等社区服务配套健全，能够满足目前 15 万居民及 7 万产业职工的居住需求。三是社会服务功能日趋完善。康桥工业区拥有中国中福会幼儿园、尚德实验学校以及英国学校、美国学校等一批教育理念先进、师资力量雄厚、具有鲜明特色的中小学校和幼儿园，同时还引进中科大上海研究院、建桥学院、中侨学院等一批中高等技术学校和具有较高知名度的高等院校、科研院所进入工业区办学，为工业区员工和社区居民解决子女就学问题提供了较好的保证。工业区内医疗资源以社区为重心，构建镇社区卫生服务中心—社区卫生服务站—村卫生室的卫生服务体系。未来还将大力发展高端医疗服务。工业区内配套有文体设施，康桥文化中心、康桥体育休闲中心等成为群众文化体育活动活跃的场所。四是商业商务功能不断提升。康桥工业区围绕康桥文化中心、康桥大润发和万达广场等商业中心资源打造城市综合体，同时规划在秀沿路、康桥路、康沈路、年家浜路延伸完善商业配套，形成休闲、购物、餐饮、商务服务等功能齐全，能充分满足区域内就业人员和居民消费需求的多功能多能级商业综合体。另外，在商业中心区域假日酒店、洲际酒店、博雅酒店、豪申酒店4家五星级酒店已经陆续落户或建成，在满足本区域商务需求的同时，还有能力承接部分迪士尼项目的溢出需求。

【企业服务】 在企业服务方面开展大量工作，通过多元途径采取各种方式想方设法为企业排忧解难，营造和谐良好的园区环境。一是成立专门机构、搭建企业服务平台。为充分发挥康桥工业区“心系企业，热诚服务”的优良传统，园区搭建起企业服务的四大平台，即为加强与工业区内规模企业联系，及时了解企业需求而专门成立的规模以上企业联系制度；加强对园区内重点纳税企业服务工作的纳税大户服务制度；工业区商会及以园区主导产业，电子信息及汽车零部件产业为主的各行业协会，并且开展包括设立热线电话、搭建网络平台、建立服务台账、开展满意度测评等在内的一系列工作。二是举办各类培训，提高企业管理水平。长期以来，康桥工业区一直为企业提供各类免费的业务、政策培训，如政策法规培训、财务管理培训等，以帮助企业规范日常运作，降低生产经营风险。近3年来，园区为各入驻企业组织50多次相关培训，培训范围涵盖财税、海关、新区政策及安全生产等各个领域。三是加强政策引导，支持企业技术创新。首先，加大政策宣传。园区大力宣传普及国家、上海市和浦东新区支持企业创新的有关政策，并针对不同企业、分批次专门组织企业技术创新相关政策的说明会，让企业了解政策，在生产经营中自觉努力地进行技术创新，同时对于园区内一些规模较大的代工企业，我们也加强沟通交流，引导其加大研发投入，如园区内电子信息产业的重点企业威宏电子，目前正致力于打造有自主知识产权的品牌。其次，为落实好国家及上海市各项支持企业技术创新方面的政策，我们积极帮助企业申报高新技术产品，使企业真正能够享受到技术创新带来的政策优惠。最后，对于一些重点项目，如世界500强企业在中国乃至亚太地区的研发中心项目的落户，园区通过与政府各部门协调，专门开通绿色通道，尽可能为项目落地提供方便。四是建立融资平台，缓解企业资金需求。面对企业融资需求，园区以打造企业融资平台为目标，积极调动多方力量整合商业银行、信用担保公司、投资公司、小额贷款公司等融资机构，争取形成融资平台政策和操作方案，保障企业的资金需求，为企业做大做强保驾护航。一方面帮助企业与银行牵线搭桥，如在项目引进的过程中，主动让各大银行代表参与其中，向银行推荐优秀企业；另一方面园区时刻关注各项有关融资贷款的政策，及时了解，并第一时间向企业通报，并积极帮助企业申请。除此之外，针对一些企业在生产经营中资金周转上的特殊困难，园区根据实际情况作出切实的帮助。

【管理机构】 上海浦东康桥（集团）有限公司是康桥工业区的开发主体，集团内部下设“5+1”部门，分别是招商服务部、规划建设部、资产财务部、党群人事部、行政管理部以及审计法务室。集团还包括周康房产公司、康桥建设工程有限公司、巨硕投资管理有限公司、康桥先进制造技术创业园有限公司等十余个从事开发经营的直属公司。

上海浦东康桥工业区主要经济综合指标一览表

项　　目	单位	2012年	2011年	增减（%）
开发区生产总值	亿元	322.1	292	10.31
第二产业	亿元	308.9	279.9	10.36
工业	亿元	307.6	278.8	10.33

续表

项　　目	单位	2012 年	2011 年	增减（%）
第三产业	亿元	13.2	12.1	9.09
工业总产值（现价）	亿元	1669.02	1376.56	21.25
高新技术企业	亿元	502	481	4.37
销售（营业）收入	亿元	1804	1488.24	21.22
第二产业	亿元	1678	1376.69	21.89
工业	亿元	1669	1375.69	21.32
第三产业	亿元	126	111.55	12.95
利润总额	亿元	103.65	87.22	18.84
第二产业	亿元	80.8	68.12	18.61
工业	亿元	78.55	66.12	18.80
第三产业	亿元	22.85	19.1	19.63
进出口总额	亿美元	333.5	235.7	41.49
出口	亿美元	179.75	140.16	28.25
财政收入	亿元	16.68	14.34	16.32
财政支出	亿元	14.41	11.98	20.28
新批企业个数	个	630	581	8.43
外商及港澳台企业	个	20	21	-5
内资企业	个	610	560	8.93
新批企业投资额	亿美元	8.25	5.44	51.65
外商及港澳台企业	亿美元	1.8	1.8	0
内资企业	亿元	33.63	15.99	110.32
增资企业	亿美元	1	1.05	-5
合同外资金额	亿美元	1.19	1.11	7.20
外商实际投资	亿美元	0.94	0.86	9.30
固定资产投资	亿元	80.15	66.17	21.13
年末从业人员数	个	69950	68505	2.11
在岗职工数	个	69950	68505	2.11
在岗职工平均工资	元	55000	52500	4.76
规模以上企业个数	个	230	230	0
工业	个	167	167	0
万元 GDP 能耗		0.13	0.14	-7.14

（上海浦东康桥工业区管委会）

江苏海门经济开发区

【区情概况】 2012年，江苏海门经济开发区（以下称“海门开发区”）以建设“创新之城，实力园区”为发展目标，紧扣“科技引领、特色园区、重大项目、经济质效、园区形象”五大抓手，突出“转型升级、产城融合、三区联动”三大重点，突出创新发展，建设一流园区，加快向国家级开发区的宏伟目标迈进。全区实现地区产生总值450.3亿元，同比增长24.9%；财政收入82.9亿元，同比增长33%；实现业务总收入2400亿元，同比增长26.5%；完成进出口贸易总额13.55亿美元，同比增长18%；全社会固定资产投资310亿元，同比增长24%；全年完成注册外资20073万美元，同比增长27%；实际到账外资10689万美元。江苏省委书记罗志军视察海门经济开发区，对开发区的园区建设和项目建设给予充分肯定。2012年在省商务厅组织的江苏省开发区科学发展综合评价中，海门经开区综合得分蝉联省级开发区第一名，继续保持全省领先位置。

【产业发展】 坚定不移实施产业升级转型工程，以特色园区为引领，重大项目为支撑，强化科技创新，园区产业呈现出先进制造业和现代服务业齐头并进、大企业培育和微小企业进规模同步发展的良好格局。特色园区加速壮大。海宝工业园已完成固定资产25亿元，冠达尔钢构、宝钢磁业顺利投产，实现产出；宝钢精密钢丝已竣工，设备正在调试。海宝工业园正向钢材延伸加工、物流产业、循环经济产业发展，后续项目正在加紧筹备。宝钢物流建设正在紧密推进，内河码头水上工程基本完成，省级装备制造产业园不断壮大，沿江片区重工装备制造基地已初显形象。海新重工、中远重工、亚洲新能源等一批项目加快推进，将陆续竣工投产。謇公湖科教城复旦科技园与江海大厦初步形成“点”“面”开发协同发展的开发状态。复华高新园正在加紧规划，重点发展电子信息、新材料、环保科技、生物工程等产业的科技研发和教育培训，部分项目已开始基础建设。

【科技创新】 始终坚持以科技为支撑，以人才为基础，大力吸引技术含量高、经济效益好、市场前景广的项目进驻，同时，引导、鼓励和推进区内企业与科研机构产学研合作，全面推进全区经济转型发展。开发区实现高新技术产值85亿元，占规模工业总产值的46.3%，新创建国家级高新技术企业3家，博士后工作站1家，获国家级科技创新奖励企业4家，获江苏省科技创新奖励企业2家，获江苏省重点新产品奖励的企业5家，企业新设立独立研发机构16家，其中1个为省级研发机构，3家为南通市级研发机构。与国内高校、研究所签约产学研合作项目21个，其中15个项目已正式实施。新申报专利218件，其中发明专利141件。新创江苏名牌1个、南通名牌2个。

【招商引资与利用内、外资】 组织和参与各类中、小型投资说明会及其他各类招商活动20多次，其中组织参与市级重大招商活动近10次，包括赴韩国、新加坡、香港及国内重点城市进行专题招商，面向驻华机构、知名园区的定向招商以及借助金花节、港洽会、沿海开发恳谈会等节会招商等。全年接待各类中外客商150多批次，接待各类客商600多人。签约合同项目31个，总投资达160亿元。其中注册入驻江海商务大厦项目17个。实现注册外资20073万美元，实际到账外资10689万美元。引进内资企业25家，总投资达30亿元。

【城市建设】 全年累计投入建设资金8亿元，新开工市政项目7个，建设道路总长度8000米，铺设管道6300米，安装路灯1014盏，埋设电缆及保护管50千米，完成海宝路、深圳路、珠海路等交通设施工程。全年共迁移、架设各类电力线路约20千米，铺设天然气管2500米，铺设水管2400米，铺设通讯管道1000米。实施了海宝工业园、謇公湖周边、生活配套区等绿化工程，全年共种植绿化约42万平方米。委托国际、国内知名规划设计公司重点编制设计滨江科教城产业规划，滨江科教城謇公湖详细规划、滨江科教城水系规划、圩角河景观规划、滨江科教城植物园景观规划。完成海宝路、九江路、川江路、苏州路道路绿化规划。

【人才建设】 引进本科以上各类人才1000多人，其中属国家千人计划人才3人，博士集聚计划人才2人。帮助企业申报科技研发中心等创新平台，为人才引进和成长创造良好的环境。全年申报省“双创计划”人才2名，省“创新团队”1家，省“高技能人才”2名。与人才服务专业机构合作，定期把企业人才需求的调研情况向人才服务机构通报。通过引进高新技术项目，来吸引和集聚人才。

【社会事业与文化建设】 为区内3778人办理新型农村养老保险续保手续，为3887人办理了享受基础养老金的相关手续。开展了“一日捐”、“爱心包裹”、“手拉手”爱心助学行动、“圆梦行动”等扶贫帮困活动。发放农资综合补贴130万元，渔民休渔期生活补贴和渔船柴油补贴60万元；全区惠农政策落实率达100%。完成城乡供水一体化工程，全区新管网全部通水。新建农路2条1800千米。全区计划生育率达100%，流动人口管理服务率达85%以上，各类指标均符合上级计生部门的要求。全区中小学教育保持全市领先地位，居民参加医保率达100%。全年组织开发区文化广场演出30场，组织机关演讲比赛8次，开展各种规模的文体活动100多次。

【机构设置与管委会领导】 2012年12月25日海门市委、市政府《关于海门市行政区划调整后机构设置实施意见》明确，海门经开区与海门市人民政府滨江街道实行“区街合一”的管理体制。党工委、管委会设9个内设机构，分别为：办公室、党群工作部、财政局、招商局、港口经济管理局、规划建设局、企业发展局、农村和社会事业局、政法综治办公室。滨江街道下设三个中心社区，分别为：滨江中心社区、謇公湖中心社区、三和中心社区。

党工委、管委会领导：党工委副书记、管委会主任尹平，党工委副书记、管委会常务副主任江永军，管委会副主任葛友林，管委会副主任卢健，党工委副书记王泽民，纪工委书记孙学忠，管委会副主任张峰，管委会副主任陆金田，管委会副主任施锦平，管委会副主任王一兵，管委会副主任宋军，管委会副主任王炎，管委会副主任施慧新，党工委委员苏建荣，党工委委员张裕兵。

江苏海门经济开发区主要经济指标一览表

项　　目	单位	2011 年	2012 年	增减（%）
开发区生产总值	亿元	360.7	450.3	24.9
第二产业	亿元	238.5	272.8	14.4
工业	亿元	219	250.5	14.4
第三产业	亿元	118.6	172.8	45.7
工业总产值（现价）	亿元	1201.1	1393.6	16
高新技术企业	亿元	363.1	473.2	30.3
销售（营业）收入	亿元	1897.1	2400.2	26.5
第二产业	亿元	1254.7	1454.1	15.9
工业	亿元	1189.7	1379.6	16
第三产业	亿元	623.7	921.7	47.8
利润总额	亿元	128.4	162.9	26.9
第二产业	亿元	88.4	102.5	16
工业	亿元	83.8	97.3	16.1
第三产业	亿元	37.6	55.3	47.1
进出口总额	亿美元	12.43	13.39	7.8
出口	亿美元	8.41	9.15	808
财政收入	亿元	62.2	80.9	30
税收收入	亿元	50.2	66.8	33.1
财政支出	亿元	32.6	42.2	29.4
新批企业个数	个	78	107	37.2
外商及港澳台企业	个	11	11	0
内资企业	个	67	96	43.3
新批企业投资额	亿美元	42.1	53.2	26.4
外商及港澳台企业	亿美元	1.58	2.01	27.1
内资企业	亿元	31.4	39.5	25.5
增资企业	亿美元	0.61	0.64	4.9
合同外资金额	亿美元	1.58	2.01	27.1
外商实际投资	亿美元	1.01	1.07	6.3
固定资产投资	亿元	249.8	310	24.1
年末从业人员数	个	73012	91096	24.8
在岗职工数	个	70615	88360	25.1
在岗职工平均工资	元	42354	48578	14.7
规模以上企业个数	个	438	489	11.6
工业	个	221	246	11.3
万元 GDP 能耗		0.14	0.13	-9.8

（江苏海门经济开发区管委会）

山东平度经济开发区

【区情概况】 山东平度经济开发区（以下简称“平度开发区”）着眼于企业高端、高质、高效发展方向，突出“大企业引领、大项目带动”，全面提高工业经济整体素质和核心竞争力，有效地增强区域经济综合实力。目前，已有海尔冰箱、青岛啤酒、三莹电子、淄柴博洋、中瑞物流器械、诚汶电子、中莹电子、三元色服装、泛高服饰、太阳石植物油、金龙包装、华仁钢业、华威五金、雅能都化学、格力食品等一批投资过亿元的内外资大项目落户开发区。截至2012年底，进区项目2530个；投产企业2012年实现工业产值267亿元，实现地方财政收入9.15亿元，出口创汇5.77亿美元。2012年，开发区先后引进日本三菱化学雅能都化成增资扩能项目、大唐集团“金太阳”光伏发电项目等世界500强和国内500强项目5个；新签约总投资10亿元的凯州专用车项目、15亿元的国际金融广场等过亿元项目10个；年内金龙包装、荣花边等10个项目实现增资近3亿元。

【项目建设】 2012年新开工项目16个，总投资207亿元；新开工面积58.92万平方米；续建项目11个，新竣工投产项目10个。其中，总投资24亿元的三利产业园一期工程正在进行设备安装和调试，项目建成投产后，年生产节能环保型给水设备20000台（套），可实现销售收入36亿，利税7.2亿；总投资7亿元的20万吨麦芽项目一期制麦塔基础工程已完成，项目达产后，将成为世界上设备最先进、对环境影响最低、能耗最低、效率最高的啤酒麦芽生产基地；总投资15亿元的波尼亚食品工业园项目车间主体钢结构施工已完成；总投资10亿元的凯州专用车项目正在进行车间主体施工；总投资10.5亿元的御金田再生资源项目1号车间及办公楼主体施工完成；总投资6亿元的盛森机械制造项目一期生产车间、职工宿舍及餐厅已封顶竣工。

【投资环境】 一是加快道路管网建设步伐。2012年，累计投入8000余万元，实施7条道路延伸工程和5条道路整修工程，新硬化道路12公里，整修道路10公里，铺设地下雨污水管道35.3公里，全面拉起新拓展区域道路、管网的大框架。二是投资1.6亿元进行供热项目建设，投产后，供汽能力可达400吨/小时。三是投资2500多万元，对世纪大道、海州路等11条道路进行高标准立体式绿化；多方投资400余万元，组织30多个村居进行了进村道路及部分村内道路绿化，年内新增绿化面积15万平方米，初步营造出“城在林中、路在绿中、厂在园中、人在景中”独特园区景观。四是投资为37个村居建设了43处垃圾收集间，实现了村级垃圾集中清运，市容环境整治按要求完成，无乱搭乱建乱放现象。投资近100万元，建设了19处村级文化广场。

【主导产业及主要产品】 一是世界500强企业投资设立的青岛雅能都化成有限公司和青岛菱达化成有限公司。青岛雅能都化成有限公司位于平度市经济开发区同辉一路15号，是日本三菱化学株式会社投资的独资公司总投资3.2亿元，产品主要是用于电动汽车、电脑和手机用的锂离子电池负极材料达产后年产锂电池负极材料2万吨，可实现销售收入7亿元，提高磷片石墨原料附加值6.4亿元、球形石墨附加值4.5亿元。青岛菱达化成有限公司是由日本三菱化学株式会社和明和产业株式会社，与中国青岛泰达碳材料有限公司合资成立的，总投资924.45万美元，主要从事锂电池负极材料的原料生产，产品性能居世界领先水平，年产锂电池负极材料10000吨。二是新兴产业发展情况。新能源材料产业园建成300亩，已投产企业5家，主要依托雅能都化学、菱达化成、泰达石墨等支柱企业，打造亚洲最大的石墨加工、锂电池负极材料生产基地，重点发展天然及人工碳素制品、硅材料、锂电池正负极材料等新能源新材料的研发和生产。预计到2015年实现工业总产值20亿元。主要龙头企业如下：青岛雅能都化成有限公司、青岛菱达化成有限公司、青岛泰达天润碳材料有限公司、晟茂（青岛）先进材料有限公司、力芯（青岛）先进材料有限公司等。三是现代服务业。在城市生活环境建设方面，平度经开区充分发挥位于平度市主城区的区位优势，将开发区融入平度城市规划范围，实现区内产业和新城市二区互动，产业化与城市化相互促进，融现代城区功能于集聚区，强化集聚区城市功能，在项目引进规划重点向强调独栋办公、花园式办公、多元文化办公等办公时尚，满足高智力人才对办公场所“有工作、有生活”的办公潮流追求，建设与工业集聚区相配套的瑞平CBD金融商务中心、上品广场城市综合体以及多种生活小区。同时规划建设开发区机械装备孵化器。总投资1亿元，以上品广场作为机械装备孵化器集中办公地点，青岛盛森铸造有限公司生产车间作为孵化厂区，2012年完成2.88万平方米。

【社会事业】 强化社会管理。不断加强突发事件应急管理，提高预防和应对公共危机能力。深入推进平安平度建设，强化安全生产管理，有效防止和杜绝重特大安全生产事故的发生。加强精神文明建设。进一步加强计划生育、社区管理、文化教育和医疗卫生建设，较好的巩固和扩大文明创建成果，促使全区精神文明建设不断上台阶、上水平。实施社保惠民工程。积极构建覆盖全区的社会保障体系，确保了城乡职工社会保险参保率、城镇居民基本医疗保险参保率达到100%，实现新型农村合作医疗保险、新型农村社会养老保险无缝覆盖。建立健全翼护弱势群体的社会救助体系，构建残疾人服务平台，搞好残疾人就业、残疾人托养等服务，切实保护残疾人合法权益。

【机构设置】 平度经开区管理委员会（2012年升格为正县级）是平度市人民政府派出机构，受平度市政府委托全面管理开发区的对内、对外事务。根据“精简、统一、高效”的原则，设立精干的行政管理机构。管委会下设党政办公室、财政审计局、经济发展局、土地建设局、社会事务工作局五个正局级机构，劳动就业服务中心、环卫园林管理处、计划生育办公室三个股级事业单位。税务、工商、公安、司法、环保等政府有关行政部门在开发区设立工作机构，派出工作人员管理本部门、本单位委托的有关事务。

山东平度经济开发区主要经济综合指标一览表

项目	单位	2011年	2012年	增减（%）
开发区生产总值	亿元	70.41	113.99	61.89
第二产业	亿元	57.28	71.56	24.93
工业	亿元	53.49	62.02	15.95
第三产业	亿元	10.5	37.9	260.95
工业总产值	亿元	197.54	266.61	34.97
高新技术企业	亿元	71.24	122.78	72.35

续表

项　　目	单位	2011 年	2012 年	增减（%）
销售（营业）收入	亿元			
规模以上工业	亿元	187.12	267.7	43.06
第三产业	亿元	35.62	125.49	252.30
进出口总额	亿美元	6.88	8.62	25.29
出口	亿美元	4.68	5.77	23.29
公共财政预算收入	亿元	4.59	9.15	99.35
新批企业个数	亿元	187	416	122.46
外商及港澳台企业	亿元	31	15	-51.61
内资企业	亿元	156	401	157.05
新批企业投资额	亿美元	7.77	10.06	29.44
外商及港澳台企业	亿美元	2.8	3.94	40.71
内资企业	亿元	31.35	38.55	22.97
合同外资额	亿美元	1.28	2.11	64.84
外商实际投资	亿美元	0.77	1.14	48.05
固定资产投资	亿元	91	140.88	54.81
年末从业人员数	个	46625	77276	65.74
工业	个	118	140	18.64
万元 GDP 能耗	亿元	0.432	0.4254	-1.53

（山东平度经济开发区管委会）

安徽六安经济开发区

【经济发展】 2012年，安徽六安经济开发区（以下称“六安开发区”）全年实现规模工业企业总产值127.3亿元，同比增长24.8%；规模工业增加值33.3亿元，同比增长20.2%，总量居全市第5位、增幅第1位；完成全社会固定资产投资48.9亿元，其中：工业项目投资36.9亿元，同比增长21.8%，总量居全市第3位；外贸进出口首次突破1亿美元大关，达到11427万美元，同比增长51.4%，总量居全市第2位、增幅第3位。

【投资环境】 六安开发区基础设施日益配套，构成“五纵七横”的交通框架，水电、排污、绿化、亮化等配套工程同步推进。2座11万千伏变电所和日供水5万吨的自来水厂投入使用。区内设有六安市科技创新企业孵化器、中科智能中小企业创业中心等一批为中小企业创业发展服务的平台，以及工行、建行、农行、中行、徽行等金融分支机构。建立健全安商服务机制，为投资者提供“一站式”、“一条龙”服务，全力实现“服务零缺陷、满意在园区”的目标。

【招商引资】 全年新引进项目19个，其中亿元以上项目14个，到位境内资金65亿元，同比增长28.6%；实际利用外资1818万美元，同比增长17.7%。

【科技创新】 科技创新成效显著。高新技术企业达到17家，高新技术产品56个，专利授权量241件、总量居全市第3位。

【全国500强投资企业】 一是安徽星瑞齿轮传动有限公司。江淮汽车集团投资企业，一期总投资3亿元，年产汽车变速器50万台，2012年实现产值10亿元。二是华润雪花啤酒（六安）有限公司。华润集团投资企业，一期总投资2.96亿元，设计规模年产啤酒40万千升，2012年实现产值2.5亿元。三是安徽冀东华夏专用车有限公司。唐山冀东物贸集团有限公司（庞大集团）和安徽江淮汽车（集团）有限公司共同投资3.5亿元，建设年产1.2万辆专用汽车项目。

【央企】 博微长安科技园。中国电子科技集团第38所投资兴建，总投资4.3亿元，生产军品、民品科技产品，2012年实现产值7.9亿元。

【区内主导产业】 形成五大产业板块。一是先进装备制造业。2012年实现产值22.9亿元，代表企业星瑞齿轮、博微长安、冀东华夏、瑞普数控。其中，瑞普数控投资1.5亿元，建设中高档数控机床制造项目，2012年实现产值1亿元，税收400万元。二是轻工纺织业。2012年实现产值71.3亿元，代表企业索伊电器、艾莱依服饰、宝利嘉纺织。三是新型建材业。2012年实现产值17.8亿元，代表企业长江精工、伟宏钢构、墙煌彩铝。四是战略性新兴产业。2012年实现产值15.3亿元，代表企业石斛产业园、中视在线。五是现代服务业。代表企业曙光铂尊大酒店、金领欢乐世界、金太阳国际汽车城、联盛国际商业广场。

【社会事业】 完成“村改社区”工作，民生工程共投入财政资金1亿元，新开工建设公租房1200套。城镇居民可支配收入达到19369元，同比增长13.3%。城乡居民社会养老保险实现全覆盖，新农合参合率达100%。人口计生工作和教育卫生事业扎实推进。

【机构设置与管委领导】 六安开发区内设职能局室7个，分别为工委管委办公室、经贸发展局、财政局、国土资源分局、规划建设局、社会发展局、招商局。监察局和中共六安经济技术开发区纪律检查工作委员会合署办公；安全生产监督管理局并入经贸发展局。

管委领导职数5名，其中主任1名，副主任4名。工委领导职数7名，其中书记1名，委员6名。分别是：工委书记、管委主任周耀，工委副书记、管委副主任吕进，工委委员、管委副主任熊伟，工委委员、管委副主任陈静敏，工委委员、纪工委书记吴卫平，工委委员、管委副主任闫浩滨，管委副主任（挂职）潘攀，工委委员、工委管委副主任王燊。

安徽六安经济开发区主要经济综合指标一览表

项目	单位	2011年	2012年	增减（%）
开发区生产总值	亿元	50	65	30
第二产业	亿元	28	35	25
工业	亿元	27.05	33.3	23.10
第三产业	亿元	22	30	36.40
工业总产值（现价）	亿元	103.55	127.25	22.90
高新技术企业	亿元	41.42	65.12	57.20
销售（营业）收入	亿元	161.99	193.44	19.40
第二产业	亿元	112.31	129.72	15.50
工业	亿元	101.92	127.25	24.90
第三产业	亿元	49.68	63.72	28.30
利润总额	亿元	3.7	4.5	21.60
第二产业	亿元	2.8	3.4	21.40
工业	亿元	2.6	3.3	26.90
第三产业	亿元	0.9	1.1	22.20
进出口总额	亿美元	0.87	1.13	28.86
出口	亿美元	0.75	1.03	37.74
财政收入	亿元	7.76	9.61	23.89
税收收入	亿元	7.76	9.61	23.89
财政支出	亿元	2.57	4.26	65.70
新批企业个数	个	95	56	-41.05
外商及港澳台企业	个	1	1	0
内资企业	个	94	55	-41.49
新批企业投资额	亿美元	11.94	12.5	4.64
外商及港澳台企业	亿美元	0.35	0.3	-14.29
内资企业	亿元	50.55	65.02	28.63

续表

项　目	单位	2011 年	2012 年	增减（%）
合同外资金额	亿美元	0.11	0.33	192.29
外商实际投资	亿美元	0.15	0.18	18.08
固定资产投资	亿元	44.68	48.9	9.44
年末从业人员数	个人	32000	34000	6.25
在岗职工数	个人	7068	7774	9.99
在岗职工平均工资	元	33784	36486	8.00
规模以上企业个数	个	80	100	25
工业	个	60	80	33.33
万元 GDP 能耗	吨标准煤/万元	0.171	0.158	-7.60

（安徽六安经济开发区管委会）

黑河边境经济合作区

【经济发展】 2012年，黑河边境经济合作区坚持以科学发展观为指导，经过共同努力，圆满完成年初预定的各项目标任务，取得稳定、协调发展的新业绩。全年实现地区生产总值7.42亿元，增长13.7%。其中第二产业增加值实现2.37亿元，增长16.9%；第三产业增加值实现5.04亿元，增长12.3%。规模以上工业增加值实现2.31亿元，增长15.6%。对外贸易进出口总额完成4.55亿美元，增长18.5%。招商引资实际到位资金23.64亿元，增长157.1%。全口径财政收入完成2.18亿元，增长22.4%；其中公共财政预算收入完成1.09亿元，增长29.2%。万元GDP能耗下降3.2%。

【项目建设】 全区开复工项目9项，其中新开工产业项目4项。黑河龙江化工聚乙烯醇大化工项目全年实现投资2.7亿元，一期10万吨电石工程正式投产运营。鸿硕聚乙烯管材项目全年实现投资1亿元，一期1万吨工程投产。合盛光伏多晶硅项目全年实现投资1.9亿元，一期1000吨多晶硅及配套3.5万吨工业硅项目具备投产条件。边境油品储运与炼化综合体项目列入《东北振兴“十二五”规划》及俄联邦《石油化工产品企业名录》，完成了核准前主要准备工作。乾通汽车展示整备中心项目全年实现投资6000万元，完成展示中心、办公楼等工程。鼎盛野生浆果产品开发项目全年实现投资1270万元，具备投产条件。嘉德利汽车4S店项目全年实现投资2000万元，完成厂房和展厅等工程。嘉兴木业木材深加工项目完成场地平整等土建基础工程。煤电化工联营项目经国土资源厅批复同意转让三吉屯探矿权，正在办理相关手续；黑河口岸国际物流园项目于11月1日开工建设。木塑板、磷脂项目启动前期工作。

【对俄合作】 扶持骨干企业发挥拉动作用，推动进出口结构调整和优化。对俄贸易完成2.47亿美元，增长85.1%。龙华电公司全年进口俄电25.26亿度，增长140%，成为我区首个贸易额超亿美元企业。利源达公司获得在俄一汽销售代理权，年出口额增长近5倍。在此基础上，引导企业调整经营思路，协调利源达筹建2万台挂车出口加工项目，力促边境贸易向边境产业合作升级。协助利源达、顺兴公司申报省对俄产业项目，争取政策、资金支持。与俄水电公司开展电力补偿贸易合作，探索新的对俄电力合作路径。在商务部、科技部支持下，与温州开发区开展区区合作，与嘉兴开发区开展结对子活动，推进跨境经济合作区及中俄联合高新区规划编制工作。

【招商引资】 当年新签订产业项目2个，合同签约额为1.15亿元。修订完善全区招商引资工作意见和招商引资优惠政策，建设招商引资信息库，落实招商引资工作方案。赴长三角、珠三角、北京、天津等地广泛开展招商活动，积极寻找合作伙伴开展洽谈对接。认真组织参加“龙港活动周”、“哈洽会”等重要经贸活动，重点围绕对俄进出口加工开展招商引资。利用黑河国际大通道优势，开展物流及保税项目的招商；利用俄罗斯木材资源，开展以木塑原料及木塑产品为产业集群的新型建材产业招商；利用龙、港、澳、台及俄罗斯远东经贸会议机会，开展中俄高新技术合作项目招商。

【园区建设】 基础设施建设完成投资4524万元。其中，内部基础设施开工建设9项，完成投资753万元。外部基础设施配套工程完成投资2309万元。五秀山园区合盛光伏35kv输电设施完工并具备送电条件；二公河园区龙江化工铁路专线工程具备使用条件，220kv输变电所工程已投入使用。完成7.63平方公里开发区管辖范围土地评价、进出口加工产业园区土地地类调查。

【服务管理】 加强环境监管，推进清洁生产审核，园区可持续发展水平不断提升。加强劳动保障工作，维护劳动者合法权益。落实安全生产责任制，推进安全生产标准化建设，完善应急管理体系，开展职业健康体检，保障企业生产安全。优化园区服务，为企业解难题、办实事，营造良好的投资环境。

【财税保障】 加强税源监管，确保税收稳步增长。兑现重点税源和外经贸企业优惠政策资金以及大项目编审费用预算，新增安全生产专项资金预算。推行公务卡制度，提高公务支出透明度。开展部门预算编制改革，提高预算编制精确性和科学性。推进国库集中支付制度改革，规范和完善国库集中支付运行机制。清理财政专户，提高财政资金运行的安全性、规范性和有效性。深化“小金库”专项治理，规范合作区直属部门财务管理。

【机构建设】 圆满完成班子和干部考核考察，充实后备干部队伍，积极推进“双三零工程”，形成人才辈出、生机勃勃的新局面。深化学习型党组织建设，落实省级人才发展试验区要求，健全基层党组织和党员队伍，开展创先争优活动，党员的先锋作用进一步加强。推行“一对一”工会建会模式，组建共青团志愿者服务队，突出实践特色。关心老干部学习生活，建立老干部活动中心。开展建区20周年系列主题活动，增强了干部职工的凝聚力。落实党风廉政建设责任制，深化廉政风险防控机制建设，加强对政治纪律执行情况、重点工作及重大项目的监督检查力度，营造风清气正的发展环境。全年获得市级以上集体荣誉23项，个人荣誉38个。

【机构设置与领导班子】 黑河边境经济合作区机构设置情况为：区级设市委直属的党委和市政府直属的管理委员会，规格为正处级。下设直属正科级部门15个，其中，党政机关部门12个，分别是：办公室、研究室、政治部、财政局、经济发展局、经济合作局、商务局、建设局、环保局、统计局、人力资源和社会保障局、安全生产监督管理局；直属事业单位3个，为五秀山园区管理处、二公河园区管理处、幼儿园。全区共有编制139个，其中公务员80名、事业编制人员49名、工勤人员10名。中省市直驻区单位8个，分别为：审计局、国土分局、国税分局、地税分局、公安分局、工商分局、交警大队、边防大队。

领导班子为：党委书记、管委会主任郭建华，党委副书记、管委会副主任何平，党委委员、管委会副主任、调研员王玉涛，党委委员、管委会副主任、调研员陆海军（2012年12月23日到任），党委委员、管委会副主任马春光（2012年5月28日离任），党委委员、纪检书记姜丽，党委委员、工委主任柴克勤，党委委员、管委会副主任陆颖，党委委员、管委会副主任沈秋辉（2012年12月23日到任），党委委员、管委会副主任刘致全（2012年12月23日到任）。

（黑河边境经济合作区管委会）

伊宁边境经济合作区

【区情概况】 1992年伊宁边境经济合作区经过20年的建设发展，目前建成区面积已由最初的6.5平方公里发展到现在的20平方公里，是全国首家通过ISO14001国际环境管理体系认证的边境经济合作区。近年来，伊宁边境经济合作区在经济发展、产业培育、土地开发、城市建设、容纳就业等诸多方面都取得显著成绩，形成集行政、办公、居住、教育、医疗、商贸物流等为主的城市副中心。

全年实现生产总值34.9亿元，较上年增长19.2%；规模以上工业增加值14.4亿元，增长17.5%；固定资产投资66亿元，增长25.1%，占全市固定资产投资的40%以上；外贸进出口总额4.5亿美元，增长12.6%；公共财政预算收入7.06亿元，增长29.5%，占全市财政收入的42%。

【产业发展】 共有各类企业937家。拥有安琪酵母、阿旺都食品等产值超亿元企业7家，百信蜂业、恒辉陶瓷等超千万元企业28家，拥有安琪酵母、金鹰亚麻等中国名牌产品4个，紫苏丽人、伊源乳业等自治区名牌产品14个；拥有天药生物、紫苏丽人等国家高新技术企业3家，天药生物、百信蜂业等自治区产学研示范基地3家，德康粮油、天宝祥食品等自治区级农业产业化重点龙头企业12家，志诚食品、御极鹿苑等州级农业产业化重点龙头企业16家。初步形成以新天煤化工20亿立方米煤制天然气、庆华煤炭分质综合利用多联产项目为重点的现代能源化工（煤电煤化工）产业，以川宁生物等企业等为主的生物科技（制药）产业，以蓝山屯河型材加工、恒通汇海钢构等项目为代表的新型建材产业，以金鹰亚麻为主的纺织产业，以山东建能、金帝汽车组装为主的机械装备制造业，以百信蜂业等企业为龙头的农副产品加工业等六大产业。2012年7月，边合区被自治区命名为“新型工业化生物产业示范基地”，10月被确定为自治区级两化融合试验区。

【科技创新】 积极宣传科技发展的相关政策法规，制定伊宁边境经济合作区高新技术发展计划和民营企业科技创新激励办法；利用政策，促进产学研相结合，加快高新技术产业发展和传统产业优化升级，逐步建立多元化科技投资体制，建设创新服务体系。拥有安琪酵母、天药生物、紫苏丽人3家高新技术企业，川宁生物、盛康粮油等企业研发中心9家，田利有机肥、天药生物等有机产品认定6家，专利产权近百项，成为加快伊宁市新型工业化进程的主要载体。

【主要品牌产品及产量】 主要品牌安琪酵母公司年生产酵母及酵母衍生物达3.4万吨，产值7.2亿元；乌苏啤酒公司生产各类啤酒4400万升，产值1.2亿元；盛康粮油生产面粉及下游产品6.6万吨，产值2.02亿元；百信蜂业生产蜂产品782吨，产值5100万元。

【招商引资与利用外资】 成功引进了总投资426亿元的庆华煤炭分质综合利用多联产、总投资7亿元的尧柏集团150万吨干法水泥生产、总投资1.2亿元的誉州工业制气等7个重大项目，实现招商引资到位资金88亿元，居伊犁州第1位。成功举办了“2012新疆·伊宁亚欧商贸合作论坛”等系列活动。组织8

家企业参加第十届“哈洽会”，签约总金额1.77亿美元；组织3家企业参加第二届亚博会，签约内联项目7个总金额78.4亿元，外联项目突破1000万美元。伊宁二类口岸全年出口编织袋、百货、家用电器等货物8255吨。

【企业服务】 制定出台《伊宁市投资优惠政策》，进一步提升伊宁边境经济合作区吸引力。按照“新上项目抓开工、续建项目抓进度、竣工项目抓投产”的要求，以服务企业发展为根本，成立6个项目专项小组实行包干服务，重点解决产业项目的水、电、路、用地等问题。以“转作风、优环境、访企业”活动为契机，积极协调，着力解决企业反映的用工、原料供应、贷款融资等方面的问题。启动了1700余人的劳动技能大培训计划。投入200余万元升级改造了综合服务大厅，为群众营造了良好的办事环境。协助51家中小企业获取贷款资金7.45亿元；帮助企业争取各类专项资金1.26亿元。

【园区建设】 投资8000余万元进一步完善园区规划建设，城市品位和整体形象明显提升。高新技术产业园总体规划，道北商贸物流区控制性规划等一批规划编制完成。占地320亩的汉宾公园和占地120亩的总部经济区文化公园均已建成开放。19条重要道路节点，北京路等9条道路人行道完成改造；辽宁路、上海路等4条道路完成罩面；28公里的路沿石完成升级更换；全年种植灌木、草花等395万株，草坪3.3万平方米；道路交通指示牌等绿化美化亮化工作扎实推进。

重点承担霍尔果斯经济开发区伊宁园区的各项基础设施建设任务。全年投入5.6亿元，完成园区勘界、测绘，地籍调查、巴彦岱新镇规划等一批规划的编制工作；启动皮里青河大桥及滨河景观带、日供水25万方的地表水厂、日处理2.5万方污水处理厂等一批基础设施建设工程，初步拉开园区发展框架。

【投融资体制建议】 一是建议推动制定并落实适应园区产业发展的差异化信贷政策。二是建议加强园区金融功能定位的研究，推动建立同园区行政管理相匹配的金融监管体制和多元化银行机构服务体系。三是建议尽快制定中小微企业贷款优惠政策，支持成立园区融资性担保公司，为小微企业融资提供担保，解决小微企业贷款难问题。四是建议支持金融产品和服务创新在园区先行先试。

【人才建设】 不断提高党员干部的凝聚力和向心力。采取“双推双决一述”的干部选拔新模式，选派优秀年轻干部深入招商引资、项目推进、拆迁安置以及信访维稳等一线岗位历练打磨，形成人才到基层锻炼、干部从一线选拔的用人格局，全年共计3名优秀干部从一线选拔到重要领导岗位任职。通过实施人才援疆工作，2012年引进硕士研究生2名；通过公开招聘为园区引进高素质管理人才2名。选派城市规划、园林绿化、招商引资、财税金融等重点领域5名业务骨干赴南京市高新技术产业开发区进行为期3个月的挂职锻炼，为建设创新型园区提供强劲的人才支撑。

【社会事业】 按照“惠民生、促和谐、增亮点、激活力”原则，全年向社会提供就业岗位10637个，建成社区民生坊1个。社会保险缴费企业达283家，缴费扩面1320人。针对弱势群体发放15万余元的慰问品。扎实推行“2+X”工作模式，进一步加强了基层组织建设，实现全区“网格化、单位化、社会化”三化管理全覆盖。以伊宁市“文化活动促进月”为契机，开展“企业文化”专场促和谐文艺演出、“晚报进社区”走进边合区等活动，营造了园区和谐发展的良好氛围。

【机构设置与管委会领导】 伊宁边境经济合作区管委会（工委）为副县级建制，内设各局为正科级。边合区共有办公室、经贸发展局、商务局、外经贸局、规划建设管理局、社会事业发展局（挂党群工作部牌子）、发展研究室、会计核算中心、人力资源部、土地征迁办公室、建筑管理和招投标办公室、绩效考核办公室、纪检监察室等13个内设局势。现有行政编制人员36人，其中正县级1人、副县级2人、正科12人、副科13人、主任科员2人、副主任科员3人、科员4人；机关全额事业编制人员33人，其中事业管理类14人（副科1人、副主任科员1人、科员12人）、事业专业技术类10人和事业工人9人；社区全额事业编制人员6人；市级聘用编制人员28人；编制外聘用人员235人。

霍尔果斯经济开发区伊宁园区管委会主任、伊宁边合区党工委书记侯健主持边合区全盘工作。

（伊宁边境经济合作区管委会）

福州保税（港）区

【经济发展】 2012年，福州保税区引进项目179个，注册资本2.01亿美元，进出口贸易额1.4亿美元，财政收入3.1亿元。福州保税港区固定资产投资7.12亿元，进出口贸易额49.41亿美元，进出区贸易额49.78亿美元，财政收入0.2亿元，港口货物吞吐量506.8万吨，港口集装箱货物吞吐量77.6万标箱。

【投资环境】 一是干部作风明显改善。有力提高干部服务企业的意识和为企业办事的效率。二是窗口服务更加到位。全年为企业办理有关项目审批、变更、进口设备审批、加工贸易审批等200多项，外企年检40多家。三是企业服务更扎实。定期和不定期走访企业、召开企业座谈会，积极协调海关、国检、工商、税务等驻区机构，及时解决企业遇到的困难和问题，促进企业安心稳定生产。四是通关环境更便捷。保税区海关从年初以来不断推进分类通关改革，实现“由企及物”的管理模式，进一步提高了通关效率。同时，不断完善物流监管体系，提升综合监管能力，有效运用风险分析，切实提升查验效率。

【现代物流产业】 2012年新引进福建捷兴、福州昌裕荣、汉城、岩鑫全等8家物流企业，全区物流企业达到82家，全年共为福州市及周边地区企业提供49.78亿美元物流服务。

【文化创意产业】 聚集以蔚蓝广告有限公司、十方文化传播有限公司等为龙头的40家文化创意企业，经营范围涉及现代传媒业、文化会展业、广告创意、咨询策划创意、工艺美术和建设设计等六大行业。

【信息化平台】 信息化平台软硬件建设基本到位，完成福州保税港区口岸物流监控系统、保税业务管理系统、公共信息平台、数据交换平台、公共机房、配套硬件、网络连接建设、智能卡口硬件建设、视频监控报警系统、内外贸隔离监管码头CTMS系统改造、机房整改，2012年11月8日至16日，通过福州海关加贸处牵头的联合测试组的测试，基本满足封关运作的需求。

【福州保税港江阴汽车进口口岸建设】 福州保税港江阴汽车进口口岸主体工程完工，建成专用海关整车监管区30.9亩，国检检测区43.1亩，包括汽车堆场、查验平台、检测实验室、办公楼以及出入区卡口和海关信息化监管系统等。2012年11月29日，福州保税港江阴汽车进口口岸通过福州海关组织的预验收。引进海峡福建汽车物流有限公司、福州保税港国际汽车城有限公司和福建省建州汽贸有限公司等3家汽车进口商和运营商。

【对接武夷山陆地港】 与武夷山市政府签订战略合作协议，共同建设“武夷山·福州保税港商贸中心”。该商贸中心占地200亩，开展商贸服务、国际贸易、保税仓储、物流分拨配送及金融等业务。

【机构设置与管委会领导】 福州保税（港）区是福州保税区与福州保税港区统称，实行“两块牌子一套班子”，由福州保税（港）区管委会统一管理。设有办公室、财政局、经发局、开发建设局、投资促进局、马尾保税区办事处、加工贸易办事处和综合投资服务中心等8个工作部门。其中，福州保税区经济发展局为福州保税（港）区管理委员会的招商机构，负责全区招商引资、业务审批和企业服务工作。

管委会领导：党组副书记、管委会副主任李平（主持工作），党组成员、纪检组长程红梅，党组成员、管委会副主任李克亭，党组成员、管委会副主任黄武闽，管委会副调研员林继红。

［福州保税（港）区管委会］

燕郊高新技术产业开发区

【经济发展】 2012年，燕郊高新技术产业开发区（以下简称“燕郊高新区”）完成地区生产总值266亿元，比上年增长10%；财政收入51.34亿元，增长15%；实际利用外资1.85亿美元，增长76%；工业总产值450亿元，增长19%；工业增加值125亿元，增长12%；固定资产投资212亿元，增长21%。

【投资环境】 燕郊高新区软、硬环境优越，城市基础设施全部实现“十通一平”配套。区内驻有专业科研机构20余家，高等院校8所，拥有一家国家级高新技术创业服务中心，人才荟萃，知识密集。建有行政审批服务中心，实行“一厅式”集中办公、“一网式”协同审批、“一站式”便民服务的运作模式。对区内企业实行“封闭式管理”，全力打造一流的投资服务软环境。整体区域通过了ISO14001环境管理体系认证，绿化覆盖率达到43%，被中国国际跨国公司研究会、联合国全球契约组织、联合国环境规划署评为“跨国公司最佳投资开发区”。

【招商引资】 紧紧围绕战略性新兴产业和高端现代服务业，认真做好项目洽谈和引进工作。2012年，共运作千万元以上项目50家，投资总规模超过300亿元，主要有光环云谷数据中心项目、国际影音演出中心及后期衍生产品加工设计基地项目、宽带光通讯产品生产项目等。组织参加香港投洽会、“5·18”廊坊经贸会、丽水世博会、百家院校进河北、厦门投洽会等一系列经贸洽谈活动，签约项目14个，投资规模近300亿元。

【产业布局】 燕郊高新区始终坚持“产业立区”战略，积极发展高新技术产业，大力推动产业升级，实现产业聚集，形成以电子信息、新能源、新材料、机械制造、生物医药、绿色食品为主的高新技术产业和以休闲旅游、现代物流、健康医疗、文化创意为主的现代服务业双轮驱动的产业体系，拥有多个中国乃至世界之最的龙头项目。电子信息产业拥有计算机非键盘输入系统获得国家科技进步一等奖的汉王制造有限公司，中兴通讯公司投资建设的北方产业基地，以及为航天工程、探月工程以及导航卫星系统提供产品的世维通公司、中国电子科技集团公司第45研究所和远东（三河）多层电路有限公司。新能源产业引进了阳光硅谷、阳光硅峰、汉能全球研发中心、桑宝金太阳能、欧恒太阳能等十余家企业，光伏光热产业发展迅速。新材料产业集聚了日本富士印版、新加坡平易印刷和中国印刷集团3家大型PS版生产项目，已成为国内最大的PS版生产基地之一；超硬材料生产基地拥有冶金超硬材料研究所、晶日金刚石、新石器超硬材料、北极星金刚石等大小企业20余家，已成为国内四大金刚石生产基地之一。装备制造产业引进韩国世原汽车科技有限公司、因派克汽车部件有限公司、长城重机、新宏昌专用车制造等20余家国内外高水平的装备制造企业，产业集群迅速壮大。生物医药产业拥有国内规模最大、条件最优的中药水针剂生产基地神威药业有限公司，生产国家医药处方保密品种的新型现代化中药企业森隆药业有限公司。绿色食品产业有我国农业产业化龙头企业之一的福成五丰食品有限公司，“国家农业产业化重点龙头企业”、“中国企业500强”、“中国制造企业500强”、“中国食品工业十强企业”——汇福粮油集团以及国内一次性投产规模最大的啤酒生产企业华润雪花啤酒（河北）有限公司。旅游休闲产业拥有3个高尔夫球场、2家五星级酒店，正在建设的成功（中国）大广场项目，将成为国内最大的综合性休闲娱乐中心，将建设的港中旅燕郊海泉湾温泉休闲度假项目、航天现代服务业发展区项目，将成为京东地区拥有竞争力的商务休闲中心。现代物流产业已建设汇福粮油现代物流基地。文化创意产业引进时代天华数字出版园、超星数字图书馆等多个文化创意项目。

【科技创新】 三河燕郊新技术创业服务中心在孵企业86家，被河北省商务厅、工信厅、科技厅联合认定为河北省服务外包产业基地，与区内企业合作推出燕郊创业谷、创业城项目。协助有研新材料、中航科技、隧道局二处、蓝洁士、欧伏电气等企业与高等院校及科研院所达成签约项目9个，促进了产学研有效结合。2012年区内企业新增专利117项，共申报各级各类科技计划项目16个，其中科技部2013年国家科技计划备选项目6个，河北省科技计划项目10个。组织企业申报省2013年度国家重点新产品计划项目9项。区内10家企业获得科技部及省级创新基金540万元，落实税收财政补贴达300余万元。

【创新发展】 遵循“调优、调强、调大”的原则，坚持特色化、规模化、集群化发展，实现大企业引领、大项目支撑、集群式发展，形成高端化发展、创新型驱动的产业发展格局，增强产业的集聚效应和规模优势。抓住首都经济圈建设的有利机遇，充分发挥燕郊的区位优势，以积极的姿态，主动对接，加快融入，打造和北京“同城”的理念，在借势京津上取得更大突破。加大对驻京世界500强、中国500强和大型企业、央企及跨国公司的招商力度，扩大视野，拓宽招商渠道和方式，继续引进和储备一批投资规模大、科技含量高、企业效益好、占地少、利税大、前景好的战略新兴产业项目。围绕驻北京的跨国公司、大型龙头企业、总部基地和各类研发中心，大力发展配套产业，促进高新技术和先进制造产业集群的形成和发展，全面融入大北京经济体系。

【社会事业】 教育设施不断完善，华电小学、第六小学幼儿园投入使用，圣屯小学、马起乏小学整体改造初步完成。积极促进社会就业，全年举办综合招聘会32场，11.6万人与用工单位达成了就业意向。扩大城镇居民医疗保险及养老保险参保范围，足额发放城镇低保户的最低生活保障金。开展普法宣传和法律咨询、“阳光义诊”医疗服务进社区、社区志愿者学雷锋志愿服务等系列社会服务，积极组织开展系列文体活动，推进全民健身运动，丰富群众的业余文体生活。

【机构设置与管委会领导】 中共燕郊高

新区工委、燕郊高新区管委是中共三河市委、三河市人民政府派出机构。内设机构 14 个，即党政综合办公室、投资促进局、经济发展局、科学技术局、住房和规划建设局、人力资源和社会保障局、财政局、国土资源局、社会发展局、城市管理综合执法局、园林绿化管理局、市政管理局、机关党委、工会。

管委会领导成员为：工委书记、管委会主任赵普，工委副书记刘炜，工委副书记、管委会副主任白志成，工委委员、管委会副主任王晓东，工委专职副书记杨志东，工委委员、管委会副主任潘进中，工委委员、管委会副主任雷大庆，工委委员、机关党委书记马福增，工委委员、纪工委书记吴春江，工委委员、工会主席荣福兵，工委委员、住房和规划建设局局长郭光东，工委委员、市政管理局局长、总公司总经理纪云峰，工委委员、燕郊镇党委书记王林辉，工委委员、迎宾北路街道党委书记韩亚军，工委委员、科技局局长孟庆功，工委委员、财政局局长史鹏宇，工委委员、党政办公室主任黄云，工委委员、高楼镇党委书记高伟，工委委员、行宫东大街街道党委书记李军。

（燕郊高新技术产业开发区管委会）

云南楚雄经济开发区

【主要经济指标】 2012 年，云南楚雄经济开发区（以下简称“楚雄开发区”）实现生产总值（GDP）36.6 亿元，同比增长 17.8%；实现工业增加值 18.6 亿元，同比增长 19.1%，其中规模以上工业增加值 17.9 亿元，同比增长 18.4%；完成地方财政总收入 6.6 亿元，同比增长 18.8%；地方一般预算收入 4.3 亿元，增长 18.6%；全社会固定资产投资 36.6 亿元，同比增长 31.1%。实现社会消费品零售总额 13.2 亿元，同比增长 19.4%。

【产业发展】 推进生物制药、冶金建材化工、机电制造加工、绿色食品加工和商贸旅游服务业的发展。产业集群度进一步提高，五大产业支撑作用明显发挥。2012 年，五大产业完成产值（产出）83.5 亿元，同比增长 18.6%，实现增加值 21.3 亿元，同比增长 20%，增加值占当期生产总值比重达 58.1%。一是冶金建材化工业增长较快，总量不断扩大，成为推动工业发展的主导力量。2012 年冶金建材化工业实现产值 55.7 亿元，增加值 11.4 亿元，其产值占五大产业总产值的比重达到 66.7%。通过加强与大集团大企业的合作，成功引进并实施滇中有色金属公司年产 10 万吨粗铜、30 万吨酸，云天化股份天腾化工公司年产 80 万吨高塔造粒复混肥、25 万吨转鼓复混肥、25 万吨普钙和拉法基瑞安（楚雄）水泥有限公司年产 60 万吨水泥、昆钢集团 100 万吨新型建材等重大项目；仁恒化肥有限公司和凯龙天泰木业有限公司完成并购重组，建成 20 万吨特种烟肥和 20 万平米实木地板、4 万方集成材生产线。这些项目的实施和建成投产，使冶金建材化工业的产能成倍放大，积淀起较强的发展后劲。二是制药业呈现出良好态势。天然药物产业园区立足省内天然药物和民族医药资源，依托现代生物技术和医药工业科技，充分发挥本州 15 万亩中药材种植基地和基础设施、管理服务、优惠政策等综合优势，构建优良的创业平台，使其成为省内天然药物，现代民族药加工、生产集约化和专业化的重要产业基地，被云南省人民政府批准为国家中药现代化云南基地项目，省级重点医药产业园之一。通过 GMP 认证的制药企业有 6 户，获准生产片剂、胶囊剂、颗粒剂、散剂、糖浆剂、丸剂、合剂、口服液、擦剂、锭剂、滴眼剂、眼膏剂等剂型及原料药、中药饮片的生产许可。天然药物产业园区基础设施承载能力不断增强，企业和项目入园率有较大的提高，产业集聚效应愈加显现，成为楚雄州生物医药产业发展的龙头。园区引进制药企业和项目 21 个。生物制药业完成工业产值 13.3 亿元，实现增加值 4.1 亿元。三是机电制造加工业的产业基础进一步夯实。机电制造加工业实现产值 8.9 亿元，实现增加值 2.7 亿元。四是商贸旅游服务业有长足发展。不断吸引大批商业、住宿、餐饮企业、个体经营户陆续入驻发展，商业网点相继建成。2012 年，全区批发零售业完成商品销售总额 32.6 亿元，实现社会消费品零售总额 13.2 亿元。彝人古镇接待旅游人数 950 万人次，实现旅游收入 471.7 万元。五是绿色食品加工业的成长性开始显现。企业集中度不断提高，目前集聚云南摩尔农庄生物科技有限公司、玛格达同佳绿色食品有限公司、湖北一致魔芋生物科技有限公司、云泉酱园有限责任公司等 11 个企业和项目。2012 年绿色食品加工业实现产值 8587 万元，实现增加值 2004 万元。

【招商引资】 以制度创新为突破口，积极推动管理创新、服务体制创新和机制创新，研究拟定《楚雄经济开发区管委会关于加强招商引资工作的实施意见》、《楚雄经济开发区项目储备包装管理办法》和《楚雄经济开发区招商引资工作考核奖惩办法》，逐步建立了全员招商、领导联系责任、项目推进会议及全程跟踪服务等机制，进一步优化招商引资环境，简化办事程序，规范和强化服务功能，为外来投资者提供优质、高效、快捷的服务。适时调整招商引资工作思路，主动出击，内引外联，盘活存量，优化增量，积极寻求洽谈合作项目，通过网络招商、上门招商、委托招商、以商招商，吸引一批省内外有一定经济实力的企业到楚雄开发区投资兴业，有力促进新形势下全区招商引资工作的可持续发展。全区共实施州外国内招商引资项目 49 项，引进州外到位资金 31.6 亿元，同比增长 55.6%。其中引进省外到位资金 10.84 亿元；工业生产性项目到位资金 19.6 亿元。

【主要品牌产品及产量】 一是云南盘龙云海药业有限公司的“盘龙云海”牌“排毒养颜胶囊、灵丹草颗粒”等系列产品。2012 年，“盘龙云海”被认定为中国驰名商标。二是楚雄老拨云堂药业有限公司的“老拨云堂”牌“紫灯胶囊、拨云锭、拨云复光散、拨云眼膏、加替沙星滴眼液、普乐安片、田七花叶颗粒、宁心宝胶囊”等 20 个系列产品。2011 年，“老拨云堂”被认定为中国驰名商标。三是云南摩尔农庄生物科技开发有限公司的“摩尔农庄”、“乐尼白”牌功能性饮料系列产品，随着年产 14 万吨有机核桃乳加工建设项目的即将建成，生产规模可达年产 20 万吨，实现年销售收入 30 亿元。四是楚雄云泉酱园有限责任公司的“云泉酱园”牌“云泉豆瓣、云泉腐乳、云泉辣椒”等 26 个系列产品，年产量 4000 吨。五是云南楚雄东宝生物资源开发有限公司的“东宝一捏脆”牌核桃系列产品，干果年生产能力 3000 吨，核桃油年生产能力 80 吨。全区共有云南省著名商标 11 件，中国驰名商标 2 件。

【科技创新】 加快以自主创新为主的核心竞争能力建设与培养，迅速培育起一批具有自主知识产权、根植于楚雄的创新型企业。区内拥有省级认定的高新技术企业 4 家。自 2006 年至 2012 年底，全区拥有国家知识产权局正式授权的专利 303 件，其中发明专利 22 件、实用新型专利 96 件、外观设计专利 185 件。

【投融资建设】 充分利用楚雄城建投资

开发有限公司、开发区工信投资开发有限公司、楚雄苍岭工业建设开发投资有限公司3个融资平台公司，不断加大资产注入工作力度，做实公司资产，使楚雄城建投资开发公司顺利被省银监局认定为全覆盖政府融资平台，融资能力得到进一步提高。不断拓宽融资渠道，在国家宏观政策调整，银行贷款难的形势下，通过土地储备贷款方式完成银行融资1.2亿元；创新融资方式，积极探索信托、基金、私募等新型融资方式，发行楚雄州历史上首个信托理财产品，募集资金2亿元。健全和完善政银企联席会议制度，搭建良好银企合作平台，7家金融机构与区内企业签订超过6亿元的贷款框架协议。把向上争取资金工作作为一项重要工作进行安排部署、任务分解、责任落实、考核奖惩，激励各工作部门认真研究政策，提高规划编制和项目包装质量，努力向上争取资金、项目和政策支持，着力破解园区建设资金短缺难题。2012年，全区共争取向上项目资金支持1950万元。

【资源集约利用】 一是着力加强宏观调控。根据省政府批准的开发区面积，严格按照总体规划，分步开发利用的原则，认真做好土地利用总体规划的调整修编，提高土地利用的集约化水平，切实做好土地开发利用总体规划与开发区建设发展规划、工业园区建设规划、功能区域建设规划、产业发展布局和重大项目建设等方面的衔接，统筹协调区内各行业的用地需求，保障发展建设用地。二是协调各部门的关系，保障土地资源的高效、集约、合理利用和开发区经济社会的可持续发展。三是统筹安排，突出重点。优先满足符合楚雄经开区主导产业发展方向、重大建设项目的需要，保障重点产业的发展。四是健全完善土地有偿转让机制。不断健全土地管理制度，提高管理水平，充分发挥土地资源的经济价值。五是盘活土地存量。认真抓好现有土地资源的挖掘调整，对闲置土地、已审批而未动工建设占用土地的项目，依法进行清理整顿，加强协调和引导进行土地置换或项目嫁接。六是注重提高土地单位面积投资强度，按照投资额核定供地面积，防止项目和企业片面追求对土地占用的速度和规模。适度提高项目的投资强度、投入，有力地促进土地的节约集约利用。建成城镇建设用地697.05公顷，占整个开发区土地69.77%；已建成农村建设用地84.42公顷，占整个开发区土地8.45%；其他未建成城镇建设土地203.37公顷，占整个开发区土地20.35%；开发区不可建设土地14.28公顷，占整个开发区土地1.43%。

【人才建设】 规模以上工业企业共有经营管理、专业技术、营销人才4180人，占职工总数的29.8%。主要分布在化工、建材、食品、制药、机电等五大支柱产业园区内。

依托两个院士工作站共引进我国生物医药产业领域的著名专家学者36名，其中院士5名，教授（博导）27名、高级研究员（博导）4名。2012年10月，由云南极粹生物科技有限公司引进的王鹏博士获2012年云南省高端科技人才引进计划资助，这也是2012年度获得云南省高端科技人才引进计划资助的唯一企业引进人才。

【社会事业】 大力推进各项社会事业全面发展建设，努力构建和谐稳定的城市环境和适居的人文环境，形成经济繁荣、社会稳定的良好局面。大力加强名优学校建设，大力改善办学条件，提升教学质量，办学效益大幅增强，得到了广大人民群众和社会各界的一致认可。持续加强精神文明建设，依托区内大型市民广场、电影广场、龙川江沿畔等公共活动等平台，常年组织开展寓教于乐的文化娱乐活动，努力打造江岸文化，在丰富人民群众的业余文化生活的同时，较好地宣传党的方针、政策，文化工作在服务经济社会发展中的作用得到充分发挥。大力推进新型农村合作医疗和农村养老保险试点，全面加强医疗卫生事业建设，坚持为东瓜镇村民无偿代缴新农合保险。

【机构设置】 云南楚雄经济开发区管委

会为楚雄市人民政府领导下的正处级行政机构，为县（市）一级的行政主体，代表楚雄市人民政府对开发区工作实行统一领导和管理。现设有党委、管委会和纪委三套班子，共有领导7人（其中党委一正一副，管委会一正四副，纪委一正由党委副书记兼任）。管委会内设正科级机构8个（党政办公室、财政局、招商局、经贸局、规划建设局、综合行政执法局、社会事业发展局、国土资源分局）；2个州级部门派出机构（州地税开发区分局、州工商开发区分局），市级部门派出机构1个（市公安局开发区派出所）。1个全职能局（开发区国税局）。管委会有工作人员392人，其中正式干部、职工210人（含派出机构108人），聘用职工182人。管委会所属事业单位4个，分别是开发区环卫绿化处、开发区土地储备地产交易管理中心、楚雄城建投资开发有限公司、开发区创业服务中心。

（云南楚雄经济开发区管委会）

广东从化经济开发区

【区情概况】 广东从化经济开发区（以下简称“从化开发区”）位于从化市南部，总控规划面积约39.2平方公里，其中核心开发面积约10平方公里，已完成开发面积约4.5平方公里。辖区总人口45000人。

2012年从化开发区经济社会稳步发展，园区坚持以“三个重大突破”为抓手，转方式、调结构、稳增长、惠民生，园区经济社会继续保持良好的发展势头。全年实现工业总产值268.39亿元，同比增长16.24%，财政一般预算收入22710万元。完成固定资产投资21.21亿元。实际利用外资9100万美元，同比增长156.62%。园区产业结构逐步优化，重点项目有效推进，创新能力得到提升，外经外贸“逆市飘红”，发展后劲明显增强。

【产业发展】 围绕重点，以推进“三个重大突破”开创园区新型城市化发展新局面：一是加快推进产业平台的建设工作。一是扩区工作有序推进。在完成区域环评和规划环评后，按新政策要求已基本完成申报资料的编制，上报市政府呈广州市审批。二是规划设计工作取得新进展。按“二中心，六基地”的组团式开发布局，《现代服务业核心区控制性详细规划》于6月份批准实施，《汽车零部件产业基地控制性详细规划》于7月份完成评审。三是三期的开发建设取得实质性的进展。“先强药业”、“亨龙机电”的土方平整工程进场施工，吕田、良口两个扶贫“双到”项目完成桩基基础建设。

【主要品牌产品及产量】 国际知名名牌：雅芳（AVON）、联合利华、阿斯利康；国内驰名商标或名牌产品：珠江啤酒、索芙特、迪彩护发素、迪彩染烫发剂、莱泰、珍奇味。

【科技创新】 加强科技创新工作，推进现有企业转型升级。从化经开区科协在协助和支持企业开展技术创新做大量卓有成效的工作。为企业申报争取科技创新资金共270万元，申报广州市科技项目11个，省级科技项目1个，新认定广州市民营科技企业7家，申请专利73项，授权专利64项，是从化经开区建区以来申请专利和获得授权专利最多的一年。

【招商引资与利用内、外资】 招商引资工作克服土地指标制约等不利因素的影响，积极破除难题，拓宽招商引资领域，创新招商引资方式，着力引进符合产业园定位的优质项目。2012年共引进项目29个，在办的项目6个，在谈的优质项目26个。2012年，产业园实际利用外资为9100万美元，同比增长156.62%。

【资源集约利用】 根据国家和省、市国土资源部门的部署和要求，组织开展产业园土地集约利用评价成果更新工作，4月底完成成果更新资料，技术单位评估的结果是：从化经开区产业园土地集约度分值为90.05分，土地利用现状达到高度集约水平，符合国家对开发区"布局集中、产业集聚、用地集约"的要求。经广州市专家组评审和省验收组验收均获得通过，并作为今后产业园扩区升级的重要依据之一。

【人才建设】 坚持以干部队伍能力建设为保障，优化作风抓效能，切实提高干部职工队伍综合素质和服务能力。一是深入推进学习型组织建设，加大干部队伍教育培训力度，重点抓好后备干部、急需人才、基层干部等重点对象的教育培训。二是坚持在基层一线培养干部，让年轻干部更多地到项目建设、招商引资等一线锻炼，着力提高干部队伍解决实际问题的工作能力和综合素质。三是加强廉政风险防控，认真执行党风廉政建设责任制，完善廉政预防机制建设工作，构筑"三位一体"惩防体系，扎实开展廉政风险防控管理工作，组织了各部门和全体干部职工全面深入排查风险点，并制定相应的防控措施，提高党员干部的政治、思想、道德和法律素质，努力塑造干部"想干事、能干事、干成事、不出事"的良好形象。

【社会事业】 着力抓好"扶贫双到"工作。扶贫开发配套宿舍楼项目建设进展顺利。目前土建工程已完成验收，招商工作基本完成。屈洞村村道、社会管理服务中心、村委办公大楼和文化广场已完工并投入使用；11条自然村约135盏路灯建设已获得立项审批；39户贫困户已有37户脱贫，24户考核户全部脱贫。着力抓好劳动监察和就业服务工作。建立企业用工信息网上发布平台，举办了4场劳动用工专场招聘会，提供有效用工岗位信息达7000多条，就业咨询人数全年达10000多人，登记就业人数为6000多人，推荐就业约3000人。着力抓好安全生产和整规打假工作。全年对228家企业和46个建筑工地进行安全生产专项整治；并按市安委的要求，落实企业安全标准化22家，企业应急预案备案年内完成100%。着力抓好计划生育管理服务档案工作。组织开展以流动人口为主的计生大检查，顺利通过广州市检查；较好地完成上级下达的计生工作任务，政策生育率100%，节育率100%，查环查孕率100%，独生子女办证率100%，流动人口持证率100%。严格按照档案管理办法的要求，建立健全档案管理制度，提高查询效率和档案利用服务水平。着力抓好精神文明建设工作。

【机构设置与管委会领导】 广东从化经开区管理委员会，属从化市人民政府派出机构，为参照公务员法管理的正局级事业单位，定编49名。内设机构有：党政办公室、人事保卫部、建设规划部、企业管理部、外经招商部、财政所、国土房管分局、科学技术委员会。

2012年广东从化经济开发区管委会党政领导班子名单：从化市委常委、市统战部部长、广东从化经济开发区管委会主任邱永权，正局长级干部林远明，党委书记江裕增，正局长级干部胡容凡，管委会副主任熊进勇，党委委员、纪委书记欧阳小玲，管委会副主任李烈锋、邹立新，党委委员、派出所所长叶烈彪，党委委员曾凡东。

（广东从化经济开发区管委会）

江苏泗阳经济开发区

【区情概况】 2012年，江苏泗阳经济开发区（以下简称“泗阳开发区”）全年实现业务总收入434亿元，工业项目固定资产投资总额92亿元，实际到账外资5337万美元，实现进出口总额6亿美元，同比分别增长41%、66%、177%、46%。全年实现财政总收入30亿元，同比增长58%。其中：税收收入19亿元，同比增长34%，公共财政预算收入15亿元，同比增长43%。纳税1000万元以上企业7家，500万—1000万元企业11家。

【载体建设】 实现供热（汽）配套；城东污水处理厂、来安污水处理站顺利交付使用，全年铺设污水管道16.22公里、工业自来水管道4公里，污水处理达到一级A排放标准；北京路邻里中心完成主体工程，众兴路商业广场、吴江工业园职工公舍以及配建在阳光水岸的2万平米公共租赁住房全面启动。基础设施建设大提速。全年共开工建设道路26.3公里；中央生态公园全面开工建设，文城路、众兴路道路绿化工程和文城路、众兴路太阳能路灯改造工程顺利完成。居住条件大改善。阳光水岸一期主体工程完工，东方嘉园、丽景雅苑等房地产开发项目全面开工建设，全年房地产开发面积13.2万平方米。

【招商引资】 泗阳经开区与县招商局合署办公，组建三个专业招商局，由管委会直接组织领导，实现由全员招商向专业驻点招商转变。项目数量新突破。签约落户开发区项目共82个，其中亿元以上项目61个（5亿元以上10亿元以下项目4个，10亿元以上项目6个）；开发区主体招商项目37个（亿元以上26个，专业招商局亿元以上12个），全面完成县委、县政府下达的招商引资工作任务。项目质量大提升。对入区项目布局、质量、投资人素质和实力的进行严格评估，精心选择符合产业发展方向的真实项目，引进总建筑面积27万平方米的江苏海欣纤维有限公司（50万吨熔体纺）、一期厂房10万平方米江苏四海伟业纺织科技有限公司等一批重特大项目。项目推进再提速。全年排定的54个开工项目、28个竣工项目全部通过市考核认定和验收。

【企业服务】 4月，成立县企业服务局，与管委会合署办公。企业服务局领导班子以1名县领导（县人大副主任、经开区党工委常务副书记葛习和）任局长，1名县纪委常委（胡维亚）、1名开发区党工委委员（杨晓兰）为专职副局长，从工商局、环保局、国土局、人社局、水务局、来安街道、供电公司等7家单位各派驻1名涉企服务业务负责人为兼职副局长，形成了“1+2+7”的强大箭矢阵型，为企业服务局快速步入正轨、高效落实企业服务工作创建强有力的领导架构。进一步完善企业服务机制和流程，为企业发放企业服务卡，设立企业服务中心和“9688918”企业服务热线，实行“24小时热线受理、一周一次短信征询、半月一次主动随访、一月一次全面走访、一年一次绩效评价”和“分管局长特事急办、局长限时交办、县分管领导会办”工作机制，帮助企业解决实际困难与问题。高质量、高标准地推进全县招引项目推进。

【创新创优】 机制体制创新。泗阳经开区管委会、县企业服务局、县招商局“三位一体”形成合力，保证招商、洽谈、签约、服务以及项目推进等业务流程更加规范、有效。科技创新。实施创新驱动战略，加大政策扶持奖励力度，掀起创新热潮。江苏楠柏玻璃钢有限公司、江苏奇鹰家纺有限公司获批国家高新技术企业，晶鼎电子材料建成省级工程技术研究中心，江苏同辉照明科技有限公司获批省级企业技术中心，泗阳县侨兴棉纺织有限公司获批省清洁生产企业，江苏新创雄铝制品有限公司、江苏吉福新材料有限公司、宿迁市英杰装饰材料有限公司获批省科技型中小企业，江苏雨润集团泗阳福润肉类加工有限公司、泗阳县众能实业有限公司通过ISO14001环境管理体系认证，江苏雨润集团泗阳福润肉类加工有限公司、捷锋帽业泗阳有限公司、泗阳浙阳新型保温防水材料有限公司等19家企业通过ISO9001质量管理体系认证。

【企业培育】 按照“招大引强培植大税源，整合企业培强老税源，兑现政策拓展新税源，优质服务巩固优税源”的工作思路，扎实开展大企业培育工作，明确具体帮办责任人，明确帮办要求（一月两次到企业了解情况，解决困难），明确奖惩措施（帮办责任人各缴保证金3000元，完成奖3000元，完不成扣除），集中会办问题（每月集中会办一次企业发展中遇到的、应由开发区解决的问题），协调解决困难（帮助资金困难企业协调融资，对贷款到期企业解决“过桥”资金），全年新培育规模以上企业25户、销售收入超亿元企业12户、纳税超1000万元企业8家，超500万元企业12家。

【两化融合示范区创建】 形成纺织服装、新能源、装备制造、电子电气、木材加工、绿色食品等六大重点产业，推动信息化与工业化深度融合，扎实推进信息技术在各领域的应用，调结构、抓创新、促转型，新型工业化水平、信息化与工业化融合工作均走在前列，被省经信委授予2012年度“江苏省两化融合示范区”称号，这是“两化融合示范区”创建活动以来，全市第一个获此殊荣的园区，将对泗阳经济开发区推动“二次创业、转型升级”步伐起到积极作用。江苏省勇仕照明有限公司、江苏雨润集团泗阳福润肉类加工有限公司获批省“两化融合”试点企业，使获此称号的企业达到7家。

【知识产权园区创建】 紧密结合实际，大力实施知识产权战略，建立一支高素质的知识权管理队伍，健全知识产权行政管理体制；积极促进知识产权创造，形成一批核心自主知识产权；深入强化知识产权转化运用，形成经济竞争力；努力加强知识产权保护，优化知识产权环境，推进知识产权行政执法机制建设，全年开发区企业专利申报410件，授权213件，位居全市前列，被省商务厅、省知识产权局授予“江苏省知识产权试点园区”荣誉。

【生态工业园区建设】 根据《江苏省省级生态工业园区管理办法》的规定和规划方案的要求，不断创新理念、体制、机制，采取切实可行的措施，把不同工厂、产业联系起来，全面推进生态工业园区的创建工作，着力实现园区经济的协调健康和可持续发展，努力提升经济发展质量和环境绩效，提升园区的综合竞争力，开发区环境质量得到不断提高和改善，获省环保厅、商务厅、科技厅批准，创建省级生态工业园区。

【党群工作】 以非公企业党建宣传月活动为契机，深入实施以“提升非公企业党组织覆盖面和提升非公企业党组织影响力”为主要内容的非公企业党建“双提升”工程，组织开展以“建立一本非公企业党建工作基础台账、排定一张非公企业党组织组建及党员发展计划表、绘制一张非公企业党建网络分布图和培育一批非公企业党建工作示范点”为主要内容的“四个一”活动，豹子头等10家非公企业党组织被确定为非公企业党建示范点；4月，成功承办“泗阳县非公企业党组织组建集中授牌暨党员职工专场招聘会”，为29家新成立的非公企业党组织举行集中授牌仪式，举办“泗阳县非公企业党组织书记暨党建工作指导员培训班”。扎实推进人才招引培育，引进省“双创计划”人才2名，完成市人才集聚计划人才5名，外协专家46名，选送11人赴省“333工程”人才培养基地、省委党校、清华大学、北京大学等地参加学习；新建省级企业研发机构2个、市级企业研发机构27个。全面推进工会工作有序开展，在非公企业广泛开展党、工组织“四统筹一创争”活动。

【领导班子】 泗阳开发区领导班子人员情况：党工委书记顾金成，副书记葛习和、钱向辉、葛明、赵其良、夏前浩、朱群扣、闫如忠、王臻明、史有云，委员周金成、张业奇、刘家新、胡耀军、陈元圣、孙之明、倪晓勇、杨晓兰、薛骅、卜燚、刘万里、赵宝红，管委会主任钱向辉、葛明，副主任刘传林、谢庆斌、刘家新、胡耀军、陈元圣、史有云、赵其良、刘万里、张业奇、赵宝红，县企业服务局局长葛习和，副局长胡维亚、杨晓兰，县招商局局长赵其良、葛明，副局长王颢、樊永亮、赵宝红、秦敢，党委书记王臻明、张业奇，副书记孙之明，委员周金成，纪工委（纪委）书记周金成。

（江苏泗阳经济开发区管委会）

山东聊城经济开发区

【区情概况】 山东聊城经济开发区（以下简称“聊城开发区”）。全区总面积389.4平方公里。辖7个乡（镇、街道）299个行政村（社区）。全区总人口24.9万人，有少数民族村4个共3500人。

【产业发展】 全力构筑九州国际高科园、新能源汽车产业园、化工产业园、生物科技产业园、金属材料深加工产业园、现代物流园、现代农业示范园“一区七园”产业格局。七大特色园区建设进展顺利，入园企业达到330余家，新能源汽车、循环经济化工产业园列入全市四大千亿产业，各产业园区经济总量所占比重达到80%以上，具有较强带动力、竞争力的产业集群逐步形成。2012年全年完成GDP 172亿元，增长13%；规模以上工业企业达到151户，增加20户，实现主营业务收入346亿元，同比增长24%；税收收入16.7亿元，增长23.15%，一般预算收入8.9亿元，增长32.62%，完成税收收入（县级）7.7亿元，同比增长32.99%，占一般预算收入的比重达到86.5%。进出口总额4.7亿美元，同比增长9%，全社会固定资产投资完成123亿元，增长40%，经济发展迈上新的台阶。

【招商引资与利用内外资】 全区共组织召开较大规模的招商会10次，外出专题洽谈59次，接待国内外客商123次，签约项目78个，合同投资额430亿元，66个项目开工建设，实际到位资金80.3亿元，成功引进了投资46亿元的高端装备制造产业园、投资22亿元的无氧铜杆深加工等一批高科技、大投入的优质项目。即将开工建设的日发高端装备制造产业园项目计划投资46亿元，全部建成投产后年可实现利税15亿元。

【主导产业及主要品牌】 着力打造全市产业聚集基地、高新技术研发基地和财源建设基地，全力推进“七园一区”建设。新能源汽车产业园：以中通集团、鑫亚公司等为龙头企业，以发展新能源及节能型汽车为主线，打造千亿产业园区。化工新材料产业园：以鲁西化工为龙头企业，发展壮大煤化工、盐化工、氟化工、硅化工等精细化工和化工新材料产业链条，形成千亿化工产业基地。生物科技产业园：以希杰集团为龙头企业，发展生物科技及医药食品产业集群，形成世界最大的饲料和食品添加剂生产基地。金属材料深加工产业园：发展高端和节能环保型铜铝、钢管精深加工产业，打造有色金属千亿产业园区。九州国际高科园：培育新能源、环保与新材料、生物技术研发产业群体，打造国际一流的高新技术产业和战略性新兴产业发展高地。现代物流园：以公路铁路运输、区域配送、公铁联运、商品交易、物流增值服务为主体功能，建设一流的区域性商贸物流服务平台和产业基地。现代农业示范园：以高科技农业和生态旅游为主要内容，建设集生产、科研、繁育、展示、教育、休闲、观光等功能于一体的高效生态农业产业示范区。综合保税区：规划面积15平方公里，围网面积5平方公里，集保税仓库、转口贸易、出口加工和保税物流于一体。

【投融资建设】 建立“政府引导、企业化运营、市场化运作”的多元化投融资机制，抓政府和企业两个方面的融资。政府方面，依托聊城开发区兴业公司这一融资平台，积极、广泛地开展融资，吸引更多的资金投入开发区的基础设施建设。企业要积极搭建融资平台，加强银企对接，采取组建担保公司、资产抵押、政府贴息等方式，帮助企业破解融资“瓶颈”。积极吸引合作伙伴，合资合股，促进优势企业完善管理结构，做好上市各项准备。

【人才建设】 始终把人才工作作为促进经济社会又好又快发展的根本出发点，贯彻落实全市人才发展规划，围绕产业集聚区建设，振兴七大园区产业集群，积极引进高层次人才、紧缺人才和实用技术人才，初步形成以党政人才、企业经营管理人才、专业技术人才为主体，包括高技能人才、农村实用人才在内的具有一定规模、门类比较齐全的人才队伍。聊城经开区共有35名外国专家，60多名博士、硕士，30余名正高级、300余名副高级职称以上专家，200余名“211”工程院校的本科生，600余名高级技师、技师，涉及机械制造、生物化工、新材料、新医药、食品加工、电力工业、污水处理等领域。

【人才引进】 以企业、项目为载体，采取咨询、兼职、短期聘用、项目合作、技术顾问等方式引进国内外人才。对受聘到开发区工作的高层次人才给予50万~300万元的创业启动资金和50万~500万元的科研启动资金，对因流动资金不足向银行申请项目贷款的提供50%最高100万元的贷款贴息。对企业引入的“211”工程院校的本科生和硕士生以上的人才，由管委会财政按规定给予一定的社会保险补贴和生活补贴。

【人才服务】 进一步简化办事手续，为企业急需人才开辟绿色通道。对企业急需的人才实行引入备案制，在行政服务大厅专门设立“一站式”人才引进服务窗口，实行人才引进随到随办。

【社会事业与文化建设】 多方筹资6.35亿元，实施全区“十大民生工程”，一大批事关群众切身利益的热点、难点问题得到有效解决。教学设施提升工程顺利推进，新建实验小学综合楼等4处学校工程，实施4所乡镇中心幼儿园的省级标准化建设；全民低成本健康工程在2个街道试点成功的基础上全面推开，城乡居民健康档案建档率达到80%，区、乡、村三级医疗网络进一步完善；投资715万元实施自来水村村通工程，完成顾官屯镇村内管网和联村管网铺设，将解决38个行政村、2.75万名群众的饮水安全问题；敬老养老工程成效明显，完成区中心敬老院和许营敬老院改扩建，幸福敬老院创建工作顺利进行，实现新增城镇就业2260人，完成各类培训3500人，发放小额担保贷款841万元，扶持2家劳动密集型小企业和86位创业青年。

【机构设置与管委会领导】 机构设置：党工委、管委会办公室、政治工作部、督导考核办公室、监察室、宣传办公室、综合治理办公室（610办公室）、信访局、经贸发展局、社会发展局、建设局、人口与计划生育委员会、财政局、农村工作办公室、公共事业局、城市管理行政执法局（大队）、安全生产监督管理局、重点项目办公室、房屋征收管理局、商务经济合作局、汽车产业园发展局、生物科技产业园发展局、化工产业园发展局、九州国际高科园发展局、金属材料深加工产业园发展局、金融业发展局、古漯河生态旅游业发展局、农业观光示范园发展局、聊城物流园区管委会。

管委会领导：中共聊城经济开发区工作委员会书记杨广平，副书记许泽英、商华，委员田俊国、周兆岩、徐霞、吕广华、孟宪昌、龙清军、夏方。聊城经济开发区管理委员会主任许泽英，副主任周兆岩、吕广华、孟宪昌，调研员田俊国，副调研员孟宪昌、苏永侠、杨印成、张连 。

（山东聊城经济开发区管委会）

河北涿州经济开发区

【经济发展】 2012年，河北涿州经济开发区（以下简称“涿州开发区”）通过采取加大对企业服务、帮助协调企业融资等措施，圆满完成上级赋予的各项任务目标。全年实现财政收入12.74亿元，完成指标任务12.22亿元的104%；实际利用外资1899万美元，完成省指标任务300万美元的633%；固定资产投资76.82亿元，完成指标任务74.99亿元的102%；规模以上工业增加值52.89亿元，完成指标任务49.84亿元的106%。

【投资环境】 软环境方面：2012年内积极协调市电力部门，重点完成航天信息双路供电；妥善解决了阔丹凌云、佳军高尔夫、三威重工、泰格制造、东方公司、航天科工等企业的用电问题。进一步规范行政服务大厅的管理，招商、建设、国土、规划、财政、工商等部门服务项目、服务企业、服务发展意识逐渐增强，提升服务水平，营造了良好的发展环境。工、管委主要领导坚持定期走访企业制度，随时了解、解决企业生产、经营和乱收费等各类问题，确保企业正常运营和逐步实现“无费区”的管理目标。硬环境方面：为入区企业创造安全、便利的生产经营环境，进一步完善配套功能。一是投资5000余万元完成亨通南街道路、燕邑路、腾飞大街、范阳东路4条道路及附属工程建设；二是完成阳光大街绿化改造工程及绿化面积1.46万平方米；三是为做好采暖期供热工作，投入160万元对集中供热站的锅炉及附属设施进行大修，面对极寒天气提前供暖，保证供暖质量；四是投入200多万元，配备自卸式垃圾车，统一更换垃圾箱，环卫机械化清扫队已初具规模。

【招商引资】 按照“做强优势产业、培育新兴产业”的总体思路，创新招商方式，更新招商理念，全年共引进项目7个，总投资达85亿元。一是进行实名“微博招商”。年内注册“河北涿州开发区招商办公室”实名微博，每天在网上宣传、推介开发区，展开实名“微博招商”。二是用服务以情感商，做亲人、当保姆。在不断优化投资环境的基础上，进一步优化政府服务环境和行政环境，为企业发展寻求资金保障和技术支撑，大力营造"亲商、富商、安商、助商"的良好氛围，为项目建设提供全方位的服务，实现由管理型政府向服务型政府的转变，为企业的发展铺好路、搭好桥。三是围绕产业链招商。紧密结合产业、资源的比较优势，围绕我市的产业发展思路，拉长产业链，拓宽价值链。四是加强"以商招商"。发挥开发区现有的央企和投资集团的"桥梁"和"纽带"作用，实现招商引资的"雪球滚动"效应。

【项目建设】 牢固树立"快发展要有大项目，大发展要有好项目"的理念，加快推进重点项目的谋划建设和总量扩张。在项目建设上突出一个"快"字，倒排项目推进时间节点，落实到"人头"。建立了"保姆式"、"无障碍"服务机制。项目签约后，由专门班子一条龙全程服务，主动帮助项目单位申报各项手续，确保每个项目在最短时间内开工。对投资方的个性需求，采取个案服务的办法，确保项目建设一路绿灯。全区工业项目共18个，总投资107亿元，均按计划稳步推进。

【出口创汇】 全年实现出口创汇9877万美元，同比增加23.3%。出口总值超700万美元的企业有：中国石油集团东方物理勘探有限公司、华北铝业有限公司和涿神有色金属加工专业设备有限公司。

【主导产业加快集聚】 产业发展步伐加快。重点围绕优势产业，在引进重点领军型企业、产业主导型企业、科技先导型企业和高附加值企业的基础上，积极谋划产业链上下游项目，加大招商力度，打造招商产业特色和产业优势，突出构建现代产业体系。现今中国钢研院新材料产业园、航天产业园等一批省重点产业支持项目初具规模，新材料产业和机械制造业产业正在成为特色产业，产业规模效益正在逐步显现。基本形成电子信息、新型材料、现代机械制造、新能源四大主导产业格局，占全区产值总量60%以上。

【党建工作】 坚持把"围绕经济抓党建、抓好党建促经济"作为党建工作的出发点和落脚点，以加强农村党建、社区党建、企业党建和机关党建"四个层面"为重点，扎实开展基层组织建设年活动，为经济发展、项目建设提供有力组织保障。农村党建工作方面，完成沿鲁村、小吴村、大吴社区和张段庄居民组、支部换届工作。社区党建工作方面，在为社区全部更新"两室"的基础上，完善健身活动设施、社区活动中心等，社区基层党支部达到"五个好"目标。企业党建工作方面，强化员工敬业精神，在企业中形成三种精神，即上下一致，众志成城的团队精神。机关党建工作，以学习党的十八大精神和"基层组织建设提高年"活动为契机，以"五好"要求为目标，利用每周五下午，聘请专家就新时期党建、经济形势等内容进行专题讲座，全面提高党员干部素质。

【安全生产工作】 按照"谁主管，谁负责"的原则，层层落实安全生产责任制。结合企业多、涉及行业广的特点，建立了缜密的网格化监管模式，从点到面，均明确了具体责任人，实现安全生产监管全覆盖、无缝隙。特别是对食品安全隐患以及使用液氨、氢气、易燃易爆物品的重点企业，严格落实各项安全管理制度，杜绝不安全事故的发生。

【社区管理】 重点抓好社区文化阵地建设和干部队伍管理。积极开展"讲文明、除陋习、树新风"和社会主义荣辱观教育活动，居民群众健身活动和业余文化生活丰富多彩。同时利用各种会议对社区干部进行培训，让他们掌握党的方针政策、法律法规和开发区的工作部署，使社区干部自觉做好社区服务工作。在和谐社区创建工作中，加强软、硬件建设，光明社区达到了精品社区的标准。

（河北涿州经济开发区管委会）

柴达木循环经济试验区

【区情概况】 柴达木循环经济试验区（以下简称“柴达木试验区”）是2005年国家发展改革委、原国家环保总局等六部委批准的国家首批13个循环经济试点园区之一，试验区位于青藏高原北部、青海省西北部，面积25.6万平方公里。试验区地域广袤，分布有丰富的盐湖、油气、煤炭、有色金属及高原生物资源等，既是目前全国面积最大、资源较为丰富、唯一布局在青藏高原少数民族地区的区域性循环经济试点产业园区，也是青海省推进新型工业化和国家实施西部大开发的重点地区。紧紧围绕推进实施《柴达木循环经济试验区总体规划》，按照“顶层设计、总体规划、合理布局、加快建设”的总体思路，准确定位，把握重点，创新工作。全年完成工业增加值425.1亿元，同比增长19.1%；完成工业投资162.8亿元，同比增长66.6%。

【体制机制】 按照省委、省政府要求，先后完成柴达木试验区管委会内设机构、木里煤田管理局及柴达木开发建设投资有限公司、柴达木融资担保有限责任公司组建工作，在实际工作中较好地履行了职责。按照先行先试、引领带动的思路，成立柴达木试验区德令哈工业园建设领导小组和建设办公室，明确格尔木昆仑经济开发区管委会与柴达木试验区格尔木工业园管委会的关系，在理顺试验区管委会与重点工业园管理体制方面迈出了实质性步伐。按照“分区管理，联点负责”的方式，由柴达木试验区管委会相关领导分别牵头主抓四个工业园的建设，全力抓好工作协调和项目推进，明确目标，落实责任，促进工作，在建设中发挥积极作用。

【规划体系】 立足丰富柴达木试验区产业项目内容，成立专门班子编制完成《柴达木循环经济试验区重点产业项目方案》，提出38个试验区核心骨干项目，并全力抓好推进实施和项目招商等工作，为柴达木试验区产业体系建设奠定基础。立足完善柴达木试验区产业体系，与青海省发改委共同编制完成《柴达木循环经济试验区主导产业体系规划》，在试验区六大产业体系的基础上增加新材料产业，提出建设试验区十大特色产品基地的目标。立足规范试验区产业布局，启动德令哈、格尔木工业园发展规划修编和柴达木绿色产业园、德令哈中小企业产业园、德令哈工业园循环经济推进中心规划编制工作，积极开展大柴旦、乌兰工业园发展规划前期谋划，为重点工业园形成特色鲜明的循环经济产业体系明确了方向和定位。

【产业发展】 通过多元化投资、多形式建设，力促新引、新开和续建项目的落地实施和加快建设，产业项目建设保持积极态势。山金集团黄金采选冶一体化、庆华集团120万吨球团、弘扬公司120万吨水泥等项目建成投试，盐湖集团金属镁一体化、青海庆华钢铁一体化、五彩矿业100万吨纯碱、藏格钾肥48万吨氯化钾、青海矿业煤基多联产、试验区780兆瓦光伏并网发电等项目顺利建设，盐湖集团新增100万吨钾肥、青海五矿一里坪盐湖资源开发、柴达木杰青20万吨结构板材等项目开工建设，柴达木油页岩开发、青海中浩煤—天然气联合转化制烯烃、神华公司格尔木燃煤电站、青元泛镁高强高韧镁合金及晶须铝基复合材料等项目前期顺利。在做好项目建设的同时，积极争取国家循环化改造资金、省循环经济专项资金和省、州融资平台资本金等，全年到位资金 8.74 亿元。

【基础设施】 成功组建柴建投公司和融资担保公司，发挥柴建投的融资功能，千方百计筹措资金，园区配套设施项目建设步伐加快。格尔木工业园金属镁产业区至 109 国道进场道路、金属镁产业区铁路专用线项目进展顺利，年内建成使用；锡铁山至北霍布逊铁路、750KV 柴达木换流变电站扩建等项目开工建设；德令哈工业园纬十二路、东一路、东二路、兴隆路、东环北段路及排水工程，第二水源地及管网建设等项目开工建设；木里煤田聚乎更矿区行政综合服务中心、中心医院、生活污水处理厂、矿山救护队和派出所（交警队）业务用房、综合服务区集中供热工程和道路工程、水源地水文勘查等项目开工建设；大柴旦工业园饮马峡工业区道路和乌兰工业园煤基多联产项目铁路专用线等项目加紧开展前期工作。积极谋划一批能有力提升园区开发建设水平的基础设施建设项目，及时与省相关部门和金融机构衔接沟通，力促项目落地实施并取得实质性进展。

【木里煤田建设】 以“园区化”模式建设木里煤田矿区的思路，坚持“一个矿区一个开发主体”，督促指导木里煤田各开发企业树立长远发展意识、增强科学发展能力，真正把省政府关于木里煤田整合的要求落到实处，矿区资源整合取得阶段性成果。坚持推进矿区整治，积极主动与省国土资源、安监、环保、公安等部门衔接联系，采取多种措施推进工作落实，通过强化管理加快工作步伐，矿区环境整治、安全整治等取得实质性效果。坚持“统一开发、统一建设、统一开采、统一管理、统一经营”，全力配合推进依托木里煤炭资源实施的下游大型产业化项目建设，按省政府要求完成各项工作任务。

【对外合作】 通过节会提升名气，成功举办“2012 民营企业家柴达木行”活动，全力参与“青洽会”、“清食展”等经贸活动，积极参加“西博会”、“西洽会”、“津洽会”等省外节会，柴达木的知名度和影响力进一步提升。通过对接洽谈项目，采取“一对一”、“点对点”方式与企业联系沟通，一批有实力的企业到试验区实地考察论证，部分实现投资合作，全年签约项目 38 个，签约金额 321 亿元。已有 22 个项目开工建设。通过服务促进落地，设身处地为投资者着想，尽全力解决项目实施中存在的问题和困难，尤其是土地、资源和优惠政策等方面，帮助企业积极与省有关部门衔接协调，上海载和实业公司等一批企业入驻柴达木试验区发展。

【投资水平】 全力发挥柴达木开发建设投资公司等的作用，通过阶段参股和跨进投资等方式，促进青海矿业有限公司、柴达木杰青科技公司、柴达木青元泛镁科技公司等项目落地，推进德令哈工业园、木里煤田基础设施项目建设，全年实际发生借贷资金和批准项目贷款资金超过 20 亿元。全力加强和金融机构的业务衔接，与国家开发银行青海省分行等 8 家金融机构签订三年的金融合作协议，签约金额 350 亿元，同时与海西州相关金融机构建立长期合作关系。全力开展中小企业贷款担保业务，基本完成 8 家商业银行授信准入工作，分别在德令哈、格尔木工业园举办柴达木融资担保公司担保业务推介会，并为大柴旦工业园硼业化工有限公司等多家企业提供担保贷款。

【能力建设】 强化内部管理，结合试验区工作实际，制定 23 项管理制度、工作规则和考评办法，制定还贷准备金管理暂行办法和推进循环经济发展、重点项目建设、循环发展科技创新企业管理班子考核奖励办法，制度体系不断完善。强化能力建设，重学习，重实践，重团结，加强政治思想、业务技能、工作作风和党风廉政等方面的教育，试验区管委会干部职工综合素质不断提高。强化运行机制，深入研究人员聘用、绩效考核及薪酬管理等问题，思路进一步明确，办法陆续出台，管委会内部活力不断增强。柴达木试验区管委会相继获得“全国循环经济工作先进单位”、“全省招商引资工作先进单位”。

【机构设置及管委会领导】 中共青海省柴达木循环经济试验区工作委员会（简称“省柴达木循环经济试验区党工委”）为省委派出机构，在省委领导下开展工作，对省委负责。党工委下设工作部，与海西州委组织部合署办公。领导成员为：试验区党工委书记辛国斌，常务副书记马杰，专职副书记王霞。

青海省柴达木循环经济试验区管理委员会（简称“省柴达木循环经济试验区管委会”）为省政府派出机构，在省政府领导下开展工作，对省政府负责。领导成员为：试验区管委会主任骆玉林，第一副主任诺卫星，常务副主任马杰，专职副主任程利云。

管委会下设产业发展部、经协科技部、综合办公室3个县级内设机构和木里煤田管理局1个县级行政管理类事业机构。

（柴达木循环经济试验区管委会）

霍尔果斯经济开发区

【区情概况】 霍尔果斯经济开发区面积约73平方公里（含兵团分区），其中霍尔果斯核心区30平方公里、伊宁配套产业园区35平方公里、清水河配套产业园区8平方公里。

2004年9月，中哈两国政府签署协议，共同建立中哈霍尔果斯国际边境合作中心，这是我国与周边国家建立的首个跨境国际边境合作区，也是上海合作组织框架下区域合作的示范区。2010年5月，中央召开新疆工作座谈会，决定设立霍尔果斯经济开发区，将其建设成为新疆跨越式发展新的经济增长点和我国向西开放的重要窗口。2011年9月，国务院下发《关于支持喀什霍尔果斯经济开发区建设的若干意见》（国发［2011］33号），明确特殊扶持政策，确立霍尔果斯在新疆乃至全国对外开放中的特殊地位。2012年5月，新疆维吾尔自治区人民政府下发《关于加快喀什霍尔果斯经济开发区建设的实施意见》（新政发［2012］48号），明确授予霍尔果斯经济开发区行使自治区级管理权。江苏省等援助地高度重视开发区建设，在资金、人才、项目等方面给予大力援助。

2012年，完成地方财政收入2.3亿元，同比增长37%，其中公共财政预算收入1.57亿元，增长60%；完成工业总产值20194.4万元，同比增长25%，工业增加值4586.5万元；完成全社会固定资产投资20亿元，增长160%；社会消费品零售总额3亿元，增长16.1%；进出口货物量1763.3万吨、贸易额110亿美元，分别增长61.6%和55.5%。进出境人员104.9万人（次），增长27.7%；进出境车辆11.4万辆，增长50.6%。

【规划体系】 霍尔果斯经济开发区总体发展规划上报国家审批，城市总体规划已上报自治区人民政府审批；控制性详规、产业发展规划、商贸物流规划、土地利用总体规划、城市设计规划初稿完成；融资发展规划、旅游发展规划正在编制。

【政策落实】 加强向上沟通衔接，全力推动扶持政策落地实施，中央财政2012年补助资金已拨付；自治区人民政府下发《关于加快推进喀什霍尔果斯经济开发区建设的若干意见》；中国人民银行、银监会、证监会、保监会联合下发《关于金融支持喀什、霍尔果斯经济开发区建设的意见》，人民银行霍尔果斯支行、国家外汇管理局霍尔果斯支局成立，发行12亿元企业债券、设立产业投资基金和霍尔果斯村镇银行工作进展顺利；霍尔果斯铁路口岸和南部联检区建设加快推进，铁路口岸于12月22日通车运营。

【重点项目】 积极争取国家、自治区支持，进一步强化管理，落实责任，简化审批程序，高效推进基础设施建设、商贸、房地产等重点项目建设。合作中心加速建设，总投资234.5亿元涉及商品展示、酒店宾馆、餐饮娱乐、商业设施、金融服务等领域的22个重点项目已入驻合作中心建设。加大城市供排水、供热系统建设投入，新增商品房建筑面积21.1万平方米，新增管网13公里，首批实现集中供热面积15.6万平方米。

【招商引资】 牢固树立"选商引资"理念，加大招商引资力度，精心组织参加中国—亚欧博览会、厦洽会、哈展会等重要展会，广泛开展外出招商推介活动，加大对外宣传力度，有效提升霍尔果斯的知名度和影响力，招商工作取得可喜成果。全年招商引资到位资金26.6亿元，增长126.3%。

【对外贸易】 深入推行7天12小时通关工作制，完善考核体系，加强与哈方沟通衔接，及时协调解决通关工作中存在的问题，有力促进对外贸易发展。全年实现进出口货物量1763.3万吨、贸易额110亿美元，分别增长61.6%和55.5%。进出境人员104.9万人（次），增长27.7%。

【援疆工作】 充分发挥援疆干部的才智，认真做好服务工作，支持援疆干部大胆履职，放手工作，为开发区发展注入新的活力。苏新中心、东部产业转移园、苏港中学、南社区服务中心等援疆项目高效推进，其中3个项目已建成。依托援助地丰富的教育资源，加强当地干部培训，重点开展了园区规划、建设管理、现代招商、旅游开发、财政金融及教育等专题培训班，已组织198名干部赴新加坡、苏州、连云港学习培训和挂职锻炼，广大干部服务开发区跨越发展的能力得到不断提升。

【人才建设】 全面实施"人才强区"战略，深入推进人才管理改革试验区建设，围绕人才引进、选拔任用、激励保障、培养开发、优化环境等方面，制定出台一系列人才引进优惠政策和措施，启动面向全国公开招聘高层次人才，大力营造干事创业的良好环境。

【民生事业】 牢固树立"群众第一、民生优先、基层重要"的理念，科技、教育、文化体育、医疗卫生、广播电视等各项社会事业全面推进。投资4500万元的苏港中学项目竣工，急救中心和发射机房项目获自治区批复，卫生监督所项目上报自治区审批，投资2200万元145套保障性住房开工建设，主体已完工。加强社会保障体系建设，及时发放低保金，积极开展就业培训，有效解决就业困难人员的就业问题。霍尔果斯建市方案已通过新疆维吾尔自治区政府审核，上报国务院待批。

【机构设置与管委会领导】 新疆维吾尔自治区编办下发《关于霍尔果斯经济开发区机构编制有关问题的通知》（新机编办［2011］158号），伊犁州编委会下发《关于霍尔果斯经济开发区机构编制有关问题的通知》（伊州机编字［2011］14号），明确经济开发区党工委、管委会为自治区党委、政府的派出机构，经济开发区党工委、管委会与霍尔果斯口岸党委、管委会，中哈霍尔果斯国际边境合作中心党工委、管委会一个机构，三块牌子。主要职责是负责领导和管理开发区的党务政务、经济发展、开发区建设和社会事务等。

霍尔果斯经济开发区党工委、管委会暂设党政办公室、纪检组宣部、发展和改革局、商务经信局（招商局）、规划建设环保局、口岸管理局、财政局、人力资源和社会保障局、社会服务管理局、公安局10个部门。

霍尔果斯经济开发区党工委、管委会领

导：州党委常委、党工委书记（正厅级）陆民，党工委副书记、管委会主任吴宏，党工委副书记、管委会主任黄继跃，党工委副书记、管委会副主任梁新渊，州政府副秘书长、管委会副主任杨军，党工委委员、管委会副主任刘亚农，党工委委员、纪委书记、口岸政法委书记艾米尔别克，党工委委员、管委会副主任努尔江·热孜宛，管委会副主任哈山·达吾列提汗，党工委委员、管委会副主任赵守才，党工委委员、管委会副主任何建，党工委委员、管委会副主任张义，党工委委员、管委会副主任王铁民，党工委委员、管委会主任助理屠福其，管委会副主任武浩，管委会副主任毛盛勇，党工委委员、规划建设环保局党组书记王奇学，党工委委员、广播电视局党组书记叶劲松，党工委委员、霍尔果斯海关关长续效东，党工委委员、公安分局局长魏跃龙，管委会主任助理朱云磊，管委会主任助理项阳，党工委委员、公安局局长周旭。

（霍尔果斯经济开发区管委会）

统计资料篇

2012 年国家级经济技术开发区发展情况综述

2012 年，各国家级经济技术开发区（以下简称“国家级经开区”）坚持以科学发展为主题，以加快转变经济发展方式为主线，各项工作取得了新进展，保持了良好的发展态势。

一、国家级经开区总体情况

截至 2012 年底，国家级经开区共计 171 家，其中东部地区 84 家，中部地区 49 家，西部地区 38 家，中、西部地区国家级经开区数量和比重显著增加，全国国家级经开区区域分布更趋平衡。

2012 年，全国 171 个国家级经开区实现地区生产总值 5.4 万亿元，工业增加值 3.8 万亿元，第三产业增加值 1.2 万亿元，财政收入 1.1 万亿元，税收收入 9339 亿元，进出口总额 7411 亿美元，分别占全国总量的 10.4%、19.2%、5.3%、9%、9.3% 和 19.2%，同比分别增长 15.6%、13.6%、17.7%、12.7%、15.9% 和 4.8%。实际使用境外投资和外商企业再投资金额 507 亿美元，同比增长 9.4%。

2012 年，国家级经开区就业人数达到 1683 万人，同比增长 19.1%，新增就业人数 270 万人。

2012 年，全国 171 家国家级经开区实现规模以上工业总产值 126392 亿元，其中，总产值最高的行业为计算机、通信和其他电子设备制造业，汽车制造业，化学原料和化学制品制造业，电气机械和器材制造业，总产值分别为 19068 亿元、17471 亿元、10700 亿元和 7800 亿元，占国家级经开区规模以上工业总产值比重分别为 15.1%、13.8%、8.5% 和 6.2%。

从工业产品产量来看，2012 年，26 种重点工业产品中，原油加工量完成 8183 万吨，化学原料及化学制品中乙烯产量 323 万吨，单晶硅和多晶硅产量 64.6 万吨，钢材制品产量 7777 万吨，汽车产量 753 万辆，电气机械及器材中电子计算机整机产量 9881 万台，移动通讯手机产量 3.3 亿台，彩色电视机产量 4143 万台，发光二极管（LED）完成 2.3 万亿只，印制电路板完成 1.6 亿平方米。

国家级经开区已成为所在地区保增长、扩内需、调结构、促就业的重要支撑点。

二、运行情况及主要特点

（一）经济整体保持较强劲增长，外向型指标出现回落

2012 年国家级经开区地区生产总值、工业增加值、第三产业增加值、税收收入等主要指标均保持两位数增长，分别比全国增幅高 7.8 个、5.7 个、9.6 个和 3.8 个百分点。进出口总额、实际使用外资金额增速有所回落，增幅分别比 2012 年回落 6.3 个百分点、4.8 个百分点。

（二）产业结构进一步优化，创新能力显著提升

国家级经开区以先进制造业、现代服务业为依托，参与国际分工的现代产业体系初步建立。2012 年，全国 171 家国家级经开区实现规模以上工业总产值 12.6 万亿元，其中，总产值最高的 3 个行业为计算机、通信和其他电子设备制造业以及汽车制造业。高新技术产品

出口额达到1978亿美元，占全国高新技术产品出口总额的33%。

（三）区域协调发展能力不断增强，对口支援务实推进

中、西部地区国家级经开区经济增幅指标普遍高于东部地区。除西部地区进出口总额外，中、西部地区国家级经开区生产总值、工业增加值、第三产业增加值、财政收入和税收收入等主要指标均保持两位数增长，中、西部国家级经开区使用外资增幅分别比东部地区国家级经开区高8.3个百分点、5.9个百分点。商务部组织48家国家级经开区对口支援新疆39家产业聚集园区，7家国家级经开区对口帮扶拉萨经济技术开发区，15家国家级经开区对口支援7个沿边省（自治区）的15家边境经济合作区，进一步增强了国家级经开区在区域协调发展中的带动作用。

（四）生态建设继续推进，节能环保国际合作呈现新亮点

截至2012年底，已有37家和14家国家级经开区分别被批准创建和命名为国家生态工业示范园区。目前与德国、瑞典、丹麦等10个国家签署了建立节能环保工作组或合作建立生态园区的谅解备忘录，已确定在国家级经开区建设中德青岛生态园、中瑞镇江生态园、中奥苏通生态园。

（五）管理体制改革深入推进，运行机制日益完善

国家级经开区不断探索精简高效的管理体制和运行机制，在城市建设、土地开发、经济管理、公共服务等领域不断创新。95%以上的国家级经开区设立了一站式服务中心，60%以上的国家级经开区管理机构通过了ISO9001质量管理体系认证，70%以上的国家级经开区所在省（自治区、直辖市）发布了开发区条例。2012年以来，国家级经开区在建立公共服务体系、完善社会保障制度、促进劳动关系和谐等方面取得新的进展。区内教育、医疗和社区服务等公共服务体系进一步健全，妥善安置被征地农民，社会保险、社会福利、社会救助的覆盖面进一步拓展，外来务工人员生活环境和服务体系日益完善。

附表：1. 2012年国家级经济技术开发区主要经济指标
2. 2012年171个国家级经济技术开发区地区生产总值情况
3. 2012年171个国家级经济技术开发区工业增加值情况
4. 2012年171个国家级经济技术开发区第三产业增加值情况
5. 2012年171个国家级经济技术开发区工业总产值情况
6. 2012年171个国家级经济技术开发区财政收入情况
7. 2012年171个国家级经济技术开发区税收收入情况
8. 2012年171个国家级经济技术开发区实际使用外资金额情况
9. 2012年171个国家级经济技术开发区出口总额情况
10. 2012年171个国家级经济技术开发区进口总额情况
11. 2012年边境经济合作区主要经济指标

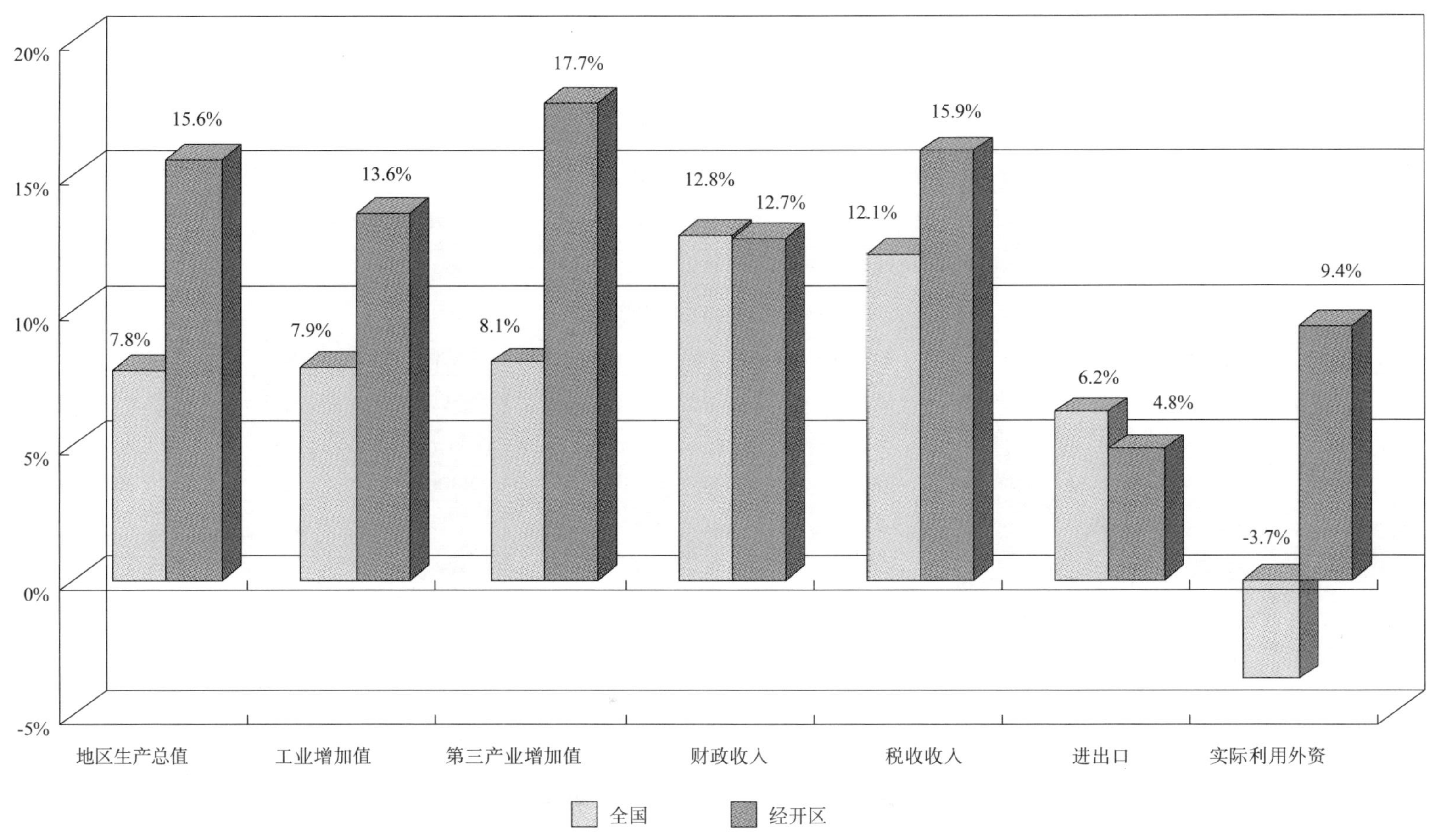

图 2012年全国及171家经济技术开发区主要经济指标增幅情况

2012 年国家级经济技术开发区主要经济指标

	经济指标	全国		171 个经济技术开发区			84 个东部经济技术开发区			49 个中部经济技术开发区			38 个西部经济技术开发区		
		2012 年	同比	2012 年	2011 年	同比	2012 年	2011 年	同比	2012 年	2011 年	同比	2012 年	2011 年	同比
总体情况	地区生产总值（亿元）	519322	7.8%	53916.14	46635.19	15.61%	36942.65	32151.74	14.9%	10839.01	9292.35	16.64%	6134.48	5191.1	18.17%
	其中：第二产业增加值（亿元）	235319	8.1%	39783.33	30673.35	29.7%	26461.62	20562.67	28.69%	8825.58	6618.15	33.35%	4496.13	3492.53	28.74%
	其中：工业增加值（亿元）	199860	7.9%	38312.69	33731.29	13.58%	25710.48	22870.79	12.42%	8393.57	7152.49	17.35%	4208.63	3708.01	13.5%
	第三产业增加值（亿元）	231626	8.1%	12389.07	10529.27	17.66%	9333.81	7973.88	17.05%	1906.41	1592.61	19.7%	1148.85	962.78	19.33%
	工业总产值（亿元）			158337.52	140881.57	12.39%	112451.49	102837.35	9.35%	31269.44	25919.03	20.64%	14616.59	12125.19	20.55%
	其中：外商及港澳台商投资企业（亿元）			86646.65	72560.63	19.41%	71838.34	60876.54	18.01%	12669.46	9898.29	28%	2138.85	1785.8	19.77%
	高新技术企业（亿元）			56164.68	47953.45	17.12%	39324	35089.42	12.07%	13547.11	10376.88	30.55%	3293.57	2487.15	32.42%
	当年固定资产投资（不含农户）（亿元）	364835	20.6%	29574.85	20518.88	44.13%	17208.64	12699.49	35.51%	7223.43	4669.8	54.68%	5142.79	3149.58	63.28%
	年末全区从业人员（万人）			1838.03	1272.96	44.39%	1290.24	863.92	35.51%	349.98	264.86	54.68%	197.81	144.18	0.37
财政收入	财政收入（亿元）	117210	12.8%	10515.45	9327.6	12.73%	7772.94	7038.48	10.43%	1816.15	1508.93	20.36%	926.36	780.19	18.74%
	其中：地方一般预算收入（亿元）			3754.82	2698.05	39.17%	2754.52	2003.16	37.51%	674.71	445.2	51.55%	325.59	249.68	30.4%
	税收收入（亿元）	100601	12.1%	9338.67	8055.7	15.93%	6859.43	6073.95	12.93%	1551.67	1299.28	19.42%	927.56	682.46	35.91%
	其中：外商及港澳台商投资企业			4046.85	3663.66	10.46%	3327.31	3098.37	7.39%	627.99	497.04	26.35%	91.56	68.25	34.16%
进出口	出口总额（亿美元）	20489	7.9%	3867.33	3612.21	7.06%	3460.46	3265.75	5.96%	265.28	218.87	21.2%	141.59	127.59	10.97%
	其中：高新技术产品出口额（亿美元）	6012	9.6%	1978.1	1935.69	2.19%	1802.89	1833.54	-1.67%	152.29	87.21	74.63%	22.93	14.94	53.44%
	进口总额（亿美元）	18178	4.3%	3543.83	3459.6	2.43%	3120.6	3051.35	2.27%	275.88	262.61	5.05%	147.34	145.63	1.17%
	其中：高新技术产品进口额（亿美元）	5067.5	9.5%	1482.58	1424.59	4.07%	1357.86	1330.23	2.08%	107.08	80.77	32.58%	17.65	13.6	29.82%
吸收外资	新批准设立外商投资企业数(家)	24925	-10.1%	3491	2784	25.4%	3145	2339	34.46%	272	356	-23.6%	74	89	-16.85%
	合同利用外资金额（亿美元）			550.54	552.25	-0.31%	444.02	431.24	2.96%	83.44	71.97	15.94%	23.08	49.03	-52.93%
	历年累计合同利用外资金额（亿美元）			5016.09	5066.47	-0.99%	4021.89	4198.21	-4.2%	725.97	547.78	32.53%	268.23	320.49	-16.31%
	实际利用外资金额（亿美元）	1117.2	-3.7%	506.56	463.09	9.39%	381.36	354.48	7.58%	93.8	80.94	15.88%	31.4	27.67	13.5%
	历年累计实际利用外资金额（亿美元）			4873.36	3222.61	51.22%	4069.92	2560.35	58.96%	628.97	528.12	19.1%	174.47	134.13	30.07%

2012年171个国家级经济技术开发区地区生产总值情况

2012年84个东部国家级经济技术开发区地区生产总值情况

单位：亿元

序号	开发区名称	2012年	2011年	同比
1	大连经济技术开发区	1472.07	1320.59	11.47%
2	秦皇岛经济技术开发区	240.58	208.31	15.49%
3	天津经济技术开发区	2201.38	1908.45	15.35%
4	烟台经济技术开发区	1139.41	985.02	15.67%
5	青岛经济技术开发区	1365.01	1195.61	14.17%
6	连云港经济技术开发区	330.05	255.49	29.18%
7	南通经济技术开发区	590.74	481.86	22.59%
8	宁波经济技术开发区	603.52	555.95	8.56%
9	福州经济技术开发区	305.49	298.56	2.32%
10	广州经济技术开发区	2008.19	1872.39	7.25%
11	湛江经济技术开发区	246.53	251.29	-1.89%
12	闵行经济技术开发区	177.86	170.3	4.44%
13	虹桥经济技术开发区	134.13	144.48	-7.17%
14	漕河泾经济技术开发区	932.41	795.33	17.24%
15	温州经济技术开发区	213.97	180.94	18.25%
16	萧山经济技术开发区	171.65	189.47	-9.4%
17	营口经济技术开发区	551	500.06	10.19%
18	威海经济技术开发区	164.27	160.78	2.17%
19	福清融侨经济技术开发区	227.75	194.16	17.3%
20	广州南沙经济技术开发区	605.98	571.06	6.11%
21	惠州大亚湾经济技术开发区	440.77	434.05	1.55%
22	昆山经济技术开发区	1440.64	1367.58	5.34%
23	东山经济技术开发区	50.6	45.56	11.05%
24	沈阳经济技术开发区	1104.97	1000.34	10.46%
25	杭州经济技术开发区	546.85	420.49	30.05%
26	北京经济技术开发区	823.28	797.01	3.3%
27	南京经济技术开发区	556.61	428.23	29.98%
28	宁波大榭经济技术开发区	170.01	161.72	5.13%
29	海南洋浦经济技术开发区	243.2	210.96	15.28%
30	苏州工业园区	1738.22	1589.66	9.35%
31	上海金桥出口加工区	856.87	613.52	39.66%
32	厦门海沧台商投资区	401.45	380.74	5.44%
33	廊坊经济技术开发区	276.18	234.2	17.93%
34	扬州经济技术开发区	726.72	536.05	35.57%

续表

序号	开发区名称	2012 年	2011 年	同比
35	嘉兴经济技术开发区	139.23	121.97	14.15%
36	徐州经济技术开发区	652.77	436.24	49.64%
37	东营经济技术开发区	300.29	245.96	22.09%
38	湖州经济技术开发区	168.36	169.36	-0.59%
39	增城经济技术开发区	177.26	159.64	11.04%
40	镇江经济技术开发区	593.65	436.6	35.97%
41	锦州经济技术开发区	123.93	111.32	11.33%
42	漳州招商局经济技术开发区	35.02	37.84	-7.45%
43	绍兴袍江经济技术开发区	169.26	157.62	7.38%
44	日照经济技术开发区	222.51	194.27	14.54%
45	潍坊滨海经济技术开发区	284.88	206.44	38%
46	大连长兴岛经济技术开发区	100.53	66.81	50.46%
47	泉州经济技术开发区	100.69	136.2	-26.07%
48	吴江经济技术开发区	331.71	299.05	10.92%
49	长兴经济技术开发区	139.67	116.91	19.47%
50	常熟经济技术开发区	671.87	642.81	4.52%
51	沧州临港经济技术开发区	123.46	115.07	7.29%
52	淮安经济技术开发区	429.93	346.18	24.19%
53	邹平经济技术开发区	462.55	429.68	7.65%
54	江宁经济技术开发区	574.04	427.34	34.33%
55	金华经济技术开发区	148.48	130.79	13.53%
56	西青经济技术开发区	328.06	267.87	22.47%
57	临沂经济技术开发区	215.22	173.1	24.33%
58	盐城经济技术开发区	572.21	372.94	53.43%
59	宁波石化经济技术开发区	251.83	302.05	-16.63%
60	武清经济技术开发区	292.72	166.06	76.27%
61	锡山经济技术开发区	383.18	283.68	35.07%
62	太仓港经济技术开发区	437.55	388.52	12.62%
63	嘉善经济技术开发区	284.3	264.36	7.54%
64	衢州经济技术开发区	140.41	116.04	21.01%
65	张家港经济技术开发区	647.1	575.99	12.35%
66	招远经济技术开发区	418.06	369.31	13.2%
67	泉州台商投资区	161.17	142.5	13.1%
68	漳州台商投资区	158.8	—	—

注：漳州台商经开区 2011 年没有统计 GDP 数据。

续表

序号	开发区名称	2012 年	2011 年	同比
69	龙岩经济技术开发区	—	—	—
70	德州经济技术开发区	247.33	236.63	4.52%
71	义乌经济技术开发区	268.72	238.87	12.5%
72	珠海高栏港经济技术开发区	195.19	180	8.44%
73	上海化学工业区	—	—	—
74	杭州余杭经济技术开发区	226.56	205.6	10.19%
75	海安经济技术开发区	385.27	335.03	15%
76	绍兴柯桥经济技术开发区	335.14	297.9	12.5%
77	富阳经济技术开发区	222.73	221.25	0.67%
78	明水经济技术开发区	320.6	289.51	10.74%
79	石家庄经济技术开发区	120.5	99.31	21.33%
80	胶州经济技术开发区	444.73	392.35	13.35%
81	靖江经济技术开发区	396.55	345.95	14.63%
82	吴中经济技术开发区	418.7	386.16	8.43%
83	东侨经济技术开发区	49.45	44.3	11.64%
84	天津子牙经济技术开发区	12.1	8.15	48.45%
	合计	36942.65	32151.74	14.9%

注：龙岩经开区、上海化学工业区 2012 年和 2011 年均没有统计 GDP 数据。

2012 年 49 个中部国家级经济技术开发区地区生产总值情况

单位：亿元

序号	开发区名称	2012 年	2011 年	同比
1	哈尔滨经济技术开发区	769.22	596.25	29.01%
2	长春经济技术开发区	850.05	728.5	16.68%
3	武汉经济技术开发区	749.23	576.99	29.85%
4	芜湖经济技术开发区	510.21	433.05	17.82%
5	合肥经济技术开发区	769.59	626.37	22.87%
6	郑州经济技术开发区	405.24	311.45	30.11%
7	长沙经济技术开发区	577.11	531.03	8.68%
8	南昌经济技术开发区	217.25	351.8	-38.25%
9	太原经济技术开发区	143.82	74.64	92.69%
10	岳阳经济技术开发区	177.95	165.37	7.61%
11	九江经济技术开发区	239.26	211.23	13.27%
12	安庆经济技术开发区	208.12	174.23	19.45%
13	马鞍山经济技术开发区	161.03	143.14	12.5%
14	黄石经济技术开发区	287.64	215.91	33.22%
15	赣州经济技术开发区	234.01	211.34	10.73%
16	井冈山经济技术开发区	164.97	121.77	35.48%
17	襄樊经济技术开发区	373.17	310.48	20.19%
18	吉林经济技术开发区	121.11	94.14	28.65%
19	常德经济技术开发区	68.27	60.95	12.01%
20	海林经济技术开发区	35.45	27.68	28.06%
21	宾西经济技术开发区	69.28	59.64	16.16%
22	漯河经济技术开发区	124.83	116.12	7.50%
23	鹤壁经济技术开发区	100.25	80.02	25.27%
24	四平红嘴经济技术开发区	117.06	82.4	42.07%
25	上饶经济技术开发区	104.22	96.01	8.55%
26	开封经济技术开发区	110.21	95.75	15.1%
27	宁乡经济技术开发区	185.28	139.2	33.1%
28	武汉吴家山经济技术开发区	404.68	291.91	38.63%
29	大同经济技术开发区	34.7	29.99	15.71%
30	许昌经济技术开发区	59.81	75.58	-20.87%
31	萍乡经济技术开发区	122.16	108.43	12.66%
32	长春西新经济技术开发区	438.38	400.16	9.55%
33	哈尔滨利民经济技术开发区	101.05	71.42	41.49%
34	铜陵经济技术开发区	158.13	91.04	73.69%
35	滁洲经济技术开发区	123.6	95.66	29.21%
36	池州经济技术开发区	117.74	105.6	11.5%
37	荆州经济技术开发区	140.03	106.85	31.06%
38	湘潭经济技术开发区	201.45	369.31	-45.45%
39	浏阳经济技术开发区	165.66	114.57	44.6%
40	晋中经济技术开发区	21.88	20.06	9.08%

注：南昌小蓝经开区 2012 年和 2011 年均没有统计 GDP 数据；
太原经开区受核算制度的影响，GDP 缩减比例较高，故导致同比较大。

续表

序号	开发区名称	2012 年	2011 年	同比
41	南昌小蓝经济技术开发区	—	—	—
42	鄂州葛店经济技术开发区	189.45	165.85	14.23%
43	洛阳经济技术开发区	50.81	45.21	12.39%
44	新乡经济技术开发区	71.04	69.46	2.28%
45	大庆经济技术开发区	95.57	81	17.98%
46	红旗渠经济技术开发区	119.8	109.1	9.8%
47	娄底经济技术开发区	100.13	87.07	15%
48	十堰经济技术开发区	201.1	182.82	10%
49	绥化经济技术开发区	48	35.8	34.08%
	合计	10839.01	9292.35	16.64%

注：南昌小蓝经开区 2012 年和 2011 年均没有统计 GDP 数据。

2012年38个西部国家级经济技术开发区地区生产总值情况

单位：亿元

序号	开发区名称	2012年	2011年	同比
1	重庆经济技术开发区	272.3	230.12	18.33%
2	乌鲁木齐经济技术开发区	478.23	406.36	17.69%
3	西安经济技术开发区	725.96	612.89	18.45%
4	成都经济技术开发区	631.4	460.32	37.16%
5	昆明经济技术开发区	212.79	137.37	54.91%
6	贵阳经济技术开发区	208.31	178.12	16.95%
7	石河子经济技术开发区	120.92	100.01	20.91%
8	西宁经济技术开发区	282	247.05	14.15%
9	呼和浩特经济技术开发区	100.18	149.76	-33.11%
10	南宁经济技术开发区	154.02	137.84	11.74%
11	银川经济技术开发区	107.9	100.04	7.86%
12	兰州经济技术开发区	94.59	88.16	7.29%
13	拉萨经济技术开发区	37.86	31.55	20%
14	金昌经济技术开发区	165.8	159.93	3.67%
15	天水经济技术开发区	57.25	44.21	29.5%
16	广安经济技术开发区	99.44	82.42	20.65%
17	曲靖经济技术开发区	221.59	117.8	88.1%
18	遵义经济技术开发区	164.01	137.35	19.41%
19	德阳经济技术开发区	381.99	190.83	100.18%
20	万州经济技术开发区	126.83	117.89	7.58%
21	陕西航空经济技术开发区	121.79	119.77	1.69%
22	陕西航天经济技术开发区	103.98	79.35	31.04%
23	钦州港经济技术开发区	161.65	258.61	-37.49%
24	长寿经济技术开发区	226.9	219.1	3.56%
25	库尔勒经济技术开发区	36	29.5	22.03%
26	奎屯—独山子经济技术开发区	73.15	44.68	63.72%
27	石嘴山经济技术开发区	122.31	108.8	12.42%
28	中国—马来西亚钦州产业园区	—	—	—
29	遂宁经济技术开发区	105.18	92.62	13.57%
30	阿拉尔经济技术开发区	7.03	24.93	-71.82%
31	五家渠经济技术开发区	33.29	21.3	56.3%
32	准东经济技术开发区	—	—	—
33	甘泉堡经济技术开发区	5.04	8.23	-38.78%
34	汉中经济技术开发区	30.08	28.4	5.9%
35	格尔木昆仑经济技术开发区	27.96	22.83	22.47%
36	绵阳经济技术开发区	61.85	49.8	24.19%
37	广元经济技术开发区	131.86	124.4	6%
38	巴彦淖尔经济技术开发区	243.05	228.75	6.25%
	合计	6134.48	5191.1	18.17%

注：准东经开区2012年和2011年均没有统计GDP数据；

中马钦州产业园为2012年新设经开区，故无该项数据；

德阳经开区2012年有2家企业出口增长较高，故导致同比较大。

2012 年 171 个国家级经济技术开发区工业增加值情况

2012 年 84 个东部国家级经济技术开发区工业增加值情况

单位：亿元

序号	开发区名称	2012 年	2011 年	同比
1	大连经济技术开发区	876.41	822.97	6.49%
2	秦皇岛经济技术开发区	156.43	129.64	20.67%
3	天津经济技术开发区	1704.06	1430.67	19.11%
4	烟台经济技术开发区	841.11	730.1	15.21%
5	青岛经济技术开发区	797.79	721.13	10.63%
6	连云港经济技术开发区	256.42	206.58	24.13%
7	南通经济技术开发区	442.13	371.14	19.13%
8	宁波经济技术开发区	367.84	348.23	5.63%
9	福州经济技术开发区	196.98	204.17	-3.52%
10	广州经济技术开发区	1360.4	1293.72	5.15%
11	湛江经济技术开发区	158.15	168.83	-6.32%
12	闵行经济技术开发区	177.25	167.82	5.62%
13	虹桥经济技术开发区	—	—	—
14	漕河泾经济技术开发区	340.1	358.73	-5.19%
15	温州经济技术开发区	131.18	120.99	8.42%
16	萧山经济技术开发区	129.97	131.33	-1.03%
17	营口经济技术开发区	334.21	298.44	11.98%
18	威海经济技术开发区	87.19	93.1	-6.35%
19	福清融侨经济技术开发区	171.42	149.58	14.6%
20	广州南沙经济技术开发区	446.85	434.35	2.88%
21	惠州大亚湾经济技术开发区	375.21	373.21	0.54%
22	昆山经济技术开发区	1094.29	1072.23	2.06%
23	东山经济技术开发区	29.13	26.66	9.26%
24	沈阳经济技术开发区	721.79	676.74	6.66%
25	杭州经济技术开发区	418.47	324.06	29.13%
26	北京经济技术开发区	495.83	472.09	5.03%
27	南京经济技术开发区	503.01	387.09	29.95%
28	宁波大榭经济技术开发区	118.65	111.51	6.39%
29	海南洋浦经济技术开发区	153.7	141.62	8.53%
30	苏州工业园区	1024.89	968.29	5.85%
31	上海金桥出口加工区	415.67	523.4	-20.58%
32	厦门海沧台商投资区	272.68	275.48	-1.02%
33	廊坊经济技术开发区	180.36	139.68	29.12%

注：虹桥经开区只涉及第三产业而不涉及工业，故无工业增加值数据。

续表

序号	开发区名称	2012 年	2011 年	同比
34	扬州经济技术开发区	555.97	412.76	34.7%
35	嘉兴经济技术开发区	70.03	63.07	11.04%
36	徐州经济技术开发区	593.64	393.06	51.03%
37	东营经济技术开发区	240.92	204.08	18.05%
38	湖州经济技术开发区	100.33	91.86	9.22%
39	增城经济技术开发区	174.55	155.46	12.28%
40	镇江经济技术开发区	504.92	366.4	37.81%
41	锦州经济技术开发区	55.37	50.62	9.4%
42	漳州招商局经济技术开发区	24.21	32.09	-24.56%
43	绍兴袍江经济技术开发区	112.47	105.51	6.6%
44	日照经济技术开发区	190.72	166.2	14.75%
45	潍坊滨海经济技术开发区	219.21	156.58	40%
46	大连长兴岛经济技术开发区	71.63	45.38	57.84%
47	泉州经济技术开发区	88.66	113.5	-21.89%
48	吴江经济技术开发区	259.13	237.4	9.15%
49	长兴经济技术开发区	124.33	106.36	16.9%
50	常熟经济技术开发区	478.75	462.27	3.57%
51	沧州临港经济技术开发区	123.46	109.73	12.51%
52	淮安经济技术开发区	360.99	308.76	16.92%
53	邹平经济技术开发区	382.37	355.95	7.42%
54	江宁经济技术开发区	433.36	334.38	29.6%
55	金华经济技术开发区	66.85	59.9	11.6%
56	西青经济技术开发区	275.38	150.01	83.58%
57	临沂经济技术开发区	142.41	127	12.13%
58	盐城经济技术开发区	511.86	354.54	44.37%
59	宁波石化经济技术开发区	242.34	294.35	-17.67%
60	武清经济技术开发区	223.02	100.6	121.7%
61	锡山经济技术开发区	252.65	177.24	42.55%
62	太仓港经济技术开发区	286.38	257.83	11.07%
63	嘉善经济技术开发区	152.05	144.66	5.11%
64	衢州经济技术开发区	88.96	73.59	20.88%
65	张家港经济技术开发区	515.39	474.27	8.67%
66	招远经济技术开发区	283.71	259.77	9.21%
67	泉州台商投资区	109.61	95.64	14.61%

续表

序号	开发区名称	2012 年	2011 年	同比
68	漳州台商投资区	89.25	—	—
69	龙岩经济技术开发区	20.77	36.45	-43.02%
70	德州经济技术开发区	129.81	124.23	4.49%
71	义乌经济技术开发区	180.08	157	14.7%
72	珠海高栏港经济技术开发区	135.2	126.71	6.7%
73	上海化学工业区	136.88	125.19	9.34%
74	杭州余杭经济技术开发区	136.91	104.17	31.43%
75	海安经济技术开发区	251.13	208.62	20.38%
76	绍兴柯桥经济技术开发区	235.55	210.1	12.11%
77	富阳经济技术开发区	146.43	168.19	-12.94%
78	明水经济技术开发区	209.2	184.06	13.66%
79	石家庄经济技术开发区	108.4	87.83	23.41%
80	胶州经济技术开发区	262.24	303.86	-13.7%
81	靖江经济技术开发区	271.22	235.84	15%
82	吴中经济技术开发区	267.35	253.9	5.3%
83	东侨经济技术开发区	23.93	22.1	8.28%
84	天津子牙经济技术开发区	10.96	8.15	34.48%
	合计	25710.48	22870.79	12.42%

注：漳州台商投资区 2011 年没有统计工业增加值数据。

2012年49个中部国家级经济技术开发区工业增加值情况

单位：亿元

序号	开发区名称	2012年	2011年	同比
1	哈尔滨经济技术开发区	556.79	434.45	28.16%
2	长春经济技术开发区	636.69	540.26	17.85%
3	武汉经济技术开发区	635.85	502.7	26.49%
4	芜湖经济技术开发区	460.32	400.71	14.88%
5	合肥经济技术开发区	619.08	502.32	23.24%
6	郑州经济技术开发区	192.01	145.97	31.54%
7	长沙经济技术开发区	421.7	390.54	7.98%
8	南昌经济技术开发区	142.2	275.12	-48.31%
9	太原经济技术开发区	177.88	67.92	161.89%
10	岳阳经济技术开发区	137.52	134.95	1.91%
11	九江经济技术开发区	187	163.55	14.34%
12	安庆经济技术开发区	133.82	113.78	17.6%
13	马鞍山经济技术开发区	112.03	98.21	14.07%
14	黄石经济技术开发区	227.11	175.37	29.5%
15	赣州经济技术开发区	171.83	147.24	16.7%
16	井冈山经济技术开发区	145.57	106.68	36.45%
17	襄樊经济技术开发区	341.72	283.64	20.48%
18	吉林经济技术开发区	101.32	76.09	33.16%
19	常德经济技术开发区	52.75	47.47	11.12%
20	海林经济技术开发区	31.89	25.03	27.42%
21	宾西经济技术开发区	52	46.39	12.1%
22	漯河经济技术开发区	94.41	91.5	3.18%
23	鹤壁经济技术开发区	83.14	65.89	26.19%
24	四平红嘴经济技术开发区	109.07	81.18	34.36%
25	上饶经济技术开发区	95.52	88.77	7.61%
26	开封经济技术开发区	44.4	40.18	10.5%
27	宁乡经济技术开发区	159.33	117.12	36.04%
28	武汉吴家山经济技术开发区	223.73	137.39	62.84%
29	大同经济技术开发区	16.86	16.41	2.72%
30	许昌经济技术开发区	49.57	66.49	-25.45%
31	萍乡经济技术开发区	90.9	86.4	5.2%
32	长春西新经济技术开发区	348.9	317.6	9.86%
33	哈尔滨利民经济技术开发区	59.21	49.54	19.52%
34	铜陵经济技术开发区	127.09	75.94	67.36%
35	滁洲经济技术开发区	93.91	79	18.88%
36	池州经济技术开发区	71.87	64.06	12.19%
37	荆州经济技术开发区	112.94	94.47	19.55%
38	湘潭经济技术开发区	125.5	259.77	-51.69%
39	浏阳经济技术开发区	135.78	90.9	49.37%
40	晋中经济技术开发区	10.64	10.29	3.32%

注：太原经开区受核算制度的影响，工业增加值缩减比例较高，故导致同比较大。

续表

序号	开发区名称	2012 年	2011 年	同比
41	南昌小蓝经济技术开发区	113.7	96.75	17.51%
42	鄂州葛店经济技术开发区	152.19	126.14	20.64%
43	洛阳经济技术开发区	31.03	31.25	-0.72%
44	新乡经济技术开发区	65.2	64.03	1.83%
45	大庆经济技术开发区	86.22	71.1	21.27%
46	红旗渠经济技术开发区	86.06	21.3	304.02%
47	娄底经济技术开发区	67.69	56.41	20%
48	绥化经济技术开发区	35.8	23.4	52.99%
49	十堰经济技术开发区	165.83	150.78	9.98%
	合计	8393.57	7152.49	17.35%

2012年38个西部国家级经济技术开发区工业增加值情况

单位：亿元

序号	开发区名称	2012年	2011年	同比
1	重庆经济技术开发区	210.3	173.72	21.06%
2	乌鲁木齐经济技术开发区	339.78	297.27	14.3%
3	西安经济技术开发区	512.78	427.46	19.96%
4	成都经济技术开发区	457.21	307.58	48.65%
5	昆明经济技术开发区	134.28	81.35	65.06%
6	贵阳经济技术开发区	162.79	138.23	17.77%
7	石河子经济技术开发区	83.63	74.01	13%
8	西宁经济技术开发区	227.47	197.77	15.02%
9	呼和浩特经济技术开发区	94.2	136.67	-31.08%
10	南宁经济技术开发区	122.16	108.86	12.22%
11	银川经济技术开发区	67.09	64.01	4.8%
12	兰州经济技术开发区	33.88	41.32	-18.01%
13	拉萨经济技术开发区	3.91	1.8	117.22%
14	金昌经济技术开发区	156.28	155.43	0.55%
15	天水经济技术开发区	47.67	35.4	34.66%
16	广安经济技术开发区	84.71	70.97	19.35%
17	曲靖经济技术开发区	186.81	87.02	114.68%
18	遵义经济技术开发区	81.92	64.39	27.23%
19	德阳经济技术开发区	225.62	171.54	31.53%
20	万州经济技术开发区	125.32	115.64	8.38%
21	陕西航空经济技术开发区	62.42	48.82	27.86%
22	陕西航天经济技术开发区	68.29	53.23	28.3%
23	钦州港经济技术开发区	147.34	230.19	-35.99%
24	长寿经济技术开发区	19.8	180.22	-89.01%
25	库尔勒经济技术开发区	32	26	23.08%
26	奎屯—独山子经济技术开发区	54.54	40.63	34.26%
27	石嘴山经济技术开发区	63.39	61.79	2.59%
28	中国—马来西亚钦州产业园区	—	—	—
29	遂宁经济技术开发区	78.09	72.66	7.46%
30	阿拉尔经济技术开发区	7.03	3.54	98.45%
31	五家渠经济技术开发区	33.29	21.3	56.3%
32	准东经济技术开发区	17.73	0.43	3999.42%
33	甘泉堡经济技术开发区	2.14	2.4	-10.65%
34	汉中经济技术开发区	20.73	20.1	3.12%
35	格尔木昆仑经济技术开发区	22.47	19.58	14.76%
36	绵阳经济技术开发区	42.46	39.53	7.41%
37	广元经济技术开发区	100.1	63.96	56.5%
38	巴彦淖尔经济技术开发区	78.99	73.2	7.91%
	合计	4208.63	3708.01	13.5%

注：中马钦州产业园为2012年新设经开区，故无该项数据；
曲靖经开区2012年将区内的进口企业全部纳入统计，故导致2012年数据较高，同比较大；
准东经开区2012年投产大量规上企业，故导致同比较大。

2012 年 171 个国家级经济技术开发区第三产业增加值情况

2012 年 84 个东部国家级经济技术开发区第三产业增加值情况

单位：亿元

序号	开发区名称	2012 年	2011 年	同比
1	大连经济技术开发区	384.56	310.24	23.95%
2	秦皇岛经济技术开发区	69.68	60.59	14.99%
3	天津经济技术开发区	478.83	439.54	8.94%
4	烟台经济技术开发区	259.56	219.92	18.03%
5	青岛经济技术开发区	502.57	420.28	19.58%
6	连云港经济技术开发区	59.8	35.78	67.13%
7	南通经济技术开发区	123.81	89.72	38%
8	宁波经济技术开发区	209.35	183.21	14.27%
9	福州经济技术开发区	92.68	80.26	15.47%
10	广州经济技术开发区	560.63	510.02	9.92%
11	湛江经济技术开发区	50.68	48.77	3.91%
12	闵行经济技术开发区	2.54	2.48	2.04%
13	虹桥经济技术开发区	118.03	130.03	-9.23%
14	漕河泾经济技术开发区	592.31	436.6	35.67%
15	温州经济技术开发区	64.97	47.9	35.63%
16	萧山经济技术开发区	35.92	50.65	-29.08%
17	营口经济技术开发区	192.05	169.92	13.02%
18	威海经济技术开发区	56.36	51.27	9.91%
19	福清融侨经济技术开发区	34.68	25.69	35%
20	广州南沙经济技术开发区	115.98	96.57	20.1%
21	惠州大亚湾经济技术开发区	48.78	46.37	5.2%
22	昆山经济技术开发区	320.96	276.11	16.24%
23	东山经济技术开发区	13.29	12.09	9.88%
24	沈阳经济技术开发区	312	279.65	11.57%
25	杭州经济技术开发区	114.18	87.16	31%
26	北京经济技术开发区	301.64	303.29	-0.54%
27	南京经济技术开发区	50.83	37.15	36.82%
28	宁波大榭经济技术开发区	50.62	49.34	2.59%
29	海南洋浦经济技术开发区	77.64	60.04	29.32%
30	苏州工业园区	655.16	567.51	15.44%
31	上海金桥出口加工区	72.27	83.76	-13.72%

续表

序号	开发区名称	2012 年	2011 年	同比
32	厦门海沧台商投资区	111.98	90.43	23.83%
33	廊坊经济技术开发区	74.73	66.31	12.7%
34	扬州经济技术开发区	160.48	116.05	38.29%
35	嘉兴经济技术开发区	55.33	48.1	15.04%
36	徐州经济技术开发区	50.53	43.17	17.03%
37	东营经济技术开发区	53.77	41.81	28.6%
38	湖州经济技术开发区	62.14	58.4	6.4%
39	增城经济技术开发区	2.15	1.9	13.26%
40	镇江经济技术开发区	72.96	46.2	57.92%
41	锦州经济技术开发区	59.83	51.73	15.66%
42	漳州招商局经济技术开发区	5.86	4.08	43.48%
43	绍兴袍江经济技术开发区	43.39	38.25	13.44%
44	日照经济技术开发区	27.52	24	14.65%
45	潍坊滨海经济技术开发区	55.5	39.09	42%
46	大连长兴岛经济技术开发区	21.56	15.17	42.15%
47	泉州经济技术开发区	11.55	22.22	-48.02%
48	吴江经济技术开发区	60.5	50.09	20.78%
49	长兴经济技术开发区	10.81	8.41	28.66%
50	常熟经济技术开发区	146.94	139.82	5.1%
51	沧州临港经济技术开发区	4.21	5.34	-21.24%
52	淮安经济技术开发区	56.34	36.87	52.81%
53	邹平经济技术开发区	74.05	67.66	9.46%
54	江宁经济技术开发区	93.48	59.45	57.25%
55	金华经济技术开发区	71.65	62.12	15.34%
56	西青经济技术开发区	46.52	38.45	21%
57	临沂经济技术开发区	54.54	42.1	29.55%
58	盐城经济技术开发区	19.86	16.94	17.23%
59	宁波石化经济技术开发区	9.49	7.71	23.13%
60	武清经济技术开发区	69.48	65.47	6.13%
61	锡山经济技术开发区	126.53	104.44	21.15%
62	太仓港经济技术开发区	141.92	122.19	16.15%

续表

序号	开发区名称	2012 年	2011 年	同比
63	嘉善经济技术开发区	100.51	89.04	12.89%
64	衢州经济技术开发区	43.66	38.81	12.51%
65	张家港经济技术开发区	124.65	96.28	29.47%
66	招远经济技术开发区	124.13	104.56	18.72%
67	泉州台商投资区	36.05	33.07	9.01%
68	漳州台商投资区	44.22	0	—
69	龙岩经济技术开发区	—	—	—
70	德州经济技术开发区	85.28	77.63	9.85%
71	义乌经济技术开发区	49.95	45.2	10.53%
72	珠海高栏港经济技术开发区	43.28	32	35.26%
73	上海化学工业区	—	—	—
74	杭州余杭经济技术开发区	58.8	51.26	14.71%
75	海安经济技术开发区	110.15	94.32	16.78%
76	绍兴柯桥经济技术开发区	90.27	77.16	17%
77	富阳经济技术开发区	64.41	53.06	21.39%
78	明水经济技术开发区	72.31	66.24	9.17%
79	石家庄经济技术开发区	8.36	6.44	29.89%
80	胶州经济技术开发区	126.4	125.46	0.75%
81	靖江经济技术开发区	111.09	96.6	15%
82	吴中经济技术开发区	138.2	120.66	14.54%
83	东侨经济技术开发区	23.12	20.27	14.06%
84	天津子牙经济技术开发区	1.04	0	—
	合计	9333.81	7973.88	17.05%

注：龙岩经开区、上海化学工业区 2012 年和 2011 年均没有统计第三产业增加值数据；
漳州台商、天津子牙没有 2011 年第三产业增加值数据，故该项数据为 0。

2012年49个中部国家级经济技术开发区第三产业增加值情况

单位：亿元

序号	开发区名称	2012年	2011年	同比
1	哈尔滨经济技术开发区	196.04	151.11	29.73%
2	长春经济技术开发区	200.73	170.25	17.9%
3	武汉经济技术开发区	101.23	65.34	54.93%
4	芜湖经济技术开发区	35.83	21.27	68.49%
5	合肥经济技术开发区	105.51	84.49	24.88%
6	郑州经济技术开发区	107.28	89.73	19.56%
7	长沙经济技术开发区	112.12	99.54	12.64%
8	南昌经济技术开发区	42.95	57.29	-25.04%
9	太原经济技术开发区	6.28	5.65	11.22%
10	岳阳经济技术开发区	24.99	21.57	15.87%
11	九江经济技术开发区	39.84	36	10.66%
12	安庆经济技术开发区	66.02	54.02	22.21%
13	马鞍山经济技术开发区	47.93	42.31	13.29%
14	黄石经济技术开发区	55.67	37.26	49.39%
15	赣州经济技术开发区	30.66	27.47	11.58%
16	井冈山经济技术开发区	19.41	15.09	28.64%
17	襄樊经济技术开发区	19.73	16.15	22.16%
18	吉林经济技术开发区	12.49	11.11	12.4%
19	常德经济技术开发区	13.72	11.85	15.74%
20	海林经济技术开发区	1.56	1.19	30.67%
21	宾西经济技术开发区	15.5	12.92	20%
22	漯河经济技术开发区	28.11	22.74	23.64%
23	鹤壁经济技术开发区	14.67	12.12	21.1%
24	四平红嘴经济技术开发区	2.57	0.56	356.61%
25	上饶经济技术开发区	4.65	3.88	20%
26	开封经济技术开发区	52.05	44.4	17.23%
27	宁乡经济技术开发区	21.86	18.8	16.29%
28	武汉吴家山经济技术开发区	103.69	92.31	12.33%
29	大同经济技术开发区	10.6	9.3	13.93%
30	许昌经济技术开发区	5.36	4.68	14.56%
31	萍乡经济技术开发区	24.69	16.28	51.73%
32	长春西新经济技术开发区	73.17	68.07	7.5%
33	哈尔滨利民经济技术开发区	26.67	22.67	17.65%
34	铜陵经济技术开发区	28.38	25.55	11.09%
35	滁州经济技术开发区	24.82	19.47	27.48%
36	池州经济技术开发区	29.11	26.09	11.58%

注：四平红嘴经开区由于2011年基数较小，故导致同比较大。

续表

序号	开发区名称	2012 年	2011 年	同比
37	荆州经济技术开发区	16. 85	13. 48	25%
38	湘潭经济技术开发区	74. 85	48. 74	53. 58%
39	浏阳经济技术开发区	29. 12	22. 49	29. 5%
40	晋中经济技术开发区	8. 02	6. 87	16. 61%
41	南昌小蓝经济技术开发区	—	—	—
42	鄂州葛店经济技术开发区	18	17. 19	4. 68%
43	洛阳经济技术开发区	5. 24	4. 58	14. 32%
44	新乡经济技术开发区	3. 58	3. 47	2. 98%
45	大庆经济技术开发区	8. 21	9. 9	-17. 02%
46	红旗渠经济技术开发区	4. 15	3. 8	9. 29%
47	娄底经济技术开发区	24. 13	19. 7	22. 47%
48	绥化经济技术开发区	4. 2	3. 77	11. 36%
49	十堰经济技术开发区	4. 2	20. 11	-79. 12%
	合计	1906. 41	1592. 61	19. 7%

注：南昌小蓝经开区 2012 年和 2011 年均没有统计第三产业增加值数据。

2012 年 38 个西部国家级经济技术开发区第三产业增加值情况

单位：亿元

序号	开发区名称	2012 年	2011 年	同比
1	重庆经济技术开发区	48.57	44.78	8.46%
2	乌鲁木齐经济技术开发区	101.69	81.62	24.6%
3	西安经济技术开发区	166.82	148.7	12.19%
4	成都经济技术开发区	120.81	101.33	19.22%
5	昆明经济技术开发区	73.68	50.3	46.47%
6	贵阳经济技术开发区	36.41	32.45	12.2%
7	石河子经济技术开发区	24.9	15.3	62.76%
8	西宁经济技术开发区	36.13	15.5	133.05%
9	呼和浩特经济技术开发区	5.98	12.66	-52.76%
10	南宁经济技术开发区	15.98	15.55	2.79%
11	银川经济技术开发区	29.07	26.02	11.74%
12	兰州经济技术开发区	44.83	34.15	31.27%
13	拉萨经济技术开发区	—	—	—
14	金昌经济技术开发区	4.15	3.1	34.04%
15	天水经济技术开发区	9.58	8.81	8.77%
16	广安经济技术开发区	5.11	4.11	24.3%
17	曲靖经济技术开发区	29.29	25.95	12.89%
18	遵义经济技术开发区	73.87	62.04	19.07%
19	德阳经济技术开发区	105.76	91.59	15.47%
20	万州经济技术开发区	2.57	1.43	80.14%
21	陕西航空经济技术开发区	46.63	42.37	10.05%
22	陕西航天经济技术开发区	28.5	26.97	5.66%
23	钦州港经济技术开发区	12.72	9.22	37.92%
24	长寿经济技术开发区	25.87	26.6	-2.76%
25	库尔勒经济技术开发区	2.24	3.5	-36.1%
26	奎屯—独山子经济技术开发区	9.74	3.68	164.73%
27	石嘴山经济技术开发区	34.08	30.53	11.63%
28	中国—马来西亚钦州产业园区	—	—	—
29	遂宁经济技术开发区	20.11	16.46	22.18%

注：拉萨经开区无独立统计局，每年年底由市统计局统一核算，故没有第三产业增加值数据；

中马钦州产业园为 2012 年新设经开区，无该项数据；

西宁、奎屯经开区 2012 年新开工几家外资企业项目，故导致同比较大。

续表

序号	开发区名称	2012 年	2011 年	同比
30	阿拉尔经济技术开发区	0	0	—
31	五家渠经济技术开发区	—	—	—
32	准东经济技术开发区	—	—	—
33	甘泉堡经济技术开发区	0	0	—
34	汉中经济技术开发区	8.11	6.76	19.91%
35	格尔木昆仑经济技术开发区	0.59	0.3	96%
36	绵阳经济技术开发区	5.47	3	82.17%
37	广元经济技术开发区	19.6	18	8.9%
38	巴彦淖尔经济技术开发区	—	—	—
	合计	1148.85	962.78	19.33%

注：阿拉尔经开区 2012 和 2011 年没有第三产业增加值数据，故该项数据为 0；
五家渠、准东经开区 2012 年和 2011 年均没有统计 GDP 数据；
甘泉堡经开区无第三产业，故该项数据为 0；
巴彦淖尔经开区不涉及第三产业，故无该项数据。

2012年171个国家级经济技术开发区工业总产值情况

2012年84个东部国家级经济技术开发区工业总产值情况

单位：亿元

序号	开发区名称	2012年	2011年	同比
1	大连经济技术开发区	3930.05	3453.47	13.8%
2	秦皇岛经济技术开发区	671.06	603.68	11.16%
3	天津经济技术开发区	7117.05	6102.84	16.62%
4	烟台经济技术开发区	3755.17	3200.17	17.34%
5	青岛经济技术开发区	4401.06	3661.16	20.21%
6	连云港经济技术开发区	1025.39	823.21	24.56%
7	南通经济技术开发区	1750.55	1471.05	19%
8	宁波经济技术开发区	1968.66	2026.14	-2.84%
9	福州经济技术开发区	774.64	773.27	0.18%
10	广州经济技术开发区	5003.78	4938.16	1.33%
11	湛江经济技术开发区	470.96	539.78	-12.75%
12	闵行经济技术开发区	476.86	452.29	5.43%
13	虹桥经济技术开发区	—	—	—
14	漕河泾经济技术开发区	1180.89	1237.36	-4.56%
15	温州经济技术开发区	539.07	545.67	-1.21%
16	萧山经济技术开发区	640.99	640.56	0.07%
17	营口经济技术开发区	1102.01	1001.9	9.99%
18	威海经济技术开发区	454.07	371.15	22.34%
19	福清融侨经济技术开发区	710.19	705.57	0.65%
20	广州南沙经济技术开发区	1627.82	1702.6	-4.39%
21	惠州大亚湾经济技术开发区	1669.64	1554.21	7.43%
22	昆山经济技术开发区	5250.91	5149.76	1.96%
23	东山经济技术开发区	102.22	95.23	7.35%
24	沈阳经济技术开发区	327.64	2866.91	-88.57%
25	杭州经济技术开发区	1970.1	1511.35	30.35%
26	北京经济技术开发区	2216.35	2272.56	-2.47%
27	南京经济技术开发区	2686.45	2155.02	24.66%
28	宁波大榭经济技术开发区	490.12	480.38	2.03%
29	海南洋浦经济技术开发区	731.67	711.35	2.86%
30	苏州工业园区	4285.23	4136.96	3.58%
31	上海金桥出口加工区	1886.76	2275.66	-17.09%
32	厦门海沧台商投资区	951.07	945.54	0.59%
33	廊坊经济技术开发区	456.95	439.18	4.05%
34	扬州经济技术开发区	2527.08	1831.22	38%

注：虹桥经开区只涉及第三产业而不涉及工业，故无工业总产值数据。

续表

序号	开发区名称	2012 年	2011 年	同比
35	嘉兴经济技术开发区	339. 51	316. 2	7. 37%
36	徐州经济技术开发区	2239. 91	1385. 7	61. 64%
37	东营经济技术开发区	1322. 58	1078. 75	22. 6%
38	湖州经济技术开发区	453. 09	616. 71	-26. 53%
39	增城经济技术开发区	581. 73	555. 21	4. 78%
40	镇江经济技术开发区	2464. 6	1826. 1	34. 97%
41	锦州经济技术开发区	245. 27	237. 43	3. 3%
42	漳州招商局经济技术开发区	93. 81	120. 29	-22. 01%
43	绍兴袍江经济技术开发区	678. 89	661. 46	2. 64%
44	日照经济技术开发区	740. 17	643. 11	15. 09%
45	潍坊滨海经济技术开发区	934. 9	604. 88	54. 56%
46	大连长兴岛经济技术开发区	232. 56	180	29. 2%
47	泉州经济技术开发区	391. 57	348. 14	12. 47%
48	吴江经济技术开发区	1325. 34	1317. 43	0. 6%
49	长兴经济技术开发区	680. 14	543. 88	25. 05%
50	常熟经济技术开发区	2243. 99	2163. 89	3. 7%
51	沧州临港经济技术开发区	515. 58	454. 48	13. 44%
52	淮安经济技术开发区	1687. 65	1405. 52	20. 07%
53	邹平经济技术开发区	2021. 17	1798. 8	12. 36%
54	江宁经济技术开发区	2133. 53	1567. 33	36. 13%
55	金华经济技术开发区	476. 83	410. 4	16. 19%
56	西青经济技术开发区	1311. 33	1066. 07	23. 01%
57	临沂经济技术开发区	599. 21	485. 24	23. 49%
58	盐城经济技术开发区	2064	1607	28. 44%
59	宁波石化经济技术开发区	1636. 63	1711. 28	-4. 36%
60	武清经济技术开发区	755. 73	590. 62	27. 96%
61	锡山经济技术开发区	1010. 59	891. 2	13. 4%
62	太仓港经济技术开发区	1408. 12	1370. 44	2. 75%
63	嘉善经济技术开发区	766. 17	613. 31	24. 92%
64	衢州经济技术开发区	401. 86	320. 2	25. 5%
65	张家港经济技术开发区	1765. 15	1656. 85	6. 54%
66	招远经济技术开发区	1187. 36	1050. 56	13. 02%
67	泉州台商投资区	358. 11	307. 61	16. 42%
68	漳州台商投资区	329. 4	351. 42	-6. 27%

续表

序号	开发区名称	2012 年	2011 年	同比
69	龙岩经济技术开发区	107.65	153.26	-29.76%
70	德州经济技术开发区	743.35	650.17	14.33%
71	义乌经济技术开发区	817.59	703.25	16.26%
72	珠海高栏港经济技术开发区	640.69	607	5.55%
73	上海化学工业区	805.78	744.06	8.3%
74	杭州余杭经济技术开发区	691.68	642.09	7.72%
75	海安经济技术开发区	1713.26	1295.9	32.21%
76	绍兴柯桥经济技术开发区	1352.55	1180.18	14.61%
77	富阳经济技术开发区	1089.88	833.17	30.81%
78	明水经济技术开发区	912.22	778.35	17.2%
79	石家庄经济技术开发区	708.9	560.62	26.45%
80	胶州经济技术开发区	1339.83	993.27	34.89%
81	靖江经济技术开发区	1599.03	1461.37	9.42%
82	吴中经济技术开发区	1147.97	1117.6	2.72%
83	东侨经济技术开发区	119.49	110.28	8.36%
84	天津子牙经济技术开发区	112.68	73.93	52.41%
	合计	112451.49	102837.35	9.35%

2012 年 49 个中部国家级经济技术开发区工业总产值情况

单位：亿元

序号	开发区名称	2012 年	2011 年	同比
1	哈尔滨经济技术开发区	2247.02	1751.56	28.29%
2	长春经济技术开发区	2375.58	1900.43	25%
3	武汉经济技术开发区	2162.32	1682.75	28.5%
4	芜湖经济技术开发区	1850.14	1639.49	12.85%
5	合肥经济技术开发区	2310.03	1860.45	24.17%
6	郑州经济技术开发区	728.61	538.33	35.35%
7	长沙经济技术开发区	1406.81	1336.22	5.28%
8	南昌经济技术开发区	650.13	927.07	-29.87%
9	太原经济技术开发区	432.18	260.7	65.78%
10	岳阳经济技术开发区	499.56	473	5.61%
11	九江经济技术开发区	852.41	636.41	33.94%
12	安庆经济技术开发区	447.21	371.48	20.38%
13	马鞍山经济技术开发区	431.28	377.55	14.23%
14	黄石经济技术开发区	684.89	502.23	36.37%
15	赣州经济技术开发区	600.81	496.47	21.02%
16	井冈山经济技术开发区	491.82	381.19	29.02%
17	襄樊经济技术开发区	1235.42	914.97	35.02%
18	吉林经济技术开发区	399.13	322.54	23.75%
19	常德经济技术开发区	217.11	194	11.91%
20	海林经济技术开发区	111.13	87.39	27.16%
21	宾西经济技术开发区	185.35	145.63	27.27%
22	漯河经济技术开发区	402.37	340.28	18.25%
23	鹤壁经济技术开发区	338.46	263.8	28.3%
24	四平红嘴经济技术开发区	346.88	270.61	28.18%
25	上饶经济技术开发区	435.66	390.13	11.67%
26	开封经济技术开发区	191.41	170.43	12.31%
27	宁乡经济技术开发区	598.68	444.86	34.58%
28	武汉吴家山经济技术开发区	704.47	525.24	34.13%
29	大同经济技术开发区	75.1	73.5	2.18%
30	许昌经济技术开发区	213.79	266.74	-19.85%
31	萍乡经济技术开发区	497.44	396.91	25.33%
32	长春西新经济技术开发区	1410.16	1300.03	8.47%
33	哈尔滨利民经济技术开发区	191.02	159.82	19.52%
34	铜陵经济技术开发区	550	443.44	24.03%

续表

序号	开发区名称	2012 年	2011 年	同比
35	滁洲经济技术开发区	397.95	318.8	24.83%
36	池州经济技术开发区	239.56	204.38	17.21%
37	荆州经济技术开发区	403.65	277.23	45.6%
38	湘潭经济技术开发区	406.01	271.56	49.51%
39	浏阳经济技术开发区	377.17	252.51	49.37%
40	晋中经济技术开发区	51.25	46.1	11.17%
41	南昌小蓝经济技术开发区	505.32	412.39	22.54%
42	鄂州葛店经济技术开发区	562.55	496.84	13.23%
43	洛阳经济技术开发区	113.8	152.2	-25.23%
44	新乡经济技术开发区	301.73	287	5.13%
45	大庆经济技术开发区	287.41	224.6	27.96%
46	红旗渠经济技术开发区	360.84	320	12.76%
47	娄底经济技术开发区	372.12	260.49	42.86%
48	十堰经济技术开发区	549.2	498.2	10.24%
49	绥化经济技术开发区	66.5	51.1	30.14%
	合计	31269.44	25919.03	20.64%

2012年38个西部国家级经济技术开发区工业总产值情况

单位：亿元

序号	开发区名称	2012年	2011年	同比
1	重庆经济技术开发区	704.04	580.24	21.34%
2	乌鲁木齐经济技术开发区	978.37	829.13	18%
3	西安经济技术开发区	1895.42	1547.34	22.5%
4	成都经济技术开发区	1166.58	961.74	21.3%
5	昆明经济技术开发区	437.15	290.09	50.69%
6	贵阳经济技术开发区	361.51	293.3	23.26%
7	石河子经济技术开发区	347.31	280.06	24.01%
8	西宁经济技术开发区	691.17	549.58	25.76%
9	呼和浩特经济技术开发区	407.5	415.05	-1.82%
10	南宁经济技术开发区	428.42	371.48	15.33%
11	银川经济技术开发区	235.24	206.33	14.01%
12	兰州经济技术开发区	163.33	137.2	19.04%
13	拉萨经济技术开发区	11.64	5.8	100.69%
14	金昌经济技术开发区	591.18	490.3	20.58%
15	天水经济技术开发区	112.57	87.26	29%
16	广安经济技术开发区	270.64	241.38	12.12%
17	曲靖经济技术开发区	530.25	290.35	82.63%
18	遵义经济技术开发区	203.82	184.88	10.25%
19	德阳经济技术开发区	755.78	566.13	33.5%
20	万州经济技术开发区	380.91	342.16	11.32%
21	陕西航空经济技术开发区	243.9	173	40.98%
22	陕西航天经济技术开发区	247.59	190	30.31%
23	钦州港经济技术开发区	765.27	730.08	4.82%
24	长寿经济技术开发区	603.7	663.94	-9.07%
25	库尔勒经济技术开发区	106.32	85	25.08%
26	奎屯—独山子经济技术开发区	124.82	86.09	44.98%
27	石嘴山经济技术开发区	260.5	241.7	7.78%
28	中国—马来西亚钦州产业园区	—	—	—
29	遂宁经济技术开发区	352.36	305.72	15.25%
30	阿拉尔经济技术开发区	28.1	24.93	12.72%
31	五家渠经济技术开发区	139.04	75.47	84.24%
32	准东经济技术开发区	73.36	0.94	7705.92%
33	甘泉堡经济技术开发区	5.04	8.23	-38.78%
34	汉中经济技术开发区	73.32	64.53	13.63%
35	格尔木昆仑经济技术开发区	71.99	57	26.3%
36	绵阳经济技术开发区	240	172	39.53%
37	广元经济技术开发区	365.4	348	5%
38	巴彦淖尔经济技术开发区	243.05	228.75	6.25%
	合计	14616.59	12125.19	20.55%

注：中马钦州产业园为2012年新设经开区，故无该项数据；

准东经开区2012年投产大量规上企业，故导致同比较大。

2012 年 171 个国家级经济技术开发区财政收入情况

2012 年 84 个东部国家级经济技术开发区财政收入情况

单位：亿元

序号	开发区名称	2012 年	2011 年	同比
1	大连经济技术开发区	365.36	360.22	1.43%
2	秦皇岛经济技术开发区	37.75	31.97	18.09%
3	天津经济技术开发区	490.19	403.56	21.47%
4	烟台经济技术开发区	207.49	167	24.25%
5	青岛经济技术开发区	424.06	361.7	17.24%
6	连云港经济技术开发区	93.65	79.21	18.24%
7	南通经济技术开发区	81.2	74.56	8.92%
8	宁波经济技术开发区	132.42	128.88	2.75%
9	福州经济技术开发区	44.23	38	16.38%
10	广州经济技术开发区	504.03	471.96	6.79%
11	湛江经济技术开发区	81.07	78.27	3.58%
12	闵行经济技术开发区	0	0	—
13	虹桥经济技术开发区	0	0	—
14	漕河泾经济技术开发区	0	0	—
15	温州经济技术开发区	37.32	23.47	58.96%
16	萧山经济技术开发区	50.91	47.54	7.09%
17	营口经济技术开发区	51.68	47.49	8.82%
18	威海经济技术开发区	44.15	47.23	-6.52%
19	福清融侨经济技术开发区	18.09	14.86	21.8%
20	广州南沙经济技术开发区	227.05	264.72	-14.23%
21	惠州大亚湾经济技术开发区	398.23	315.99	26.03%
22	昆山经济技术开发区	181.88	193.76	-6.13%
23	东山经济技术开发区	6.2	6.01	3.1%
24	沈阳经济技术开发区	151.46	191.6	-20.95%
25	杭州经济技术开发区	117.77	92.64	27.13%
26	北京经济技术开发区	335.49	269.09	24.67%
27	南京经济技术开发区	103.01	79.5	29.57%
28	宁波大榭经济技术开发区	101.21	100.84	0.37%
29	海南洋浦经济技术开发区	218.6	205.45	6.4%
30	苏州工业园区	416.42	422.5	-1.44%
31	上海金桥出口加工区	23.27	18.83	23.58%
32	厦门海沧台商投资区	124.24	107.36	15.72%
33	廊坊经济技术开发区	69.04	53.03	30.2%
34	扬州经济技术开发区	113.31	81.92	38.33%

注：虹桥、闵行、漕河泾经开区隶属总公司管理制性质，故财政收入数据均为0。

续表

序号	开发区名称	2012 年	2011 年	同比
35	嘉兴经济技术开发区	53.49	51.72	3.41%
36	徐州经济技术开发区	128.82	91.41	40.93%
37	东营经济技术开发区	41.82	43.52	-3.91%
38	湖州经济技术开发区	30.26	30.89	-2.06%
39	增城经济技术开发区	49.08	48.97	0.24%
40	镇江经济技术开发区	90.96	64.52	40.98%
41	锦州经济技术开发区	20.07	20	0.37%
42	漳州招商局经济技术开发区	11.19	10.12	10.57%
43	绍兴袍江经济技术开发区	36.53	50.18	-27.2%
44	日照经济技术开发区	38.78	29.61	30.97%
45	潍坊滨海经济技术开发区	42.46	32.42	30.98%
46	大连长兴岛经济技术开发区	77.65	122.1	-36.41%
47	泉州经济技术开发区	14.5	13.03	11.32%
48	吴江经济技术开发区	69.53	58.33	19.2%
49	长兴经济技术开发区	31.67	28.25	12.08%
50	常熟经济技术开发区	87.48	89.34	-2.08%
51	沧州临港经济技术开发区	42.55	37.01	14.97%
52	淮安经济技术开发区	92.27	85.11	8.41%
53	邹平经济技术开发区	51.54	50.77	1.52%
54	江宁经济技术开发区	183.21	128.32	42.78%
55	金华经济技术开发区	30.46	50.01	-39.1%
56	西青经济技术开发区	64.55	55.7	15.89%
57	临沂经济技术开发区	22.12	22.12	0%
58	盐城经济技术开发区	100.54	88.76	13.27%
59	宁波石化经济技术开发区	5.89	6.11	-3.55%
60	武清经济技术开发区	73.91	56.53	30.75%
61	锡山经济技术开发区	56.17	44.11	27.34%
62	太仓港经济技术开发区	104.35	92.89	12.34%
63	嘉善经济技术开发区	61.64	61.34	0.48%
64	衢州经济技术开发区	24.34	17.37	40.1%
65	张家港经济技术开发区	96.15	84.12	14.3%
66	招远经济技术开发区	46.31	41.54	11.47%
67	泉州台商投资区	10.02	8.12	23.41%
68	漳州台商投资区	17.73	17.13	3.5%

续表

序号	开发区名称	2012 年	2011 年	同比
69	龙岩经济技术开发区	7.06	6.82	3.5%
70	德州经济技术开发区	44.43	38.66	14.92%
71	义乌经济技术开发区	35.26	34.22	3.07%
72	珠海高栏港经济技术开发区	34.5	13.67	152.38%
73	上海化学工业区	18.11	8.2	120.74%
74	杭州余杭经济技术开发区	41.46	34.74	19.35%
75	海安经济技术开发区	84.74	56.57	49.78%
76	绍兴柯桥经济技术开发区	48.31	41.82	15.53%
77	富阳经济技术开发区	43.61	41.09	6.13%
78	明水经济技术开发区	32.18	29.26	10%
79	石家庄经济技术开发区	48.34	46.64	3.66%
80	胶州经济技术开发区	25.54	23.94	6.67%
81	靖江经济技术开发区	64.02	62.06	3.17%
82	吴中经济技术开发区	70.55	76.49	-7.77%
83	东侨经济技术开发区	10.05	8.24	22.02%
84	天津子牙经济技术开发区	5.93	5.42	9.51%
	合计	7772.94	7038.48	10.43%

注：珠海高栏港经开区 2012 年新增几家企业项目，故导致该项数据同比较大；

上海化学工业区在两区县交界处，2011 年部分数据无法统计，故导致同比较大。

2012 年 49 个中部国家级经济技术开发区财政收入情况

单位：亿元

序号	开发区名称	2012 年	2011 年	同比
1	哈尔滨经济技术开发区	143.25	114.52	25.09%
2	长春经济技术开发区	128.9	101.58	26.9%
3	武汉经济技术开发区	248	212.53	16.69%
4	芜湖经济技术开发区	96.38	83.71	15.13%
5	合肥经济技术开发区	111.07	92.29	20.35%
6	郑州经济技术开发区	46.74	41.41	12.86%
7	长沙经济技术开发区	109.34	88.75	23.2%
8	南昌经济技术开发区	44.01	39.96	10.14%
9	太原经济技术开发区	19.27	14.66	31.45%
10	岳阳经济技术开发区	18.81	13.59	38.45%
11	九江经济技术开发区	32.46	28.48	14%
12	安庆经济技术开发区	16.2	12.01	34.93%
13	马鞍山经济技术开发区	32.85	28.8	14.08%
14	黄石经济技术开发区	18.84	11.89	58.4%
15	赣州经济技术开发区	31.01	27.73	11.83%
16	井冈山经济技术开发区	6.02	4.6	30.78%
17	襄樊经济技术开发区	65.44	50.74	28.96%
18	吉林经济技术开发区	11.24	10.1	11.37%
19	常德经济技术开发区	8.17	6.11	33.74%
20	海林经济技术开发区	9.5	7.74	22.75%
21	宾西经济技术开发区	9.51	8.32	14.33%
22	漯河经济技术开发区	23.79	25.96	-8.37%
23	鹤壁经济技术开发区	11.86	9.24	28.31%
24	四平红嘴经济技术开发区	13.71	13.07	4.93%
25	上饶经济技术开发区	22.76	15.31	48.64%
26	开封经济技术开发区	25.42	28.05	-9.36%
27	宁乡经济技术开发区	21.04	16.72	25.79%
28	武汉吴家山经济技术开发区	137.2	109.07	25.79%
29	大同经济技术开发区	6.43	5.39	19.24%
30	许昌经济技术开发区	13.54	9.91	36.58%
31	萍乡经济技术开发区	15.15	12.31	23.08%
32	长春西新经济技术开发区	73.26	54.56	34.27%
33	哈尔滨利民经济技术开发区	26.07	35.86	-27.31%
34	铜陵经济技术开发区	26.2	22.78	15%
35	滁州经济技术开发区	17.3	12	44.15%
36	池州经济技术开发区	14.82	13.4	10.6%
37	荆州经济技术开发区	36.21	26.7	35.59%
38	湘潭经济技术开发区	18.81	13.2	42.49%
39	浏阳经济技术开发区	12.5	8.32	50.23%
40	晋中经济技术开发区	7.3	6.02	21.29%

续表

序号	开发区名称	2012 年	2011 年	同比
41	南昌小蓝经济技术开发区	—	—	—
42	鄂州葛店经济技术开发区	15.5	12.48	24.17%
43	洛阳经济技术开发区	9.45	8.45	11.87%
44	新乡经济技术开发区	7.16	5.41	32.37%
45	大庆经济技术开发区	14.85	10.5	41.41%
46	红旗渠经济技术开发区	3.51	6.9	-49.13%
47	娄底经济技术开发区	11.02	7.77	41.8%
48	十堰经济技术开发区	12.79	10.68	19.7%
49	绥化经济技术开发区	11.5	9.33	23.26%
	合计	1816.15	1508.93	20.36%

注：南昌小蓝经开区没有统计 2012 和 2011 年财政收入数据。

2012 年 38 个西部国家级经济技术开发区财政收入情况

单位：亿元

序号	开发区名称	2012 年	2011 年	同比
1	重庆经济技术开发区	26.5	21.48	23.38%
2	乌鲁木齐经济技术开发区	58.19	45.27	28.55%
3	西安经济技术开发区	129.38	81.44	58.86%
4	成都经济技术开发区	139.35	110.82	25.74%
5	昆明经济技术开发区	51.36	68.9	-25.45%
6	贵阳经济技术开发区	17.66	14.87	18.72%
7	石河子经济技术开发区	13.71	15.52	-11.67%
8	西宁经济技术开发区	24.8	21.34	16.2%
9	呼和浩特经济技术开发区	22.74	19.69	15.53%
10	南宁经济技术开发区	18.85	13.2	42.81%
11	银川经济技术开发区	25.16	27.18	-7.43%
12	兰州经济技术开发区	16.56	13.59	21.84%
13	拉萨经济技术开发区	10.18	4.89	108.22%
14	金昌经济技术开发区	18.25	16.36	11.57%
15	天水经济技术开发区	14.37	11.74	22.4%
16	广安经济技术开发区	8.47	7.37	15%
17	曲靖经济技术开发区	19.78	21.76	-9.1%
18	遵义经济技术开发区	17.5	11.42	53.21%
19	德阳经济技术开发区	65.23	58.9	10.75%
20	万州经济技术开发区	13.82	12.28	12.51%
21	陕西航空经济技术开发区	15.03	11.35	32.42%
22	陕西航天经济技术开发区	23.5	19.4	21.13%
23	钦州港经济技术开发区	94.39	87.49	7.88%
24	长寿经济技术开发区	12.71	11.52	10.34%
25	库尔勒经济技术开发区	6.21	5.1	21.74%
26	奎屯—独山子经济技术开发区	5.91	4.09	44.46%
27	石嘴山经济技术开发区	4.49	3.15	42.52%
28	中国—马来西亚钦州产业园区	—	—	—
29	遂宁经济技术开发区	7.58	7.09	6.86%
30	阿拉尔经济技术开发区	0.5	—	—
31	五家渠经济技术开发区	—	—	—
32	准东经济技术开发区	—	—	—
33	甘泉堡经济技术开发区	—	—	—

注：中马钦州产业园为 2012 年新设经开区，故无该项数据；

阿拉尔、五家渠、准东、甘泉堡经开区无独立财政，故无该项数据。

续表

序号	开发区名称	2012 年	2011 年	同比
34	汉中经济技术开发区	8. 26	7. 38	11. 99%
35	格尔木昆仑经济技术开发区	6. 51	5. 37	21. 09%
36	绵阳经济技术开发区	10. 17	2. 23	356. 83%
37	广元经济技术开发区	15. 6	14. 72	6%
38	巴彦淖尔经济技术开发区	3. 65	3. 29	10. 94%
	合计	926. 36	780. 19	18. 74%

注：绵阳经开区 2011 年底整合了原来的省级经开区（绵阳现代农业科技示范区），两区税收合并，故导致同比较大。

2012 年 171 个国家级经济技术开发区税收收入情况

2012 年 84 个东部国家级经济技术开发区税收收入情况

单位：亿元

序号	开发区名称	2012 年	2011 年	同比
1	大连经济技术开发区	225.85	210.15	7.47%
2	秦皇岛经济技术开发区	36.31	30.59	18.69%
3	天津经济技术开发区	393.09	341.86	14.99%
4	烟台经济技术开发区	171.54	146.92	16.76%
5	青岛经济技术开发区	302.04	246.32	22.62%
6	连云港经济技术开发区	60.84	45.2	34.6%
7	南通经济技术开发区	50.12	47.32	5.93%
8	宁波经济技术开发区	109.71	93.54	17.28%
9	福州经济技术开发区	35.53	36.47	-2.6%
10	广州经济技术开发区	401.81	376.33	6.77%
11	湛江经济技术开发区	59.44	71.34	-16.68%
12	闵行经济技术开发区	49.94	38.03	31.32%
13	虹桥经济技术开发区	16.19	13.84	16.97%
14	漕河泾经济技术开发区	89.33	75.24	18.73%
15	温州经济技术开发区	27.21	20.72	31.33%
16	萧山经济技术开发区	50.91	47.54	7.09%
17	营口经济技术开发区	47.56	41.6	14.32%
18	威海经济技术开发区	32.16	27.66	16.25%
19	福清融侨经济技术开发区	18.09	14.86	21.8%
20	广州南沙经济技术开发区	224.71	235.31	-4.51%
21	惠州大亚湾经济技术开发区	192.97	173.05	11.51%
22	昆山经济技术开发区	145.17	147.25	-1.41%
23	东山经济技术开发区	5.37	5.27	1.78%
24	沈阳经济技术开发区	151.25	141.4	6.96%
25	杭州经济技术开发区	117.77	92.64	27.13%
26	北京经济技术开发区	268.12	245.36	9.28%
27	南京经济技术开发区	101.08	77.06	31.18%
28	宁波大榭经济技术开发区	99.34	98.68	0.68%
29	海南洋浦经济技术开发区	126.63	119.29	6.16%
30	苏州工业园区	351.99	306.41	14.88%
31	上海金桥出口加工区	310.7	291.15	6.71%
32	厦门海沧台商投资区	121.78	106.97	13.84%
33	廊坊经济技术开发区	53.54	45.36	18.02%
34	扬州经济技术开发区	77.85	62.57	24.41%

续表

序号	开发区名称	2012 年	2011 年	同比
35	嘉兴经济技术开发区	30.74	27.16	13.18%
36	徐州经济技术开发区	103.83	74.28	39.77%
37	东营经济技术开发区	18.96	16.24	16.8%
38	湖州经济技术开发区	30.26	30.89	-2.06%
39	增城经济技术开发区	44.41	43.24	2.69%
40	镇江经济技术开发区	61.69	45.48	35.64%
41	锦州经济技术开发区	12.5	11.09	12.68%
42	漳州招商局经济技术开发区	10.97	9.62	14.06%
43	绍兴袍江经济技术开发区	22.24	24.21	-8.13%
44	日照经济技术开发区	30.48	27.21	12.02%
45	潍坊滨海经济技术开发区	44.76	29.53	51.57%
46	大连长兴岛经济技术开发区	35.17	26.08	34.88%
47	泉州经济技术开发区	16.68	13.03	28.09%
48	吴江经济技术开发区	65.36	53.54	22.09%
49	长兴经济技术开发区	31.67	27.86	13.67%
50	常熟经济技术开发区	80.16	79.99	0.21%
51	沧州临港经济技术开发区	42.02	36.27	15.86%
52	淮安经济技术开发区	74.82	58.38	28.15%
53	邹平经济技术开发区	49.4	48.74	1.36%
54	江宁经济技术开发区	180.5	126.32	42.89%
55	金华经济技术开发区	28.46	24.59	15.74%
56	西青经济技术开发区	60.28	51.88	16.19%
57	临沂经济技术开发区	19.94	19.48	2.34%
58	盐城经济技术开发区	89.48	67.46	32.64%
59	宁波石化经济技术开发区	153.02	177.24	-13.66%
60	武清经济技术开发区	73.91	56.53	30.75%
61	锡山经济技术开发区	51.3	41.94	22.32%
62	太仓港经济技术开发区	104.14	82.69	25.94%
63	嘉善经济技术开发区	45.12	41.28	9.3%
64	衢州经济技术开发区	19.86	16.05	23.7%
65	张家港经济技术开发区	89.86	78.12	15.03%
66	招远经济技术开发区	24.48	21.76	12.51%
67	泉州台商投资区	4.24	3.95	7.24%
68	漳州台商投资区	13.67	1.47	827.96%

注：漳州台商投资区 2011 年基数较小，故导致同比较大。

续表

序号	开发区名称	2012 年	2011 年	同比
69	龙岩经济技术开发区	6.95	6.82	1.99%
70	德州经济技术开发区	37.21	32.8	13.43%
71	义乌经济技术开发区	25.71	23.2	10.8%
72	珠海高栏港经济技术开发区	28.65	35.21	-18.64%
73	上海化学工业区	44.97	36.71	22.50%
74	杭州余杭经济技术开发区	35.53	32.62	8.94%
75	海安经济技术开发区	56.15	39.52	42.1%
76	绍兴柯桥经济技术开发区	48.02	41.82	14.83%
77	富阳经济技术开发区	42.21	39.98	5.59%
78	明水经济技术开发区	29.00	28.63	1.28%
79	石家庄经济技术开发区	45.71	43.93	4.05%
80	胶州经济技术开发区	40.22	38.08	5.62%
81	靖江经济技术开发区	61.82	48.89	26.43%
82	吴中经济技术开发区	53.4	46.63	14.51%
83	东侨经济技术开发区	11.02	9.28	18.72%
84	天津子牙经济技术开发区	2.54	2.92	-13.01%
	合计	6859.43	6073.95	12.93%

2012年49个中部国家级经济技术开发区税收收入情况

单位：亿元

序号	开发区名称	2012年	2011年	同比
1	哈尔滨经济技术开发区	120.78	96.78	24.79%
2	长春经济技术开发区	101.92	83.31	22.34%
3	武汉经济技术开发区	218.22	187.47	16.4%
4	芜湖经济技术开发区	76.49	65.41	16.95%
5	合肥经济技术开发区	93.45	78.37	19.24%
6	郑州经济技术开发区	43.69	35.32	23.69%
7	长沙经济技术开发区	85.28	70.18	21.52%
8	南昌经济技术开发区	40.95	37.15	10.25%
9	太原经济技术开发区	18.97	13.96	35.88%
10	岳阳经济技术开发区	13.27	11.84	12.07%
11	九江经济技术开发区	29.29	27.63	6%
12	安庆经济技术开发区	12.2	11.32	7.75%
13	马鞍山经济技术开发区	25.65	21.49	19.35%
14	黄石经济技术开发区	17.1	11.33	50.9%
15	赣州经济技术开发区	28.53	25.79	10.63%
16	井冈山经济技术开发区	14.85	10.51	41.29%
17	襄樊经济技术开发区	53.01	41.56	27.53%
18	吉林经济技术开发区	10.8	9.8	10.17%
19	常德经济技术开发区	7.09	6.08	16.63%
20	海林经济技术开发区	7.9	6.55	20.64%
21	宾西经济技术开发区	8.76	7.65	14.44%
22	漯河经济技术开发区	23.59	25.02	-5.7%
23	鹤壁经济技术开发区	11.56	8.9	29.86%
24	四平红嘴经济技术开发区	13.71	13.07	4.93%
25	上饶经济技术开发区	19.98	14.5	37.78%
26	开封经济技术开发区	12.46	9.32	33.72%
27	宁乡经济技术开发区	17.51	13.63	28.51%
28	武汉吴家山经济技术开发区	85.78	74.84	14.61%
29	大同经济技术开发区	6.24	5.05	23.55%
30	许昌经济技术开发区	13.18	9.62	36.97%
31	萍乡经济技术开发区	21.13	13.64	54.92%
32	长春西新经济技术开发区	72.95	54.34	34.24%
33	哈尔滨利民经济技术开发区	13.23	10.36	27.62%
34	铜陵经济技术开发区	25	21.74	15%

续表

序号	开发区名称	2012 年	2011 年	同比
35	滁洲经济技术开发区	16.78	11.46	46.43%
36	池州经济技术开发区	11.61	10.05	15.52%
37	荆州经济技术开发区	23.31	24.31	-4.13%
38	湘潭经济技术开发区	10.19	21.76	-53.16%
39	浏阳经济技术开发区	10.61	6.87	54.4%
40	晋中经济技术开发区	6.42	5.59	14.83%
41	南昌小蓝经济技术开发区	24.77	17.05	45.3%
42	鄂州葛店经济技术开发区	14.28	10.94	30.49%
43	洛阳经济技术开发区	9.26	8.31	11.53%
44	新乡经济技术开发区	7	6.9	1.38%
45	大庆经济技术开发区	12.15	8.9	36.46%
46	红旗渠经济技术开发区	6.49	6.67	-2.7%
47	娄底经济技术开发区	10.72	7.72	38.96%
48	十堰经济技术开发区	12.71	10.61	19.8%
49	绥化经济技术开发区	10.85	8.6	26.16%
	合计	1551.67	1299.28	19.42%

2012年38个西部国家级经济技术开发区税收收入情况

单位：亿元

序号	开发区名称	2012年	2011年	同比
1	重庆经济技术开发区	43.29	38.71	11.83%
2	乌鲁木齐经济技术开发区	41.73	34.12	22.32%
3	西安经济技术开发区	113.49	99.61	13.94%
4	成都经济技术开发区	126.4	85.67	47.54%
5	昆明经济技术开发区	33.25	27.18	22.33%
6	贵阳经济技术开发区	16.22	13.86	17.05%
7	石河子经济技术开发区	20.1	19.29	4.23%
8	西宁经济技术开发区	24.26	20.95	15.8%
9	呼和浩特经济技术开发区	21.24	19.12	11.11%
10	南宁经济技术开发区	15.88	12.39	28.14%
11	银川经济技术开发区	21.79	20.24	7.67%
12	兰州经济技术开发区	13.72	11.02	24.46%
13	拉萨经济技术开发区	28.19	13.82	104.03%
14	金昌经济技术开发区	7.19	15.74	-54.29%
15	天水经济技术开发区	13.02	11.04	18%
16	广安经济技术开发区	6.67	6.95	-4.03%
17	曲靖经济技术开发区	15.78	13.21	19.45%
18	遵义经济技术开发区	37.1	5.85	534.7%
19	德阳经济技术开发区	43.64	38.22	14.19%
20	万州经济技术开发区	8.39	8.87	-5.46%
21	陕西航空经济技术开发区	7.4	8.31	-10.91%
22	陕西航天经济技术开发区	7.28	5.75	26.67%
23	钦州港经济技术开发区	91.79	85.07	7.9%
24	长寿经济技术开发区	110.9	13.18	741.62%
25	库尔勒经济技术开发区	3.43	3.19	7.56%
26	奎屯-独山子经济技术开发区	4.03	3.65	10.35%
27	石嘴山经济技术开发区	10.04	12.9	-22.16%
28	中国-马来西亚钦州产业园区	—	—	—
29	遂宁经济技术开发区	5.5	6.35	-13.41%
30	阿拉尔经济技术开发区	0.5	0.59	-14.56%
31	五家渠经济技术开发区	2.52	—	—
32	准东经济技术开发区	—	—	—

注：中马钦州产业园为2012年新设经开区，故无该项数据；

五家渠、准东经开区无独立财政，故无该项数据；

遵义经开区2011年税收中不包含上缴的国税，故导致同比增大；

长寿经开区税收统计口径变化，故导致同比较高。

续表

序号	开发区名称	2012 年	2011 年	同比
33	甘泉堡经济技术开发区	—	—	—
34	汉中经济技术开发区	6.67	5.78	15.44%
35	格尔木昆仑经济技术开发区	5.08	4.84	5.01%
36	绵阳经济技术开发区	3.77	0.86	335.91%
37	广元经济技术开发区	13.63	12.86	6%
38	巴彦淖尔经济技术开发区	3.65	3.29	10.94%
	合计	927.56	682.46	35.91%

注：甘泉堡经开区无独立统计，故无该项数据；

绵阳经开区 2011 年底整合了原来的省级经开区（绵阳现代农业科技示范区），两区税收合并，故导致同比较大。

2012年171个国家级经济技术开发区实际使用外资金额情况

2012年84个东部国家级经济技术开发区实际使用外资金额情况

单位：亿美元

序号	开发区名称	2012年	2011年	同比
1	大连经济技术开发区	37	35	5.71%
2	秦皇岛经济技术开发区	1.83	1.74	5.22%
3	天津经济技术开发区	50.03	43.5	15%
4	烟台经济技术开发区	7.32	7.3	0.23%
5	青岛经济技术开发区	19.04	16.14	17.94%
6	连云港经济技术开发区	1.87	3.47	-46.17%
7	南通经济技术开发区	6.84	3.43	99.41%
8	宁波经济技术开发区	8.13	7.57	7.32%
9	福州经济技术开发区	1.02	2.8	-63.61%
10	广州经济技术开发区	14.01	11.12	25.99%
11	湛江经济技术开发区	0.43	0.06	591.52%
12	闵行经济技术开发区	0.15	0.37	-58.43%
13	虹桥经济技术开发区	2.08	1.02	104.88%
14	漕河泾经济技术开发区	2.24	1.88	18.94%
15	温州经济技术开发区	0.38	0.45	-15.89%
16	萧山经济技术开发区	3.88	3.2	21.25%
17	营口经济技术开发区	3.2	3.83	-16.41%
18	威海经济技术开发区	1.1	1.03	7.33%
19	福清融侨经济技术开发区	0.89	0.94	-5.21%
20	广州南沙经济技术开发区	7.33	6.72	9.09%
21	惠州大亚湾经济技术开发区	3.29	2.99	10.03%
22	昆山经济技术开发区	7.33	7.3	0.36%
23	东山经济技术开发区	0.03	0.18	-82.82%
24	沈阳经济技术开发区	9.8	10.1	-2.96%
25	杭州经济技术开发区	10.03	6.42	56.22%
26	北京经济技术开发区	6.69	6.45	3.81%
27	南京经济技术开发区	6.1	5.31	14.94%
28	宁波大榭经济技术开发区	0.69	0.56	23.43%
29	海南洋浦经济技术开发区	1.22	0.22	457.89%
30	苏州工业园区	19.6	19.35	1.27%
31	上海金桥出口加工区	4.01	2.2	81.84%
32	厦门海沧台商投资区	0.58	3.28	-82.24%
33	廊坊经济技术开发区	2.32	3.98	-41.74%

注：湛江经开区统计口径变化，故导致同比较大；

海南洋浦经开区2012年海南金海浆纸有限公司增资6千多万元，故导致同比较大。

续表

序号	开发区名称	2012 年	2011 年	同比
34	扬州经济技术开发区	6.23	4.01	55.63%
35	嘉兴经济技术开发区	2.84	2.5	13.67%
36	徐州经济技术开发区	6.04	5.7	5.87%
37	东营经济技术开发区	0.4	0.26	56.31%
38	湖州经济技术开发区	1.71	1.58	8.3%
39	增城经济技术开发区	0.63	0.11	482.3%
40	镇江经济技术开发区	7.08	5.32	33.08%
41	锦州经济技术开发区	1.39	1.16	20.06%
42	漳州招商局经济技术开发区	0.35	0.19	82%
43	绍兴袍江经济技术开发区	1.25	1.3	-3.92%
44	日照经济技术开发区	2.01	1.9	5.79%
45	潍坊滨海经济技术开发区	0.94	0.68	38.99%
46	大连长兴岛经济技术开发区	17.5	16.51	6.02%
47	泉州经济技术开发区	1.28	1.18	8.12%
48	吴江经济技术开发区	5.54	5.43	1.96%
49	长兴经济技术开发区	1.74	1.43	21.6%
50	常熟经济技术开发区	7.71	4.8	60.59%
51	沧州临港经济技术开发区	0.46	0.36	28.34%
52	淮安经济技术开发区	5.5	6	-8.28%
53	邹平经济技术开发区	2.51	10.2	-75.36%
54	江宁经济技术开发区	8.23	6.93	18.83%
55	金华经济技术开发区	0.38	0.46	-17.9%
56	西青经济技术开发区	8.2	6.31	30.01%
57	临沂经济技术开发区	0.71	0.61	17.03%
58	盐城经济技术开发区	3.3	2.3	43.48%
59	宁波石化经济技术开发区	0.64	0.2	222.92%
60	武清经济技术开发区	0.49	3.21	-84.69%
61	锡山经济技术开发区	4.07	3.39	19.94%
62	太仓港经济技术开发区	5.63	5.37	4.84%
63	嘉善经济技术开发区	3.17	3.29	-3.61%
64	衢州经济技术开发区	0.09	0.16	-47.74%
65	张家港经济技术开发区	4.15	3.44	20.4%
66	招远经济技术开发区	0.61	0.55	9.48%

注：增城经开区 2012 年新增 3000 万美元的外资项目，故导致同比较大；

宁波石化经开区 2012 年新引进三家世界 500 强化工企业，故导致同比较大。

续表

序号	开发区名称	2012 年	2011 年	同比
67	泉州台商投资区	0.41	0.72	-43.5%
68	漳州台商投资区	1.5	1.5	0.04%
69	龙岩经济技术开发区	0.02	1.44	-98.95%
70	德州经济技术开发区	0.41	0.69	-41.72%
71	义乌经济技术开发区	0.21	0.005	4500%
72	珠海高栏港经济技术开发区	3.68	3.4	8.17%
73	上海化学工业区	1.56	1.58	-0.72%
74	杭州余杭经济技术开发区	2.66	2.37	12.13%
75	海安经济技术开发区	2.6	1.94	34.47%
76	绍兴柯桥经济技术开发区	0.57	0.44	30.03%
77	富阳经济技术开发区	2.04	2.36	-13.44%
78	明水经济技术开发区	1.49	1.34	10.87%
79	石家庄经济技术开发区	1.08	0.52	105.87%
80	胶州经济技术开发区	3.13	2.39	31.34%
81	靖江经济技术开发区	2.29	1.43	60.45%
82	吴中经济技术开发区	4.26	3.9	9.01%
83	东侨经济技术开发区	0.16	1.66	-90.17%
84	天津子牙经济技术开发区	0.05	0.05	8.17%
	合计	381.36	354.48	7.58%

注：石家庄、义乌经开区 2011 年基数较小，故导致同比较大。

2012 年 49 个中部国家级经济技术开发区实际使用外资金额情况

单位：亿美元

序号	开发区名称	2012 年	2011 年	同比
1	哈尔滨经济技术开发区	8.57	6.45	32.82%
2	长春经济技术开发区	12.32	10.51	17.23%
3	武汉经济技术开发区	1.63	1.88	-13.71%
4	芜湖经济技术开发区	5.02	2.4	109.49%
5	合肥经济技术开发区	4.33	4.62	-6.26%
6	郑州经济技术开发区	5.81	3.46	68.16%
7	长沙经济技术开发区	2.71	2.23	21.87%
8	南昌经济技术开发区	4.39	3.74	17.44%
9	太原经济技术开发区	2	4.84	-58.69%
10	岳阳经济技术开发区	0.81	0.3	170.63%
11	九江经济技术开发区	1.51	1.48	1.54%
12	安庆经济技术开发区	0.5	0.84	-40.16%
13	马鞍山经济技术开发区	3.84	3.56	8.02%
14	黄石经济技术开发区	1.7	1.31	30%
15	赣州经济技术开发区	2.45	2.14	14.29%
16	井冈山经济技术开发区	2.23	1.84	21.28%
17	襄樊经济技术开发区	0.7	0.61	15.6%
18	吉林经济技术开发区	0.75	0.68	11.03%
19	常德经济技术开发区	0.44	0.51	-14.55%
20	海林经济技术开发区	0.43	0.34	27.35%
21	宾西经济技术开发区	1.2	1	19.64%
22	漯河经济技术开发区	1.38	1.06	30.5%
23	鹤壁经济技术开发区	1.43	1.1	30.6%
24	四平红嘴经济技术开发区	0.16	0	—
25	上饶经济技术开发区	1.88	1.6	17.28%
26	开封经济技术开发区	0.85	0.67	26.97%
27	宁乡经济技术开发区	0.9	0.71	26.76%
28	武汉吴家山经济技术开发区	0.82	0.65	27.08%
29	大同经济技术开发区	0.03	0.06	-56.85%
30	许昌经济技术开发区	0.47	0.36	29.89%
31	萍乡经济技术开发区	2.53	1.43	77.11%
32	长春西新经济技术开发区	5.03	4.18	20.43%
33	哈尔滨利民经济技术开发区	0.68	0.44	55.34%
34	铜陵经济技术开发区	2.17	1.89	14.83%
35	滁洲经济技术开发区	1.61	1.77	-8.77%
36	池州经济技术开发区	1.35	1.15	17.78%
37	荆州经济技术开发区	0.25	0.18	40.06%
38	湘潭经济技术开发区	1.7	1.2	41.67%
39	浏阳经济技术开发区	0.76	0.61	24.1%

注：四平红嘴经开区 2011 年没有实际利用外资，故该项数据为 0；

岳阳经开区由于 2011 年基数较小，故导致同比较大。

续表

序号	开发区名称	2012 年	2011 年	同比
40	晋中经济技术开发区	0. 05	0. 81	-94. 3%
41	南昌小蓝经济技术开发区	1. 71	1. 9	-10. 02%
42	鄂州葛店经济技术开发区	0. 66	0. 66	1. 16%
43	洛阳经济技术开发区	1. 14	0. 75	51. 38%
44	新乡经济技术开发区	0. 57	0. 67	-15. 63%
45	大庆经济技术开发区	0. 5	0. 45	11. 11%
46	红旗渠经济技术开发区	0. 35	0	—
47	娄底经济技术开发区	0. 15	0. 43	-65. 22%
48	十堰经济技术开发区	0. 86	0. 72	18%
49	绥化经济技术开发区	0. 49	0. 79	-38. 11%
	合计	93. 8	80. 94	15. 88%

注：红旗渠经开区 2011 年没有实际利用外资，故该项数据为 0。

2012 年 38 个西部国家级经济技术开发区实际使用外资金额情况

单位：亿美元

序号	开发区名称	2012 年	2011 年	同比
1	重庆经济技术开发区	2.01	1.52	31.96%
2	乌鲁木齐经济技术开发区	0.06	0.37	-82.64%
3	西安经济技术开发区	6.82	5.42	25.83%
4	成都经济技术开发区	5.63	4.01	40.25%
5	昆明经济技术开发区	2.75	2.05	34.09%
6	贵阳经济技术开发区	0.45	0.27	67.93%
7	石河子经济技术开发区	0.18	0.36	-50.76%
8	西宁经济技术开发区	1.12	0.53	111.3%
9	呼和浩特经济技术开发区	2.12	1.9	11.34%
10	南宁经济技术开发区	0.54	0.46	17.1%
11	银川经济技术开发区	0.58	0.68	-14.16%
12	兰州经济技术开发区	0	0	—
13	拉萨经济技术开发区	0	0.06	—
14	金昌经济技术开发区	0	0	—
15	天水经济技术开发区	0	0	—
16	广安经济技术开发区	0.2	0.16	21.88%
17	曲靖经济技术开发区	0.12	0.1	16.21%
18	遵义经济技术开发区	0	0	—
19	德阳经济技术开发区	0.6	0.58	3.31%
20	万州经济技术开发区	1.58	1.42	11.28%
21	陕西航空经济技术开发区	0.21	0.17	23.34%
22	陕西航天经济技术开发区	0.24	0.2	18.37%
23	钦州港经济技术开发区	1.24	0.95	30.11%
24	长寿经济技术开发区	4.02	5.33	-24.52%
25	库尔勒经济技术开发区	0	0.18	—
26	奎屯-独山子经济技术开发区	0.0003	0.003	-90.32%
27	石嘴山经济技术开发区	0	0	—
28	中国-马来西亚钦州产业园区	—	—	—
29	遂宁经济技术开发区	0.26	0.08	236.83%
30	阿拉尔经济技术开发区	0	0	—
31	五家渠经济技术开发区	0	0.04	-100%
32	准东经济技术开发区	0	0	—

注：兰州、金昌、天水、遵义、石嘴山、阿拉尔、准东经开区 2012 年和 2011 年均没有实际利用外资，故该项数据为 0；
拉萨、库尔勒、五家渠经开区 2012 年没有实际利用外资，故该项数据为 0；
中马钦州产业园为 2012 年新设经开区，故无该项数据；
遂宁经开区由于 2011 年基数较小，故导致同比较大。

续表

序号	开发区名称	2012 年	2011 年	同比
33	甘泉堡经济技术开发区	0	0	—
34	汉中经济技术开发区	0	0.24	—
35	格尔木昆仑经济技术开发区	0	0	—
36	绵阳经济技术开发区	0.57	0.46	22.83%
37	广元经济技术开发区	0.11	0.11	4.76%
38	巴彦淖尔经济技术开发区	0	0	—
	合计	31.4	27.67	13.50%

注：甘泉堡、格尔木昆仑、巴彦淖尔经开区 2012 年和 2011 年均没有实际利用外资，故该项数据为 0；
汉中经开区 2012 年没有实际利用外资，故该项数据为 0。

2012 年 171 个国家级经济技术开发区出口总额情况

2012 年 84 个东部国家级经济技术开发区出口总额情况

单位：亿美元

序号	开发区名称	2012 年	2011 年	同比
1	大连经济技术开发区	98.18	91.01	7.88%
2	秦皇岛经济技术开发区	16.09	12.79	25.74%
3	天津经济技术开发区	220.48	198.46	11.1%
4	烟台经济技术开发区	205.93	184.89	11.38%
5	青岛经济技术开发区	98.81	93.09	6.15%
6	连云港经济技术开发区	13.77	15.73	-12.49%
7	南通经济技术开发区	25.16	23.13	8.79%
8	宁波经济技术开发区	84.68	73.03	15.95%
9	福州经济技术开发区	33.11	28.51	16.12%
10	广州经济技术开发区	170.02	160.72	5.79%
11	湛江经济技术开发区	6.9	6.74	2.44%
12	闵行经济技术开发区	14.61	17.18	-14.95%
13	虹桥经济技术开发区	1.95	3.63	-46.23%
14	漕河泾经济技术开发区	120.58	126.52	-4.7%
15	温州经济技术开发区	16.42	13.46	21.99%
16	萧山经济技术开发区	24.58	18.95	29.75%
17	营口经济技术开发区	18.78	15.6	20.38%
18	威海经济技术开发区	22.09	21.67	1.91%
19	福清融侨经济技术开发区	40.69	64.14	-36.57%
20	广州南沙经济技术开发区	39.31	40.18	-2.15%
21	惠州大亚湾经济技术开发区	22.1	20.28	9%
22	昆山经济技术开发区	459.05	442.82	3.67%
23	东山经济技术开发区	8.75	8.27	5.78%
24	沈阳经济技术开发区	17.6	17.18	2.46%
25	杭州经济技术开发区	69.49	52.61	32.07%
26	北京经济技术开发区	105.76	110.51	-4.3%
27	南京经济技术开发区	86.77	75.3	15.22%
28	宁波大榭经济技术开发区	4.93	6.04	-18.4%
29	海南洋浦经济技术开发区	11.42	5.58	104.66%
30	苏州工业园区	422.68	385.79	9.56%
31	上海金桥出口加工区	42.56	51.09	-16.7%
32	厦门海沧台商投资区	34.76	43.97	-20.95%
33	廊坊经济技术开发区	13.2	13.55	-2.55%
34	扬州经济技术开发区	36.80	29.52	24.65%

注：海南洋浦经开区 2012 年海南金海浆纸有限公司增资 6 千多万元，拉动该区利用外资的大幅增长，故导致同比较大。

续表

序号	开发区名称	2012 年	2011 年	同比
35	嘉兴经济技术开发区	13.18	12.76	3.32%
36	徐州经济技术开发区	24.29	16.82	44.38%
37	东营经济技术开发区	2.82	1.72	64.23%
38	湖州经济技术开发区	9.56	9.21	3.79%
39	增城经济技术开发区	7.92	7.9	0.3%
40	镇江经济技术开发区	24.95	13.6	83.39%
41	锦州经济技术开发区	2.64	3.79	-30.43%
42	漳州招商局经济技术开发区	2.72	4.12	-33.94%
43	绍兴袍江经济技术开发区	21.66	23.89	-9.33%
44	日照经济技术开发区	7.79	9.88	-21.17%
45	潍坊滨海经济技术开发区	9.57	6.93	38%
46	大连长兴岛经济技术开发区	13.6	8.2	65.85%
47	泉州经济技术开发区	4.82	5.01	-3.74%
48	吴江经济技术开发区	89.61	81.97	9.33%
49	长兴经济技术开发区	11.12	10.63	4.63%
50	常熟经济技术开发区	67.84	73.04	-7.12%
51	沧州临港经济技术开发区	0.94	0.94	0.88%
52	淮安经济技术开发区	13.25	8.65	53.13%
53	邹平经济技术开发区	8.73	9.08	-3.86%
54	江宁经济技术开发区	55.33	40.35	37.11%
55	金华经济技术开发区	8.53	7.12	19.94%
56	西青经济技术开发区	13.64	12.34	10.48%
57	临沂经济技术开发区	3.79	3.68	3.02%
58	盐城经济技术开发区	7.85	6.77	15.91%
59	宁波石化经济技术开发区	4.33	3.75	15.6%
60	武清经济技术开发区	16.62	14.63	13.59%
61	锡山经济技术开发区	20.65	16.3	26.71%
62	太仓港经济技术开发区	39.09	37.02	5.6%
63	嘉善经济技术开发区	20.07	20.5	-2.09%
64	衢州经济技术开发区	5.65	5.26	7.48%
65	张家港经济技术开发区	52.28	51.21	2.08%
66	招远经济技术开发区	10.44	9.6	8.7%
67	泉州台商投资区	1.9	1.9	0%
68	漳州台商投资区	7.74	9.41	-17.78%

续表

序号	开发区名称	2012 年	2011 年	同比
69	龙岩经济技术开发区	2. 38	1. 87	26. 92%
70	德州经济技术开发区	3. 33	5. 18	-35. 73%
71	义乌经济技术开发区	13. 55	10. 12	33. 9%
72	珠海高栏港经济技术开发区	22. 5	31. 83	-29. 3%
73	上海化学工业区	1. 07	15. 87	-93. 28%
74	杭州余杭经济技术开发区	19. 19	17. 53	9. 45%
75	海安经济技术开发区	12. 53	8. 84	41. 72%
76	绍兴柯桥经济技术开发区	52. 57	49. 61	5. 96%
77	富阳经济技术开发区	7. 23	7. 65	-5. 5%
78	明水经济技术开发区	7. 23	6. 67	8. 35%
79	石家庄经济技术开发区	4. 49	3. 65	23. 21%
80	胶州经济技术开发区	36. 14	11. 34	218. 67%
81	靖江经济技术开发区	20. 41	28. 01	-27. 13%
82	吴中经济技术开发区	41. 07	42. 84	-4. 15%
83	东侨经济技术开发区	3. 67	4. 69	-21. 74%
84	天津子牙经济技术开发区	0. 18	0. 13	34. 22%
	合计	3460. 46	3265. 75	5. 96%

注：胶州经开区由于区划调整，故导致同比较大。

2012年49个中部国家级经济技术开发区出口总额情况

单位：亿美元

序号	开发区名称	2012年	2011年	同比
1	哈尔滨经济技术开发区	16.65	18.96	-12.2%
2	长春经济技术开发区	15.48	14	10.59%
3	武汉经济技术开发区	14.13	13.85	2.07%
4	芜湖经济技术开发区	24.01	19.8	21.23%
5	合肥经济技术开发区	30.99	14	121.41%
6	郑州经济技术开发区	7.09	6.03	17.51%
7	长沙经济技术开发区	10.02	8.79	14.03%
8	南昌经济技术开发区	7.76	6.7	15.75%
9	太原经济技术开发区	17.65	7.26	143.16%
10	岳阳经济技术开发区	0.59	0.72	-19.02%
11	九江经济技术开发区	8.39	6.29	33.4%
12	安庆经济技术开发区	1.99	1.83	8.57%
13	马鞍山经济技术开发区	1.5	1.1	35.93%
14	黄石经济技术开发区	5.01	4.43	13%
15	赣州经济技术开发区	7.02	3.85	82.39%
16	井冈山经济技术开发区	6.01	5.52	8.91%
17	襄樊经济技术开发区	1.7	1.87	-9.16%
18	吉林经济技术开发区	0.9	0.76	19.05%
19	常德经济技术开发区	0.72	0.76	-4.43%
20	海林经济技术开发区	3.27	2.67	22.34%
21	宾西经济技术开发区	2.75	2.75	-0.02%
22	漯河经济技术开发区	0.49	1.1	-55.63%
23	鹤壁经济技术开发区	1.06	0.94	12.34%
24	四平红嘴经济技术开发区	0.05	0.01	334.92%
25	上饶经济技术开发区	9.87	10.32	-4.33%
26	开封经济技术开发区	0.26	0.14	86.35%
27	宁乡经济技术开发区	1.94	1.15	68.86%
28	武汉吴家山经济技术开发区	2.25	1.94	15.94%
29	大同经济技术开发区	0.86	0.46	85.83%
30	许昌经济技术开发区	3.05	3.07	-0.67%
31	萍乡经济技术开发区	8.63	7.1	21.5%
32	长春西新经济技术开发区	5.68	5.74	-1.05%
33	哈尔滨利民经济技术开发区	0.9	0.81	10.96%
34	铜陵经济技术开发区	1.43	1.48	-3%
35	滁洲经济技术开发区	1.67	1.32	26.17%
36	池州经济技术开发区	0.91	0.87	4.27%
37	荆州经济技术开发区	5.2	3.51	48.35%

注：2012年安徽省和合肥市出台了促进外贸发展的相关政策，带动了进出口大幅增长，故造成该项数据同比较高；

太原经开区由于统计口径变化，故导致同比较大；

四平红嘴经开区2011年基数较小，故导致同比较大。

续表

序号	开发区名称	2012 年	2011 年	同比
38	湘潭经济技术开发区	1.71	9.6	-82.2%
39	浏阳经济技术开发区	13.11	6.29	108.66%
40	晋中经济技术开发区	0.14	0.19	-29.25%
41	南昌小蓝经济技术开发区	9.05	6.47	39.83%
42	鄂州葛店经济技术开发区	0.69	0.85	-18.72%
43	洛阳经济技术开发区	1.54	3.53	-56.37%
44	新乡经济技术开发区	2.05	1.93	6.22%
45	大庆经济技术开发区	2.19	1.5	45.75%
46	红旗渠经济技术开发区	0.3	0.2	54.4%
47	娄底经济技术开发区	1.52	1.27	19.8%
48	十堰经济技术开发区	3.18	2.35	35.32%
49	绥化经济技术开发区	1.92	2.78	-30.97%
	合计	265.28	218.87	21.2%

2012年38个西部国家级经济技术开发区出口总额情况

单位：亿美元

序号	开发区名称	2012年	2011年	同比
1	重庆经济技术开发区	4.96	3.47	42.86%
2	乌鲁木齐经济技术开发区	50.14	44.77	12%
3	西安经济技术开发区	9.4	13.8	-31.89%
4	成都经济技术开发区	4.91	4.5	9.09%
5	昆明经济技术开发区	12.83	6.67	92.26%
6	贵阳经济技术开发区	0.61	0.64	-3.84%
7	石河子经济技术开发区	11.94	6.83	74.78%
8	西宁经济技术开发区	3.3	2.97	11.11%
9	呼和浩特经济技术开发区	2.28	2.26	1.19%
10	南宁经济技术开发区	0.87	1.11	-21.29%
11	银川经济技术开发区	2.17	2.77	-21.63%
12	兰州经济技术开发区	0.35	0.01	2251.02%
13	拉萨经济技术开发区	0	0	—
14	金昌经济技术开发区	0.43	1.25	-66%
15	天水经济技术开发区	1.25	1.2	3.79%
16	广安经济技术开发区	1.35	1.79	-24.27%
17	曲靖经济技术开发区	2.1	0.71	194.38%
18	遵义经济技术开发区	0.34	0.51	-32.96%
19	德阳经济技术开发区	3.11	1.51	106.07%
20	万州经济技术开发区	0.98	0.52	86.94%
21	陕西航空经济技术开发区	4.18	5.9	-29.13%
22	陕西航天经济技术开发区	4.48	2.12	111.75%
23	钦州港经济技术开发区	4.8	3.9	23.1%
24	长寿经济技术开发区	1.86	7.58	-75.46%
25	库尔勒经济技术开发区	0.26	0.43	-40.43%
26	奎屯-独山子经济技术开发区	0.3	0.29	4.49%
27	石嘴山经济技术开发区	0.79	0.98	-19.03%
28	中国-马来西亚钦州产业园区	—	—	—
29	遂宁经济技术开发区	1.46	1.37	6.82%
30	阿拉尔经济技术开发区	0.04	0.04	-14.46%
31	五家渠经济技术开发区	4.57	1.97	132.11%

注：拉萨经开区2012年和2011年没有出口，故该项数据为0；
中马钦州产业园为2012年新设经开区，故无该项数据；
曲靖经开区2012年将区内的进口企业全部纳入统计，故造成2012年数据较高，同比较大；
兰州经开区2012年新增几个大项目，故导致同比较大；
陕西航天经开区2012年迁入一家专门做出口果汁的企业，产值20多亿元，故导致同比较大。

续表

序号	开发区名称	2012 年	2011 年	同比
32	准东经济技术开发区	0	0	—
33	甘泉堡经济技术开发区	0	0	—
34	汉中经济技术开发区	1.83	1.7	7.42%
35	格尔木昆仑经济技术开发区	0	0	—
36	绵阳经济技术开发区	1.1	1.36	-19.44%
37	广元经济技术开发区	2.55	2.59	-1.38%
38	巴彦淖尔经济技术开发区	0.05	0.06	-13.61%
	合计	141.59	127.59	10.97%

注：准东、甘泉堡、格尔木昆仑经开区 2012 年和 2011 年没有出口，故该项数据为 0。

2012年171个国家级经济技术开发区进口总额情况

2012年84个东部国家级经济技术开发区进口总额情况

单位：亿美元

序号	开发区名称	2012年	2011年	同比
1	大连经济技术开发区	145.92	129.92	12.32%
2	秦皇岛经济技术开发区	17.24	19.47	-11.44%
3	天津经济技术开发区	243.95	218.31	11.74%
4	烟台经济技术开发区	148.85	142.84	4.21%
5	青岛经济技术开发区	144.98	117.26	23.64%
6	连云港经济技术开发区	30.48	21.07	44.65%
7	南通经济技术开发区	18.47	18.45	0.11%
8	宁波经济技术开发区	89.51	86.53	3.44%
9	福州经济技术开发区	17.01	16.94	0.39%
10	广州经济技术开发区	221.09	227.98	-3.02%
11	湛江经济技术开发区	2.4	2.15	11.36%
12	闵行经济技术开发区	12.07	15.14	-20.27%
13	虹桥经济技术开发区	2.74	2.91	-5.93%
14	漕河泾经济技术开发区	48.43	55.23	-12.31%
15	温州经济技术开发区	8.91	1.98	349.45%
16	萧山经济技术开发区	5.33	4.79	11.26%
17	营口经济技术开发区	9.31	6.43	44.81%
18	威海经济技术开发区	30.34	23.63	28.41%
19	福清融侨经济技术开发区	21.98	53.67	-59.06%
20	广州南沙经济技术开发区	67.46	66.53	1.4%
21	惠州大亚湾经济技术开发区	15.7	14.24	10.25%
22	昆山经济技术开发区	244.5	254.59	-3.96%
23	东山经济技术开发区	0.18	0.31	-43.2%
24	沈阳经济技术开发区	18.65	14	33.24%
25	杭州经济技术开发区	63.93	34.71	84.21%
26	北京经济技术开发区	107.68	142.03	-24.18%
27	南京经济技术开发区	100.33	85.21	17.76%
28	宁波大榭经济技术开发区	16.25	20.41	-20.41%
29	海南洋浦经济技术开发区	91.77	76.44	20.05%
30	苏州工业园区	372.5	384.27	-3.06%
31	上海金桥出口加工区	50.99	77.32	-34.05%
32	厦门海沧台商投资区	28.79	36.04	-20.12%
33	廊坊经济技术开发区	8.65	11.42	-24.24%
34	扬州经济技术开发区	8.76	15.73	-44.31%

注：温州经开区因统计口径扩大，造成进口同比增长过快。

续表

序号	开发区名称	2012 年	2011 年	同比
35	嘉兴经济技术开发区	8.46	9.08	-6.83%
36	徐州经济技术开发区	12.25	16.29	-24.79%
37	东营经济技术开发区	44.31	30.51	45.25%
38	湖州经济技术开发区	2.14	2.44	-12.19%
39	增城经济技术开发区	2.99	2.99	-0.18%
40	镇江经济技术开发区	36.15	28.26	27.93%
41	锦州经济技术开发区	0.5	0.71	-29.97%
42	漳州招商局经济技术开发区	1.27	1.48	-14.12%
43	绍兴袍江经济技术开发区	14.87	13.8	7.76%
44	日照经济技术开发区	61.08	50.38	21.24%
45	潍坊滨海经济技术开发区	1.45	1.03	41%
46	大连长兴岛经济技术开发区	3.08	3.9	-21.07%
47	泉州经济技术开发区	3.36	2.69	24.82%
48	吴江经济技术开发区	80.41	85.41	-5.85%
49	长兴经济技术开发区	0.96	1.35	-29.1%
50	常熟经济技术开发区	48.9	41.34	18.28%
51	沧州临港经济技术开发区	0.08	0.08	0.78%
52	淮安经济技术开发区	7.06	6.73	5.01%
53	邹平经济技术开发区	12.29	12.77	-3.78%
54	江宁经济技术开发区	33.79	36.32	-6.99%
55	金华经济技术开发区	0.63	0.54	14.96%
56	西青经济技术开发区	18.85	16.78	12.32%
57	临沂经济技术开发区	3.97	3.81	4.01%
58	盐城经济技术开发区	14.07	16.19	-13.08%
59	宁波石化经济技术开发区	9.8	7.9	24.12%
60	武清经济技术开发区	7.9	9.05	-12.7%
61	锡山经济技术开发区	8.5	8.88	-4.34%
62	太仓港经济技术开发区	58.6	53.83	8.86%
63	嘉善经济技术开发区	8.11	10.19	-20.37%
64	衢州经济技术开发区	7.85	4.31	82.2%
65	张家港经济技术开发区	18.6	18.16	2.42%
66	招远经济技术开发区	5.69	5.33	6.7%
67	泉州台商投资区	0.48	0.59	-18.33%
68	漳州台商投资区	8.25	0	—

注：漳州台商经开区 2011 年没有进口，故该项数据为 0。

续表

序号	开发区名称	2012 年	2011 年	同比
69	龙岩经济技术开发区	0. 05	0. 09	-44. 82%
70	德州经济技术开发区	0. 51	0. 87	-41. 87%
71	义乌经济技术开发区	2. 32	2. 26	2. 7%
72	珠海高栏港经济技术开发区	46. 53	54. 62	-14. 8%
73	上海化学工业区	1. 5	9. 7	-84. 53%
74	杭州余杭经济技术开发区	1. 88	2. 18	-13. 81%
75	海安经济技术开发区	2. 2	1. 75	25. 62%
76	绍兴柯桥经济技术开发区	23. 37	23. 29	0. 36%
77	富阳经济技术开发区	10. 63	10. 72	-0. 84%
78	明水经济技术开发区	1. 82	1. 21	50. 54%
79	石家庄经济技术开发区	3	2. 14	40. 33%
80	胶州经济技术开发区	11. 05	7. 31	51. 14%
81	靖江经济技术开发区	5. 39	7. 4	-27. 23%
82	吴中经济技术开发区	35. 11	14. 51	141. 88%
83	东侨经济技术开发区	1. 63	2. 1	-22. 25%
84	天津子牙经济技术开发区	11. 8	10. 15	16. 3%
	合计	3120. 6	3051. 35	2. 27%

2012 年 49 个中部国家级经济技术开发区进口总额情况

单位：亿美元

序号	开发区名称	2012 年	2011 年	同比
1	哈尔滨经济技术开发区	29.55	23.65	24.93%
2	长春经济技术开发区	27.22	25.6	6.31%
3	武汉经济技术开发区	26.6	25.82	3%
4	芜湖经济技术开发区	11.01	9.85	11.74%
5	合肥经济技术开发区	23.58	18.29	28.91%
6	郑州经济技术开发区	5.2	9.83	-47.1%
7	长沙经济技术开发区	14.02	13.35	4.97%
8	南昌经济技术开发区	2.21	4	-44.74%
9	太原经济技术开发区	9.82	4.84	102.8%
10	岳阳经济技术开发区	2.45	1.43	70.63%
11	九江经济技术开发区	6.5	6.42	1.3%
12	安庆经济技术开发区	1.37	1.42	-3.38%
13	马鞍山经济技术开发区	1.54	2.01	-23.27%
14	黄石经济技术开发区	3.1	3.51	-11.5%
15	赣州经济技术开发区	2.91	2.87	1.52%
16	井冈山经济技术开发区	2.22	1.7	30.12%
17	襄樊经济技术开发区	1.46	1.73	-15.38%
18	吉林经济技术开发区	0.98	0.82	20.58%
19	常德经济技术开发区	0.98	0.73	34.82%
20	海林经济技术开发区	0.71	0.59	19.18%
21	宾西经济技术开发区	0.24	0.22	9.23%
22	漯河经济技术开发区	1.5	2.36	-36.43%
23	鹤壁经济技术开发区	0.21	0.19	7.65%
24	四平红嘴经济技术开发区	0.05	0.17	-68.75%
25	上饶经济技术开发区	0.72	1.93	-62.79%
26	开封经济技术开发区	0.11	0.07	57.92%
27	宁乡经济技术开发区	0.83	0.75	11.07%
28	武汉吴家山经济技术开发区	2.26	2.08	8.6%
29	大同经济技术开发区	0.004	0.04	-90.4%
30	许昌经济技术开发区	0.87	1.03	-15.88%
31	萍乡经济技术开发区	0.8	0.67	20%
32	长春西新经济技术开发区	66.07	64.9	1.8%
33	哈尔滨利民经济技术开发区	0.02	0.01	26.19%
34	铜陵经济技术开发区	1.36	1.44	-5.51%
35	滁洲经济技术开发区	1.75	0.95	85.57%
36	池州经济技术开发区	1.09	0.96	14.11%
37	荆州经济技术开发区	0.73	0.66	10.93%
38	湘潭经济技术开发区	1.93	5.33	-63.72%
39	浏阳经济技术开发区	3.51	2.51	40.02%
40	晋中经济技术开发区	0.02	0.01	79.98%
41	南昌小蓝经济技术开发区	2.52	2.26	11.45%

注：太原经开区由于统计口径变化，故导致同比较大。

续表

序号	开发区名称	2012 年	2011 年	同比
42	鄂州葛店经济技术开发区	0.93	0.81	15.07%
43	洛阳经济技术开发区	0.36	1.26	-71.28%
44	新乡经济技术开发区	0.71	0.8	-11.25%
45	大庆经济技术开发区	3.56	3.5	1.85%
46	红旗渠经济技术开发区	0.0003	0.06	-99.47%
47	娄底经济技术开发区	9.04	7.9	14.48%
48	十堰经济技术开发区	0.56	0.48	16.13%
49	绥化经济技术开发区	0.71	0.81	-12.61%
	合计	275.88	262.61	5.05%

2011年38个西部国家级经济技术开发区进口总额情况

单位：亿美元

序号	开发区名称	2012年	2011年	同比
1	重庆经济技术开发区	0.37	0.5	-26.46%
2	乌鲁木齐经济技术开发区	12.3	11.57	6.3%
3	西安经济技术开发区	10.7	3.4	214.7%
4	成都经济技术开发区	18.8	17.75	5.93%
5	昆明经济技术开发区	16.2	6.06	167.11%
6	贵阳经济技术开发区	1.69	0.36	367.18%
7	石河子经济技术开发区	0.18	0.21	-13.2%
8	西宁经济技术开发区	0.77	0.6	28.57%
9	呼和浩特经济技术开发区	2.64	2.05	29.3%
10	南宁经济技术开发区	0.48	0.21	126.58%
11	银川经济技术开发区	1.65	2.67	-38.17%
12	兰州经济技术开发区	0.22	0.28	-21.93%
13	拉萨经济技术开发区	0	0.18	—
14	金昌经济技术开发区	34.05	42.49	-19.87%
15	天水经济技术开发区	0.18	0.17	3.94%
16	广安经济技术开发区	0.45	0.18	148.95%
17	曲靖经济技术开发区	0.75	0.002	41644.44%
18	遵义经济技术开发区	0.11	0.15	-24.04%
19	德阳经济技术开发区	5.65	6.87	-17.87%
20	万州经济技术开发区	1.1	1.14	-3.41%
21	陕西航空经济技术开发区	1.93	2.69	-28.06%
22	陕西航天经济技术开发区	2.73	2.5	9.31%
23	钦州港经济技术开发区	25.44	18.78	35.41%
24	长寿经济技术开发区	6.09	23.38	-73.95%
25	库尔勒经济技术开发区	0.03	0.03	11.74%
26	奎屯-独山子经济技术开发区	0.95	0.05	1801.6%
27	石嘴山经济技术开发区	0.02	0.04	-40.93%
28	中国-马来西亚钦州产业园区	—	—	—
29	遂宁经济技术开发区	0.31	0.07	324.38%
30	阿拉尔经济技术开发区	0.002	0.002	10.99%

注：拉萨经开区2012年没有出口，故该项数据为0；
中马钦州产业园为2012年新设经开区，故无该项数据；
曲靖、贵阳经开区因统计口径扩大，造成进口同比增长过快；
昆明经开区由于新增2家珠宝玉石加工企业，进出口额超过20亿美元，故导致同比较大；
西安经开区由于新增较多物流企业，故导致同比较大；
遂宁经开区由于2011年基数较小，故导致同比较大。

续表

序号	开发区名称	2012 年	2011 年	同比
31	五家渠经济技术开发区	0.06	0.06	6.99%
32	准东经济技术开发区	0	0	—
33	甘泉堡经济技术开发区	0	0	—
34	汉中经济技术开发区	0.35	0.35	0.96%
35	格尔木昆仑经济技术开发区	0	0	—
36	绵阳经济技术开发区	0.77	0.57	34.34%
37	广元经济技术开发区	0.35	0.26	37.05%
38	巴彦淖尔经济技术开发区	0	0	—
	合计	147.34	145.63	1.17%

注：准东、甘泉堡、格尔木昆仑、巴彦淖尔经开区 2012 年和 2011 年没有进口，故该项数据为 0。

2012 年边境经济合作区主要经济指标

序号	名称	实际管辖面积（平方公里）	地区生产总值（亿元）	工业总产值（亿元）	工业增加值（亿元）	税收收入（亿元）	进出口总额（亿美元）	实际利用外商投资总额（亿美元）
1	黑河	7.63	7.41	13.71	2.31	0.98	4.55	0.12
2	绥芬河	21.5	22.13	50.43	10.87	0.81	13.34	0.13
3	珲春	5	62.4	138	55.3	3.4	8.5	0.26
4	满洲里	70.1	56.5	91.65	27.07	2.83	3.25	0
5	丹东	117.96	129.8	240	59	20.5	107.8	4.84
6	伊宁	60	34.9	28.6	9.96	6.57	4.5	0
7	塔城	85.8	5.6	10.2	5	0.37	3	0.07
8	博乐	7.83	19.6	12.52	3.86	0.83	0.09	0
9	凭祥	23.4	15.2	12.4	3.7	0.9	2.29	0
10	东兴	12.1	31.37	29.33	12.05	1.38	8.32	0.17
11	瑞丽	6	12.68	6.02	2.01	2.44	3.66	0.46
12	畹町	5	3.68	1.11	0.45	0.3	0.78	0
13	河口	4.02	3.38	2.05	0.31	0.28	3.91	0
14	二连浩特	49.75	16.3	35.94	15.36	0.69	1.5	0
15	吉木乃	14.39	0	0	0	0	0.4	0
	合 计	490.48	420.94	671.96	207.75	42.28	165.89	6.05
	单位平方公里均值（万元）（不包括吉木乃）		8841.64	14114.10	4363.76	888.14	3475.98	127.08

注：满洲里、伊宁、博乐、凭祥、瑞丽、畹町、河口、二连浩特边合区 2012 年没有实际利用外资，故该项数据为 0；

吉木乃边合区为 2012 年新设经开区，故地区生产总值、工业增加值、工业总产值、税收收入和实际利用外资无数据。

南昌经济技术开发区

欧菲光
江西国际集装箱码头有限责任公司
MAERSK
SEALAND
国家南昌经济技术开发区
The State-Level Nanchang Economic & Technological Development Area

秦皇岛经济技术开发区

秦皇島經濟技術開發區
QINHUANGDAO ECONOMIC & TECHNOLOGICAL DEVELOPMENT ZONE

秦皇岛出口加工区

秦皇岛经济技术开发区

CHINA DEVELOPMENT ZONES YEARBOOK

全区拥有工业企业2500多家，规模以上企业411家，初步形成了纺织、鞋革、机械等传统产业提升和新能源新材料、电子信息、先进装备制造、关键汽车零部件等新兴产业培育的发展格局。力争到2015年实现地区生产总值350亿元、工业总产值1000亿元、财政收入65亿元，建设引领全市发展的高端产业集聚区、生态建设示范区和城乡统筹先行区，创建产城一体化的城市新区。

温州经济技术开发区

温州长江汽车电子有限公司
GKG

杭州经济技术开发区

中国商业地产行业发展论坛2012年会
China Commercial Real Estate Summit
HEDA

西子航空飞机零部件项目签约仪式
Xizi Aerospace Components Project Signing Ceremony
中国·杭州
浙江西子航空工业有限公司

东芝开利空调（中国）杭州项目签约仪式
Carrier Asia Limited
杭州经济技术开发区

杭州经济技术开发区现代服务业三年行动计划
首批重点项目暨龙湖天街
开工典礼
2012.7.26
奠基

CHINA DEVELOPMENT ZONES YEARBOOK

经济技术开发区

广汽菲亚特
GAC FIAT
FIAT
ALL NEW VIAGGIO
新旅程
心菲翔
TO BE FLYING
广汽菲亚特工厂竣工暨首款产品Viaggio菲翔下线仪式
GAC FIAT Plant Construction Completion & First Product · Viaggio Start of Production Ceremony
中国 长沙 2012.6.28
Changsha China June 28 2012
长沙经济技术开发区扩大开放会议
长沙经济技术开发区
扩大开放会议
CHANGSHA NATIONAL ECONOMIC & TECHNICAL DEVELOPMENT ZONE
MEETING ON OPENING WIDER TO THE OUTSIDE WORLD
2012年7月
中信产业基金&普茨迈斯特新闻发布会
ng GmbH & CITIC PE Advisors / SANY Heavy Industry Press Briefing
Putzmeister SANY / CITICPE

呼和浩特经济技术开发区

CHINA DEVELOPMENT ZONES YEARBOOK

南通经济技术开发区

廊坊

经济技术开发区

廊坊开发区2011年度

廊坊开发区建区20周年纪念活动启动仪式
热烈庆祝廊坊开发区建区20周年

廊坊经济技术开发区建区20周年纪念
暨表彰大会

沧州临港
经济技术开发区

1		
2	3	5
	4	6

1 举行招商局副局长公开竞聘，发挥人才机制作用
2 领导调研指导
3 召开支部党员大会、工会委员会选举大会
4 参加中欧经贸合作与可持续城镇化发展活动
5 沧州大化集团年产7万吨TDI装置试车成功，成为华北地区产能最大的聚氨酯生产基地
6 园区文化生活

张家港经济技术开发区

开发区位于张家港市主城区，作为闻名遐迩的张家港精神发源地，开发区正在加快发展以智能装备、机器人、再制造、绿色能源和照明、智能电网、芯片等新兴产业为主体；以软件动漫、电子商务、服务外包、总部经济等新兴服务业为特色的现代产业体系，着力打造现代产业集聚区、科技创新示范区、开发开放先导区、幸福宜居新城区。

1 开发区西区
2 建设中的软件动漫产业园
3 西马克中国生产基地
4 文化活动丰富多彩

福州保税区

	2	
1	3	
	4	5

1 福州保税港大楼
2 江阴港
3 保税区现代化仓库
4 报关大厅
5 福州保税港汽车城

燕郊 高新技术产业开发区

绵阳经济技术开发区

1	2
3	4
	5

1 好圣公司生产车间
2 旭虹光电玻璃基板生产车间
3 万达ＣＢＤ
4 丰谷酒业
5 虹欧显示器生产车间

湖南
张家界经济开发区

众所周知，张家界拥有丰富的旅游资源，是湖南省在全世界最具知名度之地。在国家西部大开发和中部崛起战略深入实施、泛珠三角区域合作日益紧密的历史潮流下，作为张家界市唯一省级开发区，地处中心城市发展的重要板块，必然蕴藏着无比巨大的商机。我们将与各位有志之士一起，展翅迎接美好的明天！

张家界经济开发区：位于国内外知名的旅游胜地——张家界市城区东南部，始建于1992年6月，管理范围12.7平方公里，系张家界市唯一一家省级经济开发区。开发区由市人民政府主办，永定区人民政府协办，实行“张家界经济开发区”和“张家界科技工业园”两位一体管理模式。

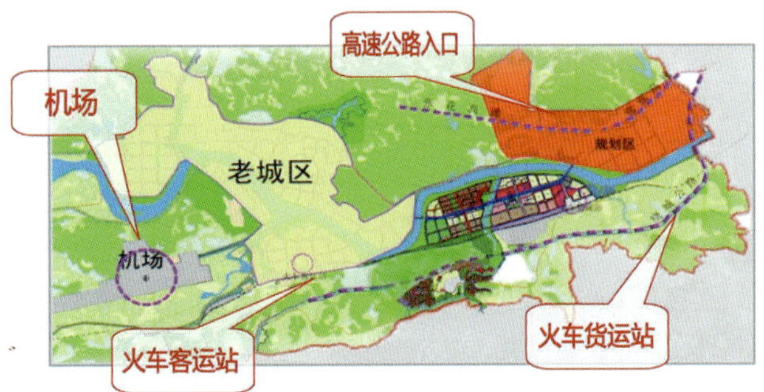

1 **开发区地理位置**：地处市区东部门户位置，张家界至长沙、张家界至重庆高速公路贯穿全境，火车货运站和高速公路入口紧靠园区，西距机场仅10分钟车程，交通运输十分便捷。

2 **开发区产业定位**：开发区定位于发展成为国家重要旅游商品研发及生产、湖南省重点高新生物医药、矿产品精深加工、新能源利用及临港经济的生态工业新城；国家休闲安养、文化创意、旅游度假的城市新区。

3 **开发区基础设施**：开发区基础设施不断完善，2008-2012年固定资产投资完成15亿元，初步形成园区交通路网，水、电、通讯等设施到位，防洪堤工程正在建设之中，植物提取中试平台投入使用，为园区企业服务的创业中心高效运转。

厂房近100000㎡，中试平台1000㎡，职工公寓34500㎡，职工食堂1000㎡。

张家界经济开发区C区道路-田家台路

张家界经济开发区C区职工公寓

张家界经济开发区C区
产业服务平台-创业中心